Harold Carter

EINFÜHRUNG IN DIE STADTGEOGRAPHIE

Übersetzt und herausgegeben

von Friedrich Vetter

Mit 99 Abbildungen und 26 Tabellen

Gebr. Borntraeger · Berlin · Stuttgart 1980

Englische Originalausgabe
Harold Carter: The Study of Urban Geography
2. erweiterte Auflage 1975
© Verlag Edward Arnold, London 1975

Übersetzung ins Deutsche, Vorwort
und Einleitungskapitel von
Friedrich Vetter

Anschrift der Autoren:

Harold Carter
Professor der Kulturgeographie, University College of
Wales, Aberystwyth

Friedrich Vetter
Privatdozent am 1. Geographischen Institut
der Freien Universität Berlin und Planungsbeauftragter
des Bezirks Wilmersdorf von Berlin

© Gebrüder Borntraeger, Berlin · Stuttgart 1980
All rights reserved
Schreibsatz: Nikolaus Tobias, Schwäbisch Gmünd
Druck: Grafik + Druck, München
Umschlagentwurf: Wolfgang Karrasch
Printed in Germany
ISBN 3-443-39073-0

Inhaltsverzeichnis

Vorwort VII
Vorwort zur zweiten Auflage VIII
Vorwort des Übersetzers und Herausgebers der deutschen Ausgabe IX
Quellenangaben zu Figuren und Tabellen XI

Aktuelle Tendenzen der kontinentaleuropäischen Stadtgeographie — Eine thematische, methodische und bibliographische Erweiterung (Friedrich Vetter) 1
1. Deutschsprachiges Mitteleuropa 2
   1.1 Gesamtdarstellungen und Bibliographien 3
   1.2 Quantitative Methoden 5
   1.3 Einzelstadtanalysen 6
   1.4 Prozeß der Verstädterung, einschließlich Pendlerwesen, Verkehr und Tourismus 7
   1.5 Innere Differenzierung von Stadt und Stadtregion (Bodenwerte, Geschäftszentren, Sanierungsgebiete u. a.) 8
   1.6 Äußere Differenzierung und Klassifizierung 9
   1.7 Vergleichende Fallstudien 9
   1.8 Bezug auf Stadtplanung und Umweltschutz 12
2. Östliches Mitteleuropa 13
3. Skandinavien 14
4. Benelux-Länder und Frankreich 15
5. Südeuropa 16
6. Südosteuropa 16
7. Sowjetunion 17
8. Kontinentaleuropäische und angelsächsische Stadtforschung 18
9. Literaturverzeichnis 21
   9.1 Gesamtdarstellungen und Bibliographien 21
   9.2 Andere Schriften, Monographien und Aufsätze 22

Das Studium der Stadtgeographie

1. Einführung 38
   Literaturhinweise 54
2. Der Prozeß der Verstädterung 55
   2.1 Definition 55
      2.11 Das Siedlungskontinuum 55
      2.12 Die sich wandelnde Vorstellung über den Charakter der Stadt 58
      2.13 Die Unzulänglichkeit offizieller Bezeichnungen 60
   2.2 Maß und Prozeß 60
      2.21 Das Messen der Verstädterung 61
         2.211 Die Verwendung detaillierter Regeln für die Definition von Teilräumen 62
         2.212 Die Verwendung von Bevölkerungsdichten 63
      2.22 Der Prozeß der Verstädterung 64
   Literaturhinweise 74
3. Das Wachstum des Städtesystems 76
   Literaturhinweise 84
4. Städtische Funktionen und die funktionale Klassifikation von Städten 85
   4.1 Klassifikationssysteme 88
      4.11 Allgemeine Beschreibung 88
      4.12 Statistische Beschreibung 90

	4.13	Statistische Analyse	92
	4.14	Grundlagenstudien der städtischen Wirtschaft	95
	4.15	Multivarianzanalyse	100
4.2		Zusammenfassung	104
		Literaturhinweise	109
5.		Zentralörtliche Funktionen und die Theorie der zentralen Orte	110
		Literaturhinweise	127
6.		Die Rangordnung der Städte und die Abgrenzung von Einzugsgebieten	128
6.1		Definition der Begriffe	128
	6.11	Die Stadt als zentraler Ort	128
	6.12	Die Untersuchungsebenen	129
	6.13	Der Grad der Generalisierung einer Untersuchung	130
6.2		Methoden zur Rangbestimmung von Städten	130
	6.21	Die Einbeziehung aller städtischen Einrichtungen als sinnvollere Methode als die Zufallsauswahl	133
	6.22	Exaktere Verfahren zur Ermittlung von Rangunterschieden	133
		Literaturhinweise	153
7.		Einige Probleme, die mit der Theorie der zentralen Orte und der Verteilung von Städten in Zusammenhang stehen	154
7.1		Probleme, die mit empirischen Studien verknüpft sind	154
7.2		Probleme, die sich aus methodischen Erweiterungen ergeben	166
	7.21	Häufigkeitsmodelle, die sich von zentralörtlichen Modellen herleiten	166
	7.22	Verbraucherverhalten	168
7.3		Probleme historischer Veränderungen und das System der zentralen Orte	172
		Literaturhinweise	176
8.		Die Analyse des Stadtplans	177
		Literaturhinweise	202
9.		Städtische Flächennutzung: Allgemeine Probleme	203
9.1		Humanökologie und städtische Flächennutzung	205
	9.11	Ablehnung des Burgess-Modells	208
	9.12	Erweiterungen des Burgess-Modells	213
	9.13	Das Burgess-Modell als deduktive Theorie	220
9.2		Grundstücksmarkt und städtische Flächennutzung	224
9.3		Verhaltensmuster und städtische Flächennutzung	229
		Literaturhinweise	232
10.		Die Innenstadt	233
10.1		Kriterien für die räumliche Definition	234
	10.11	Geschätzter oder besteuerter Grundstückswert	234
	10.12	Mieten	236
	10.13	Einheitswerte	237
10.2		Methoden der räumlichen Definition	239
	10.21	Definition der für die Innenstadt charakteristischen Nutzungen	239
	10.22	Berechnung der Geschoßfläche für verschiedene Nutzungen	240
	10.23	Berechnung der Verhältniszahlen	240
	10.24	Anwendung von Verhältniszahlen und Indizes	241
	10.25	Weitere Probleme	241
10.3		Zweck der Definition	243
10.4		Historischer Prozeß und Innenstadt	251
10.5		Häufigkeitsbestimmung und Prozeß	258
10.6		Die Übergangszone	271
10.7		Schlußfolgerung	275
		Literaturhinweise	275
11.		Die Wohngebiete der Stadt	277

- 11.1 Zum Baubestand: Die Analyse von Haustypen 279
- 11.2 Soziale Eigenheiten von Wohngebieten 291
- 11.3 Unterteilung von Sozialräumen 316
- 11.4 Ein Modell der Entwicklung von Sozialräumen 317
- 11.5 Der Wohnstandort: Das Problem der Sozialgruppentrennung und die Auswahl von Wohnungen 320
- 11.6 Sozialräume und soziale Bedeutung 328
- Literaturhinweise 330
- 12. Der Stadtrand 331
  - 12.1 Der Stadtrand als Region der Stadt 332
    - 12.11 Segregation 335
    - 12.12 Selektive Zuwanderung 335
    - 12.13 Pendlerwesen 336
    - 12.14 Der Zusammenbruch geographischer und sozialer Hierarchien 336
  - 12.2 Der Stadtrand und das ländlich-verstädterte Kontinuum 337
  - Literaturhinweise 340
- 13. Die Lage von Industriebetrieben in der Stadt 341
  - Literaturhinweise 352
- 14. Die Beziehung zwischen Funktion und Physiognomie in der Stadtgeographie . . . 353
  - Literaturhinweise 372
- 15. Das Image der Stadt: Die Einstellung des Bürgers 373
  - 15.1 Das Vorgehen bei Beobachtungsstudien 373
  - 15.2 Eine Typologie der Stadtbeobachtung 375
    - 15.21 Bewußt aktive Wahrnehmung 375
    - 15.22 Reaktive Wahrnehmung 375
    - 15.23 Vergleichende Wahrnehmung 376
  - 15.3 Das Image der Stadt und der sozioökonomische Status 378
  - 15.4 Das Image der Stadt und die ethnische Gruppenzugehörigkeit 380
  - 15.5 Das Image der Stadt und die Altersstruktur 386
  - 15.6 Praktische und theoretische Bedeutung 389
  - Literaturhinweise 391
- 16. Verstädterung und Stadtgeographie 392
  - 16.1 Einstellungen gegenüber der Stadt 392
  - 16.2 Das sich wandelnde Wesen der Stadt 397
  - 16.3 Probleme der Stadtgeographie 400
    - 16.31 Das Problem der Identität 400
    - 16.32 Das Problem des Maßstabs 403
    - 16.33 Das Bedeutungsproblem und die radikale Geographie 405
      - 16.331 Das Lernen um des Lernens willen 405
      - 16.332 Objektivität und Werbung 405
      - 16.333 Lernen und Handeln 406
  - 16.4 Schluß 407
  - Literaturhinweise 408

Ortsverzeichnis 410
Namensverzeichnis 412
Deutsch-englisches Schlagwortverzeichnis 417

VORWORT

Dieses Buch soll einen Überblick über die Stadtgeographie für diejenigen Studenten der Anfangssemester an Universitäten oder Lernende in der weiteren Ausbildung bieten, die sich in der Stadtgeographie stärker spezialisieren wollen, als es normalerweise durch allgemeine Vorlesungen und Seminare über die Anthropogeographie möglich ist. Wandlungen in den methodischen Konzepten der Geographen und in der Forschung allgemein lassen es nicht ratsam erscheinen, einzelne isolierte Untersuchungen thematisch zusammenzustellen, denn das umfassende Problem ist die Verstädterung, die aus geographischer Sicht analysiert werden soll. Allerdings ergeben sich daraus eine Menge Fragen, bei deren Beantwortung eine jede begrenzte Studie zu diesem Thema selektiv vorgehen muß und persönliche Ansichten und Eindrücke wiedergibt, von denen man erwarten kann, daß sie ein Student in den Anfangssemestern versteht. Das ist meine eigene Auffassung und ich allein bin dafür verantwortlich. Ich erhoffe mir von diesem Band, daß er eine Weiterführung der elementaren und allgemeinen Texte in der Anthropogeographie und eine Hinführung zu stärker spezialisierten Studien bietet, die der fortgeschrittene Student weiter vertiefen kann.

Diese Einstellung zum Studium der Stadtgeographie hat sich durch Erfahrung während der Lehrtätigkeit in Aberystwyth und durch den Kontakt mit Kollegen der Stadtgeographie in Großbritannien und Nordamerika gebildet. Es ist unmöglich, all derjenigen zu gedenken, die auf irgendeine Art geholfen haben. Ich möchte jedoch die Herren Professoren Robert McNee und Howard Stafford (Jr.) vom Geographischen Institut der Universität Cincinnati erwähnen. Ein Großteil des Materials wurde mit Ihnen und auch auch mit älteren Studenten dieses Instituts in den Jahren 1967–1968 durchgesprochen. In diesem Zusammenhang möchte ich mich auch für die Hilfe durch die US National Science Foundation bedanken, welche es mir ermöglichte, die Vereinigten Staaten zu besuchen und ein Jahr lang in Cincinnati zu arbeiten. Während dieses Jahres wurde im wesentlichen die Grundlage für dieses Buch geschaffen. Weiterhin möchte ich die freundlichen und hilfreichen Kommentare von zwei anderen Mitgliedern dieses Instituts erwähnen, den Herren Dr. K. B. Ryan und Dr. Peter Halvorson. Letzterer arbeitet jetzt am Geographischen Institut der Universität von Connecticut (Storrs).

Auch bin ich meinen eigenen fortgeschrittenen Studenten sehr dankbar, die von Zeit zu Zeit große Teile des Materials kritisch unter die Lupe genommen haben; und ich möchte besonders Herrn Dr. W. K. D. Davies, der jetzt an der Universität von Calgary weilt, und Herrn Dr. C. R. Lewis vom Institut in Aberystwyth danken. Schließlich las Herr Dr. Ronald Jones vom Queen Mary College das Manuskript und gab sowohl inhaltlich als auch formal wertvolle Hinweise.

Die Karten für den Band wurden von den Herren Morlais Hughes, M. Gelly Jones und E. James gezeichnet. Für ihren kartographischen Sachverstand bin ich ihnen dankbar. Ich möchte auch auf die bereitwillige Hilfe von Frau Mair Jenkins bei der Vorbereitung der endgültigen Fassung hinweisen.

Zuletzt möchte ich sowohl im allgemeinen als auch im speziellen Sinne die Hilfe meiner Frau erwähnen. Sie hat mich nicht nur auf vielen Exkursionen begleitet, die nicht immer zu den attraktivsten Vierteln von Klein- und Großstädten führten, sondern sie las und schrieb auch das Originalmanuskript. Ich möchte daher den Band ihr widmen.

Harold Carter

VORWORT ZUR ZWEITEN AUFLAGE

In dieser zweiten Auflage wurde ein Versuch unternommen, zwei Themen auszuweiten, die zwar in der ersten Auflage behandelt, aber nicht weiterentwickelt worden sind. Diese beiden sind der methodische Ansatz sowohl in bezug auf das Konzept der zentralen Orte als auch hinsichtlich der Auswahl des Wohnstandortes und das durch die Wahrnehmung des Stadtraumes bedingte Image des Bürgers. Notwendigerweise ist vieles weggelassen oder nur summarisch behandelt worden, da die Zwänge begrenzter Zeit, beschränkter Seitenzahl und der Kosten berücksichtigt werden mußten. Dennoch konnten die Schlußfolgerungen vollständig umgeschrieben und damit der Band auf eine breitere Grundlage gestellt werden. Außerdem wurde eine Anzahl kleinerer Veränderungen vorgenommen und die Fußnoten und Literaturhinweise wurden aktualisiert.

Ich habe das Glück gehabt, eine ganze Menge dieses Materials mit Professor K. Corey vom Institut für Siedlungsplanung an der Universität Cincinnati und Professor W. K. D. Davies vom Geographischen Institut in Calgary zu diskutieren, und ich bin für ihren Rat dankbar. Mein besonderer Dank gilt meinem Kollegen Dr. C. R. Lewis, der mit mir gemeinsam Stadtgeographie in Aberystwyth lehrt. Er hat mir durch viele Diskussionen und durch das Lesen der jetzt eingefügten Zusätze geholfen. Wie üblich bleibt jedoch die letzte Verantwortung beim Autor.

Harold Carter
Aberystwyth, Winter 1975

VORWORT DES ÜBERSETZERS UND HERAUSGEBERS DER DEUTSCHEN AUSGABE

Die Carter'sche Stadtgeographie umfaßt in leicht verständlicher und übersichtlicher Form praktisch alle Teilbereiche des Phänomens der Stadt. Die bekanntesten Autoren aus dem angelsächsischen Sprachraum werden erwähnt und ihre Arbeiten im Zusammenhang gewürdigt. Die 1. Auflage von 1972 wurde in der Zeitschrift „Die Erde" (1/1973, S. 83–84) von dem englischen Stadt- und Verkehrswissenschaftler Peter Hall gerade wegen ihrer allgemeingültigen Aussagen äußerst positiv rezensiert. Die 2. Auflage von 1975, ausgeliefert 1976, wurde erheblich verbessert und vor allem um die aktuellen Problemkreise „Verstädterungsprozeß" und „Image der Stadt" in zwei besonderen Kapiteln erweitert. Die verbesserte Auflage bildet die Grundlage für die deutsche Übersetzung.

Da insbesondere in Nordamerika infolge des schnellen Wachstums der Motorisierung und der innerstädtischen Mobilität der Verstädterungsprozeß geradezu atemberaubende Formen angenommen hat und daher heute in der Praxis die Probleme am krassesten auftreten, kommen von dorther auch die stärksten Impulse aus dem Bereich der Stadtgeographie und von benachbarten Fachwissenschaften. Sie können daher durchaus auch anderswo, vor allem im Zusammenhang mit der aktuellen, weltweit auftretenden Energiekrise und dem Mangel an Treibstoff für die Automobile, zu einer Lösung der Probleme beitragen.

Bei eigenen Seminaren und Vorlesungen zur Stadtgeographie an der Freien Universität Berlin stellte sich immer wieder heraus, daß die Studenten viel eher an englischsprachiger Literatur interessiert sind, wenn sie sich zunächst auf deutsch in die Thematik einarbeiten können. Das gilt insbesondere für die sichere Difinition von Spezialbegriffen der Stadtforschung (s. hierzu das deutsch-englische Schlagwortverzeichnis am Schluß des Bandes).

In auf englisch abgehaltenen Seminaren über „Urban Planning" am Berliner Zweig der Stanford University in Palo Alto, Kalifornien, konnten nordamerikanische Studenten beste Erfahrungen mit der als Pflichtlektüre empfohlenen Carter'schen Arbeit machen. Auch den deutschen Studenten wird sie zur Weiterbeschäftigung mit angelsächsischer Originalliteratur anregen. Die umfangreichen bibliographischen Angaben am Ende jeden Kapitels und die vielen Fußnoten bieten dazu reichlich Gelegenheit.

Der Inhalt dieser Gesamtdarstellung der Stadtgeographie geht im wesentlichen von den Modellüberlegungen von Burgess und der Chicagoer Schule zur inneren Differenzierung der Stadt und der Christaller'schen Theorie der zentralen Orte aus. In begrenzter und verständlicher Form werden auch neuere quantitative Methoden eingeführt. Umfangreiches Karten- und Tabellenmaterial sowie einprägsame Diagramme lassen die 16 Kapitel leicht faßbar und einprägsam erscheinen.

Gerade in den letzten zehn Jahren entstand auch im kontinentalen Europa eine Fülle von Aufsätzen und Monographien. Mehrere Gesamtdarstellungen und Bibliographien zu Stadtgeographie und Stadtforschung wurden verfaßt. Sie fanden im vorliegenden Bande naturgemäß nur geringe Beachtung, was allgemein im Bereich der Geographie vielen angelsächsischen Publikationen gemeinsam ist (vgl. J. W. R. Whitehand und P. M. Edmondson 1977).

Das folgende Einleitungskapitel über die aktuelle kontinentaleuropäische stadtgeographische Forschung erscheint daher als unbedingt notwendige Erweiterung sinnvoll. Es ist in neun Hauptabschnitte gegliedert und umfaßt neben dem deutschsprachigen Raume u. a. auch Angaben über den polnischen, französischen, italienischen und russischen Bereich. Die Literaturhinweise im Abschnitt 9 sind bei weitem nicht vollständig. Sie können aber als Brücke von der angelsächsischen zur kontinentaleuropäischen Stadtgeographie dienen und als Ergänzung zur Arbeit von Harold Carter den Grundstock für eine vertiefte Beschäftigung mit dem Forschungszweig abgeben.

Dem Verlag Gebr. Borntraeger sei für Anregungen und Hilfestellung bei der Schließung dieser vor allem auf beiderseitigen Sprachbarrieren beruhenden Lücke bestens gedankt.

Berlin, im August 1979   Friedrich Vetter

Quellenangaben zu Figuren[1] und Tabellen

Autor und Verlag möchten den folgenden Institutionen und Einzelpersonen für die Erlaubnis danken, urheberrechtlich geschütztes Material zu übernehmen oder zu modifizieren:

Der Action Society Trust für eine Abb. aus „A study of certain changes in land values, London 1950—1964" von Bryan Anstey in „Land Values", Hrsg. Peter Hall, Sweet & Maxwell Ltd., 1965 (Fig. 10-1); Aldine Inc., Chicago, für zwei Abb. aus „How citizens view two great cities" von D. Francescato und W. Mebane in „Image and Environment", Hrsg. R. M. Downs und D. Stea, 1973 (Fig. 15-1A und B); der Association of American Geographers für eine Abb. aus „A Restatement of the Transition Zone Concept" von R.E. Preston und D.W. Griffin, „Annals" 56, 1966 (Fig. 10-18), für eine weitere Abb. aus „Procedures in Townscape Analysis" von R.J. Solomon, „Annals" 56, 1966 (Fig. 11-2) und zwei Abb. aus „The morphology of central places: a case study" von W.K.D. Davies, „Annals" 58, 1968 (Fig. 14-9 und 14-10); dem Almqvist & Wiksell Forlag, Stockholm, und George Allen & Unwin Ltd. für eine Abb. aus „The industrial structure of American cities" von G. Alexandersson, 1956 (Fig. 4-1); Barrie & Jenkins Ltd. für eine Abb. aus „Georgian London" von Sir John Summerson, 1945 (Fig. 8-2); E.J. Brill, Leiden, für zwei Abb. aus „Land use in the urban core" von W. Hartenstein und G. Staack in „Urban core and inner city", Hrsg. W.F. Heinemeijer, M. van Hulten und H.D. de Vries Reilingh, 1967 (Fig. 10-5 und 10-6); der Cambridge University Press für eine Abb. aus „Urban analysis: a study of city structure" von B.T. Robson, 1969 (Fig. 9-2); dem Autor und David & Charles für eine Abb. aus „Urban Geography" von D.T. Herbert, 1972 (Fig. 11-13); dem Autor für eine Abb. aus „The hierarchy of commercial centres: a case study in South Wales", Bd. 2 von W.K.D. Davies, University of Wales, Dissertation, 1964 (Fig. 7-2); dem Gustav Fischer Verlag, Stuttgart, für drei Abb. aus „Die räumliche Ordnung der Wirtschaft" von A. Lösch, 1939 (Fig. 5-7, 5-8 und 5-9); dem Herausgeber und der American Geographical Society für eine Abb. aus „The negro ghetto: problems and alternatives" von R.L. Morrill, „Geographical Review" 55, 1965 (Fig. 11-8); dem Autor für eine Abb. aus „Locational analysis in human geography" von Peter Haggett, Verlag Edward Arnold, 1965 (Fig. 5-5); Leonhard Hill für eine Abb. aus „British shopping centers" von W. Burns, 1959 (Fig. 14-1); dem Herausgeber und dem Institute of Australian Geographers für eine Abb. aus „The distribution of an intra-metropolitan central place hierarchy" von R.J. Johnston, in „Australian Geographical Studies" 6, 1966 (Fig. 14-6); dem Herausgeber und dem Institute of British Geographers für eine Abb. aus „Alnwick: a study in town plan analysis" von M.R.G. Conzen, „Transactions" 27, 1960 (Fig. 8-3), für vier weitere Abb. aus „The morphology of the CBD of Cardiff" von H. Carter und G. Rowley, „Transactions" 38, 1966 (Fig. 10-10 und 10-11) und für die Abb. aus „The urban regions of St. Albans" von H.S. Thurston, 1953 (Fig. 11-1A); dem Autor für zwei Abb. aus „Central place theory and the hierachy and location of shopping centres in a city: Edinburgh" von R. Jones, IBG Studiengruppe Stadtgeographie, 1967 (Fig. 14-7 und 14-8); dem Autor für eine Abb. aus „Comments on 'historical' factors influencing residential choice" von J.A.

---

[1] Die Zahlen in Klammern beziehen sich auf die im vorliegenden Band abgebildeten Figuren.

Silk, IBG Studiengruppe Stadtgeographie, 1972 (11-14); dem Autor für zwei Abb. aus „The development of by-law housing in Kingston-upon-Hull" von C.A. Forster, IBG Urban Study Group Salford Conference, 1968 (Fig. 11-3 und 11-4); dem Autor und der Longman Group Limited für drei Abb. aus „The central place patterns of mid-Wales and the middle Welsh borderland" von C.R. Lewis in „Urban Essays: Studies in the Geography of Wales", Hrsg. H. Carter und W.K.D. Davies (Fig. 6-2, 6-5A und 6-5B); dem Autor, Longman Southern Africa (Pty) Limited und dem Human Science Research Council, Pretoria, für vier Abb. aus „Land use in central Cape Town: a study in urban geography" von D.H. Davies, 1965 (Fig. 10-4, 10-6, 10-7 und 10-8); dem Los Angeles Department of City Planning für drei Abb. aus „The visual environment of Los Angeles", 1971 (Fig. 15-1, 15-2 und 15-3); MIT Press für eine Abb. aus „The spatial dynamics of U.S. urban-industrial growth 1800–1914: interpretative and theoretical essays" von A.R. Pred, 1966 (Fig. 4-2); Methuen Ltd. (ABP) für eine Abb. aus dem Aufsatz von H. Carter in: „Wales: a study in physical, historical and regional geography", Hrsg. E.G. Bowen, 1957 (Fig. 8-1) und für eine Abb. aus „Models of industrial locations" von F.E.I. Hamilton in „Models in geography", Hrsg. R.J. Chorley und P. Haggett, 1967 (Fig. 13-4); George Philip & Son Limited und dem University of London Institute of Education für eine Tabelle aus „The geography of Greater London" von A.E. Smailes, 1964 (Fig. 11-1B); Prentice-Hall Inc. für eine Abb. aus „Geography of market centers and retail distribution" von B.J.L. Berry, 1962 (Fig. 14-3) und für eine Abb. aus „Land resource economics: the political economy of rural and urban land resource use" von Raleigh Barlowe, Urheberrecht 1958 Prentice-Hall Inc. (Fig. 11-11); Presses Universitaires de France für eine Abb. aus „Étude sur le développement des villes entre Loire et Rhin au moyen-âge" von F.L. Ganshof, 1943 (Fig. 8-8) und für eine Abb. aus „La croissance de la banlieue parisienne" von J. Bastié, 1964 (Fig. 12-1); Princeton University Press für zwei Abb. aus „A history of city planning in the United States" von J.W. Reps, Urheberrecht bei Princeton University Press 1965 (Fig. 8-6 und 8-7); der Routledge & Kegan Paul und der Humanities Press Inc. für eine Abb. aus „The west European city" von R.E. Dickinson, 1951 (Fig. 13-1); dem Autor für zwei Abb. aus „The middle order towns of Wales" von Gwyn Rowley, Dissertation an der University of Wales, 1967 (Fig. 6-4A und 6-4B); dem Herausgeber und dem Autor für eine Abb. aus „An approach to the study of a town as a central place" von D. Herbert, in: „Sociological Review" 9, 1961 (Fig. 10-2); der Regents of the University of California Press für zwei Abb. aus „The social areas of Los Angeles" von Eshref Shevky und Marilyn Williams, 1949 (Fig. 11-5 und 11-6); dem Autor für zwei Abb. aus „City size distributions and economic development" von B.J.L. Berry, in: „Economic Development and Cultural Change" 9, 1961 (Fig. 5-10); dem University of Chicago Department of Geography und dem Autor für eine Abb. aus „Private redevelopment of the central city" von L.S. Bourne, „Research Paper" 112, 1967 (Fig. 11-11); dem Herausgeber für eine Abb. aus „Principles of areal functional organization in regional human geography" von A.K. Philbrick in: „Economic Geography" 33, 1957 (Fig. 7-1), für zwei weitere Abb. aus „Cultural differences in consumer travel" von R.A. Murdie in: „Economic Geography" 41, 1965 (Fig. 7-3 und 7-4), für eine Abb. aus „Delimiting the CBD" von R.E. Murphy und J.E. Vance, Jr., „Economic Geography" 30, 1954 (Fig. 10-3), für drei weitere Abb. aus „The industrial revolution and the emergence of Boston's CBD" von D. Ward in: „Economic Geography" 42, 1966 (Fig. 10-12A, B und C) und für eine Abb. aus „The zone in transition: a study of urban land use patterns" von R.E. Preston in: „Economic Geography" 42, 1966 (Fig. 10-19); der Columbia University Press für eine Abb. aus „The core of the city" von J. Rannels, 1966 (Fig. 10-17); dem University of Hull Publications Committee für eine Abb. aus „The segregation of immigrant communities in the city of Birmingham, 1961" von P.N. Jones in: „University of Hull Occasional Papers in Geography" 7, 1967 (Fig. 11-9); der University of Kansas Press für eine Abb. aus „Distribution of land values in Topeka" von D. Knos, 1962 (Fig. 9-8); der University of Illinois Press für eine Abb. aus „Urban land-use

Quellenangaben XIII

planning" von F.S. Chapin, 1965 (Fig. 9-9); der Eastern Michigan University für eine Abb. aus „Community interaction and racial integration in the Detroit area: an ecological analysis" von R.V. Smith, S.F. Flory, R.L. Bashshur und G.W. Shannon, 1967 (Fig. 11-12); dem Northwestern University Department of Geography für drei Abb. aus „Northwestern University Studies in Geography" 12, 1966 (Fig. 14-4, 14-5 und 14-11); dem Herausgeber für eine Abb. aus „The location of high status residential areas" von R.J. Johnston in: „Geographische Annales" 48, 1966 (Fig. 11-7); der University of Pennsylvania Press für zwei Abb. aus „An approach to metropolitan spatial structure" von D.L. Foley in: „Explorations into urban structure", Hrsg. M. Webber, 1964 (Fig. 1-2 und 1-4); der University of Pennsylvania Regional Science Association für eine Abb. aus „A graph theory interpretation of nodal regions" von J.D. Nystuen und M.F. Dacey in: „Papers of the Regional Science Association" 7, 1961 (Fig. 6-1); dem Herausgeber für eine Abb. aus „The location of urban land uses" von L.K. Loewenstein in „Land Economics" 39, 1963 (Fig. 13-3); der University of Washington Press für eine Abb. aus „The spatial organization of business land uses" von B.J.L. Berry in: „Studies in highway development and geographic chance", Hrsg. W.L. Garrison et al., 1959 (Fig. 9-6, auch als Grundlage für Fig. 9-7); dem Autor für eine Abb. aus „Two cities of Latin America" von A.H. Whiteford, Verlag Anchor Books, (Fig. 9-3); zuletzt der University of Wales Press für eine Abb. aus „Roman Frontier" von Nash Williams, 1954 (Fig. 8-9).

Verlag und Autor bestätigen ferner die Verwendung nicht urheberrechtlich geschützten Materials aus „The structure and growth of residential neighbourhoods in American cities" von H. Hoyt, U.S. Government Printing Office, 1939 (Fig. 9-5).

AKTUELLE TENDENZEN DER KONTINENTALEUROPÄISCHEN STADTGEOGRAPHIE

— Eine thematische, methodische und bibliographische Erweiterung —

(Einleitungskapitel des Übersetzers und Herausgebers
der deutschen Ausgabe: Friedrich Vetter)

Bereits auf den ersten Blick bietet die kontinentaleuropäische Stadt eine Vielfalt von Ausprägungen und regionalen Schwerpunkten. Unterschiedliche ökonomische, politische, demographische und historische Bedingungen für das Städtewachstum in den verschiedenen Regionen und Ländern Europas lassen eine sinnvolle Untergliederung des vorhandenen Schrifttums nach sprachlich zusammengehörenden oder verwandten Teilräumen geboten erscheinen. So sind neben dem publizistisch besonders aktiven deutschsprachigen Mitteleuropa sechs weitere Regionen mit starker Eigendynamik im Bereich der Stadtforschung als Hauptabschnitte isoliert dargestellt.

Dabei ergibt sich — durch die anschließende Beschäftigung mit der Carterschen Arbeit motiviert — als besonders interessante Fragestellung, wieweit der angelsächsische Bereich einer eigenständigen kontinentaleuropäischen Stadtgeographie Impulse geben konnte, die sich im aktuellen Schrifttum nachweisen lassen (s. Abschnitt 8 dieses Kapitels). Wie in den folgenden Kapiteln noch ausführlich dargestellt werden wird, hat sich ja besonders Nordamerika durch einen schnell voranschreitenden Urbanisierungsprozeß sowie durch praktische Planungs- und Lösungsvorschläge der aufgetretenen Probleme ausgezeichnet, aber eben auch durch besondere Zuspitzung krisenhafter Erscheinungen in der Großstadt, wie durch die Überschuldung einiger Weltstädte wie New York, durch Slumbildung um die Innenstadt herum wie in Los Angeles, durch hohe Kriminalität wie in Chicago und Detroit, durch das Abwandern der wohlhabenderen Schichten in die Vororte in fast allen Agglomerationen und vor allem durch die gewaltige Energieverschwendung.

Man kann nur hoffen, daß die Europäer, die fast täglich Hiobsbotschaften dieser Art aus den Städten der „Neuen Welt" in ihren Zeitungen lesen können, die in Ansätzen auch hier vorhandenen Probleme sehen und den Urbanisierungsprozeß in planerisch sinnvolle Bahnen lenken. Die Stadtgeographie hat dabei durchaus nicht nur kontemplative Funktionen zu übernehmen, sondern sie kann den Entscheidungsträgern in den Kommunen konkrete Planungshilfen bieten, die über das vorliegende umfangreiche Schrifttum geliefert werden.

Nach P. Schöller et al. (1973, S. XI) „hat sich der Gesamtumfang des Schrifttums zur Stadtgeographie von Jahrzehnt zu Jahrzehnt annäherungsweise verdoppelt". Es werden daher auf begrenztem Raum fast ausschließlich aktuelle Literaturangaben seit 1970 herangezogen, wobei die in Teilabschnitt 1.1 und im Literaturteil 9.1 aufgeführten Gesamtdarstellungen und Bibliographien die Zeit davor, insbesondere über den deutschsprachigen Raum, in umfassender Weise abdecken.

Wie die über 400 Literaturhinweise in Abschnitt 9 belegen, sind vor allem Titel seit 1975 bis in das Jahr 1979 hinein ausgewählt, die den erwünschten Aktualitätsbezug — auch aus den Nachbarwissenschaften der Stadtgeographie — herstellen sollen. Wertvolle interdisziplinäre Beiträge hat hier vor allem die Gesellschaft für Regionalforschung (GfR), der deutschsprachige Zweig der Regional Science Association, geleistet. Im internationalen Rahmen wird besonders auf die Aufsätze zur Verstädterung verwiesen, die auf den Kongressen der Internationalen Geographenunion (IGU) in Montreal (W. P. Adams und F. M. Helleiner 1972; J. K. Fraser 1979) und Moskau (I. P. Gerasimov 1976) vorgetragen wurden. Die Nestoren der Stadtgeographie aus Kontinentaleuropa und auch viele jüngere Wissenschaftler kommen dabei mit eigenem neuen Schrifttum zu Worte. Besonders typisch erscheinende Beiträge werden im nachfolgenden Text gesondert zitiert, um dem interessierten Leser einen vertieften Einblick zu vermitteln.

1. Deutschsprachiges Mitteleuropa

Die Fülle neueren deutschsprachigen Materials wird ohne Rücksicht auf administrative Grenzen in 8 Teilabschnitte gegliedert, die den Vergleich mit dem angelsächsischen Schrifttum im Sinne der eingangs formulierten Fragestellung oder Annahme erleichtern sollen. Die umfassenden Teilabschnitte sind:

1.1   Gesamtdarstellungen und Bibliographien
1.2   Quantitative Methoden
1.3   Einzelstadtanalysen
1.4   Prozeß der Verstädterung, einschließlich Pendlerwesen, Stadtverkehr und Tourismus
1.5   Innere Differenzierung von Stadt und Stadtregion (Bodenwerte, Geschäftszentren, Sanierungsgebiete u. a.)
1.6   Äußere Differenzierung und Klassifizierung
1.7   Vergleichende Fallstudien
1.8   Bezug auf Stadtplanung und Umweltschutz

Diese Teilabschnitte sind als leicht faßbare, überblickhafte Untergliederungen der Forschungsschwerpunkte anzusehen, wobei etwa bei Einzelstadtanalysen

(s. Abschnitt 1.3) häufig auch Fragen der Planung (s. Abschnitt 1.8) auftauchen dürften und dabei gewisse Überschneidungen möglich sind. Dennoch reichen die zusammengestellten Teilabschnitte in diesem Zusammenhang für die Festlegung aktueller Tendenzen in der Stadtgeographie völlig aus und bieten dem Leser eine gute Einführung in die dargestellten Themenkomplexe.

1.1 Gesamtdarstellungen und Bibliographien

Bibliographische Arbeiten und Gesamtdarstellungen bedingen sich immer wieder gegenseitig. Sie sind zu Beginn des Literaturverzeichnisses gesondert aufgeführt (s. Abschnitt 9.1 dieses Kapitels) und geben umfassende Einblicke in die Entwicklung und den gegenwärtigen Stand des Faches. Sie sind daher besonders empfehlenswert zur Erweiterung und regionalen Schwerpunktbildung des im vorliegenden Bande gewonnenen Fachwissens.

Die neueste vorliegende stadtgeographische Gesamtdarstellung von B. Hofmeister (3. verb. Aufl. 1976 a) wurde gegenüber den vorhergehenden Auflagen in der Erkenntnis umgestellt, daß Lage, Genese, Physiognomie und Funktionen der Stadt als Erkenntnisobjekte zwar weiterhin bei monographisch-beschreibenden Arbeiten von großem Wert sind (vgl. den sehr informativen Band von P. Schöller über die deutschen Städte von 1967), daß aber die Akzente heute stärker auf spezialisierten Fragen und Hypothesen liegen, die zur Analyse von Kräften und Prozessen und schließlich zu Problemlösungen führen. So finden sowohl ökologisches Gleichgewicht und Umweltschutz als auch die Meinungen von Bürgerinitiativen Berücksichtigung.

Der Prozeß der Verstädterung ist außer bei B. Hofmeister auch in der 2. Auflage von H. Carter (1975) in einem Extra-Kapitel gesondert behandelt (s. auch Abschnitt 1.4). In diesem aktuellen Stadium sind idiographisch ausgerichtete Arbeiten weniger gefragt; der Blick richtet sich für die Problembewältigung vielmehr auch zu den Nachbarwissenschaften (vgl. P. Schöller 1969, S. VII und VIII). Bereits H. Monheim (1972) geht von Attraktivitätskriterien aus; und die Hauptsitzungen des Deutschen Schulgeographentages 1974 in Berlin über „Die Stadt in der Schulgeographie" und des Deutschen Geographentages 1977 in Mainz (1978) über „Ballungsgebiete – Verdichtungsräume" enthalten spezielle Problemstellungen wie Verkehrsbedienung (B. Wehner), Sanierung und Planung, (J. Diederich), innerstädtische Mobilität (D. Höllhuber), sozialräumliche Konflikte (J. Maier), Suburbanisierung (J. Bähr) und raumordnerische Vergleiche von Stadtsystemen (D. Bartels). Für den Schulgebrauch sei auf die „Unterrichtsmodelle zur Stadtgeographie – Sekundarstufe I" von W. Taubmann et al. (1975) verwiesen.

Als Soziologe setzt J. Friedrichs in der 2. neubearbeiteten Auflage von E. Pfeil (1972) in Einzelbeiträgen ähnliche Akzente, die er in seinem eigenständigen Band über die Stadtanalyse (1977) vertieft.

Unter Teilnahme von namhaften Soziologen und Vertretern weiterer benachbarter Disziplinen fand vom 14.–17.6.1979 das interdisziplinär vergleichend ausgerichtete deutsch-kanadische Kolloquium zur Stadtgestalt in Trier statt, das von H. Schroeder-Lanz geleitet wurde; vgl. hierzu auch die neue Arbeit von B. Hofmeister (1979) zur Stadtstruktur und ihrer Ausprägung in verschiedenen Kulturräumen.

Die Übersicht von E. Weber und B. Benthien (1976) aus dem Bereich der DDR ist noch stärker in allgemeine siedlungsgeographische und ökonomische Fragestellungen eingebunden. Schließlich zeigen die für 1980/81 geplanten Bände von E. Lichtenberger (Teubner Studienbücher) und G. Braun (UTB-Taschenbücher von Schöningh) mit dem Schwergewicht auf Systemanalyse und Modellbildung sowie mathematischen Methoden, daß das Interesse an leicht faßbaren Darstellungen zur Stadtgeographie weiter zunimmt.

Von den Bibliographien beschränkt sich die von P. Schöller, H.H. Blotevogel, J.H. Buchholz und H. Hommel (1973) auf deutschsprachiges Schrifttum über den Zeitraum von 1952–1970. Sie besteht aus knapp 1.000 Titeln, zu denen auch eine große Anzahl von Zeitschriftenaufsätzen geographischer Provenienz gehört. Dem Bereich Zentralitätsforschung ist eine Extra-Übersicht gewidmet (H. H. Blotevogel, H. Hommel und P. Schöller 1972).

Erheblich umfangreicher ist die stärker interdisziplinär ausgerichtete Literaturübersicht des Geographen und Regionalplaners J. Tesdorpf (1975), die im Sommer 1974 abgeschlossen wurde und in 12 Kapiteln und zahlreichen Unterabschnitten etwa 12.500 Titel von ebenfalls nur deutschsprachigen Monographien enthält. Die Kapitel enthalten u. a. „Verkehrsplanung und -gestaltung", „Erholungsplanung und -gestaltung" und „kommunale Ver- und Entsorgung sowie Infrastrukturplanung". Die Unterabschnitte behandeln Problemkomplexe wie „Sanierung von Altbauten" und „Das Shopping Center". An dieser tiefen Untergliederung übt allerdings R. Hanke (1977) berechtigte Kritik, zumal ein Autoren- und Sachregister – bei P. Schöller et al. (1973) vorhanden – leider fehlt.

Verwiesen sei außerdem auf die außerhalb der Geographie angesiedelten Spezialbibliographien, den Thesaurus Stadtplanung – Raumordnung (1972), die Zeitschriftenanalyse zur Orts-, Regional- und Landesplanung (1976), die Bibliographie Stadt-Umland-Problem (1977) und die Literaturanalyse Stadtentwicklungsplanung (1978) des besonders rührigen städtebaulichen Instituts der Universität Stuttgart. Auch der seit Januar 1977 periodisch erscheinende Informationsdienst über das aktuelle Schrifttum zu Raumordnung, Städtebau und Wohnungswesen (RSW) des Informationszentrums Raum und Bau in Stuttgart sollte konsultiert werden.

1.2 Quantitative Methoden

Das Aufkommen des elektronischen Rechners auch an den deutschen Universitäten gegen Ende der 60er Jahre — etwa 10 Jahre später als an den nordamerikanischen Forschungsstätten — brachte den quantitativen Methoden einen ungeahnten Aufschwung. Fast alle thematischen Bereiche der Stadtforschung sind heute betroffen, so daß eine Abgrenzung von rein beschreibenden Arbeiten immer schwerer wird (vgl. D. Bartels 1970). Die quantitativen Methoden umspannen ein weites Feld und reichen von der Anwendung durch fast reine Mathematiker über Statistiker zu mehr modelltheoretisch und methodisch angewandt vorgehenden Fachwissenschaftlern. Dabei erweist sich, daß die Kulturgeographie im allgemeinen und die Stadtforschung im besonderen ein Fach ist, das viele Hilfswissenschaften anzieht und auch benötigt.

Die Befürworter der Weiterentwicklung mathematischer Formeln über taxonomische Verfahren zur Stadtentwicklung vom Garin-Lowry-Typ (M. M. Fischer 1976) wie der alternativen faktorenanalytischen Festlegung von Parametern zur sozialen Segregation in Städten (G. Braun 1975) oder der Bestimmung von formalen Lösungsalgorithmen für die Abschätzung der Fahrtenverteilungsparameter nach dem Gravitationsansatz (S. A. Kádas und E. Klafszky 1976) legen im Bereich der mathematischen Statistik den Nachdruck auf das Ausfeilen der Methoden und sehen den empirischen Bezug eher als Nebensache an.

Modelltheoretische Arbeiten, die sich z. B. mit der Weiterentwicklung der Modelle von Thünens, Christallers, Löschs, von Burgess u. a. an Hand von empirischen Beispielen befassen und methodisch noch stärker angewandte Abhandlungen etwa zur Anwendung der Graphentheorie (F. Vetter 1970; C. Leusmann 1974; U. Schmidt 1977; I. Schickhoff 1978), des Gravitationsansatzes auf räumliche Diffusionsvorgänge (E. Giese 1978) und anderer Interaktionsmodelle konzentrieren sich auf den praktischen und planerischen Nutzwert für Städte und deren Umland. Schließlich ist die Übernahme von Gleichungssystemen aus der Physik und ihre Übertragung auf menschliche Interaktionen nur mit großer Vorsicht und kritischer Distanz zu bewerkstelligen (R. Hantschel 1977).

Eine Vermittlerposition bei dem Gegensatz zwischen Theorie und Praxis nehmen zwei in recht anschaulicher Form geschriebene und mit vielen Fallstudien ausgestattete Bände ein, die sich einmal an den Geographen (G. Bahrenberg und E. Giese 1975) und einmal an den Wirtschaftsfachmann (A. Kaufmann und E. Faure 1974) wenden. Im Rahmen der Geographie zeigte erstmals ein Symposium „Quantitative Methoden" in Gießen (E. Giese 1975) die Möglichkeiten und Grenzen der Anwendung dieser Methoden auf. Die Folgeveranstaltungen der Arbeitsgruppe in Bremen 1977 (G. Bahrenberg und W. Taubmann 1978) und Straßburg 1978 (A. Kilchenmann, in Vorber.) behandelten in verstärktem Maße stadtgeographische Fragestellungen.

Auf der gleichen Linie, nur stärker ökonomisch ausgerichtet, liegen die jährlichen Tagungen der Gesellschaft für Regionalforschung. In den einzelnen

Beiträgen wird versucht, die im Raum, in der Stadt oder in einem Städtesystem wirkenden Kräfte und Prozesse quantitativ in den Griff zu bekommen, um sie dann für planerische Extrapolationen auf die Zukunft hin aufzubereiten. Die lebhaften und mit großem Sachverstand kontrovers geführten Diskussionen nach jedem Beitrag bestärken in der Annahme, daß ein Zuviel an quantitativer Methodik und Theorie sowohl Kommunalpolitiker als auch interessierte Öffentlichkeit schreckt, ein Zuwenig hingegen notwendige prognostische Deutungen verhindert.

Dabei wird es immer schwierig sein, den Grad der Empirie oder Theorie bei der Anwendung quantitativer Methoden in einer Arbeit exakt festzustellen, zumal sich beide Forschungsrichtungen sehr häufig gegenseitig bedingen. In den nachfolgenden Abschnitten wird daher nur nach inhaltlichen Kriterien differenziert.

1.3 Einzelstadtanalysen

Thematisch umfassende Einzelstadtanalysen wie die von G. Höhl über Bamberg (1956 a u. b), W. Albrecht über Neubrandenburg (1964 und 1975), K. Weigand über Flensburg (1966), G. Braun über Iphofen (1970), R. Thamm über Ribnitz-Damgarten (1970) und P. Sedlacek über Münster (1973) nehmen ihrer Anzahl nach ab. Sie sind von mehr heimatkundlich beschreibendem Inhalt und herkömmlichen statistischen Tabellenangaben geprägt.

Einen mehr volks- und länderkundlichen Charakter weisen Arbeiten über entfernte Städte, meistens in Entwicklungsländern, auf, wie die von C. Becker

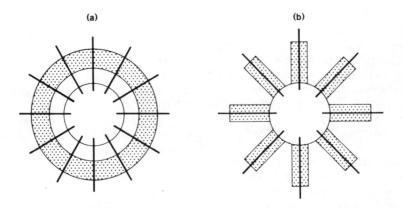

Fig. 1. Stadtentwicklungsmodelle (nach F. Lehner 1964, S. 57).

über Kano in Nigeria (1969), von R. Stewig über Bursa in Anatolien (1970), von M. Momeni über die Kleinstadt Malayer im Iran (1976) und von G. Koester über Santa Cruz de la Sierra in Bolivien (1978).

Beide Gruppen werden zu Beginn der 70er Jahre in zunehmendem Maße von Spezialthemen abgelöst, die im Sinne von Abschnitt 1.1 eine stärkere analytische Problematisierung erkennen lassen. Stärker sozialkritisch differenzierend und prozeßhaft ausgerichtet sind die Arbeiten von J. Küchler und S. Kong-Sut über das räumliche Ungleichgewicht Hong-Kongs (1971), das auch H.J. Buchholz (1978) bezüglich des Wohnverhaltens der Bevölkerung analysiert, von K. Vorlaufer über die Urbanisierungs- und Mobilitätsproblematik in Dar es Salaam (1973) und von G. Eichler über die Sozialökologie von Algier (1976). Die Übergänge sind jedoch häufig fließend und münden ein in Abschnitt 1.4, 1.5 und 1.8.

1.4 Prozeß der Verstädterung, einschließlich Pendlerwesen, Verkehr und Tourismus

Die zunehmende private Motorisierung nach dem 2. Weltkriege hat in allen Industrieländern, besonders stark aber in Nordamerika, zu einem Ausufern der Bebauung am Großstadtrand geführt, die häufig unkontrolliert und ungeplant verlief. Der öffentliche Nahverkehr konnte sich trotz mannigfaltiger Versuche nur selten auf die veränderten Bedingungen einstellen und trug damit u. a. ungewollt zu einem weiteren Wachstum der täglichen Pendlerströme bei.

So gilt das allenthalben auch in Deutschland anzutreffende ringförmige Städtewachstum (s. Fig. 1 a) als weniger günstig für die Erschließung durch öffentliche Verkehrsmittel als ein sternförmiges (s. Fig. 1 b), das unter der Annahme gleicher Besiedlungsdichte entlang von *acht* schematisch dargestellten Verkehrsachsen entsteht. Je weiter eine Stadt nach außen wächst, desto größer werden die durch öffentliche Verkehrsmittel *nicht* bedienten Flächen, da sich die Netzgestaltung vorwiegend strahlenförmig zum Zentrum hin ausrichtet und nur im Umkreis von Haltestellen eine optimale Zugänglichkeit zu Bus, U-Bahn oder S-Bahn vorhanden ist.

Freilich ist heute das Wachstum deutscher Städte durch Fortfall des Zuzugs von Vertriebenen und Flüchtlingen, nur spärlich noch fließende Ströme von Aussiedlern aus den Oder-Neiße-Gebieten und Osteuropa und die Sperre für den Zuzug von Gastarbeitern fast zum Erliegen gekommen. Außerdem wirken sich geringe Mobilitätsbereitschaft, allgemeiner Geburtenrückgang der Westdeutschen und vor allem ein gesteigertes Umweltbewußtsein großer Bevölkerungskreise negativ auf ein weiteres Städtewachstum aus. In Einzelfällen ist bereits von einer ausgesprochen rückläufigen Bevölkerungsbewegung aus den großen Städten heraus die Rede. Die durch die stürmische Urbanisierung der 50er und 60er Jahre hervorgerufenen Probleme sind aber geblieben und harren ihrer Lösung. Eine solche ist nunmehr durch Schaffung von verkehrsberuhigten Zonen, Fußgängerbereichen, strengen Lärm- und Abgasverordnungen etc. in Angriff genommen worden.

Nur der Tourismus (J. Matznetter 1976 b und 1978; K. Ruppert 1976), insbesondere der Großstadt- und Kongreßtourismus (B. Hofmeister 1976 b; F. Vetter 1976), ist im Steigen begriffen, wie an den Übernachtungszahlen und den Umsätzen des Hotel- und Gaststättengewerbes abzulesen ist. Er trägt damit zur Erhaltung der Attraktivität der Städte bei. In Berlin (West) z. B. liegt das Beherbungsgewerbe mit den jährlichen Einnahmen an 7. Stelle aller Gewerbezweige.

1.5 Innere Differenzierung von Stadt und Stadtregion (Bodenwerte, Geschäftszentren, Sanierungsgebiete u. a.)

Methodische Möglichkeiten der Abgrenzung von möglichst homogenen Teilräumen der Stadt, insbesondere der Innenstadt, die mit ursprünglichen administrativen Trennlinien schon lange nicht mehr zusammenfallen, erkundeten im deutschsprachigen Raume bereits 1931 E. Müller (Breslau), später R. Klöpper (1961 und 1969) und in den letzten Jahren F. Schaffer (1970), K. Wolf (1971), E. Lichtenberger (1972) sowie für Berlin B. Hofmeister (1975) und H. Heineberg (1977). Modellüberlegungen aus dem nordamerikanischen Erfahrungsbereich, z. B. das Modell zur Stadtstruktur und Sozialsegregation von Burgess (s. Kap. 9) sind dabei nicht ohne weiteres auf europäische Verhältnisse übertragbar (s. E. Lichtenberger 1970; vgl. D. S. Rugg 1972).

Eine immer größere Bedeutung erhalten, angeregt wiederum von angelsächsischen Autoren, die in der westlichen freien Marktwirtschaft aus dem Wettbewerb resultierenden Bodenwerte, deren Höchstsätze je Quadratmeter Fläche im Zentrum der Innenstadt liegen und die nach außen, zur Peripherie der Stadt hin, wertmäßig immer stärker abnehmen (M. Pfannschmidt 1973; T. Polensky 1974). Isolinien grenzen Teilräume mit annähernd gleichen Bodenwerten voneinander ab. Die Untersuchung von K. Vorlaufer über das Westend von Frankfurt am Main (s. auch E. Giese 1977) mit dem durch Ausnahmegenehmigungen möglichen Bau von Hochhäusern mitten in einer altehrwürdigen innerstädtischen Villengegend zeigt die Problematik konkurrierender Nutzungsarten. Im Gegensatz dazu weisen die heute häufig mit Gastarbeitern vollgestopften Sanierungsgebiete besonders niedrige Bodenwerte auf (F. J. W. Bader 1972; H.-J. Zylka 1975; J. Hoffmeyer-Zlotnik 1977). In diesen fehlen neuzeitliche sanitäre Einrichtungen, sind viele Gebäude baufällig und liegen die Mieten extrem niedrig. Die alten und weniger mobilen Einwohner sind geblieben. Am Stadtrand sind neue Großwohngebiete entstanden, in die junge Familien unterschiedlichen Her- und Einkommens in Sozialwohnungen einzogen (F. Schaffer 1968) und haben die innere Differenzierung auch der deutschen Stadt verstärkt.

1.6 Äußere Differenzierung und Klassifizierung

Nach der Arbeit von W. Christaller (1933), der auch in den angelsächsischen Ländern als großes Vorbild gilt und dort eine Fülle von Veröffentlichungen angeregt hat (s. Kap. 5—7), haben sich in den letzten Jahren viele Autoren mit der äußeren Differenzierung und Klassifizierung von Städten befaßt. Siedlungsbänder und Entwicklungsachsen konstatieren K.-H. Hottes (1971) und G. Kluczka (1971); die Industriestruktur großer Städte analysiert J. Heinzmann (1975), verschiedene Standorte mit Hilfe quantitativer Methoden G. Bahrenberg (1976) und die Stadt-Umland-Beziehungen in der DDR H. Lüdemann und J. Heinzmann (1975) sowie Gertrud Albrecht (1974), die sich speziell mit der Netzplanung im Bezirk Neubrandenburg beschäftigt. Mit der zentralörtlichen Theorie und deren Anwendung befaßten sich außerdem mehrere Referate auf der Arbeitstagung zur Entwicklung der Siedlungsstruktur in der DDR im Nov. 1973 in Leipzig (u. a. G. Taege 1973) und auf dem Symposium über quantitative Geographie im Sommer 1974 in Gießen (u. a. J. Deiters 1975). Dabei ist festzustellen, daß die empirische Überprüfbarkeit der modelltheoretischen Aussagen von W. Christaller immer stärker in den Vordergrund tritt, mit Hilfe der elektronischen Datenverarbeitung klarere quantitative Aussagen möglich sind und vor allem eine Lösung des Verknüpfungsproblems von sog. Raum-Zeit-Transformationen versucht wird. Die sinnvolle Überprüfung des empirischen Wahrheitsgehalts einer Theorie erfolgt nämlich im allgemeinen nicht über den Vergleich ihrer Prämissen mit den beobachteten Phänomenen — was manchmal fälschlicherweise angenommen wird — sondern über den Vergleich der *Implikationen* solcher Prämissen mit den beobachteten und empirisch getesteten Fakten im geographischen Raum.

1.7 Vergleichende Fallstudien

Bereits P. Schöller (u. a. 1973, S. XIV) stellte fest: „Zunehmend kommt es zu kleinräumigen Untersuchungen und Fallstudien mit quantitativer Fundierung". Seit 1970 hat in der Tat die Anzahl solcher Studien erheblich zugenommen. Aus dem deutschen Raum sind vor allem die Dissertationen von H.J. Buchholz (1970) über einen Vergleich von sechs Städten und Stadtteilen im Ruhrgebiet, die ebenfalls den Rhein-Ruhr-Raum behandelnde faktorenanalytisch vorgehende Habilitationsschrift von W. Gaebe (1976) und die Habilitationsschrift von K. Wolf (1971) über die Geschäftsviertel von 15 deutschen Städten bekannt geworden.

Internationale Vergleiche von einzelnen innerstädtischen Straßenzügen hat K.D. Wiek (1967) über den Kurfürstendamm in Berlin und die Champs-Elysées in Paris angestellt. Neue Großwohngebiete — Falkenhagener Feld in Berlin und Schaumburg in Chicago — vergleicht F. Vetter (1978a), wobei sozioökonomi-

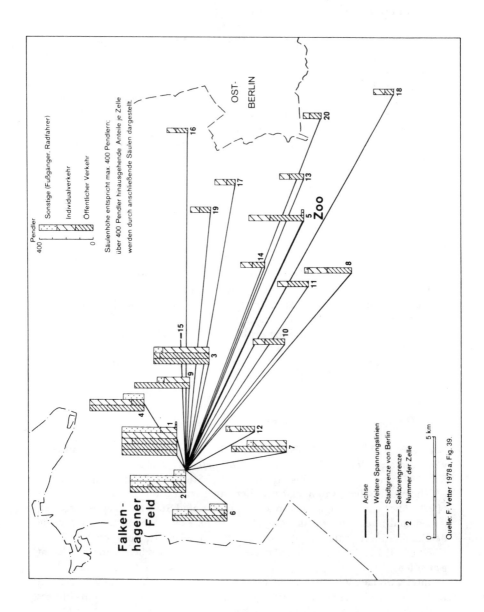

Fig. 2a. Modellspannungen der Auspendler des Falkenhagener Feldes in Berlin (1985)

Vergleichende Fallstudien 11

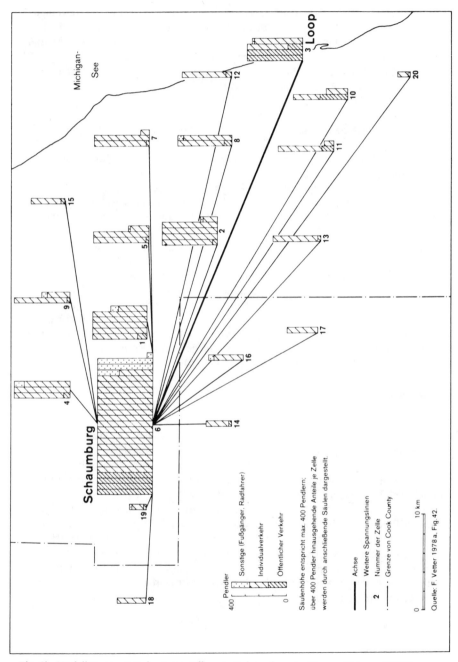

Fig. 2b. Modellspannungen der Auspendler von Schaumburg im Raume Chicago (1985).

sche und Verkehrsverhältnisse entlang einer gedachten Achse zur jeweiligen Innenstadt mit Hilfe des Gravitationsansatzes analysiert und die Verkehrsspannungen der Pendler getrennt nach Individual-, öffentlichem Verkehr und Sonstigen für das Jahr 1985 prognostiziert werden (s. Fig. 2a/2b).

Bestimmte thematische Schwerpunkte ganzer Städte in verschiedenen Ländern vergleichen C. Braun (1974) und J. Friedrichs (1978, Hrsg.).

1.8 Bezug auf Stadtplanung und Umweltschutz

Die Schwierigkeiten bei der planerischen Bewältigung von Agglomerationen in der Bundesrepublik Deutschland zeigt besonders gut der Sammelband von W. Pehnt (1974). In den einzelnen Artikeln mehrerer Autoren über aktuelle Probleme der Stadtplanung werden die in den vorhergehenden Abschnitten 1.1— 1.7 angesprochenen Themenbereiche mit Brillanz und Sachverstand behandelt, die rein wirtschaftlichen Erwägungen s. bei J. Barnbrock (1975).

In zunehmendem Maße nehmen sich auch neue Schriftenreihen von Ministerien in Bonn (u. a. Planungsmodell Siarrsy 1974) und öffentlichen Institutionen, z. B. der Akademie für Raumforschung und Landesplanung in Hannover, der Bundesforschungsanstalt für Landeskunde und Raumordnung in Godesberg, das Deutsche Institut für Urbanistik und das Umweltbundesamt, die beiden letzteren in Berlin, der Planung und des Umweltschutzes an. Die herausgegebenen Schriften sind bereits so zahlreich, daß ein annähernder Überblick nur durch eingehende Archivarbeit möglich erscheint. Als Einzelarbeit über die Planung beider Teile Berlins sei F. Werner (1976) erwähnt.

Viel Zeit bleibt den Planern ohnehin nicht mehr, denn die einsetzende Stadtflucht (D. Höllhuber 1977) und scharfe Kritik der Öffentlichkeit und von Bürgerinitiativen, etwa bei der städtischen Grünplanung (s. K.D. Wiek 1977), die sich z. Z. noch mehr in Leserbriefen und Zeitungsartikeln niederschlagen, erzwingen schnellere und bessere Planungsentscheidungen. Geographen, Sozialwissenschaftler, Architekten und Städtebauer haben zwar dazu — mehr in den USA, aber auch in Europa — wertvolle Ansätze geliefert. Häufig herrscht jedoch der Eindruck vor, daß bis zur praktischen Umsetzung von Erkenntnissen noch viel Zeit vergeht. Eine Möglichkeit der Verbesserung der Kommunikation wäre z. B. das zwar konfliktträchtige, aber häufig dennoch zu guten und dauerhaften Ergebnissen führende Teamwork verschiedener Fachvertreter, das sich in den USA bewährt hat. Es führt dazu, daß die Lücke zwischen Theorie und Praxis schneller geschlossen werden kann. Daher sind weitere Gemeinschaftsarbeiten im deutschsprachigen Raume zur angewandten Stadtforschung aus allen beteiligten Disziplinen im Sinne einer praktizierbar verbesserten urbanen Umweltqualität zu begrüßen.

2. Östliches Mitteleuropa

In staatskapitalistischen Ländern wie Polen und der Tschechoslowakei ist öffentliche Kritik an der Planung im Städtebau (E. Goldzamt 1975) und im stadtgeographischen Schrifttum naturgemäß kaum nachzuweisen, obwohl etwa der Umweltschutz durchaus betont wird (J. Leszczycki 1974; T. Bartkowski 1976; J. Zapletalová 1976). Auch sind ausgesprochen stadtgeographische Monographien relativ selten, was schon K. Dziewonski (1973, S. 44) beklagt, da zumeist umfangreicher und allgemeiner gehaltene Themen angeschnitten werden, die das ganze Land betreffen (s. J. Kostrowicki 1973; J. Leszczycki und T. Lijewski 1977).

Umfassender hat man sich vor allem mit den Mobilitätsvorgängen nach der Vertreibung der deutschen Bevölkerung aus Schlesien, Pommern und dem südlichen Ostpreußen, den sog. Westgebieten, beschäftigt (L. Kosiński 1963) und den dabei auftretenden Raumordnungsproblemen (J. C. Fisher 1966; B. Malisz 1974; T. Bartkowski 1974 und 1976), die durch die ihrerseitige Vertreibung der Menschen aus Ostpolen, insbesondere aus dem dichtbevölkerten Raume Lemberg (Lwów), verschärft wurden.

Das Wachstum der Ballungsgebiete (W. Rakowski 1975) wird, z. T. auch mit neueren quantitativen Methoden, eingehend analysiert, wie die Regionen Warschau (L. Kosiński 1965; J. Grocholska 1974) und Lodź sowie das nunmehr wieder vereinigte oberschlesische Industrierevier (A. Wrzosek 1965; S. Leszczycki, P. Eberhardt und S. Herman 1971; S. Leszczycki und T. Lijewski 1974).

Außerdem steht vor allem der Stadtverkehr mit seiner verstärkten Betonung des öffentlichen Nahverkehrssektors im Mittelpunkt des Interesses (M. Kaminski 1974).

Auch in der ČSSR hat die private Motorisierung in den Städten einen erheblich geringeren Stellenwert als im privatkapitalistischen Westen (J. Hursky 1976). Es fehlt die im Westen vor allem nach dem 2. Weltkrieg eingetretene so charakteristische Zersiedlung des städtischen Umlandes durch das Eigenheim. Ein zusätzlicher Wohnungsbedarf ergab sich nämlich, wie auch in Polen, zunächst nicht, da die verlassenen Städte und Dörfer der Sudetendeutschen frei zur Verfügung standen. Heute sind allerdings, vor allem in den wachsenden Agglomerationen Prag und Preßburg/Bratislava, neue Großwohngebiete entstanden, die denen im Westen nach Zuschnitt und Ausstattung, Lagebeziehungen und Verkehrsanbindungen sehr ähneln (M. Blazek 1971 und 1972). Neuere quantitative und vergleichende Analysen haben vor allem im Bereich des städtischen Fremdenverkehrs der Slowakei P. Mariot (1973) und auf dem Verkehrssektor Mährens sowie über das sich auch in der ČSSR ausbreitende Streben nach Zweitwohnungen S. Šprincová (1974 und 1976) durchgeführt.

In Ungarn, wo nach dem 2. Weltkrieg, anders als in Polen und der Tschechoslowakei, die deutsche Bevölkerung nur in geringem Maße zwangsumgesiedelt wurde (G. Markos 1971, S. 35), das Land aber bereits nach dem 1. Weltkriege gewaltige Gebietsabtretungen (Kroatien, Siebenbürgen, Slowakei) hatte hinnehmen müssen, steht neben einigen wenigen anderen größeren Städten die Hauptstadt Budapest mit annähernd 2 Millionen Einwohnern (= 20 % der Einwohner des Landes) im Mittelpunkt des Interesses (s. T. Bernát 1972).

Weitere Gedanken über die selektive Ansiedlung von Industriebetrieben (Z. Tatai 1976), die Ordnung des auch hier knappen Großstadtraumes (s. S. Katona 1976) und den Urbanisierungsprozeß (E. Lettrich 1975) gehen einher mit Überlegungen zur äußeren Differenzierung und Klassifizierung von Städten (M. Matheika 1976).

3. Skandinavien

Skandinavien hat mit dem 19. Internationalen Geographenkongreß in Lund, Schweden (Symposium 1962) schon früh das allgemeine Interesse auf quantitative und analytische Methoden in der Stadtforschung gerichtet. Trotzdem werden nur selten skandinavische, insbesondere schwedische Arbeiten im deutschsprachigen Schrifttum zitiert. Auch hier ist die Sprachbarriere der Hauptgrund, da die Schweden zumeist nur in der Landessprache publizieren (s. P. Hall 1977).

Seit G. Alexandersson (1956) sind die meisten skandinavischen Arbeiten methodisch und inhaltlich von nordamerikanischen Autoren beeinflußt, wie die skandinavischen und z. T. auch die holländischen Beiträge beweisen, die bis 1970 von S. Strand (1973) zusammen mit angelsächsischen Literaturangaben zur Stadtforschung gesammelt worden sind. Aus Dänemark ist die systemtheoretisch-sozialkritische stadtgeographische Arbeit von V. Petersen (1977) als neuerer Einzelbeitrag festzuhalten und aus Finnland, wo mehrere sehr aktive Kulturgeographen auch auf deutsch und englisch publizieren, die Monographie von P. Viitala (1977) über die innere Differenzierung der Stadt nach der Veränderung der Bodenwerte mit zunehmender Entfernung vom Zentrum. Methodisch aus einem etwas anderen Blickwinkel sieht S. Jumppanen (1973) die innere Differenzierung der Stadt Rauma in seiner Fallstudie. Auf das Wachstum städtischer Agglomerationen in Finnland hat sich K. Rikkinen (1971) konzentriert und R. K. Helle (1976) auf den Planungsbezug bei der Erweiterung der Beherbergungskapazitäten durch private Hotelketten. G. A. Eriksson (1974) schließlich wandte Modal-Split-Parameter bei der Erklärung und Planung innerstädtischer Nahverkehrsstrukturen an, die aus dem Gegensatz von individuellem und öffentlichem Verkehrsanteil resultieren.

4. Benelux-Länder und Frankreich

Im westlichen Kontinentaleuropa hat vor allem das Phänomen der Randstad Holland zu umfangreichen stadtgeographischen Studien angeregt (J.A. van Ginkel 1976; J.G. Borchert 1977). Aktuelle Tendenzen in den Niederlanden und im flämisch sprechenden Belgien haben H.v.d.Haegen und J.v. Weesep (1973) beschrieben. Sie ähneln in Methodik, empirischer Ausgangslage und Zielsetzung sehr denen im angrenzenden deutschsprachigen Raum. Die vielen Einzelstudien zur Stadtstruktur (z.B. P.J.W. Kouwe 1970; Agglomération 1972; H.v.d. Haegen 1974; R. op de Beeck 1974) sowie deren vergleichende Betrachtung (M. Goossens und H.v.d. Haegen 1972; T. Brulard 1974) sind vorwiegend durch die Tatsache motiviert, daß Belgien und Holland mit ausgeprägten Stadtlandschaften zu den am dichtesten besiedelten Ländern der Welt gehören. Die Hauptstadt Brüssel ist mehrfach Gegenstand spezieller Betrachtung (B. Jouret 1972).

Seit der umfassenden Stadtgeographie vom Mme. J. Beaujeu-Garnier (1963) und dem Aufsatz von P. Pinchemel (1965) sind in Frankreich mit sowohl rein beschreibenden Monographien wie auch mehr analytisch und quantitativ ausgerichteten Arbeiten die Interessen breit gestreut. B. Barbier (1969) hat sich mit den Städten am Alpenrand, vor allem auch mit deren Fremdenverkehr und dem Skitourismus beschäftigt, für den er 1978 innerhalb der IGU-Arbeitsgruppe „Fremdenverkehr" eine eigene Unterabteilung gegründet hat. P. Merlin (1973 und 1974) gibt einen Überblick über die Anwendung quantitativer Methoden auf die Großstadt und H. Chamussy et al. (1975) wenden faktorenanalytische Verfahren zur Erfassung sozioökonomischer Variablen auf den Raum Grenoble an, s. auch seinen Band (1974) über quantitative Methoden.

Auf dem Stadtverkehrssektor beschäftigt sich vor allem M. Wolkowitsch mit der vergleichenden Analyse der Fahrgastströme in Europa und Nordamerika (1976) und kommt u.a. zu dem Schluß, daß der öffentliche Verkehr in den USA gegenüber dem Individualverkehr aus verschiedenen Gründen unterentwickelt ist. Die Bedeutung des Personen- und Güterverkehrs auf der Eisenbahn für die französischen Städte beschreibt M. Chesnais (1978) in seiner Dissertation unter Zuhilfenahme vieler eindrucksvoller Statistiken und Schaubilder. A.-L. Vigarie (1978) hat sich mit Verve auf die europäischen Hafenstädte und ihren Warenverkehr im Vergleich spezialisiert. Die Sorge um die zunehmende Umweltbelastung kommt schließlich in einem Artikel von Mme. R. Caralp (1976) zum Ausdruck. In allen diesen Beiträgen wird deutlich, daß die neuere französische Stadtgeographie recht umfassend auf nordamerikanischen Einflüssen aufbaut und dabei häufig frankokanadische Literatur zitieren kann, die mit dem angelsächsischen Bereich einen methodisch wie inhaltlich sehr engen Kontakt pflegt, da man oft sogar zweisprachig publiziert.

5. Südeuropa

Bis auf einige Ausnahmen ist bisher auf der Iberischen Halbinsel nur wenig über rein stadtgeographische Sachverhalte publiziert worden (vgl. N.L. Müller 1973, S.60). Hingegen liegt aus dem Bereich der italienischen Stadtgeographie eine größere Anzahl von aktuellen Veröffentlichungen vor, die allerdings zumeist rein beschreibenden Charakter haben und experimentelle Ansätze mit Hypothesenbildung und Modellanwendung eher vermeiden.

Ein besonders starkes Interesse wird der Vielzahl kleinerer und größerer Hafenstädte entgegengebracht, die an den langen Küsten des Stiefels gelegen sind (s. die Sammelbände C. Muscarà et al. 1974; C. Muscarà und L. Pedrini 1977). Hierbei herrscht das beschreibende und teilweise vergleichende Element vor. Ansätze von neueren Modellanalysen sind zweifellos vorhanden (T. d'Aponte 1975; G. Spinelli 1976; B. Cori 1976), aber noch kaum methodisch weiter ausgefeilt. Auch die neuesten Stadtstrukturuntersuchungen wie auch Versuche der Klassifizierung von Städten (M. Costa, C. da Pozzo und F. Bartaletti 1976; C. Muscarà 1977) scheuen neuere analytische Methodenanwendung.

An ausländischen Autoren werden selten französische zitiert; deutsche oder angelsächsische entfallen fast ganz. Die Sprachbarriere erscheint hier, wie auch im übrigen Südeuropa, recht ausgeprägt. Daher sind diese Länder auf internationalen Konferenzen und Tagungen im Bereich der Stadtgeographie nur selten vertreten und fehlen für den fachlichen Austausch.

6. Südosteuropa

In Bulgarien, das wie auch Rumänien und Jugoslawien (A. Verbič 1978) stark vom Fremdenverkehr aus Mitteleuropa profitiert, sind die Küstenstädte besonders unter die Lupe genommen (M. Bachvarov 1970 und 1978; I. Penkov et al. 1976; P. Popov und D. Dončev 1976). Allgemeiner gehaltene klassifikatorische Erörterungen und Hinterlandabgrenzungen von Städten in diesem Raum bringen, streng nach den heutigen Grenzziehungen auf dem Balkan getrennt, vor allem K. Evers (1976), I. Popovici (1976) und N. Caloianu et al. (1976) über Rumänien, L. Dinev (1976) über Bulgarien, M. Panov (1976) über Mazedonien und I. Vrišer (1976) über den Gesamtstaat Jugoslawien.

Insgesamt herrschen auch in diesem Raum rein deskriptive Abhandlungen vor, die weder quantitative Methoden noch Einzelstadtanalysen oder gar vergleichende Fallstudien bringen. Der Mangel an leicht zugänglichem statistischem Material dürfte neben unzureichender Ausrüstung mit elektronischen Rechnern der Hauptgrund sein.

Außerdem ergibt sich eine weitere wesentliche Unsicherheit dadurch, daß bei der Beurteilung des stadtgeographischen Schrifttums Südosteuropas deutsche oder westeuropäische Autoren der vielen Sprachen des Balkans nicht mächtig sind und daher in andere Sprachen nicht übersetzte Arbeiten oder wenigstens Titel nicht beurteilen können. — Kyrillische Namen, insbesondere aus Bulgarien und der Sowjetunion, sind hier in englischer Schreibweise übernommen, was bedeutet, daß z. B. der bekannte russische Stadtgeograph (zu deutsch korrekt) V.G. Dawidowitsch, an die angelsächsische Phonetik angepaßt, V.G. Davidovich heißt.

7. Sowjetunion

Anders als in den meisten süd- und südosteuropäischen Ländern sind in der Sowjetunion durchaus Fortschritte bei der Anwendung analytischer und quantitativer Methoden vor allem in der Interaktions- und Migrationsforschung zu verzeichnen. Das gilt auch für den engeren Bereich der Stadt- und Wirtschaftsgeographie. Der Wandel läßt sich deutlich nachweisen an den Arbeiten des bekannten Moskauer Stadtgeographen Y. G. Saushkin (1960) sowie I. V. Komar und Y.G. Saushkin (1976) sechzehn Jahre später. Dazu sind die heute im Westen angewandten Methoden und Modelle in erstaunlichem Maße bekannt (vgl. die Rezension von P. Hall 1977). Das verwandte empirische Datenmaterial ist jedoch relativ spärlich. Häufig kann man ein Ausweichen auf rein theoretische und kaum angewandte Themen über Städtesysteme feststellen (O. Konstantinov 1972).

Allgemein beschreibenden und für den westlichen Stadtgeographen recht informativen Charakter haben die Abschnitte über die sowjetischen Städte bei V. Pokshishevsky (1974). Bereits stärker analytisch ausgerichtet sind die Arbeiten über den Prozeß der Verstädterung bei V.G. Davidovich und G.M Lappo (1966) und über das Wachstum der Region Moskau bei D.D. Zhilina und V.A. Kopylov (1973). Als Ergänzung aus westlicher Feder seien empfohlen die Fallstudien über Leningrad von D.T. Cattell (1968) und Moskau von F.E.J. Hamilton (1976) sowie der umfassende und prägnante Überblick über Funktionen und Wachstum sowjetischer Städte von C.D. Harris (1970) und von W. Taubmann (1973).

Vergleichende Analysen russischer Autoren mit Stadtstrukturen außerhalb der Sowjetunion sind, abgesehen von neueren Studien über einzelne Entwicklungsländer (G.V. Sdasyuk 1972), sehr selten. Hier wirken sich mangelnde Kontakt- und Reisemöglichkeiten für Wissenschaftler in erheblichem Maße negativ aus. Auch westliche Geographen wagen nur vereinzelt vergleichende Betrachtungen mit den Verhältnissen in sowjetischen Städten. Aus Mangel an ausreichender Originalliteratur, geringer Kenntnis der Landessprache und nur sporadischer persönlicher Inaugenscheinnahme müssen derartige Versuche relativ oberflächlich bleiben. R. B. Adams (1976) vergleicht den Urbanisierungsprozeß in der Sowjetunion und sieht viele Parallelen mit den USA; F. Vetter

(1976 a) stellt eine kurze vergleichende Betrachtung des Stadtverkehrs in Chicago, Berlin und Moskau an.

Recht aktiv auf dem Felde der Stadtforschung und -klassifikation sind die baltischen Länder Estland (V. P. Polonsky 1976), Lettland (A. F. Baul u. a. 1976) und Litauen (K. Šešelgis 1976; S. K. Vaitekūnas 1976), in denen häufiger auch Veröffentlichungen in deutscher oder englischer Sprache erscheinen. Alle übrigen in russischer Sprache und Schrift veröffentlichten Arbeiten werden nur höchst selten übersetzt, was schon R. J. Fuchs (1964) in seiner Analyse der sowjetischen Stadtgeographie nach dem 2. Weltkriege bemängelte, der eine Reihe von Arbeiten aus den 50er und 60er Jahren zitiert. Der Internationale Geographenkongreß in Moskau 1976 erwies sich daher — soweit Aufsätze in englisch und französisch vorliegen — als ausgesprochene Fundgrube. Die Hoffnung, im Rahmen der Internationalen Geographenunion (IGU) zu einem stärkeren Austausch, insbesondere zu einer aktuellen internationalen stadtgeographischen Bibliographie zu kommen, die bei verbleibendem Übergewicht der angelsächsischen auch in verstärktem Maße mittel- und osteuropäische Literatur beinhaltet, welche sich methodisch und thematisch den neueren analytischen Verfahren mit der in Abschnitt 8 noch genauer zu erläuternden abgestuften Zeitverzögerung in stärkerem Maße verschreibt, ist seitdem erheblich gewachsen.

8. Kontinentaleuropäische und angelsächsische Stadtforschung

Wie die bisherigen Ausführungen gezeigt haben, beruht die Notwendigkeit einer Gegenüberstellung kontinentaleuropäischer und angelsächsischer Stadtforschung auf unterschiedlichen Ausgangsbedingungen: 1. der Sprache, 2. der Technologie, 3. der Planung und 4. der historischen Entwicklung.

Zu 1.: Zunächst wirkt vor allem die *Sprachbarriere* differenzierend, die nur Großbritannien als Teil Europas für einen ungehinderten Erfahrungsaustausch nicht zu verkraften hat. Diese Barriere besteht im Bereich der germanischen Sprachen Nord-, Mittel- und Westeuropas in erheblich geringerem Maße als im südeuropäisch-romanischen Raum. Frankreich hat über die franko-kanadische Sprachgruppe, die durch ihre Zweisprachigkeit im wissenschaftlichen Schrifttum auch die Entwicklung im anglophonen Nordamerika genau verfolgt, ebenfalls einen besseren Anschluß an analytische Untersuchungsmethoden als etwa die osteuropäischen Länder. Gerade über die Stadtforschung in der Sowjetunion, die mit ihrer kyrillischen Schrift besonders schwierige Bedingungen für den fachlichen Austausch aufweist, ist man immer wieder erstaunt. Denn anders als im Westen, insbesondere in den USA, wo nur sehr wenige Fachleute vom russischen Schrifttum Notiz nehmen — in abgeschwächter Form gilt das auch für die übrige aktuelle kontinentaleuropäische Forschung im Hinblick auf nordamerikanische Autoren (s. J. W. R. Whitehand und P. M. Edmondson 1977) — sind die bedeutendsten neueren Strömungen und ihre Vertreter aus Nordamerika in der Sowjetunion durchaus bekannt.

Zu 2.: Der zweite gegensätzliche Aspekt, der unterschiedliche *technologische Entwicklungsstand,* hat als Ausgangsbasis für die Stadtforschung erhebliches Gewicht. Da ist *einmal* das in Abschnitt 1.2 angedeutete Aufkommen des elektronischen Rechners, der die heutige umfassende Anwendung quantitativer Methoden und verfeinerter analytischer Techniken und Modelle erst ermöglichte. Die konstatierte Zeitverzögerung im Verhältnis Nordamerika — Mitteleuropa von 10 Jahren muß für die Sowjetunion und die kleineren süd- und südosteuropäischen Länder um weitere 10 Jahre verlängert werden. Es ist also damit zu rechnen, daß universitätseigene Computer, die in den USA bereits zu Beginn der 60er Jahre zur Verfügung standen und im westlichen Deutschland etwa 10 Jahre später, in der Sowjetunion erst Anfang der 80er Jahre in ausreichendem Maße installiert sein werden. Danach ist auch dort mit einem erheblichen Anschwellen der entsprechenden Fachliteratur zu rechnen.

Der *zweite* entscheidende empirisch-technologische Gesichtspunkt für die Stadtforschung ist der Motorisierungsgrad und seine Auswirkungen auf das Stadtbild und die Planung. Während z. B. in Los Angeles der Motorisierungsgrad als relativ zuverlässiger Indikator (Einwohner je Kfz) im Jahre 1978 weniger als 2:1 beträgt, sind es in Berlin (West) 4:1 und in Moskau 200:1. In allen Großstädten wächst der Motorisierungsgrad weiter. Eine absolute Grenzbelastung ist bisher nirgends erreicht.

Allein der durchschnittlich doppelt so hohe Wert in nordamerikanischen Städten gegenüber mitteleuropäischen hat zu ganz anderen Ausprägungen der Stadtstruktur geführt (vgl. erneut E. Lichtenberger 1970; D. S. Rugg 1972, S. 63 ff). Freilich zeigt der weite Abstand von Moskau, daß auch innerhalb Europas im Sinne eines West-Ost-Gefälles (aber auch eines West-Süd-Gefälles) große Unterschiede bestehen. Allerdings ist der Abstand Gesamt-Europa von Nordamerika z. T. auch auf die umfangreichen Zerstörungen des 2. Weltkrieges zurückzuführen. Während Städte und Automobilfabriken hier erst wieder aufgebaut werden mußten — Rotterdam, Köln, Berlin, Breslau, Warschau und Smolensk waren z. B. weitgehend zerstört — rollten die Personenautos bei Ford und General Motors ununterbrochen von den Fließbändern.

Die z. T. dadurch hervorgerufene *zeitliche Verzögerung* im Motorisierungsgrad verschafft auch der vergleichenden Stadtforschung Möglichkeiten für einen Lernprozeß, der letztlich die Planung beeinflussen kann.

Zu 3.: Auch in der *Planung* ergeben sich gravierende Unterschiede. In den USA steckt die staatliche und kommunale Planung noch heute in den Kinderschuhen. Private Unternehmer haben das städtische Umland weitgehend ungeplant „zersiedelt" und die Innenstädte auf engstem Raum mit Hochhäusern vollgestopft (s. z. B. den Bodenwertkegel in Fig. 9-8).

In Europa hat staatliche Planung insgesamt einen höheren Stellenwert; in der Sowjetunion schließlich wird völlig ohne private Einflußnahme administrativ entschieden. Aber auch die totale staatliche Planung muß nicht unbedingt zu anderen Ergebnissen führen, also vor allem umweltfreundlichen, die das urbane Leben insgesamt positiv beeinflussen, zumal auch in sozialistischen Ländern z. B. die Finanzplanung und die Raumplanung miteinander konkurrieren und kostengünstige Lösungen, wie etwa die Entscheidung für eine umweltbelastende Stahlhütte im Stadtraum von Warschau (vgl. J. Friedrichs 1978 b, S. 335), häufig den Vorzug finden.

Es bleibt die Möglichkeit, zwischen den aufgezeigten Extremen in den USA und der Sowjetunion zu vermitteln. Der überhandnehmenden Verstopfung der Innenstädte durch Automobile kamen in den letzten Jahren viele deutsche Städte durch Schaffung von Fußgängerzonen zuvor. Großstädte wie Berlin (Alexanderplatzbereich), Leipzig, Bremen, Mannheim und München, aber auch Mittelstädte wie Cottbus, Potsdam, Görlitz, Göttingen und Kassel und sogar Kleinstädte wie Jüterbog und Nienburg haben solche autofreien Flanierstraßen eingerichtet. In einem Wettbewerb von „Europa Nostra" ging z. B. Straßburg 1978 mit seinem vorbildlichen Fußgängerbereich in der Altstadt (um das berühmte Münster) als Sieger hervor.

Zu 4.: Die *historische Entwicklung* der Städte und der Stadtforschung verlief in Europa anders als in Nordamerika. Wall und Graben zur Verteidigung waren in den relativ „jungen" Städten der Neuen Welt unbekannt und konnten daher auch nicht die häufig schachbrettartige Anlage des Straßennetzes und damit das Stadtbild beeinflussen. Wachstumsbegrenzungen nach außen hin prägten aber vom Mittelalter bis in die Neuzeit hinein das Erscheinungsbild der europäischen Stadt. Das gilt auch für die britischen Inseln. Auf genetisch formale Methoden, qualitative Gesichtspunkte und Kriterien zur Stadtindividualität (s. P. Schöller 1969, S. X) wird man daher in Europa auch in Zukunft nicht verzichten. Allerdings dürfte sich auch hier das Schwergewicht weiter in Richtung auf quantitative Methoden, Funktionsanalysen und ökonomische Modelle verschieben, wie das in den Unterabschnitten 1.2—1.8 angedeutet worden ist.

Aus der in vier Punkten zusammengefaßten Gegenüberstellung zum Verstädterungsprozeß in Europa und Nordamerika ergibt sich die Antwort auf die eingangs aufgestellte Frage: Zweifellos gibt die angelsächsische Stadtforschung Impulse; aber auch die kontinentaleuropäische ist durchaus eigenständig und verdiente es, vor allem in Nordamerika stärker berücksichtigt zu werden. So sind etwa Einzelstadtanalysen im deutschsprachigen Raume (s. Unterabschnitt 1.3), aber auch im übrigen Europa noch viel häufiger anzutreffen als in Nordamerika, wo die meisten Städte kaum individuelle Züge erkennen lassen und sich in die Modellvorstellungen der humanökologischen Chicagoer Schule von Burgess relativ leicht einordnen. Auch die jüngsten Leistungen im Bereich der inneren und äußeren Differenzierung der Stadt, insbesondere durch holländische und deutsche Geographen (s. Unterkap. 1.5 und 1.6) und der Bezug zu Stadtplanung und Umweltschutz (Unterkap. 1.8) sollten in Nordamerika mehr Beachtung finden. Der in Unterkap. 1.4 angesprochene Prozeß der Verstädterung wird in umfangreicher Weise analysiert. Quantitative Methoden (Unterkap. 1.2) und vergleichende Fallstudien (Unterkap. 1.7) sind z.Z. eindeutig in den USA überlegen und wirken mit der erwähnten zwei- oder dreiphasigen Zeitverzögerung auf die verschiedenen Teile Europas ein.

Auf längere Sicht kann man durch verstärkte Überwindung der gegenseitigen Sprachbarrieren, durch Ausbau internationaler Bibliographien (s. C. D. Harris 1977) und durch vergleichende Inaugenscheinnahme das Phänomen der Verstädterung mit Sicherheit bewältigen. Wie angedeutet, ist es in Nordamerika besonders weit fortgeschritten und wissenschaftlich aufbereitet. Es bleibt zu hoffen, daß die Europäer die Chance des Zeitgewinns ergreifen und im Schrifttum wie in der Praxis ihre Städte im Sinne einer zukunftsorientierten und umweltfreundlichen Lebensqualität gestalten und planerisch umfassender in den Griff bekommen. Das gilt für alle Bereiche der Stadtforschung, insbesondere aber für die vergleichende Stadtgeographie.

9. Literaturverzeichnis

9.1 Gesamtdarstellungen und Bibliographien

Adams, W.P. & F.M. Helleiner (Hrsg.) (1972): International Geography 1972. − 22. IGU-Kongreß Montreal.
Bandera, V.N. & Z.L. Melnyk (Hrsg.) (1973): The Soviet economy in regional perspective. − New York.
Bibliographie Stadt-Umland-Problem. Bearb. H.-P. Kubach. − Städtebaul. Inst. d. Univ. Stuttgart. 1977.
Blotevogel, H.H., M. Hommel & P. Schöller (1972): Bibliographie zur Zentralitätsforschung. − Darmstadt, S. 473−497.
Braun, G. (1980): Stadtgeographie. Eine Einführung in Modelle der Siedlungsstruktur (geplant für UTB-Taschenbücher, Schöningh Paderborn. ISBN 3-506-99247-3).
− (1980): Einführung in quantitative und theoretische Geographie (geplant für UTB-Taschenbücher, Schöningh Paderborn, UTB 897).
Carter, H. (2. Aufl. 1975): The Study of Urban Geography. − London.
Chabot, G. (1970): Vocabulaire Franco-Anglo-Allemand de Géographie Urbaine. − Paris.
Deutscher Geographentag Mainz (41.). Tagungsberichte und wiss. Abh. (Hrsg. E. Wirth & G. Heinritz). − Verh. d. 41. Dt. Geographentages. Wiesbaden 1978.
Friedrichs, J. (1977): Stadtanalyse. Soziale und räumliche Organisation der Gesellschaft. − Reinbek b. Hamburg.
Gerasimov, I.P. (Hrsg.) (1976): Geography of population. − 23. International IGU-Kongreß Moskau. Geography '76. Sect. 7.
Glaser, H. (Hrsg.) (1974): Urbanistik. − München.
Goldzamt, E. (1975): Städtebau sozialistischer Länder. 2. Aufl. − Stuttgart.
Gradow, G.A. (1971): Stadt und Lebensweise. − (Originalausgabe Moskau 1969) Berlin (Ost).
Hamm, B. (1977): Die Organisation der städtischen Umwelt. − Stuttgart.

Helms, H.G. & J. Janssen (Hrsg.) (1971): Kapitalistischer Städtebau. – Neuwied, Berlin.
Hofmeister, B. (1976): Stadtgeographie. 3. Aufl. – Das geogr. Seminar. Braunschweig.
– (1979): Die Stadtstruktur. Ihre Ausprägung in den verschiedenen Kulturräumen der Erde. – Erträge der Forschung. Darmstadt.
Informationszentrum Raum und Bau, ab Jan. 1977: Informationsdienst über Schrifttum zu Raumordnung, Städtebau, Wohnungswesen (RSW). – Stuttgart.
Lichtenberger, E. (1979): Stadtgeographie. – Stuttgart.
Literaturanalyse Stadtentwicklungsplanung (2. Aufl.). Bearb. F. Bergerhoff & P. Herrle. – 23. Arbeitsber. Städtebaul. Inst. d. Univ. Stuttgart; 1978.
Muscarà, C. (1977): La Società Sradicata. Saggi sulla geografia dell'Italia attuale. 3. Aufl. – Mailand.
Pfeil, E. (1972): Großstadtforschung. Entwicklung und gegenwärtiger Stand. 2. Aufl. – Akad. f. Raumforsch. u. Landesplanung u. Hochsch. f. Wirtsch. u. Politik Hannover.
Schöller, P. (Hrsg.) (1969): Allgemeine Stadtgeographie. – Darmstadt.
– (Hrsg.) (1972): Zentralitätsforschung. – Darmstadt.
– (Hrsg.) (1973): Trends in Urban Geography. Reports on research in major language areas. – Paderborn.
Schöller, P., H.H. Blotevogel, H.J. Buchholz & M. Hommel (1973): Bibliographie zur Stadtgeographie. Deutschsprachige Literatur 1952–1970. – Paderborn.
(Die) Stadt in der Schulgeographie. 14. Deutscher Schulgeographentag Berlin 1974. Referate.
Städtebauliche Forschung. Partizipation bei der Stadtplanung. Literatursammlg. – Schriftenreihe BM f. Raumordn., Bauwes. u. Städtebau 03.048. – Braunschweig 1976.
Strand, S. (1973): Urban Geography 1950–1970. A comprehensive bibliography of urbanism. – Council of Planning Librarians. Exchange Bibliography 358–360. – Monticello, Ill.
Taubman, W. (1973): Governing Soviet cities. Bureaucratic politics and urban development in the USSR. – New York.
Taubmann, W., J. Altmann, U. Jansen, E. Kroß & E. Wagenhoff (1975): Unterrichtsmodelle zur Stadtgeographie – Sekundarstufe I. – Der Erdkundeunterricht. Sonderh. 2. Stuttgart.
Tesdorpf, J.C. (1975): Systematische Bibliographie zum Städtebau. Stadtgeographie-Stadtplanung-Stadtpolitik. – Köln, Berlin, Bonn, München.
Thesaurus Stadtplanung-Raumordnung. 2 Bde. Hrsg. Inst. f. Raumordn. u. Städtebaul. Inst. d. Univ. Stuttgart. – Bonn, Stuttgart 1972.
Weber, E. & B. Benthien (1976): Einführung in die Bevölkerungs- und Siedlungsgeographie. – Studienbücherei Geographie f. Lehrer. Bd. 2. Gotha, Leipzig.
Zeitschriftenanalyse zur Orts-, Regional- u. Landesplanung. – 22. Arbeitsber. (1976). Städtebaul. Inst. d. Univ. Stuttgart. (Hrsg.).
Zimmermann, H. (1975): Ballungsgebiete in der Sicht der Raumforschung. Bibliographie. – Universität Marburg. FB Wirtschaftswiss., Abt. f. Finanzwiss. Marburg. (Maschinenschriftl. Manuskript).

9.2 Andere Schriften, Monographien und Aufsätze

Adams, R.B. (1976): The Soviet metropolitan hierarchy; regionalization and comparison with the United States. – 23. IGU-Kongreß Moskau. Addit. Vol. **12**: 187–188.
Agglomération bruxelloise. Approche géographique et sociologique du phénomène urbain. – Brüssel 1972.
Albrecht, G. (1973): Die Siedlungsstruktur des Bezirkes Neubrandenburg als Objekt der territorialen Planung von 1945–1971. Erfahrungen und Probleme der Siedlungsnetzplanung. – Diss. Geogr. Inst., Univ. Greifswald. (Maschinenschriftl. Manuskript).

- (1974): Die Siedlungsstruktur des Agrarbezirks Neubrandenburg als Objekt territorialer Planung von 1945 bis zur Gegenwart. – Wiss. Z. d. Ernst-Moritz-Arndt-Univ. Greifswald. Festjahrg. 23. Math.-nat. R. 1/2: 91–97.
Albrecht, W. (1964): Neubrandenburg – Eine stadtgeographische Untersuchung. – Diss. Geogr. Inst., Univ. Halle. (Maschinenschriftl. Manuskript).
- (1965): Überlegungen zur Entwicklung der Städte im Bezirk Neubrandenburg. – Geogr. Ber. 37: 276–296.
- (1975): Entwicklung und Struktur der Bezirksstadt Neubrandenburg. – Geogr.Ber.74: 1–17.
Alexandersson, G. (1956): The industrial structure of American cities. – Stockholm. Auszug: 14–20; s. auch: City forming and city serving production. – Allgemeine Stadtgeographie (Hrsg. P. Schöller 1969). Wege d. Forsch. 181: 310–321.
Andritzky, W. (1977): Freizeitplanung im Ballungsgebiet. – Landschaft u. Stadt 9: 161–170.
d'Aponte, T. (1975): Quelques considérations sur l'analyse par modèles du trafic portuaire. – Inst. di Geogr., Univ. di Venezia. Doc. 3/1: 57–75. Venedig.
Arnold, H. (1972): Zur Bewertung von Eigenausstattung und Umland für die kurzfristige Erholung am Beispiel von größeren Städten der DDR. – Wiss. Abh., Geogr. Ges. d. DDR 9. Leipzig.
Bachvarov. M. (1970): Economic-geographical essence of the tourist region (English summary). – Annu. Univ. de Sofia, Fac. de géol. et géogr. 62: 337–356. Sofia.
- (1978): The tourist flows between the Balkan states and the role of the frontiers. – Ref. vor Arbeitsgr. „Tourismus" der IGU in Laibach/Ljubljana v. 15.–19.9.1978. (Maschinenschriftl. Manuskript).
Bader, F.J.W. (1972): Der Süden. Stadtgeographischer Führer Berlin (West). Berlin. – Sammlung geogr. Führer 7: 53–64.
Baehr, J. (1978): Santiago de Chile. Eine faktorenanalytische Untersuchung zur inneren Differenzierung einer lateinamerikanischen Millionenstadt. – Mannheimer Geogr. Arb. 4.
Bahrenberg, G. (1975): Standort-Zuordnungsprobleme als Fragen der räumlichen Optimierung. – Gießener Geogr. Schr. 32: 109–121.
- (1976): Ein sozial gerechtes Optimierungsmodell für die Standortwahl von öffentlichen Einrichtungen. – 40. Dt. Geographentag. Tagsber. u. wiss. Abh.: 443–454. Wiesbaden.
Bahrenberg, G. & E. Giese (1975): Statistische Methoden und ihre Anwendung in der Geographie. – Stuttgart.
Bahrenberg. G. & W. Taubmann (Hrsg.) (1978): Quantitative Modelle in der Geographie und Raumplanung. – Bremer Beitr. z. Geographie u. Raumplanung 1. Bremen.
Barbier, B. (1969): Villes et centres des Alpes du Sud. Etude du réseau urbain. – Etudes et trav. de Méditerranée 6.
Barnbrock, J. (1975): Materialien zur Ökonomie der Stadtplanung. – Braunschweig.
Bartels, D. (1960): Nachbarstädte. – Forsch. z. dt. Landeskde. 120. Bad Godesberg.
- (1970) (Hrsg.): Wirtschafts- und Sozialgeographie. Neue Wiss. Bibliothek 35. Köln, Berlin.
- (1978): Die Nahbereichszentren des Landes Schleswig-Holstein im Vergleich – Eine Kartenserie mit Erläuterungen. – MARE (Materialien zur geogr. Regionalforsch. in Kiel) 3.
Bartels, D. & W. Gaebe (1973): Abgrenzung der Agglomerationen Rhein-Main, Rhein-Neckar und Karlsruhe. – Vorschl. z. Neugliederung d. Bundesgebietes. Materialien z. Ber. d. Sachverständigenkomm.: 263–313. Bonn.
Barth, J. (1978): Novosibirsk mit Akademgorodok – „Hauptstadt" Sibiriens. – Geogr. Rdsch. 30: 350–357.

Bartkowski, T. (1974): Komplexe physisch-geographische Forschungen im mittleren Kartenmaßstab als Arbeitsmittel der Raumplanung in verschiedenen Planungsniveaus. — Budapest. Földr. Ertes. **23**: 153—166.
— (1976): Physico-geographical aspects of urbanization and of urban planning in Poland. — 23. IGU-Kongreß Moskau. Geography of Population **7**: 225—230.
— (1976): Bandartige Urbanisierung als wirksames Mittel der Umweltgestaltung und des Umweltschutzes. — Hercynia N.F. **13**: 219—223. Leipzig.
Bartsch, H. (1977): Die Städte Schlesiens (in den Grenzen des Jahres 1937). Daten und Fakten zu ihrer landes-, kultur-, wirtschafts- und sozialgeschichtlichen Entwicklung und Bedeutung. — Veröff. Forschungsstelle Ostmitteleuropa in Dortmund. R. A/32.
Baul, A.F. et al. (1976): Theory and practice of economic microregionalization of territories for intensive economic utilization (the case of the Latvian SSR). — 23. IGU-Kongreß Moskau. Gen. Econ. Geogr. **6**: 84—87.
Beaujeu-Garnier, J. (1963): Traité de géographie urbaine. — Paris.
Beckel, L. & F. Zwittkovits (1979): Landeskundlicher Flugbildatlas Salzburg. Hrsg. Amt d. Salzburger Landesregierung. — Salzburg.
Becker, C. (1969): Entwicklungsprobleme einer afrikanischen Großstadt am Beispiel von Kano in Nigeria. — Hamburg. Beitr. z. Afrika-Kunde **10**.
Becker, H. & K.D. Keim (1977): Gropiusstadt: Soziale Verhältnisse am Stadtrand. Soziologische Untersuchungen einer Berliner Großsiedlung. — Schr. dt. Inst. f. Urbanist. **59**. Stuttgart, Berlin.
Beck, R. op. de (1974): Structure et localisation résidentielle de l'emploi portuaire anversois. — Acta Geogr. Lovan. **12**: 77—100. Löwen.
Bernát, T. (1972): Budapest among the cities of Europe. — 22. IGU-Kongreß Montreal. International Geography **2**: 792—794.
Billwitz, K. (1978): Zur Eignung von Agglomerationsräumen für die Erholung der Bevölkerung. — Ref. anläßl. d. V. Greifswalder Geogr. Symp. v. 3.—6.10.1978. (Druck vorgesehen).
Blazek, M. (1971): Les perspectives de l'urbanisation en Tchécoslovaquie. — Studia Geogr. **21**. Brünn/Brno.
— (1972): Les tendances de l'urbanisation dans l'Europe de l'est. — 22. IGU-Kongreß Montreal. International Geography **2**: 876—879.
Blotevogel, H.H. (1975): Zentrale Orte und Raumbeziehungen in Westfalen vor der Industrialisierung. — Bochumer Geogr. Arb. **18**. Paderborn.
Boesler, K.-A. (1976): Umweltpolitische Erfordernisse in der Stadtentwicklungsplanung. — Abh. Geogr. Inst., FU Berlin — Anthropogeogr. **24**: 39—46.
Borchert, J.G. (1975): Neue Wege stadtgeographischer Forschung in den Niederlanden — dargestellt am Beispiel des Forschungsprojekts Randstad-Mitte-Gebiet. — Rhein-Mainische Forsch. **80**: 131—151. Frankfurt/Main.
— (1977): Randstad Holland — Neue Planungsleitbilder. — Geogr. Rdsch. **29**: 44—50.
Borchert, J.G. & J.A. van Ginkel (1979): Die Randstad Holland in der niederländischen Raumordnung. — Kiel.
Braun, C. (1974): Teheran, Marrakesch und Madrid. Ihre Wasserversorgung mit Hilfe von Qanaten. Eine stadtgeograph. Konvergenz auf kulturhistorischer Grundlage. — Bonner Geogr. Abh. **52**.
Braun, G. (1969): Iphofen. — Würzburger Geogr. Arb. **29**.
— (1975): Modelle zur Analyse der sozialen Segregation. — Würzburger Geogr. Manuskripte **7**.
Brulard, T. (1974): Le développement du réseau autoroutier belge et ses conséquences sur le degré d'accessibilité des villes régionales. — Acta Geogr. Lovan. **12**: 111—123. Löwen.
Buchholz, H.J. (1970): Formen städtischen Lebens im Ruhrgebiet, untersucht an sechs stadtgeographischen Beispielen. — Bochumer Geogr. Arb. **8**. Paderborn.

- (1973): Darstellungen und Analysen des Strukturwandels an der Ruhr. − Westfälische Forsch. **24**: 195−211.
- (1973): Das polyzentrische Ballungsgebiet Ruhr und seine kommunale Neugliederung. − Geogr. Rdsch. **25**: 297−307 u. 318.
- (1978): Bevölkerungsmobilität und Wohnverhalten im sozialgeographischen Gefüge Hongkongs. − Bochumer Geogr. Arb. Sonderr. **10**. Paderborn.

Buhl, H.-J. & V. Wangemann (1977): Zur Definition und Bedeutung der Bahnsysteme im öffentlichen Personennahverkehr (ÖPNV). − Der Stadtverkehr 11/12 (**1977**): 426−429.

Caloianu, N. et al. (1976): Les grandes villes de la République socialiste de Roumanie et leur zones d'attraction. 23. IGU-Kongreß Moskau. − Géographie de la population **7**: 243−244.

Caralp, R. & C. Muscard (Hrsg.) (1975): Ports et transports. Inst. di Geogr., Univ. di Venezia, Doc. **3/2**. Venedig.

Caralp, R. (1976): Transport urbains et qualité de la vie. − 23. IGU-Kongreß Moskau. Symp. sur la géographie des transports **1**: 9−16.

Carter, H. (1975): The study of urban geography. 2. Aufl. − London.

Cattell, D.T. (1968): Leningrad: A case study of Soviet urban government. − New York.

Chamussy, H. et al. (1974): Initiation aux méthodes statistiques en géographie. − Groupe Chadule. Coll. Géogr. Paris.

- (1975): Classification socio-économique de 176 communes autour de Grenoble. − Groupe Chadule. Rev. Géogr. Alpine **63**: 175−203.

Chesnais, M. (1978): Analyse régionale des échanges ferroviaires. − Diss. Geogr. Inst., Univ. Caen. Paris.

Christaller, W. (1933): Die zentralen Orte in Süddeutschland. − Jena.

Cori, B. (1976): Rank-size rule and urban network of Italy. − 23. IGU-Kongreß Moskau. Geography of Population **7**: 244−248.

Costa, M., C. da Pozzo & F. Bartaletti (1976): Le rôle des petites villes dans le réseau urbain italien. − 23. IGU-Kongreß Moskau. Geography of Population **7**: 248−251.

Davidovich, V.G. & G.M. Lappo (1966): Fragen der Entwicklung städtischer Agglomerationen in der UdSSR. − In: Aus der Praxis der Sowjetischen Geographie. Gotha, Leipzig.

Davidovich, V.G. et al. (1971): Rasselenie v prigorodzkych zonach. − Vopr. geogr. **87**.

Deiters, J. (1975): Räumliche Muster und stochastische Prozesse − Lokalisationsanalyse zentraler Orte. Gießener Geogr. Schr. **32**: 122−135.

Denecke, D. (1979): Göttingen. Materialien zur historischen Stadtgeographie und zur Stadtplanung. − Begleitheft zur Ausstellung Göttingen anl. d. 42. Deutschen Geographentages. Göttingen.

Diederich, J. (1971): Soziographie und Städtebau mit Ergebnissen soziographischer Untersuchungen in der Stadt Hanau. − Stadt- und Regionalplanung. Berlin.

Dinev, L. et al. (1975): Bulgarien. Land, Volk, Wirtschaft in Stichworten. − Wien.

Dinev, L. (1976): Développement et problèmes du réseau de l'habitat. − 23. IGU-Kongreß Moskau. (Maschinenschriftl. Manuskript).

Dziewonski, K. (1973): Present research trends in Polish urban geography. In: Schöller, P. (Hrsg.): Trends in urban geography. − Paderborn. 43−51.

Eichler, G. (1976): Algiers Sozialökologie 1955−1970: Vom Kolonialismus zur nationalen Unabhängigkeit. Kassel. − Kasseler Schr. z. Geogr. u. Planung. Urbs et Regio 1/1976.

Entwicklung der Siedlungsstruktur im Norden der DDR. − Wiss. Abh. Geogr. Ges. d. DDR **12**. Gotha, Leipzig 1975.

Eriksen, W. (1975): Probleme der Stadt- und Geländeklimatologie. − Erträge d. Forsch. **35**. Darmstadt.

Eriksson, G.A. (1974): Some notes about collective and private traffic in city centres. − Acta Geogr. Lovan. **12**: 53−58. Löwen.

Evers, K. (1976): Die Raumordnung in Rumänien und ihre historischen sowie politisch-ökonomischen Voraussetzungen. – Abh. Geogr. Inst. d. FU Berlin. – Anthropogeogr. 24: 47–56. – Arb. z. angew. Geogr. u. Raumplanung.
Fischer, M.M. (1976): Mathematische Stadtentwicklungsmodelle vom Garin-Lowry Typ. – Arbeitskreis f. neue Methoden in d. Regionalforsch. AMR-Forum 3. Wien.
Fisher, J.C. (Hrsg.) (1966): City and regional planning in Poland. – New York.
Foerster, H. (1968): Die funktionale und sozialgeographische Gliederung der Mainzer Innenstadt. – Bochumer Geogr. Arb. 4. Paderborn.
– (1973): Kulturlandschaftsentwicklung in Nordböhmen. Beispiel Region Most (Brüx). – Erde **104**: 8–26.
– (1974): Industrialisierungsprozesse in Polen. – Erdkunde **28**: 217–231.
Franz, J.C. (1976): Potentielle zentralörtliche Bereiche. – Nürnberger wirtschafts.- u. sozialgeogr. Arb. 25.
Frazer, J.K. (1979): Congress proceedings. – 22. IGU-Congress Montreal. Ottawa, Canada.
Freitag, U. (1970): Stadttypen Nigeriens im Luftbild: Oyo – Bida – Kano – Lagos. – Die Erde **101**: 243–264.
Friedrich, K. (1978): Funktionseignung und räumliche Bewertung neuer Wohnquartiere. Untersucht am Beispiel der Darmstädter Neubaugebiete Eberstadt-NW und Neu-Kranichstein. – Darmstädter Geogr. Stud. 1. Darmstadt.
Friedrichs, J. (1972): Großstadtforschung in den USA. – In: E. Pfeil (Hrsg.): Großstadtforschung. Entwicklung und gegenwärtiger Stand. (2. Aufl.). – Veröff. Akad. f. Raumforsch. u. Landesplanung **65**: 100–110.
– (1977): Stadtanalyse. Soziale und räumliche Organisation der Gesellschaft. – Rororo Studium. Reinbek bei Hamburg.
– (1978a): Suburbanisierung in der Region Hamburg. – Hannover.
– (Hrsg.) (1978b): Stadtentwicklungen in kapitalistischen und sozialistischen Ländern. – Reinbek bei Hamburg.
Fuchs, R.J. (1964): Soviet urban geography – An appraisal of postwar research. – Ann. Assoc. Amer. Geogr. **54**: 276–289. Nachdruck s. auch in: P. Schöller (Hrsg.) (1969): Allgemeine Stadtgeographie. – Wege d. Forsch. **181**: 161–191.
Gaebe, W. (1976): Die Analyse mehrkerniger Verdichtungsräume. Das Beispiel des Rhein-Ruhr-Raumes. – Karlsruher Geogr. Hefte 7.
Ganser, K. & G. Kroner (1976): Zusammenfassung der Diskussion über Entwicklungszentren. – Inform. z. Raumentwicklung **7**: 349–358. Bonn.
Ganser, K. et al. (1977): Beiträge zur Zentralitätsforschung. – Münchner Geogr. Hefte 39. Kallmünz/Regensburg.
Gerber, N. (1976): Das Einzugsgebiet der City von Schaffhausen. Ein Beitrag zur geographischen Stadt-Umlandforschung. – Arb. a. d. Geogr. Inst., Univ. Zürich. Ser. A/375.
Giese, E. (Hrsg.) (1975): Symposium „Quantitative Geographie" Gießen 1974. Möglichkeiten und Grenzen der Anwendung mathematisch-statistischer Methoden in der Geographie. – Gießener Geogr. Schr. 32.
– (1977): Innerstädtische Landnutzungskonflikte – dargestellt am Beispiel des Frankfurter Westends. – Sympos. Anwendung quantitativer Modelle in der Geographie und Raumplanung v. 28.–31.3.1977 in Bremen. (Maschinenschriftl. Manuskript).
– (1978): Räumliche Diffusion ausländischer Arbeitnehmer in der Bundesrepublik Deutschland 1960–1976. – Die Erde **199**: 92–110.
Ginkel, J.A. van (1976): Bewoners v/h groene hart een nadere verkenning. – Onderzoek Middengebied Randstad. – Rapp. 3b. Publ. Geogr. Inst., Rijksuniv. Utrecht. Ser. A/39.
Goossens, M. & H. v. d. Haegen (1972): De invloedssferen der centra en hun activiteitsstructuren. – Atlas van Belgie **28**. A, B und C. Brüssel.
Grocholska, J. (1974): Czynniki wplywajace na uzytkowanie ziemi w Warszawie (Einflußfaktoren der Bodennutzung in Warschau). – Warschau.

Grötzbach, E. (Hrsg.) (1976): Aktuelle Probleme der Regionalentwicklung und Stadtgeographie Afghanistans. – Afghan. Stud. **14**. Meisenheim am Glan.
Haack, A. (1979): Die Trennung von Arbeiten und Wohnen. Eine Analyse der Berufspendlerströme in Hamburg 1939–1970. – In Vorbereit. als Diss. am Sem. f. Sozialwiss. d. Univ. Hamburg.
Haegen, H. v. d. (1974): Leuven 2000. Kernstad en stadsgewest. – Habiter **62/63**. Löwen.
Haegen, H. v. d. & J. v. Weesep (1973): Trends in urban geography in the Dutch language area: The Low Countries (the Netherlands and Flemish Belgium). – Trends in urban geography (Hrsg. P. Schöller). – Bochumer Geogr. Arb. **16**: 19–29.
Hahn, H. et al. (1976): Wohnen und Arbeiten in Marburg. Computeratlas einer deutschen Mittelstadt. – Kasseler Schr. zur Geographie und Planung. Urbs et Regio. **3**.
Hall, P. (1973): Rezension zu H. Carter: The study of urban geography. – Die Erde **104**: 83–84.
– (1977): Rezension zu P. Schöller (Hrsg.): Trends in urban geography. – Die Erde **108**: 280.
Hamilton, F. E. J. (1976): The Moscow city region. – London.
Hanke, R. (1977): Rezension zu J. C. Tesdorpf: Systematische Bibliographie zum Städtebau. – Die Erde **108**: 166–167.
Hantschel, R. (1977): Geographie heute – zwischen Wissenschaftstheorie und Technokratie. – Sympos. über Anwendung quantitativer Modelle in der Geographie und Raumplanung in Bremen v. 28.–31.3.1977. (Maschinenschriftl. Manuskript).
Harris, C. D. (1970): Cities of the Soviet Union. Studies in their functions, size, density, and growth. – Chicago.
– (1977): An improved international geographical bibliography. – Prof. Geographer **29**: 378–379.
Heide, U. auf der (1977): Städtetypen und Städtevergesellschaftungen im rheinisch-westfälischen Raum. – Kölner Forsch. z. Wirtschafts- u. Sozialgeogr. **23**.
Heineberg, H. (1977): Zentren in West- und Ost-Berlin. Untersuchungen zum Problem der Erfassung und Bewertung großstädtischer funktionaler Zentrenausstattungen in beiden Wirtschafts- und Gesellschaftssystemen Deutschlands. – Bochumer Geogr. Arb. Sonderreihe **9**. Paderborn.
Heinzmann, J. (1969): Probleme der territorialen Entwicklung des Bezirkes Leipzig im Prognosezeitraum. – Geogr. Ber. **52/53**: 173–183.
– (1971): Analyse und Probleme der Produktionsstruktur der Industrie im großstädtischen Ballungskern Leipzig. – Halle.
– (1975): On the development of the industrial structure of large cities. – Geogr. Polon. **30**: 85–93.
Helle, R. K. (1976): Planning the regional organization of tourism and recreation in Finland. – 23. IGU-Kongreß Moskau. Geography of Tourism and Recreation: 119.
Heller, W. (1974): Zum Studium der Urbanisierung in der Sozialistischen Republik Rumänien (Ein Literaturbericht). – Die Erde **105**: 179–199.
Höhl, G. (1956a): Bamberg, eine geographische Studie der Stadt. – Mitt. Fränk. Geogr. Ges. **3**: 1–16.
– (1956b): Bambergs stadtgeographische Probleme. – Geogr. Rdsch. **8**: 192–198.
– (1962): Fränkische Städte und Märkte im geographischen Vergleich. Versuch einer funktionell-phänomenologischen Untersuchung, dargestellt am Raum von Ober-, Unter- und Mittelfranken. – Forsch. z. dt. Landeskde. **139**. Bad Godesberg.
Höllhuber, D. (1975): Standorte und Einzugsbereiche kommunaler Schwimmbäder – Die Spielmodelle „Alokstadt" und „Waldstadt". – Beih. Geogr. Rdsch. Modelle im Geogr. Unterricht 3/**1975**: 8–19.
– (1976): Verkehrsgeographie. Vorlesung WS 1975/76. – Geogr. Inst. (Lehrstuhl II), Univ. Karlsruhe. (Maschinenschriftl. Manuskript).

- (1977): Sozialgruppentypische Wohnstandortpräferenzen und innerstädtisches Umzugsverhalten. – Sympo. Anwendung quantitativer Modelle in der Geographie u. Raumplanung v. 28.–31.3.1977 in Bremen. (Maschinenschriftl. Manuskript).
Hoffmeyer-Zlotnik, J. (1977): Gastarbeiter im Sanierungsgebiet. Das Beispiel Berlin-Kreuzberg. – Hamburg.
Hofmeister, B. (1970): Die großen Städte Angloamerikas: Wesensmerkmale, jüngste Entwicklung, regionale Verschiedenheiten. – Geoforum 3/1970: 17–29.
- (1975): Berlin, die 12 westlichen Bezirke. – Bundesrepublik Deutschland und Berlin 8/1. Darmstadt.
- (1975): Berlin mit besonderer Berücksichtigung von Berlin (West) in den Jahren 1961–1973. – Geogr. Taschenbuch **1975/1976**: 194–215. Wiesbaden.
- (1976): Location and site problems of new convention centers – Congress tourism in the United States' South-West as a case. – 23. IGU-Kongreß Moskau 1976. Geography of Tourism and Recreation. Sonderbd.: 105–109.
- (1977): Die Erhaltung historisch wertvoller Bausubstanz in den Städten der USA. – Die Erde **108**: 129–150.
Hottes, K.-H. (1970): Sozioökonomische Voraussetzungen für eine Weltstadt in der nordwesteuropäischen Megalopolis. – Informationen **20**: 757–768.
- (1971): Entwicklungspole und Entwicklungsachsen zwischen der Rhein-Ruhr-Zone und Dünkirchen-Calais. – Konf. über d. Raumordnung in Nordwesteuropa. 5. Studientag. 103–110. Calais, Dünkirchen.
- (1972): Planungsräume. Ihr Wesen. Ihre Abgrenzungen. – Veröff. Akad. f. Raumforschung u. Landesplanung. Forschungs- u. Sitz.-Ber. **77**. LAG Nordrhein-Westfalen. Hannover.
- (1972): Bochum – Großstadt im Wandel ihrer Region. – Bochumer Universitätsreden **6**: 18–27.
- (Hrsg.) (1976): Industriegeographie. – Darmstadt.
- (1978): Transports et frontières dans les trafics nationaux: L' exemple de l'Allemagne Fédérale. – Ref. vor IGU-Kommiss. „Verkehrsgeographie" vom 12.–16.10.1977. – Sonderreihe d. Regio Basiliensis. Basler Beitr. z. Geogr. 1978. **26**: 111–116.
Hursky, J. (1976): On the dynamics of passenger traffic divides. – 23. IGU-Kongreß Moskau. Sympos. on Geography of Transport **2**: 28–35.
Internationale Bauausstellung 1984 (1979): Vorlage zur Beschlußfassung. Hrsg.: Der Senator für Bau- und Wohnungswesen. – Berlin.
Jacob, G. (1976): Unity of theory and practice regarding geographical investigation of traffic problems in agglomeration areas of the German Dem. Rep. – 23. IGU-Kongreß Moskau. Symp. on Geography of Transport **2**: 120–129.
Jätzold, R. (1979): Mediterrane Elemente in der Trierer Kulturlandschaft. – IB. Trier-Saarburg. Trier.
Jens, W. (1978): Die zwei Gesichter der Großstadt. – Zeit-Magaz. **42**: 54–65. Hamburg.
Jouret, B. (1972): Définition spatiale du phénomène urbain bruxellois. – Coll. du centre de sociol. gén. et de méthode, L'agglom. bruxelloise **2**. Brüssel.
Jumppanen, S. (1973): Die innere Differenzierung der Stadt Rauma. – Publ. Inst. Geogr., Univ. Turkuensis **65**. Fennia **126**. Helsinki.
Kádas, S. A. & E. Klafszky (1976): Estimation of the parameters in the gravity model for trip distribution. A new method and solution algorithm. – Reg. Sci. and Urban Econom. **6**: 439–457.
Kaminski, M. (1974): Auslastung des Netzes der polnischen Staatsbahnen im städtischen Verkehr Warschaus. – Internatle. Transport Ann. Berlin (Ost).
Kasumov, R. M. (1976): Geography of services' consumption in a region. – 23. IGU-Kongreß Moskau. Regional Geography **8**: 143–146.
Katona, S. (1976): The organization of geographical space in the Budapest agglomeration. – 23. IGU-Kongreß Moskau. Geography of Population **7**: 279–282.

Kaufmann, A. & R. Faure (1974): Methoden des Operations Research. Eine Einführung in Fallstudien. — Berlin, New York.
Klöpper, R. (1961): Der Stadtkern als Stadtteil. Ein methodologischer Versuch zur Abgrenzung und Stufung von Stadtteilen am Beispiel von Mainz. — Ber. z. dt. Landeskde. **27**: 150—162.
— (1969): Trabantenprobleme um Lyon. — Stud. z. Problem d. Trabantenstadt. 2. Teil: 321—333. — Veröff. Akad. f. Raumforsch. u. Landesplanung. Forsch.- u. Sitz.-Ber. **40**. Raum u. Bevölkerung **6**. Hannover.
Kluczka, G. (1970): Zentrale Orte und zentralörtliche Bereiche mittlerer und höherer Stufe in der Bundesrepublik Deutschland. — Forsch. z. dt. Landeskde. **194**. Bonn-Bad Godesberg.
— (1971): Südliches Westfalen in seiner Gliederung nach zentralen Orten und zentralörtlichen Bereichen. — Forsch. z. dt. Landeskde. **182**. Bonn-Bad Godesberg.
Koester, G. (1978): Santa Cruz de la Sierra (Bolivien). Entwicklung, Struktur und Funktionen einer tropischen Tieflandstadt. — Aachener Geogr. Arb. **12**.
Komar, I. V. & Y. G. Saushkin (1976): „Old" and new methods in modern economic geography. — 23. IGU-Kongreß Moskau. General Economic Geography **6**: 39—43.
Konstantinov, O. (1972): La structure et l'évolution des systèmes urbains régionaux de l'URSS. — 22. IGU-Kongreß Montreal. La géographie internationale **2**: 884—886.
Kosiński, L. (1963): Procesy ludnościowe na ziemiach odzyskanych w latach 1945—1960 (Bevölkerungsprozesse in den wiedergewonnenen Gebieten in den Jahren 1945—1960). — Prace Geogr. **40**. Warschau.
— (1965): Warschau. — Geogr. Rdsch. **17**: 259—269.
Kostrowicki, J. (1973): Polen. Natur, Bevölkerung, Architektur. — Warschau.
Kouwe, P. J. W. (1970): De stad als organisatiekader, sociaal-geografisch gezien. — Stad en Stadsgewest in de riumtelijke orde. Assen.
Krebs, J., H. Nuhn & g. Schufmann (1977): Das Problem der numerischen Klassenbildung bei geographischen Arbeiten. — Wirtschaftsgeogr. Abt. d. Inst. f. Geogr. u. Wirtschaftsgeogr., Univ. Hamburg.
Kress, J. M. (1977): Die Industriestandorte in mitteleuropäischen Großstädten. Ein entwicklungsgeschichtlicher Überblick anhand der Beispiele Berlin sowie Bremen, Frankfurt, Hamburg, München, Nürnberg, Wien. — Berliner Geogr. Stud. **3**.
Krönert, R. & R. Schmidt (1973): Das Umland von Groß- und Mittelstädten. — Ref. auf d. Arbeitstagg. „Entwicklung der Siedlungsstruktur der DDR" im Nov. 1973 in Leipzig. (Maschinenschriftl. Manuskript).
Küchler, J. (1971): Stadterneuerung in Singapur. — Geogr. Rdsch. **23**: 67—75.
Küchler, J. & S. Kong-Sut (1971): Das räumliche Ungleichgewicht Hongkongs. Resultat einer liberalistischen Wirtschafts- und Raumpolitik. — Die Erde **102**: 141—179.
Lafrenz, J. (1977): Die Stellung der Innenstadt im Flächennutzungsgefüge des Agglomerationsraumes Lübeck. 2. Bde. — Hamburger Geogr. Stud. **33**. Hamburg.
Lappo, G. M. (1969): Geografija gorodov s osnovami gradostroitelstva. — Moskau.
Laschinger, W. & L. Lötscher (1977): Systemtheoretischer Forschungsansatz in der Humangeographie, dargestellt am urbanen Lebensraum Basel. — Sympos. über Anwendung quantitativer Modelle in der Geographie und Raumplanung v. 28.—31.3.1977 in Bremen. (Maschinenschriftl. Manuskript).
Lehmann, L. (1965): Goslar. Geographische Untersuchung der Mittelstadt am Harzrand. — Diss. TU Berlin.
Lehner, F. (1964): Siedlung, Wohndichte und Verkehr. — In: Stadtregion und Verkehr. Vorträge und Berichte. — Dt. Akad. f. Städtebau u. Landesplanung, Landesgr. Nordrhein-Westfalen (Hrsg.): 23—62. Köln und Opladen.
Lenz, K. (1963): Die Großstädte im Mittleren Westen Kanadas. Ihre Entwicklung und Stellung innerhalb der Provinzen. — Geogr. Z. **51**: 301—323.

- (1971): Entwicklung und Stand der Urbanisierung in Kanada. Eine statistische Analyse. — Marburger Geogr. Schr. **50**. Marburg/Lahn S. 43—69.
- (1974): Die Industrialisierung der Landwirtschaft und Konsequenzen für eine Neugestaltung des ländlichen Siedlungsnetzes am Beispiel der nördlichen Bezirke der DDR. — Ber. dt. Landeskde. **48**: 129—150.
- (1975): Großraum New York. — Die Erde neu entdeckt: 90—91. Mainz.
- (1976): Landerschließung und Kulturlandschaftswandel an den Siedlungsgrenzen der Erde. — Göttinger Geogr. Abh. **66**: 119—135. — Sympos. anläßl. d. 75. Geburtstages v. Prof. Dr. W. Czajka.

Leszczycki, J. (1974): Problemy ochrony środowiska człowieka (Probleme des Umweltschutzes). — Prace Geogr. **108**. Warschau.

Leszczycki, S., P. Eberhardt & S. Herman (1971): Aglomeracje miejskoprzemysłowe w Polsce 1966—2000 (Städtische-industrielle Ballungsgebiete in Polen 1966—2000). — KPZK PAN Biul. **67**. Warschau.

Leszczycki, J. & T. Lijewski (Hrsg.) (1974): Geografia przemysłu Polski (Industriegeographie von Polen). — Warschau.
- (1977): Polen. Land, Volk, Wirtschaft in Stichworten. — Wien.

Lettrich, E. (1975): Urbanisierungsprozesse in Ungarn. Sozialgeographische Analysen. — Münchner Stud. Sozial- u. Wirtschaftsgeogr. **13**. Kallmünz/Regensburg.

Leusmann, C. (1974): Netze — Ein Überblick über Methoden ihrer strukturellen Erschließung in der Geographie. — Erdkunde **28**: 55—67.

Lichtenberger, E. (1970): The nature of European urbanism. — Geoforum **4**: 45—62.
- (1972): Die Wiener City. Bauplan und jüngste Entwicklungstendenzen. — Mitt. Österr. Geogr. Ges. **1972 I/II**: 42—85.
- (1976): The progress of the apartment house at the expense of the single family house in continental Europe. — 23. IGU-Kongreß Moskau. Geography of Population **7**: 289—293.
- (1977): Die „Quantitative Geographie" im deutschen Sprachraum. Eine Bibliographie. — Mitt. Österr. Geogr. Ges. **119**.
- (1977): Die Wiener Altstadt. Von der mittelalterlichen Bürgerstadt zur City. 2 Bde. — Wien.
- (1978): Stadtgeographischer Führer Wien. Sammlung Geographischer Führer **12**. — Gebr. Borntraeger. Berlin, Stuttgart.

Lijewski, T. (1977): Die Gestaltung des Netzes des öffentlichen Personenverkehrs in Polen. — Stud. z. allgem. u. regional. Geogr. Josef Matznetter z. 60. Geburtstag. Frankfurter wirtschafts- u. sozialgeogr. Schr. **26**: 285—303.

Lohr, K., H.-J. Rösgen, U. Stark & H. Theis (1975): Der Stadtverkehr in Berlin. Probleme und Lösungsvorschläge. Eine Studie des ressortübergreifenden Planungsteams „Nahverkehr". Berlin. — Berliner Forum **6**.

Lüdemann, H. & J. Heinzmann (1975): Die Rolle der Stadt-Umland-Beziehungen bei der Entwicklung der Siedlungsstruktur. — Berliner Geogr. Arb. **60**: 33—39.

Mäcke, P. A. (1978): Umweltfreundliche Stadtverkehrsplanung. — Internatl. Verkehrswes. **1/1978**: 46—48.

Maier, J. & E. Kreitmayr (1979): Karlsfeld. Strukturbild einer Stadt-Rand-Gemeinde unter Berücks. bestehender sozialräuml. Kontakte und Konflikte. — Arbeitsmaterialien zur Raumordnung und Raumplanung 1. Lehrstuhl Wirtschaftsgeographie u. Regionalplanung Univ. Bayreuth. Bayreuth.

Malisz, B. (1974): Problematyka przestrzennego zagospodarowania kraju (Problematik der Raumordnung). — Warschau.

Manshard, W. (1977): Die Städte des tropischen Afrika. Urbanisierung der Erde 1. — Berlin, Stuttgart.

Mariot, P. (1967): Veränderungen im Rekreationsgebiet der Stadt Košice (Kaschau) im Zusammenhang mit dem Aufbau des Eisenwerkes Vychodoslovenske Železiarne (VSŽ). — Wiss. Abh. d. Geogr. Ges. d. DDR **6**: 195—204.

- (1973): Metodické aspekty hodnotenia selektivnych predpokladov cestovného ruchu (Methodische Aspekte der Bewertung der selektiven Voraussetzungen des Fremdenverkehrs). — Geogr. Čas. **25**: 233—248. Preßburg/Bratislava.
Markos, G. (1971): Ungarn. Land, Volk, Wirtschaft in Stichworten. — Wien.
Materialien zum Nahverkehr 1—4. — Hrsg. Senat f. Bau- u. Wohnungswes. und Senat f. Wirtsch. Abt. VI Verkehr. — Berlin 1978.
Matheika, M. (1976): Rapports hiérarchieques et intégrants du réseau d'agglomérations. — 23. IGU-Kongreß Moskau. Geography of Population **7**: 297—299.
Matznetter, J. (1957): Las Palmas und Sta. Cruz de Tenerife (La Laguna). Ein stadtgeographischer Vergleich. — Festschr. z. Hundertjahrfeier d. Geogr. Ges. in Wien 1856—1956: 311—331. Wien.
- (1971): Urbanisierung in Portugiesisch Afrika. — Afrika Spectrum **2**: 60—76.
- (1975): Generelle Züge in der Genese kolonisatorischer Siedlungsnetze in Gegenwart und Vergangenheit. — Rhein-Mainische Forsch. **80**: 223—249. Festschr. z. Geb. v. Frau Prof. A. Krenzlin. Frankfurt/Main.
- (1976a): L'évolution du rôle joué les côtes, et le transport vers les côtes dans l'urbanisation en pays tropical (Théorie et exemples pris en Angola, au Mozambique et en Brésil). — Trav. et docum. de géogr. trop. **23**: 63—75.
- (1976b): The influence of tourism and recreation upon urbanization and urban planning. — Geoforum **7/4**: 325—327.
- (1978): Aufgabenstellung und Tätigkeit der IGU-Arbeitsgruppe „Geography of Tourism and Recreation". — Ref. anläßl. d. V. Greifswalder Geogr. Sympos. v. 3.—6.10.1978. (Druck vorgesehen).
Mayr, A. (1979): Universität und Stadt. Ein stadt-, wirtschafts- und sozialgeographischer Vergleich alter und neuer Universitätsstandorte in der BR Deutschland. — Habil.-Schr. Geogr. Inst., Univ. Bochum. (Druck vorgesehen).
Mennel, R. (1976): Analyse der natürlichen Grundlagen und der umweltrelevanten Faktoren in Berlin (West). — Abh. d. Geogr. Inst., FU Berlin — Anthropogeographie **24**: 101—114.
Merlin, P. (1973): Méthodes quantitatives et espace urbain. — Collect. de Géogr. applicable. Paris.
- (1974): L'influence des aeroports et des autoroutes sur l'urbanisation. Le cas de la région parisienne. — Acta Geogr. Lovan. **12**: 65—69. Löwen.
Mertins, G. (Hrsg.) (1978): Zum Verstädterungsprozeß im nördlichen Südamerika. — Marburger Geogr. Schr. **77**.
Meynen, A. (1975): Großstadt-Geschäftszentren. Köln als Beispiel. Eine Bestandsanalyse. — Wiesbaden.
Mielitz, G. (1969): Trabantenstadtverhältnisse im Raum Mailand. — Studien zum Problem der Trabantenstadt 2. Veröff. d. Akad. f. Raumf. u. Landespl. Forsch. u. Sitzgsber. **40**. S. 301—319. Hannover.
Mikus, W. (1966): Die Auswirkungen eines Eisenbahnknotenpunktes auf die geographische Struktur einer Siedlung — am speziellen Beispiel von Lehrte und ein Vergleich mit Bebra und Olten/Schweiz. Freiburger Geogr. Hefte **3**.
- (1974): Verkehrszellen. Beiträge zur verkehrsräumlichen Gliederung am Beispiel des Güterverkehrs der Großindustrie ausgewählter EG-Länder. — Bochumer Geogr. Arb. Sonderreihe 4. Paderborn.
Momeni, M. (1976): Malayer und sein Umland. Entwicklung, Struktur und Funktionen einer Kleinstadt in Iran. — Marburger Geogr. Schr. **68**.
Monheim, H. (1972): Zur Attraktivität deutscher Städte — WGI-Ber. zur Regionalforsch. **8**. München.
- (1978): Verkehrsberuhigung. — Von verkehrstechnischen Einzelmaßnahmen zum städtebaulichen Gesamtkonzept. — Stadtbauwelt **58**: 141—148.

Müller, D. O. (1978): Verkehrs- und Wohnstrukturen in Groß-Berlin 1880—1980. Geograph. Untersuchungen ausgewählter Schlüsselgebiete beiderseits der Ringbahn. Berlin. — Berliner Geogr. Stud. **4**.

Müller, E. (1931): Die Altstadt von Breslau, Citybildung und Physiognomie. — Breslau.

Müller, H. (1979): Soziale Segregation und soziale Schichtung. Darstellung, Analyse und Simulationsverfahren am Beispiel des Stadtraumes Würzburg. — Karlsruher Geogr. Manuskripte.

Müller, N. L. (1973): Trends in urban geography in the Portuguese language area 1945—1970. in: Trends in urban geography (Hrsg. P. Schöller). — Bochumer Geogr. Arb. **16**: 53—63.

Müller-Ibold, K. (1978): Realisierungsprobleme höher verdichteter Wohngebiete. — Stadtbauwelt **58**: 131—133.

Müller-Wille, W. (1978): Stadt und Umland im südlichen Sowjet-Mittelasien. — Geogr. Beihefte erdkundl. Wissen. **49**.

Muscarà, C. et al (Hrsg.) (1974): Verso una nuova organizzazione portuale. Venedig. — Inst. di Geogr., Univ. di Venezia. Doc. **2**.

Muscarà, C. (Hrsg.) (1976): Mezzogiorno e mediterraneo. — Inst. di Geogr., Univ. di Venezia. Doc. **4/1**.

Muscarà, C. & L. Pedrini (Hrsg.) (1977): Mezzogiorno e mediterraneo. Venedig. — Inst. di Geogr., Univ. di Venezia. Doc. **4/2**.

Nissel, H. (1977): Bombay, Untersuchungen zur Struktur und Dynamik einer indischen Metropole. — Berliner Geogr. Stud. **1**.

Oettle, K. (1974): Über die zukünftige Finanzierung der Aufgaben des öffentlichen Personennahverkehrs. — Die Kernstadt u. ihre Verkehrsbedienung. — Veröff. f. Raumforsch. u. Landesplanung. Forsch.- u. Sitz.-Ber. 92. Raum u. Verkehr **11**: 149—165. Hannover.

— (1976): Urbanisierung: Tendenzen und sozioökonomische Probleme der Verstädterung. — Wirtschaftsdienst **1976/9**: 449—454.

Ohnesorge, K.-W. (1974): Wolfenbüttel. Geographie einer ehemaligen Residenzstadt. — Braunschweiger Geogr. Stud. **5**.

Otrubova, E. (1978): Wochenendhäuser in der Slowakei. — Ref. anläßl. d. V. Greifswalder Geogr. Sympos. v. 3.—6.10.1978. (Druck vorgesehen).

Panov, M. (1976): The process of urban planning in SR Macedonia as a result of her socioeconomic development. — 23. IGU-Kongreß Moskau. Geography of Population **7**: 305—307.

Pape, H. (1977): Er Riad. Stadtgeographie und Stadtkartographie der Hauptstadt Saudi-Arabiens. — Bochumer Geogr. Arb. Sonderreihe **7**. Paderborn.

Pauly, J. (1975): Völklingen, Studien zur Wirtschafts-, Sozial- und Siedlungsstruktur einer saarländischen Industriestadt. — Arb. a. d. Geogr. Inst. d. Univ. d. Saarlandes **20**. Saarbrücken.

Pehnt, W. (Hrsg.) (1974): Die Stadt in der Bundesrepublik Deutschland. Lebensbedingungen, Aufgaben, Planung. — Stuttgart.

Penkov, I. (1971): Novite gradove v Bâlgarija (Neue Städte in Bulgarien). — Sofia.

Penkov, I., M. Mikhailov & C. Karackashev (1976): Structural changes in the settlement system of the Bulgarian Black Sea coast. — 23. IGU-Kongreß Moskau. Geography of Population **7**: 190—193.

Petersen, V. (1977): Kritik systemtheoretischer Planungsansätze. — Sympos. über Anwendung quantitativer Modelle in der Geographie und Raumplanung v. 28.—31.3.1977 in Bremen. (Maschinenschriftl. Manuskript).

Petzoldt, H. (1974): Innenstadt-Fußgängerverkehr. Räumliche Verteilung und funktionale Begründung am Beispiel der Nürnberger Altstadt. — Nürnberger wirtschafts- u. sozialgeogr. Arb. **21**.

Pfannschmidt, M. (1973): Stadterneuerung und Bodenwertsteuer in den USA und in der Bundesrepublik Deutschland. — Raumforsch. u. Raumordnung **31**: 267—275.
Pinchemel, P. (1965): Le phénomène urbain. — Coll. recherches écon. et sociales **2**: 13—25. Paris. — Deutsche Übersetz. von H. Heineberg in: P. Schöller (Hrsg.) (1969): Allgemeine Stadtgeographie. Darmstadt. Wege d. Forsch. **181**: 238—252.
Planungsmodell Siarrsy (Entwicklung des). Städtebauliche Forschung 03.018. Bonn 1974. — Schriftenreihe d. Bundesministers f. Raumordn., Bauwes. u. Städtebau.
Pokshishevsky, V. (1974): Geography of the Soviet Union. — Moskau.
Polensky, T. (1974): Die Bodenpreise in Stadt und Region München. — Münchner Stud. Sozial- u. Wirtschaftsgeogr. **10**. Kallmünz/Regensburg.
Polonsky, V. P. (1976): Development of urban systems in the Estonian SSR. — 23. IGU-Kongreß Moskau. Geography of Population **7**: 196—200.
Popov, P. & D. Dončev (1976): Les complexes territoriaux de production de la région du littoral de la Mer Noire et leurs rapports avec le milieu environnant. — 23. IGU-Kongreß Moskau. Géographie économique générale **6**: 156—158.
Popovici, I. (1976): Le réseau des villes et l'urbanisation de la Roumanie. — 23. IGU-Kongreß Moskau. Géographie de la Population **7**: 201—202.
Poschwatta, W. (1978): Wohnen in der Innenstadt. Strukturen, neue Entwicklungen, Verhaltensweisen — dargestellt am Beispiel der Stadt Augsburg. — Augsburger Sozialgeogr. Hefte 1.
Preobrazhenskyi, V. S., L. P. Khodorkov, J. A. Vedenin & M. P. Chigrinetz (Hrsg.) (1976): Geography of tourism and recreation. Tourism Dombai. 23. IGU-Kongreß. — Moskau.
Rakowski, W. (1975): Procesy urbanizacji wsi. Na przykładzie Woj. warszawskiego. — Polska Akad. Nauk. Kom. Przestrzennego Zagospodarowania Kraju. Stud. **50**. Warschau.
Rietdorf, W. (1975): Neue Wohngebiete sozialistischer Länder. — Berlin.
Rikkinen, K. (1971): Wachstum der städtischen Agglomerationen in Süd-Pohjanmaa (Finnland) 1900—1960. — Publ. Inst. Geogr. Univ. Helsing. Ser. A.91. Fennia **108**. Helsinki.
Rogalewski, O. (1978): Die wirtschaftliche Entwicklung des Massentourismus und die Erholungslandschaft. — Ref. anläßl. d. V. Greifswalder Geogr. Sympos. v. 3.—6.10.1978. (Druck vorgesehen).
Rugg, D. S. (1972): Spatial foundations of urbanism. — Dubuque, Iowa.
Ruppert, E. (Hrsg.) (1977): Raumplanung und Verkehr. Dortmunder Beitr. z. Raumplanung.
Ruppert, K. (1976): Towards a general geography of leisure behaviour. — 23. IGU-Kongreß Moskau. Geography of tourism and recreation. 38—41.
Ruppert, K. & F. Schaffer (1973): Sozialgeographische Aspekte urbanisierter Lebensformen. — Veröff. Akad. f. Raumforsch. u. Landesplanung. Abh. **68**.
Sammlung sozial- u. stadtgeographischer Studien (Heidelberg und Umland). 1978. — Heidelberger Geogr. Arb. **46**.
Sandner, G. (1969): Die Hauptstädte Zentralamerikas. Wachstumsprobleme, Gestaltwandel und Sozialgefüge. — Heidelberg.
Saushkin, Y. G. (1960): The study of a system of cities of the Soviet Union. — Soviet Geography: Review and Translation **1**: 44ff.
— (Hrsg.) (1976): Quantitative Methoden in der Geographie (auf Russ.). — Sonderbd. anläßl. d. 23. IGU-Kongresses in Moskau.
Schätzl, L. (1978): Wirtschaftsgeographie. — Paderborn.
Schaffer, F. (1968): Untersuchungen zur sozialgeographischen Situation und regionalen Mobilität in neuen Großwohngebieten am Beispiel Ulm-Eselsberg. — Münchner Geogr. Hefte **32**. Kallmünz/Regensburg.
— (1970): Sozialgeographische Probleme des Strukturwandels einer Bergbaustadt: Beispiel Penzberg/Obb. — Dtsch. Geographentag Kiel 1969. Verh. d. Dt. Geographentages **37**: 313—325.

- (1978): Wohnstandorte, Mobilität und Stadtentwicklung. Folgerungen aus Wanderungsverhalten und Verkehrsmittelwahl im Großraum Ausgburg. – Geogr. Rdsch. **30**: 162–168.
Schappelwein, K. F. (1973): Kiew – Entstehung und Entwicklung der ukrainischen Hauptstadt. – Mitt. Österr. Geogr. Ges. **115**: 75–85.
Schickhoff, I. (1978): Graphentheoretische Untersuchungen am Beispiel des Schienennetzes der Niederlande. Ein Beitrag zur Verkehrsgeographie. Duisburg. – Duisburger Geogr. Arb. **1**.
Schilling-Kaletsch, I. (1977): Polarisationstheoretische Grundlagen einer Raumordnungskonzeption für nationale Urban-Systeme. – Sympos. Anwendung quantitativer Modelle in der Geographie und Raumplanung v. 28.–31.3.1977 in Bremen. (Maschinenschriftl. Manuskript).
Schmidt, U. (1977): Der Fernsprechdienst der Deutschen Bundespost. Eine verkehrsgeographische Untersuchung mit Anwendung der Graphentheorie. – Nürnberger wirtschafts- u. sozialgeogr. Arb. **26**.
Schöller, P. (1967): Die deutschen Städte. – Geogr. Z. Beihefte **17**. Wiesbaden.
- (1973): Tendenzen der stadtgeographischen Forschung in der Bundesrepublik Deutschland. – Erdkunde **27**: 26–34.
- (1976): Unterirdischer Zentrenausbau in japanischen Städten. – Erdkunde **30**: 108–125.
Schramke, W. & J. Strassel (1979): Wohnen und Stadtentwicklung. Oldenburg. – Geogr. Hochschulmanuskripte Heft 7/1 und 2.
Sdasyuk, G. V. (1972): Some features of urbanization in densely populated developing countries. – 22. IGU-Kongreß Montreal. International Geography **2**: 839–841.
Sedlacek, P. (1973): Zum Problem intraurbaner Zentralorte. Dargestellt am Beispiel der Stadt Münster. – Westfälische Geogr. Stud. **28**.
- (Hrsg.) (1978): Zur Klassifizierung räumlicher Bezugseinheiten durch Matrixauswertung. – Allgem. Statist. Arch. **61**: 254–275.
Šešelgis, K. (1975): Rajoninio planavimo ir urbanistikos pagrindai. – Mintis. Vilnius/Wilna.
- (1976): Development of separate settlements in the single settlements system of Lithuanian SSR. – 23. IGU-Kongreß Moskau. Geography of Population **7**: 206–210.
Smotkine, H. (1972): Aspects du développement urbain en économie socialiste d'après l'exemple de la République démocratique allemande. – 22. IGU-Kongreß Montreal. La géographie internationale **2**: 865–866.
Spiegel, E. (1974): Die Stadtregion als soziales System. – Schriftenreihe f. Verkehr u. Techn. **55**: 19–32.
Spinelli, G. (1976): Innovation diffusion and industrialization in developing areas: the example of telephone potential in Eastern Sicily. – 23. IGU-Kongreß Moskau. Regional Geography **8**: 331–333.
Šprincová, S. (1974): L'influence des transports sur le tourisme d'étapes. – Acta Geogr. Lovan. **12**: 49–52. Löwen.
- (1976): Geographical aspects of second-home living. – 23. IGU-Kongreß Moskau. Addit. vol. **12**: 253–256.
Stadtautobahnen – Ein Schwarzbuch zur Verkehrsplanung. – Hrsg. Bürgerinitiative Westtangente. Berlin 1976.
Stewig, R. (1970): Bursa, Nordwestanatolien. Strukturwandel einer orientalischen Stadt unter dem Einfluß der Industrialisierung. – Schr. Geogr. Inst., Univ. Kiel **32**.
- (1971): Einführung in die Stadtlandschaft. – Kiel.
- (1977): Konzeption, Forschungsziele und erste Ergebnisse des Bursa-Projektes (Nordwestanatolien). – Die Erde **108**: 239–255.
Symposium on Urban Geography (1962). – 19. IGU-Kongreß Lund. – Lund Stud. in Geogr. Ser. B **24**.

Szymanski, M. (1977): Wohnstandorte am nördlichen Stadtrand von München — sozialgeographische Planungsgrundlage. — Münchner Stud. z. Sozial- u. Wirtschaftsgeogr. 14.
Taege, G. (1973): Die Ermittlung der Verkehrsanbindung als eine Methode der Analyse der Siedlungsstruktur. — Ref. auf d. Arbeitstag. „Entwicklung der Siedlungsstruktur der DDR" im Nov. 1973 in Leipzig. (Maschinenschriftl. Manuskript).
Tatai, Z. (1976): The selective industrialization and the removal of factories to the country in Budapest as an economic policy method influencing the growth of agglomerations. — 23. IGU-Kongreß Moskau. General economic geography **6**: 169—173.
Taubmann, W. (1973): Governing Soviet cities. Bureaucratic politics and urban development in the USSR. — New York.
Taubmann, W. (1969): Die Innenstadt von Århus. I. Innere Gliederung aufgrund der Flächennutzung. — Saertryk af Kulturgeogr. **110**: 333—365. Århus.
Thamm, R. (1970): Ökonomisch-geographische Studien über die Entwicklung und gegenwärtigen Funktionen der Doppelstadt Ribnitz-Damgarten. — Diss. Geogr. Inst., Univ. Greifswald. (Maschinenschriftl. Manuskript).
Thünen, J. H. von (2. Aufl. 1921): Der isolierte Staat in Beziehung auf Landwirtschaft und Nationalökonomie. — Jena.
Tietze, W. (1974): Wolfsburg. Chancen und Aufgaben einer neuen Stadt im neuen Europa. — Raumforsch. u. Raumordnung **32**: 57—66.
Vaitekūnas, S. K. (1976): On certain properties of demographic processes taking place in the newly developing regional centers (As exemplified by the Lithuanian SSR). — Vilnius Univ. Wilna. (Maschinenschriftl. Manuskript).
Verbič, A. (1978): The aspect of tourist flows across borders in Jugoslavia. — Ref. vor Arbeitsgruppe „Tourismus" der IGU in Laibach/Ljubljana v. 15.—19.9.1978. (Maschinenschriftl. Manuskript).
Verkehrsentwicklungsplanung Berlin. Bericht 1977. — Hrsg. Senat von Berlin. Senat f. Bau- u. Wohnungswes. VII Fü A 3. Berlin 1977.
Vetter, F. (1970a): Netztheoretische Studien zum niedersächsischen Eisenbahnnetz. Ein Beitrag zur angewandten Verkehrsgeographie. — Abh. d. 1. Geogr. Inst., FU Berlin **15**.
— (1970b): Stichworte der Städte Chicago, Detroit, Los Angeles, New York, San Francisco und der Staaten Illinois, Indiana, Iowa, Michigan, Minnesota und Wisconsin. — Meyers Kontinente und Meere. Bd. Nordamerika.
— (1974a): Netztheoretische Untersuchungen zur ökonomisch optimalen Linienführung in ausgewählten Eisenbahnteilnetzen Mitteleuropas. — Die Erde **105**: 135—150.
— (1974b): On the structure and dynamics of tourism in Berlin West and East. — Frankfurter wirtschafts- u. sozialgeogr. Schr. **17**: 237—258.
— (1974c): Le tourisme dans les grandes villes. Un exemple: Berlin. — Espaces 5, 6, 7: 30—41.
— (1975a): The proportion of tourist traffic in West Berlin's air transportation. Philadelphia (Hrsg. P. O. Muller, Dept. of Geogr. Temple Univ. Philadelphia, Pa.). — Transport. Geogr. Newsletter (TGN) **5**: 23—28. — Abdruck außerdem in: Proc. of the 6th Internatl. Congr. of Speleology in Olomouc/Olmütz. Acad. Praha. Prag (1977) **7**: 325—332.
— (1975b): Berlin point de jonction et port intérieur. — Inst. di Geogr., Univ. di Venezia. Hrsg. R. Caralp & C. Muscarà. — Ports et transports **1**: 163—177.
— (1975c): Besonderheiten des Großstadttourismus. Demonstriert an den Beispielen Berlin und Chicago. — Deutsch. Geographentag Innsbruck 1975. Wirtschaftsgeogr. Inst., Univ. München. — Geogr. d. Freizeitverhaltens **40**: 20.
— (1976a): Urbanization and short distance traffic in industrial countries. — 23. IGU-Kongreß Moskau 1976. Bevölkerungsgeographie. Sekt. **7**: 329—332.
— (1976b): The economic impact of tourism upon big cities. — 23. IGU-Kongreß Moskau 1976. Geography of tourism and recreation. Sonderbd.: 112—118.

- (1977): Gravitationsmodell und Pendlerverkehr. — Ges. f. Regionalforsch. (GfR). Seminarber. **13**: 321—340.
- (1978a): Neue Großwohngebiete und Nahverkehr. Eine vergleichende Studie demonstriert an den Beispielen Falkenhagener Feld in Berlin und Schaumburg in Chicago. — Verkehrswiss. Forsch. **35**. — Schriftenreihe d. Inst. f. Industrie- u. Verkehrspolitik d. Univ. Bonn (Hrsg. Fritz Voigt). Berlin.
- (1978b): Influences actuelles de frontières sur les voies de communication de Berlin. — Ref. vor IGU-Kommission „Verkehrsgeographie" v. 12.—16.10.1977 in Basel. — Sonderreihe d. Regio Basiliensis. Basler Beitr. z. Geogr. 1978. **26**: 125—140.

Vigarie, A.-L. (1978): Frontières et arrière-pays portuaires. Le transit international européen. — Ref. vor IGU-Kommission „Verkehrsgeographie" vom 12.—16.10.1977 in Basel. — Druck vorgesehen in: Sonderreihe d. Regio Basiliensis. Basler Beitr. z. Geogr. 1978.

Viitala, P. (1977): Distance decay functions in urban floor area distributions. — Publ. Inst. Geogr. Univ. Helsing. Ser. A **115**. Fennia **151**. Helsinki.

Vogl, W. (1978): Die ehemaligen Festungsanlagen von Ingolstadt. Heutige Nutzung und Auswirkungen auf die Stadtentwicklung. — Nürnberger wirtschafs- u. sozialgeogr. Arb. **28**.

Voigt, F. (1965): Die Entwicklung des städtischen Nahverkehrs. — Die Entwicklung des Verkehrssystems. Verkehr II/2: 659—718. Berlin.
- (1973): Verkehr I. Die Theorie der Verkehrswirtschaft. — Berlin.
- (1976): Stadtentwicklung als gemeinschaftliche Aufgabe. — Diskussionspap. Ges. f. wirtschafts- u. verkehrswiss. Forsch. **24**.

Voll, D. (1978): Von der Wohnlaube zum Hochhaus. Eine geogr. Untersuchung über die Entstehung und die Struktur des Märkischen Viertels in Berlin (West). — Diss. am FB 24 Geowiss., FU Berlin. (Maschinenschriftl. Manuskript).

Vorlaufer, K. (1970): Koloniale und nachkoloniale Stadtplanung in Dar Es Salaam. — Frankfurter wirtschafts- u. sozialgeogr. Schr. **8**.
- (1973): Dar es Salaam. Bevölkerung und Raum einer afrikanischen Großstadt unter dem Einfluß von Urbanisierungs- und Mobilitätsprozessen. — Hamburger Beitr. z. Afrika-Kunde **15**.
- (1974): Grundstücksmobilität und Bauaktivität im Prozeß des Strukturwandels citynaher Wohngebiete. Beispiel: Frankfurt/M-Westend. Materialien zur Bodenordnung I. — Frankfurter wirtschafts- und sozialgeogr. Schr. **16**.
- (1975): Bodeneigentumsverhältnisse und Bodeneigentümergruppen im Cityerweiterungsgebiet Frankfurt/M-Westend. Materialien zur Bodenordnung II. — Frankfurter wirtschafts- u. sozialgeogr. Schr. **18**.

Vrišer, I. (1976): The areas of influence of Yugoslav cities and towns. — 23. IGU-Kongreß Moskau. Geography of Population **7**: 335—339.

Wangemann, V. (1979): Nahverkehrsentwicklung und Nahverkehrsplanung in Berlin (West) seit 1945. — Diss. am 1. Geogr. Inst., FU Berlin. In Vorbereit.

Wechselwirkungen zwischen Stadtentwicklung und Verkehr. Dortmund 1978. — Schriftenreihe Landes- u. Stadtentwicklungsforsch. d. Landes Nordrhein-Westf. R. 2. Stadtentwicklung-Städtebau 018.

Wehner, W. (1971): Die territoriale Sicherung der Naherholung in Konzentrationsgebieten, dargestellt am Beispiel des Ballungsgebietes Dresden. — Diss. am Geogr. Inst., Univ. Halle-Wittenberg. (Maschinenschriftl. Manuskript.).

Weigand, K. (1966): Stadt-Umlandverflechtungen und Einzugsbereiche der Grenzstadt Flensburg und anderer zentraler Orte im nördlichen Landesteil Schleswig. Teil I — Flensburg als zentraler Ort im grenzüberschreitenden Reiseverkehr. Teil II. Schr. d. Geogr. Inst., Univ. Kiel **25**.

Werner, F. (1976): Stadtplanung Berlin; Theorie und Realität. Teil I: 1900—1960. — Berlin.

Literaturverzeichnis

Whitehand, J. W. R. & P. M. Edmondson (1977): Europe and Amerika: The reorientation in geographical communication in the postwar period. — Prof. Geographer **29**: 278—282.

Wiek, K. D. (1967): Kurfürstendamm und Champs-Elysée. Geographischer Vergleich zweier Weltstraßen-Gebiete. — Abh. d. 1. Geogr. Inst., FU Berlin **11**.

— (1977): Die städtischen Erholungsflächen. Eine Untersuchung ihrer gesellschaftlichen Bewertung und ihrer geographischen Standorteigenschaften — dargestellt an Beispielen aus Westeuropa und den USA. — Bonner Geogr. Abh. **57**.

Wienke, H.-M. (1973): Citystrukturen und ihre Ursachen. — Z. Wirtschaftsgeogr. **17**: 149—157.

Wirth, E. (1966): Damaskus — Aleppo — Beirut. Ein geographischer Vergleich dreier nahöstlicher Städte im Spiegel ihrer sozial und wirtschaftlich tonangebenden Schichten. — Die Erde **97**: 96—137 u. 166—202.

Wolf, K. (1971): Geschäftszentren. Nutzung und Intensität als Maß städtischer Größenordnung. — Rhein-Mainische Forsch. **72**. Frankfurt/Main.

Wolf, H. (1977): Grevenbroich, Würselen und Eschweiler. Entwicklungs- und Strukturvergleich dreier linksrheinischer Mittelstädte. — Aachener Geogr. Arb. **11**.

Wolkowitsch, M. (1976): Les transports interurbains de voyageurs en Europe et en Amérique du Nord. — Ann. de Géogr. **85**: 579—596.

Wolters, R. (1978): Stadtmitte Berlin. Stadtbauliche Entwicklungsphasen von den Anfängen bis zur Gegenwart. — Tübingen.

Wrzosek, A. (1965): Veränderung der räumlichen Struktur der Industrie Polens im Zeitraum 1946—1962. — Österr. Ges. f. Wirtschaftsraumforsch.

Wrzosek, A. et al. (1975): Rozwój i współczesna struktura społeczno-ekonomiczna miasta krakowa (Entwicklung und gegenwärtige sozioökonomische Struktur von Krakau). — Folia Goegr. Ser. Geogr.-Oeconom. **8**. Warschau, Krakau.

Zapletalová, J. (1976): Transport in town and its effects on environment. — 23. IGU-Kongreß Moskau. Regional Geography **8**: 347—350.

Zhilina, D. D. & V. A. Kopylov (1973): The character of demographic processes and their impact on city growth in Moscow oblast. — Soviet Geography **14**: 371—377.

Zikowski, L. (1978): Kleine Landstädte zum Verpachten — eine neue Form des internationalen Tourismus — als Gegenstand der geograph. Forschung. — Ref. anläßl. d. V. Greifswalder Geogr. Sympos. v. 3.—6.10.1978. (Druck vorgesehen).

Zimmermann, H. (1976): Kostenstruktur und Wohnqualität bei alternativen Stadtentwicklungsstrategien. — Vorstudie im Auftrag BMFT. (Maschinenschriftl. Manuskript). Marburg.

Zur Abgrenzung und inneren Gliederung städtischer Siedlungsagglomerationen. Hannover 1976. — Veröff. Akad. f. Raumforsch. u. Landesplanung. Forsch.- u. Sitz.-Ber. **112**.

Zylka, H.-J. (1975): Strukturwandel eines Berliner Stadtviertels — dargestellt am Beispiel des „Türkenviertels" in Berlin-Kreuzberg. — Diplomarb. am 1. Geogr. Inst. FU Berlin. (Maschinenschriftl. Manuskript).

DAS STUDIUM DER STADTGEOGRAPHIE

1. Einführung

Wenn man sie als ein bestimmtes systematisches oder thematisches Studium innerhalb des allgemeinen Faches der Geographie betrachtet, muß man die Stadtgeographie als einen vergleichbar jungen Zweig ansehen. Sie wurde in den Hochschulinstituten vor dem 2. Weltkriege sicher nicht als Spezialfach wie die Geomorphologie oder die Klimatologie oder gar die politische Geographie gelehrt. Das ist leicht zu verstehen. Die Stadtgeographie kann sich nicht darauf berufen, ein systematisches Studium in dem Sinne zu ermöglichen, daß sie mit Prozessen befaßt wäre, die sich im Zusammenhang mit kulturellen Veränderungen abspielen, um räumliche Strukturmuster zu erzeugen. Solche Prozesse sind wirtschaftlicher, sozialer und politischer Art; ihr Studium führt daher folgerichtig zu den systematischen Themen innerhalb der Kulturgeographie. — Die Stadtgeographie betrachtet im Gegensatz dazu alle diese Prozesse im Hinblick auf ein bestimmtes Phänomen, nämlich die Stadt. Sie konzentriert sich daher nicht auf den Prozeß, sondern auf die Konsequenzen, obwohl sich auch hier Veränderungen ergeben dürften. — Städte sind für den Geographen immer von Interesse gewesen; von frühester Zeit an haben sich regionalgeographische Untersuchungen mit ihnen befaßt. So war sich Strabo in seiner *Geographie* der Bedeutung des Standortes sehr bewußt: „Die natürlichen Vorzüge (eines Ortes) sollten immer erwähnt werden, da sie dauerhaft sind. Vorzüge, welche sich zufällig ergeben, können sich ändern ..., diejenigen, welche dauerhaft sind, dürften von der Nachwelt nicht als künstlich geschaffen, sondern als durch die natürliche Lagegunst herausragend gewertet werden. Diese müssen wir daher sinnvollerweise in unsere Untersuchungen mit einbeziehen."[1]

Aber anstatt sich um das Erkennen von Standortvorteilen zu bemühen, wurde die geographische Stadtforschung im wesentlichen deskriptiv betrieben. Strabo selbst schrieb über Lyon, „Lugdunum, das am Zusammenfluß von Saône und Rhône gelegen ist, gehört den Römern. Es ist die bevölkerungsreichste Stadt nach Narbonne. Es treibt einen bedeutenden Handel, und die römischen Präfekten hier prägen sowohl Gold- als auch Silbermünzen."[2] Diesen Ausfüh-

---

[1] H.C. Hamilton & W. Falconer, Ed. (1912): The geography of Strabo, 1, 182.(London).
[2] H.C. Hamilton & W. Falconer (1912), 287.

rungen folgt eine Beschreibung des dem Kaiser Augustus gewidmeten Tempels. Diese Art zusammenfassender Übersicht galt lange als die Standardabhandlung von Städten, obgleich gelegentlich der Standort als kontrollierender Faktor gesehen wurde. In dem bedeutenden Stadtpläneatlas *Civitates orbis terrarum*, der im späten 16. Jahrhundert veröffentlicht wurde, ist der Reichtum von Lyon deutlich bezogen auf seine Lage: „Sein Reichtum stammt von den vorher erwähnten Flüssen, denn diese bilden, da sie an vielen Siedlungen vorbei ins Meer fließen und die Stadt im Zentrum Europas liegt und als das Herz Frankreichs gilt, ein gutes Mittel für den Transport aller ein- und ausgehenden Waren in alle wichtigen Länder Europas".[3] Aber im allgemeinen wurden solche Zusammenhänge selten genauer behandelt. Ein typisches Beispiel ist das 1793 von William Frederick Martyn veröffentlichte Buch *The geographical magazine, or new system of geography*[4]. Sein Kommentar dazu lautet: „Es ist unmöglich, in einem solchermaßen gearteten Werk sich über alles Schöne oder Erwähnenswerte in verschiedenen Städten und Ortschaften auszulassen, die es in vielen Ländern gibt; auch können wir all den zahlreichen architektonischen Schönheiten keine Gerechtigkeit widerfahren lassen, welche England im Überfluß aufweist".[5] Nach der Abhandlung über London fährt Martyn fort: „Bristol, das wegen seiner räumlichen Ausdehnung und Bevölkerung als die zweitgrößte Stadt Englands gilt, ist bedeutungsvoller wegen seines Handels und seines Reichtums als wegen irgendwelcher seltener oder schöner Gebäude. In der Tat haben all die anderen Ortschaften und Städte Englands nach unserer Beobachtung wenig mehr anzubieten als ihren Handel und die Annehmlichkeiten ihrer Lage."[6] Die ganze Siedlungsgeographie wurde auf diese Weise kurz abgetan, obgleich der wachsende Einfluß der Industrialisierung bedeutete, daß ins einzelne gehende Aufzeichnungen über das Wesen von Handel und Gewerbe mehr Interesse fanden. Trotzdem wurde dabei nur wenig formale Methodik entwickelt. John Pinkerton schrieb in seinem 1807 veröffentlichten Werk über *Modern geography, a description of the empires, kingdoms, states and colonies ... in all parts of the world*[7]: „Indem ich einen kurzen Abriß der hauptsächlichen Städte und Siedlungen in England gebe, sollen einige wenige der wichtigsten nach Bedeutung, Reichtum und Bevölkerung gegliedert werden. Die anderen sollen ohne Rangfolge in einer Art Fortschreiten vom Südwesten nach dem Norden erwähnt werden."[8] Bei diesem Fortschreiten wird der Autor unsicher und entschuldigt seine Auslassungen: „In einer Arealbeschreibung Englands könnte man zum Beispiel auch Leicester und Shrewsbury erwähnen, aber die Geogra-

---

[3] R. Oehme (1965): Old European cities, 73. (London).
[4] W.F. Martyn (1793): The geographical magazine: or new system of geography. 2 vol. (London).
[5] W.F. Martyn (1793), 2, 404.
[6] W.F. Martyn (1793), 2, 405.
[7] J. Pinkerton (1807): Modern geography; a description of the empires, kingdoms, states and colonies: with the oceans, seas and islands: in all parts of the world (London).
[8] J. Pinkerton (1807), 77.

phie von England kann nur die wichtigsten Themenbereiche umfassen."[9] Daraus läßt sich entnehmen, daß die Geographie in Form eines geographischen Lexikons abgehandelt wurde, obwohl sie sich nur mit den wichtigsten Teilen abgab: „Es ist so, als lerne man dabei Geographie ... bedeutendste Flüsse ... höchste Berge ... größte Städte — warum stellen diese seltsamen Lebewesen da unten Honig her?" So baute sich Alice in der Erzählung von Lewis Caroll die Geographie der Landschaft hinter den Spiegeln auf, allerdings mit einem schnellen Nebenblick auf die ökonomischen Grundlagen. Es ist daher nicht überraschend, daß dieses Vorgehen mit der Forderung nach schlüssigen Zusammenhängen und nicht nach einer Aufzählung von Fakten endete. Ihr wurde klar entsprochen in der 1901 erschienenen ersten Ausgabe der Zeitschrift, die sich heute *Geographie* nennt, mit einem Artikel über „Die Lage von Siedlungen".[10] „Die Pracht der Gebäude einer Stadt", schrieb der Autor, „die Bevölkerungszahl und die Bedeutung von Handel und Gewerbe werden erwähnt, als wären sie die Ursachen für den Grad der Bedeutsamkeit der Stadt. Tatsächlich bilden sie die überzeugendsten Beweise besonderer Lagegunst."[11] Und er schloß daraus: „Laßt uns ein für allemal das mechanische Auswendiglernen von Städtenamen, Produkten und Sehenswürdigkeiten als zusammenhangloses Faktenwissen aufgeben zugunsten von allgemeinen, aber verständlichen Verbreitungsmustern und den logischen Folgen von physisch-geographischen Standortbedingungen".[12]

Der Ersatz der reinen Beschreibung durch die Auswertung von Standortqualitäten bildete die Grundlage für die Entwicklung der Stadtgeographie als speziellem Studienfach. Im ersten Jahrzehnt des gegenwärtigen Jahrhunderts erschienen zwei Hauptwerke. Karl Hasserts in Leipzig 1907 veröffentlichte Arbeit über: *Die Städte geographisch betrachtet* galt als erste, die einen Abriß der Stadtgeographie enthielt[13]. Raoul Blanchards: *Grenoble, étude de géographie urbaine* (1911)[14], wurde zur ersten klassischen Studie über eine einzelne Stadt. Die Entwicklungen in der Stadtgeographie spiegelten in hohem Maße diejenigen in der Gesamtgeographie wider. Zu dieser Zeit war es ein Hauptthema, eine Basis für das Herausmodellieren der Bedeutung der physischen Umwelt zu finden, denn trotz der nebulosen Vorstellung vom „Menschen als Meister aller Dinge" innerhalb der physischen Welt, basierten die bedeutenden Regionalmonographien fest auf Gesteins- und Reliefuntersuchungen. Die Verbindung zwischen den „Einzelfakten" fußte auf dem Kausaleffekt der physischen Geographie. Es war daher unvermeidlich, daß zur damaligen Zeit die einigende Basis der Städtestudien durch die Standortfaktoren, welche die Stadtentwick-

---

[9] J. Pinkerton (1807), 89.
[10] B.B. Dickinson (1901–1902): The position of towns. – Geogrl. Teach. 1, 97.
[11] B.B. Dickinson (1901–1902), 97.
[12] B.B. Dickinson (1901–1902), 108.
[13] K. Hassert (1907): Die Städte geographisch betrachtet.(Leipzig).
[14] R. Blanchard (1911): Grenoble: étude de géographie urbaine.(Paris).

lung beeinflußten, begründet wurde. Blanchard schrieb im Vorwort seines Buches, ,,Das grundlegende Konzept dieser Studie ist es, den Ursprung und die Entwicklung der Stadt als Funktion der physischen Bedingungen ihrer Lage zu erklären;"[15] und in den letzten Zeilen schließt er, ,,von seinen Ursprüngen bis zu seiner gegenwärtigen Ausdehnung ist Grenoble die Stadt an der Kreuzung verschiedener Landschaftstypen und am Zusammentreffen mehrerer Flüsse. Trotz der Veränderungen durch den Menschen setzt sich die Natur immer durch, auch gegenüber einem Organismus, der so komplex ist wie eine Stadt."[16]

Es folgt eine ganze Reihe von Studien[17], welche man als Standort- und Lageuntersuchungen bezeichnen kann, mit dem Hauptziel, zu demonstrieren, daß die Eigenheiten von Städten sich aus ihrer physisch-geographischen Lage herleiten[18]. Das Schlüsselwort in solchen Studien bildete der sog. Knotenpunktbezug. D. h., mit Hilfe einer großen Menge von Diagrammen sollte die Knotenpunkt- oder zentrale Lage von Siedlungen demonstriert werden. In diesem Zusammenhang gab es wenig Raum für die weitere Entwicklung einer wirklichen Stadtgeographie und wenig Anreiz zu einer großen Anzahl von Einzelstudien im Rahmen einer ,,Geographie der Städte".

Der erste allgemeine Überblick über die Stadtgeographie wurde 1924 von Aurousseau gegeben[19]. Er erläutert, daß die Geographie der Städte so viel allgemeine Kulturgeographie umfaßt, daß sie kaum als eine Spezialisierung zu bezeichnen ist. So ist er sich sowohl bei der Ursache als auch bei der Konsequenz des Problems der Identifizierung und Abgrenzung der Stadtgeographie als systematisches Studienfach nicht sicher über das eigentliche Wesen dieser Stadtgeographie. Ein methodischer Einführungsteil gibt in groben Zügen Blanchards Vorgehen wieder und führt zu folgender Erklärung: ,,Es ist eine erstaunliche Tatsache, daß das Hauptinteresse sich auf die Einzelstadt konzentriert hat. Die Geographie ist so stark befaßt mit der Verteilung von allen möglichen Dingen, daß ein Interesse an der räumlichen Verteilung von Städten augenscheinlich gegeben sein müßte. Sie ist jedoch bisher wenig beachtet worden."[20] Aurousseau fährt dann fort, die Beiträge von Fleure zur regionalen Verteilung von Städten[21] zu zitieren und diskutiert die Anfänge funktionaler Studien zusammen mit den ersten Arbeiten über den Rang von Städten. Es werden dann

---

[15] R. Blanchard (1911), 5.
[16] R. Blanchard (1911), 159.
[17] z.B. J. Levainville (1913): Rouen, étude d'une agglomération urbaine.(Paris).
[18] Interessanterweise betrifft die einzige Karte, abgesehen von einer allgemeinen Lagekarte in H.J. Fleure (1924): Cities of the Po basin: an introductory study. – Geogrl. Rev. 14, 345, die Januar- und Julitemperaturen.
[19] M. Aurousseau (1924): Recent contributions to urban geography: a review. – Geogrl. Rev. 14, 444.
[20] M. Aurousseau (1924), 445.
[21] s. Fußnote 18 und H.J. Fleure (1920): Some types of cities in temperate Europe. – Geogrl. Rev. 10, 357.

Beispiele von Studien über Städte aus verschiedenen Teilen der Welt gegeben; und zum Schluß wird „der Mangel an ausgedehnten Studien in den Vereinigten Staaten" bemängelt! Die Arbeit ist sehr lesenswert, denn sie entstand zu einer Zeit, als sich schnelle Veränderungen ergaben. Methoden der Vergangenheit und Probleme der Zukunft wurden bei wachsender Spezialisierung in einem Überblick recht unbekümmert zusammengefaßt.

Die oben festgestellten Veränderungen waren zum größten Teil das Ergebnis einer Reaktion gegen das begrenzte Ziel vieler Stadtstudien, und diese Reaktion wurde aus zwei Quellen gespeist. Die erste war eine direkte Ablehnung der stereotypen Standort- und Lage-Formel, zumal man langsam erkannte, daß eine solche begrenzte Betrachtungsweise aus einem komplexen, funktionierenden ökonomischen und sozialen System nicht abstrahiert werden konnte. Crowe, der 1938 über methodologische Fragen schrieb[22], geißelte die Behandlung von Städten durch Geographen als ein Anzeichen für ihre Unfähigkeit, von Oberflächlichem tiefer in entsprechende Fragestellungen einzudringen. Er kritisierte die Tendenz, „... sich auf die Verteilung von geistlosen Objekten und die Morphologie von statischen Mustern zu beschränken", und verwies darauf, daß die Anwendung der Standort- und Lage-Formel überall dort bedeutungslos sei, wo der Standort nur einen historischen Bezug hat und die Lagegunst bezüglich der Verbindungen lediglich von den Wegen und nicht von den Strömen der Bewegung her gesehen wird[23]". Aber schon 1933 war Walther Christallers große Arbeit über die zentralen Orte von Südwestdeutschland[24] veröffentlicht worden und, obwohl diese ihre Bedeutung erst nach dem zweiten Weltkrieg voll entfalten konnte, war damit die Neuorientierung, welche Crowe gefordert hatte, in ihren Anfängen sichtbar.

Die zweite Quelle der Ablehnung ergab sich aus der Natur des Städtewachstums selbst. Die gewaltige Ausbreitung der Stadtgebiete, angeregt durch neue Verkehrsmittel, brachte ernsthafte Interpretationsprobleme mit sich. Ein Standort-Lage-Bezug wurde eben bedeutungslos, wenn große städtische Agglomerationen betrachtet werden sollten. Im Jahre 1915 war Patrick Geddes gezwungen, einen Spezialbegriff für dieses Wachstumsphänomen zu finden. Das Wort „Ballungsraum"[25] kam in Umlauf. Der einfache Wachstumsplan, das Hauptelement des bisherigen Gestaltungsprinzips, wurde in steigendem Maße als unzutreffend angesehen. In den zwanziger Jahren dieses Jahrhunderts schloß die Chicagoer Schule der Humanökologen die Vielfalt ökonomischer und sozialer Kräfte, welche eine veränderte städtische Flächennutzung bewirkten, bereits

---

[22] P.R. Crowe (1938): On progress in geography. – Scott. geogr. Mag. **54**.
[23] P.R. Crowe (1938), 18.
[24] W. Christaller (1933): Die zentralen Orte in Süddeutschland. (Jena); ins Englische übersetzt von C.W. Baskin (1966): Central places in Southern Germany. (Englewood Cliffs, N.J.).
[25] P. Geddes (1949): Cities in evolution, 14–15. (London).

in ihre Analysen mit ein[26]. Auf diese Weise wurde die Aufmerksamkeit von Geographen auf die Komplexität der Stadtlandschaft gerichtet und nicht mehr auf die offensichtliche Simplizität von Wachstums- und allgemeinen Stadtplänen.

Gegen Ende des Zweiten Weltkrieges wurde dadurch das schnelle Wachstum der Stadtgeographie als Fach unvermeidlich. Vorläufige Grundlagen waren gegeben, und viele der wichtigsten Gedankengänge waren, obwohl noch isoliert, vorformuliert. Die Ausbreitung der Stadtgeographie in den letzten Jahren ist hauptsächlich auf die Auswertung von umfangreichem Gedankengut zurückzuführen, das bereits in den dreißiger Jahren entwickelt worden war.

Von der Praxis her bestand ein dringendes Bedürfnis — besonders in den meisten europäischen Städten — sich mit den unzureichenden Zuständen zu befassen, die durch die unkontrollierte Entwicklung während des 19. Jahrhunderts entstanden waren. Die Kriegszerstörungen machten einen Wiederaufbau notwendig. Wiederaufbau und Weiterentwicklung erforderten sinnvolle Planung. In einer der ersten Nachkriegsstudien schrieb R. E. Dickinson[27]: „Dieses Buch befaßt sich nicht mit Planung. Es handelt vielmehr von bestimmten Aspekten einer der Gesellschaft eigenen räumlichen oder geographischen Struktur, worauf die Planung basieren muß; es ist unabdingbar, daß die Kenntnis der Anatomie der Gesellschaft der Behandlung ihrer Mängel vorausgehen muß[28]." Die Beschäftigung vieler Geographen in der Stadtplanung und die Wechselwirkung zwischen wissenschaftlicher Stadtgeographie und den praktischen und angewandten Planungsbereichen bildeten eine starke Anregung für die neue Entwicklung. In kommerziellen Unternehmungen begann man einzusehen, daß vor Beginn des Aufbaus die sorgfältige Analyse stehen mußte, und das Studium von Geschäftsstandorten und Marktanalysen[29] wirkte sich auch auf die Untersuchungsmethoden in der Stadtgeographie aus.

Schließlich gab es Veränderungen in der geographischen Wissenschaft selbst, welche die Entwicklung systematischer Studien vorantrieben. Die überkommene Blickrichtung des „Zusammenhangs zwischen dem Menschen und seiner (physischen ?) Umwelt" mit ihrer unhaltbaren vernunftbestimmten Position wurde langsam durch ein neues Klischee ersetzt, nämlich „die räumliche Differenzierung der Erdoberfläche". Die „physisch-geographische Basis" wurde damit ihrer grundlegenden Bedeutung beraubt. Keinem der in unendlicher Anzahl vorkommenden Wirkungsfaktoren wurde damit eine a-priori-Bedeutung

---

[26] Ein Überblick findet sich bei G. Sjorberg (1965): Theory and research in urban sociology; Kap. 5 in P.M. Hauser & L.F. Schnore (1965): The study of urbanization, 157. (New York).

[27] R.E. Dickinson (1947): City region and regionalism. (London).

[28] R.E. Dickinson (1947), xiii.

[29] z.B. W. Applebaum (1961): Teaching marketing geography by the case method. — Econ. Geogr. 37, 48. P.H. Thorpe, Ed. (N.D.): Great Britain; a 'geographia' marketing and media survey. (London).

eingeräumt. In der Wirtschaftsgeographie setzte dieser Wandel eine wahre Flut von bis dahin zurückgehaltener Energie frei, die mehr das Allgemeingültige als die Aneinanderreihung von Einzelheiten zu erklären versuchte. Diese Flut ergoß sich schließlich auch auf die Stadtforschung, wo das „Modellbauen" zuerst im Bereich der Kulturgeographie Eingang fand. Zur gleichen Zeit waren Stadträume in westlichen Ländern zu so wichtigen Teilen der Landschaft geworden, daß die einfachste geographische Beschreibung sich ihrer annehmen mußte. Die Notwendigkeit systematischer Studien war damit augenscheinlich. Die östlichen Staaten der USA wurden als „Megalopolis"[30] bezeichnet, die Grundlage der zeitgenössischen Geographie der Niederlande bildete die Randstad Holland[31] und nicht der subboreale Torf. Alle diese Veränderungen bedeuteten einen großen Anreiz für die Geographie von Städten. In den letzten 20 Jahren hat sich daher eine gewaltige Menge einschlägiger Literatur angesammelt.

Zunächst war die Stadtgeographie jedoch keinesfalls als gut definiertes, systematisches Studienfach anzusehen. Sie „wuchs" eben und das in einem Ausmaße, das eine besondere Rechtfertigung für ihre Anerkennung unnötig machte. Da sie von einer großen Anzahl von Fachleuten entwickelt worden war, die sich mit speziellen Bereichen befaßten, wurde es schließlich nötig zu beweisen, daß sie ein zusammenhängendes Studienfach bildet, welches auf geographischen Forschungsgrundsätzen basiert. Die Beweisführung beherrschte ein Großteil der methodologischen Abhandlungen über die Stadtgeographie während der fünfziger Jahre. In einer Reihe von Aufsätzen skizzierte Mayer[32] die Hauptpunkte, auf die sich Geographen konzentriert hatten und wies nach, daß diese miteinander verwandte Teile eines umfassenden systematischen Studienfaches sind. Der allgemeine Inhalt der Stadtgeographie, wie er sich zur Zeit darbietet, kann folgendermaßen zusammengefaßt werden:

Zu Beginn ist das Hauptanliegen im wesentlichen ein geographisches: „Die Geographie", schreibt Hartshorne[33], „ist damit befaßt, eine genaue, geordnete und rationale Beschreibung und Interpretation des sich wandelnden Charakters der Erdoberfläche zu geben." Da man — wahrscheinlich zu Unrecht — hofft, kaum ungenau, nur selten ungeordnet und nie irrational zu sein, ist es möglich, die Adjektive wegzulassen und zu behaupten, daß der Geograph sich mit dem veränderten Charakter der Erdoberfläche beschäftigt. Auf dieser Oberfläche erregen Einwohnerschaft und Gebäude, welche dicht gedrängt die Städte bilden, das besondere Interesse des Stadtgeographen. Sie werden von der Gesamtheit der Erscheinungen im Raum isoliert, damit getrennte Einzelstudien vorge-

---

[30] J. Gottmann (1961): Megalopolis, the urbanized northeastern seabord of the United States. (New York).
[31] Eine Beschreibung findet sich bei P. Hall (1966): The world cities, 95. (London).
[32] H.M. Mayer (1951): Geography and urbanism. — Scient. Mont. 63, 1. H.M. Mayer (1954): Urban geography; Kap. 6 in Preston James & C.F. Jones, Ed. (1954): American geography; inventory and prospect. (Syracuse, N.Y.).
[33] R. Hartshorne (1959): Perspective on the nature of geography, 21. (London).

nommen werden können. Da das Gros der Bevölkerung der westlichen Welt in Städten lebt und die Probleme der städtischen Umwelt gegenwärtig höchste Priorität genießen, braucht die Bedeutung dieses Faches in der geographischen Wissenschaft und insbesondere in der angewandten Geographie[34] nicht weiter erörtert zu werden.

Die Siedlung als Merkmalseinheit auf der Erdoberfläche hat, wie alle anderen Merkmale, zwei miteinander verbundene Aspekte. Der erste ist der Standort oder die allgemeine Lage, der zweite die Form und die interne Struktur. In ihrer einfachsten Ausprägung lassen sich diese beiden Aspekte leicht verdeutlichen, wenn Unterschiede im Maßstab betrachtet werden. Auf der normalen Karte werden Städte durch konventionelle Symbole dargestellt, und die wichtigsten geographischen Schlußfolgerungen ergeben sich aus ihrer Lage oder ihrem Verteilungsmuster. Auf Karten mit dem Maßstab 1:100.000 oder 1:50.000 werden individuelle Formen und Grundrisse wie auch die innere Struktur der Städte sichtbar, obwohl auch diese nur generalisiert wiedergegeben werden. Beim Maßstab 1:25.000, dem Meßtischblatt, oder gar 1:10.000 wird die innere Struktur detailliert in Form von Straßen, Baublöcken und Einzelgebäuden erkennbar, obwohl auch hier noch auf unwirkliche, zweidimensionale Weise. Endlich wird die wirkliche Stadt als dreidimensional angesehen, denn jedes Gebäude hat eine bestimmte Höhe und diese muß in der geographischen Vorstellung ergänzt werden. Letztlich muß der mit dem städtischen Gefüge konfrontierte Geograph feststellen, daß als vierte Dimension die Zeit eine Rolle spielt, denn viele der Strukturen und Formen sind aus vergangenen Epochen überliefert. Dieser Fortschritt in der Betrachtung unterstreicht die zwei Hauptuntersuchungsthemen, die zu Beginn eingeführt wurden, in ihrer Bedeutung, nämlich die Stadt und ihr Verteilungsmuster und die Stadt und ihr Muster mit bestimmter innerer Struktur, oder mit anderen Worten, die Stadt *im* Raum und die Stadt *als* Raum. Grundsätzlich kann der Standort nur durch die Funktion verstanden werden; die gegenwärtigen oder vergangenen Aktivitäten einer Stadt entscheiden über ihren Standort und bestimmen ihr Wachstum. Man kann nun zwei miteinander verbundene Konzeptionen aus der funktionalen Betrachtungsweise herleiten. Diese sind:

1. *Das Wesen städtischer Funktionen:* das bedeutet, man versucht, folgende Fragen zu beantworten: Welche Arten von städtischen Funktionen dominieren? In welchem Ausmaße werden spezialisierte Funktionen angeboten und welche sind es?

2. *Der Rang städtischer Dienstleistungen:* das bedeutet, spezialisierte Funktionen auszuschließen und die Frage zu beantworten: In welchem Ausmaße nimmt die Stadt teil an zentralörtlichen Aktivitäten?

Es wäre gefährlich, beide Konzeptionen durcheinanderzubringen, obwohl sie sehr eng miteinander verzahnt sind. „Wir brauchen getrennnte Untersuchungen

---

[34] s. Kap. 2, unten.

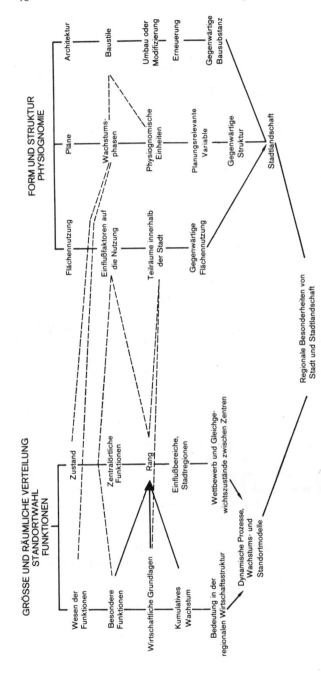

Fig. 1-1. Eine Übersicht über die Stadtgeographie. Die unterbrochenen Linien geben einige, allerdings bei weitem nicht alle Verbindungen zwischen den verschiedenen Teilbereichen wieder. Sie wurden als vereinfachte Darstellung der komplexen Sachverhalte und ihrer gegenseitigen Beziehungen eingefügt.

über standortgebundene Funktionen und andere Aktivitäten, deren Standort sich über die zentralörtliche Theorie nicht erklären läßt und außerdem die nachfolgende Übertragung solcher Funktionen und Aktivitäten auf räumliche Verteilungsmuster zentraler Orte[35]". Hier ergeben sich daher zwei bedeutsame Untersuchungsfolgen, die in Fig. 1-1 gezeigt werden[36]. Die Verbindung zwischen beiden ist mit der Erreichbarkeit verknüpft. Die Rolle des Verkehrs ist daher als entscheidendes Merkmal isoliert worden, welches speziell untersucht wird.

Die Morphologie der Städte oder die Untersuchung ihrer inneren Struktur bezieht sich auf drei Variable. Diese sind Plan oder Entwurf, Flächennutzung oder die Funktion und der architektonische Stil der Gebäude. Die drei Variablen verändern sich unabhängig und erzeugen eine unendliche Vielfalt städtischen Lebens und städtischer Besonderheiten. Jede muß separat betrachtet werden. Dann können die Beziehungen zwischen den Variablen bei Einbeziehung der gesamten Stadtlandschaft demonstriert werden, wie in Fig. 1-1 gezeigt. Dieses Diagramm wird aus zwei Gründen vorgestellt: Es zeigt die Beziehung zwischen verschiedenen Untersuchungsebenen an, die sich als Teil der Stadtgeographie herausgebildet haben, und gleichzeitig zählt es Gebiete auf, in denen Untersuchungen nötig sind.

Das Gliederungsprinzip für Fig. 1-1 geht davon aus, daß die Stadtgeographie ein einheitliches Studienfach ist. Es wird vorgeschlagen, daß Funktion und Form — die Stadt *im* Raum und die Stadt *als* Raum — nicht als zwei klar abgegrenzte und deutlich unterscheidbare Untersuchungsgebiete betrachtet werden. Sie sind eng miteinander verbunden: Die Unterscheidung wird nur zur Erleichterung der Analyse vorgenommen. Daher muß betont werden, daß alle besonderen Untersuchungsaspekte Teil der Stadtgeographie sind, wenn sie sich in das allgemeine regionale Muster von Städten und Stadtlandschaften einfügen lassen. Auf diese Weise bildet das systematische Studium einen wesentlichen Teil der Gesamtheit der Geographie.

Einigen Stadtgeographen wird dieser letzte Satz entweder als Einschränkung oder als bedeutungslos erscheinen[37]. Er scheint einzuschließen, daß man voneinander getrennte Themenbereiche besser nach inhaltlichen Einzelfragen als nach den angewandten methodischen Ansätzen behandeln sollte. So leitet der genannte Satz bei der Entwicklung der geographischen Beschäftigung mit Städten ein späteres Stadium ein als das, welches zu Beginn dieses Kapitels kurz

---

[35] W. Isard (1960): Methods of regional analysis, 227. (New York).
[36] Ein anderes Diagramm einer ähnlichen Analyse findet sich bei D. Thorpe (1966): The geographer and urban studies. — Dept. Geogr. Uni. Durham Occl. Pap. Ser. **8**, 3.
[37] Ein vor kurzem erschienenes Buch, welches eine Fülle von dem enthält, was man herkömmlicherweise der Stadtgeographie zuschreibt, nennt sich „Geographische Perspektiven zu städtischen Systemen". Daraus folgt bei Zugrundelegung der Ausdrucksweise „städtische Systeme", welche man von einer ganzen Reihe von Perspektiven aus betrachten kann, daß eine davon eben die „geographische" ist.

angedeutet wurde. Es ist das Stadium, in dem das vereinfachende Schlagwort „Der Mensch in Beziehung zu seiner Umwelt" von der „Beschreibung und Interpretation der sich verändernden Muster auf der Erdoberfläche", oder abgekürzt der „räumlichen Differenzierung" abgelöst wird. Bezüglich dieser neuen Themenstellung wurde der alte Satz, „aber das ist nicht Geographie" zitiert, und behielt gewisse Bedeutung. Wenn aber der Nachdruck jetzt auf der Art und Weise liegt, wie der Geograph die Dinge betrachtet und nicht darauf, was für Material er untersucht, dann kann man diese ganze alte Streitfrage so lösen, daß das Phänomen der Stadt und der Prozeß der Verstädterung zum *Hauptinhalt* werden, während die *Methode*, die sich mit der Verteilung der Phänomene im Raum beschäftigt, als geographisch bezeichnet werden kann. Was den Geographen auszeichnet, ist die Art und Weise, wie er über die Stadtforschung im ganzen denkt und nicht nur über einen speziellen unterteilten Abschnitt. Daraus folgt, daß Fig. 1-1 durch Herausstellen der verschiedenen Untersuchungsgebiete, in denen Geographen tätig sind und durch die Verdeutlichung bestimmter gegenseitiger Beziehungen, die in anderen Untersuchungen der letzten Zeit vernachlässigt wurden, nützlich sein kann. Allerdings kann Fig. 1-1 auch zu Mißverständnissen führen, da ein Schema für die Stadtgeographie den Wert und die Bedeutung des Methodischen am Studium der Verstädterung herausstellen und nicht so übermäßig von der Vorstellung eines holistischen Faches Geographie beherrscht sein sollte, was von vielen Geographen als wissenschaftlich und intellektuell nicht haltbar bezeichnet wurde, beziehungsweise als nicht der Mühe wert verworfen worden ist.

Der konzeptionelle Rahmen für ein Studium der Stadtgeographie sollte sich daher mit „Verstädterung" und nicht mit „Geographie" beschäftigen. An dieser Stelle ist es vielleicht erwähnenswert, daß die Stadtgeschichte genau die gleichen Probleme aufzuweisen hat, und die meisten Stadthistoriker zu den gleichen Schlußfolgerungen gekommen sind. Allerdings ergeben sich bei der Errichtung eines Rahmens für alle, die an der Stadtforschung interessiert sind, schwerwiegende Probleme. Dennoch ist mindestens *ein* teilweise erfolgreicher Versuch gemacht worden, und zwar von Foley[38], der bezeichnenderweise als Planer die Beziehungen von der Planung zur Stadtforschung und zur Stadtstruktur aufzeigte. Sein Schema wurde nach seiner Aussage für den Austausch von Ideen nach einem gemeinsamen konzeptionellen Rahmen und einer gemeinsamen Sprache entwickelt.

In Fig. 1-2, welche Foleys Grundbegriffe wiedergibt, wird eine senkrechte Unterteilung nach nicht-räumlichen und damit von Standort und Verteilung unabhängigen Faktoren vorgenommen und solchen, wo letztere entscheidend sind. Die waagerechten Unterteilungen befassen sich mit den verschiedenen

---

[38] D.L. Foley (1964): An approach to metropolitan spatial structure. – in: M. Webber et al. (1964): Explorations into urban structure, 21–78. (Philadelphia).

	A Nichträumliche Bereiche (Vertikaler Aufbau)	B Räumliche Bereiche (Horizontaler Aufbau)
I Normative oder kulturelle Bereiche	Soziale Werte Kulturelle Unterschiede Verhaltensformen Behördliche Zwänge Technologischer Entwicklungsstand	Räumliche Verteilung von kulturellen Mustern und Normen Werte, die sich auf Abgrenzung räumlicher Verteilungsmuster von menschlichen Aktivitäten, Bevölkerungsschichten und physisch-geographischer Umwelt beziehen
II Funktional-organisatorische Bereiche	Unterteilung und Zuordnung von Funktionen Gegenseitige Abhängigkeiten Handlungssysteme — Personen und Einrichtungen in ihrer funktionalen Rollenbedeutung	Räumliche Verteilung von Funktionen und Handlungen Verknüpfungen — räumlich betrachtet Räumliche Verteilungsmuster von Einrichtungen nach Funktionstypen
III Physiognomische Bereiche	Formale Bezüge Umwelt und Bausubstanz Verbesserungen durch Menschenhand Bevölkerung	Räumliche Verteilung formaler Bezüge Verteilungsmuster von Geländeformen, Gebäuden, Straßen, Menschen

Fig. 1-2. Ausgewählte Bereiche der Großstadtstruktur: Nach D. L. Foley (1964). Entwurf einer Übersicht.

Faktoren, welche zu berücksichtigen sind; diese lassen sich wiederum in drei Gruppen unterteilen. Die erste beschäftigt sich mit den Wertsystemen sozialer Gruppen und umfaßt die kulturellen Aspekte. Die zweite befaßt sich mit den Funktionen und dem Rollenverhalten von Menschen und Institutionen innerhalb einer Sozialgruppe und wird daher als der funktionale oder organisatorische Aspekt bezeichnet. Die dritte betrifft die physiognomisch sichtbaren Objekte in der Stadt, einschließlich der Gebäude und der Menschen. Aus allen drei Gruppen ergeben sich räumliche Schlußfolgerungen, die in Spalte B angedeutet sind. Das Schema ist so zusammengestellt, daß die funktionale Untergliederung, die eine Mittelstellung einnimmt, zwischen den von der jeweiligen Kultur hergeleiteten Normen und Werten einer Bevölkerung und der physiognomischen Realität der Stadt auf der Erdoberfläche vermittelt.

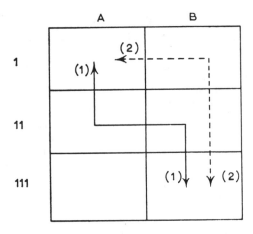

Fig. 1-3. Einzelhandelsstandort (1) und Haustyp (2) unter Bezugnahme auf das Schema in Fig. 1-2.

In der Vorstellung des Geographen herrscht klar der räumliche Aspekt vor. Der allgemeinere Rahmen jedoch fordert, daß dieser nicht einfach als „Stadt-Geographie" ausgegeben werden kann, denn es gibt wesentliche Herleitungen von nicht-räumlichen Aspekten, welche zunächst verstanden werden müssen. Innerhalb des Schemas kann man zum Beispiel die kontrollierenden Beziehungen im Einzelhandelsstandort und im Haustyp verfolgen. Die Untersuchung von Einzelhandelsgeschäften und ihren Standorten kann durch den ersten Weg in Fig. 1-3 dargestellt werden. Das Grundproblem liegt in den Normen und Verteilungsmuster der Einkaufsgewohnheiten und in der Technologie des Einzelhandels. Diese Faktoren wiederum kann man in eine funktionale Gliederung und Struktur übertragen; letztere hat eine räumliche Komponente, die schließlich bis zur ins einzelne gehenden Verteilung von Einzelhandelsgeschäften innerhalb der Stadt führt. Der zweite Weg zeigt das Beziehungsgefüge an, das in einer Studie über Haustypen, z. B. über die Doppelhausentwicklung in Großbritannien in der Zeit zwischen den beiden Weltkriegen sichtbar wird. Wiederum ist die Grundlage dieses Haustyps in den Wertvorstellungen und kulturellen Normen der Bevölkerung zu suchen. Wie die Menschen sich in ihrer sozialen Stellung sehen, das entscheidet über den Haustyp, für den sie sich interessieren und wo sie wohnen wollen. Der Ausspruch: „wo sie wohnen wollen" zeigt an, daß damit die Überleitung in den „räumlichen Bereich" vollzogen ist. Über eine ganze Reihe von Verknüpfungen und Verbindungen ergibt sich das Muster der Haustypen in Abschnitt 111 B des Diagramms. Der Prozeß vollzieht sich nicht nur in einer Richtung, denn Wohngebiet und Haustyp können das Ergebnis

Einführung

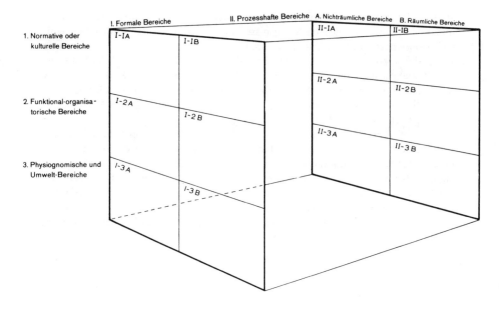

Fig. 1-4. Ausweitung des Schemas in Fig. 1-2 auf Formen und Prozesse. Nach D. L. Foley (1964).

des Erwerbs von sozialen Werten sein. So beziehen sich die Techniken der Sozialraumanalyse und die Unterschiede, die sie enthüllen, auf Abschnitt 1 B und 11 B; aber sie haben auch einen grundlegenden Bezug auf 1 A und Folgerungen für 111 B. Das Diagramm kann sowohl auf Einzel- als auch auf Massenbasis benutzt werden; im Entscheidungszusammenhang sind sowohl die Werte und Meinungen der Einzelperson wie auch die kulturelle Norm fixierbar; und damit kann der Rahmen auf die Untersuchung von Verhaltensformen angewandt werden.

Das Schema kann auf zweifache Weise ausgedehnt werden. Die erste Möglichkeit ist, sowohl „Form" als auch „Prozeß", wie in Fig. 1-4, gemeinsam zu betrachten. Hier bezieht sich „Form" auf den formal-morphologischen oder anatomischen und „Prozeß" auf den funktionalen oder physiognomischen Aspekt. Wege, die man nach diesen neuen Strukturmustern verfolgt, werden komplexer. Sie werden in der zweiten Erweiterung zusammengefaßt, die sich auf die Zeitdimension bezieht, so daß sich grundsätzlich eine Entwicklungsfolge ergibt.

Jeder im Bereich der Verstädterung Forschende kann seine Arbeit innerhalb dieses Rahmens unterbringen; und hier braucht sich der Stadtgeograph nicht als ein alle möglichen Themen Abhandelnder zu sehen, sondern als ein Fachmann, der seine besonderen Kenntnisse zum Verständnis der städtischen Umweltproblematik mit einbringt. Wenn man Fig. 1-1 zu Fig. 1-2 in Beziehung setzt, dann ergibt sich die Hauptverbindung mit Abschnitt 11 B und 111 B. Die Beziehungen über 1 B und 1 A sind nicht wesentlich und die mit 11 A werden nur angenommen. Es ist interessant festzustellen, daß sich heute ein wesentlicher Teil der Stadtgeographie mit der Ausweitung von Forschungsfragen gerade in dieser Richtung beschäftigt.

Ein weiterer Versuch, das Studienfach der Stadtgeographie zu skizzieren, sollte erwähnt werden. Davies[39] hat drei Komponenten in einem Entwurfsmodell der Stadtgeographie vorgeschlagen, die eng miteinander verbunden sind, aber zu Studienzwecken voneinander getrennt werden können. Dazu gehören die Elemente, welche den Stadtkomplex ausmachen, die Perspektiven, die sich bei der Betrachtung der Elemente ergeben und die städtischen Systeme, die aus den einzelnen Elementen bestehen. Grob gegliedert ergibt sich folgendes Schema von Davies:

Elemente	Umwelt	z. B. Standpunkt und Lage
	Bevölkerung	z. B. alle Charakteristika der Bevölkerung
	Funktionale Aktivitäten	z. B. Gesamtbedeutung der Stadt
	Form	z. B. die Gesamtheit aller Gebäude
Perspektiven	Statische Strukturen die Verbindung der Teile	z. B. Bewegungen und Ströme zwischen Städten und innerhalb von Städten
	Dynamischer Prozeß	z. B. zeitliche Veränderungen
Städtische Systeme	Der Verstädterungsprozeß	
	Die Stadt als Einheit innerhalb von Gruppen von Städten	z. B. die Stadt und ihr Verteilungsmuster
	Der räumliche Einfluß der Stadt	
	Die Stadt als ein Raum	z. B. innere Struktur

---

39 W.K.D. Davies (1970): Approaches to urban geography: an overview; Kap. 1 in H. Carter & W.K.D. Davies, Ed. (1970): Urban essays; studies in the geography of Wales, 1–22. (London).

Das Modell erklärt sich weitgehend selbst und behandelt, wie das Schema von Foley, den gesamten Bereich und nicht einen eindeutig geographischen Abschnitt der Verstädterung. Davies schreibt: „Nichts speziell Geographisches wird für diese Elemente gefordert, sie sind gemeinsamer Besitz aller Disziplinen der Stadtforschung. ... Geographen ... wollen nicht ein besonderes Phänomen untersuchen, sondern suchen nach der räumlichen Differenzierung und der räumlichen Integration dieser Elemente[40]."

Zwei in den siebziger Jahren hervorgetretene Trends sind jetzt kurz zu kommentieren, obgleich in Kapitel 15 und 16 dieses Bandes eine längere Diskussion folgt.

Der *erste* Trend besteht darin, das zusammengesetzte mechanistische Modell, das die moderne Stadtgeographie zunächst beherrschte, durch die Untersuchung des Verhaltens des einzelnen im räumlichen Zusammenhang allmählich zu ersetzen. Dies stellt eine wesentliche Maßstabsveränderung dar, so daß die Art und Weise, wie das Individuum die Umwelt wahrnimmt und entsprechend dieser Wahrnehmung handelt und entscheidet, zum wesentlichen Baustein für eine großmaßstäbigere Interpretation der Erdoberfläche wird.

Der *zweite* Trend ist wahrscheinlich noch revolutionärer, da er die Abschaffung systematischer Studien wie die der Stadtgeographie befürwortet. In dieser Richtung hat besonders wirkungsvoll Peter Gould mit seinem Aufsatz *„The open geographic curriculum*[41]" argumentiert. Kategorien wie „Stadtgeographie" hätten ihre Nützlichkeit überlebt, bemerkt Gould, indem sie geographische Unterweisung und pädagogische Vorstellung eng begrenzten. So meint Gould, daß der Diskussion über Tarife in der Wirtschaftsgeographie, Verwaltungsgrenzen in der politischen Geographie und Flächennutzungsbeschränkungen in der Stadtgeographie nur eine geringe Bedeutung zukomme, denn der kritische Punkt sei, daß es im geographischen Raum für alle Arten menschlicher Bewegungen Grenzen gibt, die selbst den Entfernungsbegrenzungs-Effekt einschließen, der durch moderne Verkehrs- und Nachrichtentechnologie wirkungsvoll verwischt und verzerrt worden ist". Eine moderne Geographie sollte sich daher mit Bewegung und Hindernissen für Bewegung befassen, d.h. einem höherwertigen Konzept, als es die Begrenzung auf systematische Unterteilungen einfacherweise erlaubt. Dies ist eine zwingende Überlegung; im gegenwärtigen Stadium wird sie lediglich erwähnt, damit der Leser bei Bedarf einige der „höherwertigen Konzepte" verfolgen kann, die bei der Behandlung dieser konventionell-systematischen Studien angeschnitten werden.

Fig. 1-1 zeigt die grundlegende Gliederung dieses Bandes und skizziert einen abgegrenzten Bereich der Stadtgeographie. Weitergehende Ausblicke sind zusammengestellt worden, um zu betonen, daß die Beschränkungen eines jeden

---

40 W.K.D. Davies (1970).
41 Peter R. Gould (1973): The open geographic curriculum. – in: R.J. Chorley, Ed.: Directions in geography, 253–284. (London).

begrenzten Textes nur einen geringen Bezug zu den unbegrenzten Studiengebieten herstellen, die untersucht werden können, sobald das Phänomen der Stadtforschung im weltweiten Zusammenhang zum Hauptthema und das Vorgehen geographisch wird. Es ist bereits unterstrichen worden, daß, anders als bei den traditionellen systematischen Studien, der Studiengegenstand der Stadtgeographie ein besonderes Phänomen und nicht ein besonderer Prozeß ist. Dies eröffnet dem Stadtgeographen nicht nur die breitesten Möglichkeiten zum Studium, sondern auch die umfassendste Auswahl an Studienobjekten und vorhandener Literatur. Der Umfang dieses Buches muß leider begrenzt sein; man kann nur darauf hinweisen, daß die Begrenzungen bewußt vorgenommen worden sind.

Literaturhinweise

(Die Hinweise sind am Ende eines jeden Kapitels als kurzer Führer angefügt. Im allgemeinen sollte die in den Fußnoten angegebene Literatur für die betreffenden Fragestellungen herangezogen werden.)

Für die allgemeinen Themen der Stadtgeographie sollte man am besten einige Standardwerke heranziehen. Die folgenden haben außerdem wichtige Einführungskapitel:
Beaujeu-Garnier, J. & Chabot, G. (1967): Urban geography, übersetzt von Beaver, S. & Yglesias, G.M. (London).
Berry, B.J.L. & Horton, F.E. (1970): Geographic perspectives on urban systems. (Englewood Cliffs, N.J.).
Johnson, J.H. (1968): Urban geography: an introductory analysis. (London).
Jones, E. (1966): Towns and cities. (London).
Murphy, R.E. (1966): The American city. (New York).
Smailes, A.E. (1953): The geography of towns, first edition. (London).

Die Hauptquellen sind in den Fußnoten angegeben, die nützlichsten Beiträge sind:
Davies, W.K.D. (1970): Approaches to urban geography (s. Fußnote 39).
Foley, D.L. (1964): An approach to metropolitan spatial structure (s. Fußnote 38).
Hauser, P.M. & Schnore, L.F. (1965): The study of urbanization (s. Fußnote 26).
Thorpe, D. (1966): The geographer and urban studies (s. Fußnote 36).

Für rein bibliographische Zwecke wird auf „The Council of Planning Libraries Exchange Bibliographies" (Monticello, Illinois) verwiesen. Eine sehr große Anzahl von Bibliographien ist dort erhältlich und viele Themen, die den Stadtgeographen interessieren, sind erfaßt.

Eine wertvolle Ergänzung zu der Literatur über die Stadt ist die Publikationsserie, die für den „Open University Course" vorbereitet wurde „Urban development" und die die Open University Press in Walton Hall, Bletchley, veröffentlichte.

2. Der Prozeß der Verstädterung

2.1 Definition

Das erste und dringendste Problem, das bei der Analyse von Städten auftritt, ist das ihrer Definition und Abgrenzung. Was bedeutet der Begriff „Stadt" oder „Großstadt" im Unterschied zu „Dorf" oder „Weiler", und worin besteht der eigentliche Sinn der Unterscheidung zwischen dem, was als „städtisch" und dem, was als ländlich anzusehen ist? Die Annahme des Spezialausdrucks „Stadtgeographie" bedeutet gleichzeitig, daß er ein Studiengebiet beinhaltet, welches lediglich Teil der „Siedlungsgeographie" ist und vor allem zur „ländlichen Siedlung" im Gegensatz steht. In Wirklichkeit sind allerdings die Unterschiede zwischen „städtisch" und „ländlich", die in der Umgangssprache so leicht vorgenommen werden, nur sehr schwierig in wissenschaftlich genaue Begriffe umzusetzen. Man kann drei verschiedene Ursachen für diese Schwierigkeit benennen.

2.11 Das Siedlungskontinuum

Das Demographische Jahrbuch der Vereinten Nationen für 1952[1] war dem Problemkreis gewidmet, genaue Angaben über die städtische Bevökerung der Welt zu ermitteln. Der Schluß war, „es gibt keinen Punkt im Kontinuum zwischen den großen Agglomerationen und den kleineren Siedlungen oder Wohnbereichen, wo die Verstädterung aufhört und der ländliche Raum beginnt. Die Unterteilung nach städtischer und ländlicher Bevölkerung ist notwendigerweise zufällig"[2]. Wenn man also die Rangskala von der größten Metropole oder gar der sich zwischen Boston und der Stadt Washington hinziehenden verstädterten Zone, der sogenannten Megalopolis im Osten der Vereinigten Staaten, bis hin zur einzelnen isolierten Farm betrachtet, dann ist es unmöglich, eine Trennungslinie zu ziehen, die vom Konzept her als sinnvoll anzusehen wäre. Dieser Tatbestand spiegelt sich in der Mannigfaltigkeit von Begriffen für Siedlungen wider, die in der Nähe einer solchen angenommenen Grenzlinie liegen. Der älteste Begriff ist „Vorort", obwohl seine ursprüngliche Bedeutung einen etwas anders gearteten Sachverhalt wiedergibt. Zusätzlich wurden die Begriffe „Vorstadt", „städtisches Dorf" und „Landstadt"[3] benutzt. Daraus folgt, daß die allgemeinste und augenscheinlich attraktivste Methode, nämlich eine Stadt durch eine feste Minimalbevölkerung zu definieren, die Wirklichkeit nur unzu-

---

[1] United Nations (1955): Demographic yearbook 1952. (New York).
[2] United Nations (1955).
[3] Die Bezeichnung „Landstadt" wurde in einer der frühesten zentralörtlichen Untersuchungen geprägt: C.G. Galpin (1915): The social anatomy of an agricultural community. (Agricultural experiment station of the University of Wisconsin) Res. Bull. **34**.

reichend charakterisiert und daß es schwierig ist, obwohl die Größenvorstellung eine Rolle spielt, letztere begrifflich genau zu fixieren. Abgesehen davon, daß die benutzten Zahlenangaben oftmals von zufälligen und oft anachronistischen Grenzlinien abhängen, legt die außerordentliche Bandbreite der Größenordnungen bei staatlich anberaumten Volkszählungen ein beredtes Zeugnis von dieser Problematik ab. Sie wird am augenfälligsten in Anhang II der vom Institut für wirtschaftliche und soziale Fragen der Vereinten Nationen herausgegebenen Publikation über das *Wachstum der städtischen und ländlichen Weltbevölkerung* von 1920 bis zum Jahre 2000, die eine Liste der Definitionen wiedergibt, welche in dem jeweiligen Land für die Abschätzung von „städtischen" Bevölkerungsteilen benutzt worden sind[4]. Ein Auszug daraus ist in Tabelle 2-1 dargestellt. Alle Länder ohne eine Stadt mit mindestens 100.000 Einwohnern

Tabelle 2-1

a) Häufigkeit, mit der verschiedene Abgrenzungskriterien für die städtische Bevölkerung bei Volksbefragungen in verschiedenen Ländern benutzt wurden.

Kriterien	Häufigkeit der Benutzung	
	Alleinige Anwendung	in Verbindung mit anderen Kriterien
1. Einwohnerzahl	23	26
2. Bevölkerungs- oder Wohndichte	1	10
3. Vorherrschende Wirtschaftsform	1	7
4. Andere „Städtische Charakteristika" als unter 1–3 (siehe oben) oder nicht näher bezeichnete „städtische Charakteristika"	3	13
5. Verwaltungsfunktion oder -struktur, z.B. Art der örtlichen Behörden usw.	3	0
ohne nähere Angaben*	56	0

* Hinweise zu nicht näher bezeichneten Kriterien. In der Annahme, daß ein Kriterium nach Verwaltungsfunktionen gegeben ist, wo nach der Gebietsbezeichnung Verwaltungszentren kleinerer Teilräume liegen — das Kriterium einer einheitlichen Verwaltungsstruktur kann gewöhnlich angenommen werden, wenn die Bezeichnung „Großstädte", „Städte" usw. im Zusammenhang mit besonderen Arten örtlicher Verwaltung genannt ist —, kann man auch sagen, daß das 5. Kriterium für die Auswahl städtischer Einheiten bei 67 nationalen Volksbefragungen zutraf, und daß kein Kriterium nur bei 29 Volksbefragungen angegeben war.

[4] United Nations (1969): Growth of the world's urban and rural population, 1920–2000. — United Nations, Department of Economic and Social Affairs, Population Studies 44. (New York). Eine frühere Veröffentlichung mit Angaben für Länder ohne Städte über 100.000 Einwohner ist (1950): Data on urban and rural population in recent censuses. (New York).

Tabelle 2-1

b) Beispiele der Mindestbevölkerung bei nationalen Volksbefragungen

Frankreich	1962	Gemeinden mit mehr als 2000 Einwohnern, die in Häusern mit zusammenhängender Straßenfront wohnen oder in Häusern, die nicht mehr als 200 m Abstand aufweisen, außerdem Gemeinden, deren Hauptbevölkerungsanteil zu einer mehrere Gemeinden umfassenden Verwaltungseinheit obiger Größenordnung gehört.
Spanien	1960	Gemeinden (Municipios) mit 10.000 oder mehr Einwohnern.
Mitteldeutschland (DDR)		Gemeinden mit 2000 oder mehr Einwohnern. Diese Mindestbevölkerungszahl von 2000 Einwohnern gilt auch für westdeutsche Gemeinden.
Belgien		Gemeinden über 5000 Einwohner.
Dänemark	1960	Siedlungen von 200 oder mehr Einwohnern.
Kanada	1961	Städte, Marktflecken und Dörfer mit 1000 oder mehr Einwohnern, unabhängig davon, ob eingemeindet (incorporated) oder nicht eingemeindet, einschließlich Stadtrandgemeinden, die zu städtischen Großräumen (metropolitan areas) und anderen größeren städtischen Bereichen gehören. 1961 gehörten dazu auch Stadtrandbereiche bestimmter kleinerer Städte, wenn die Bevölkerung von Stadt und Stadtrand 10.000 oder mehr Einwohner umfaßte.
Japan		Stadtgemeinden (alle shi und die ku von Tokyo-to), die gewöhnlich 30.000 oder mehr Einwohner haben und zum Teil ländliche Gebiete wie auch mehrere Stadtkerne umfassen können.
Israel	1961	Alle Siedlungen mit mehr als 2000 Einwohnern, außer denen, wo mindestens ein Drittel der zivilbeschäftigten Haushaltsvorstände in der Landwirtschaft beschäftigt ist.
Mexiko		Orte mit 2500 oder mehr Einwohnern.

im Jahre 1960 sind weggelassen, aber auch dann noch ergeben sich Schwierigkeiten durch die unterschiedliche Minimalgröße von Städten von 1000 Einwohnern (z.B. in Kanada) bis zu 30.000 Einwohnern (z.B. in Japan). Die einzige vorgeschlagene Lösung bestand darin, daß die nationalen Angaben vereinheitlicht werden sollten[5]. Die Gründe für diese Unterschiede ergeben sich aus den weit auseinanderklaffenden kulturellen und wirtschaftlichen Verhältnissen. In Island z.B. hat eine Siedlung von 300 oder mehr Einwohnern normalerweise

---

[5] United Nations (1958): Principles and recommendations for national population censuses (New York), Statistical Papers, Series M 27, 11.

städtische Funktionen wahrzunehmen, denn die ländliche Umgebung schließt nur auf den Agrarsektor zugeschnittene größere Siedlungen aus. Im Süden Spaniens oder Italiens sind ländliche Siedlungen grundsätzlich stark verdichtet und „Dörfer" können eine Einwohnerzahl von 8000—10.000 erreichen. Das resultiert teilweise aus der früheren Unsicherheit des individuellen Grundbesitzes gegenüber Raub und Plünderung und teilweise aus dem ganzen Wesen der wirtschaftlichen Organisation des Grundbesitzes, der nie durch Revolutionen oder Landreformen wie in den meisten nordwesteuropäischen Ländern in Mitleidenschaft gezogen worden ist. Diese Lage stößt sowohl die Vorstellung des Laien um, daß Städte überall irgendwie größer als Dörfer sein müßten, als auch das „Größendichtemodell" tiefschürfender Untersuchungen[6]. Denn es trifft auch die Tatsache zu, daß nur einige der Gebiete mit hoher Bevökerungsdichte gleichzeitig einen stark verstädterten Charakter annehmen. Australien ist eines der am meisten verstädterten Länder, aber es hat eine sehr niedrige Bevölkerungsdichte; Indien ist nur gering verstädtert, hat aber eine sehr hohe Bevölkerungsdichte. Es ist nur eine Behauptung der westlichen Welt, daß hohe Bevölkerungsdichte und Verstädterung notwendigerweise korreliert sind.

Trotzdem ist es schwierig, die Annahme zurückzuweisen, daß die Verstädterung als Prozeß zwei Elemente enthält: die Vielfalt von Punkten der Bevölkerungskonzentration und das Wachstum der Größe von einzelnen Konzentrationen. Viel mehr als die Aufzählung einzelner Größenklassen sind jedoch die technologischen, ökonomischen und sozialen Wechselbeziehungen des Verstädterungsprozesses von größter Wichtigkeit.

2.12 Die sich wandelnde Vorstellung über den Charakter der Stadt

Das Problem der Festlegung dessen, was man als städtisch bezeichnen kann, ist vor allem durch die Tatsache erschwert, daß die Vorstellung und tatsächlich auch die Realität dessen, was städtisch ist, nicht statisch zu sehen ist, sondern sich fortwährend durch neue Bedingungen verändert. In früheren Zeiten bedeutete Stadt gleich „Marktflecken", und der legale Besitz eines Marktes definierte recht wirksam eine Stadt. Oftmals bildete die Stadt einen scharfen Kontrast zum umgebenden Land, denn die Stadtmauern waren eine greifbare Barriere zwischen beiden. Das Wachstum der Vororte und der Bau mehrerer Mauerringe verwischten schon früh diesen Idealzustand, aber Veränderungen während des 18. und 19. Jahrhunderts verursachten noch größere Schwierigkeiten. Durch die Industrialisierung entstand eine große Anzahl von Siedlungen, die ganz bestimmt keine Dörfer im Sinne zusammenhängender Siedlungen mit Agrarbevölkerung waren; aber sie waren auch nicht Marktstädte, die hauptsächlich

---

[6] P.M. Hauser (1965): Urbanization: an overview; Kap. 1 in P.M. Hauser & L.F. Schnore, Ed. (1965): The study of urbanization, 11. (New York).

das umgebende Land bedienten. Sie bildeten große Flächen aus Ziegelsteinen und Beton, die in die alte Unterteilung einbrachen. In Großbritannien wurde ihr Status im Gesetz für öffentliche Gesundheit (Public Health Act) von 1872 eingehend beschrieben, als sie an die städtische Kanalisation angeschlossen (Urban Sanitary Districts) und später zu „städtischen Bereichen" wurden. Es gab eine Menge von Verwicklungen bei dem Versuch, zwischen einer Stadt und einem städtischen Bereich zu unterscheiden. Daraus wurde die Idee geboren, Städte nach der Einwohnerzahl zu unterscheiden. Obwohl diese neuen Ballungsräume zahlenmäßig als groß gelten konnten, besaßen sie nur wenige weitere Eigenheiten, die sie als „Städte" hätten ausweisen können. Die Lage hat sich weiter erschwert durch das Aufkommen des Automobils und die schnelle Erweiterung der Vororte. Heute bilden häufig riesige Gebiete niedriger Wohndichte Siedlungen mit eigenen Rechten. Sie sind subjektiv als „sub-topia"[7] oder Stadtrandsiedlungen oder im Falle von Los Angeles als „Hundert Vororte auf der Suche nach einer Stadt"[8] bezeichnet worden. Aber selbst eine fortgeschrittene statistische Analyse kommt nicht mehr um die Einführung einer Kategorie „Vorort-Städte"[9] herum!

In einem mehr wissenschaftlichen Zusammenhang bietet sich als Ausweg aus dieser Lage das Wiederaufgreifen des Konzepts der „Markt"-Stadt an, wobei die Funktionen untersucht werden, welche die Stadt für das umgebende Hinterland hat. Denn, so wird argumentiert, eine Stadt zeichnet sich durch ihre Rolle als zentraler Ort für ein Zuordnungsgebiet aus. Das flache Land braucht ein Zentrum, zu dem es seine Produkte für den Export schicken kann und von dem aus seine Bedürfnisse befriedigt werden. „Es sind die Städte, in denen sich die räumlichen Aspekte der Produktion und der Verbrauchs überlagern."[10] Diese allgemeine Rolle wird in der Stadt durch Geschäfte, Banken, Büros und ähnliche Einrichtungen wahrgenommen, und die Summe dieser Einrichtungen sollte als Maßstab für den städtischen Charakter herangezogen werden. Selbst in einem kleinen Dorf findet man einen Kramladen, der diese Funktionen ausübt, so daß es nicht die Frage bloßer „Anwesenheit" oder „Abwesenheit" einer Funktion ist, sondern es lassen sich wahrscheinlich ganz bestimmte „charakteristische Komplexe" funktionaler Einrichtungen isolieren, welche als solche die Stadt ausmachen und welche eher städtische als dörfliche Verhältnisse bezeichnen. Berry, der das System der zentralen Orte in Südwest-Iowa untersuchte, erklärt: „Zentren können gemäß den Ebenen oder Stufen der zentralörtlichen Hierarchie in fünf Größenklassen (Weiler, Dörfer, Kleinstädte, Großstädte und die regionale Hauptstadt) unterteilt werden."[11] Dies stellt

---

[7] I. Nairn (1958): Outrage. (London).
[8] Gewöhnlich J.B. Priestley zugeschrieben.
[9] G.A. Moser & W. Scott (1961): British towns; a statistical study of their social and economic differences. (London).
[10] B.J.L. Berry (1967): Geography of market centres and retail distribution, 2. (Englewood Cliffs, N.J.).
[11] B.J.L. Berry (1967), 14.

jedoch eine sehr zufällige Anwendung von Namen auf die ermittelten unterschiedlichen Größenklassen dar und bietet keinen ausreichenden Anhaltspunkt für eine grundsätzliche Grenzziehung zwischen Dorf und Stadt. Es ist lediglich eine weitere Stufe auf der hierarchischen Stufenleiter und nicht mehr. Es wäre daher besser, diese Ebenen als Klasse 1, Klasse 2 usw. zu bezeichnen, als sie mit der allgemeineren Bedeutung lange überlieferter Bezeichnungen zu belasten. Diese Situation wird noch komplizierter dadurch, daß es in einigen Ländern periodische Märkte und Ausstellungen gibt, von denen manche sogar in abgelegenen Gebieten, weit entfernt von jeder Siedlung, abgehalten werden. Daraus folgt, daß Studien über die Rangfolge von Siedlungen nach zentralörtlichen Funktionen zum Thema der Verstädterung nur einen geringen Beitrag leisten können und keine allgemein anwendbare Handhabe für das Studium des Verstädterungsprozesses bieten. Die Annahme einer gewissen Mindestanzahl von Funktionen, mit deren Hilfe eine Stadt definiert werden soll, ist daher nicht hilfreicher als die Zugrundelegung einer Mindestbevölkerungszahl.

2.13 Die Unzulänglichkeit offizieller Bezeichnungen

Dieser dritte Bereich der Schwierigkeiten ergibt sich aus den beiden ersten, denn wenn die Bestimmung der Stadt von der wissenschaftlichen Begriffsbildung her schwierig ist, dann müssen auch die von den Regierungen übernommenen praktischen Lösungen als unzureichend angesehen werden. Die meisten Länder sind formal in der Lage festzulegen, was als städtisch anzusehen ist. Dafür ist manchmal eine gesetzliche Grundlage vorhanden, die weder statistisch noch funktional im wirtschaftlichen Sinne abgesichert ist, aber doch irgendwie vage beide Elemente enthält. In älteren Ländern halten viele Städte, die seit langem ihre Bedeutung verloren haben, ihren früheren Status und ihre verbrieften Rechte aufrecht und setzen sich energisch dafür ein, sie beizubehalten. In gleichem Maße erfahren neu entstandene Städte, daß es ein langwieriger und dornenreicher Prozeß ist, diese Rechte zu erwerben. Bei den meisten Zählungen ist daher die offizielle Bestimmung des Stadt-Land-Gegensatzes pragmatisch, anachronistisch und wenig hilfreich. In den meisten Fällen erwarten die Behörden dringend die Ergebnisse von Fachleuten der Stadtforschung, um das Verwaltungssystem zu verbessern, für das der Stadt-Land-Gegensatz ein wesentliches Merkmal ist.

2.2 Maß und Prozeß

Das Vorgehen zur Ermittlung einer Definition für die Verstädterung scheint sich jetzt in zwei Problemkreise unterschiedlicher Ordnung aufzulösen.
a) *Das Messen der Verstädterung:* ist es möglich, eine sinnvolle Aussage über den verstädterten Anteil in irgendeinem Lande oder einer Region zu treffen?

b) *Der Prozeß der Verstädterung:* welches sind die wichtigsten Begleitumstände des Prozesses der Verstädterung?

Die erste der beiden Fragen zielt auf das praktische Vorgehen bei der Quantifizierung hin; die zweite ist eine mehr grundsätzliche Frage der Konzeption. Aber beide sind eindeutig miteinander verbunden, da die erste das direkte Messen der Verstädterung beinhaltet und die zweite sich daraus entwickelt.

2.21 Das Messen der Verstädterung

Dieses Problem ist teilweise bereits bei der Kritik behandelt worden, die sich bezüglich der Definition des städtischen Anteils in verschiedenen Ländern ergab. Der ganze Sachverhalt wurde zu Beginn dieses Jahrhunderts von Meuriot[12] ausgezeichnet erläutert. Wie auch immer die Zahlenangaben in Tabelle 2-2 analysiert werden mögen, es ist nur der Schluß zulässig, daß Wien stärker als Berlin wuchs. Das ist jedoch die genaue Umkehrung der erwarteten Veränderung angesichts der historischen und politischen Entwicklung jener Zeit. Eine genaue Nachprüfung der Zahlen ist daher erforderlich. Das Ergebnis zeigt Tabelle 2-3, wo sich das Verhältnis zwischen den beiden Städten umkehrt.

Dieses Problem wird gewöhnlich als „Unterbegrenzung" oder „Überbegrenzung" (englisch: under-, overbound) von Städten bezeichnet[13]. In der unterbe-

Tabelle 2-2. Ein Vergleich der Bevölkerung von Wien und Berlin, 1900–1910.

	Bevölkerung 1900	Bevölkerung 1910	Wachstum
Wien	1.674.000	2.030.000	356.000
Berlin	1.888.000	2.070.000	182.000

Tabelle 2-3. Ein Vergleich der Bevölkerung von Wien und Berlin in etwa gleichen Gebieten, 1900–1910.

	Stadtgebiet in Hektar	Bevölkerung 1900 in vergleichbaren Gebieten	Bevölkerung 1910	Wachstum 1900–1910
Wien	17.000	1.674.000	2.030.000	356.000
Berlin	6.000	2.460.000	3.315.000	855.000

[12] P. Meuriot (1911): De la mesure des agglomérations urbaines. – Bull. Inst. int. Statist. **19**, 158.

[13] International urban research (1959): The world's metropolitan areas, 6–7. (Los Angeles).

grenzten Stadt ist der verwaltungsmäßig erfaßte Stadtraum kleiner als die tatsächlich sichtbare Besiedlung. Die überbegrenzte Stadt hat einen größeren Verwaltungsbereich als ihn die städtische Bebauung ausmacht. Die richtig abgegrenzte Stadt sollte jedoch mit der städtischen Bebauung identisch sein.

Daraus folgt, daß jede Messung des Grades der Verstädterung, die auf Volkszählungsdaten basiert, mit Fehlerquellen, die von einer Über- oder Unterbegrenzung abhängen, behaftet ist. Man kann auf zweierlei Art versuchen, das zu vermeiden.

2.211 Die Verwendung detaillierter Regeln für die Definition von Teilräumen

Der ausführlichste Überblick über diese Probleme erschien in *The delimitation of urban boundaries* von G. J. R. Linge[14], wo die allgemeinen Probleme dargelegt und Vorschläge für die Definition des verstädterten Bereiches australischer Städte gemacht werden. Hier soll es genügen, darauf hinzuweisen, daß das Statistische Bundesamt (Census Bureau) der Vereinigten Staaten[15] nicht nur „standard metropolitan statistical areas" ausweist, die im wesentlichen Stadtregionen darstellen, sondern auch „verstädterte Gebiete" (urbanized areas), die den Versuch einer begrenzteren Definition der Siedlung selbst darstellen. Für die Volkszählung von 1966 basierten die verstädterten Gebiete auf Zählbezirken, die normalerweise nicht größer als eine Quadratmeile waren und nicht mehr als 15 Wohnhäuser umfaßten. Das verstädterte Gebiet bestand dann aus einer Innenstadt mit einer Bevölkerung von 50.000 Einwohnern und

1. eingemeindeten Orten mit 2.500 oder mehr Einwohnern,
2. eingemeindeten Orten mit weniger als 2.500 Einwohnern, vorausgesetzt, daß eine dichte Besiedlung von 100 oder mehr Wohnungen vorlag,
3. Zählbezirken in gemeindeunabhängigen (unincorporated) Gebieten mit einer Bevölkerungsdichte von 1.000 oder mehr Einwohnern pro Quadratmeile (wobei Land, das Zwecken wie Verschiebebahnhöfen, Friedhöfen usw. dient, unberücksichtigt bleibt),
4. Zählbezirken mit weniger als 1.000 Personen pro Quadratmeile, wenn sie
   a) Enklaven wegfallen ließen,
   b) Lücken von einer Meile oder weniger am Rande des verstädterten Gebietes schlossen und
   c) außerhalb liegende Zählbezirke mit bestimmter Dichte miteinander verbanden, die nicht weiter als 1 1/2 Meilen vom hauptsächlich verstädterten Gebiet entfernt lagen.

---

[14] G.J.R. Linge (1965): The delimitation of urban boundaries. — Australian National University, Department of Geography Publication G/2 (Canberra).
[15] United States of America Bureau of the Census (1960): US census of population 1960. United States summary PC-1A.XIII. Für einen Versuch, die Definition der Standard Metropolitan Area (SMA) auf andere als nordamerikanische Gebiete anzuwenden, siehe Fußnote 13 (oben).

Linge formuliert auf über 26 Seiten in einem sehr klaren Text eine Reihe von Regeln für den australischen Fall[16]. Aber es hat in diesem Zusammenhang wenig Sinn, Einzelheiten aufzuzählen, außer, auf die Tatsache aufmerksam zu machen, daß die Situation in England und Wales am wenigsten befriedigend ist. Denn hier sind Stadträume allein nach legalen und verwaltungsmäßigen Kriterien definiert (Kreisgrenzen, Gemeindegrenzen, Stadtbezirken). Die Fixierung von Stadtlandschaften ist sogar noch unbefriedigender, denn, obwohl es einen vagen gedanklichen Hintergrund bezüglich des Verkehrs und der Zusammenhänge gibt, sind die tatsächlichen Grenzen zufällig gezogen und basieren auf lokalen Informationen[17]. All das zeigt, daß außerordentliche Vorsicht notwendig ist, wenn man Zahlen untersucht, die den Anschein erwecken, als zeigten sie den Prozentanteil der als „städtisch" bezeichneten Bevölkerung an, und daß die meisten Lösungen dieses schwierigen Problems auf einer Reihe von empirisch hergeleiteten Regeln basieren.

2.212 Die Verwendung von Bevölkerungsdichten

K. G. Gryztzell[18] hat eine Methode vorgestellt, die man in Vergleichsstudien anwenden kann und die lediglich auf der Bevölkerungsdichte basiert. Er weist darauf hin, daß sinnvolle Vergleiche nur möglich sind, wenn die Bevölkerungsdichten einander entsprechen. Er versucht daher, Gebiete kleinster Verwaltungseinheiten abzugrenzen. Er legt diese kleinsten Einheiten fest und berechnet ihre Bevölkerungsdichten. Er geht von der großen Stadt aus, bis er den Punkt erreicht, wo die Dichte unter eine gegebene Anzahl, z. B. 100 Menschen pro km^2, fällt. Obgleich hier ein gewisser Grad der Verallgemeinerung eine Rolle spielt, erlaubt dieses Verfahren das Abstecken einer Grenzlinie um die Stadt herum, so daß alle Gebiete mit einer Bevölkerungsdichte oberhalb der gegebenen Mindestanzahl eingeschlossen sind. Zur Erleichterung bezeichnet Gryztzell bei diesem Verfahren, wenn es auf London angewandt werden würde, London 100. Tatsächlich ist in Südost-England das Gebiet mit kontinuierlich abnehmender Bevölkerung am einfachsten in seiner Abgrenzung durch eine geringste Dichte von 104,9 Einwohner pro km^2 definiert. Dieses nennt er London 104. Er weist dann darauf hin, daß dieses Gebiet eine Gesamtbevölkerung beinhaltet, die sinnvollerweise mit dem Areal eines ähnlichen Dichteringes von 104 Einwohnern pro km^2 verglichen werden kann, der z. B. auch um Stockholm oder Kopenhagen zu ziehen wäre. Auf diese Weise kann eine Serie von Ringen verschiedenster Dichtewerte festgelegt und für vergleichende Zwecke benutzt werden. Diese Methode überschneidet sich mit den formalen Definitionen, die ebenfalls

---

[16] G.R. Linge (1965), 64–90.
[17] Registrar General: Census of England and Wales (1952): London and five other conurbations. (London).
[18] K.G. Gryztzell (1964): The demarcation of comparable city areas by means of population density. – Lund Stud. Geogr., Series B, Hum. Geog. 25.

auf der Bevölkerungsdichte als Kriterium aufgebaut sind, und stellt, obwohl recht interessant, keine ausreichende Lösung für das Problem dar.

Die beiden oben skizzierten Verfahren können den städtischen vom ländlichen Bereich nicht erfolgversprechend trennen (sie sollen es primär auch gar nicht), aber sie haben eine gewisse Bedeutung für das Maß der Verstädterung, wenn diese entweder als der Anteil der Bevölkerung definiert ist, der in Städten wohnt, oder in Städten einer bestimmten Größe. Die mit diesem Verfahren verfolgte Absicht ist, in diesem Zusammenhang sinnvolle Erläuterungen zu ermöglichen; es ist klar, daß sie im Augenblick noch weit von zufriedenstellenden Lösungen entfernt sind.

2.22 Der Prozeß der Verstädterung

Die zweite, grundsätzlichere Frage, die sich aus dem ersten Teil dieses Kapitels ergab, betrifft den Prozeß der Verstädterung, da Definition und Verständnis dieses Prozesses als wesentliche Voraussetzung für jede weitere Untersuchung gelten kann. Lampard behauptet, daß es drei Grundideen für die Verstädterung gäbe, die sich aus den Sozialwissenschaften herleiten: die verhaltensbestimmte, die strukturelle und die demographische[19]. Die erste befaßt sich mit der Erfahrung des einzelnen in der Zeit und mit Verhaltensmustern; die zweite ist zu sehen im Zusammenhang mit den Aktivitäten der Gesamtbevölkerung, insbesondere mit Veränderungen in der Wirtschaftsstruktur; die dritte ergibt sich aus demographischen Angaben, die vor allem den Prozeß der Bevölkerungskonzentration belegen. Alle drei Grundideen lassen den Prozeß in einem jeweils anderen Licht erscheinen und jede einzelne wirft besondere Probleme auf. Ein kurzer Überblick soll einige Einsichten in den Verstädterungsprozeß vermitteln.

Die erste der drei Grundideen ist wahrscheinlich die bekannteste und wird gewöhnlich auf Louis Wirths Aufsatz *„Urbanism as a way of life"*[20] zurückgeführt. Indem er einfache Messungen von Größe, Dichte und Berufsstruktur sowie die Bedeutung von Verwaltungseinheiten als nicht so wesentlich zurückweist, was ganz im Sinne der bisher in diesem Kapitel angedeuteten Konzeptionen ist, entwickelt Wirth eine Theorie der Großstadt, die auf der bestehenden Kenntnis der sozialen Gruppen basiert. Das Ausmaß der Bevölkerungsballung muß die Beziehung zwischen den Einwohnern beeinflussen, den Prozeß der Differenzierung vorantreiben und schließlich zu Absonderungen führen. „Verwandtschafts- und Nachbarschaftsbande und ein Zusammengehörigkeitsgefühl, das sich aus dem generationenlangen Zusammenleben in einer gemeinsa-

---

[19] E.E. Lampard (1965): Historical aspects of urbanization; Kap. 14 in P.M. Hauser & L.F. Schnore, Ed. (1965): The study of urbanization, 519—520. (New York).
[20] L. Wirth (1938): Urbanism as a way of life. — Am. J. Sociol. 44. Eine ausführliche Kritik findet sich bei R.N. Morris (1968): Urban sociology. (London).

men Stammestradition ergibt, fehlen oder sind im besten Falle relativ schwach ausgeprägt in einer Zusammenballung von Menschen, die sehr verschiedenen Ursprungs sind und unterschiedliche Erfahrungen haben. Unter solchen Umständen bilden Wettbewerb und formale Kontrollmechanismen einen Ersatz für die Bande der Solidarität, auf die man sich verlassen muß, um eine Stammes- oder Volksgemeinschaft zusammenzuhalten"[21]. Stadtbewohner treffen sich nur in bestimmten Rollen. Das direkte Nebeneinander ist unpersönlich und oberflächlich. Als Folge der „Oberflächlichkeit, der Anonymität und des Übergangscharakters städtischer Sozialbeziehungen"[22] wird der einzelne seiner Dorfgemeinschaft und seinen ländlichen Wurzeln entfremdet. Das Gefühl, zu einer integrierten Gemeinschaft zu gehören, geht verloren, und das führt zu einem Zustand des „Ungeregelten", eines Verlorenseins „in der anonymen Masse".

Die Bevölkerungsdichte vergrößert auch die Unterschiede und erhöht die charakteristischen städtischen Gegensätze von Reichtum und Armut. Zusätzlich fördert „das enge Zusammenleben und Zusammenarbeiten einzelner Menschen, die keinerlei gedankliche oder gefühlsmäßige Bindungen zueinander haben, eine Plattform für verschärften Wettbewerb, Wachstumsfetischismus und gegenseitige Ausbeutung. Gegen Unverantwortlichkeit und latente Unordnung werden formale Kontrollen eingerichtet. Ohne strenge Befolgung vorhersehbarer Pflichten wäre eine große, zusammenhängende Gesellschaft kaum in der Lage, sich zu behaupten. Die Uhr und die Verkehrsampel können als Symbole für die Grundlagen unserer sozialen Ordnung in der städtischen Welt gelten"[23]. Aber Mannigfaltigkeit bedeutet Verschiedenartigkeit, die sich durch das Abreißen von Kastenbarrieren äußert und dem einzelnen eine fließende Stellung beschert, die er durch eigene Fähigkeiten und Anstrengungen erreicht und nicht durch seine Geburt. Dem Stadtbewohner wird eine soziale Rolle nicht durch die Sozialordnung gegeben, in die er hineingeboren ist. Vielmehr ist seine Rolle in verschiedenen Stadien als Ergebnis seiner Beziehungen zu Kollegen, Vorgesetzten und Behörden wohl erworben. Das kann natürlich zu einem Rollen-Wirrwarr führen, in dem die verschiedenen Verpflichtungen miteinander kollidieren.

Die Folgen des oben geschilderten Stadt-Land-Gegensatzes sind als „Stadt-Land-Gefälle" bezeichnet worden. Es gibt zwei Ideallösungen der sozialen Lage, eine städtische und eine ländliche — daher rührt der allgemeine Name „Kontrast-Theorien". Redfield[24], der auf Arbeiten in Mexiko aufbaute, führte ein weiteres Element ein mit dem Gedanken, daß diese beiden Gegensätze lediglich Polarisationen eines sich allmählich wandelnden Musters seien, aus dem sich die Verstädterung einer Volksgemeinschaft ergäbe. Er benutzte daher den Begriff eines „Volks-Stadt-Kontinuums" und behauptete, daß das Charak-

---

[21] L. Wirth (1938), 11.
[22] L. Wirth (1938), 12.
[23] L. Wirth (1938), 16−17.
[24] R. Redfield (1941): The folk culture of Yucatán. (Chicago).

teristikum des Verstädterungsprozesses eine Übertragung der sozialen Situation des einzelnen auf die oben dargestellten Entwicklungen sei.

Diese Gedankengänge haben sich in einer umfangreichen Literatur niedergeschlagen. Kaum, daß sie durch Kritik etwas in Vergessenheit geraten sind, erleben sie eine neue Blütezeit. So geht z. B. Ronald Frankenberg in seiner Studie *Communities in Britain*[25] (1966), nach Untersuchung einer Anzahl von Einzelfällen im Bereich der Sozialforschung, daran, sie auf sein „Morphologisches Kontinuum" auszurichten, und entwickelt „eine Theorie des sozialen Wandels, eine fortschreitende und historische Entwicklung vom Ländlichen zum Städtischen, die durch Industrialisierung, Arbeitsteilung und Rollenspezialisierung gekennzeichnet ist"[26]. Das bedeutet, daß der Stadtbewohner im Sinne der Rollentheorie „rollen-verwirrt", im Sinne von Durkheims Arbeitsteilung „anomisch" und im Sinne der Marx'schen Verproletarisierung „entfremdet" ist[27]. Frankenberg zählt dann 25 Themen auf, an denen sich der ländlich-städtische Gegensatz aufzeigen läßt[28].

Kritik an diesen Gedankengängen hat es von Anfang an gegeben, ihre heute noch andauernde Aktualität beweist jedoch, daß sie von großem Wert sind. Es ist zwar wahr, daß sie etwas von dem früheren Gedanken des „edlen Wilden" und von noch früheren Predigten gegen die Laster des Stadtlebens enthalten. Aber die meisten neueren Einwände stützen sich auf die Tatsache, daß sich in nicht-westlichen Ländern große Städte finden, auf die die von diesen Autoren behaupteten Schlußfolgerungen nicht zutreffen und daß die Änderung sozialer Werte kein universeller Prozeß ist, sondern sich auf ganz bestimmte kulturelle Voraussetzungen beschränkt. Die Stadt muß als abhängige, nicht als unabhängige Variable begriffen werden. Das bedeutet, daß die Stadtentwicklung unter diesen Umständen von der größeren sozialen und kulturellen Ordnung abhängig ist, in welcher sie sich abspielt und nicht unabhängig davon betrachtet werden kann. Ähnlich wird behauptet, daß jede Theorie des Wandels einschließt, daß solche Entwicklungen historisch bedingt sind. Die mittelalterliche Verstädterung soll die gleiche Umgestaltung erfahren haben. Auf der anderen Seite hat Sjoberg[29] darauf hingewiesen, daß das nicht zutrifft. Diese Gedankengänge des sozialen Wandels sind augenscheinlich zu wichtig, um sie abzulehnen, obwohl man sie nicht als weltweit anwendbar oder als alleinige Definition und Erklärung des Stadt-Land-Gegensatzes betrachten kann. Eines der wirklichen Probleme ist allerdings, daß es sich um eine reduktive Konzeption handelt, die einer quantitativen Fixierung nicht zugänglich ist. Die Bedeutung des Stadt-Land-Kontinuums liegt daher mehr in seinem beschreibenden als in seinem Beweis-

---

[25] R. Frankenberg (1966): Communities in Britain: social life in town and country. (London).
[26] R. Frankenberg (1966), 275.
[27] R. Frankenberg (1966), 276.
[28] R. Frankenberg (1966), 285–292.
[29] G. Sjoberg (1960): The pre-industrial city. (New York).

charakter. Wie Miner[30] angab, belegte Redfield seine Schlußfolgerungen weder durch klare Maßangaben der Variablen noch durch eindeutige gegenseitige Beziehungen. Eine wissenschaftliche Überprüfung war daher nicht möglich.

Der zweite Erklärungsversuch der Verstädterung ist ökonomischer Natur und bezieht sich auf „den Wegzug von Menschen aus Landgemeinden in andere und im allgemeinen größere, nicht landwirtschaftlich orientierte Gemeinden. Mit dieser Auffassung wird vor allem die differenzierte Unterscheidung nach Berufsgruppen ... in einem bestimmten Untersuchungsraum gesehen"[31]. Das Problem bei dieser Betrachtungsweise liegt in der direkten Korrelation und ist gewöhnlich an die Form der Isolierung verschiedener Phasen der Wirtschaftsentwicklung geknüpft, die wiederum den jeweiligen Grad der Verstädterung wiedergibt. Viele Darstellungen des Ursprungs von Städten gehen in dieser Art vor. Childe[32] setzt bei der Erörterung dieses Themas in *The urban revolution* eine Anzahl von Merkmalen voraus, nach denen sich neue Städte von älteren Siedlungen vor allem durch den Beginn einer wirtschaftlichen Spezialisierung unterscheiden. Handwerker brauchten nicht länger umherzureisen und sich auf Grund ihres Könnens von der seßhaften Bevölkerung abzusondern. Da sie gebraucht wurden, konnten sie eine besondere Gruppe der neuen städtischen Gesellschaft werden. Das Aufkommen einer Verwaltungsklasse (bestehend aus König und Priestern), das Ausstellen von Urkunden, die Entwicklung der Künste, die Ausdehnung des Handels und das Seßhaftwerden bestimmter spezialisierter Berufsgruppen gelten als Teile des gleichen stadtbildenden Prozesses. Die Verstädterung wird daher als Ergebnis von wachsender wirtschaftlicher Spezialisierung und fortschreitender technischer Entwicklung gesehen. Die einzige Möglichkeit, von der Subsistenzwirtschaft fortzukommen, bietet die Spezialisierung ökonomischer Aktivitäten. Die Verbindung zwischen einzelnen Spezialgebieten führen notwendigerweise zur Ballung von Menschen, und das bedeutet die Einleitung des Prozesses der Verstädterung.

Zwei Beispiele dieser Form der Analyse sollen kurz erörtert werden. Das erste wurde von Brian Berry entwickelt, der von der Annahme ausgeht, daß „zwischen dem wirtschaftlichen Entwicklungsstand eines Landes und dem Grad seiner Verstädterung Beziehungen bestehen"[33]. Eine Hauptkomponentenanalyse, bei der 43 Indizes für 95 Länder herangezogen wurden, ergab, daß 4 Faktoren 90 % der Varianz ausmachten. Das war kaum überraschend, da Berry in seiner Matrix Variable verwandte, die im wesentlichen in wirtschaftlichem oder demographischem Zusammenhang standen und in manchen Fällen fast Tautologien waren. So werden Eisenbahnkilometer pro Gebietseinheit und

---

[30] H. Miner (1952): The folk-urban continuum. – Am. sociol. Rev. **17**, 529.
[31] W.W. Lampard (1965), 520.
[32] V.G. Childe (1950): The urban revolution. – Tn. Plann. Rev. 21, 3.
[33] B.J.L. Berry (1962): Some relations of urbanization and basic patterns of economic development. – in: F.R. Pitts, Ed. (1962): Urban systems of economic development, 12. (Eugene, Oregon).

auch pro Einwohner, wie auch Straßen und Kraftfahrzeuge, ebenfalls pro Gebietseinheit und pro Einwohner, benutzt. Andere Variable beziehen sich auf Außenhandel, Exporte und Energieverbrauch. Ein weiter Bereich umfaßt demographische Variable wie Bevölkerungsdichte, Geburten- und Sterberaten. In natürlicher, scharfsichtiger Art und Weise werden die Variablen im wesentlichen miteinander verbunden. Berry hat zu Beginn der Studie festgelegt, daß seine Komponenten vor allem ökonomischer oder demographischer Natur sind und nur wenige davon einen großen Anteil der Gesamtvarianz ausmachen. Der erste Faktor wurde als Technologie-Faktor eingeführt, da er sich auf Verkehr, Nachrichtenmedien, Handel, Energieerzeugung und -verbrauch, Bruttosozialprodukt und öffentliche Dienste bezog. Der zweite Faktor wurde als demographischer Faktor bezeichnet. Diese beiden Komponenten wurden bei der Auswertung einer Rangskala der wirtschaftlichen Entwicklung miteinander verknüpft, wenn sie eine hohe positive Korrelation mit der Verstädterung zeigten. Das führte Berry dazu, Lampards Ansicht zu unterstützen, daß ,,das Stadtwachstum lediglich die Konzentration differenzierter, aber funktional integrierter Spezialbereiche in wirtschaftlich sinnvoll gestalteten Teilräumen darstellt. Die moderne Stadt ist eine Art soziale Organisation, welche die Leistungsfähigkeit wirtschaftlicher Aktivitäten fördert''[34]. Diese Überlegung wurde ihrerseits in einem evolutionären Zusammenhang entwickelt und Berry setzt sie in Parallele zu Rostows ,,Stadien der Wirtschaftsentwicklung''[35].

Die zweite Studie unter dieser Überschrift stammt von Leonard Reissman[36], der eine erweiterte Kritik der meisten Verstädterungstheorien entwickelt. Sein Vorschlag einer eigenen theoretischen Gliederung ist aber im wesentlichen gleich angelegt wie die Gliederung von Berry. Er wendet jedoch seine Gedankengänge nur auf die ,,industrialisierte Stadt'' an und schließt dabei aus ,,alle früheren Städte, die mittelalterliche Stadt, die antike Stadt, die Stadt der Sumerer ... da die Industriestadt einen radikalen Bruch zur früheren Stadtgeschichte darstellt''[37].

Als Teil seiner Verstädterungstheorie schlägt er 4 Verstädterungsvariable vor. Die erste ist das ,,Stadtwachstum'' selbst und wird gemessen auf 100 Einwohner in Städten mit über 100.000 Einwohnern. Die zweite ist ,,Industrialisierung'', die wie er ausführt, ,,sich auf den gesamten Prozeß des Wandels und seine Nebenwirkungen bezieht, wenn eine Gesellschaft sich von einer Agrar- zu einer industriell bestimmten Wirtschaft hin entwickelt und damit von einer kleinen, ländlich einheitlichen Gemeinde zu einer großstädtischen, heterogenen Massengesellschaft''. Die Industrialisierung wird gemessen durch den Anteil am Bruttosozialprodukt, der sich aus der Industrieproduktion herleitet. Aber technischer

---

[34] E.E. Lampard (1955): The history of cities in economically advanced areas. – Econ. Devel. cult. Change 3, 92.
[35] W.W. Rostow (1963): The stages of economic growth. (Cambridge).
[36] L. Reissman (1964): The urban process, 16. (New York).
[37] L. Reissman (1964), 207.

Wandel kann nur in einem sozialen Klima entstehen, das für ihn empfänglich ist. Vor allem braucht er den „menschlichen Katalysator", um in Gang zu kommen. Folgerichtig ist die dritte Variable der Versuch, die Herrschaftsverhältnisse innerhalb einer Gesellschaft zu bewerten, die als Voraussetzung für die beginnende Industrialisierung notwendig sind. Als Hauptkriterium gilt das Entstehen einer Mittelklasse, die nach dem Pro-Kopf-Einkommen gemessen wird. Die letzte Variable ist der Beginn des Nationalismus, der „ein entscheidendes Element des zu untersuchenden sozialen Übergangs" darstellt, denn er „liefert die Ideologie, die Zuverlässigkeit befiehlt, Handlungen motiviert und die durchzuführenden Veränderungen legitimiert". Diese Entwicklung wird am Anteil der des Lesens und Schreibens mächtigen über Fünfzehnjährigen in der Bevölkerung gemessen.

Eine Rangordnung der Länder wird bezüglich jeder Variablen aufgestellt, und jede einzelne wird Vierergruppen zugeteilt. Diese werden dann für das Erstellen einer Typologie herangezogen, einer Typologie „von Ländern auf unterschiedlichen Stufen der städtisch-industriellen Entwicklung, die aber auch die Reihenfolge dieser Stufen in der Entwicklung einzelner Länder berücksichtigt"[38]. Reissman führt aus, daß sich augenscheinlich nicht alle Länder in der gleichen Richtung oder auf die gleiche Art zur Verstädterung hin bewegen; in manchen Ländern steht die Industrialisierung am Anfang, in anderen hingegen wachsen zunächst die Städte und die Industrialisierung folgt darauf. In anderen Ländern beginnt der Prozeß durch die Schaffung nationalistischer Ideologien. Diese Länder bewegen sich dann erst auf Verstädterung und Industrialisierung zu. Daher schlägt Reissman eine Typologie der Verstädterung vor, die von Kriterien der Entwicklung ausgeht (Tab. 2-4).

Tabelle 2-4. Der Verstädterungsprozeß nach L. Reissman (1964).

Stadium I	Unterentwickelte Gesellschaften	z.B. Kongo
	Den Nationalstaat schaffende Gesellschaften	Türkei
	Industrialisierende Gesellschaften	Indien
	Verstädternde Gesellschaften	Ägypten
Stadium II	Übergangs-Gesellschaften	Mexiko
	Etwas stärker industrialisierte Gesellschaften	Griechenland
	Ungleichgewichtige städtische Gesellschaften	Panama
Stadium III	Städtische Übergangs-Gesellschaften	keine
	Gesellschaften mit ländlichem Gleichgewicht	Irland
	Städtische Industrie-Gesellschaften	Italien
	Industriell gleichgewichtige Gesellschaften	Frankreich
Stadium IV	Ungleichgewichtige Großstadt-Gesellschaften	Chile
	Großstadt-Gesellschaften	USA, Großbritannien

[38] L. Reissman (1964), 209.

Hier wird ein größerer Bogen gespannt als in der Analyse von Berry und der Versuch unternommen, zu einer umfassenderen Deutung zu kommen als im begrenzten Zusammenhang von Rostows „Stadien der wirtschaftlichen Entwicklung". Aber grundsätzlich ist auch dieser Typologie trotz der Behauptung von Reissman, sie sei hauptsächlich sozial bedingt, ein wirtschaftliches Schwergewicht nicht abzusprechen. Sie baut auf der Konzeption auf, daß Städte „die Zentren spezialisierter ökonomischer Aktivitäten" sind. Es scheint eine zu optimistische Annahme zu sein, daß alle Umgestaltungen, die von Wirth und Redfield behandelt wurden, unter der Überschrift „Industrialisierung" geführt und durch den Bruttosozialprodukt-Anteil der Industrieproduktion gemessen werden könnten. Reissmans „Theorie" wird daher seinen eigenen Forderungen nicht gerecht, kann aber als nützlicher Versuch angesehen werden, die bei der Behandlung der Verstädterung oft zu eng gezogenen Grenzen zu erweitern.

Die dritte Deutung des Verstädterungsprozesses wird von Lampard im Sinne der Forderung, daß Verstädterung ein Prozeß der Bevölkerungskonzentration ist, als „demographisch" bezeichnet. Der Begriff „ökologisch" würde besser passen, denn „demographisch" kann andere Bedeutungen einschließen. Die Verstädterung wird als „ die organisatorische Komponente des von der Bevölkerung erreichten Grades an Anpassungsfähigkeit" angesehen. Sie ist ein Weg, eine Bevölkerung zu gruppieren, um einen bestimmten Lebensstandard und Sicherheit in einer gegebenen Umwelt zu erreichen"[39]. Dabei ist ein gegebener Faktor der Grad der technologischen Entwicklung, der selbst Teil des sozialen Entwicklungsstandes ist, so daß der Prozeß der Verstädterung durch 4 Variable, Bevölkerung, Umwelt, Technologie und soziale Schichtung erklärt werden kann. Drei dieser Faktoren ähneln denen von Reissman:

      Bevölkerung   = städtisches Wachstum
      Technologie   = Industrialisierung
      Soziale Schichtung = Aufkommen einer Mittelklasse

Nur durch die Betonung der Umweltkontrolle wird Lampards Schema mehr ökologisch bestimmt. Aber durch das Erfordernis der wachsenden politischen Kontrolle, mit deren Hilfe sie durchsetzbar und vollständig wird, ist der Bezug zu Reissmans Nationalismus gegeben. Lampard entwickelt weiter 4 Hauptphasen des Stadtwachstums:[40]

1. Vorform: die ersten Anfänge städtischer Organisation als zusätzliche und leistungsfähige Art der kollektiven Anpassung an die physische und soziale Umwelt.
2. Endgültige Form: der Höhepunkt der Vorformentwicklung, als Alternative, die Stadt. Diese kann in zwei Phasen unterteilt werden.

---

39 E.E. Lampard (1955): Historical aspects of urbanization. — Econ. Devel. cult. Change 3, 520—521.
40 E.E. Lampard (1955), 523.

3. Klassische Form: Beschränkungen und die gegebenen Umstände erzwingen ein langsameres Wachstum, soziale Hindernisse und Gleichgewichte werden wirksam.
4. Industrielle Form: Beschränkungen werden verringert und haben bisher nicht dagewesene Bevölkerungskonzentration zur Folge.

Diese Phasen weisen ihrerseits Zusammenhänge mit den „Typen" von Reissman auf.

An dieser Stelle erscheint es angebracht, die eigentlichen bevölkerungsstatistischen Wechselwirkungen der Verstädterung so vorzustellen, wie sie der sogenannte demographische Zyklus beschreibt. Dieser setzt voraus, daß jedes Bevölkerungswachstum in der Form einer Sinuskurve vor sich geht, was sowohl auf die Fruchtfliege *Drosophila* zutrifft, an der die ersten Experimente vorgenommen wurden, als auch auf eine menschliche Bevölkerung. Ein anfängliches Stadium mit einer hohen Geburtenrate, die durch eine hohe Sterberate ausgeglichen wird, erzeugt eine statische Bevölkerung. Höhere technologische Entwicklung hat eine Verringerung der Sterberate zur Folge, die sich sofort mit verstärktem technischen Wandel einstellt; die Geburtenrate ist hingegen enger an persönliche soziale Veränderungen gebunden und bleibt daher zunächst auf hohem Niveau. Das Ergebnis führt zu einer Bevölkerungsexplosion und einer Periode schnellen Wachstums, bis die Geburtenrate auf soziale Zwänge reagiert, sich damit verringert und wieder ein stabiler Zustand eintritt. Dieser Zyklus ist von großer Tragweite, da unterschiedliche Kindersterblichkeit, Altersstruktur und der gesamte bevölkerungsstatistische Komplex an ihn geknüpft sind. Demographen führen jedoch als Bezugsvariable auch Merkmale wie Verschiebungen in der Beschäftigungsstruktur und im Grad der Verstädterung ein[41]. In diesem Zusammenhang erscheint die Verstädterung als eine Variable, die vom Prozeß des demographischen Wandels abhängig ist. Zelinsky kommt in seiner Arbeit über Bevölkerungsgeographie unweigerlich in enge Berührung mit der Verstädterung. So wird in einem Falle die Beschäftigung mit der Bevölkerungsgeographie als „sozioökonomisch" bezeichnet und Typen oder Stadien sozioökonomischer Entwicklung isoliert. Außerdem „kann gefolgert werden, daß diese Kategorien eine in Abschnitte eingeteilte Entwicklungsreihe bilden", so daß sich erneut ein Prozeß ergibt, in dem Begriffe wie „westlich-städtische Zivilisation" ihren Platz finden und später auch spezifiziert werden, z.B. „im sozioökonomischen Raum sind die Niederlande ein ausgezeichnetes Beispiel westlich-städtischer Zivilisation".

In der Tat gibt es einige Berührungspunkte zwischen Studien über den Verstädterungsprozeß und über Bevölkerungscharakteristika. Dennoch würde man allen diesen Lehrmeinungen nicht gerecht werden können und starke Verzerrungen in Kauf nehmen, stellte man sie unmittelbar nebeneinander. Eine direkte Beziehung zwischen Rostows „Fortschreiten zur Reife", Lampards „Klassi-

---

[41] W. Zelinsky (1966): A prologue to population geography, 120. (New York).

scher Verstädterung" und irgendeinem Stadium im „ländlich-städtischen" Kontinuum ließe sich nicht ermitteln. Wichtig ist, daß es durchaus parallele Versuche gibt, den Prozeß der Verstädterung und der stattfindenden kulturellen, sozialen und ökonomischen Veränderungen zu verstehen. Es ist eine ganze Reihe von miteinander verbundenen, verzahnten und zusammengehörigen Merkmalen, die bei herkömmlichen Untersuchungsmethoden auseinandergerissen werden, als wenn sie unabhängig voneinander wären.

Dieses „Auseinandernehmen" ist für die Untersuchung notwendig und gilt auch als Einstieg in das enge und kreisförmige Beziehungsgefüge, aber die Einstiegsstelle sollte nicht überbewertet werden. Gleichzeitig ist der Prozeß beschrieben worden — aber das Auslösungsmoment wurde nicht genannt, ein „Urgrund" für die Verstädterung wurde nicht ermittelt, und der Ansicht von Reissman, daß solch ein Grund sehr unterschiedlich sein kann, ist zuzustimmen. Für den Geographen ist eine solche Spekulation von großem Interesse, obwohl klare Antworten wahrscheinlich nicht gewonnen werden können. Von unmittelbarer Bedeutung ist allerdings, daß dieser so unterschiedlich beschriebene Prozeß einen umfassenden Bereich räumlicher Schlußfolgerungen mit sich bringt. Wenn auch die meisten Prozeßanalysen *nicht* von räumlichen Gegebenheiten ausgehen, so bezieht sich der Geograph hauptsächlich auf diese. Bevölkerungsballung und wirtschaftliche Spezialisierung führen zur Entwicklung von räumlich verteilten Knotenpunkten, den Städten, die sich bei diesem Prozeß bilden. Auf die dabei entstehenden Probleme ist das Interesse des Stadtgeographen gerichtet, wobei er auch diejenigen nicht-räumlichen Prozesse betrachtet, die zur Erklärung seiner besonderen räumlichen Untersuchungsprobleme beitragen.

Vor der Hinwendung zu Einzeluntersuchungen räumlicher Aspekte der Verstädterung sind die gegenwärtige Verteilung der Städte auf der Erde und einige der daraus zu ziehenden Schlüsse zu betrachten. Kingsley Davies[42] hat in bewunderungwürdiger Weise die Angaben über das Städtewachstum mühsam zusammengestellt, daher besteht hier keine Notwendigkeit für eine detaillierte Untersuchung der Fakten. Tabelle 2-5 soll jedoch zur Unterstreichung zweier Hauptthemen dienen:

Erstens begrenzt offenbar die Größe bisher das Stadtwachstum nicht, obwohl mit der Größe und Ausdehnung eindeutig Probleme verbunden sind. Fortwährende Verstädterung verschlimmert diejenigen Probleme, die sich aus den bereits von Wirth untersuchten Voraussetzungen ergeben. Die Anonymität erzeugt städtisches Rowdytum, Kriminalität und auch Gewalt; Drogenmißbrauch und andere Formen der Flucht aus den Zwängen des städtischen Alltags kommen hinzu. Durch die Ausdehnung der Vororte verschlimmern sich die

---

[42] Kingsley Davies (1972): World urbanization 1950—1970. Vol. 1: Basic data for cities, countries and Regions; Vol. 2: Analysis of trends, relationships and developments. (Berkeley: University of California, Population Monograph Series, 4 und 9).

Tabelle 2-5. Prozentuales Wachstum der Stadtbevölkerung 1950–1970 nach Kingsley Davies (1972).

		1950–1960	1960–1970
Entwickelte Länder	Städte mit 3 Millionen und mehr Einwohnern	23,4	21,2
	andere Städte	25.2	26,9
weniger entwickelte Länder	Städte mit 3 Millionen und mehr Einwohnern	38,2	41,1
	andere Städte	55,5	51,3

ernsten Probleme der Innenstadt, insbesondere die des Ghettos der Farbigen. Die Verkehrsmittel sind überlastet, um den Bedarf an Mobilität zu befriedigen. Städtische Verschmutzung und Abwasserbeseitigung werden problematisch. Und schließlich stellt sich heraus, daß die Großstadt in steigendem Maße gegen technische Pannen und besonders gegen politischen Druck anfällig ist, zumal wir uns augenscheinlich heute im Zeitalter der Stadtguerilla befinden.

Das zweite aus Tabelle 2-5 hergeleitete Thema betrifft die Tatsache, daß die schnelle Verstädterung und das Entstehen sehr großer Städte heute auch für die weniger entwickelten Länder der Erde charakteristisch ist. Die simple Vorstellung, daß solche weniger entwickelten Länder heute einem Prozeß unterliegen, der sich in den industrialisierten Ländern des Westens im 19. Jahrhundert abspielte, ist nicht korrekt. Selbst die Wachstumsraten sind anders, denn während für 9 europäische Länder im 19. Jahrhundert zu Zeiten des schnellsten Wachstums die durchschnittliche Zunahme an städtischer Bevölkerung etwa 2,1 % betrug, liegt sie gegenwärtig in den weniger entwickelten Ländern nahe bei 4,5 %[43]. Bereits bei der Besprechung von Reissmans Analyse des Verstädterungsprozesses (s. S. 69) wurde festgestellt, daß die Industrialisierung nicht der einzige Anstoß für das Stadtwachstum ist, was besonders für viele der weniger entwickelten Länder gilt. Oft ergibt sich die größte Veränderung durch die Durchdringung einer bäuerlichen Gesellschaft durch ein kapitalistisches System, was zu einer geographischen Mobilität ohne Anzeichen sozialer Mobilität führt. Städte üben eine psychologisch bedingte Anziehung aus und die bäuerliche Bevölkerung zieht in die Stadt, um die Waren und den Lebensstandard zu erreichen, welche von der neuen kapitalistischen Ordnung angeboten werden. Hinzu kommt, daß die Konzentration des Landbesitzes in einigen wenigen Händen und der Mangel an lokaler ländlicher Entwicklung den Abwandernden nicht aufhalten. Politische Unrast und Bevölkerungswachstum selbst

---

43 Kingsley Davies (1969): The urbanization of the human population. – in: G. Breese, Ed. (1969): The city in newly developing countries, 5–20. (Englewood Cliffs, N.J.).

erhöhen den Zustrom[44], während ein zu geringer Lebensstandard das natürliche Wachstum der Bevölkerung weiterhin hochschnellen läßt. Daher folgt McGee, daß „wenigstens ein Element der westlichen Theorien fallen gelassen werden muß, wenn man die Stadt der Dritten Welt untersucht. Das ist die Ansicht, daß die Stadt ein Motor für den Wandel sei"[45]. Das Ergebnis ist, daß die Verstädterung weiter fortschreitet, wenn auch nicht ganz ohne Industrialisierung, und zwar in einem Tempo, bei welchem die vorhandene Industrie nicht genügend Arbeitsplätze bieten kann[46]. Obwohl der tertiäre Bereich schnell wächst, ergibt sich ausgedehnte Unterbeschäftigung und Arbeitslosigkeit. Übertragen auf das tatsächliche und räumliche Erscheinungsbild der Stadt erzeugt der beschriebene Vorgang die „shanty towns" oder „bidonvilles" am Rande und äußerste Armut im Zentrum der großen Städte[47].

Dieser kurze Abstecher in ein sehr komplexes Problem kann natürlich nicht den Anspruch erheben, ein wirksamer Diskussionsbeitrag zur Bedeutung der fortschreitenden Verstädterung überall in der Welt zu sein. Diese umfassende Fragestellung bleibt außerhalb dieses Bandes und der Stadtgeographie als solcher angesiedelt. Angestrebt wurde jedoch das bescheidenere Ziel, die entscheidende Bedeutung des Stadtwachstums für alle Bereiche des modernen Lebens darzustellen und unzweideutig die große Komplexität des Prozesses städtischer Veränderungen aufzuzeigen: es gibt kein universelles Muster für soziale, ökonomische und räumliche Umgestaltungen. Die sich in den weniger entwickelten Ländern abspielenden Prozesse müssen in einem gesonderten Zusammenhang behandelt werden.

Literaturhinweise

Für definitorische Fragen sollten folgende Werke herangezogen werden:

Freeman, T. W. (1959): The conurbations of Great Britain. (Manchester).
International Urban Research (1959): The world's metropolitan areas (s. Fußnote 13).
Linge, G. J. R. (1965): The delimitation uf urban boundaries (s. Fußnote 14);
United Nations (1969): Growth of the world's urban and rural population, 1920–2000 (s. Fußnote 4).

Zur Definition der SMSA siehe in:
USA Bureau of the Budget (1964): Standard metropolitan statistical areas (s. Fußnote 15).

Über den Verstädterungsprozeß sind die folgenden Untersuchungen beispielhaft für die Reihe von Arbeiten, die auf Wirths Aufsatz (s. Fußnote 20) aus dem Jahre 1938 folgten:

---

44 M. Santos (1971): Les villes du tiers monde, 31–33. (Paris).
45 T.G. McGee (1971): The urbanization process in the third world, 31. (London).
46 G. Rowley (1973): Urban Growth within developing countries. – Geoforum 13, 69–74.
47 D.J. Dwyer (1975): People and housing in Third World cities. (London).

Berry, B.J.L. (1961): Basic patterns of economic development; in Ginsburg, N., Ed. (1961): Atlas of economic development. (Chicago).
Dewey, R. (1958): The rural urban continuum: real but relatively unimportant. – Am. J. Social. **64**, 152.
Duncan, O.D. & Reiss, A.J. (1956): Social characteristics of urban and rural communities. (New York).
Frankenberg, R. (1966): Communities in Britain: social life in town and country (s. Fußnote 25).
Freeman, L.C. & Winch, R.F. (1957): Societal complexity: an empirical test of a typology of societies. – Am. J. Social. **62**, 61.
Hauser, P.M. (1965): Observations on the urban-folk and urban-rural dichotomies as forms of western ethnocentrism; Kap. 13B in Hauser, P.M. & Schnore, L.F., Ed. (1965): The study of urbanization. (New York).
Kolb, W.L. (1954): The social structure and function of cities. – Econ. Dev. and Cult. Change **3**, 30.
Lewis, O. (1951): Life in a Mexican village; Tepoztlan restudied. (Urbana, Ill.).
– (1952): Urbanization without breakdown: a case study. – Sci. Month. **75**, 31.
– (1965): Further observations on the folk-urban continuum and urbanization; Kap. 13A in Hauser, P.M. & Schnore, L. F., Ed. (1965): The study of urbanization. (New York).
Miner, H. (1952): The folk-urban continuum (s. Fußnote 30).
Morris, R.N. (1968): Urban sociology. (London).
Redfield, R. (1941): The folk culture of Yucatan. (Chicago).
– (1947): The folk society. – Am. J. Sociol. **52**, 293.
Reissman, L. (1964): The urban process (s. Fußnote 36).
Schnore, L. F. (1961): The statistical measures of urbanization and economic development. – Land Econ. **37**, 229.
Schwirian, K.P. & Prehn, J.W. (1962): An axiomatic theory of urbanization. – Am. Soc. Rev. **27**, 812.
Stewart, C.R. (1958): The urban-rural dichotomy: concepts and uses. – Am. J. Sociol. **64**, 152.
Tisdale, H. (1942): The process of urbanization. – Social Forces **20**.

Als sehr nützlicher zusammenfassender Band gilt L. Reissman. Eine umfassende Kritik von Wirth findet sich bei R.N. Morris.

Angaben über die Verstädterung siehe bei:
Davies, Kingsley (1972): World urbanization 1950–1970. Vol. 1 u. 2 (s. Fußnote 42).

Angaben über die relative Größe von Städten, über längere Zeiträume verfolgt, finden sich bei:
Chandler, T. & Fox, G. (1974): 3000 years of urban growth. (New York).

Nützliche Bände für die Betrachtung der Verstädterung in weniger entwickelten Ländern sind:
Breese, G., Ed. (1969): The city in newly developing countries. (Englewood Cliffs, N.J.). (s. Fußnote 43).
Dwyer, D.J. (1975): People and housing in Third World Cities (s. Fußnote 47).
McGee, T.G. (1971): The urbanization process in the third world (s. Fußnote 45).
Santos, M. (1971): Les villes du tiers monde (s. Fußnote 44).

Eine kürzlich erschienene populärwissenschaftliche Abhandlung über den Verstädterungsprozeß ist:
Wilsher, P. & Righter, R. (1975): The exploding cities. (London).

3. Das Wachstum des Städtesystems

Es gibt drei eng miteinander verwandte Bereiche des Verstädterungsprozesses, die für analytische Zwecke unterschieden werden können:
1. die nicht räumlichen, also vertikalen sozialen und ökonomischen Veränderungen, die den Prozeß charakterisieren,
2. das Entstehen eines Systems von Städten,
3. das bauliche Wachstum einzelner Städte, aus „Stein und Beton".

Der erste dieser Bereiche ist bereits untersucht worden und war Gegenstand einer großen Anzahl von Studien[1]. Der dritte wird später erörtert und ist ebenfalls durch eine umfangreiche Literatur erfaßt. Aber das Entstehen eines Systems von Städten (2. Bereich) ist, insbesondere in seinen allgemeinen Aspekten, bisher wenig behandelt worden. Es gibt zwar viele Einzelstudien über Wachstumsphasen in bestimmten Gebieten[2]. Aber diese sind nicht in gleichem Maße als Teil von Untersuchungen des Allgemeingültigen angesehen worden, wie die des ländlich-städtischen Kontinuums. Das ergab sich wahrscheinlich aus der Tatsache, daß die Theorie zentraler Orte die Aufmerksamkeit vieler Forscher auf sich zog, die sich sonst Problemkreis 2 zugewandt hätten. Große Anstrengungen wurden unternommen, um die Prägnanz mathematischer Formulierungen zur Theorie der zentralen Orte zu erhöhen. Daraus ergab sich eine wachsende Entfremdung von der Realität.

Gleichzeitig wurden Christallers Gedankengänge so verwässert, daß aus dem Konzept einer Theorie der Standorte von Städten das begrenztere Konzept der Bedeutung der Standorte von tertiären Dienstleistungen wurde. Die Erforschung der gegenwärtigen Struktur dieser Dienstleistungen und ihrer Wechselwirkungen mit anderen Aspekten der Wirtschaft stand dabei im Mittelpunkt. Aber schon die Annahme der empirisch beobachteten Tatsache, daß Städte sich in verschiedene Ebenen hierarchisch einordnen lassen bzw. allgemeine gegenseitige Beziehungen systematischer Art haben, läßt sofort eine Frage zur Genese aufkommen: Wann entstand diese hierarchische Struktur? Wenn man außerdem den sozialen und ökonomischen Prozeß des ländlich-städtischen Übergangs (vgl. Kap. 2) akzeptiert, erhebt sich die Frage, an welcher besonderen Stelle dieses Kontinuums erstmalig eine hierarchische Struktur erscheint. Die Beobachtung von Lukermann hat hier viel für sich: „Indem die Forschung methodisch auf räumliche Querschnittstudien ohne zeitliche Tiefe oder auf rein logisch-analytische Studien ohne empirischen Standortbezug beschränkt wurde,

---

[1] Als einzelne Quelle siehe: P.M. Hauser & L.F. Schnore, Ed. (1964): The study of urbanization. (New York); für einen umfassenden Überblick: L. Reissman (1967): The urban process. (New York).
[2] Zum Beispiel siehe N. Glaab & A.T. Brown (1967): A history of urban America. (New York). J.R. Borchert (1967): American metropolitan evolution. – Geogrl. Rev. **57**, 301. Zur Betrachtung einiger Theorien des Stadtwachstums siehe F. Stuart Chapin (1964): Selected theories of urban growth and structure. – J. Am. Inst. Plann. **30**, 51.

ist es einigen Geographen weitgehend gelungen, eher ein Durcheinander von Taxonomien als erklärende Verallgemeinerungen hervorzubringen"[3].
Die Versuche zu generalisieren hatten nur geringe Bedeutung. Es war daher nur natürlich, daß Redfield mit einer Forschungsrichtung der 50er Jahre im Zusammenhang gesehen wurde, die im wesentlichen in der Zeitschrift *Economic development and cultural change* publizistisch in Erscheinung trat und sich mit den Problemen der Generalisierung beschäftigte. Redfield und Singer sahen die Städte als Zentren kulturellen Wandels[4] und nicht so sehr als Zentren der Wirtschaftsentwicklung. Nach Henri Pirenne[5] waren sie der Auffassung, daß Städte in zwei Gruppen unterteilt werden können:

1. *Orthogenetische Städte.* Das sind Städte, die „in systematischem und reflektierendem Sinne eine alte Kultur „weiterentwickeln""[6]. Es sind die Städte „mit bedeutender Tradition", welche die Stammesgesellschaft oder Volksgemeinschaft in die städtische Welt überträgt.

2. *Heterogenetische Städte.* Das sind Städte, in denen „ein neuer Zustand des Bewußtseins vorherrschend wird, der durch eine andersartige Gedankenwelt über das Bewußtsein älterer Kulturen und Zivilisationen hinausgeht oder gar im Gegensatz zu diesem steht"[7].

Redfield und Singer gaben diesen beiden im Gegensatz zueinander stehenden Stadttypen die Namen „orthogenetisch" im Sinne einer Herleitung der Stadt aus einer ursprünglich einheitlichen Stammeskultur und „heterogenetisch", wobei im wesentlichen ein Gemisch verschiedener Traditionen von Bedeutung war. Der erste Typ wurde als „Städte mit moralischer Ordnung" und der zweite als „Städte mit technischer Ordnung" bezeichnet.

Eine weitere Dimension wurde diesen Postulaten durch die Beiträge von Hoselitz eröffnet[8]. Indem er die Annahme in Frage stellte, daß Städte immer auch ökonomisches Wachstum erzeugten, eine Annahme, die allgemein von Fachleuten des Urbanisierungsprozesses akzeptiert wird, war Hoselitz dafür, Städte entweder als „generativ" oder „parasitär" zu bezeichnen. Weiter behauptete er, daß wirtschaftliche Erzeugung oder Ausbeutung nicht einfach mit kulturellem Wandel Hand in Hand gingen. Das Ergebnis ist eine komplexe Querschnittsklassifikation. Als Beispiel ökonomischer Ausbeutung sieht Hoselitz die europäischen Kolonialstädte in Afrika und in Lateinamerika. Sie allein waren die Zentren der Förderung des Reichstums und daher ursprünglich nicht

---

[3] F. Lukermann (1966): Empirical expressions of nodality and hierarchy in a circulation manifold. − E. Lakes Geogr. 2, 20.
[4] R. Redfield & M. Singer (1954): The cultural role of the cities. − Econ. Devel. cult. Change 3, 53.
[5] H. Pirenne (1925): Medieval cities. (Princeton).
[6] R. Redfield & M. Singer (1954).
[7] R. Redfield & M. Singer (1954).
[8] B. Hoselitz (1955): Generative and parasitic cities. − Econ. Devel. and cult. Change 3, 278.

gerade anregend für eine eigenständige Entwicklung. Daher schlug er zwei Elemente des Verstädterungsprozesses vor:
1. *Primäre Verstädterung.* Hier haben die Völker, die „aus den Stämmen der vorzivilisierten Phase hervorgehen, eine gemeinsame Kultur, die als gemeinsamer Nährboden für die sich entwickelnde städtische Kultur gelten kann"[9].
2. *Sekundäre Verstädterung.* Hier wird die Stammesgesellschaft weiter verstädtert durch den Kontakt mit Völkern anderer Kulturkreise, was zu einer Schwächung oder Überlagerung der lokalen und traditionellen Kulturen durch Bewußtseinszustände führt, die mit letzteren nicht übereinstimmen"[10].

Diese Gedanken und die von Redfield laufen hier parallel und es ergibt sich:
  primäre Verstädterung = orthogenetisch
  sekundäre Verstädterung = heterogenetisch
Sie passen jedoch nicht einfach in den Gegensatz generativ-parasitär, zumal parasitäre Kolonialstädte heterogenetisch waren und somit eine sekundäre Verstädterung bedeuteten. Ähnlich können orthogenetische Städte beim Versuch, die ortsansässige Kultur zu erhalten, gegenüber Veränderungen Widerstand leisten und damit parasitär werden.

Bei solcher Beweisführung folgt als nächstes Stadium das städtische System als Produkt fortschreitenden Wandels von einer Art der Verstädterung zur anderen. In diesem Zusammenhang wird die alte Arbeit von Mark Jefferson *„The law of the primate city"*[11] wieder aktuell. Jefferson schlug vor, daß „die herausragende Bedeutung der größten Stadt nicht nur in ihrer Ausdehnung, sondern auch in ihrer nationalen Einflußnahme zu gewichten sei"[12]. Die Beherrschung der gesamten wirtschaftlichen, sozialen und politischen Kräfte durch eine Stadt mit großer Tradition, also das Vorhandensein von primären orthogenetischen Städten, läßt sich anschaulich nachweisen. Dieser Tatbestand hat eindeutig die Forschungstätigkeit über die zentralörtliche Theorie in Schwierigkeiten gebracht. Es gab nicht nur das Problem, auf welche Weise solch ein Städtesystem — wie von der Theorie der zentralen Orte angenommen — entstanden ist, das ja nur dann einen tiefen Sinn hat, wenn das Konzept eine über das rein statische und nicht reale Postulat hinausgehende Bedeutung hat, sondern es mußte auch eine beobachtbare und kontrastierende Situation möglich sein, bei der sich die Dominanz der primären Stadt, also der Hauptstadt, nachweisen ließ. Berry wandte sich diesem Problem in einer statistischen Übung zu, in welcher er die Wirtschaftsentwicklung auf multivariabler Grundlage quantitativ festlegte. Seine Ermittlungen ergaben, daß „der Vorrang, gemessen an der Bedeutung einer einzelnen Hauptstadt, sich mit wachsendem Entwicklungs-

---

9 B. Hoselitz (1955).
10 B. Hoselitz (155).
11 M. Jefferson (1939): The law of the primate city. — Geogrl. Rev. 29, 227.
12 M. Jefferson (1939). Siehe auch Clyde E. Browning (1962): Primate cities and related concepts. — in: F.R. Pitts, Ed. (1962): Urban systems and economic development, 16. (Eugene, Oregon).

stand und der Größe eines Landes zu verringern pflegt"[13]. Diese Gedankengänge führen direkt zu der Lage, wie sie von Hoselitz gesehen wird, der behauptete, daß „eine vergleichende Analyse der zentralen Orte ... den Grad anzeigen könnte, bis zu dem ein rationalisiertes westliches System der Wirtschaftsorganisation und -handlungsfähigkeit ein gegebenes Land beeinflußt hat und damit ein recht gutes Maß für den wirtschaftlichen Entwicklungsstand eines solchen Landes abgeben könnte"[14]. Weiter schreibt Hoselitz „die Entwicklung eines gegebenen Systems von Städten ist verbunden mit Prozessen ökonomischen Wachstums ... eine solche Theorie ist bis jetzt noch nicht vorhanden, aber es ist möglich, daß weitere Forschungen und Verbesserungen dazu führen könnten"[15]. Der gleiche Gedanke taucht in Berrys Studie über die städtische Entwicklung im Ashanti-Gebiet von Ghana auf[16], obgleich nirgends eine detaillierte Arbeit über den Entwicklungsprozeß die Stadien der Veränderung genau umschreibt.

Linsky widmete eine Arbeit dem Testen einer Reihe von Hypothesen über Primärstädte[17], aber außer einer stark negativen Beziehung zur räumlichen Ausdehnung hoher Bevölkerungsdichten war der Grad des Zusammenhangs mit den anderen Variablen „enttäuschend gering". Er schloß, daß das „Konzept der Entwicklung (der primären Bedeutung) einen historischen Prozeß beinhaltet. Daraus ergibt sich die Notwendigkeit für Studien, die Veränderungen im Grad der Primärbedeutung systematisch mit einem Wandel der sozialen, wirtschaftlichen und geopolitischen Bedingungen innerhalb einzelner Länder in Bezug setzen"[18].

Es ist offensichtlich, daß in Richtung auf erklärende Verallgemeinerungen in diesem Forschungsbereich wenig Fortschritte erzielt worden sind. Der Grund ist vielleicht, daß eine offene Fragestellung durch die Notwendigkeit der zusätzlichen Heranziehung eines *Schemas zentraler Orte* am einen Ende der ökonomischen Entwicklungsskala behindert wird. Ein *Schema primärer Städte* stände am anderen Ende. Das alles wird postuliert, obwohl Analysen gezeigt haben, daß diese extremen Einschränkungen in der Realität nicht anzutreffen sind.

Der tatsächliche Prozeß, durch den das Städtesystem sich bildet, dürfte jedoch Generalisationen immer dann möglich machen, wenn die einschränkenden Bedingungen aus dem Wege geräumt sind. In den meisten Fällen kann man beweisen, daß in einem frühen Entwicklungsstadium eines Städtesystems der Wettbewerb und die gegenseitige Abhängigkeit zwischen den Zentren, welche als notwendige Voraussetzung für das zentralörtliche System gefordert werden,

---

13 B.J.L. Berry (1962): Some relations of urbanization and basic patterns of economic development. – in: F.R. Pitts, Ed. (1962), 12.
14 B. Hoselitz (1955).
15 B. Hoselitz (1955).
16 B.J.L. Berry (1962): Urban growth and the economic development of Ashanti. – in: F.R. Pitts, Ed. (1962), 53.
17 A.S. Linsky (1965): Some generalizations concerning primate cities. – Ann. Assoc. Am. Geogr. **55**, 506.
18 A.S. Linsky (1965), 511.

nicht vorhanden waren. Was allerdings vorherrschte, war der Grundsatz der Separation, wobei jedes Zentrum seine Umgebung bediente. Mangel an Kommunikation verhinderte den Wettbewerb, und jedes Zentrum war auf etwa dem gleichen Entwicklungsstand. Guttenberg hat diese Situation als die „verteilter Einrichtungen"[19] bezeichnet, was bedeutet, daß die verschiedenen städtischen Einrichtungen nach dem jeweiligen Vorhandensein von Bevölkerung so verteilt sind, daß nur wenige gegenseitige Beziehungen nötig werden. Die gleiche Lage wurde von Webb[20] betrachtet, der zwei theoretische Ansätze ermittelte, nach denen das Phänomen städtischer Funktionen sich entwickeln kann. Er nannte sie „isoliert-städtische Gesellschaft" und „integriert-städtische Gesellschaft". Im ersten Falle sind differenzierte Funktionen vorhanden, aber es bestehen keine Kontakte; im zweiten Falle ergeben sich Beziehungen und ein freier Austausch von Gütern. Als Beispiel der ersten Bedingung wird von Thünens isolierter Staat als Stadt angegeben und vorgeschlagen, daß im Falle einer vollkommenen Trennung von allen anderen Städten jede einzelne Stadt notwendigerweise die gleichen Dienstleistungen hervorbringen müßte, wenn alle anderen Faktoren gleich blieben. Webb bringt als Beispiel die vorindustrielle abendländische Gesellschaft und meint, daß „es durch die gegenseitige Isolierung der Städte im mittelalterlichen Europa sehr häufig nur geringe wirtschaftliche Kontakte gab"[21].

Aber selbst bei rudimentärer wirtschaftlicher Organisation waren politische und Verwaltungskontrollen nötig, welche in einem „vorindustriellen" Stadium im allgemeinen wirtschaftlichen Beziehungen übergeordnet waren. Die politische Kontrolle wurde oft von einem einzelnen Zentrum aus ausgeübt, das als Mittelpunkt der Stammeskultur galt und auf diese Weise eine herausragende Bedeutung gegenüber einer Vielzahl von Städten des gleichen niedrigen Ranges erreichte. Damit hatte ein solches Zentrum eine primäre Position eingenommen. Die weitere ökonomische Entwicklung, die Verdichtung des ganzen Netzes ökonomischer Aktivitäten, die den Prozeß der Verstädterung begleiten, führte zusammen mit Fortschritten in der Nachrichtentechnik zu Beziehungen zwischen den einzelnen Siedlungspunkten und zu der Möglichkeit, daß einige wenige mit Hilfe ihrer günstigen Knotenpunktlage mit Dienstleistungen höherer Ordnung ausgestattet wurden. An diesem Punkt kann man die Überlegungen über primäre und sekundäre Verstädterung umkehren. Es ist möglich, daß diese Bewegung in Richtung auf eine Unterscheidung zwischen den einzelnen Zentren bereits teilweise durch die Schaffung einer Hierarchie von Verwaltungszentren vorgesehen war, die sich auf die primäre Hauptstadt bezogen. Die beiden entstandenen Städtesysteme, das eine basierte auf wirtschaftlicher Aktivi-

---

[19] A.Z. Guttenberg (1960): Urban structure and urban growth. — J. Am. Inst. Plann. 25, 104.
[20] John W. Webb (1959): Basic concepts in the analysis of small urban centres of Minnesota. — Ann. Assoc. Am. Geogr. 49, 55.
[21] John W. Webb (1959), 56.

tät, das andere auf politischer Organisation, verbinden sich dabei nicht miteinander. Das Ergebnis ist ein zufälliges System von Siedlungen, „überkommenen Marktflecken" und „alten Städten" mit bedeutenden Verwaltungs-, aber unwichtigen wirtschaftlichen Funktionen und ausgedehnten „Stadtgebieten", die lediglich wirtschaftlich von Bedeutung sind. Die Auffächerung dieses Zustandes hat eine weitere Entwicklung zur Folge, die sich nicht allein, aber in fast allen Ländern vornehmlich ökonomisch bemerkbar macht.

Diese Analyse deckt sich mit der von Guttenberg, der davon ausgeht, daß der Verkehr als Mittel für den Ausgleich der verteilten Merkmale oder für ein anderes Ordnungsprinzip dient. Verkehrsentscheidungen „führen zu einer sich ständig wandelnden Struktur, wobei die Betonung auf die Verlagerung von weit verstreuten Zentren zu einem einheitlichen Hauptzentrum gelegt wird"[22]. Lukermann, der drei Elemente der städtischen Systemanalyse hervorhebt, geht ähnlich vor: Hierarchie, Knotenpunktbildung und Verkehr bzw. Kreislauf. Knotenpunktbildung wird bezeichnet als „Ergebnis einer Verhaltensweise des Menschen. Der Knotenpunkt ist nicht einfach ein geometrischer Punkt oder eine Verkehrskreuzung. Von da her gesehen ist die Lage eines Knotenpunktes der Ort, an dem der einzelne die größte Handlungsfreiheit besitzt. Eine solche Definition bezieht sich sowohl auf Bevölkerungsdichte als auch auf räumliche Erreichbarkeit, wie auch auf den Zugang zu funktionaler Vielfalt. Von Überlegungen des Standortes her sind Knotenpunktbildung und Hierarchie konzeptionell analog zu sehen. Eine räumliche Hierarchie stellt die Beschreibung eines Knotenpunktsystems dar"[23].

Obige „größte Handlungsfreiheit des einzelnen" ist vielen Gedankengängen der nicht räumlichen Konzepte des Prozesses der Verstädterung sehr nahe, die bereits im letzten Kapitel betrachtet worden sind, und beide Bereiche werden auf diese Weise zusammengebracht. Das generalisierte Muster enthüllt sich als eine Reihe isolierter Zentren, die durch den Kreislauf vielfacher Beziehungen, also durch Verkehr, gekennzeichnet sind, aus denen hierarchische Strukturen entstehen.

Auf der gleichen Ebene liegt H. Carters Arbeit in Wales[24]. Dort brachte die anglo-normannische Eroberung Residenzstädte mit Schloß oder Burg in eine bis dahin nicht verstädterte Stammesgesellschaft, in der sich die Entwicklung zur Verstädterung erst langsam anbahnte. Es gab keine primäre Verstädterung, kein Zentrum der Stammeskultur, sondern nur sekundäre Verstädterung, die sich aus einer Reihe von Militärstützpunkten innerhalb einer fremden Bevölkerung und in einem Raum mit vielfach unterbrochenen topographischen Verhältnissen ergab. Aber mit dem Ende der Isolierung durch das Zunehmen der Transportmöglichkeiten wurde eine Differenzierung augenscheinlich. Zunächst

---
[22] A.Z. Guttenberg (1960), 109.
[23] F. Lukermann (1966), 22.
[24] H. Carter (1965): The towns of Wales; a study in urban geography. (Cardiff). H. Carter (1970): The growth of the Welsh city system. (Cardiff).

einmal ergab sich diese verwaltungsmäßig, denn das Regieren wurde zur hauptsächlichsten städtischen Funktion. Eine Hierarchie von Verwaltungszentren entstand, die allerdings eindeutig auf den älteren militärischen Zentren basierte, auf denen die entstandenen wirtschaftlichen Zentren ebenfalls aufbauten. Das Ergebnis war eine Periode des Übergangs oder Wandels, bis gegen Ende des 18. Jahrhunderts eine Auslese stattfand und eine unterscheidbare „ökonomische" Hierarchie entstand. Es ist möglich, diesen Prozeß in Form eines Entwicklungsmodells (s. Tabelle 3-1) abzukürzen.

Es ist klar, daß dieser Entwicklungsprozeß selten ohne Unterbrechung abläuft oder vollständig ist. Jedes Volk oder Gebiet kann ihn mehr als einmal durchmachen. So war in Wales ein Gleichgewichtszustand vor dem Beginn der eisenschaffenden Industrie und des Kohlebergbaus in der Mitte des 18. Jahrhunderts (oder um es anders auszudrücken, vor dem Beginn der industriellen Revolution) kaum eingetreten, als eine ganze Reihe neuer monofunktionaler Siedlungen entstand. Das Bergbaudorf wird zum verkleinerten Beispiel des monofunktionalen „Knotenpunktes", der vom Grundsatz der Trennung von Funktionen ausgeht. Aber die gegenseitigen Beziehungen und die Verkehrswege wurden nun schneller ausgebaut, und die Unterschiede zwischen diesen Knotenpunkten wuchsen. Es entstanden unterschiedliche Grade der Bedeutung einzelner Knotenpunkte, aus denen sich schließlich die hierarchische Gruppierung heutiger Zentren ergab, die eine relativ klare Rangunterscheidung zuläßt. Das gegenwärtige städtische System von Wales ist eine vollständige Mischung durch die teilweise Integration zweier Entwicklungsphasen, die beide nach heutigen technologischen, wirtschaftlichen und sozialen Kriterien nicht abgeschlossen wurden. Aber wenn man die Komplexität außer Acht läßt, kann man die grundlegende Abfolge im Sinne obiger Kriterien verstehen. In diesem

Tabelle 3-1. Entwicklungsphasen eines Städtesystems.

Stadien	Entscheidende räumliche Grundlagen	Rangbeziehungen
1. Genese monofunktionaler Siedlungen	Unterteilung: Schaffung von Knotenpunkten	lokale Basis
2. Übergang: Erwerb verschiedener Funktionen, Aufbau von Mischfunktionen	Wechselbeziehungen und Wettbewerb zwischen den Knotenpunkten: wachsende Verkehrsbedeutung	starke rangmäßige Veränderungen
3. „Höhepunkt": ausgeglichene Ordnung von Funktionen	Integration der Knotenpunkte in ein System mit Tendenz zum Gleichgewichtszustand	konstante Rangfolge

Zusammenhang wird die „primäre Situation" nicht als Teil dieses Schemas gesehen: zu keiner Zeit gab es in Wales eine primäre Stadt. Es ist jedoch eine interessante Überlegung, daß die Tendenz zum Gleichgewichtszustand, die in der Höhepunktsphase angenommen wird, im Sinne der oben gegebenen Definition nicht zu einer ausschließlich hierarchischen Situation führen muß. In Abhängigkeit von wirtschaftlichen und kulturellen Bedingungen kann man sich den Prozeß auch in Einklang mit dem „Gesetz der Primärstadt" oder der „Rang-Größen-Regel" vorstellen. Das würde die genaue Kenntnis des Wesens der Beziehungen zwischen primärer und sekundärer Verstädterung und der oben beschriebenen Entwicklungsabfolge voraussetzen. Es ist hier nicht das Ziel, eine abstrakte, irreale Situation zu betrachten, sondern die Prozesse zu verallgemeinern, welche die ganze Reichweite heutiger, sich verändernder Bedingungen hervorgerufen haben. Das Fehlen einer orthogenetischen Stadt in Wales und das vollständige Vorherrschen der sekundären Verstädterung ergibt sich aus der einfachen Tatsache, daß Wales bis 1955, als schließlich die stammeskulturelle Gegnerschaft durch die Realität der wirtschaftlichen Situation überwunden werden konnte, keine Hauptstadt hatte. Einige mit der oben vorgeschlagenen Gliederung verknüpfte Probleme sind:

1. Der Aufbau wird im wesentlichen von der Zweckmäßigkeit her diktiert und beinhaltet eine konzertierte Bewegung in Richtung auf die Gegenwart hin, einen statischen, zuletzt erreichten Zustand. In diesem Sinne wird lediglich eine Tendenz in Richtung auf sich ständig verändernde Einflüsse und Bedingungen betrachtet, die auf das System wirken, welches sich dadurch in einem beständigen Zustand der Anpassung an zum Teil größere historische Kräfte befindet, aber auch an kleinere und nebensächliche Faktoren.

2. Dieser „beständige Anpassungszustand innerhalb des Städtesystems" scheint nicht in Übereinstimmung mit einer „Tendenz zu einem Gleichgewichtszustand" hin zu stehen. Der Gleichgewichtszustand wird als Zustand interpretiert, bei dem die Rangordnung von Städten konstant bleibt, während eine vorherige Übergangsphase mit schnellen und umfassenden Veränderungen der Rangordnung verbunden ist. Diese endet allmählich, Veränderungstendenzen werden geringer. Das Gleichgewichtsstadium wäre daher erreicht, wenn die Größenbeziehungen zwischen allen Städten konstant bleiben. In diese Richtung hin bewegt sich das gesamte System, der Gleichgewichtszustand wird aber nie endgültig erreicht.

3. Die Bemerkungen in obigem Abschnitt berühren viele der bei der Entwicklung eines Städtesystems entstehenden Probleme, die im Zusammenhang mit Größe und Ausdehnung der ausgewählten Städte stehen. Darin eingeschlossen ist die Hypothese, daß sich die Regelhaftigkeit mit der Zeit vergrößert und daß die Stärke von bestimmten Wettbewerbsprozessen aus der jeweiligen Regelhaftigkeit eines Punktemusters geschlossen werden kann[25]. Diese Überlegungen

---

[25] K.R. Cox (1969): The voting decision in a spatial context. – Prog. Geogr. 1, 84–86.

müssen jedoch zurückgestellt werden, bis ein Überblick über die zentralörtliche Theorie gegeben worden ist (s. Kapitel 7).

4. Obige Gliederung über den Entwicklungsgang eines Städtesystems hat einiges gemeinsam mit der von Lampard angebotenen allgemeineren Interpretation im Zusammenhang mit der Humanökologie[26], die in Kapitel 2 erwähnt wurde. In gewisser Weise ist seine „ursprüngliche Verstädterung" mit der frühen Gründung von Zentren in Wales zu verbinden, die „klassische Verstädterung" mit dem im 18. Jahrhundert erreichten Grad eines Gleichgewichts und die industrielle Verstädterung mit der nach 1750 erfolgten vollständigen Umformung.

In diesem Kapitel ist versucht worden, einige Gedankengänge über das Wachstum des Städtesystems zu untersuchen und die Ansicht zu erhärten, daß gewisse Generalisierungen möglich sind. Diese werden nicht präjudiziert durch die Annahme einer „End"-Situation in Anlehnung an die Theorie der zentralen Orte oder irgendeinen anderen theoretischen Standpunkt, sondern sie sind hergeleitet aus empirischen Erwägungen über die Entwicklung eines Systems von Städten. Sicher ist, daß keine endgültige Erklärung über die Entwicklung von Städtesystemen abgegeben werden kann und daß sich hier ein großes Feld für weitere Untersuchungen anbietet. Das allgemeine Interesse hat sich nur langsam diesen Studien zugewandt. Aber heute ist es allgemein akzeptiert, daß sich zu dem Gesamtkomplex der Verstädterung über den vom Standort her fixierten Wachstumsprozeß eine weitere Dimension des Verständnisses ergibt, zu der gerade der Geograph besonders beitragen kann[27].

Durch die Notwendigkeit, das Entstehen eines Systems von Städten als Teil des Verstädterungsprozesses zu werten, haben wir in gewisser Weise uns selbst vorgegriffen. Bevor wir weiter fortschreiten, muß eine genauere Analyse der Faktoren gegeben werden, welche den Standort von Städten beeinflussen. In diese Richtung führen die nächsten Kapitel, wobei zunächst auf das Wesen städtischer Funktionen eingegangen wird, bevor Probleme des Status von Städten behandelt werden. Wir werden danach besser in der Lage sein, die Größe und Ausdehnung von Städten im Zusammenhang mit der Verstädterung und dem Wachstum des Städtesystems zu betrachten.

Literaturhinweise

Es gibt wenige empirische Studien, die sich mit dem Wachstum von Städtesystemen befassen. Unter diesen verdient eine besondere Aufmerksamkeit:
Lukermann, F. (1966): Empirical expressions of nodality and hierarchy in a circulation manifold (s. Fußnote 3).

Siehe auch:
Carter, H. (1970): The growth of the Welsh city system (s. Fußnote 24).

---

[26] E. Lampard (1964): Historical aspects of urbanization. Kap. 14 in P.M. Hauser & L.F. Schnore, Ed. (1964), 519—554.
[27] E. Lampard (1964), 523.

Unter den vielfältigen Studien über das Wachstum von Städten in unterentwickelten Ländern siehe:
Breese, G., Ed. (1969): The city in newly developing countries (Englewood Cliffs, N.J.).

Auch die Arbeit von Berry sollte konsultiert werden:
Berry, B.J.L. (1961): City size distributions and economic development. – Econ. Dev. and Cult. Change 9, 573.

Andere Arbeiten sind:
Bell, G. (1962): Change in city size distribution in Israel. – Ekistics 13, 103.
Dziewonski, K. (1964): Urbanization in contemporary Poland. – Geog. Polonica 3, 37.
Madden, C.H. (1956): Some spatial aspects of urban growth in the United States. – Econ. Dev. and Cult. Change 4, 386.
Morrill, R.L. (1966): Migration and the spread and growth of urban Settlement. – Lund Stud. Geog. Ser. B, Hum. Geogr. 26, 183.

Das ganze Wachstumsproblem, in welches in diesem Kapitel eingeführt wird, ist ausführlich in einem Band untersucht worden, welcher erheblich über die hier gebotene elementare Einführung hinausgeht:
Robson, B.T. (1973): Urban growth: an approach (London).

Als Einführung in eine gegensätzliche Lehrmeinung siehe:
Swanson, J.A. (1975): Urban concentration and structural change: the American Middle West, 1850–1930. – Urban Studies 12, 309–314.

4. Städtische Funktionen und die funktionale Klassifikation von Städten

Jedes Fortschreiten, das von einer selbst-genügsamen Subsistenzwirtschaft ausgeht, kann nur durch Spezialisierung erreicht werden. In diesem Zusammenhang ist die Stadt ein Ort spezialisierter Tätigkeiten, die zur Bewältigung von Aufgaben führen, welche am besten entweder an zentral gelegenen und gut erreichbaren Orten vorgenommen werden oder dort, wo eine hohe Bevölkerungskonzentration wirtschaftlich notwendig erscheint. Erstere können als Orte der Koordination von Aktivitäten, letztere als produktive Orte bezeichnet werden. Eine dritte Aktivität sollte hinzugefügt werden, die der Vermittlung des Fernverkehrs, so daß die folgenden Punkte als charakteristisch für städtische Funktionen angesehen werden können[1].

1. Zentralörtliche Funktionen oder allgemeine Dienstleistungen, die in einem größeren oder kleineren, jedoch kontinuierlichen Gebiet erbracht werden;

---

[1] Siehe Chauncy D. Harris & E.L. Ullman (1945): The nature of cities. Ann. Am. Acad. polit. soc. Sci. 242, 7.

2. Verkehrsfunktionen, die an Umschlagstellen entlang von Hauptverbindungslinien wahrgenommen werden;
3. Spezielle Funktionen, die sich für überörtliche, nicht zusammenhängende Gebiete ergeben. Diese könnten Grundstoff- und weiterverarbeitende Industrien mit weltweiten Märkten beinhalten oder auch weniger bedeutende Industrien, deren Verteilungsgebiete kleiner sind als das allgemeine Dienstleistungsgebiet.

Es wird oft erklärt, daß das Wesen des städtischen Charakters in der Dienstleistung für zugeordnete Gebiete liegt. Das Studium der zentralörtlichen Funktionen ist zu einem sehr stark entwickelten und spezialisierten Arbeitsgebiet geworden, über welches im nächsten Kapitel gesprochen wird. Probleme entstehen allerdings, wenn solche zentralen Funktionen nicht klar in ihrer Beziehung zu den beiden anderen oben beschriebenen Typen gesehen werden. Diese Tatsache ist augenscheinlich bei der Betrachtung der Gesamtbevölkerungszahl einer Stadt gegeben, die als unbefriedigender Maßstab anzusehen sein dürfte, da sie Ausschließlichkeitsanspruch erhebt und unteilbar erscheint. Sie kann keineswegs als Maß für die Zentralität einer Stadt in Bezug auf die umgebende Landschaft gebraucht werden. Christaller hatte Schwierigkeiten, zwischen der Bedeutung einer Stadt zu unterscheiden, die man durch ihre Bevölkerungsgröße messen kann, und der Zentralität, die eine andere und passendere Maßeinheit erforderlich macht[2]. Bevor daher die Zentralität betrachtet werden kann, muß man die Aspekte städtischer Aktivitäten untersuchen, die keinen direkten Bezug dazu haben. Das hat eine künstliche aber notwendige Trennung zur Folge. Die beste Erklärung erhält man durch eine separate Studie über ursprungsorientierte Funktionen und andere Aktivitäten, deren Standortentscheidungen die zentralörtliche Theorie nicht zu erklären vermag. Das trifft auch zu auf die nachfolgende Übertragung solcher Funktionen und Aktivitäten auf das räumliche Verteilungsmuster der zentralen Orte[3].

Daraus folgt auch, daß, wenn eine Stadt ihre Entstehung oder ihr Wachstum solchen spezialisierten oder ursprungsorientierten Funktionen verdankt, Wesen und Grad der Spezialisierung die Bedeutung beeinflussen, welche drei verwandten Bereichen der Verstädterung zukommt. Diese sind:
1. Die Rolle der Stadt in der nationalen oder regionalen Wirtschaft;
2. die besonderen Aspekte der Stadtgesellschaft, die mit Typen der Spezialisierung zusammenfallen;
3. die Beziehung zwischen Funktion und Standortmustern, die ein zentrales Anliegen des Geographen darstellt.

Dieses Untersuchungsverfahren basiert auf klassifikatorischen Prozessen. „In den Erdwissenschaften wie auch in der Astronomie sind die bedeutendsten

---
[2] W. Christaller (1933): Die zentralen Orte in Süddeutschland. Eine ökonomisch-geographische Untersuchung über die Gesetzmäßigkeit der Verbreitung und Entwicklung der Siedlungen mit städtischen Funktionen. (Jena) — Neudruck Darmstadt 1968.
[3] W. Isard (1960): Methods of regional analysis (New York) 227.

Fortschritte durch theoretische Modellkonstruktionen erzielt worden, die über besondere symmetrische und harmonische Gleichungssysteme ein Großteil der beobachteten Realität einfangen"[4]. Eine solche Modelldarstellung charakterisiert die Theorie der zentralen Orte. Bei der Analyse spezieller Funktionen ist hingegen ein solches Verfahren bisher kaum entwickelt. Der Bau von Modellen ergibt sich oftmals „aus einem Übergang gesammelter Informationen, obgleich nicht jede solche Anhäufung zu einem Modell führt, sondern dann meistens Versuche unternommen werden, das vorhandene Material eher durch klassifikatorische Bemühungen in den Griff zu bekommen als durch integrierte Modelle"[5]. Weiterhin „wissenschaftlich ist klassifikatorisches Vorgehen sehr wichtig, da die Tatsache empirisch erhärtet ist, daß es einfacher ist, Klassen aus mit Attributen versehenen Einzelelementen zu bilden, als die Klassen selbst zu definieren"[6].

Solche Verfahren sind durch viele Autoren kritisiert worden, vor allem, weil die meisten funktionalen Städteklassifikationen als isolierte Übungen ohne theoretische Basis und oft nur mit geringem praktischen Nutzen gesehen werden, da die verschiedenen Klassen keine weiteren zugeordneten Attribute enthalten. Fast alle Kritiker haben als Rechtfertigung ihr eigenes klassifikatorisches System präsentiert, allerdings oft, ohne die bei anderen erkannten Schwächen selbst zu berücksichtigen. Auf diese Weise entwickelte sich eine sehr umfassende Literatur[7]. Robert Smith gibt über diese Situation einen Überblick und ermittelt zwei räumliche Merkmale, die man mit städtischen Funktionen verknüpfen kann:[8]

1. Es sollten Verteilungsmerkmale von Städten in ähnlichen funktionalen Klassen festgestellt werden, die für diese Klassen charakteristisch sind.
2. Verschiedene funktionale Klassen sollten auf unterschiedlichen Hinterlandtypen fußen.

Hier wird die bereits erwähnte Vorstellung wiederholt, daß die Erklärung der Verteilung von Städten nicht allein auf den Methoden der Analyse zentraler Orte basieren kann, sondern ebenso aus Erscheinungsformen spezialisierter Tätigkeiten hergeleitet werden muß. Dieses Verfahren geht auf eine lange Tradition zurück und ermöglicht klare Zweckvorstellungen, auch wenn es nicht besonders theoretisch untermauert ist.

---

[4] R.J. Chorley (1963): Diastrophic background to twentieth-century geomorphological thought. Bull. geol. Soc. Am. 74, 953.
[5] R.J. Chorley (1963).
[6] M. Cohen & E. Nagle (1934): Introduction to logic and scientific method. (London).
[7] Einen Überblick über verschiedene Klassifikationsmethoden gibt R.H.T. Smith (1965): Method and purpose in functional town classification. – Ann. Assoc. Am. Geogr. 55, 539.
[8] R.H.T. Smith (1965), 546–547.

4.1 Klassifikationssysteme

Von Anfang an befaßten sich chorographische Arbeiten auch mit der Beschreibung von städtischen Funktionen und der Folgerung, daß Städte auf Grund ihrer Funktionen in Klassen oder Gruppen unterteilt werden können. Der einfache Begriff „Marktflecken" oder „Seehafen" ist bereits eine Art funktionaler Klassifikation. Mit der wachsenden Vielfalt städtischer Funktionen, die sich aus der industriellen Entwicklung des 18. und 19. Jahrhunderts ergaben, wurden solche beschreibenden Klassifikationen immer häufiger und umfassender. In Großbritannien stellte das Komitee für das städtische Gesundheitswesen in einem Bericht aus dem Jahre 1840[9] fest, daß eine wesentliche Voraussetzung für seine Arbeit eine gewisse Ordnung der zu untersuchenden Städte sein müßte. Es schlug daher fünf Gruppen vor:
1. Die Hauptstadt
2. Industriestädte
3. Bevölkerungsreiche Seehäfen
4. Bedeutende Badeorte
5. Bezirks-, Kreis- und andere größere binnenländische Städte ohne bedeutende Industrien.

Hier wird unterschieden zwischen zentralörtlichen Städten (5) und Städten mit besonderen Aktivitäten (2, 3 und 4), wobei die Größenvariable eindeutig in den Wörtern „bevölkerungsreich", „bedeutend" und „größer" zum Ausdruck kommt.

Seit den Zeiten dieser einfachen Klassifikation hat es viele weitere Versuche gegeben, Gruppen von Siedlungen mit gemeinsamen Funktionen zusammenzufassen und sie statistisch genauer und umfassender gegeneinander abzugrenzen. Gleichzeitig wurden größere Anstrengungen unternommen, die logischen Grundlagen der Klassifikationen und das Wesen städtischer Funktionen zu erfassen. Diese Versuche kann man fortschreitend verfolgen, ausgehend von einer einfachen Allgemeinbestimmung bis zur heutigen multivarianten Analyse. Grundsätzlich ergibt sich daraus ein chronologischer Aufbau, bei dem immer häufiger statistisch-analytische Methoden verwendet werden.

4.11 Allgemeine Beschreibung

Diese ist das erste Stadium bei der Analyse städtischer Funktionen. Klassen werden nur in beschreibender Form gebildet, und die einzelnen Siedlungen werden auf subjektive Weise einer Klasse zugeordnet. Es gibt zahllose Einfachst-Schemata dieser Art, die im wesentlichen auf eine der ersten derartigen Klassifikationen in einem geographischen Zusammenhang zurückgehen. Es handelt

---

9 (1840): Report of the select committee on the health of towns. (London), iv.

sich um den Aufsatz von M. Aurousseau „The distribution of population: a constructive problem"[10]. Nach dem Schema werden sechs Klassen von Städten unterschieden (Tab. 4-1).

Diese Klassenunterteilung rief Kritik hervor. Funktionale und ortsgebundene Begriffe werden durcheinandergebracht, z.B. sind „gezeitenabhängige Orte" keinesfalls von ihrer Funktion her bestimmt. Es werden damit Standorte beschrieben, die bestimmte Funktionen ausüben können oder auch nicht. Die als „Kommunikation" bezeichnete Gruppe scheint im Verhältnis zu den anderen Gruppen erstaunlich häufig unterteilt. Außerdem entzündet sich die Kritik an der Zusammenlegung von zwei grundlegenden Typen städtischer Aktivität, die oben beschrieben worden sind. „Marktstädte" und „Bergwerksstädte" gehören funktional nicht zusammen, und die Trennung der drei Untergruppen in besondere Hauptgruppen erscheint notwendig und logisch.

Trotz der Kritik markiert Aurousseaus Schema ein wichtiges Stadium in der Entwicklung funktionaler Studien. Es vereinigt viele unterschiedliche Gedankengänge in einem zusammenfassenden Schema, das damit zugleich den Höhepunkt einer langen Periode rein beschreibender Arbeiten darstellt und zum Sprungbrett für neue Methoden wird.

Tabelle 4-1. Eine Klassifikation von Städten nach M. Aurousseau (1921).

Klasse I: Verwaltung	*Klasse II: Verteidigung*			*Klasse III: Kultur*
Hauptstädte	Festungsstädte			Universitätsstädte
Beamtenstädte	Garnisonsstädte			Bischofssitze
	Marinestützpunkte			Kunstzentren
				Pilgerstädte
				Religiöse Zentren
Klasse IV: Produktion	*Klasse V: Kommunikation*			
Industriestädte	*a) Ansammlung*	*b) Transfer*	*c) Verteilung*	
	Bergwerksstädte	Marktstädte	Exportstädte	
	Fischerstädte	Etappensiedlungen	Importstädte	
	Waldstädte	Umschlagsplätze	Lieferstädte	
	Depot-Städte	Brückenköpfe		
		Gezeitenabhängige Orte		
		Navigationspunkte		
Klasse VI: Erholung				
Kurorte				
Fremdenverkehrsorte				
Ferienorte				

10 M. Aurousseau (1921): The distribution of population: a constructive problem. – Geogrl. Rev. 11, 563.

4.12 Statistische Beschreibung

In diesem Stadium der Betrachtung von städtischen Funktionen werden objektive, statistische Unterlagen zur Erstellung des Klassifikationssystems verwandt. Am meisten werden Verhältniszahlen über Beruf und Beschäftigung benutzt. Es gibt klare Verbindungen zwischen einer Beschäftigungsgruppe und der Funktion einer Siedlung. Die absoluten Beschäftigungszahlen sind zunächst nicht so wichtig, vielmehr kommt es auf den Anteil einer Beschäftigten-Gruppe an der Gesamt-Beschäftigtenzahl in der Siedlung an. Wenn der Bergbau 30 % der Gesamt-Beschäftigtenzahl einer Stadt ausmacht, dann ist dies ein Anzeichen für eine wichtige Bergbaufunktion. Solche Angaben können dann als Bezugszahlen verwertet werden. Es gibt allerdings gewisse Schwierigkeiten bei der Gleichsetzung von Beschäftigungskategorie und städtischer Funktion. Die erste ergibt sich aus dem Problem einer Reduzierung der vielen Tausend von Berufen auf eine begrenzte Anzahl wichtiger Gruppen[11]. Dabei wird eine große Anzahl von Zufallsentscheidungen gefällt, die der Klassifizierende unter der Voraussetzung akzeptieren muß, daß alle seine Ergebnisse ähnlichen Beeinflussungen unterliegen. Das zweite Hauptproblem ergibt sich daraus, daß die gleiche Berufsgruppe an verschiedenen Orten zu unterschiedlicher Bedeutung gelangt. Als einfaches Beispiel kann die Gruppe „Dienstleistung" der britischen Volkszählung gelten, die Hotel- und Caféeigentümer, Gaststätten- und Haushaltsangestellte umfaßt und normalerweise die Bedeutung der Fremdenverkehrs-Funktion anzeigt. Wenn man jedoch die Beschäftigtenstruktur von Oxford[12] untersucht, so ergibt sich, daß auch dort die größte Einzelgruppe „Dienstleistungen" etwa 14,6 % aller Beschäftigten ausmacht. Die nächst größere Gruppe ist „Metallbeschäftigte und Maschinenbau" mit fast 13 %. Der Schluß, daß Oxford ein Fremdenverkehrsort mit einem bedeutenden Maschinenbau-Sektor ist, entspricht der Wahrheit, aber nicht der ganzen Wahrheit. Die Fehlerquelle ergibt sich aus der großen Anzahl von Beschäftigten an den Hochschulen von Oxford, die alle unter „Dienstleistungen" geführt sind. Dies ist ein sehr augenscheinliches Beispiel; es gibt jedoch noch weitergehende Schwierigkeiten. Daher muß jedes Datenmaterial mit äußerster Sorgfalt behandelt werden.

Auf der Grundlage statistischer Beschreibung aufgebaute Studien kann man in den frühesten Stadien der Stadtgeographie[13] finden, beispielsweise in Olinto Marinellis *„Dei tipi economici dei centri abitati a proposito di alcune città italiana ed americana"*[14]. Aber das am meisten zitierte Beispiel ist das von

---

11 Die englische Volkszählung von 1951 (1956): Classification of occupations. (London), gibt einen Einblick in die Komplexität dieses Problems.
12 Census of England and Wales 1951 (1956): Occupation tables. (London).
13 Einen Überblick über frühere Arbeiten gibt M. Aurousseau (1924): Recent contributions to urban geography: a review. – Geogrl. Rev. **14**, 444.
14 O. Marinelli (1916): Dei tipi economici dei centri abitati a proposito di alcune citta italiane ed americane. – Riv. geogr. ita. **23**, 413.

Chauncy D. Harris im Jahre 1943, in welchem eine funktionale Klassifikation der Städte der USA versucht wurde[15]. Acht Städteklassen wurden isoliert: Industrie, Einzelhandel, Großhandel, Verkehr, Bergbau, Universität, Fremdenverkehr und Senioren. Diese wurden weiter untergliedert. Ein Beispiel mag genügen, um den angewandten Grundsatz zu erläutern. Verkehrszentren werden definiert als Städte, wo „die im Verkehrs- und Nachrichtenwesen Beschäftigten mindestens 11 % aller Arbeiter ausmachen, wenigstens ein Drittel der Arbeiter in der Schwer- und Leichtindustrie und außerdem wenigstens zwei Drittel der Beschäftigten im Handel"[16]. Dieses Beispiel zeigt die Problematik einer klaren Begriffsbestimmung. Der Begriff „Nachrichtenwesen" sollte für die in den Telefon- und Telegraphendiensten Beschäftigten gelten (in Großbritannien sind aber auch Fahrstuhlführer mit berücksichtigt), doch die Klasse „Verkehrszentren" scheint eine noch begrenztere Bedeutung zu haben.

Wenn man die Kriterien für die Definition dieses Städtetyps betrachtet, werden zwei Grundlagen für die Einordnung klar:
1. ein gewisser Mindestanteil an Beschäftigten, das Bestimmungsverhältnis, welches in diesem Falle 11 % betrug;
2. ein bestimmter Grad der Vorherrschaft dieser Gruppe, die im Vergleich zu anderen Gruppen gemessen wird.

Beide Kriterien wurden über einfache empirische Daten ermittelt. Die Erfahrung des Klassifizierenden wird für die Zuordnung von Städten zu Gruppen und schließlich zu funktionalen Klassen verwertet, wobei eine Definition mit nur geringer Störanfälligkeit, also mit nur wenigen Zusätzen oder Weglassungen, Verwendung findet. Das ist ein logischer Schritt vorwärts von dem System von Aurousseau, denn die dort definierten Gruppen werden jetzt mit genauen statistischen Datenangaben ausgestattet. Allerdings sind diese Definitionen das Ergebnis einer subjektiven Entscheidung. Trotz Einsatzes von Verbeitungsdiagrammen und anderen Hilfsmitteln ist die Entscheidung immer noch persönlich gefärbt.

Diese Tatsache wird in einer anderen Klassifikationsstudie mit einigen parallelen Merkmalen hervorgehoben. Duncan und Reiss fügen in ihrem Buch „*Social characteristics of urban and rural communities*" einen langen Abschnitt ein, der mit „funktionaler Spezialisierung"[17] umschrieben ist. Darin wird der unterste Wert der oberen 10 % oder 5 % der in die Untersuchung einbezogenen Siedlungen als Schwellenwert und Definitionskriterium benutzt, obwohl dieser Wert sich bei seiner Anwendung jeweils verändern kann. Bei der Spezialisierung im Bereich des Verkehrs ergibt sich folgende Definition: „Da die Verteilung der Orte nach dem Prozentanteil der im Verkehrswesen beschäftigten Personen

---

[15] Chauncy D. Harris (1943): A functional classification of cities in the United States. – Geogrl. Rev. 33, 86.
[16] Chauncy D. Harris (1943).
[17] Otis D. Duncan & Albert J. Reiss (1956): Functional specialization of communities. Part IV of Social characteristics of urban and rural communities, 215. (London).

recht unausgeglichen erscheint, wurden trotz gewisser positiver Abweichungen die oberen 10 % definitorisch in die Untersuchung einbezogen"[18]. Danach gibt es ein Verhältnis zwischen 8 und 12 %, je nach der Größe, da bei der Klassifikation verschiedene Größenklassen möglich werden. An einer Stelle wird dann darauf verwiesen: „die Auswahl der ersten 5 % der Siedlungen ist als Kriterium relativ zufällig vorgenommen worden"[19]. Diese Art der Klassifikation bezeichnet man als „Statistische Beschreibung".

4.13 Statistische Analyse

Die nächste Stufe zur funktionalen Klassifikation ist durch den Versuch gekennzeichnet, die Kritik zu vermeiden, die an dem Schema von Harris geübt wurde. Das bedeutet, daß sich die ermittelten Klassen aus dem statistischen Rohmaterial ergeben müssen. Wenn zum Beispiel ein Beschäftigungsgrad von 11 % im Verkehrs- und Nachrichtenwesen als Schwellenwert für die Bedeutung dieser Berufsgruppen innerhalb der Gesamt-Beschäftigtenzahl ermittelt wurde, so folgt daraus, daß nur oberhalb dieses Schwellenwertes die genannten Berufsgruppen beim Vergleich mit anderen Städten von Bedeutung sind. Webbs Gegensatz zwischen „isolierter städtischer Gesellschaft" und „integrierter städtischer Gesellschaft" wurde bereits erwähnt[20]. Im ersteren Falle, wie bei der Stadt mit dem von v. Thünen angenommenen isolierten Status, kann eine Spezialisierung nur festgestellt und gemessen werden durch den Vergleich eines Beschäftigungszweiges mit einem anderen innerhalb der gleichen Stadt. Im zweiten Falle kann ein Beschäftigungszweig mit dem gleichen Zweig in anderen Städten sowohl absolut als auch relativ verglichen werden. In vielen Fällen wird methodisch nicht klar zwischen diesen beiden Vergleichsgrundlagen unterschieden, sondern es werden beide angewandt, ohne daß man sich über die Auswirkungen im klaren ist.

Im Schema von Harris wird die herausragende Stadt subjektiv mit der durchschnittlichen Stadt verglichen, um die Grenze zwischen beiden abzustecken. Dieses Vorgehen wurde zur Grundlage vieler Schemata der statistischen Analyse, nach denen die lokalen Bedingungen mit durchschnittlichen überregionalen und nationalen Bedingungen in Beziehung gesetzt werden. Ein gutes Beispiel eines solchen Verfahrens stellt die Berechnung von Standort-Quotienten[21] dar, nach denen die örtliche Bedeutung einer Industrie gemessen wird, indem das Verhältnis ihres lokalen Beschäftigungsstandes auf den Durchschnitt in einem ganzen Lande bezogen wird.

---

[18] Otis, D. Duncan & Albert J. Reiss (1956), 244.
[19] Otis, D. Duncan & Albert J. Reiss (1956), 223.
[20] Siehe Kap. 3, S. 80. J.M. Webb (1959): Basic concepts in the analysis of small urban centres of Minnesota. – Ann. Assoc. Am. Geogr. 49, 55.
[21] Siehe z.B. West Midland Group (1948): Conurbation, 105. (London).

Im Jahre 1953 versuchte L. L. Pownall, dieses Schema in einer Studie über „Die Funktionen neuseeländischer Städte"[22] anzuwenden. Die mittlere Beschäftigtenzahl wurde für sieben verschiedene Größenklassen von Städten ermittelt; danach wurde die einzelne Stadt innerhalb ihrer Gruppe auf den Grad der positiven Abweichung vom Mittelwert hin untersucht: „Die positiven Abweichungen von den nationalen Durchschnittswerten werden hier als Kriterium für die relative Bedeutung von 6 verschiedenen Funktionen herangezogen: Verarbeitende Industrie und Bauwesen, Grundstoff-Industrie, Verkehr und Nachrichtenwesen, Handel und Finanzwesen, Hotel- und Gaststättengewerbe, Verwaltung und Dienstleistungen"[23]. Die als siebente Klasse bezeichnete Wohnfunktion basierte auf dem Verhältnis zwischen Gesamtbevölkerungszahl und berufstätiger Bevölkerung. Jede Stadt konnte auf mehr als eine Funktion spezialisiert sein. Eine Betrachtung über die sieben Klassen schloß sich an. Die Gruppen von Pownall werden eindeutig in zu starker Abhängigkeit von den einzelnen Berufsgruppen gesehen, denn das Bauwesen z. B. ist als Gruppe sehr allgemein gehalten und eine Spezialisierung dieser Gruppe ist mehr zufälliger als grundsätzlicher Natur. Auch wird die Wohnfunktion besser als „Erholungsfunktion" oder „Rentnerfunktion" bezeichnet oder als beide zusammen, da diese Funktionen nicht leicht zu unterscheiden sind.

Einen umfassenderen und logischer aufgebauten Ansatz wählte H. J. Nelson, der 1955 über „Eine Dienstleistungsklassifikation amerikanischer Städte"[24] schrieb. Nelson stellt die Frage: „Wie groß muß der Prozentanteil der in einem bestimmten Bereich Beschäftigten sein, um ihn klassifikatorisch als überdurchschnittlich und damit gesondert ausweisen zu können?" In seiner Antwort bezeichnet er als „durchschnittlich" den Mittelwert für das gesamte Land und als überdurchschnittlichen Wert mit Hilfe der Standardabweichung den Unterschiedsbetrag eines jeden Elements einer statistischen Reihe gegenüber dem Durchschnittswert[25]. Zusammenpassende Berufsgruppen werden aus den Ergebnissen der Volksbefragung ermittelt. Diese beziehen sich auf verarbeitende Industrie, Einzelhandel, Hotel- und Gaststättengewerbe, Verkehr und Nachrichtenwesen, Dienstleistungen, Öffentliche Verwaltung, Großhandel, Banken, Versicherungswesen und Einzelhandel sowie Bergbau. Für jede der zusammengestellten Berufsgruppen wird die Standardabweichung vom Mittelwert für alle Städte berechnet. Jede Stadt, die dann mit ihrem Beschäftigtenanteil einschließlich einer bestimmten Standardabweichung über dem Mittelwert liegt, wird über die Berufsgruppen-Einordnung funktional signifikant bestimmt. Diese

---

[22] L.L. Pownall (1953): The functions of New Zealand towns. – Ann. Assoc. Am. Geogr. 43, 332.
[23] L.L. Pownall (1953), 334.
[24] Howard J. Nelson (1955): A service classification of American cities. – Econ. Geogr. 31, 189.
[25] Zur Erläuterung dieser Methoden siehe S. Gregory (1963): Statistical methods and the geographer. (London).

Bestimmung wird weiterentwickelt durch die Angabe, wie hoch das Beschäftigtenverhältnis in einer Stadt im Sinne der Standardabweichung über dem Mittelwert für alle Städte liegt. So ergibt sich ein Mittelwert für die in allen verstädterten Gebieten der Vereinigten Staaten im Bergbau Beschäftigten von 1,62 % und eine Standardabweichung von 5,01 %. Daraus ergibt sich der theoretische Wert für eine Bergbaustadt von 1,62 + 5,01 = 6,63 %. Nunmehr können bestimmte Grade der Spezialisierung gemessen werden durch den Mittelwert + zweimal die Standardabweichung (1,62 + 10,02 = 11,64) oder auch den Mittelwert + dreimal die Standardabweichung (1,62 + 15,03 = 16,65).

Da die Standardabweichung grundsätzlich nur dann als gültiges Maß angesehen werden kann, wenn es sich im Nahbereich des Mittelwertes um eine Normalverteilung handelt, werden nicht mehr als drei Standardabweichungen gemessen. So wäre die Stadt Butte, Montana, mit 32,1 % im Bergbau Beschäftigten als Be3 zu bezeichnen, wodurch sie als Bergbaustadt mit einem Beschäftigtenanteil von über drei Standardabweichungen oberhalb des Mittelwertes ausgewiesen wäre. Der über Queensland, Australien[26], arbeitende R. S. Dick wandte eine ähnliche Technik an. Er drückte aber seine Ergebnisse durch die Angabe des Prozentanteils an Beschäftigten vollständiger aus, so daß z.B. Butte als Be32^{+3} zu kennzeichnen wäre, was sowohl die Gesamtbeschäftigung von 32 % im Bergbau als auch die drei Standardabweichungen oberhalb des Mittelwertes einschließt. Das Verfahren läuft darauf hinaus, daß sich aus dieser Art statistischer Analyse keine besonderen Klassen ergeben. Jede Stadt könnte eine Anzahl von verschiedenen Gruppen oberhalb des „Mittelwertes + der Standardabweichung" aufweisen. Auch wäre es möglich, daß sich überhaupt keine Gruppe oberhalb dieses theoretischen Verhältniswertes einstellte. Um diesem Problem zu begegnen, mußte Nelson eine weitere funktionale Klasse einführen, die er als „diversifiziert" bezeichnete. Damit vermeiden Nelson und auch Dick das Hineinzwängen multifunktionaler Städte in monofunktionale Klassen, was notwendigerweise unbefriedigend bleiben muß. Allerdings opfern sie dafür einen Anteil an gewünschter Vereinfachung, denn der Zweck von Klassifizierungen ist, zumindest teilweise, die Reduzierung der Komplexität der Erscheinungen im Raum auf einen allgemein verständlichen Rahmen.

Zwei weitere Punkte müssen hier erwähnt werden. Die funktionalen Klassen werden durch die Berufsgruppen-Einteilung der allgemeinen Volksbefragung bestimmt. Daher wäre es unmöglich, wie es Nelson versucht, in Großbritannien eine Großhandelsfunktion zu isolieren, denn in den Berufsstatistiken ist keine solche Berufsgruppe zu finden. Außerdem würden sich die ermittelten Verhältniswerte mit der jeweiligen Auswahl von Städtestichproben erheblich verändern. So macht in Wales der mittlere Beschäftigungsgrad im Bergbau 7,7 % aus und die Standardabweichung 11,96 %. Damit betragen Mittelwert und Standardabweichung zusammen 19,66 %, was sich erheblich von den oben

---

[26] R.S. Dick (1961): Variations in the occupational structure of central places of the Darling Downs, Queensland. – Univ. Queensland Pap. 1, 2.

erwähnten Angaben über die Vereinigten Staaten unterscheidet. Dagegen kann eingewendet werden, daß hier klare Vergleichsmöglichkeiten nicht bestehen; denn das obige Beispiel setzt ein viel größeres Land mit nur einem Teil von Großbritannien gleich. Damit wird die Problematik theoretischer Verhältniswerte offensichtlich, da diese sich nach den besonderen Umständen und den Bedingungen der jeweiligen Untersuchungsgebiete richten müssen. Sie können nicht als universal anwendbar ausgegeben werden. Eine internationale Vergleichbarkeit liegt noch in weiter Ferne.

4.14 Grundlagenstudien der städtischen Wirtschaft

Diese Studien entstanden während der gesamten Zeitspanne der soeben behandelten Klassifizierungsbemühungen. In der Tat gibt es Überschneidungen zwischen beiden. Die Grundlagenstudien bringen praktisch nur wenige anders geartete Überlegungen, hingegen einige erweiterte Grundsätze. Ein Überblick über die Grundsätze soll mit der bereits behandelten Klassifikation von Chauncy D. Harris beginnen. Nach dieser Klassifikation sind Verkehrszentren definitorisch mit 11 % ihrer Arbeiterschaft im Verkehrs- und Nachrichtenwesen fixiert. Das bedeutet, daß Harris 11 % als den kritischen Wert ansieht, bei dem die Beschäftigung im Verkehrswesen im Hinblick auf das gesamte Land theoretisch signifikant wird. Dieser Schwellenwert muß allerdings nicht unbedingt nützlich sein, denn erwünscht ist eine gewisse Abschätzung des Punktes, an dem die Beschäftigung im Verkehrswesen eine herausragende Bedeutung für das Leben einer Stadt bekommt, d.h., daß diese nicht nur verkehrsmäßig funktioniert, sondern auch besondere wirtschaftliche Vorteile daraus zieht. Hierauf baut im wesentlichen das Konzept der „wirtschaftlichen Grundlagen" auf, um das sich eine ausgefeilte Theoriediskussion gebildet hat[27] und das zumindest die Möglichkeit für das Modellbauen eröffnet.

Der erste Vorschlag zu diesem Konzept dürfte 1902 von W. Sombart gekommen sein, der in „*Der moderne Kapitalismus*"[28] eine Doppelfunktion in Städten entdeckte, die er als Städtegründer oder „basic" und Städtefüller oder komplementär oder „non-basic" bezeichnete. Diese Überlegungen sind in die englischsprachige Forschung hauptsächlich über Stadtplaner in den USA eingedrungen. In einer Arbeit aus dem Jahre 1928 unterschied Robert M. Haig[29] zwischen „Primärberufen" oder der Herstellung von Gütern für externe Zwecke und „Hilfsberufen" oder der Herstellung von Gütern und Dienstleistungen für den Eigenverbrauch. Diese Überlegungen wurden weiter entwickelt. Die Ter-

---

[27] Eine Quelle für umfassendes Informationsmaterial ist Ralph W. Pfouts (1956): The techniques of urban economic analysis. (West Trenton, N.J.).
[28] W. Sombart (1902): Der moderne Kapitalismus, Vol. 2 (Leipzig).
[29] Robert M. Haig (1928): Regional survey of New York. − Major economic factors in metropolitan growth and arrangement, Vol. 1. (New York).

minologie der wirtschaftlichen Grundlagen wurde von Homer Hoyt im Jahre 1939 ausgearbeitet[30]. Hier wird das Konzept in moderner Form wiedergegeben. Wirtschaftliche Aktivität kann in zwei Komponenten unterteilt werden:

1. Tätigkeiten, die eine überörtliche Nachfrage befriedigen: das ist der Beitrag zur Volkswirtschaft eines Landes. } „basic" oder städtebildend

2. Tätigkeiten, die die lokale, interne Nachfrage befriedigen: diese regen zwar das Eigenleben der Stadt an, tragen aber nicht zur Volkswirtschaft bei. } „non-basic" oder städtische Dienste

Aus obigen Definitionen geht hervor, daß die grundlegende („basic") Komponente „städtebildend" wirkt, da sie Wachstum hervorruft. Sie erzeugt einen zentripetalen Einkommensstrom in die Stadt hinein, der zur Verteilung und Weiterverbreitung zur Verfügung steht. Aber bestimmte Qualifikationen sind notwendig. Durch Erweiterung der Grenzen kommt man bei einer ökonomischen Basisstudie schließlich zu einem Punkt, wo es überhaupt keinen Export von Gütern und Dienstleistungen mehr gibt, wo definitorisch alle Aktivitäten „non-basic" wären. Ein solcher Grenzbereich dürfte schwer zu finden sein. Einzelne Nationalstaaten könnten sich an solche selbstgenügsamen Bedingungen mit einem unterschiedlichen Grad annähern. Dennoch wird angenommen, daß man im begrenzten Bereich einer Stadt mit einer Isolierung der Grundlagen-Komponente der Wirtschaft das wachstumsorientierte oder „städtebildende" Element isoliert hat. Hierin liegt der Schlüssel zum Studium von Standort-Vorteilen und Wachstum und damit zur Basis von Klassifikationsversuchen.

Das praktische Problem liegt in der Methode, nach der man diese Grundlagen-Komponente isolieren kann. Hoyt selbst schlug ein umständliches Verfahren vor, nach dem lokale und überörtliche Bestimmungen von Gütern und Dienstleistungen über Fragebogenaktionen festgelegt werden und die verschiedenen Berufsgruppen auf „basic"- oder „non-basic"-Aktivitäten je nach dem Anteil des auf die Stadt entfallenden Volkseinkommens aufzuteilen sind[31]. Bei der Betrachtung einer größeren Anzahl von Städten wirkt jedes derartige Verfahren schwerfällig, unzuverlässig und kaum durchführbar. Die meisten daraufhin vorgeschlagenen Methoden zielten daher auf Vereinfachung ab und nahmen die alte Idee des Vergleichs örtlicher mit überregionalen, insbesondere mit Mittelwert- oder anderen Verhältniszahlen wieder auf. Der Anteil einer Bevölkerung an irgendeiner Berufsgruppe wird ermittelt und die danach erwartete Anzahl von (solchermaßen in einer einzelnen Stadt bestimmter Größe) Beschäftigten wird berechnet. Wenn die tatsächliche Beschäftigtenzahl größer als die erwartete Gesamtzahl ist, dann ergibt sich daraus die Basisbeschäftigtenzahl. Das ist der Grundsatz, der am deutlichsten bei J. M. Mattila und W. R.

---

[30] Siehe A.M. Weimer & H. Hoyt (1939): Principles of real estate. (New York).
[31] A.M. Weimer & H. Hoyt (1939).

Thompson in ihrem „Index der Überhangs-Beschäftigten"[32] zum Ausdruck kommt:

$$S = ei - \frac{et}{Et} Ei,$$

wobei ei = die regionale Beschäftigtenzahl in der betroffenen Industrie,
       et = die gesamte regionale Beschäftigtenzahl in allen Industrien und Wirtschaftsbereichen,
       Ei = die nationale Beschäftigtenzahl in der betroffenen Industrie,
       Et = die gesamte nationale Beschäftigtenzahl in allen Industrie- und Wirtschaftsbereichen

ist.

Dieser Index kann nach folgendem Verfahren für die Klassifizierung von Städten benutzt werden: Er wird für alle Berufsgruppen in der Stadt berechnet und alle positiven Werte ergeben zusammengefaßt ein Maß für den Überhang an Beschäftigten in der Stadt. Die Prozentanteile der Häufung von Überhangs-Beschäftigten werden berechnet und rangmäßig zugeordnet. Die Rangeinteilung wird dann als Basis für die funktionale Klassifizierung benutzt. Ein Beispiel für diesen Index von Überhangs-Beschäftigten findet sich in *Provincial metropolis*[33], wo er bei der Untersuchung der ökonomischen Grundlagen von Südost-Lancashire angewandt wird.

Einen etwas anderen Ansatz wählte G. Alexandersson in einer Studie über die industrielle Struktur von Städten in den USA[34]. Das Problem, wie er es sieht, bleibt das gleiche: „Den Wert zu ermitteln, über dem die Beschäftigtenzahl signifikant wird"[35]. Mit der Feststellung dieses Wertes soll Antwort auf die Frage gegeben werden: „Welche Verhältniswerte können als notwendiges Minimum für die Belieferung der eigenen Bevölkerung mit Gütern und Dienstleistungen verschiedener Wirtschaftsbereiche, die in jeder normalen Stadt anzutreffen sind, angesehen werden?" Der Unterschied zwischen dem Ausdruck „normale Stadt" und der Vorstellung eines „Landesdurchschnitts" wird sofort offenkundig. Die Anwendung eines Landesdurchschnitts stellt kein Maß für die ökonomische Basis dar; und dort, wo solche Angaben benutzt werden, wie z.B. beim Index der Überhangs-Beschäftigten, unterscheiden sich diese Methoden nur wenig von denen von Nelson (und anderen) im vorgehenden Kapitel beschriebenen. Alexandersson fordert daher eindringlichere ökonomische Basisanalysen. Er stellt eine Rangfolge von Beschäftigtenverhältnissen in jeder Industrie für alle untersuchten Städte auf und zeichnet ein kumulatives Verteilungsdiagramm der Zahl von Beschäftigten im Verhältnis zu der Zahl von Städten (Fig. 4-1).

---

[32] J.M. Mattila & W.R. Thompson (1955): The measurement of the economic base of the metropolitan area. − Land Econ. 31, 215.

[33] L.P. Green (1959): Provincial metropolis, 43. (London).

[34] G. Alexandersson (1956): The industrial structure of American cities. (Lincoln, Nebraska, und Stockholm).

[35] G. Alexandersson (1956).

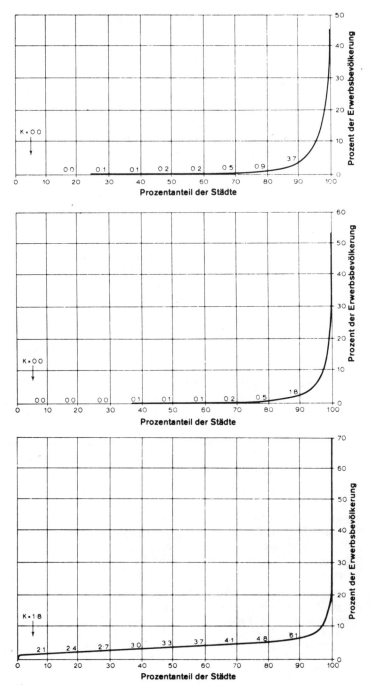

Figur 4-1.

Nach empirischen Gesichtspunkten wurden zwei Punkte (K_1 und K) ausgewählt, die sich 1 % und 5 % vom Anfangspunkt entfernt fixieren ließen. Mit Hilfe dieser Werte wurden Beschäftigtenstrukturen gebildet, aus denen sich ein theoretisches Beschäftigungsverhältnis ergab[36]. Danach werden in einer Stichprobe von 500 Städten die fünfte und die fünfundzwanzigste ausgewählt; d.h. bei Alexanderssons 864 Städten mit über 10.000 Einwohnern in den USA wurden die 9. und die 43. Stadt ausgewählt. Bei der Endanalyse wurde der 5 %-Punkt festgelegt, so daß das Beschäftigtenverhältnis in der 43. Stadt der vom Minimum ausgehenden Rangordnung für jede weitere funktionale Kategorie zur theoretischen Meßzahl wurde. Diese Meßzahlen zog man dann zur Bestimmung einer „normalen" Stadt mit einer ausgeglichenen Beschäftigtenstruktur heran. Etwaige Spezialisierung wurde durch die proportionale Beschäftigtenzahl oberhalb des K-Wertes gemessen. Dieses Verfahren hat den Vorteil, daß statt einer „Durchschnitts"-Struktur eine vorhandene Normalstruktur verwandt wird, die allerdings von empirischen Entscheidungen abhängig ist und sehr große Stichproben verlangt.

Vielleicht wird ein logisches Urteil über diese Analysen durch die Vorschläge von Ullman und Dacey[37] ermöglicht, deren Arbeiten im Grundsatz denen von Alexandersson parallel laufen. Sie folgerten, daß der kleinste in irgendeiner Stadt beschäftigte Prozentanteil das „non-basic"-Verhältnis darstellen müsse, da dieses dann den kleinstmöglichen Anteil für eine überhaupt lebensfähige Stadt ausmachen würde. Diese Schlußfolgerung forderte geradezu zum Widerspruch heraus. Tatsächlich war die Anwendung von Minima von Alexandersson erwogen und gerade deswegen wieder verworfen worden, weil besonders stark vom Mittelwert abweichende Fälle die Ergebnisse entscheidend beeinflußten. Mit Hilfe der Auswahl seines K-Punktes hoffte er, dieses Problem zu umgehen. Bis zu einem gewissen Grade gelang es Ullman und Dacey, die Schwierigkeiten dadurch zu verringern, daß Veränderungen des Minimums mit variabler Stadtgröße Berücksichtigung fanden. Dieses „non-basic"-Verhältnis wird schließlich für die Klassifizierung von Städten benutzt, nicht, um einen Be-

---

[36] G. Alexandersson (1956), 17.
[37] Edward L. Ullman & Michael F. Dacey (1962): The minimum requirements approach to the urban economic base. — in: K. Norborg, Ed. (1962): Proc. Lund Symp. urb. Geogr. 1960, 121.

Fig. 4-1. Kumulatives Verteilungsdiagramm der Beschäftigtenzahl nach ausgewählten Berufen in Städten der USA. Nach Alexandersson (1956).
Das obere Diagramm zeigt die Beschäftigung im Bergbau, die sich als sehr untypisch für städtische Berufsgruppen herausstellt. Daher K = 0,0.
Das mittlere Diagramm zeigt die Beschäftigung in Automobilwerken, die sich ebenfalls als atypische (spezialisierte) Aktivität entpuppt, da sie nur um die Stadt Detroit und benachbarte Städte herum konzentriert ist. Wieder K = 0,0.
Das untere Diagramm zeigt die Beschäftigung im medizinischen Bereich. Dieser ist fast überall anzutreffen, so daß K = 1,8. Nur eine besonders spezialisierte Stadt weicht davon ab. das ist Rochester in Minnesota.

schäftigtenbereich mit dem anderen zu vergleichen, sondern um das Ausmaß der Abweichung einer Stadt von den verschiedenen Minima festzulegen und dadurch einen Index der Vielfältigkeit (V) zu erhalten:

$$V = \Sigma i \left[\frac{(Pi - Mi)^2}{Mi} \right] \bigg/ \frac{[\Sigma i\, Pi - \Sigma i\, Mi]^2}{\Sigma i\, Mi}$$

wobei i = jede einzelne Beschäftigten-Gruppe,
Pi = Prozentanteil der in jeder der i-Gruppen Beschäftigten,
Mi = Minimalbedingungen für jede Gruppe und
Σi = die Summe aller Gruppen
ist.

Je größer dieser Index ausfällt, desto stärker ist die monofunktionale Spezialisierung einer Stadt und je kleiner er wird, desto vielfältiger und multifunktionaler ist sie. Dieser Index demonstriert die immer häufigere Benutzung statistischer Verfahren und auch, daß die ermittelten Unterschiede zwischen einzelnen Städten die Basis für Klassifizierungen ergeben. Diese Erkenntnis führt weiter zur letzten Gruppe von Klassifikationen.

4.15 Multivarianzanalyse

Eine der Hauptkritiken aller bisher behandelten methodischen Ansätze ergibt sich aus der Tatsache, daß diese sich nur auf eine bestimmte statistische Informationsquelle beziehen. Es ist zwar richtig, daß für die Ermittlung der wirtschaftlichen Grundlagen eine ganze Anzahl von Variablen vorgeschlagen worden sind, u. a. Löhne und Gehälter, Wertschöpfung und Warenmengen, aber durch die besondere Schwierigkeit bei der Ermittlung und Anwendung von Daten hat man sich immer wieder auf die Angabe von Beschäftigtenzahlen beschränkt. Multivarianz-Verfahren ermöglichen nun die Untersuchung von Beziehungen zwischen Städten und einer Reihe von Variablen. Als eines der besten Beispiele hierfür kann die Untersuchung britischer Städte von Moser und Scott[38] gelten. Die Ursachen für dieses Werk und seine Ziele sind kurz und bündig zu umschreiben. Es wird darauf hingewiesen, daß „bisher keine systematischen und allgemeingültigen Forschungen über Unterschiede und Ähnlichkeiten britischer Städte unternommen worden sind". Die Autoren versuchen daher, in Annäherung an dieses Ziel Datenmaterial zusammenzustellen und dann Städte nach ihren sozialen, ökonomischen und demographischen Eigenheiten zu klassifizieren. Sie beschränken ihre Untersuchungen auf Städte über 50.000 Einwohner und stellen für diese eine Gesamtheit von 57 Variablen zusammen, die folgende Hauptgruppen bilden: Bevölkerungsgröße und -struktur, Mobilität, Haushalte und Wohnen, ökonomische Eigenheiten, Sozialstatus,

---

[38] G.A. Moser & Wolf Scott (1961): British towns; a statistical study of their social and economic differences. (London).

Wahlverhalten, Gesundheits- und Bildungswesen. Dabei wird nur eine Auswahl von Städten analysiert, wobei die Größenvariable eine besondere Rolle spielt, obwohl sie, wie sich später herausstellte, nur eine geringe Korrelation mit den anderen Variablen aufweist. Auch liegt hier eine sehr viel breiter angelegte Studie über Unterschiede vor, bei der außer funktionalen Eigenheiten auch weitere Charakteristika eingeführt werden. Außerdem ergibt sich durch die Analyse von Veränderungen zwischen 1931 und 1951 ein dynamisches Element, das bisher bei allen anderen Klassifikationen, die einen statischen Zustand beschrieben, fehlte.

Dennoch bringt die Arbeit auch ein letztes Kapitel unter der Überschrift „Eine Klassifizierung von Städten", das wegen seines funktionalen Ansatzes ebenfalls beachtet werden muß. Dabei wird eine Korrelationsmatrix verwendet, die paarweise die Produkt-Moment-Korrelations-Koeffizienten[39] für alle Variablen enthält.

Daraus folgt a priori, daß eine gewisse systematische Variation gegeben ist, obwohl in dieser Komplexität abhängige Variationen nicht sehr fruchtbringend sein können. Es ergibt sich die Notwendigkeit, unabhängige Variationen zahlenmäßig zu bestimmen oder „die gegenseitigen Beziehungen einer Reihe von variierenden Größen, von denen keine eine Sonderrolle beansprucht". Die Untersuchung führt schließlich zu der Überlegung, wieviel der gesamten Variation einer kleinen Anzahl von unabhängigen variablen Größen, den Komponenten, zugerechnet werden kann. Diese sind rein mathematischer Natur und haben mit den Einzelgliedern der ursprünglichen Variablenreihen nur noch wenig zu tun. Dabei stellt sich heraus, daß ein Großteil der Gesamtvariation bereits den ersten vier Komponenten zuzuordnen ist. Dennoch ist es möglich, diese Komponenten bestimmten Variablen zuzuordnen und ihnen eine allgemeinere Bedeutung zu geben. In diesem Falle sahen die Zuordnungen folgendermaßen aus:

Komponente 1   Sozialstatus
Komponente 2   Bevölkerungswachstum 1931–1951
Komponente 3   (a) Entwicklung nach 1951
               (b) Die Arbeitsbevölkerung 1951
Komponente 4   Wohnverhältnisse.

Die Komponenten galten als Parameter der Unterschiede zwischen den Städten von England und Wales und ermöglichten ein Verfahren zur Klassifizierung, das mit Hilfe der zwei ersten Komponenten auf Gewichtungen basierte, die bei Bedarf auch über die nächsten beiden Komponenten erweitert und verändert werden konnten. Das Verfahren zielte darauf ab, Gruppen von mindestens 10 Städten zu bilden und isolierte schließlich 14 einzelne Gruppen. London und Huyton wurden davon ausgenommen, da sie „sich zu sehr von allen anderen in Gruppen eingeteilten Städten unterschieden". Damit wurde eine Zuordnung möglich, die sich nicht nur auf einfache Funktionalität, sondern auf eine große

---

[39] S. Gregory (1963): Statistical methods and the geographer. (London).

Tabelle 4-2. Klassifizierung britischer Städte. Bestimmung der Klassen durch G.A. Moser und W. Scott (1961).

Vorwiegend Fremdenverkehrsorte, Verwaltungs- und Handelsstädte
1. Vorwiegend Seebäder,
2. Vorwiegend Kurorte, Dienstleistungs- und Verwaltungszentren,
3. Vorwiegend Handelszentren mit etwas Industrie.

Vorwiegend Industriestädte
4. unter Einschluß der meisten überkommenen Eisenbahnzentren,
5. unter Einschluß vieler großer Häfen und zweier Bergwerksstädte,
6. vorwiegend Textilzentren in Yorkshire und Lancashire,
7. unter Einschluß der Industriestädte der Nordostküste und der Bergbaustädte von Wales,
8. einschließlich der jüngeren metallverarbeitenden Städte.

Vororte und vorortartige Städte
9. vorwiegend „vornehme" Wohnorte,
10. vorwiegend ältere, gemischte Wohnorte,
11. vorwiegend jüngere, gemischte Wohnorte,
12. einschließlich von Leichtindustrie-Vororten, Zentren der Landesverteidigung und Städten innerhalb der Einflußsphäre großer Ballungsräume,
13. vorwiegend ältere Arbeiter- und Industrievororte,
14. vorwiegend jüngere Industrievororte.

Ohne Zuordnung: London und Huyton

Anzahl von Kriterien stützte. Dennoch stellten die Ergebnisgruppierungen eine eindeutige funktionale Beschreibung dar. Das Verfahren wird in Umrissen in Tabelle 4-2 skizziert[40].

Es ist interessant, diese Ergebnisse mit der ursprünglichen Aufstellung städtischer Funktionen zu Beginn dieses Kapitels zu vergleichen.

1. *Zentralörtliche Aktivitäten* sind direkt vergleichbar mit den von Moser und Scott als Gruppe 1—3 bezeichneten „vorwiegenden Verwaltungs- und Handelsstädten". Aber die darin ebenfalls eingeschlossenen Fremdenverkehrsorte (Gruppe 1 und 2) sollten besser unter „Spezielle Aktivitäten" geführt werden. Es ist daher schade, daß diese Hauptgruppe ihre deutlichen zentralörtlichen und speziellen Funktionen nicht enger abgrenzt.

2. *Verkehrsaktivitäten* lassen sich nicht direkt als entscheidend für eine bestimmte Gruppe von Städten nachweisen, obwohl die Gruppen 4 und 5 der Klassifizierung im weiteren Sinne darauf hindeuten. Aber zu diesen Gruppen gehören auch andere Städte, die kaum bedeutende Verkehrsfunktionen wahrnehmen.

3. *Spezielle Aktivitäten* beziehen sich auf die restlichen Gruppen, obwohl „Vororte" keine besondere funktionale Zuordnung haben. Sie sind Teil größe-

---

[40] G.A. Moser & W. Scott (1961), 17—18; 80—93.

Tabelle 4-3. Beispiele von Profilen nordamerikanischer Städte. Nach J.K. Hadden und E.F. Borgatta (1965).

Profilangabe	New York	Chicago	Cincinnati	Arcadia
Gesamtbevökerung in 1000 Einwohnern	7.781	3.550	0.502	0.041
Einzelwohnhäuser in %	0	0	0	0
Dichte	9	9	7	3
Mittleres Einkommen	4	7	3	9
Diebstahlshäufigkeit	7	7	7	0
Nicht-Weiße in %	7	8	8	0
Im Ausland Geborene in %	9	8	3	5
Mittleres Alter	8	7	6	9
Bevölkerungswachstum in % (1950–1960)	1	1	1	8
Ohne Umzüge in % (1955–1960)	8	4	3	3
Umzüge in %	2	0	1	4
Bildungszentren	6	3	7	5

Arcadia (Kalifornien) wurde als Kleinstadt-Beispiel ausgewählt.

rer Einheiten, die aus Verwaltungsgründen bestehen und treten daher klassifikatorisch nicht in Erscheinung.

Diese detaillierte Untersuchung läßt sich recht wirkungsvoll mit dem Schema von Aurousseau vergleichen, da sie sich auf bestimmte Gebiete bezieht, definitorisch genau ist und „die Kriterien für die Klassifizierung sich direkt aus der Analyse selbst ergaben"[41].

Ein weiterer Versuch, den Stadtcharakter zu untersuchen, wurde im Hinblick auf nordamerikanische Städte von Hadden und Borgatta[42] unternommen. Dabei wurden 65 Variable benutzt und getrennte Analysen für verschiedene Stadtgrößen durchgeführt. Aus der Matrix wurden 16 Faktoren entnommen, deren erster, der sozioökonomische Status, der gleiche war wie in der britischen Studie. Der zweite, dritte und vierte Faktor wurde jedoch auf „nichtweiße Bevölkerung", „Altersaufbau" und „Bildungsstand" bezogen. Danach wurden die Faktoren für die Auswahl von Variablen benutzt, um mit Hilfe einer einfachen Dezimalunterteilung ein Profil zu konstruieren, das zwar als solches keine Klassifikation ermöglicht, aber immerhin eine sozioökonomische Zuordnung (Tab. 4-3).

Hier entfernen wir uns jedoch von den eingangs aufgeworfenen Problemen, welche die Wirtschaftsfunktion mit der weitergehenden Fragestellung nach dem städtischen Charakter verknüpfen.

---

[41] G.A. Moser & W. Scott (1961), 18.
[42] J.K. Hadden & E.F. Borgatta (1965): American cities; their social characteristics. (Chicago).

4.2 Zusammenfassung

Es wurde ein Überblick über fünf ausgedehnte methodische Ansätze gegeben, die von einfacher Beschreibung über die Klassifizierung eines einzelnen Kriteriums bis hin zu umfangreichen statistischen Untersuchungen reichen. An dieser Stelle erscheint eine gewisse Überprüfung dieser Methoden angebracht. Jedes taxonomische System ist zufällig, und diese Zufälligkeit wird noch vergrößert, wenn Veränderliche statt Attributen die Basis bilden[43]. Das ganze System kann nur im Lichte des jeweiligen besonderen Zwecks beurteilt werden, denn alle Klassifizierungen der hier beschriebenen Art stellen nur mehr oder weniger befriedigende Methoden der Assoziierung ähnlicher Phänomene dar, um dadurch die Verständigung zu vereinfachen. Der Hauptzweck der Klassifizierung ist in der Bereitstellung eines rationalen Rahmens für die Beschreibung zu sehen und darin, daß sie zu einer erweiterten Standortanalyse führen kann. Aurousseau schrieb als Vorwort zu seinem Schema: „Wenn wir Lagebeziehungen abstrakt überprüfen, wird sofort klar, daß Funktionen die Triebfeder im Leben von Städten bilden"[44]. Lagebeziehung oder Standort sind nur durch Funktionen verständlich. Sich selbst überlassen hat ein Standort keinerlei Bedeutung und kann, was für alle Resourcen gilt, nur durch Nutzung von Wert sein. Die Art der Nutzung kommt sehr klar in den Klassifizierungen von Harris und Nelson zum Ausdruck. Wenn wir die einfachsten Bedürfnisse des Stadtgeographen betrachten, kann diese Form der Klassifizierung akzeptiert werden. Es stimmt, daß nur die gröbsten und oberflächlichsten Einsichten in das komplexe Wirken der städtischen Wirtschaft vermittelt werden. Um diese Einsichten weiter auszubauen, nahm die Zahl der wirtschaftlichen Grundlagenstudien zu. „Genau genommen gibt es kein Einzelkriterium für die Anwendung des Grundansatzes. Jeder Stadtforscher kann die Grundannahmen für jeden ihm genehmen Zweck werten ... d. h. mit anderen Worten, daß die städtischen Grundannahmen lediglich einen Rahmen für die Analyse bilden ... Ihr Vorzug gegenüber anderen Rahmenbedingungen liegt darin, daß sie die gegenseitigen Verknüpfungen der städtischen Wirtschaft in sinnvoller Weise darstellen"[45]. Grundlagenstudien sind daher von Wert, wenn eine ins einzelne gehende Untersuchung der städtischen Wirtschaft und ihres Einflusses auf ein größeres Gebiet auf der Tagesordnung stehen. Solche Studien bieten häufig auch begrenzte Ansätze für die Erweiterung des Begriffsvermögens und beschreibender Klassifikationen[46].

---

[43] Siehe Harold M. Mayer & Clyde F. Kohn (1959): Readings in urban geography, 127–128. (Chicago).
[44] M. Aurousseau (1921), 569.
[45] Charles M. Tiebout (1956): The urban economic base reconsidered. – Land Econ. 32, 95.
[46] Eine kritische Würdigung des „ökonomischen Basis"-Konzepts findet sich in Teil II von Ralph W. Pfouts, Ed. (1956).

Zusammenfassung

Die Multivarianzanalyse schließlich ist anders geartet, da sie selbst ein Maß für den Grad an Unterschieden zwischen verschiedenen Städten und nicht für spezielle Funktionen darstellt. Andererseits wurden mit beschreibenden Namen versehene Klassen aus den bekannten besonderen Merkmalen der Einzelglieder hergeleitet oder es sind „städtische Profile" konstruiert worden. Moser und Scott machten die aufschlußreiche Bemerkung: „Es ist erfreulich, daß sich die endgültige Klassifizierung so gut mit der allgemein bekannten Vorstellung über britische Städte deckt. Es ist natürlich besser, eine Gruppe von Städten zu haben, die man einigermaßen zutreffend kennzeichnen kann ... als eine Gruppe, die sehr verschiedene Elemente enthält"[47]. Das bedeutet im wesentlichen, daß die Untersuchung die grundlegenden, aber einfachen Klassifizierungen im Sinne von Aurousseau bestätigte. Wäre es anders, müßte man praktisch bei der Methodik von neuem beginnen. Die genannten einfachen Formen der Analyse reichen für viele geographische Zwecke völlig aus; auf der anderen Seite können weitere Fortschritte nur über ausgefeiltere Verfahren der Regionalanalyse erzielt werden.

Bei der Betrachtung des Hierarchie-Problems in seiner Arbeit über Standortanalysen in der Kulturgeographie sieht P. Haggett[48] die spezialisierten Zentren lediglich als ungeordnete Elemente von ansonsten geordneten Lagebeziehungen an. Die Analyse dieser ungeordneten Elemente schließt auch „basic-non-basic"-Studien mit ein, wobei Verzerrungen auf Agglomerationen und die Lokalisierung von Bodenschätzen, einschließlich aller Verbindungen in der Weberschen Standorttheorie, zurückzuführen sind. Diese als reine Verzerrungen der Ordnung zentraler Orte anzusehen, ist unredlich. Der weitläufige Studienbereich sollte vielmehr in größeren Zusammenhängen gesehen werden. Diese Aufgabe versuchte Isard in seinem umfangreichen Werk über die Methoden der Regionalanalyse zu bewältigen. Die Verfahren blieben allerdings im konzeptionellen Teil stecken und waren nicht praktisch durchführbar. Bei etwas bescheideneren Zielvorstellungen wird es aber möglich, über die in diesem Kapitel vorgestellten klassifikatorischen Verfahren zu einer sinnvollen Analyse städtischer Standortfaktoren zu kommen. Komplexe Ansätze sind nicht notwendigerweise die besten.

An dieser Stelle wird es jedoch nötig, die Bedeutung des Einflusses spezialisierter Funktionen auf das Stadtwachstum zu betonen und sie als mehr als eine bloße Verzerrung allgemeiner Regelhaftigkeit zu betrachten. Das einfachste Modell dieser Einflüsse ist wahrscheinlich das von Pred[49], obwohl seine Arbeiten einiges aus früheren Ansätzen der „kumulativen Ursachen" von Myrdal[50]

---

[47] G.A. Moser & Wolf Scott (1961), 89–91.
[48] P. Haggett (1965): Locational analysis in human geography, 130ff. (London).
[49] A.R. Pred (1966): The spatial dynamics of the US urban-industrial growth 1800–1914: interpretative and theoretical essays. (Cambridge, Mass.).
[50] Eine Übersicht über die Ideen von Myrdal gibt D.E. Keeble (1967): Models of economic development; Kap. 8 in R.J. Chorley & P. Haggett, Ed. (1967): Models in geography, 243–302. (London).

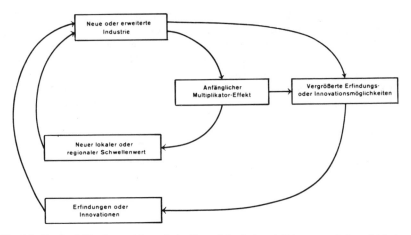

Fig. 4-2. Der kreisförmige und kumulative Prozeß der Industrialisierung und des städtischen Flächenwachstums. Nach A.R. Pred (1966).

übernehmen, die dieser in seinen Studien über das Wirtschaftswachstum von Regionen erwähnt. Pred beschäftigt sich mehr mit dem Wachstum nordamerikanischer Städte zwischen 1860 und 1910 und schlägt ein Modell über „den kreisförmigen und kumulativen Prozeß der Industrialisierung und des städtischen Größenwachstums" vor. Wenn verarbeitende Industrien in einer Handelsstadt vorgesehen sind, dann stellen sich die in Fig. 4-2 gezeigten Reaktionen ein. „Neue Funktionen der verarbeitenden Industrie weisen einen sofortigen Multiplikatoreffekt auf, ob sie nun hauptsächlich den lokalen Binnenmarkt bedienen oder nicht"[51]. Das bedeutet, daß neue Dienstleistungen erforderlich werden und alle abhängigen Industrien davon profitieren. Als Ergebnis kommt in Frage „eine Wandlung der Beschäftigungsstruktur der Stadt (mit einem ausgeglicheneren Verhältnis zwischen dem industriellen Sektor und dem Groß- und Einzelhandelskomplex), eine Zunahme der Bevölkerung oder ein Größenwachstum der Stadt und das wahrscheinliche Erreichen eines oder mehrerer neuer lokaler oder regionaler industrieller Schwellenwerte"[52]. Dieses Erreichen eines neuen Schwellenwertes wiederum begünstigt neue Funktionen der verarbeitenden Industrie, außerdem natürlich auch weitere Erfindungen und Innovationen. So setzt sich der ganze kreisförmige und kumulative Prozeß fort, bis er von nichtökonomischen Einflußgrößen unterbrochen oder überlagert wird, was auch durch den Wettbewerb mit anderen Wachstumszentren eintreten kann. In gewissem Sinne stellt die Arbeit von Pred eine ausgefeiltere Interpretation des alten Elementarbegriffs der „geographischen Trägheit" dar, für die er überzeugende Vernunftgründe anführt. Pred war es allerdings nicht allein,

[51] A.R. Pred (1966), 25.
[52] A.R. Pred (1966), 26.

der solche Generalisierungen vorschlug. Smolensky und Ratajczak[53] nahmen eine Folge von drei Stadien an, die sie als „Elementarsiedlung", „sich bildende Stadt" und „städtische Ballung" bezeichneten. Die „Elementarsiedlung ... entsteht aus dem Bedürfnis nach ökonomischer Spezialisierung, denn sonst würden alle ökonomischen Aktivitäten überall gleichmäßig verteilt sein"[54]. Diese Erläuterung stimmt mit der zentralörtlichen Theorie überein. Eine solche Siedlung wird zur „sich bildenden Stadt", „wenn ein Faktor, der für diesen Standort spezifisch ist und der dem ortsansässigen Unternehmer einen absoluten Kostenvorteil einbringt, wirtschaftlich bedeutsam wird"[55]. Das schließt den von Pred vorgeschlagenen Ansatz zum kumulativen Wachstum mit ein. Auch Wilbur R. Thompson schlug „Stadien des Städtewachstums"[56] vor, die mit dem „Stadium der Exportspezialisierung" beginnen, in dem die ortsansässige Wirtschaft von einer einzigen Industrie oder nur einer einzigen Firma beherrscht wird. Wahrscheinlich kann man diesen Zustand mit der Stadt früherer Zeiten gleichsetzen, als sie vorwiegend ein Verteidigungs- und Militärstützpunkt war. Hierauf folgt das „Stadium des Exportkomplexes", das zu einer Verbreiterung der ansässigen Wirtschaft führt, in dem einzelne Produktionsstadien erweitert werden und Erzeuger oder Verbraucher von Zwischenprodukten hinzukommen.

So dürften früher primär militärische Funktionen durch Handels- und Verwaltungsfunktionen erweitert worden sein. Thompson schlägt weiter ein „Stadium der ökonomischen Reife" oder ein „Erwachsenwerden des ansässigen Dienstleistungssektors" vor, wobei Importe durch eigene Produkte ersetzt werden und Geschäftstätigkeit und Dienstleistungen sich erheblich ausweiten. Hieraus ergibt sich das End-„Stadium der Regionalmetropole", in dem die ortsansässige Wirtschaft eine Knotenpunkt- und Kontrollfunktion gegenüber benachbarten Städten übernimmt, die von ehemaligen Konkurrenten zu Satelliten umgewandelt wurden. Interessant ist, daß Smolensky und Ratajczak ein regelmäßiges Muster „elementarer" Siedlungen im Auge haben, die sich durch bestimmte Lagegunst auszeichnen, während Thompson ein Anfangsstadium befürwortet, in welchem die Regionalmetropole sich bereits ihre Satelliten „zuordnet". Hier werden Beziehungen zu den gegen Ende des letzten Kapitels aufgeworfenen Problemen erkennbar.

Nach Pred gehen die in diesem Kapitel erörterten Wandlungen mit „Veränderungen in der Berufsstruktur einer Stadt" einher. Die Industrialisierung oder das Wachstum irgendeiner speziellen Funktion beeinflußt die Verstädterung und umgekehrt. Daher ist die Größe und Ausdehnung einer Stadt direkt mit den von ihr übernommenen spezialisierten Aufgaben, wie z. B. Kohlenberg-

---

[53] E. Smolensky & D. Ratajczak (1965): The conception of cities. – Explor. entrepr. Hist., Second ser. 2, 90–131.
[54] E. Smolensky & D. Ratajczak (1965), 90–91.
[55] E. Smolensky & D. Ratajczak (1965), 91.
[56] W.R. Thompson (1965): A preface to urban economics, 15–16. (Baltimore). W.R. Thompson (1968): Internal and external factors in the development or urban economics. – in: H.S. Perloff & L. Wingo, Ed. (1968): Issues in urban economics, 43–63. (Baltimore).

Tabelle 4-4. Latent vorhandene Ausdehnung des nordamerikanischen Städtesystems im Jahre 1960. Nach B.J.L. Berry (1972).

Faktor	Faktorbeschreibung
1	Funktionale Stadtgröße in einer Städtehierarchie
2	Sozioökonomischer Status der Stadtbewohner
3	Altersaufbau der Stadtbewohner
4	Nichtweiße Bevölkerung und Wohnungsbesitz
5	Aktuelles Bevölkerungswachstum
6	Wirtschaftliche Basis = Universitätsstädt
7	Anteil der im Ausland Geborenen bzw. ethnische Zugehörigkeit
8	Aktuelles Wachstum der Beschäftigtenzahl
9	Wirtschaftliche Basis = Verarbeitende Industrie
10	Anteil der Frauenarbeit
11	Wirtschaftliche Basis = Spezialisierte Dienstleistungszentren
12	Wirtschaftliche Basis = Garnisonen
13	Wirtschaftliche Basis = Bergbau
14	Anteil älterer Männer an der Beschäftigtenzahl

bau, Automobilherstellung oder Fremdenverkehr verknüpft. So wird jede Überlegung über diese Aufgaben auf die allgemeinen Funktionen einer Region übertragbar und damit auf Erklärungsversuche städtischer Verteilungsmuster.

Es läßt sich nachweisen, daß mit zunehmender Größe einer Stadt oder höherem technologischen und wirtschaftlichen Entwicklungsstand ihre multifunktionale Bedeutung wächst. Einen neueren Klassifikationsversuch unternimmt B. J. L. Berry, der sich mit der nach seinen Worten latent vorhandenen Ausdehnung des nordamerikanischen Städtesystems befaßt[57]. Eine Faktorenanalyse mit Varimax-Rotation wurde an einer 1762 (Städte) x 97 (Variable) Datenmatrix vorgenommen. Die ermittelten Faktoren finden sich in Tabelle 4-4. Aus diesem Versuch ergibt sich, daß sich die ökonomische Basis von städtischen Zentren unabhängig von anderen städtischen Strukturmerkmalen entwickelt, wenn die Faktoren nicht miteinander korreliert sind. Je mehr multifunktionale Städte ihre wirtschaftliche Schwerpunktbildung verlieren, desto weiter klaffen die sozioökonomischen Unterschiede auseinander. Städte, die aufgrund ihrer spezialisierten ökonomischen Basis recht deutlich hervortreten, sind meistens klein und unbedeutend. „Daraus folgt, daß der traditionelle ökonomische Ansatz zur Städteklassifizierung nur von untergeordneter Bedeutung ist." Die einzige Ausnahme bilden die marktorientierten Tätigkeiten, da die hierarchische Struktur eines jeden Städtesystems auf angehäufter Wirtschaftsmacht basiert und nach Meinung von Berry in ihrer funktionalen Bedeutung eine latent vorhandene, weltweite Ausdehnung besitzt. Daraus ergeben sich zwei Schlußfolgerungen:

---

[57] B.J.L. Berry (1972): Latent structure of the American urban system. – in: B.J.L. Berry, Ed. (1972): City classification handbook: methods and applications, 11–60. (New York).

1. In das bisher erläuterte städtische Wachstumsmuster muß auch der Prozeß funktionalen Wandels eingebaut werden. Je mehr sich dabei die Unterschiede in den wirtschaftlichen Grundlagen vermindern, desto mehr vergrößern sich die Gegensätze im Bereich des sozioökonomischen Status, des Altersaufbaus und mit zunehmender kultureller Vielfalt wahrscheinlich auch die rassischen und ethnischen Eigenheiten einer Gesellschaft.

2. Die einzige Ausnahme bildet die Möglichkeit der weltweiten Ausdehnung solcher hierarchischen Strukturen, auf die im folgenden Kapitel eingegangen wird.

Literaturhinweise

Es gibt eine umfangreiche, wenn auch sich manchmal wiederholende Literatur über die funktionale Klassifizierung von Städten. Der bedeutsamste und treffendste Beitrag ist von:
Smith, R. H. T. (1965): Method and purpose in functional town classification (s. Fußnote 7).
Seine auf australische Städte angewandte Methode sowie die Bibliographie sollten herangezogen werden.
Smith, R. H. T. (1965): The functions of Australian towns. − Tijd. voor Econ. en Soc. Geog. 56, 81.

Eine Übersicht über klassifikatorische Verfahren findet sich in Kapitel 2 von:
Hadden, J. K. & Borgatta, E. F. (1965): American cities. Their social characteristics. (Chicago).

Die brauchbarste Zusammenfassung über ökonomische Grundlagen-Verfahren und deren Begriffe gibt:
Alexandersson, G. (1956): The industrial structure of American cities (s. Fußnote 34).

Weitere Arbeiten, die nicht im Text erwähnt sind:
Ahmad, Q. (1965): Indian cities: characteristics and correlates. − Univ. of Chicago, Dept. of Geog., Research papers **102**.
Carriére, C. & Pinchemel, P. (1963): Le fait urbain en France (Paris): Bd. IV, Les fonctions urbaines, 243−304.
Hance, W. A. (1960): The economic location and function of tropical African cities. − Human Organization **19**, 135.
Harris, C. D. (1945): The cities of the Soviet Union. − Geog. Rev. **35**, 107.
Hart, J. F. (1955): Functions and occupational structure of cities of the American South. − Ann. Assoc. Am. Geogr. **45**, 269.
Lal, A. (1959): Some aspects of functional classification of cities and a proposed scheme for classifying Indian cities. − Nat. Geogr. J. India. **5**, 12.
Mints, A. A. & Khorev, B. S. (1959): An economic geographic typology of Soviet cities. − Voprosy Geografii. **45**, 72, in Russ.; siehe auch R. J. Fuchs (1964): Soviet Urban Geography: an appraisal of post war research. − Ann. Assoc. Amer. Geogr. **54**, 282.
Sandru, I., Cucu, V. & Poghirc, P. (1963): Contribution géographique à la classification des villes de la Republique Populaire Roumaine. − Ann. de Geog. **72**, 162, 185.
Steigenga, W. (1955): A comparative analysis and classification of Netherlands towns. − Tijd. voor Econ. en Soc. Geog. **46**, 105.
Trewartha, G. T. (1952): Chinese cities: origins and functions. − Ann. Assoc. Am. Geogr. **42**, 69.

Watanabe, Y. (1961): An analysis of the function of urban settlements based on statistical data. A functional differentiation vertical and lateral. – The Science Reports of Tohoku University (7th Series), Geography 10, 63.

Ein sehr brauchbarer Band mit weiteren Anwendungsbeispielen ist:
Berry, B. J. L. (1972): City classification handbook: methods and applications (s. Fußnote 57).

5. Zentralörtliche Funktionen und die Theorie der zentralen Orte

Im letzten Kapitel waren Verfahren entwickelt worden, mit deren Hilfe spezielle städtische Funktionen ermittelt und bewertet werden können. Um diesen Prozeß klarer zu machen, wurden Klassifikationssysteme vorgeschlagen. Dadurch wird es möglich, wenn auch nur in allgemeinem Rahmen, diejenigen Funktionen zu isolieren, welche nur in einigen bestimmten Städten vorkommen, und die anderen Funktionen zusammenzufassen, die allen Städten gemeinsam sind. In gewissem Sinne bildet jede Stadt einen Brennpunkt für den umliegenden ländlichen Raum, von dem sich die allgemeinen Funktionen herleiten. Dieser Brennpunkt wird funktional zum zentralen Ort. Der Begriff „zentralörtliche Funktionen" wie auch die Theorie der zentralen Orte insgesamt hat sich daraus entwickelt.

Die Theorie der zentralen Orte ist eng verknüpft mit dem Namen Walter Christallers, dessen Arbeit über *Die zentralen Orte in Süddeutschland* im Jahre 1933 veröffentlicht wurde[1]. Daher erscheint es sinnvoll, eine Analyse der zentralörtlichen Theorie[2] mit seinen Vorstellungen zu beginnen. Er unterteilte sein Buch in drei Teile. Der erste, als theoretischer Teil bezeichnet, beschäftigte sich mit der Aufstellung der Theorie. Der zweite, oder Verbindungsteil, behandelte die praktischen Methoden und die Anwendung der Theorie auf die Wirklichkeit. Im letzten, dem regionalen Teil, wurde Süddeutschland unter Zuhilfenahme der im ersten und zweiten Teil gewonnenen theoretischen Erkenntnisse analysiert. Die praktischen Methoden stellten sich später als nicht sehr erfolgreich heraus und auch die regionale Anwendbarkeit war nur von geringem Wert. Von größtem Interesse ist jedoch der theoretische Teil.

---

[1] W. Christaller (1933): Die zentralen Orte in Süddeutschland. Eine ökonomisch-geographische Untersuchung über die Gesetzmäßigkeit der Verbreitung und Entwicklung der Siedlungen mit städtischen Funktionen. (Jena) – Neudruck Darmstadt 1968.

[2] B.J.L. Berry & A. Pred (1961): Central place studies: a bibliography of theory and application. – University of Pennsylvania, Regional Science Reseach Institute, Bibliography Series 1. Ein Ergänzungsband wurde 1965 veröffentlicht. Dieser Band enthält das Hauptquellenmaterial über die zentralörtliche Theorie. Er gibt einen wertvollen einführenden Überblick. Eine weitere Ergänzung stammt von: H.F. Andrews (1970): Working notes and bibliography on central place studies, 1965–1969. – University of Toronto, Dept. of Geography, Discussion Pap. 8.

Die Einführung zum theoretischen Teil der Arbeit von Christaller trägt den Titel: „Gibt es Gesetzmäßigkeiten, die Anzahl, Verteilung und Größe von Städten determinieren?" Aus dieser Fragestellung ergibt sich das Ziel des Autors, der eine deduktive Theorie für ein Ordnungsprinzip bei der Verteilung von Städten erstellen will. Christaller stellt zu Recht seine Gedankengänge neben die von v. Thünen über die landwirtschaftliche Produktion und den isolierten Staat[3] und die von Weber bezüglich des industriellen Standorts[4]. Es muß betont werden, daß Christaller eine deduktive Theorie erstellen wollte und daß heute deduktive Ansätze einen immer größer werdenden Bereich aller Wissenschaften durchdringen. „Je fortgeschrittener eine Theorie ist, desto stärker nimmt sie deduktive Formen an ... eine fortgeschrittene Wissenschaft besteht aus einem riesigen System miteinander verbundener Fakten. Neue Erkenntnisse sind einzubauen, auch wenn das System deswegen von Zeit zu Zeit modifiziert werden muß"[5]. Das System seinerseits „ermöglicht weitere experimentelle Beobachtungen und regt schließlich zu weiterführenden Fragestellungen an, wenn wir die Welt, in der wir leben, begreifen wollen"[6]. Christaller gibt zunächst einen Überblick über die von ihm als „fundamentale Bedeutungen" bezeichneten Annahmen, das sind die Annahmen, auf denen seine Beweisführung basiert und die die a priori-Grundlagen für den Gesamtaufbau darstellen. Wenn sie sich als falsch herausstellen würden, dann wäre das Modell nicht imstande, selbst bei peinlich genauer und richtiger innerer Logik, die Realität wirklich zu generalisieren und es würde mit den empirischen Ergebnissen nicht übereinstimmen. Wenn sich ein derartiges Modell bei der Anwendung auf die komplexen Sachverhalte der realen Welt nicht bestätigt, so kann dieses zurückzuführen sein auf

    1. falsche Logik beim Modellbau,
    2. das Einbeziehen einer Anzahl falscher Variablen,
    3. falsche Annahmen.

Eine der wichtigsten Annahmen von Christaller ist, daß Städte zentrale Orte für das umliegende Land sind und daß sie entstehen, um an zentral erreichbarer Stelle Aufgaben für das Leben im ländlichen Raum wahrzunehmen. Christaller gesteht ein, daß diese grundlegende Annahme weiter zurückreicht. Bereits 1916 hatte Gradmann[7] behauptet, daß es die besondere Rolle einer Stadt sei, „das Zentrum ihrer ländlichen Umgebung und den Vermittler für den örtlichen Handel mit der Außenwelt darzustellen"[8]. Die Stadt sammelt und führt hergestellte Waren aus, sie führt die für die Region notwendigen Güter und Dienst-

---

[3] J.H. von Thünen (1826): Der isolierte Staat in Beziehung auf Landwirtschaft und Nationalökonomie. (Hamburg).
[4] A. Weber (herausgegeben von C.J. Friedrich) (1929): Theory of location of industries. (Chicago).
[5] S. Stebbing (1943): Modern Elementary logic, 183. Zitiert nach Einstein.
[6] S. Stebbing (1943), 184.
[7] R. Gradmann (1916): Schwäbische Städte. – Z. Ges. Erdk. (Berlin).
[8] R. Gradmann (1916), 427.

leistungen ein und verteilt sie. Die Bedeutung dieser Rolle kann man nicht über die Einwohnerzahl einer Stadt messen, da die Größe zwar ein Maß für die „Wichtigkeit" einer Stadt, aber nicht für ihre Zentralität ist. Tatsächlich ist in letzterer dank der nur schwer auszuschließenden speziellen Funktionen auch die Bevölkerung als unteilbares Ganzes enthalten. Zentralität als Gradmesser für die Bedienung des umliegenden Gebietes kann man nur über die angebotenen Güter und Dienstleistungen messen. Dabei gibt es quantitative und qualitative Unterschiede, verschiedene Arten von Gütern und Dienstleistungen, denn manche sind teuer und werden nur wenig gekauft und gebraucht, sie sind daher auf große Bevölkerungsmengen angewiesen. Andere werden täglich benötigt und erfordern daher nur eine geringe Bevölkerung. Hieraus ergeben sich zwei Ansätze:

1. *Schwellenwert-Bevölkerung*[9]. Christaller hat diesen Begriff nicht benutzt, aber der Ansatz ist in seiner Theorie enthalten. Der Schwellenwert wird als Minimalbevölkerung definiert, die notwendig ist, eine bestimmte Ware auch zu verkaufen oder eine bestimmte Dienstleistung auch wirklich in Anspruch zu nehmen. Ökonomisch bedeutet das die Minimalnachfrage, die notwendig ist, um ein solches Angebot weiter aufrechterhalten zu können. Unter der Voraussetzung gleichmäßig verteilten Einkommens, Verbrauchs und Geschmacks kann der Schwellenwert über die Bevölkerungszahl gemessen werden. Dieses Verfahren läßt sich konkret darstellen durch die jeweilige Minimalbevölkerungszahl, die für die Anstellung einer Bezirkskrankenschwester, eines Arztes, eines Spezialarztes wie Fußarztes u. a. erforderlich ist, aber z. B. auch für den Bau eines allgemeinen Krankenhauses oder einer Spezialaugenklinik. Diese Minima wertmäßig festzulegen, ist allerdings recht schwierig.

2. Die *Reichweite einer Ware oder einer Dienstleitung:* diese beinhaltet die Maximalentfernung, die Menschen zurücklegen, um eine Ware an einem zentralen Ort zu kaufen oder eine angebotene Dienstleistung in Anspruch zu nehmen. In einer bestimmten Entfernung vom Zentrum wird die Beschwernis einer in Zeit, Kosten und Unannehmlichkeiten gemessenen Fahrt den Wert und das Bedürfnis nach einer Ware übertreffen, oder es bietet sich alternativ ein näher gelegenes Zentrum an. Diese Tatsache kann man sich vor Augen führen durch die Länge eines Weges, den man zum Brotholen zurücklegt, der in der Regel recht kurz sein dürfte und daher häufig angetreten wird. Diesen kann man mit einem Weg vergleichen, den man zum Kauf eines Pelzmantels benötigt, wobei man im Hinblick auf den Wert des Artikels und die nur seltene Nachfrage bereit ist, einen sehr viel längeren Weg in Kauf zu nehmen. — Wenn ein todkranker Mensch nur an einem bestimmten Ort in der Welt behandelt werden kann, dann ergibt sich die Reichweite einer solchen Dienstleistung unter Umständen als in Kilometern gemessenes absolutes Maximum. Auch hier treten wieder ernste prakti-

---

[9] Siehe B.J.L. Berry & W.L. Garrison (1958): A note on central place theory and the range of a good. — Econ. Geogr. 34; und: Recent developments of central place theory. — Pap. Proc. Reg. Sci. Assoc. 4, 107.

sche Probleme auf, da man mit den meisten Wegen mehrere Zwecke verfolgt. Man kann z. B. sowohl Brot als auch einen Pelzmantel auf der gleichen Fahrt kaufen. Ein solcher komplizierter Sachverhalt wird jedoch zunächst bei den folgenden theoretischen Erörterungen nicht behandelt.

Man kann nun bezüglich jeder Ware oder Dienstleistung zwei Begrenzungen ermitteln; die eine wird als Obergrenze, die andere als Untergrenze bezeichnet (Fig. 5-1). Die Untergrenze wird durch das Minimum an Nachfrage bestimmt, den Schwellenwert, der für das Anbieten einer Ware oder einer Dienstleistung notwendig ist. Die Obergrenze umfaßt den Bereich, über den hinausgehend eine Ware nicht mehr angeboten wird, also deren Reichweite.

Wenn man diese Grundsätze jetzt auf die Entwicklung auf einer isotropen Oberfläche anwenden würde, d. h. auf einer Ebene mit gleichmäßig verteilter Bevölkerungsdichte ohne Einkommensunterschiede, dann ließe sich ein Modell der Verteilung von Städten entwickeln. An dieser Stelle erscheint eine Klärung der Begriffe notwendig. Christaller kennzeichnete die verschiedenen Rangabstufungen von Siedlungen durch die Anfangsbuchstaben der in Süddeutschland gebräuchlichen Namen. Sie sind in Tabelle 5-1 aufgeführt und werden hier verwendet. Zunächst wird eine Siedlung mit dem Rang „B" angenommen. Diese bedient das umgebende Gebiet. Wenn dann eine der angebotenen Waren, die Nr. 21, eine Obergrenze oder Reichweite von 21 km umfaßt, und wenn die Untergrenze (oder der Schwellenwert) so beschaffen ist, daß sie sich nur auf B selbst bezieht, dann wird die Ware in einem Gebiet mit einem Radius von 21 km um B herum ausgeliefert. Wenn nun die nächste Ware, die Nr. 20, eine Reichweite von 20 km hat, dann bildet sich ein einen Kilometer breiter Ring, der von B aus nicht beliefert werden kann (Fig. 5-2). Daher werden weitere Zentren angenommen, die sich bei genügend Elastizität der Untergrenze, des

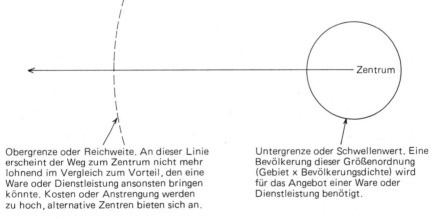

Obergrenze oder Reichweite. An dieser Linie erscheint der Weg zum Zentrum nicht mehr lohnend im Vergleich zum Vorteil, den eine Ware oder Dienstleistung ansonsten bringen könnte. Kosten oder Anstrengung werden zu hoch, alternative Zentren bieten sich an.

Untergrenze oder Schwellenwert. Eine Bevölkerung dieser Größenordnung (Gebiet x Bevölkerungsdichte) wird für das Angebot einer Ware oder Dienstleistung benötigt.

Fig. 5-1. Untergrenze (Schwellenwert) und Obergrenze (Reichweite) einer Ware von einem zentralen Ort aus.

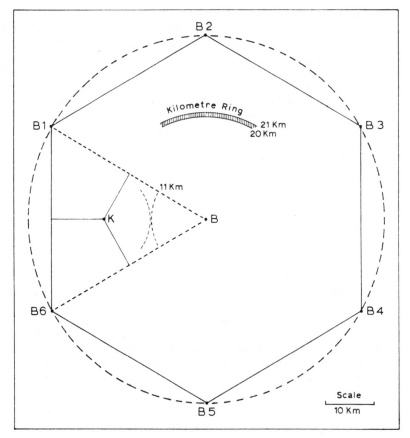

Fig. 5-2. Der Aufbau der städtischen Hierarchie nach Christaller (1966). Zur Erläuterung siehe Text.

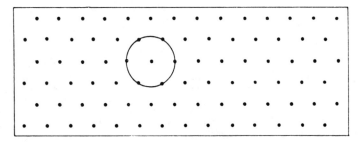

Fig. 5-3. Engste äquidistante Verteilung von Punkten (Siedlungen) und kleinste Zuordnung von Zentren.

Schwellenwertes, nach den gleichen Kriterien wie B entwickeln. Sie müssen sich allerdings gemäß den vorgegebenen Bedingungen in äquidistanter Entfernung um B gruppieren, so daß bei engster Verteilung sechs von ihnen auf einem Ring um B herum erscheinen (Fig. 5-3).

Christaller gibt als Entfernung zwischen diesen Zentren 36 km an, obgleich dafür die Rechtfertigung erst später folgt und überhaupt arithmetische Entfernungsangaben nicht zu deduktiven Strukturvorstellungen passen. Für Waren noch geringerer Ordnung bilden sich die nächsten Standorte in den Zentren gleichseitiger Dreiecke, welche die B-Zentren mit der Spitze berühren (Fig. 5-2). An diesen Punkten entstehen dann K-Zentren. Nun können die Waren Nr. 19–12 mit den entsprechenden Reichweiten von 19–12 km an den B- und K-Zentren mit gutem Verkaufserfolg angeboten werden, die Ware Nr. 11 dagegen nicht, da wieder der unbediente 1 km-Ring vorhanden ist. Eine weitere Reihe von Dienstleistungszentren noch geringerer Ordnung ist nun einzuführen. Auf diese Weise entsteht eine ganze Hierarchie zentraler Orte mit Städten gleichen Ranges, die äquidistant voneinander entfernt liegen. Christaller nannte das von einer Stadt aus bediente Gebiet die „Komplementär-Region", welche unter obigen Bedingungen eine kreisförmige Ausprägung hatte. Um jedoch Überschneidungen zu vermeiden und auch dichteste Verteilung von Siedlungspunkten einzubeziehen, wurden die kreisförmigen Regionen in Sechsecke umgewandelt.

Wenn es nun weitere Artikel mit größerer Schwellenwert-Bevölkerung als vom B-System bedient gibt, dann genügt unter Umständen ein einziger Ort innerhalb des Systems, der als zentraler Ort einen höheren Wert und die Bezeichnung als „G"-Zentrum erhält. Wie bereits vorgeschlagen, wird diesem eine Reichweite von 36 km zugeordnet, da er dem Wert nach dreimal höher als die nächst niedrigere Reichweiten-Begrenzung liegt und damit einen höheren zentralörtlichen Rang erhalten muß. Neue Zentren höherer Ordnung haben daher Reichweiten von 62 km und sogar von 108 km. Bei jeder dieser Entfernungen können neue Arten von Waren angeboten werden, da sich Entfernung und Schwellenwert-Bevölkerung vergrößern. Jeder zentrale Ort kann natürlich auch alle Waren der Zentren niedrigerer Ordnung anbieten und außerdem ein größeres Warensortiment entsprechend dem größeren Hinterland. Auf dieser Grundlage entsteht eine klar abgrenzbare Rangunterteilung, die man als städtische Hierarchie bezeichnet. Das schließlich erreichte Strukturmuster zeigt Fig. 5-4 und Tabelle 5-1.

Es ist jedoch darauf hinzuweisen, daß Schwellenwert und Reichweite jeder Ware oder Dienstleistung relativ willkürliche Angaben sind und für jede einzelne Ware eine unterschiedliche hierarchische Struktur in Frage kommt. Christaller war sich der Tatsache bewußt, daß er in seinem theoretischen Teil einen Spezialfall beschrieb. Im obigen Falle wurde eine strenge Rangordnung aufgestellt, nach der jede Siedlung ihr eigenes Hinterland bedient und zusätzlich einen Gebiets- und Bevölkerungsanteil des Hinterlandes zweier weiterer Siedlungen. Dieser Sachverhalt wurde „das Gesetz der Drei" genannt und bei Benutzung

Tabelle 5-1. Rang und Zuordnung von Zentren*

Art des Zentrums, z.B. Rang oder Zuordnung	Anzahl von Orten	Anzahl komplementärer Regionen	Ausdehnung der Region in km
M (Marktort)*	486	729	4,0
A (Amtsort)	162	243	6,9
K (Kreisstadt)	54	81	12,0
B (Bezirksstadt)	18	27	20,7
G (Gaustadt)	6	9	36,0
P (Provinzstadt)	2	3	62,1
L (Landstadt)	1	1	108,0

* Die Namen werden hier verkürzt wie im Original wiedergegeben.

der Konstante k als k = 3 ausgedrückt (Fig. 5-4). Bei Aufrechterhaltung der Hexagonal-Struktur der Basis-Siedlungen stellte Christaller fest, daß es auch noch zwei andere Möglichkeiten gibt, wobei k = 4 und k = 7 ist, siehe Fig. 5-5. Zur Lösung dieser Problematik stellte Christaller drei Kontrollprinzipien auf (Fig. 5-6):

1. *Das Marktprinzip:* k = 3. Alle Gebiete werden von einer kleinstmöglichen Anzahl von zentralen Orten bedient.

2. *Das Verkehrsprinzip:* k = 4. Hierbei ist die Verteilung der Orte so, daß so viele wie möglich an Hauptverkehrslinien liegen, welche die Zentren höherer Ordnung miteinander verbinden.

3. *Das Verwaltungsprinzip:* k = 7. In diesem Falle übernimmt eine wirksame Verwaltung die Kontrollfunktion, da benachbarte Regionen nicht gemeinsam verwaltet werden können und daher klar voneinander zu trennen sind.

Diese drei Zuordnungsprinzipien lösen allerdings nicht eines der Hauptprobleme. Christaller gibt keine Begründung dafür, warum er jeder Ware den gleichen Schwellenwert und die gleiche Reichweite oder ein Vielfaches davon zuordnet, so daß trotz der Bedeutung dieses Problems für seinen theoretischen Rahmen seine Realitätsbezogenheit darunter leidet.

Die vorausgehenden Abschnitte stellen das Kernstück der Christallerschen Überlegungen dar, obwohl viele Einzelheiten weggelassen worden sind. Zu etwa der gleichen Zeit kam ein anderer Forscher, gestützt auf Vorbilder, zu ähnlichen Schlußfolgerungen. Es war August Lösch, dessen *Wirtschaftliche Standorttheorie* erstmals im Jahre 1939 veröffentlicht wurde[10]. Lösch hat sich darin mit dem zentralen Problem der Standortbedingungen für die Wirtschaft und insbesondere mit der Schaffung von Wirtschaftsregionen befaßt. Wie bei Christaller legte auch er den Nachdruck auf wirtschaftliche Faktoren, statt, wie er sie nannte, auf „natürliche" oder „politische". Theoretisch waren die Roh-

---

[10] A. Lösch (1954): The economics of location. (New Haven). Übersetzung von W.H. Woglom. Die deutsche Ausgabe erschien 1939 in erster Auflage.

Zentralörtliche Funktionen und Theorie der zentralen Orte 117

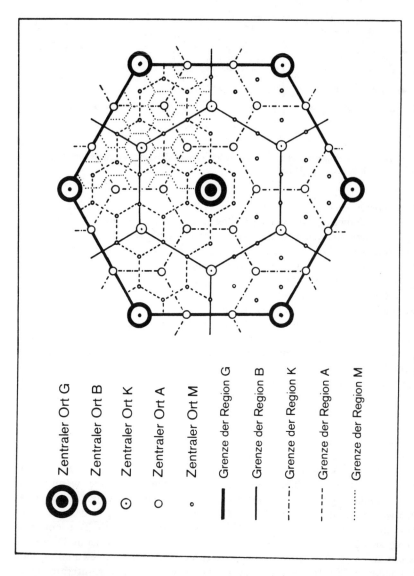

Fig. 5-4. Das System der zentralen Orte nach Christaller. In diesem Schema ist K = 3.

stoffe gleichmäßig auf einer homogenen Ebene verteilt, auf der in ebenfalls gleichmäßigem und dichtestmöglichen Abstand die einzelnen Bauernhöfe lagen. Nach dieser postulierten Ausgangslage sollten sich räumliche Unterschiede durch Kräfte der Konzentration ergeben, die durch Spezialisierung und abgestufte Kostenschwellen hervorgerufen wurden. Dagegen standen Kräfte wie

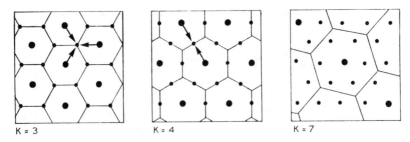

Fig. 5-5. Die drei kleinstmöglichen Einheiten im System der zentralen Orte: K = 3, K = 4 und K = 7. Nach P. Haggett (1965).

Verkehrskosten und die Vorteile gemischter Produktion[11]. Lösch erläuterte die Lage eines Landwirts, der Bier herstellen wollte und damit eine Tätigkeit aus dem sekundären Bereich anstrebte, die nicht mit einer tertiären Dienstleistung verwechselt werden darf. Die Größe seines Marktes kann man aus der normal verteilten individuellen Angebotskurve entnehmen (Fig. 5-7).

Wenn OP den Preis der Brauerei darstellt, dann kauft der einzelne zu PQ. Aber je größer die Entfernung vom Produktionszentrum P wird, desto mehr steigt der Preis infolge der Transportkosten, bis am Punkt F das Bier so teuer ist, daß man es nicht mehr verkaufen kann. PF zeigt die äußerste Reichweite an. Der Gesamtverkauf ergibt sich aus dem Volumen des um P rotierenden Kegels PFQ, multipliziert mit einem Faktor, der die Bevölkerungsdichte wiedergibt. Bis jetzt wurde ein konstanter Preis OP angenommen, der jedoch mit der jeweils verkauften Menge variiert. Daher werden mit zunehmender Produktion Ersparnisstufen eingebaut, die als Kostenschwellen wirken. Es wird also eine neue Kurve gezogen, die auf dem Volumen des Nachfragepegels basiert und für eine Reihe von willkürlichen Preisen berechnet wird. Sie stellt daher die Gesamtnachfrage als Funktion des Brauereipreises dar (Δ, Δ'). Darüber wird eine Planungskurve der geringsten durchschnittlichen Kosten gezeichnet, zu denen bestimmte Mengen hergestellt werden können (π). Beide Kurven müssen sich kreuzen, bevor überhaupt Bier verkauft werden kann, denn wenn sie es nicht tun, übersteigen die Produktionskosten den Preis, den eine ausreichende Anzahl von Verbrauchern bezahlen würde. Im Diagramm (Fig. 5-8) ist MN die Gesamtmenge, die verkauft werden kann und MF die maximale Transportentfernung, also die Reichweite, innerhalb derer verkauft werden kann. Der Ausstoß der Brauerei kann auch verringert werden und trotzdem gewinnbringend sein, bis die beiden Kurven sich tangentenartig berühren (s. die unterbrochene Linie in Fig. 5-8). So stellt M_1F ein Maß für das minimal benötigte Absatzgebiet dar, das dann mit einem Bevölkerungsdichte-Faktor multipliziert werden muß, um die geringstmögliche Anzahl von Menschen zu erhalten, die für die

---

[11] A. Lösch (1954), 105.

Versorgungs- oder Marktprinzip : K=3

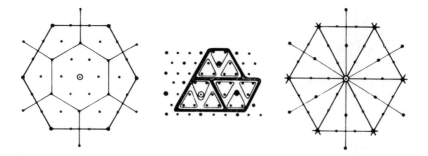

Zuordnungs- oder Verwaltungsprinzip : K=7

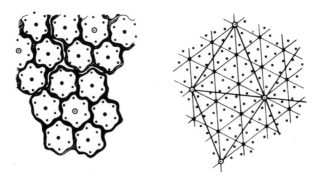

Verkehrsprinzip : K=4

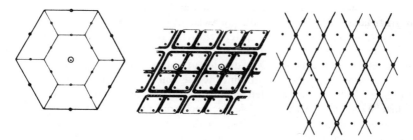

Fig. 5-6. Die drei Kontrollprinzipien von Christaller, die auf die drei kleinstmöglichen Einheiten in Fig. 5-5 angewendet werden.

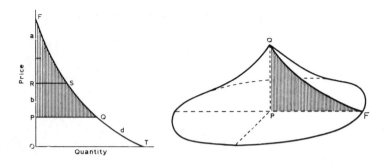

Fig. 5-7. Löschs Ableitung der Einzugsbereich- und Nachfragekurve aus der Kurve der Nachfrage nach einer beliebigen Ware als Funktion der Entfernung. Nach A. Lösch (1954).

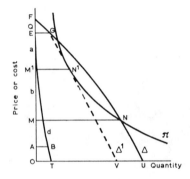

Fig. 5-8. Nachfragekurven (Δ) (d.h. Menge, welche als Funktion des Preises verlangt wird) und theoretisch geplante Kurve (π) (Angabe der geringstmöglichen Durchschnittskosten, bezogen auf die hergestellte Warenmenge). Erläuterungen siehe Text. Nach A. Lösch (1954).

Aufrechterhaltung einer Brauerei notwendig sind. Auf bereits bekannte Begriffe übertragen, stellt dies die „Schwellenwert-Bevölkerung" dar.

Die Nähe zu Christaller ist offensichtlich. MF ist die Obergrenze und M_1F die Untergrenze, wie oben definiert. Beide Autoren operieren mit ähnlichen grundlegenden Gedankengängen, die sie nur unterschiedlich begründen.

Lösch kommt schließlich zu einer Reihe von kreisförmigen Marktgebieten, die er in Sechsecke umwandelt, damit das Untersuchungsareal auf wirtschaftlichste Weise abgedeckt wird. Die Sechseckstruktur hängt von der Anzahl der Bauernhöfe ab, die notwendig ist, um die Herstellung eines bestimmten Produktes zu rechtfertigen. Je nach der Art des Produktes kann sich die Anzahl der Bauernhöfe beträchtlich verändern. Anders als Christaller bezieht Lösch diese Möglichkeit ausdrücklich mit ein. Im Falle der dichtesten Verteilung von

Tabelle 5-2. Die zehn theoretisch kleinstmöglichen Versorgungs- oder Marktgebiete.

Nr. des Gebietes	Anzahl der vollständig belieferten Siedlungen	Entfernung zwischen den Zentren	Reichweite
1	3	$a/\sqrt{3}$	a
2	4	$a/\sqrt{4}$	a
3	7	$a/\sqrt{7}$	a
4	9	$a/\sqrt{9}$	$a/3$
5	12	$a/\sqrt{12}$	$2a$
6	13	$a/\sqrt{13}$	$a/3$
7	16	$a/\sqrt{16}$	$2a$
8	19	$a/\sqrt{19}$	$2a$
9	21	$a/\sqrt{21}$	$a/7$
10	25	$a/\sqrt{25}$	$a/7$

Bauernhöfen und hexagonalen Marktgebieten wäre die kleinste zu bedienende Anzahl von Höfen gleich drei, wie Fig. 5-5 zeigt. Das ist der kleinste Schwellenwert, der anschließend auf 4 und 7 ansteigt (s. Fig. 5-5). Bis hierher besteht Übereinstimmung mit den Schlußfolgerungen von Christaller, der nur die drei kleinstmöglichen Fälle isolierte. Lösch erweiterte das Verfahren durch eine ganze Reihe von zusätzlichen Überlegungen, z. B. durch die Heranziehung von erheblich mehr Siedlungen und bis zu zehn kleinsträumigen Einheiten, deren Beziehungen untereinander er darstellte (Fig. 5-9 und Tab. 5-2).

Wie bereits angedeutet, hat jede verkaufte Ware und jede angebotene Dienstleistung eine andere Unter- und Obergrenze. Auch wird sie an verschiedenen Stellen angeboten. Es gibt daher keinen Grund dafür, warum man nicht ein Gewirr von verschiedenen Maschen auf der angenommenen idealen Ebene darstellen sollte. Durch die Zufallsverknüpfung aller Maschen an einem Punkt, der *ipso facto* zur Metropole wird, ließe sich eine gewisse Ordnung herstellen. Weiterhin könnten durch Rotation der verschiedenen Netze um diesen Punkt herum städtereiche und städtearme Sektoren mit maximaler Übereinstimmung isoliert werden. Es muß aber betont werden, daß Christallers Modellvorstellung nur durch außerordentliche und unreale Simplifizierung und die Annahme einer homogenen Struktur mit festem K-Wert zu verwirklichen ist. Nach dem Schema von Lösch entsteht streng genommen keine Hierarchie der regelmäßigen Addition untergeordneter Ortschaften, aber es werden deutliche Gruppierungen und damit Rangunterschiede gesehen. Die sich hieraus ergebenden Schwierigkeiten sind wahrscheinlich semantischer Natur, dennoch müssen klare Vorstellungen bei der Inangriffnahme empirischer Studien vorhanden sein. „Zum Schluß muß daher zugegeben werden, daß, obwohl in allen Fällen die Funktionsbereiche von Dienstleistungen ganz bestimmte Gruppierungen bil-

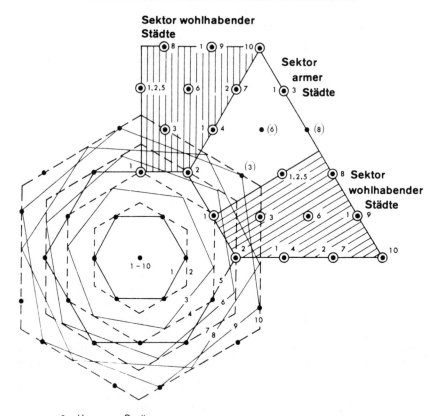

- Ursprungs-Siedlungen
- Zentren von Versorgungsgebieten, deren Größe durch Zahlen belegt ist.
Die Anzahl alternativer Regionalzentren ist in Klammern angegeben.

Fig. 5-9. Die zehn theoretisch kleinstmöglichen Versorgungs- oder Marktgebiete. Nach A. Lösch (1954).

den, nur die Annahme eines festen K-Wertes im Sinne von Christaller eine streng aufgebaute Hierarchie ergibt"[12].

Es erscheint nun angemessen, einen weiteren Erklärungsversuch verschiedener Stadtgrößen, die Rangfolgeregel (rank-size rule), zu behandeln. Die Grundlagen für diese „Regel" schuf ursprünglich Felix Auerbach im Jahre 1913[13],

---

[12] W.K.D. Davies (1964): The hierarchy of commercial centres; a case study in South Wales, 2–10. (University of Wales: unveröff. Diss.).

[13] F. Auerbach (1913): Das Gesetz der Bevölkerungskonzentration. – Petermanns Mitt. 59, 74.

aber ihre weitere Entwicklung und Popularisierung ist auf Georg K. Zipf[14] zurückzuführen, der im Jahre 1941 einen Band über Nationale Einheit und Vielfalt schrieb. Die „Regel" besagt grob gesprochen, daß durch Multiplikation der Bevölkerungszahl einer Siedlung mit ihrem Rang in jedem Falle die Bevölkerungszahl der größten und im Rang höchsten Stadt herauskommt. Sie wird oft folgendermaßen geschrieben:

$$R^n S_R = M,$$

wobei R = der Rang einer Stadt, S_R = die Bevölkerungszahl einer Stadt mit dem Rang R, M und n Konstanten sind. Aber wenn R = 1 ist, dann gleicht S dem Wert von M, unabhängig vom Wert von n, so daß die Konstante M die Bevölkerungszahl der größten Stadt ist. Weniger zuverlässig wird häufig angenommen, daß in westlichen Industrieländern die Konstante n gleich bleibt, und damit die beschreibende Version in den vorhergehenden Abschnitten zutrifft (Fig. 5-10)[15].

Bei oberflächlicher Betrachtung scheint die Rangfolgeregel den Schlußfolgerungen von Christaller und Lösch zu widersprechen. Sie ist im wesentlichen ein beobachtetes Faktum und nicht ein deduktives Modell. Zipf sah sie dagegen als Teil einer breiter angelegten Theorie an, nach der jede Wirtschaft zwei bestimmten Kräften unterworfen war. Die eine strebte nach der Vielfalt, wenn eine große Anzahl kleiner Gemeinden davon profitierte, daß sie in der Nähe von Bodenschätzen und Rohstoffen lagen und dadurch geringe Transportkosten hatten. Die andere Kraft war auf Vereinheitlichung ausgerichtet, wenn eine kleine Anzahl großer Gemeinden den Transport von Endprodukten zum Verbraucher erleichterte. Aus diesen gegensätzlichen Bedingungen ergab sich ein Gleichgewicht, welches die Rangfolgeregel widerspiegelte.

Bei oberflächlicher Betrachtung stehen Rangfolgebeziehungen im Gegensatz zu hierarchischen Strukturen, die auf deduktiven Schlußfolgerungen beruhen. Christaller postulierte eine stufenförmige und nach Rängen geordnete Verteilung von Größenklassen. Nach Zipfs Ergebnissen bestehen nur lose Beziehungen, bei denen keine bestimmten Klassen unterschieden werden. Bei der empirischen Zielsetzung der Arbeit von Zipf ist es eigentlich nicht gerechtfertigt, ihn in diesem Kapitel im Zusammenhang mit dem Modellbau zu erwähnen, aber die Rangfolgeregel ist inswischen so bekannt, daß der Widerspruch zu dem Gedankengut von Christaller erwähnt werden muß. Allerdings ist dieser stark übertrieben worden; es ist daher nicht nötig, die Ansicht zu akzeptieren, daß die Rangfolgeregel den hierarchischen Ansatz aushöhlt. Es wurden Versuche unternommen, die zeigen sollten, daß die beiden Konzeptionen nicht unverein-

---

[14] G.W. Zipf (1941): National unity and disunity. (Bloomington, Ill.).
[15] B.J.L. Berry (1961): City size distributions and economic development. – Economic Development and Cultural Change 9, 573–588. Siehe auch B.J.L. Berry (1971): Urbanization and national development. (New York).

Zentralörtliche Funktionen und Theorie der zentralen Orte

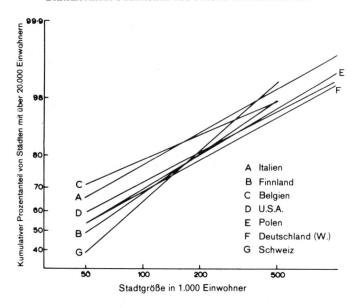

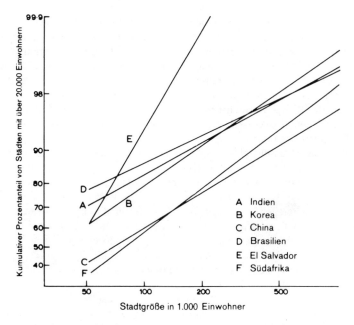

Figur 5-10.

bar sind[16], auch dann, wenn sie auf das gleiche Datenmaterial bezogen sind. Tatsächlich muß auch das Wort „Hierarchie" in diesem Zusammenhang klar und deutlich definiert werden. Das ging bisher nicht ohne Schwierigkeiten[17], die aber gegenüber anderen Problemen in Zipfs Arbeit vergleichsweise gering sind. Die Anwendungsmöglichkeiten der Regel wurden getestet, und man stellte fest, daß sie sich lediglich auf große Gebiete beziehen läßt[18]. Nach ihr wird die Größe über Bevölkerungszahlen gemessen und nicht über die Zentralität, wie Christaller vorschlug. Folgerichtig umfaßt die Regel nicht nur zentralörtliche Funktionen, sondern auch spezielle Funktionen, die man von ersteren getrennt untersuchen sollte, was mit den Aussagen des vorhergehenden Kapitels übereinstimmt. Wenn man alle städtischen Funktionen zusammenstellen könnte, dann wäre es durchaus denkbar, daß die große Anzahl der über die zentralörtlichen Funktionen hinausgehenden funktionalen Beziehungen eine rangmäßig festgelegte hierarchische Struktur in eine kontinuierliche Rangfolgebeziehung umwandeln könnte. Daher braucht uns die empirisch beobachtete Rangfolgeregel im gegenwärtigen Stadium nicht davon abzuhalten, die theoretischen Gedankengänge von Christaller und Lösch zu akzeptieren[19].

Ein kurzer Überblick über den erwähnten Streitpunkt ist notwendig. Über die Verteilung von zentralen Orten wurden Modelle unter der Bedingung deduktiv ermittelt, daß spezielle Funktionen entweder ausgeschlossen oder streng begrenzt bleiben, daß die einzige Aufgabe der Stadt die Belieferung des benachbarten Umlandes sei, und die Erdoberfläche eine zweidimensionale, homogene Ebene mit einer gleichmäßigen Verteilung von Bodenschätzen und Bevölkerung. Daß es in empirischen Studien oder nach dem „gesunden Menschenverstand" solche in der Theorie existierenden Strukturmuster nicht gibt, hat keinerlei Bedeutung. Die Kernfrage ist allein, ob diese Modelle logisch aufgebaut sind und einen Einblick in das Wesen der Verbreitung von Städten ermöglichen, obwohl sie nur eine begrenzte Anzahl von Faktoren beinhalten und von nicht realen Bedingungen ausgehen. Außerdem weisen diese Konzeptionen den richtigen Weg bei der Suche nach ganzheitlichen Prinzipien und führen fort von der Beschreibung einzelner Städte. Sie verbinden bisher isolierte Fakten und be-

---

[16] B.L.L. Berry & W.L. Garrison (1958): Alternate explanations of urban rank-size relationships. – Ann. Assoc. Am. Geogr. **48**, 83.

[17] M.F. Dacey (1966): Population of places in a central place hierarchy. – J. Reg. Sci. **6**(2), 27.

[18] Charles T. Stewart (1958): The size and spacing of cities. – Geogr. Rev. **48**, 222.

[19] B.J.L. Berry (1967): Modern theoretical departures; Kap. 4 in Geography of market centers and retail distribution. (Englewood Cliffs, NJ). Dieses Kapitel, das sich mit der mathematischen Formulierung der zentralörtlichen Theorie befaßt, bildet eine ausgezeichnete Ergänzung zu den hier dargelegten Schlußfolgerungen.

Fig. 5-10. Länder mit logarithmisch normalverteilten (Rangfolge) städtischen Einwohnerzahlen. Das obere Diagramm bezieht sich auf Industrieländer, das untere beweist, daß auch in unterentwickelten Ländern ähnliche Bedingungen herrschen. Nach B.J.L. Berry (1961).

günstigen weitere experimentelle Beobachtung, indem sie unsere dringendsten Fragen auffächern.

Die klarste Darstellung der Auswirkungen einer Hierarchie vom Christallerschen Typ wurde von John Marshall[20] gegeben. Er benennt die folgenden diagnostischen Kriterien für eine hierarchische Struktur:

1. *Räumliche Interdependenz von Zentren.* Es besteht ein Netzwerk von Beziehungen zwischen den Zentren, das durch Ströme von Waren und Menschen gekennzeichnet ist. Der Mittelpunkt dieses Netzes ist die oberste Stadt in der Hierarchie.

2. *Funktionale Ganzheit des Systems.* Das ist wahrscheinlich das wichtigste Kriterium. Es bedeutet, daß jede Abstraktion von der Realität zu Studienzwecken ein „geschlossenes" System umfassen muß. In gewisser Weise ist das unmöglich, da sich kein System absolut von anderen absondern kann. Andererseits ergibt sich aus der Betrachtung von zufällig definierten Teilräumen keinerlei Sinnzusammenhang für die Anwendung der zentralörtlichen Theorie.

3. *Gesonderte Schichtung von Zentren.* Hierzu ist keine Erläuterung nötig. Schichtung muß objektiv dargestellt werden.

4. *Zwischenräumliche Placierung von Orten.* Das ist ein räumliches Erfordernis in Übereinstimmung mit Christallers Vorstellung, daß Siedlungen niedriger Ordnung sich zwischen Städten der nächsthöheren Ordnung placieren. Während das eine Bedingung für die räumliche Zuordnung ist, fällt es schwer, es auch als Bedingung für die hierarchische Struktur anzusehen. So dürfte sich in einem Tal, das aus einem dünn besiedelten Hochland kommt, mit talabwärts stark zunehmender Bevölkerungszahl ein stetig wachsender Rang der Siedlungen ergeben. Eine hierarchische Struktur, die von Schwellenwert und Reichweite abhängig ist, kann auch ohne diese besondere Form zwischenräumlicher Placierung entstehen.

5. *Wertzuwachs von Warenkörben.* Diese Bedingung bedeutet, daß jeder Rang nach besonderen Warenzusammenstellungen unterschieden werden kann, die über ihren Schwellenwert bestimmten Ebenen zugeordnet sind.

6. *Ein Minimum von drei Ordnungen.*

7. *Eine Zahlenpyramide der Ordnungszugehörigkeit.* Die letzten beiden Punkte erklären sich aus sich selbst.

Gleichzeitig gibt es viele Schwierigkeiten, die im Zusammenhang mit dem zentralörtlichen Modell bereits erwähnt worden sind:

1. Christallers Darstellung geht eindeutig von außergewöhnlicher Simplifizierung aus. Die Konzeption von Markt-, Transport- und Verwaltungssystemen erscheint als ein nicht überzeugender Versuch, die angehäuften Schwierigkeiten um dieses sehr einfache Modell zu umgehen. Die Übernahme des Gedankengutes von Lösch verändert den Ansatz einer klaren und unzweideutigen Hierarchie in starkem Maße.

---

[20] J.U. Marshall (1969): The location of service towns. An approach to the analysis of central place systems. – University of Toronto, Dept. of Geography, Research Pubs. (Toronto).

2. Mindestens zwei andere Möglichkeiten der Einordnung von Städten in ein System ergeben sich aus einem induktiven, empirischen Vorgehen. Zwischen diesen Beobachtungen und theoretischen Modellen treten tiefgreifende Unstimmigkeiten auf. Es sind: a) Rangfolgeverteilung, b) Verteilung der Hauptstädte. Beide wurden teilweise in Kapitel 3 behandelt.

3. Das ganze Vorgehen mit Hilfe dieser Modelle ist statischer Natur. Ein Gleichgewichtszustand wird postuliert, der sich durch den Ausgleich von angenommenen Kräften ergibt. Christaller stellt zwar Überlegungen über „dynamische Faktoren" an, aber seine Ansätze bieten nur geringe Möglichkeiten, die bekannten Fakten des Wachstums und Verfalls von Städten mit zu berücksichtigen.

Die weiteren Probleme sollten am besten im nächsten Stadium der Analyse erörtert werden, wenn die empirische Verifizierung zentralörtlicher Verfahren angestrebt wird. Sie erfordert die Entwicklung von Techniken zur Rangordnung von Städten und die Isolierung von Einflußsphären.

Literaturhinweise

Christallers und Löschs Arbeiten gibt es heute auch in englischer Übersetzung:
Christaller, W. (1966): Central places in southern Germany; translated by W. C. Baskin (Englewood Cliffs, N.J.) (vgl. Fußnote 1). Die Seitenangaben in den Fußnoten beziehen sich auf die englische Übersetzung.
Lösch, A. (1954): The economics of location (s. Fußnote 10).

Zwei klare Einführungen in die Gedankengänge der zentralörtlichen Theorie sind:
Berry, B.J.L. (1967): Geography of market centres and retails distribution. (Englewood Cliffs, N.J.).
Marshall, J.U. (1969): The location of service towns. An approach to the analysis of central place systems (s. Fußnote 19).

Einige unklare Argumente von Lösch werden in folgender Arbeit erläutert:
Beavon, K.S.O. & Mabin, A.S. (1975): The Lösch system of marked areas; derivation and extension. – Geog. Analysis 7, 131.

Die im Text erwähnten Bibliographien sollten als Einführung in die große Zahl von zentralörtlichen Studien dienen:
Andrews, H.E. (1970), Working notes and bibliography on central place studies, 1965–1969 (s. Fußnote 2).
Berry, B.J.L. & Pred, A. (1961): Central place studies: a bibliography of theory and application (s. Fußnote 2).

Eine interessante und wertvolle Studie über die Anfänge der zentralörtlichen Theorie findet sich in:
Dawson, J. (1969): Some early theories of settlement location and size. – J.Tn. Plan. Inst. 55, 444.

Eine neuere und sehr nützliche Diskussion der „Theorie der Verteilung verschiedener Stadtgrößen" findet man in:
Richardson, H.W. (1973): The economics of urban size. (Farnborough), Kap. 11 und 12, 139–70.

6. Die Rangordnung der Städte und die Abgrenzung von Einzugsgebieten

Es gibt eine große Anzahl empirischer Studien, in denen das zentral-örtliche Modell an der Realität getestet wurde[1]. Es hat sich allerdings gezeigt, daß die meisten von ihnen nur von begrenztem Wert sind[2] und zwar aus folgenden Gründen:
1. In vielen Fällen gibt es keine klare Aussage darüber, was eigentlich gemessen wird und in einigen hat man nicht einmal den Versuch unternommen, die benutzten Begriffe zu definieren.
2. Die Methoden für die Aufstellung einer städtischen Rangordnung schwanken von einer Studie zur anderen erheblich. Teilweise ist das zurückzuführen auf die unterschiedliche Erreichbarkeit von Datenmaterial, zum Teil aber auch auf mangelnde Vergleichbarkeit.

6.1 Definition der Begriffe

Selbst viele der statistisch ausgefeilteren Arbeiten leiden darunter, daß Begriffe nicht genau definiert werden, und schwanken zwischen der Forderung, Studien von „Städten" zu sein und Studien über bestimmte Einzelheiten von Städten, also tertiäre Dienstleistungen. Daher ist zu Beginn in dreierlei Zusammenhang klarzustellen, was man messen will.

6.11 Die Stadt als zentraler Ort

Versuche, die Zentralität zu messen, sind immer wieder mit unterschiedlichen Begriffen und einer Anzahl differierender Ebenen unternommen worden. Einige beschäftigten sich ausschließlich mit den Funktionen, die eine Stadt mit ihrem Einzugsgebiet verbinden, z.B. durch Einrichtungen wie Geschäfte und Büros. Bei anderen wurde lediglich die Größe an der Bevölkerungszahl gemessen. Christaller unterschied anfangs zwischen der „Zentralität eines Ortes" und der „Größe einer Stadt"[3], obwohl er später die Bevölkerungszahl seiner Rangordnung von Städten zuordnete. Er wählte die Worte sorgfältig aus und führte die Terminologie der Theorie der zentralen Orte ein. Die Wichtigkeit, aber

---

[1] Eine Aufstellung dieser Studien ist in der Bibliographie folgender Arbeiten zu finden: B.J.L. Berry & A. Pred (1961): Central place studies: a bibliography of theory and application. – University of Pennsylvania, Regional Science Research Institute, Bibliographic Series 1 (Supplement, 1965).
[2] W.K.D. Davies (1966): The ranking of service centres: a critical review. – Trans. Inst. Br. Geogr. 40, 51.
[3] W. Christaller (übersetzt von W.C. Baskin, 1966) (1933): Central places in southern Germany, 17–18. (Englewood Cliffs, N.J.).

nicht die Zentralität einer Stadt, kann man durchaus über ihre Bevölkerungszahl messen. Es stimmt, daß nach den Bedingungen der klassischen Theorie der zentralen Orte eine absolute Korrelation zwischen Bevölkerung und Zentralität besteht, aber in der Realität ist die große Anzahl nicht-zentralörtlicher Funktionen zusätzlich zur Bevölkerungszahl zu bewerten. Das ist allgemein anerkannt, obwohl dadurch Analysen, die lediglich auf Bevölkerungsangaben basierten, nicht verhindert wurden. Außerdem besteht die weitere Schwierigkeit, die bereits in Kapitel 2 behandelt wurde, städtische Bevölkerungsangaben zu definieren, da die Zahlen mit den zugrunde gelegten räumlichen Einheiten variieren[4].

Bei genauerer Betrachtung der Umgebung einer Stadt tritt ein neues Problem auf. Die Städte bedienen ihr Hinterland mit Verwaltungs- und sozialen Dienstleistungen, wobei es nicht notwendig ist, daß sie dabei auch wirtschaftliche Funktionen wahrnehmen müssen. Tatsächlich können in den meisten Ländern soziale Dienstleistungen wie Krankenhäuser und Schulen in dünn besiedelten Gebieten nach Wirtschaftskriterien nicht angeboten werden. Daher werden sie meist vom Staat subventioniert. Eine Untersuchung der den einzelnen Gemeinden gewährten Zuschüsse zum Haushalt[5] beleuchtet diesen Aspekt. Daraus folgt, daß zwei verschiedene Prinzipien wirksam sind, das eine richtet sich nach dem wirtschaftlichen Gewinn und das andere nach der Notwendigkeit, soziale Dienstleistungen anbieten zu müssen. Anders gesagt, das eine Prinzip fordert, daß der Schwellenwert gültig bleibt, das andere unterläuft ihn bewußt, so daß im letzteren Falle der ganze Ansatz ökonomischer Schwellenwerte zugunsten sozialer Bedürfnisse verworfen wird.

6.12 Die Untersuchungsebenen

Es gibt mindestens drei Ebenen, auf denen Untersuchungen durchgeführt werden können:

1. Die Stadt mit allen Dienstleistungen innerhalb der Grenzen, die statistisch erfaßt sind und u. a. auch untergeordnete Einkaufszentren umfassen,
2. den kommerziellen Kern, der im Innenstadtbereich liegt und vorwiegend aus Büros, Theatern und Geschäften besteht,
3. das Einzelhandelszentrum. Hier werden nur Geschäfte in zentraler Lage aus dem Bereich des Einzelhandels berücksichtigt, wobei die Abgrenzung des Zentrums definitorische Probleme aufwirft. So definieren Berry, Darnum und Tennant in ihrer Studie über Südwest-Iowa ein Geschäftsviertel als „eine Gruppe räumlich benachbarter Geschäfte, die weniger als 100 m voneinander

---

[4] s. Seite 60 ff.
[5] Ein Beispiel solcher vom englischen Staat den Kommunen gewährten Zuschüsse gibt P.R. Mounfield & H.D. Watts (1968): Mid-Wales: prospects and policies for a problem area; Kap. 11 in E.G. Bowen, H. Carter & J.A. Taylor, Ed., Geography at Aberystwyth. (Cardiff).

entfernt sind, von anderen Einrichtungen dagegen entweder über 100 m Abstand haben oder dadurch, daß sie eine zusammenhängende Geschäftsstraße bilden, auf Baugrund mit stark überhöhten Bodenpreisen stehen"[6].

6.13 Der Grad der Generalisierung einer Untersuchung

Auch hier können mehrere Untersuchungsebenen festgestellt werden, die z.B. mit der Schwierigkeit verbunden sind, die Ladengröße durch die Anzahl von Beschäftigten, die Quadratmeterzahl oder irgendeine andere Maßeinheit zu bewerten. Im Einzelhandel kann man diesen Problemen in folgender Weise durch Messungen begegnen[7]:
1. Untersuchung von Geschäften. In diesem Falle wird der einzelne Laden als Grundeinheit angesehen und damit statistisch zugänglich.
2. Bedeutung von Funktionen. Hier wird jede Funktion unabhängig von ihrer Zuordnung zu bestimmten Geschäften gezählt.
3. Ermittlung funktionaler Einheiten. Hier werden alle Funktionen unabhängig von ihren Besonderheiten zusammengezählt.

Ein Beispiel soll die verschiedenen Möglichkeiten veranschaulichen[8]. Es seien drei Geschäfte A, B und C gegeben. Der Besitzer von A ist Kolonialwarenhändler, Gemüseverkäufer und vertreibt außerdem Weine und Spirituosen, der Besitzer von B ist Gemüse- und Fischhändler und der Besitzer von C Kolonialwarenhändler und Fleischer. Eine Zählung würde also ergeben: drei Geschäfte (A, B und C), fünf Funktionen (Kolonialwarenhändler, Gemüsehändler, Wein- und Spirituosenverkäufer, Fischhändler und Fleischer) und sieben funktionale Einheiten (2 Kolonialwarengeschäfte, 2 Gemüsehandlungen und 1 Fischgeschäft, 1 Wein- und Spirituosenhandlung und 1 Fleischerei).

Wenn man das obige Beispiel auf alle drei Untersuchungsmethoden anwendet, so wird man in der Praxis feststellen, daß der eine Fachmann bei einer Befragungsaktion über funktionale Einheiten im Einzelhandelszentrum einer Stadt ganz andere Zahlenangaben erhält, als der andere, der alle Einzelhandels-, Dienstleistungs-, sozialen und Verwaltungseinrichtungen innerhalb der Grenzen der Stadt zählt. Vor allem sind die ausgefeiltesten Methoden der statistischen Analyse wertlos, wenn man ungenaue und falsch programmierte Daten verwendet.

6.2 Methoden zur Rangbestimmung von Städten

In Kapitel 4 wurde gezeigt, daß die funktionale Klassifizierung von Städten mit jeder Verbesserung der Methoden objektiver wurde. Das trifft auch auf Ver-

---

[6] B.J.L. Berry, H.G. Barnum & R.J. Tennant (1964): Retail location and consumer behaviour. – Pap. Reg. Sci. Assoc. 9, 68.
[7] H.A. Stafford (1963): The functional basis of small towns. – Econ. Geogr. 38, 165.
[8] W.K.D. Davies (1966), 52.

suche zur Rangbestimmung von Städten zu. Anders als bei der Anwendung von städtischen Größenklassen gibt es hier kein frühes, rein beschreibendes Stadium. Es sind aber zwei Hauptphasen erkennbar, von denen die erste mehr subjektiv und die zweite mehr objektiv, statistisch-analysierend, geprägt war. Ein weiteres Problem ergibt sich daraus, daß der Nachdruck einmal auf den internen Gegebenheiten der Stadt liegt und ein anderes Mal auf den äußeren Beziehungen.

Die frühesten Versuche einer empirischen Anwendung der Theorie der Städte, die nach der Christallerschen Logik möglich sein müßte, gingen von der a priori-Annahme aus, daß klare Rangunterscheidungen möglich sind. Nach Annahme der Analytiker war es klar, daß solche Ordnungen tatsächlich existierten. Die Aufgabe bestand nicht darin, das methodische Rüstzeug für den Exitenzbeweis einer Hierarchie zu liefern, sondern vielmehr darin, die Basis für die Isolierung einzelner Ranggruppen von Städten abzustecken. Es gibt viele Beispiele für diese Art von Analyse. Die bekanntesten sind die von A. E. Smailes in Großbritannien[9] und J. E. Brush in den Vereinigten Staaten[10].

Smailes arbeitete nach der Devise: ,,jede Gradabstufung muß in bestimmtem Maße willkürlich sein ... Dennoch darf die Unbestimmbarkeit von Abgrenzungen nicht zum Leugnen der Realität solcher Abstufungen führen"[11]. Intuitiv erkannte er das Vorhandensein von ,,voll flügge gewordenen Städten" in Großbritannien, die er als bestimmte Schicht im Siedlungsmuster identifizierte. Außerdem ordnete er diesen entwickelten Städten spezielle Eigenheiten zu, die einen ,,Charakterzug-Komplex" darstellten. Dieser bestand aus:

	A	= Zweigniederlassungen von drei der fünf Hauptbanken, außerdem ein Woolworth-Warenhaus;
verringert auf	A^1	= drei Bankfilialen
und	A^{11}	= zwei Bankfilialen
	B	= Mittelschule und Krankenhaus
verringert auf	B^1	= nur eine von beiden obigen Einrichtungen
	C	= Lichtspielhäuser
verringert auf	C^1	= nur ein Lichtspielhaus
	D	= Lokale Zeitungsredaktion

Der vollständige ,,Charakterzug-Komplex" war also ABCD, aber für Smailes reichte als Minimalqualifikation $A^1B^1C^1D$ oder A^1BC aus. Diese Anforderungen nicht erfüllende ,,Sub-Städte" wurden ermittelt und größere Orte, Städte und Hauptstädte mit Hilfe zusätzlicher Kriterien isoliert, um eine vollständige Rangordnung der städtischen Siedlungen von England und Wales zu erhalten[12]. Dieser Versuch einer Klassifizierung ist mit dem von Chauncy D. Harris zu verglei-

---

[9] A.E. Smailes (1944): The urban hierarchy of England and Wales. – Geogr. **29**, 41.
[10] J.E. Brush (1953): The hierarchy of central places in southwestern Wisconsin. – Geogr. Rev. **XL**, 380.
[11] A.E. Smailes (1944).
[12] A.E. Smailes (1946): The urban mesh of England and Wales. – Trans. Inst. Br. Geogr. **87**.

chen, auf den bereits in einem vorhergehenden Kapitel Bezug genommen wurde[13]. Beide Verfahren enthielten trotz ihres beschreibenden Ansatzes Zahlenangaben, um die ermittelten Kategorien als stichhaltig erscheinen zu lassen. Das Schema von Smailes errang auch dadurch Bedeutung, daß es die zentralörtlichen Begriffe einem größeren geographischen Kreis zugänglich machte und als erste Approximation an ein Rangschema gelten konnte. Außerdem enthielt es bestimmte Gleichgewichtselemente, zumal Einzelhandels- und kommerzielle Aktivitäten durch die Woolworth-Kaufhauskette und die Banken repräsentiert wurden, die sozialen Dienstleistungen durch Schulen und Krankenhäuser, die Unterhaltung durch das Kino und Nachbarschaftsinformationen durch die Lokalpresse.

Aber das Schema hatte auch eine Anzahl von Schwächen. Die ausgewählten Kriterien wurden nirgends genauer beschrieben und ihre Auswahl war ziemlich willkürlich. Auch wurde nicht belegt, daß sie aus den benutzten Daten hervorgingen. „Die Symbole der Verstädterung" können zwar „miteinander in einem sogenannten Charakterzug-Komplex verknüpft sein", aber außer der Behauptung des Autors gibt es dafür keinen Beweis. Schließlich wurde eine große Vielfalt von Erscheinungen − ganz England und Wales waren einbezogen − in die Form des Schemas gepreßt, und viele der wirklichen Schwierigkeiten wurden dabei umgangen.

Diese Kritik gilt auch für eine ähnliche Studie von John E. Brush, der über die Hierarchie von zentralen Orten in Südwest-Wisconsin schrieb[14]. Brush folgerte, daß sich die Bedeutung von Handelszentren nach den von ihnen ausgeübten Funktionen richtet, die zu sogenannten Charakterzug-Komplexen kombinierbar sind und eine dreifache Klassifizierung erlauben, nämlich Weiler, Dörfer und Städte. Klar erkennbare Grenzen sind allerdings dabei nicht zu erwarten"[15]. Die Klassifizierung ergibt sich aus dem Vorhandensein oder Fehlen von zentralen Funktionen: Einzelhandel, Großhandel, Banken, Dienstleistungen, Unterhaltung, Verkehr, Nachrichtenwesen, gemeinnützige Einrichtungen, verarbeitende Industrie, Hotel- und Gaststättengewerbe und Verwaltung. Die Verwandtschaft mit dem Verfahren von Smailes ist sowohl an den Stärken und Schwächen dieser Klassifizierung als auch an ihrer Richtung erkennbar. − Viele an der Rangordnung von Städten interessierte Fachleute wußten um die technischen Unzulänglichkeiten der Arbeiten von Smailes und Brush und versuchten nun selbst, geeignete Verfahren zu entwickeln.

---

[13] s. S. 91.
[14] J.E. Brush (1953).
[15] J.E. Brush (1953), 385.

6.21 Die Einbeziehung aller städtischen Einrichtungen als sinnvollere Methode als die Zufallsauswahl

Ein solcher Versuch ist der umfangreichen Liste von Einrichtungen, die Brush zusammengestellt hat, zu entnehmen, obwohl das Datensammeln sich äußerst schwierig gestaltete. Gleichzeitig traten Probleme der Zuordnung auf, da bei jeder ungewichteten Zählung von Einzelhandelseinrichtungen ein großes, zentral gelegenes Juweliergeschäft mit einem Zeitungsstand an der Ecke gleichgesetzt werden kann. Genaue Angaben über Geschäftsfläche und Umsatz, die sich für eine Gewichtung besonders gut eigneten, dürften in den meisten Fällen nicht erhältlich sein[16]. In gewissem Grade kann dieser Mangel durch die Zusammenlegung von Geschäften zu Gruppen, z. B. „Luxuswaren" und „Güter des täglichen Bedarfs", behoben werden, aber auch hier sind einige willkürliche Entscheidungen notwendig.

6.22 Exaktere Verfahren zur Ermittlung von Rangunterschieden

Im ersten Stadium wurden Rangunterschiede durch die Zuordnung von Punkten für bestimmte Einrichtungen klarer herausgestellt, so daß schließlich für jede Stadt eine bestimmte Punktezahl herauskam. Diese Punkte wurden dann zur Isolierung einzelner Gruppen herangezogen. In den meisten Fällen wurden jedoch die Gruppen relativ willkürlich ausgewählt und nur geringe Versuche unternommen, Verbindungen herzustellen oder Abstände innerhalb von Gruppen oder zwischen den einzelnen Gruppen miteinander zu vergleichen. Eine der wenigen Ausnahmen bildete die Arbeit von Mauri Palomäki[17] über das am südlichen Bottnischen Meerbusen gelegene Gebiet von Finnland. Die Zentralität wurde auf zweierlei Art gemessen. Die erste war *quantitativ*, „es wurde einfach die Anzahl der Typen zentralörtlicher Funktionen" in den Städten ermittelt[18]. Hierzu wurde die Gesamtheit aller Funktionen in einzelne Elemente unterteilt; d. h. Aktivitäten der Verwaltung, des Einzelhandels, des Großhandels, der Medizin und des Gesundheitswesens wurden isoliert betrachtet. Die Anzahl der Funktionen pro Siedlung wurde abgesteckt und einzelne Gruppen gebildet. Diese werden als Indikatorgruppen bezeichnet. „Die interne Homogenität der Indikatorgruppen wird durch die Berechnung der Standardabweichung und des Variationskoeffizienten abgeschätzt. Das geschieht zunächst innerhalb der Gruppe vom Mittelwert aus und dann vom Mittelwert des Indikators aus, der zwischen den Mittelwerten der folgenden Gruppen liegt"[19].

---

[16] W.K.D. Davies (1967): Centrality and the central place hierarchy. – Urb. Stud. 4, 63.
[17] M. Palomäki (1964): The functional centres and areas of South Bothnia, Finland. – Fennia 83, 1.
[18] M. Palomäki (1964), 21.
[19] M. Palomäki (1964), 47.

Auch *qualitativ* ist ein Versuch unternommen worden festzustellen, wie stark sich zentralörtliche Funktionen auf die gleiche Indikatorgruppe beziehen, indem die Koeffizienten mit gleichem Vorkommen berechnet wurden[20]. — Der Grad der Korrelation zwischen dem Vorkommen verschiedener Funktionen dient nicht dazu, die Interdependenz von Funktionspaaren zu zeigen, sondern „die Abhängigkeit verschiedener Institutionen von der abstrakten Zentralität zentraler Orte"[21]. So stellen sich z. B. bei allgemeinmedizinischen und Tätigkeiten des öffentlichen Gesundheitswesens die Indikatoren für die zweite Zentrengruppe folgendermaßen dar:

>   frei praktizierender Arzt   = + 0,75
>   Zahnarzt   = + 0,82
>   Spezialklinik   = + 0,66
>   Veterinärmedizin   = + 0,73
>   ortsansässiges Krankenhaus   = + 0,62

Hierbei ist eine Korrelation mit der typisch zentralen Funktion des Arztes gegeben[22]. So fallen die geringeren Korrelationen mit der Spezialklinik und dem Krankenhaus weniger ins Gewicht, und die übrigen werden mehr diagnostisch gewertet.

Nach Anwendung dieses Verfahrens auf alle Funktionen werden die Ergebnisse in einer „Partialsynthese" zusammengefaßt, aus der sich eine Rangordnung herleitet. Palomäkis Indikatoren ähneln sehr dem „Charakterzug-Komplex" von Smailes, aber sie werden für eine Fülle von Gradabstufungen herangezogen und nicht nur für eine vorgegebene, voll ausgewachsene Stadt. Gleichzeitig ist diese Analyse von viel größerer Reichweite. Auch wird viel Sorgfalt darauf verwendet, die Verbindungen innerhalb einer Gruppe und den Abstand zwischen den einzelnen Gruppen kritisch unter die Lupe zu nehmen. Aus dem kurzen Überblick ergibt sich allerdings, daß die Ergebnisse auf einer Anzahl von subjektiven Entscheidungen basieren.

Im Jahre 1958 schickten Berry und Garrison einer Untersuchung der funktionalen Grundlagen der Hierarchie der zentralen Orte die Bemerkung voraus, daß „es keine ausreichenden Belege für die tatsächliche Existenz eines hierarchischen Klassensystems von Zentren gäbe"[23]. Das war im Rahmen der vorher angestellten Überlegungen richtig. Daher testeten sie selbst die Möglichkeiten für eine Rangordnung von Städten im Snohomish County, Washington. Alle bekannten zentralörtlichen Funktionen, vorwiegend freilich wirtschaftlicher Natur, wurden herangezogen. Sie wurden unterteilt in Veränderliche, die mehr

---

[20] M. Palomäki (1964), 21.
[21] M. Palomäki (1964), 21.
[22] M. Palomäki (1964), 110.
[23] B.J.L. Berry & W.L. Garrison (1958): Functional bases of the central place hierarchy. — Econ. Geogr. **34**, 145.

als einmal in einem Zentrum vorkommen konnten, und solche, die es definitionsgemäß nur einmal geben konnte, wie z. B. eine öffentliche Bücherei. Jede der Veränderlichen wurde mit Hilfe eines Streuungsdiagramms der Anzahl von Geschäften zur Bevölkerungszahl analysiert.

Jedem Diagramm wurden die am besten passenden Exponentialkurven zugeordnet, so daß die Minimalbevölkerung für das Vorhandensein eines Geschäftes ermittelt werden konnte. Wenn wir dafür den Terminus des letzten Kapitels verwenden, ergab sich die Schwellenwert-Bevölkerung. Diese Schwellenwertbevölkerungs-Angaben wurden dann durch einen χ^2-Text auf Zufallsverteilung hin überprüft und als nicht-zufällig eingestuft. Danach wurden mit Hilfe des Kriteriums, daß jedes Glied einer Gruppe einem anderen Glied aus der Gruppe näher benachbart sein sollte als irgendeinem außerhalb der Gruppe, drei funktionale Gruppen gebildet. Die Attribute wurden über Korrelationen mit Bevölkerungsangaben der zugeordneten Zentren analysiert und dann in aufsteigender Ordnung mit Hilfe der Koeffizienten rangmäßig festgelegt. Über Signifikanztests ergab sich, daß alle Koeffizienten außer einem auf drei Gruppierungen verteilt werden konnten. Schließlich erwies sich, daß die beiden Dreifach-Gruppierungen miteinander verknüpft waren, so daß sich drei Klassen zentraler Orte ergaben.

Berry und Garrison erheben den Anspruch, daß ihre Methode auch auf andere Gebiete und vor allem größere Systeme von zentralen Orten angewendet werden könne. Allerdings ergeben sich Schwierigkeiten bei diesem Versuch. Die Heranziehung der Zentrumsbevölkerung ohne Berücksichtigung des jeweiligen Hinterlandes gilt nur für ländliche Räume, wo keine störenden Elemente auftreten. Die ermittelten Schwellenwerte sind keineswegs realitätsbezogen, da die Bevölkerung angrenzender ländlicher Gebiete ausgeschlossen ist. Diese Methoden auf stark industrialisierte Räume anwenden zu wollen, wäre sehr schwierig, da die Einrichtungen eines zentralen Ortes für die gesamte Hinterlandbevölkerung mit von Bedeutung sind und nicht nur der ortsansässigen Einwohnerschaft zugute kommen. Wenn dann eine ungleiche Verteilung der Bevölkerung an einzelnen Stellen des Zentrums und des Hinterlandes vorkommt, ergeben sich erhebliche Probleme. Deswegen begnügt sich der Aufsatz am Ende mit der Erläuterung einiger besonders starker Abweichungen. Ähnlich wird bei der Untersuchung von Großstädten die einfache Aufzählung von Geschäften zu einer schwierigen Aufgabe und es entstehen Unstimmigkeiten darüber, was man eigentlich aufzählen soll. Damit sind wir wieder bei dem bereits skizzierten Einteilungs-Dilemma von Ladeneinheiten. Die Arbeit von Berry und Garrison im Snohomish County ist durch ihre erstmalig durchschlagende, objektive Analyse klar definierten Datenmaterials und den Beweis der Existenz hierarchischer Strukturen von besonderer Bedeutung. Aber bei der Ausweitung dieser Methoden auf andere Gebiete ergaben sich doch erhebliche Probleme. Diese ließen weitere Studien nicht im gewünschten Umfange zu.

In der Folge führten im genannten Bereich und auch bei funktionalen Klassifizierungen verbesserte Techniken zur Anwendung von Multivarianz-Verfahren[24]. Ein gutes Beispiel stellt die Arbeit von Abiodun über Nigeria dar[25]. Die Autorin betrachtet in ihrer Studie sämtliche Siedlungen städtischen Charakters, also keine vorgegebene Auswahl. Diese werden geordnet einer Anzahl von willkürlich gewichteten zentralen Funktionen gegenübergestellt. Es entsteht eine Korrelationsmatrix, mit deren Hilfe festgestellt werden kann, wo jede einzelne Funktion gegenüber allen anderen auftritt, wobei die Ziffer 1 Selbstkorrelation oder vollständige Korrelation und eine Null gegenseitige Unabhängigkeit bedeutet. Hieraus und mit Hilfe hoher Korrelationen ließen sich die Elemente eines sogenannten „Charakterzug-Komplexes" entnehmen. Um festzustellen, ob solche Vereinfachung überhaupt möglich ist, unterwarf man die Matrix einer Hauptkomponentenanalyse, in der die erste Komponente 52,735 % und die zweite 15,279 % der Varianz ausmachte. Damit waren 68 % der Varianz durch die ersten beiden Komponenten erklärt.

Bei dieser Art Analyse wird allerdings die Erklärung der abgeleiteten Komponenten im Sinne der ursprünglichen Variablen problematisch. In diesem Falle gibt es keine einfache Lösung, da keine der Variablen die erste Komponente besonders stark betont. Daraus wird folgerichtig geschlossen, daß mit ihrer Hilfe nur die allgemeine Bedeutung von Siedlungen gewichtet wird. Die zweite Komponente gewichtet ökonomische und verwaltungsmäßige Funktionen besonders stark. Der Prozeß wird fortgesetzt durch Abstraktion der folgenden Komponenten, die dann als Grundlage für die Gruppenbildung dienen.

Besonders wertvoll an der Komponentenanalyse ist, daß man jede der ursprünglichen Einheiten, z. B. die Siedlungen, über ein Punktesystem für die einzelnen Komponenten abschätzen kann. Hierzu wird ein objektiv erscheinendes Gruppenbildungsverfahren entwickelt, das angeblich die „funktionale Distanz" zwischen Siedlungen messen kann oder, anders ausgedrückt, eine mögliche Hierarchie hervorbringt. Es wird nicht ganz klar, ob die Anzahl von Gruppen sich aus dem Datenmaterial ergibt oder vorher konstruiert wurde[26], zumal die Bemerkung fällt: „Gute Kenntnisse über das Studiengebiet erleichtern solche Gruppenzusammenstellungen"[27]. Das ist verwunderlich, wenn die Verfahren primär nicht angewandter Natur sein sollen. Eine ähnliche Bemerkung hätte auch im Aufsatz von Smailes von 1946 stehen können. — Frau Abiodun isoliert in ihrer Studie schließlich fünf deutlich unterscheidbare Ebenen von Siedlungen und stützt sich dabei auf die Annahme, daß Städte danach eingeteilt werden können, in welcher Weise sie ihr umgebendes Gebiet, ihr Hinterland, bedienen.

---

[24] Siehe B.J.L. Berry, H.G. Barnum & R.J. Tennant (1964). Ferner B.J.L. Berry & H.G. Barnum (1962): Aggregate relations and elemental components of central place systems. — J. Reg. Sci. 4, 35.
[25] J.C. Abiodun (1967): Urban hierarchy in a developing country. — Econ. Geogr. 43, 347.
[26] J.C. Abiodun (1967), 358.
[27] J.C. Abiodun (1967), 362.

Es kann nun die Frage gestellt werden, ob sich diese komplexen Verfahren nur mit Hilfe von modernen und schnellen Rechnern anwenden lassen. Wie auch immer erhoben, scheinen die Daten recht grob und von unterschiedlicher Bedeutung zu sein. Frau Abiodun schreibt: „Angaben über städtische Einzelhandelsgeschäfte sind nicht erhältlich und nur sehr schwer zu sammeln ... Es wurde daher die Verteilung von Läden repräsentativer Einzelhandelsketten ausgewählt"[28]. Auf diese Weise sind also die Daten nicht nur im voraus selektiert, sondern auch der Begriff „repräsentativ" ist widersprüchlich. Denn wer bestimmt nach welchen Kriterien, was repräsentativ ist? Wiederum ist also ein mehr willkürliches Gewichtungsverfahren als Maß für die Qualität und nicht für die Quantität eingeführt worden (siehe Palomäki 1964). Daraus leitet sich die Folgerung her, „daß die gleiche hierarchische Ordnung produzierbar sei ... die Auswahl von geeigneten Meßverfahren dürfte aber in jedem Falle einen Einfluß darauf haben, wie leicht hierarchische Gruppen gebildet werden können"[29]. Hieraus ergibt sich, daß Hierarchien hergeleitet werden müssen und ihre Definition durch solche vorher aufgestellten Maßeinheiten erleichtert wird. Man ist wieder bei eigenmächtig-subjektiven Entscheidungen angelangt, deretwegen Smailes 1946 kritisiert worden war. Ein einfaches, aber wirkungsvolles Meßverfahren, das von Davies in Süd-Wales[30] angewandt wurde, kann aus diesen Schwierigkeiten herausführen. Der Standortkoeffizient eines einzelnen Absatzmarktes wurde nach der Formel ermittelt

$$C = \frac{t}{T} 100,$$

wobei C der Standortkoeffizient der Funktion t war, t einen Absatzmarkt der Funktion t darstellte und T die Gesamtzahl von Absatzmärkten von t im ganzen System ausmachte. „Durch Multiplikation des relevanten Standortkoeffizienten mit der Anzahl von Absatzmärkten jedes funktionalen Typus in einer Siedlung ergibt sich der Grad der Zentralität (Zentralitätswert), der für jede Einzelfunktion jeder Siedlung berechnet werden kann. Durch Addition aller Zentralitätswerte in einer Siedlung entsteht ein Funktionsindex"[31]. Wenn also in einem Untersuchungsgebiet 200 Kolonialwarenhändler vorkommen, ist der Standortkoeffizient

$$C = \frac{1}{200} \times \frac{100}{1} = 0,5.$$

Bei 23 Kolonialwarenhändlern in Siedlung A ist der Zentralitätswert für diese Funktion in der Siedlung = 0,5 x 23 oder 11,5. Gibt es im Untersuchungsgebiet nur zwei große Warenhäuser, dann ist C = 50,0. Wenn eines von ihnen in A

---

[28] J.C. Abiodun (1967), 351.
[29] J.C. Abiodun (1967), 354.
[30] W.K.D. Davies (1967): Centrality and the central place hierarchy. – Urb. Stud. 4, 61.
[31] W.K.D. Davies (1967), 63.

steht, werden diese 50,0 zum Zentralitätswert addiert. Die Gesamtheit der Zentralitätswerte, in diesem Falle: 11,5 + 50,0 + n, ergibt den Funktionsindex, der als Grundlage für die Rangordnung dient.

Durch Gewichtung von Beschäftigtenzahl oder Geschoßfläche läßt sich die Marktgröße variieren. Dieses Verfahren ist recht einfach und kann die Basis für eine wirksame Untersuchung von Gruppenbildungen sein. Seine Hauptschwäche liegt in der Annahme eines geschlossenen Systems, das sich allerdings nicht einmal im Falle eines Bergbautales in Süd-Wales nachweisen läßt, das auf Grund seiner physisch-geographischen Bedingungen sehr stark isoliert ist.

Während Versuche zur Bildung städtischer Hierarchien über ihre funktionalen Einrichtungen immer ausgefeilter wurden, basierten ähnliche Anstrengungen zur Analyse von Rangordnungen mehr auf „indirekten" Verfahren. Wenn sich der Status einer Stadt in ihrem Einfluß auf das umgebende Gebiet widerspiegelte, dann folgte daraus, daß man den Grad der Dominanz am besten über eine Abschätzung der Stärke der Beziehungen zwischen Stadt und Umgebung messen konnte. Christaller übernahm in der Tat diese Auffassung in seinem Zentralitätsmaß[32]:

$$Z_z = T_z - E_z \frac{T_g}{E_g},$$

wobei T_z = die Anzahl der Telefone im zentralen Ort, E_z = die Bevölkerung des zentralen Ortes, T_g = die Anzahl der Telefone im umgebenden Gebiet und E_g = die Bevölkerung der umgebenden Region ist. So ist $T_g : E_g$ das Verhältnis von Telefonen zur Bevölkerungszahl in der Region, welches multipliziert mit der Einwohnerzahl des zentralen Ortes bei angenommener gleichmäßiger Verteilung von Telefonaten den erwarteten Gesamtwert ergibt. Durch Subtraktion des Erwartungswertes vom tatsächlich vorhandenen zentralörtlichen Gesamtwert entsteht das Maß der Zentralität (Z_z), welches die relative Konzentration von Telefonaten im zentralen Ort darstellt. Christaller sah hier zwar nur das Vorhandensein eines Gegenstandes, nämlich des Telefonapparates, und nicht die Anzahl und Richtung von Gesprächen. Er maß also eher ein Verhältnis von technischen Hilfsmitteln als Nachrichtenströme. Aber es stellte eine zeitgemäße Auswahl dar, da es das Telefon bei weitem noch nicht so häufig wie heute gab.

Das Verfahren, Ströme zwischen Stadt und Land zu messen, war schon vor Christaller in den Arbeiten von Galpin[33] und Kolb[34] enthalten. In Großbritannien wurde es allerdings erst von Green[35] und Carruthers[36] aufgegriffen. Erste-

---

[32] W. Christaller (1966), 143–150.
[33] C.J. Galpin (1915): The social anatomy of an agricultural community. – Univ. Wis. agric. Exp. Stat. Res. Bull. 34.
[34] H.J. Kolb (1923): Service relations of town and country. – Univ. Wis. agric. Exp. Stat. Res. Bull. 58.
[35] F.H.W. Green (1950): Urban hinterlands in England and Wales. – Geogr. J. 116.
[36] I. Carruthers (1957): A classification of service centres in England and Wales. – Geogr. J. 123, 371.

Exaktere Verfahren zur Ermittlung von Rangunterschieden 139

rer beschäftigte sich hauptsächlich mit der Definition von Einzelsphären[37]. Carruthers schuf später eine Rangordnung von Städten, die sich aus der Häufigkeit von Autobusfahrten herleitete. Er folgerte, daß „der Autobusverkehr über die Knotenpunktbedeutung eines jeden Zentrums Auskünfte geben kann. Die Busunternehmer haben über eine längere Zeit ermittelt, wohin die meisten Leute die häufigsten Fahrten unternehmen"[38]. Ein Diagramm der „Gesamtzahl von Bussen, die an Markttagen oder Sonnabenden" in das Zentrum hineinfahren, wurde dem „Anteil der Busse, die ausschließlich kleinere Ortschaften bedienten", gegenübergestellt. Dadurch wurden Städte zugeordnet und in verschiedenen Abstufungen klassifiziert. Diese zunächst einfache und wenig ausge-

Matrix der Anzahl von Telephonaten zwischen je zwei Städten

		in eine Stadt hineingehende										
		a	b	c	d	e	f	g	h	i	j	k	l
	a	0	**75**	15	20	28	2	3	2	1	20	1	0
	b*	69	0	45	**50**	58	12	20	3	6	35	4	2
	c	5	**51**	0	12	40	0	6	1	3	15	0	1
	d	19	**67**	14	0	30	7	6	2	11	18	5	1
	e*	7	40	**48**	26	0	7	10	2	37	39	12	6
aus einer	f	1	6	1	1	10	0	**27**	1	3	4	2	0
Stadt	g*	2	16	3	3	13	**31**	0	3	18	8	3	1
heraus-	h	0	4	0	1	3	3	6	0	12	**38**	4	0
kommende	i	2	28	3	6	43	4	16	12	0	**98**	13	1
	j*	7	40	10	8	40	5	17	34	**98**	0	35	12
	k	1	8	2	1	18	0	6	5	12	**30**	0	15
	l	0	2	0	0	7	0	1	0	1	6	**12**	0
Spaltensumme		113	337	141	128	290	71	118	65	202	311	91	39

Größte Ströme fett gedruckt. Größter Strom durch die Anzahl der herausgehenden Telefonate bestimmt.

* Der größte herauskommende Strom dieser Städte ist in „kleinere" Städte gerichtet, deren „Größe" sich nach der Spaltensumme richtet.

In dieser Matrix von Telefonaten ergibt die Gesamtheit der eingehenden Telefonate-Ströme, der Spaltensummen, ein Maß der Zentralität und kann als Rangordnung für die Zentren gewertet werden. Die Zeilen geben die aus den Zentren herauskommenden Ströme an. Ein Zentrum ist unabhängig, wenn sein „größter" Strom auf ein kleineres Zentrum gerichtet ist. Unter Anwendung dieser Kriterien und des Übertragungsgrundsatzes, daß eine Stadt a einer Stadt b untergeordnet ist und b einer Stadt c, woraus folgt, daß auch a der Stadt c untergeordnet ist und damit keine übergeordnete Stadt einer anderen untergeordnet sein kann, sind die folgenden Darstellungen konstruiert.

---

[37] s. Seite 145.
[38] I. Carruthers (1957).

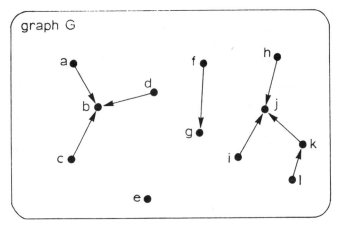

Fig. 6-1. Graphische Darstellung von Knotenpunktstrukturen einer hypothetischen Region. Nach J.D. Nystuen und M.F. Dacey (1961).

feilte Methode kann als Vorläufer des heutigen Interesses an der *Graphentheorie* gelten, mit deren Hilfe man Zentren rangmäßig einordnet. Als Geographen haben hier Nystuen und Dacey, sowie im deutschsprachigen Raum Vetter mit seiner Analyse des niedersächsischen Eisenbahnnetzes Pionierarbeit geleistet[39]. Sie folgerten, daß man: „eine Hierarchie von Städten auf ein abstraktes Netzwerk von Punkten und Linien reduzieren kann. Die Punkte stellen die Städte dar, die Linien funktionale Zuordnungen. Obwohl in einem Netz eine Vielfalt von Linien vorkommt, kann man eine aus den stärksten Beziehungen gebildete Grundstruktur isolieren, welche Knotenpunktregionen und die Hierarchie der Städte zeigt"[40].

Als wichtigstes Prinzip kristallisiert sich heraus, daß „funktionale Beziehungen" durch Ströme (von Menschen, oder Nachrichten aller Art) zwischen den Zentren meßbar werden. Sie sind in Matrizenform (siehe Fig. 6-1) darstellbar, aus welcher sich wiederum die Knotenpunktstruktur herleiten läßt. Letztere kann man zur Unterscheidung von Gruppen von Städten heranziehen, welche direkte Verbindungen untereinander haben. Daraus ergibt sich die Rangordnung dieser Städte. Durch die Ausweitung der Graphentheorie auf indirekte Beziehungen werden weitere Anpassungen der Ursprungsmatrix notwendig. Danach ist es mit Hilfe dieser Technik möglich, „eine Reihe von Städten in

---

[39] J.D. Nystuen & M.F. Dacey (1961): A graph theory interpretation of nodal regions. – Pap. of Reg. Sci. Assoc. **7**, 29. Ferner F. Vetter (1970): Netztheoretische Studien zum niedersächsischen Eisenbahnnetz. Ein Beitrag zur angewandten Verkehrsgeographie. Berlin. – Abh. d. 1. Geogr. Inst. d. FU Berlin **15**. (Siehe auch Literaturverzeichnis des Einleitungskapitels zu diesem Band).

[40] J.D. Nystuen & M.F. Dacey (1961), 31.

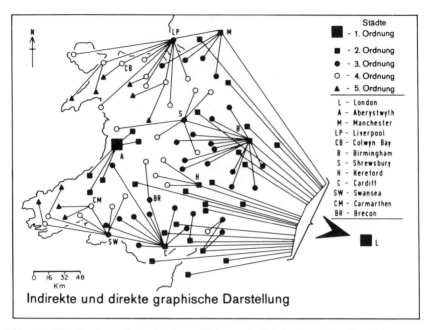

Fig. 6-2. Die Knotenpunktstruktur von Wales nach Telefonaten über Hauptleitungen. Nach C.R. Lewis, in Carter und Davies (1970).
In dieser Figur gründet sich die Rangordnung auf dem Maximum der aus einer Stadt herauskommenden Telefonate. Ein Zentrum ist dabei den Städten übergeordnet, deren Gespräche hauptsächlich auf dieses ausgerichtet sind und selbst untergeordnet einem Zentrum, das seine Gespräche aufnimmt. Auf diese Weise lassen sich Telefonketten von Zentren niedrigster Ordnung über Mittelzentren bis zur Weltstadt London nachweisen. Die Stadt Aberystwyth in Wales (A) bleibt jedoch außerhalb dieses Verbundsystems und wird daher als Zentrum 1. Ordnung geführt. Das beweist, wie isoliert das Gebiet um die Stadt herum an der Westküste von Wales ist, was schon Smailes 1946 intuitiv in seiner Rangordnung festgestellt hatte. Zum Vergleich siehe die Lage der Zentren e und g in Fig. 6-1. – Die Daten hier beziehen sich nur auf das abgetrennte Telefongebiet von Wales und seine Grenzregion, so daß außerhalb liegende Städte erheblich unterrepräsentiert sind.

Subgruppen zu unterteilen, die einen zentralen Ort einschließlich seiner ihm untergeordneten Hierarchie spezifizieren"[41]. Es ist recht interessant, daß die in diesem Zusammenhang am leichtesten zugänglichen und benutzten Daten aus dem Bereich des Telefonverkehrs stammen, und dieses Verfahren auf die von Christaller ursprünglich benutzten Datenfälle zurückgeht. Ein entsprechendes Beispiel über Wales von Lewis und Davies[42] ist in Fig. 6-2 abgebildet.

---

[41] J.D. Nystuen & M.F. Dacey (1961), 41.
[42] W.K.D. Davies & C.R. Lewis (1970): Regional structures in Wales: two studies of connectivity; Kap. 2 in H. Carter & W.K.D. Davies, Ed. (1970): Urban essays: studies in the geography of Wales, 22–48. (London).

Aus der bisherigen Diskussion ergibt sich, daß eine Einigung über *die* Methode bei der Untersuchung hierarchischer Strukturen und der Bestimmung einer Rangordnung von Städten nicht existiert. Im Hinblick auf die Analyse von städtischen Funktionen ermöglichte die Anwendung der Komponentenanalyse wichtige Fortschritte in der Genauigkeit, und es scheint, daß im Augenblick dieser Bereich zusammen mit der Anwendung der Graphentheorie die größten Erfolge verspricht.

Im ersten Kapitel ergaben sich nach Davies *drei* Blickrichtungen, von denen aus man die Elemente der Verstädterung fixieren konnte. Die *erste* befaßte sich mit der statischen Struktur, die auch im gegenwärtigen Kapitel Vorrang hat, da auch eine Rangordnung von Städten eine statische Struktur abgestufter Knotenpunkte zeigt. Als *dritte* Blickrichtung wurden in Kapitel 3 dynamische Prozesse kurz abgehandelt; sie werden später erneut zur Sprache gebracht. Die *zweite* Blickrichtung betont die Zusammenhänge zwischen den Teilen oder den Bewegungen und Strömen von Menschen und Gütern zwischen den Knotenpunkten. Dieser Aspekt wurde bereits teilweise bei der Erörterung des Problems der Rangordnung von Knotenpunkten betrachtet. Weiterführend ergibt sich daraus der Begriff des „Bereichs", innerhalb dessen diese Ströme sich bewegen. Er führt schließlich zu dem Problem der „komplementären Region" von Christaller, heute allgemein als die „städtische Einflußsphäre" bezeichnet. Hier sollte betont werden, daß keine Stadt „eine bestimmte" Einflußsphäre hat, denn in der Realität zieht jede Ware und jede Dienstleistung Käufer aus verschiedenen Gebieten an. Damit das Konzept der Einflußsphäre Bedeutung erlangt, muß angenommen werden, daß gewisse Funktionen in bestimmten Komplexen zusammengefaßt werden können und jeder Komplex seinerseits einen relativ klar abgesteckten Grad oder Rang innerhalb der Hierarchie aufweist. Aber auch so hat jede Stadt viele Einflußsphären, die innerhalb der Hierarchie von Städten, aber auch in der Stadt selbst rangmäßig einzuordnen sind. In der charakteristischen nordamerikanischen Folge von Weiler, Dorf und Stadt besitzt die Stadt ihre eigene Einflußsphäre gleichzeitig in den Bereichen, mit denen sie den niedrigeren Funktionen von Dorf oder Weiler zuzuordnen ist. Diese Tatsache wurde schon in der theoretischen Diskussion in Kapitel 5 erwähnt, aber sie muß wiederholt werden angesichts der vielen Studien, in denen behauptet wird, *die* Einflußsphäre einer Stadt gefunden zu haben. Ohne genaue Angabe des zu Rate gezogenen Hintergrundmaterials ist eine solche Aussage nicht möglich. Einige der mit der zentralörtlichen Theorie und dem Verbraucherverhalten verknüpften Probleme werden im nächsten Kapitel behandelt. Es muß jedoch bereits hier darauf aufmerksam gemacht werden, daß die Absteckung von Einflußsphären allein auf der Annahme beruht, daß die Bevölkerung zu den jeweils nächstgelegenen Orten fährt, an denen eine Ware oder eine Dienstleistung angeboten wird. Die wachsende Mobilität hat allerdings dazu geführt, daß die Menschen erheblich weniger bodenständig sind. Einflußsphären stellen Verallgemeinerungen von Bewegung dar und nicht saubere, zusammenhängende und klar bestimmte Grenzen.

Es gibt zwei Ansätze für die Festlegung von städtischen Einflußsphären. Der erste ist von der Stadt aus nach außen gerichtet, um die verschiedenen von ihr beeinflußten Gebiete abzustecken. Der zweite ist vom umgebenden Land aus nach innen gerichtet und beschäftigt sich mehr mit dem Verbraucherverhalten und den Motiven der Menschen, in die verschiedenen Zentren zu fahren. Da ein allgemeiner Trend das Interesse in zentralörtlichen Studien auf das Verbraucherverhalten gerichtet hat, überwiegt heute der zweite Ansatz. Zunächst soll aber ein kurzer Überblick über die erste Methode gegeben werden.

Die ersten Versuche einer Definition städtischer Einflußsphären waren eng verknüpft mit dem „Charakterzug-Komplex" von Smailes; denn wenn die Elemente dieses Komplexes zur Definition einer „vollkommen erwachsenen" Stadt, also einem besonderen Rang, beitrugen, dann wurde durch die räumliche Ausdehnung dieser Elemente die städtische Einflußsphäre abgegrenzt[43]. Auch mußten ja die Gebiete innerhalb der Stadt, in denen sie ihren Einfluß geltend machten, damit übereinstimmen. „Es wird allgemein festgestellt, daß die Bereiche, in denen bestimmte Indizes vorkommen, sich relativ gut zusammenfassen lassen, so daß auf einer Reihe funktionaler Ebenen abgrenzbare Bereiche entstehen, die mit den klar definierten Rängen der städtischen Hierarchie zusammenfallen"[44]. Das Verfahren bestand daher darin, Gebiete mit bestimmten Auswahlkriterien abzustecken, z. B. das Gebiet, aus dem eine Bank ihre Kunden rekrutiert, ein Krankenhaus seine Patienten, ein Lichtspieltheater seine Besucher, eine Schule ihre Schüler und eine Lokalzeitung ihre Leser. Ein Beispiel dieser Methode zeigt Fig. 6-3, in der die Grenzen von sieben von Aberystwyth ausgehenden Funktionen verzeichnet sind. Es wäre sinnlos, diese Linien methodisch zu *einem* Raum zusammenzufassen, etwa indem man eine Mittellinie zwischen dem größten und dem kleinsten Gebiet ziehen würde. Denn es lassen sich wenigstens zwei Räume isolieren, ein innerer, sehr intensiv genutzter und ein äußerer extensiver, wobei noch ein dritter dazwischengeschaltet sein kann, der zur Annahme von drei verschiedenen hierarchischen Ebenen führt. Diese Methode erscheint schnell und sinnvoll, aber sie unterliegt der gleichen Kritik wie die Auswahl von Indizes für einen „Charakterzug-Komplex". Die Auswahl ist willkürlich, und sehr oft erscheint ein wirres Durcheinander von ineinander verwobenen Einflußgebieten. Es dürfte nicht einfach sein, die sieben von Aberystwyth aufgestellten Kriterien zu rechtfertigen, zumal sieben andere wahrscheinlich ein völlig anderes Bild abgeben würden. Die Zusammenfassung aller oder auch nur einiger der Einflußbereiche auf einer mittleren Linie zum Zwecke der räumlichen Darstellung der ausgewählten Kriterien entbehrt jeder logischen Grundlage. Es wird nämlich angenommen, daß eine bestimmte Auswahl von Linien einen gewissen Realitäts-

---

[43] A.E. Smailes (1947): The analysis and delimitation of urban fields. – Geogr. 32.
[44] A.E. Smailes (1947), 151.

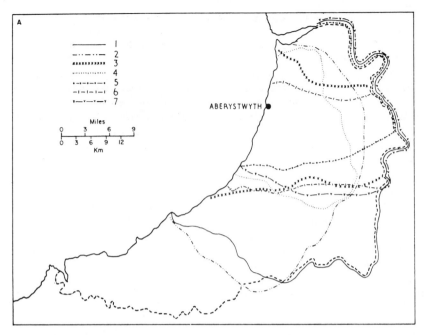
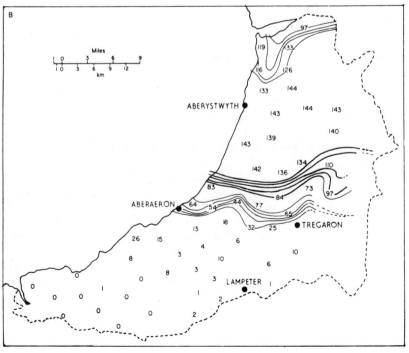

bezug habe, obwohl die bereits vorher ausgewählten Kriterien sich lediglich auf ihre ureigenste Ebene beziehen.

Da sich die Einflußsphäre um die Stadt herum erstreckt, ist auch die Annahme nicht von der Hand zu weisen, daß ihre rangmäßige Einordnung aus entgegengesetzter Richtung vorgenommen werden müsse, da der Versuch einer Definition der Einflußsphäre (oder besser des Einzugsbereichs) aus dem Inneren der Stadt heraus als indirekte Methode zu bezeichnen ist. Erfolgversprechender ist die Anwendung der zweiten Gruppe von Methoden, nach denen Gebiete isoliert werden, in denen die Bewegung zum Zentrum hin auftritt. Zunächst wurden die Fahrten von Automobilen, insbesondere von Autobussen, untersucht[45]. Mit Hilfe eines Flußdiagramms von Autobusfahrten ergab sich ein sichtbares Muster von Bewegungen in ein Zentrum hinein und auch wieder heraus und nach Überprüfung konnte ein Einzugsgebiet abgegrenzt werden. Abgesehen davon, daß heute das private Automobil einen viel größeren Anteil an diesen Bewegungen hat, war diese Methode, obwohl leicht und schnell zu handhaben, wegen ihrer Grobkörnigkeit für eine genaue Untersuchung wenig geeignet.

In den meisten heutigen Arbeiten wird daher eine Methode von Bracey aus dem Jahre 1953[46] variiert. Um festzustellen, wo in der Regel ein Grundstock von Waren und Dienstleistungen erhältlich ist, wird eine Fragebogenaktion durchgeführt. Hieraus ergeben sich aber drei Schwierigkeiten:
1. Wie wird eine Bevölkerungsstichprobe zur Beantwortung der Fragen ausgewählt[47]? Es ist nämlich keine Frage, daß das Verbraucherverhalten sich ändern kann mit Eigenschaften wie Einkommen, sozialer Zugehörigkeit, Automobilbesitz und Arbeitsplatz. Natürlich sollte die Stichprobe nach Eigenheiten wie diesen geschichtet werden, aber da häufig grundlegende Daten fehlen, ist

---

[45] F.H.W. Green (1950). Vgl. auch S. Godlund (1956): Bus services in Sweden. – Lund Stud. Geogr. Series B: Human Geography 17.
[46] H.E. Bracey (1953): Towns as rural service centres. – Trans. Inst. Br. Geogr. 19, 95.
[47] Einige Bemerkungen über den Aufbau von Fragebogen in der Geographie finden sich in S.R. Cowie (1968): Question construction for behavioural research. – in: IBG urban studies group: Techniques in urban geography, 1. (Salford Conference).

Fig. 6-3. Der städtische Einzugsbereich von Aberystwyth, A: nach einer willkürlichen Aufstellung von Kriterien, B: nach einer Fragebogenaktion.
Die Kriterien der oberen Karte sind: **1.** Betreuungsgebiet einer Versicherungsfiliale, **2.** Absatzgebiet einer Bäckerei, **3.** Einzugsbereich einer landwirtschaftlichen Genossenschaft, **4.** Kunden einer Bank, **5.** Schulbezirk, **6.** Postamtsbereich, **7.** Gebiet eines Veterinärmediziners.
Auf der unteren Karte wurde der Bereich der maximalen Beanspruchung von 12 Waren und Dienstleistungen durch 12 zufällig ausgewählte Personen je km^2-Gitternetz auf der britischen Generalstabskarte eingetragen. Die Aberystwyth betreffenden Antworten wurden für jedes Quadrat zusammengefaßt und als Anhaltspunkt für das Ziehen von Isoplethen benutzt. Trotz unterschiedlichster Ausgangsbasis ähneln sich die beiden Karten außerordentlich.

es nur selten möglich, systematisch vorzugehen, obwohl Fragen über den Beruf des Haushaltungsvorstandes, Automobilbesitz usw. gestellt und später als Variable benutzt werden können. Die Auswahl der Antworten ist daher trotz der Bemühung um einen möglichst umfassenden Geltungsbereich ziemlich willkürlich. Für eine Studie in Wales erhielt Rowley[48] für je ein Viertel Quadratkilometer auf der britischen Generalstabskarte fünf ausgefüllte Fragebogen. Nähme man eine Anpassung an die Bevölkerungsdichte vor, um eine Stichprobe nach Prozentanteilen zu erhalten, dann würde daraus eine recht umfassende, aber auch monotone Aufgabe werden. Auch ergeben sich Probleme bei der Auswahl von Kandidaten, ob ihre Adressen nun aus Wahlregistern oder anderen Listen stammen. Sie sind außer in sehr kleinmaßstäbigen Studien, die das Verhalten von bestimmten Gruppen testen wollen, nur selten zu bewältigen.

2. Nach welchen Gesichtspunkten wird die Standardaufstellung von Waren und Dienstleistungen bestimmt? In einer Studie, die nur auf die kleinen Städte im mittleren Wales beschränkt war, fand C. R. Lewis[49] über 157 verschiedene Funktionen heraus. Sie alle in einen Fragebogen zu pressen, der von einer großen Menge von Menschen ausgefüllt werden müßte, erscheint undurchführbar. Also muß eine bestimmte Auswahl getroffen werden. In der oben erwähnten Studie von Rowley[50] wurden 20 Waren und Dienstleistungen verwandt, die der Autor in Kategorien höherer und niedrigerer Ordnung einzuteilen versuchte. Was immer man auch tut, eine solche Auswahl bleibt subjektiv und willkürlich.

3. Was versteht man unter einem „normalen Einkaufsort"? Man kann versuchen, einen solchen Platz als Ort zu definieren, an dem über eine Periode von einer Woche oder länger die größten Ausgaben getätigt werden; aber man kann auch lediglich den letzten Einkaufsort angeben. Praktisch kann sich überall ein gewisses Maß an Unbestimmtheit einschleichen, wenn die Befragten aus ihrer Erinnerung plötzliche Antworten parat haben sollen.

Die beiden letztgenannten Schwierigkeiten kann man dadurch umgehen, daß ausgewählte Personen befragt werden, die lückenlose Aufzeichnungen über Ort und Summe aller Käufe in einer gegebenen Zeitperiode, praktisch ein vollständiges Ausgabentagebuch, zusammenstellen. Diese Lösung erhöht natürlich die Schwierigkeiten bei der Auswahl einer Stichprobe wesentlich und ist nur sinnvoll, wenn Antworten zu bestimmten Hypothesen wie dem Verbraucherverhalten gewünscht werden und keine allgemeine Darstellung von Einzugsgebieten.

---

[48] G. Rowley (1967): The middle order towns of Wales. (University of Wales: unveröff. Diss.).
[49] C.R. Lewis (1970): The central place patterns of mid-Wales and the middle Welsh borderland; Kap. 10 in H. Carter & W.K.D. Davies, Ed. (1970), 228–268.
[50] G. Rowley (1967).

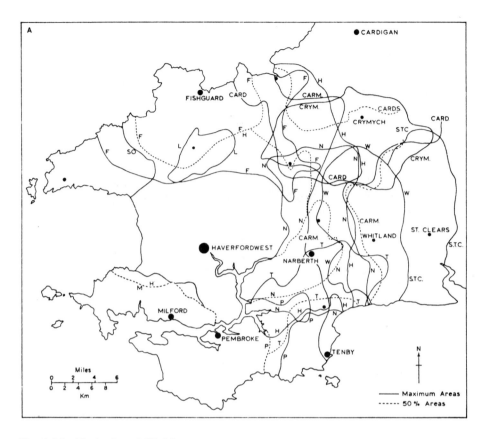

Fig. 6-4 A: Maximal- und Fünfzigprozent-Stadtregionen in Südwest-Wales. Die Anfangsbuchstaben beziehen sich auf die Städte.

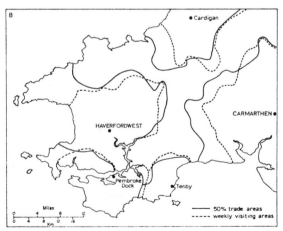

Fig. 6-4 B: Fünfzigprozent-Geschäftsregionen und solche wöchentlicher Einkäufe.
Nach G. Rowley (1967).

Wenn die Fragebogen ausgefüllt vorliegen, geht das Verfahren schnell vonstatten. Jeder zentrale Ort erhält jedes Mal einen Punkt, wenn er für eine Ware oder Dienstleistung beansprucht wird. Man darf nicht jeden Fragebogen nach seiner Punktezahl räumlich isoliert betrachten, da individuelle Abweichungen ausgeschlossen werden müssen. Daher wird eine Anzahl von Fragebogen für ein gegebenes Quadrat auf der Karte, für ein Verwaltungsgebiet oder für eine zufällig bestimmte Siedlung zusammengefaßt. Die fünf Fragebogen für jeden Viertelquadratkilometer in Rowleys Studie bedeuteten, daß bei 20 Waren und Dienstleistungen pro Blatt insgesamt 100 Antworten gegeben wurden, in denen jeweils ein Zentrum bezeichnet wurde. Diese Punktezahlen konnten als Prozentangaben zur Erstellung eines Zuordnungsmusters benutzt werden. Linien gleicher Zuordnung, Isoplethen, konnten gezogen werden und verhalfen zu der Feststellung:

1. Die 50 %-Isoplethe für irgendein Zentrum gibt den Punkt an, an welchem es seinen beherrschenden Einfluß verliert.

2. Eine Bündelung von Isoplethen an irgendeinem Punkt deutet auf eine starke Gradientveränderung und das Ende eines Einzugsgebietes für ein in der Hierarchie rangmäßig festgelegtes Bündel von Funktionen hin.

3. Die 1 %-Isoplethe bezeichnet die absolute Grenze des Einflusses einer Siedlung.

Ein Beispiel für diese Art Übung zeigt Fig. 6-4.

Bis zu einem gewissen Grad kann man die Probleme, die bei der Formulierung von Fragebogen mit einer Aufstellung von Waren und Dienstleistungen auftreten, durch weniger anspruchsvolle, aber einfachere Methoden umgehen. Hierzu gehört die Feststellung, wie oft wöchentlich, monatlich oder noch seltener oder auch absolut gesehen innerhalb einer bestimmten Zeitspanne die verschiedenen Zentren zu Einkäufen aufgesucht werden. Diese Angaben kann man direkt einzeichnen (s. Fig. 6-4 B) oder für eine Ordnung von Verkehrsströmen heranziehen. In einer Studie von Davies und Lewis[51] wurde auf diese Weise Rohmaterial zusammengestellt, um die Verkehrsströme von jeder Siedlung nach Swansea in den zwei Wochen vor der Befragungsaktion zu ermitteln. Die Ströme wurden rangmäßig auf die einzelnen Zentren verteilt. Ströme erster, zweiter und dritter Ordnung nach Swansea übertrugen die Autoren auf eine Karte (Fig. 6-5) und ermittelten aus diesem Muster den Einzugsbereich von Swansea in zwei getrennten Ebenen, die innerstädtische, die eine gut abgegrenzte Stadtregion umfaßt und eine kommunale Ebene, die rangmäßig mit den größten Nachbargemeinden, wie Llanelli oder Neath, vergleichbar ist.

Ein letzter Punkt ist in diesem Zusammenhang von Bedeutung. Die genannten Studien geben nur einen allgemeinen Einblick und können die großen Unterschiede im Verhalten der Verbraucher nicht erklären. Ein kurzes Beispiel soll das belegen. In einer Studie über Durham untersuchte Nader die Einkaufsgewohnheiten in Penshaw, einer früheren Bergarbeitersiedlung, 5 km entfernt

---

[51] W.K.D. Davies & C.R. Lewis (1970), 36—37.

von Sunderland[52]. Innerhalb Penshaws stellte er das Einkaufsverhalten von Haushaltungen in einer neuen privaten Wohnsiedlung dem des übrigen Bezirks gegenüber. Das Ergebnis der Fragen über die wöchentlichen Kaufgewohnheiten bei Lebensmitteln zeigt Tabelle 6-1.

Es ergeben sich große Unterschiede, die — neben Einflüssen von Einkommen und Beruf — auf Variable wie vorheriger Wohnort, Arbeitsverhältnis der Frau und Arbeitsplatz berufstätiger Frauen zurückzuführen ist. Diese kurze Betrachtung von Einkaufsgewohnheiten zeigt, daß in der Realität alles viel komplexer ist als selbst die komplizierteste Konstruktion einer städtischen Hierarchie und von Einzugsbereichen jemals sein kann. Es kommt vielmehr auf die Art und Weise an, wie die Menschen ihre Umwelt wahrnehmen. Sie sehen städtische *Zentren*, welche die Strukturmuster festlegen, die Muster sind also primär uninteressant. Von der klassischen zentralörtlichen Theorie hat man oft den Eindruck, daß sie von Anfang an eine deterministische, strenge Struktur beschreibt. Auf diese haben sich normale Sterbliche einzustellen. Auf der anderen Seite besteht ein real existierendes System, das man auf vielfältige Weise begreifen kann. Hier werden Einschränkungen nötig, die im nächsten Kapitel zur Sprache kommen.

In diesem Zusammenhang ist ein weiterer Aspekt von Bedeutung. Obgleich viele Autoren mit Hilfe der hier dargestellten Methoden versucht haben, Städte rangmäßig in Hierarchien zu gliedern, ist es bisher kaum gelungen, auch historische Daten zu verwerten. Solange das aber nicht der Fall ist, entbehren Studien, welche die dynamische Entwicklung eines Städtesystems zum Ziel haben, der notwendigen Grundlagen. Es ist einigermaßen erheiternd festzustellen, daß recht ausgefallene Rangordnungsverfahren genau dann aufgegeben werden, wenn auf die Vergangenheit Bezug genommen werden soll. Man hilft sich dann mit einfachen Bevölkerungszahlen. Entweder ist aber die alleinige Anwendung von Bevölkerungsdaten im genetischen Zusammenhang völlig unzureichend oder man hat für die Gegenwart viel Zeit und Aufwand verschwendet! Glücklicherweise gibt es Beispiele von Studien, die den Versuch

Tabelle 6-1. Wöchentliche Einkäufe von Lebensmitteln. Nach G.A. Nader (1968).

	Einkauf in Prozent	
Einkaufsort	in der Penshaw-Siedlung	im restlichen Bezirk
Sunderland	34,6	2,9
innerhalb der Siedlung	53,0	76,4
mobiler Straßenhändler	2,7	10,7
andere Zentren	9,7	10,0

[52] G.A. Nader (1968): Private housing estates. The effect of previous residence on workplace and shopping activities. — Tn. Plann. Rev. **39**, 65.

Rangordnung der Städte und Abgrenzung von Einzugsgebieten

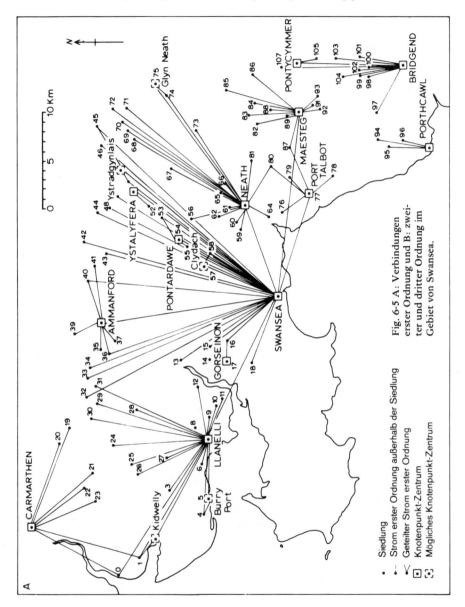

Fig. 6-5 A: Verbindungen erster Ordnung und B: zweiter und dritter Ordnung im Gebiet von Swansea.

Exaktere Verfahren zur Ermittlung von Rangunterschieden 151

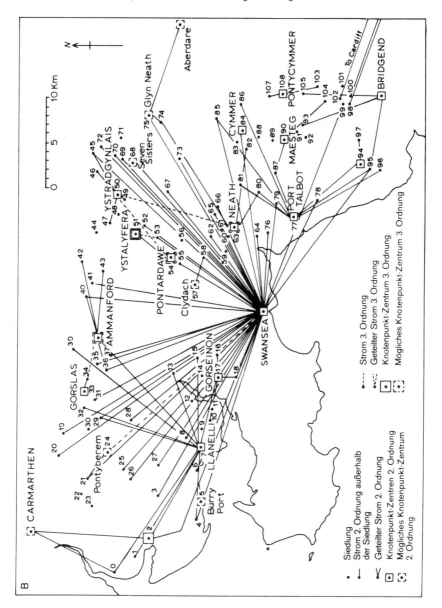

unternehmen, hierarchische Ordnungen für die Vergangenheit aufzubauen, wobei sie die nötigen Datenangaben aus heute zugänglichen Verzeichnissen entnehmen[53]. In Mitteleuropa sind solche Daten erst erhältlich gegen Ende des 18. Jahrhunderts. Davor gibt es nur Reisebeschreibungen[54] oder, wenn man sich wieder den Bevölkerungszahlen zuwendet, Angaben über persönliche Steuern. Lucy Caroe versuchte, eine „Zuordnungsanalyse" zu Datenangaben aus dem 19. Jahrhundert über Ost-Angeln vorzunehmen[55]. Diese Arbeit kann als Beispiel dafür gelten, wie man unter Hinzuziehung historischer Daten moderne quantitative Analysen betreiben kann. Das eigentliche Problem besteht aber darin, eine solche statische Analyse, die auf Informationen aus dem Jahre 1846 beruht, über mehrere Zeitabschnitte weiterzuverfolgen. Der Funktionsindex von Davies bietet da viele Vorteile und ist einfacher zu handhaben. Am besten sind die Probleme in einer Studie über das mittlere Wales von C. R. Lewis[56] erkannt. Wegen der sich nicht deckenden Informationen müssen verschiedene Gruppen von Städten zu jedem Zeitpunkt so einbezogen werden, daß Zentralitätswerte und Funktionsindizes jedes Mal neu berechnet werden, damit ein einigermaßen sinnvoller Vergleich herauskommt. Lewis wandelt den Funktionsindex für jede Siedlung in eine Prozentangabe für alle Siedlungen des ganzen Gebietes um und erhält ein Maß für die anteilige „Bedienung" der Region zu verschiedenen Zeiten. Daraus ergibt sich, daß sinnvolle Vergleiche der Zentralität verschiedener Zentren in einer bestimmten Zeitspanne möglich sind. So muß man die städtische Hierarchie nicht unbedingt statisch sehen, sondern als ein sich dauernd veränderndes umfassendes Beziehungsgefüge. Auch älteren Studien wäre damit eine feste Grundlage für die Untersuchung von dynamischen Prozessen gegeben[57].

Selbstverständlich ist es möglich, Einzugsgebiete auch für vergangene Zeiträume festzulegen. Allerdings gibt es dann nur so wenige Daten, daß man gezwungen ist, von der Stadt aus rasch nach außen vorzugehen. Außerdem ist Material sehr unterschiedlicher Zusammensetzung zu verwerten, soweit es überhaupt zugänglich ist. Rodgers[58] benutzte die Wohnorte der außerhalb wohnenden Bürger der Bürgerverzeichnisse von Preston von 1542—1602, um

---

53 W.K.D. Davies, J.A. Giggs & D.T. Herbert (1968): Directories, rate books and the commercial structure of towns. — Geogr. 53, 41.
54 H. Carter (1955): Urban grades and spheres of influence in south-west Wales. — Scott. Geogr. Mag. 71, 43.
55 L. Caroe (1968): A multivariate grouping scheme: 'association analysis' of East Anglian towns. — in: E.G. Bowen, H. Carter & J.A. Taylor, Ed. (1968): Geography at Aberystwyth, 253. (Cardiff).
56 C.R. Lewis (1970), 228.
57 H. Carter (1955). Ferner H. Carter (1956): The urban hierarchy and historical geography. — Geogr. Stud. 3, 85; reprinted in A.R.H. Baker, J.D. Hamshere & J. Langton, Ed. (1970): Geographical interpretations of historical sources, 269. (Newton Abbot).
58 H.B. Rodgers (1956): The market area of Preston in the sixteenth and seventeenth centuries. — Geogr. Stud. 3, 45; reprinted in A.R.H. Baker et al. (1970), 102.

den Versorgungsbereich der Stadt im 16. und 17. Jahrhundert zu bestimmen. Auch die Verbreitung von Zeitungsanzeigen und die Größe von Verwaltungsgebieten wie auch die britische und kontinentaleuropäische Eigenheit, Grafschaften oder Bezirke nach der jeweiligen Zentralstadt zu benennen, deuten darauf hin, daß die Abgrenzung von Einzugsbereichen schon in früheren Zeiten bekannt war. In Urkunden mittelalterlicher Städte finden sich unter den verbrieften Rechten auch eindeutige Abgrenzungen von Gebieten, deren Bewohner dem eigenen Markt zugeordnet waren, womit ebenfalls früher gültige Einzugsbereiche belegt sind[59]. Später sind die Reisen der Fuhrleute zum Markt[60] oder der Kutscher von Ort zu Ort mit heutigen Analysen von Autobuslinien gleichzusetzen. Damit wird offenkundig, daß der Geograph für Untersuchungen in der Vergangenheit einiges Material zur Verfügung hat. Zwar liegt dieses nur bruchstückhaft vor, und bei seiner Anwendung gibt es viele Schwierigkeiten, aber es gibt eben doch eine ganze Menge von frühen Unterlagen, die man für den Entwicklungsprozeß eines Städtesystems bewerten sollte.

Es ist jetzt ein Stadium erreicht, wo die Versuchsergebnisse im Sinne einer wirkungsvollen wissenschaftlichen Fragestellung auf ihren Gehalt hin abgeschätzt werden können. In Kapitel 5 sind eine Reihe von Annahmen aufgestellt worden, die zur Ermittlung bestimmter Regelhaftigkeiten zwischen Städten auf der Erdoberfläche führen sollten. Die Modelle von Christaller und Lösch sind daher Hypothesen, die man an der Realität überprüfen muß. Der Naturwissenschaftler richtet sich darauf ein, eine Hypothese mit Hilfe seiner Experimente zu überprüfen. In diesem Kapitel wurde ein ähnlicher Prozeß in den Sozialwissenschaften unter die Lupe genommen. Wir experimentieren hier nicht mit Einrichtungen aus der Naturwissenschaft, aber auch hier ist es wichtig, Verfahren zu entwickeln, um eine Hypothese wirksam zu testen. Daß das nicht einfach ist, beweist die Tatsache, daß die grundlegenden Lehrsätze der zentralörtlichen *Theorie* bereits 1933 aufgestellt wurden. In den mehr als vierzig Jahren seitdem hat man sich vor allem damit befaßt, sinnvolle Techniken zu entwickeln, um die Theorie an den Verhältnissen der realen Welt zu testen; und auch das ist bisher nur mit mäßigem Erfolg gelungen.

Literaturhinweise

Das wichtigste Material findet sich in den bibliographischen Angaben, die in Fußnote 2 von Kap. 5 (S. 110) zusammengestellt sind. Eine besonders wichtige Arbeit ist:
Davies, W.K.D. (1966): The ranking of service centres: a critical review (s. Fußnote 2).

---

[59] H. Carter (1969): Caernarvon. – in: M.D. Lovel, Ed. (1969): Historic towns; maps and plans of towns and cities in the British Isles, with historical commentaries, from earliest times to 1800, 5. (Oxford).
[60] H. Carter (1955); ferner P.R. Odell (1957): Urban spheres of influence in Leicestershire in the mid-nineteenth century. – Geogr. Stud. 4, 30.

7. Einige Probleme, die mit der Theorie der zentralen Orte und der Verteilung von Städten in Zusammenhang stehen

7.1 Probleme, die mit empirischen Studien verknüpft sind

Christallers Studie über zentrale Orte in Süddeutschland[1] war darauf ausgerichtet, die allgemeinen Gesetzmäßigkeiten zu erfassen, welche Größe und räumliche Ausdehnung von Städten beeinflussen. Mit seinem Modell wollte er verborgene Regelhaftigkeiten in der Verteilung von Städten aufdecken. In Kapitel 6 wurde gezeigt, daß Christallers Thesen in allen älteren empirischen Untersuchungen als bewiesen galten und ohne Prüfung seiner Annahmen und der Logik seiner Schlußfolgerungen ihre Anwendbarkeit auf reale Verhältnisse im Mittelpunkt stand. Parallel zu diesen relativ unkritischen Studien entstanden jedoch bald weitere, in denen nur wenig von der Regelhaftigkeit der von Christaller vorhergesagten Modellstrukturen gefunden werden konnte.

Der erste Angriff richtete sich auf den Punkt, an dem die zentralörtliche Theorie eindeutig nicht anwendbar schien. Eine flüchtige Betrachtung der Verteilung von Städten in den meisten Regionen der Welt weist nicht auf eine hexagonale Gitterstruktur hin. Selbst wenn man im Sinne der Forderungen nach Schwellenwert und Reichweite für die wichtigsten Funktionsbündel den Städten bestimmte Ränge zuweisen würde, scheint es ziemlich sicher, daß dabei keine Regelhaftigkeit der Verteilung herauskommt. Die Zeitverzögerung bei der Betrachtung dieses wesentlichen Aspektes der Theorie der zentralen Orte ergab sich teilweise daraus, daß viele Forscher annahmen, solche räumlichen Strukturen würden nicht existieren, und zum anderen Teil aus dem Mangel an technischen Hilfsmitteln für die Untersuchung von Verteilungsmustern. Diese wurden schließlich aus den Untersuchungen von Pflanzenökologen übernommen, wobei besonders Dacey[2] eine Reihe von Aufsätzen schrieb, in denen er Nachbarschaftsanalysen[3] (nearest neighbour analyses) auf städtische, also zentralörtliche Verteilungen, anwandte. „Im Mittelpunkt der Nachbarschaftsanalyse steht die Zufallsverteilung. Bei vollständigem Fehlen eines systematischen Musters von Punkten in einem bestimmten Gebiet nennt man die Vertei-

---

[1] W. Christaller (1933): Die zentralen Orte in Süddeutschland. Eine ökonomisch-geographische Untersuchung über die Gesetzmäßigkeit der Verbreitung und Entwicklung der Siedlungen mit städtischen Funktionen. (Jena). – Neudruck Darmstadt 1968.

[2] M.F. Dacey (1962): The analysis of central place and point patterns by a nearest neighbour method. – in: K. Norborg, Ed.: IGU symp. Urb. Geogr. Lund 1960, 55.

M.F. Dacey (1960): The spacing of river towns. – Ann. Assoc. Am. Geogr. **50**, 59.

M.F. Dacey (1964): Modified poisson probability law for point patterns more regular than random. – Ann. Assoc. Am. Geogr. **54**, 559.

M.F. Dacey (1967): Some properties of order distance for random point distributions. – Geogr. Annlr. **49**(b), 25.

[3] Zur Erläuterung siehe W. Porter (1960): Earnest and the Orephagians: a fable for the instruction of young geographers. – Ann. Assoc. Am. Geogr. **50**, 297–299.

lung der Punkte zufällig. Ein nicht zufällig verteiltes Muster zeigt entweder mehr Häufungen oder ist gleichmäßiger verteilt als das zufällige"[4]. Christallers Thesen gehen unzweideutig von einer gleichförmigen Verteilung zentraler Orte aus. Er nimmt an, daß die Verteilung unabhängig vom Rang „mehr gleichförmig als zufällig" sein muß, wenn alle zentralen Orte eines Raumes analysiert werden. Dacey wies unter Zuhilfenahme der Daten von Brush über Südwest-Wisconsin[5] nach, daß dieses System ziemlich genau einer Zufallsverteilung angenähert war. Hieraus ergaben sich drei Folgerungen:

1. Es *bestand* eine Hierarchie zentraler Orte in dem Gebiet, aber die räumliche Verteilung entsprach nicht der zentralörtlichen Theorie.
2. Es bestand durchaus eine *Hierarchie*, aber sie war nicht klar definiert.
3. Die Theorie zentraler Orte ließ sich nicht auf Marktflecken in Südwest-Wisconsin anwenden[6].

Wenn man die unzulänglichen diagnostischen Grundlagen für die Rangordnung von Brush berücksichtigt, erscheint die dritte Schlußfolgerung zumindest möglich. Auch eine spätere Arbeit von L. J. King[7] erbrachte keinen größeren Erfolg bei dem Versuch, ein gleichförmiges Gitternetz festzustellen. Unter Anwendung der Nachbarschaftsstatistik (Rn), wobei Rn = 0 eine Häufung der Klumpenlage anzeigt, Rn = 1 eine Zufallsverteilung und Rn = 2,15 ein gleichförmiges Gitter, untersuchte King 20 Beispielgebiete und fand heraus, daß seine Ergebnisse in einem Bereich von Rn = 0,7 für ein Gebiet in Utah bis Rn = 1,38 für Teile von Missouri schwanken. Trotz der Ansicht, daß einige der Beispiele (wie das oben erwähnte von Missouri) als „näherungsweise Gleichförmigkeit"[8] klassifiziert werden könnten, kann die allgemeine Schlußfolgerung nur darin bestehen, daß diese Muster sich an eine „Zufalls-"Verteilung annähern. Später gab es Versuche, z. B. über den Entropie-Ansatz von Medvedkov, wenigstens gewisse Elemente der Regelhaftigkeit aus diesen offensichtlichen Zufallsverteilungen herüberzuretten. Die Entropie ist ein Begriff, der aus der statistischen Informationstheorie stammt. Mit Hilfe der Entropie kann man gewisse Unregelmäßigkeiten in Siedlungsstrukturen messen, insbesondere zufällig und gleichförmig verteilte Komponenten, die sich auf diese Weise sinnvoll voneinander trennen lassen[9].

[4] M.F. Dacey (1962).
[5] M.F. Dacey (1962).
[6] W. Porter (1960).
[7] L.J. King (1962): A quantitative expression of the pattern of urban settlements in selected areas of the USA. – Tijdschr. econ. soc. Geogr. 50, 1. L.J. King (1961): A multivariate analysis of the spacing of urban settlements in the United States. – Ann. Assoc. Am. Geogr. 51, 222.
[8] L.J. King (1962).
[9] Y.V. Medvedkov (1967): The regular component in settlement patterns as shown on maps. – Soviet Geogr. 8, 50. Y.V. Medvedkov (1967): The concept of entropy in settlement pattern analysis. – Pap. Reg. Sci. Assoc. 18, 165. Ein Beispiel für eine solche Entropie-Rechnung findet sich bei R.K. Semple & R.G. Golledge (1970): An analysis of entropy changes in a settlement pattern over time. – Econ. Geogr. 46, 157.

Theorie der zentralen Orte und der Verteilung von Städten

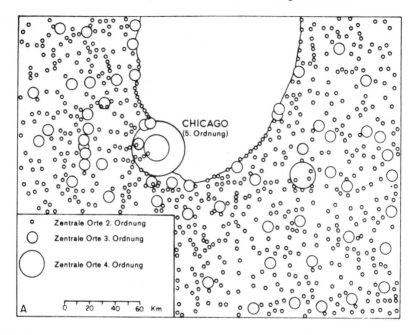

Fig. 7-1 A-C: Funktionale Zuordnung in den nordöstlichen Vereinigten Staaten. Nach A.K. Philbrick (1957).
Diese Karten weisen Zentren 2. bis 7. Ordnung (New York) mit fortschreitender Bedeutung aus. Das besondere Strukturmuster von South Bend, einer Stadt 4. Ordnung, ist in Fig. 7-1 B abgebildet. Eine pyramidenartige Struktur läßt an der Spitze die größte Stadt erscheinen. Hierin liegt einer der wesentlichen Grundsätze räumlich-funktionaler Organisation. Es ist daraus die Schlußfolgerung zu ziehen, daß eine solche siebenrangige Struktur auch außerhalb dieser Region und damit überall anzutreffen ist.

Daraus folgt, daß jede Siedlungsstruktur aus regelhaften und zufälligen Komponenten besteht und der Entropiewert die Bedeutung hat, bei gleichzeitiger Angabe des Grades der Unordnung diese beiden Teile zu entwirren. Das ganze hat im Vergleich mit einer statistischen Verteilung wahrscheinlich nur eine geringe Bedeutung, könnte aber nützlich bei der Beurteilung der Frage sein, ob eine Verteilung mit der Zeit stärker gleichförmig wird. Allerdings wird man in nur wenigen Gebieten Elemente der Regelhaftigkeit bei der Verteilung von Städten feststellen können. Daher wird das Konzept hexagonaler Gitter dem nach Erklärung der Realität Suchenden nur wenig bedeuten, wie groß auch immer seine Anziehungskraft für den Anhänger der sozialen und ökonomischen Geometrie sein möge.

Gleichzeitig verlor die Annahme an Bedeutung, daß städtische Rangordnungen überall in der industrialisierten Welt zu finden seien, ein wesentlicher

Probleme, die mit empirischen Studien verknüpft sind 157

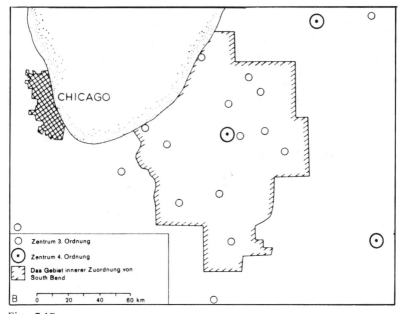

Figur 7-1B

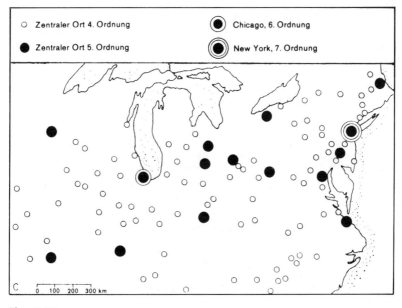

Figur 7-1C

Grundsatz einer Arbeit von Brush und Bracey[10]. Philbrick hatte versucht, eine siebenstufige Hierarchie gebündelter Funktionen mit sieben Bedeutungskategorien gleichzusetzen[11]. Daraus entstand das Grundmuster einer räumlichen Zuordnung, wie Fig. 7-1 zeigt. Carol wandte das gleiche System in einem innerstädtischen Zusammenhang an[12], obwohl er dadurch drei der Christallerschen Rangabstufungen in einer zusammenfassen mußte, die er „mittlere Ordnung" nannte. Sie entsprach wahrscheinlich der „dritten Ordnung" von Philbrick. Einzelheiten dieses Ansatzes sind hier nicht von Bedeutung. Es gilt nur die Annahme, daß sich alle Siedlungen in allen Ländern der Erde in ganz bestimmte Fächer einordnen lassen. Allerdings zeigt jeder Versuch, diese „Fächer" zu definieren, daß in den vielen empirischen Studien keine Übereinstimmung besteht. Wenn man die in graphischer Form dargestellte zusammenfassende Deutung mehrerer dieser Ansätze (Fig. 7-2)[13] betrachtet, muß man sich die Schlußfolgerung von Lukermann vergegenwärtigen, daß das Ergebnis eher eine Vielfalt von Steuermechanismen als eine erklärende Generalisierung ist[14]. Außerdem steht im Hintergrund solcher klassifikatorischer Studien die sogenannte „Rangfolge-Regel"[15], nach der empirische Untersuchungen nicht eine abgestufte, sondern eine logarithmisch normale Beziehung zwischen Stadtgröße, gemessen in Einwohnern, und Rang im System bewiesen hätten.

Diese Tatsache mußte Stadtgeographen verwirren, die früher die Theorie der zentralen Orte als universell anwendbar auf die Standorte von Städten angesehen hatten. Gleichzeitig mit anderen Autoren wandte sich Berry diesen Problemen zu, indem er zunächst zeigte, daß Rangfolgebeziehung und hierarchische Struktur durchaus vereinbar sind[16] und dem gleichen System zugeordnet werden können. Das Ergebnis hängt weitgehend vom analytischen Ansatz ab, zumal durch Anpassung beide Verfahren zum Erfolg führen. Zudem kann man folgern, daß jedes System aus zwei Teilen besteht, einem *aggregativen* und einem *elementaren*[17]. „Auf der aggregativen Ebene führt die Mischung vieler verschiedener, aber in sich homogener Gebiete zur Entstehung eines Kontinuums von Zentren. Innerhalb jedes einzelnen örtlichen Bereichs sind die Ebenen der Hierarchie klar abgegrenzt. Das theoretische Postulat lautet, daß die ver-

---

[10] J.E. Brush & H.E. Bracey (1966): Rural service centres in south-western Wisconsin and southern England. − Geogrl. Rev. 45, 559.
[11] A.K. Philbrick (1957): Principles of areal functional organization in regional human geography. − Econ. Geogr. 33.
[12] H. Carol (1960): The hierarchy of central functions within the city. − Ann. Assoc. Am. Geogr. 50.
[13] W.K.D. Davies (1964): The hierarchy of commercial centres: a case study in South Wales. (University of Wales: unveröff. Diss.). Siehe Vol. 2, Fig. 3-1.
[14] Siehe Kap. 3, S. 78.
[15] G.K. Zipf (1941): National unity and disunity. (Bloomington, Ill.).
[16] B.J.L. Berry & W.L. Garrison (1958): Alternate explanations of urban rank-size relationships. − Ann. Assoc. Am. Geogr. 48, 83.
[17] B.J.L. Berry & H.G. Barnum (1962): Aggregate relations and elemental components of central place systems. − J. Reg. Sci. 4, 35.

Probleme, die mit empirischen Studien verknüpft sind 159

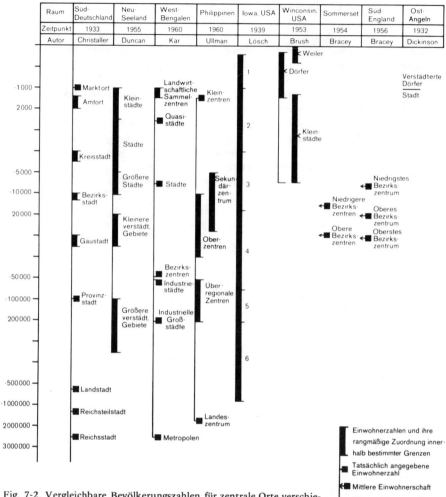

Fig. 7-2. Vergleichbare Bevölkerungszahlen für zentrale Orte verschiedener Ordnung. Nach W.K.D. Davies (1964).

schiedenen Ebenen von Zentren in Abhängigkeit zu den Gruppierungskriterien bestimmter Bündel von zentralen Funktionen stehen. Anders ausgedrückt, es können Zentren und Funktionen klassifiziert werden, die besonders signifikante gegenseitige Beziehungen haben"[18]. Der letzte Teil dieses Zitats wiederholt

---

[18] B.J.L. Berry & H.G. Barnum (1962), 46.

im Grunde nur die Folgerung von Smiles mit seinem „Charakterzug-Komplex". Wenn aber eine Verschmelzung dieser homogenen Gebiete die Hierarchie undeutlich werden läßt, dann bedeutet das gleichzeitig, daß hier Grenzen der universellen Anwendbarkeit von Rangordnungen auftreten und letztere ein Produkt der besonderen ökonomischen, sozialen und natürlichen Umwelt individueller Räume sind.

Berry geht hier noch weiter[19]. Zu Beginn kann man ohne weiteres zeigen, was auch im letzten Absatz enthalten ist, daß sich Zwänge der örtlichen Umwelt auf das System auswirken. So gibt es z.b. keine Beziehung zwischen Gebietsgröße und Bevölkerungsdichte; auch kann man das Gebiet nicht einfach erweitern, um fallende Dichtewerte auszugleichen. Es wurde zwar beobachtet, daß sich Gebiete in dem Maße erweitern, in welchem die Bevölkerungsdichte fällt, um die Schwellenwert-Nachfrage aufrechtzuerhalten. Aber die Gebiete vergrößern sich nicht in gleichem Maße wie die Bevölkerungsdichten fallen, so daß sich insgesamt die jeweils zugeordnete Bevölkerung verringert. Unter diesen Bedingungen ergibt sich, daß Funktionen mit den größten Schwellenwerten auf jeder hierarchischen Ebene die nächsthöhere Ebene erklimmen. Diese Erscheinung nannte Berry eine Phasenverschiebung.

Bei Betrachtung all dieser Einschränkungen wird klar, daß die Vorstellung von einer Reihe allgemein anwendbarer Ebenen zu optimistisch war und daß eine Rangordnung am sinnvollsten in kleinen, überschaubaren Gebieten vorgenommen werden kann. Die Städte von England und Wales rangmäßig einzuordnen, mag ein durchaus nützliches deskriptives Verfahren sein. Es hat allerdings wenig zentralörtliche Bedeutung, zumal eine große Vielfalt von Umweltbedingungen gegeben ist. Das Wort „Umwelt" wird hier in seinem weitesten und ureigensten Sinne gesehen. Das Konzept der Theorie der zentralen Orte ist zwar bei der Analyse von Größe und räumlicher Verteilung von Städten von unschätzbarem Wert, aber der gleichförmig deterministische Rahmen, in den es gestellt wird, hat nur einen geringen Bezug zur Wirklichkeit.

Weiter verringert wurde die Vorstellung einer Hierarchie durch Untersuchungen auf dem Gebiet der Marktforschung. Hier steht das Verhalten des einzelnen Verbrauchers im Mittelpunkt und nicht die Anhäufung von Einrichtungen in einem Zentrum, aus der das Verbraucherverhalten hergeleitet wird. Thompson behauptete, daß allen geographischen Analysen, wie sie in diesem Kapitel besprochen wurden, die Annahme zugrundeliegt, „daß der Entscheidungsträger dem „Homo öconomicus" darin entspricht, daß eine objektive Analyse der Einkünfte und Kosten, der Zufriedenheit und der Unzufriedenheit, des Nutzens und der Nutzlosigkeit sowie der Maximierung der Unterschiede zwischen beiden Größen eine jede Entscheidung bestimmt, das eine Einzelhandelsgeschäft einem anderen vorzuziehen"[20]. Thompson folgert dann weiter,

---

[19] B.J.L. Berry (1967): Geography of market centers and retail distribution. (Englewood Cliffs, NJ).

[20] D.L. Thompson (1966): Future directions in retail area research. – Econ. Geogr. **42**, 1.

daß die zu erklärenden Phänomene, z.B. die Verteilung von Einzelhandelsverkäufen, „das Ergebnis des summierten Reagierens vieler Einzelwesen ist, von denen jedes im Rahmen der angenommenen oder tatsächlichen Beschränkungen frei entscheiden kann". Thompson ist weiter der Ansicht, daß der wirkliche Schlüssel zur Einzelhandelsforschung in Verhaltensstudien liege, wobei er sich auf Lynchs Arbeit über Das Image der Stadt[21] bezieht, nach der die städtische Umwelt von jedem einzelnen unterschiedlich erfahren wird: „Ein wesentlicher Faktor, welcher die geographische Verbreitung von Einzelhandelsgeschäften beeinflußt, ist die Art, in welcher die Verbraucher die Wahrnehmung ihrer äußeren Umwelt ordnen"[22].

Man kann zwei Untersuchungen zitieren, welche diesen Punkt näher beleuchtet haben. Die erste ist die von Murdie, mit dem bezeichnenden Titel „Kulturelle Unterschiede bei Verbraucherfahrten"[23]. Dabei wird das Verbraucherverhalten in einem Gebiet von Südwest-Ontario untersucht, in welchem zwei gegensätzliche Gruppen leben, die er Mennoniten mit alten Ordnungsvorstellungen und moderne Kanadier nennt. Die Mennoniten bilden ein überkommenes Bevölkerungselement, das den Amish- oder den Pennsylvania-Dutch-Gruppen der Vereinigten Staaten sehr ähnlich ist. Sie sind als strenge Beachter traditioneller Lebensweise bekannt. − In einer Standard-Analyse im Sinne zentraler Orte wird eine Regressionsanalyse durchgeführt, in der als abhängige Variable die zurückgelegte Entfernung zu den Zentren erster Wahl gilt. Es wird außerdem eine Reihe von unabhängigen Variablen gebildet, wie die Anzahl zentraler Funktionen in den Zentren erster und zweiter Wahl, die Einkaufshäufigkeit usw. Die hauptsächliche Erklärung der zurückgelegten Entfernung wird durch die Anzahl von Funktionen im Zentrum erster Wahl in Übereinstimmung mit der klassischen zentralörtlichen Theorie begründet. Zwischen beiden Gruppen treten erhebliche Unterschiede auf, die in Fig. 7-3 und 7-4 abgebildet sind und das unterschiedliche Fahrten-Verhalten beim Kauf von Kleidung und Arbeitsmaterialien anzeigen. Während sich hier der äußere Bereich mit zunehmender Größe des besuchten Zentrums für moderne Kanadier vergrößert, bleibt er für Mennoniten fest bei einer Entfernung von 10 km. Die Mennoniten tragen immer noch die gleiche Kleidung wie ihre einwandernden Vorfahren. Sie interessieren sich nicht für die Mode und kaufen daher ihre Kleidung am nächstmöglichen Ort. Kleidung nach der neuesten Mode kommt zunächst in die Gebietshauptstadt und verbreitet sich erst dann weiter abwärts in der Hierarchie, so daß der erste Kontakt der Landbevölkerung mit der neuen Mode in der größten Stadt erfolgt. Für die Mennoniten ist dieser Vorgang bedeutungslos. Man kann daraus folgern, daß durch ihr kulturelles Erbe eine Ware höherer Ordnung zu einer solchen niedriger Ordnung geworden ist oder „man kann schließen, daß für die Mennoniten die zentralörtliche Bedeutung

---

[21] K. Lynch (1960): The image of the city. (Cambridge, Mass.).
[22] D.L. Thompson (1966), 17.
[23] R.A. Murdie (1965): Cultural differences in consumer travel. − Econ. Geogr. 41, 211.

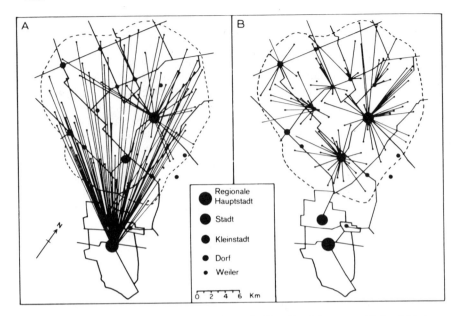

Fig. 7-3. Kulturelle Determinanten von Fahrten in Einzelhandelszentren. Einkaufsfahrten für Kleidung und Arbeitsmaterialien. A: Moderne Kanadier, B: Mennoniten. Nach R.A. Murdie (1965).

keinerlei Wirkung auf die zurückgelegte Distanz hat, um diese Waren zu kaufen"[24], und „daß man auch die sozioökonomischen Einflüsse auf die relative Mobilität in uneinheitlich bevölkerten Gebieten sehen muß, wie sie sich in Unterschieden der Entfernungsüberwindung bei verschiedenen Verbrauchergruppen zeigen"[25]. Anders ausgedrückt, die Vorstellungen des Verbrauchers sind ein wesentlicher Faktor. Diese Gedankengänge sind am umfassendsten in einer Reihe von Aufsätzen von Rushton und anderen entwickelt worden[26]. Eine Untersuchung der weitverstreut lebenden landwirtschaftlichen Bevölkerung von Iowa[27] sollte das räumliche Verhalten der Verbraucher unter der von der zentralörtlichen Theorie hergeleiteten Annahme beleuchten, daß die Men-

---

[24] R.A. Murdie (1965), 232.
[25] R.A. Murdie (1965), 233.
[26] R.G. Golledge, G. Rushton & W.A.Y. Clark (1966): Some spatial characteristics of Iowa's dispersed farm population and their implication for the grouping of central place functions. – Econ. Geogr. 42, 261. Siehe ferner G. Rushton (1966): Spatial pattern of grocery purchases by the Iowa rural population. – Univ. Iowa Stud. Bus. Econ., New Series 9.
[27] R.G. Golledge, G. Rushton & W.A.Y. Clark (1966).

Probleme, die mit empirischen Studien verknüpft sind 163

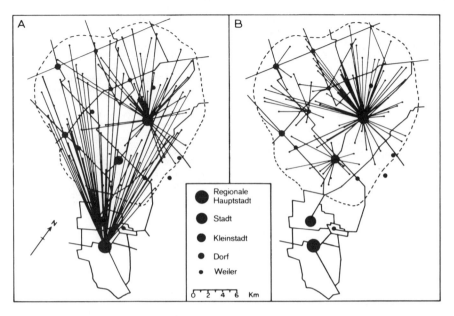

Fig. 7-4. Kulturelle Determinanten von Fahrten in Einzelhandelszentren. Einkaufsfahrten für Schuhe. A: Moderne Kanadier, B: Mennoniten. Nach R.A. Murdie (1965).

schen für solche Waren und Dienstleistungen kürzere Entfernungen zurücklegen, die häufiger in Anspruch genommen werden.

Es wird gezeigt, daß diese Annahme im Zusammenhang mit der Hypothese, daß viele Waren und Dienstleistungen ähnliche Schwellenwerte und Reichweiten haben — es können z. B. Charakterzug-Komplexe vorkommen —, die Leitschnur ist, um das Verhalten der Menschen aus der Verteilung und Häufigkeit zentralörtlicher Funktionen zu erklären. Hieraus ergibt sich wieder die Basis für die Unterteilung von Waren und Dienstleistungen nach klar abgegrenzten Rängen. In der erwähnten Studie von Rushton et al. werden zwei Reihen von Daten verwendet, die Entfernung zum meistbesuchten Einkaufsort und die zum nächstgelegenen für 33 Artikel. Die Analyse der Standardabweichungen von der mittleren Entfernung wies einen erheblichen Beweglichkeitsgrad in den Einkaufsgewohnheiten aus. Der besondere Schwierigkeitsgrad der Studie lag aber in einer Rangkorrelation zwischen der Rangfolge von Waren nach der Entfernung zum *meistbesuchten* und der Entfernung zum *nächstgelegenen* Einkaufsort (Tab. 7-1). Die abgeleiteten Korrelationskoeffizienten waren 0,23 und 0,32. Keiner von beiden war bei einer Irrtumswahrscheinlichkeit von 1 % signifikant korreliert. Dieses Ergebnis zeigt, daß die Bewohner von Iowa ihre größten Käufe nicht immer am nächstgelegenen Ort tätigen. In einem weiteren

Tabelle 7-1. Rangkorrelation von Funktionen, geordnet nach der Reihenfolge ihrer Eintragung, der Entfernung zum am meisten besuchten Einkaufsort und dem nächstgelegenen Einkaufsort. Nach R.G. Colledge, G. Rushton und W.A. Clark (1966).

Funktion	(a) Rang nach der Reihenfolge der Eintragung	(b) Rang nach der Entfernung zum meistbesuchten Einkaufsort	(c) Rang nach der Entfernung zum nächstgelegenen Einkaufsort
Automobil-Wartung	1	2	1
Gaststättenbesuch	2	5	5
Lebensmittel	3	3	3
Kirche	4	1	2
Friseur	5	4	4
Haushaltswaren	6	20	20
Brennstoffe	7	6	6
Möbel	8	24	23
Unterhaltung	9	22	17
Baustoffe	10	11	10
Apotheke	11	8	8
Arzt	12	16	15
Autogeschäft	13	23	24
Schuhreparatur	14	13	11
Wäscherei	15	15	14
Kino	16	21	21
Konservenkauf	17	7	12
Damenbekleidung	18	19	22
Zahnarzt	19	18	16
Juwelier	20	17	19
Herrenbekleidung	21	10	9
Reparatur von Geräten	22	9	7
Kinderbekleidung	23	14	18
Sportartikel	24	12	13
		a & b	a & c
Kendall's Tau		0.23	0.32

Versuch, „Funktionen" über die Entfernungen zum meistbesuchten Einkaufsort unter Zuhilfenahme von standardisierten statistischen Gruppierungsverfahren zusammenzufassen, wurden sieben „Rangabstufungen" ermittelt, die den herkömmlichen funktionalen Gegensatz von Dorf, Kleinstadt und Stadt allerdings nicht sichtbar machen konnten. Als Ergebnis der Studie stellte sich heraus, daß detaillierte Angaben über das Verbraucherverhalten, deduziert aus dem Vorhandensein von Funktionen, sich mit den Ergebnissen von direkten Befragungen nicht in Übereinstimmung bringen lassen, und daß „die Gruppenbildung zentralörtlicher Funktionen auf der Basis des Fahrtenverhaltens eine andere Ordnung der Funktionen ergibt als die Gruppierung auf der Basis des

Vorhandenseins von Funktionen"[28]. Dieses Vorgehen führt in die gleiche Sackgasse, in der das vorhergehende Kapitel endete. Rushton schrieb „die zentralörtliche Theorie ist nur einer von vielen Bereichen der Anthropogeographie, der Annahmen über das räumliche Verhaltensmuster von Menschen mit der Erklärung der Raumstruktur in Verbindung bringt"[29].

Das ist ein Problem wie das von der Henne und dem Ei; was kommt zuerst, das Städtesystem oder das Verhaltensmuster von Einzelwesen? An dieser Stelle muß eine Arbeit erwähnt werden, die sich in enger Anlehnung an das Verbraucherverhalten eine Definition der Einkaufs-Einflußsphären oder der städtischen Einzugsbereiche zum Ziel gesetzt hatte. Die ersten Versuche waren rein deterministischer Natur und im Sinne des Gravitationsmodells formuliert. Der allgemein bekannteste Ansatz ist Reillys Einzelhandelsgravitationsgesetz, das normalerweise in folgender Form wiedergegeben wird:

$$Bb = \frac{Dab}{1 + \sqrt{\frac{Pa}{Pb}}},$$

wobei Bb der Unterbrechungspunkt zwischen Stadt A und Stadt B ist, der in Kilometern von B aus gemessen wird. Das ist der Einzugsbereich von B. Dab ist die Entfernung zwischen A und B in Kilometern, und Pa, Pb sind nacheinander die Einwohner von A und B. Dieser Bezug wurde von Huff in propabilistischem Sinne neu formuliert, indem die Wahrscheinlichkeit, daß ein Verbraucher zu irgendeinem Zentrum geht, auf der Anzahl der benötigten Artikel und den dazu erforderlichen Anstrengungen und Ausgaben basiert. Aus diesen beiden Variablen leitete Huff eine Formel ab:

$$P(Cij) = \frac{\frac{Sj}{Tij^\lambda}}{\sum_{j=i}^{n} \frac{Sj}{Tij^\lambda}},$$

wobei P(Cij) die Wahrscheinlichkeit angibt, daß ein Verbraucher von einem gegebenen Ausgangspunkt i zu einem gegebenen Einkaufzentrum j fährt; Sj ist die Verkaufsfläche, auf der im Einkaufszentrum j eine besondere Güteklasse von Waren angeboten wird. Tij ist die Zeit, in der ein Verbraucher von seinem Standort i zum Einkaufszentrum j gelangt. Und λ ist ein empirisch abgeschätzter Parameter, der den Einfluß der Fahrtdauer auf verschiedene Arten von Einkaufsfahrten widerspiegeln soll. Wenn P(Cij) für eine Reihe von Anfangspunkten (i) berechnet wird, dann kann man für jedes Zentrum (j) Isoplethen oder Abgrenzungslinien gleicher Wahrscheinlichkeit einzeichnen. Ein Handels-

---

[28] R.G. Golledge, G. Rushton & W.A.Y. Clark (1966).
[29] G. Rushton (1969): Analysis of spatial behaviour by revealed space preference. – Ann. Assoc. Am. Geogr. 59, 391. Ferner D.L. Huff (1963): A probabilistic analysis of shopping centre trade areas. – Land. Econ. 39, 81.

gebiet kann man durch die Isolierung aller Punkte ermitteln, an denen sich die Grenzlinien gleicher Wahrscheinlichkeit von verschiedenen Zentren überschneiden.

7.2 Probleme, die sich aus methodischen Erweiterungen ergeben

Diese Versuche, die trotz Berücksichtigung des Verbraucherverhaltens von einer deterministischen auf eine probabilistische Deutung zusteuern, gehen immer auch von einem vorgegebenen Muster zentraler Orte aus und mutmaßen z.B. über die Bedeutung von Reisezeit oder Entfernung, welche in Rushtons Arbeit offenbar keine Grundlage haben. So kommt man wieder auf das Problem des Verhaltens in bezug auf zentrale Orte zurück. Man kann nicht davon ausgehen, daß eines von beiden zuerst auftrat, denn Verhaltensmuster und die Verteilung von Orten sind grundsätzlich voneinander abhängig. „Im Zusammenhang mit sich weiterentwickelnden räumlichen Prozessen kann verändertes Verhalten zu strukturellen Wandlungen führen, wie auch umgekehrt"[30]. Hieraus ergeben sich schwierige Untersuchungsprobleme, wenn man zentralörtliche Systeme unabhängig vom Verbraucherverhalten betrachtet. Aber auch Untersuchungen des Verbraucherverhaltens werden problematisch bei gegebener Verteilung von zentralen Orten, die ja gerade ihrerseits das Verhaltensmuster wiedergeben sollen.

Die beiden genannten Elemente können als wesentliche Grundlage der Arbeit über die zentralörtlichen Gedankengänge angesehen werden, mit denen sich Geographen in den letzten Jahren beschäftigten. Die beiden Elemente sind als Ausweitung des Einzelhandels-Gravitationskonzeptes anzusehen, um grundlegende Modelle für die Regionalplanung zu erhalten. Als Erklärung kann die immer stärkere Beschäftigung mit einem Verhaltensansatz gelten, der vom verallgemeinernden Maßstab der zentralörtlichen Theorie wegführt und sich mehr den Betrachtungsweisen des einzelnen und der Art seiner Nutzung eines Systems von Städten zuwendet. Beide Entwicklungen können nur kurz behandelt werden, da eine umfassende Einführung in die umfangreiche Literatur zu weit führen würde.

7.21 Häufigkeitsmodelle, die sich von zentralörtlichen Modellen herleiten

Unabhängig von den Unterschieden zwischen Einzelerscheinungen und zentralörtlicher Modellstruktur lassen sich gewisse Rangordnungen von Städten, Schwellenwerte und Reichweiten bei allgemeiner Betrachtung feststellen. Auf

---

[30] B.J.L. Berry (1968): A synthesis of formal and functional regions using a general field theory of human behaviour; Teil IV, Kap. 3 in B.J.L. Berry & D.F. Marble, Ed. (1968): Spatial analysis, 420. (Englewood Cliffs, NJ).

dieser Ebene lassen sich die Grundsätze des Modells für Voraussagen und damit für die Planung anwenden, wobei Einzelheiten häufig nicht berücksichtigt werden können. Lakshamanan und Hansen entwickelten ein Einzelhandelspotentialmodell[31], das hier nach den Unterlagen des Britischen Umweltschutzministeriums[32] abgebildet ist. Das Problem besteht darin, das langfristige Verkaufspotential eines Einkaufszentrums abzuschätzen. Es wird ermittelt als Funktion seiner eigenen Größe, Bevölkerungsgröße und Einkommensverhältnissen im Einzugsbereich und dem räumlichen Bezug zu konkurrierenden Einkaufsmöglichkeiten. In diesem Zusammenhang lassen sich Größe und modifizierte Einkommensverhältnisse als Ausgabenpotential mit dem Schwellenwertprinzip gleichsetzen und der Wettbewerb mit anderen Zentren über das Prinzip der Reichweite. Das Gravitationsmodell kann diesen Sachverhalt wiedergeben, wobei das Untersuchungsgebiet statt in Einzugsbereiche in eine Anzahl willkürlich abgegrenzter Zonen unterteilt wird.

$$VER_j = \sum_i EUM_i \frac{\frac{ATR_j^b}{Tij^a}}{\sum_K \frac{ATR_k^b}{Rik^a}},$$

wobei VER_j das Verkaufsvolumen im Zentrum j darstellt, EUM_i die Einzelhandelsumsätze in Zone i, ATR_j, ATR_k die Attraktionsindizes für die Zentren j und k und R_{ij}, R_{ik} die Reisezeit zwischen Zone i und Zentrum j und Zone i und Zentrum k. a und b sind Konstanten.

Bevor dieses Verfahren angewendet wird, sind verschiedene Begriffe wie der Attraktionsindex und Fahrtzeiten zu definieren. Die dabei auftretenden Probleme werden allerdings nicht diskutiert, da es hier mehr um das Verfahren als solches und nicht um technische Schwierigkeiten der Operationalisierbarkeit geht. Außerdem zielt die Fragestellung mehr auf die Regionalplanung als auf die Stadtgeographie hin, obwohl die Abgrenzung zwischen beiden Gebieten eher zufällig ist. Erneut sei darauf hingewiesen, daß die Beschäftigung mit diesem Modell hier nicht zu einer genauen Anweisung über Bau, Kalibrierung und Anwendung von Planungsmodellen führen soll, was für sich selbst bereits eine besondere Aufgabe darstellt[33], sondern vielmehr einen der von der zentralörtlichen Theorie ausgehenden Impulse darstellen soll, mit deren Hilfe grundlegende Modelle für die heutige Regionalplanung erstellt werden können.

---

[31] T.R. Lakshamanan & W.G. Hansen (1965): A retail market potential model. – J. Amer. Inst. Plnnrs 31, 134–150.
[32] Department of Environment (1973): Using predictive models for structure plans. (London: HMSO).
[33] Siehe z.B. G. Chadwick (1971): A systems view of planning. (London); und I. Masser (1972): Analytical models for urban and regional planning. (Newton Abbot).

7.22 Verbraucherverhalten

Während Regionalplaner von der zentralörtlichen Theorie hergeleitete Modelle häufig anwandten, schienen die Geographen an einer ganz bestimmten Stelle in eine Sackgasse geraten zu sein. Die meisten zentralörtlichen Studien wurden lediglich als deskriptiv und nicht als erklärend betrachtet. Die Sackgasse entstand durch den Widerspruch zwischen dem von der zentralörtlichen Theorie vorhergesagten und dem tatsächlichen Verhalten der Menschen. Durch die Arbeit von Geographen wie Murdie und Rushton (siehe Fußnote 23 und folgende) entstand, begünstigt durch den Wandel der Kulturgeographie in Richtung auf die stärkere Betonung des Verhaltensansatzes[34], eine umfangreiche Sammlung von Studien über das Verbraucherverhalten. Dadurch trat ein grundsätzlicher Betrachtungswandel von der Stadt in ihrer Region zum einzelnen in seiner „Umwelt" ein, wobei der neue Ansatz gewöhnlich als „kognitiv verhaltensorientiert" bezeichnet wurde. „Der kognitive Verhaltensansatz bei der Betrachtung von Standorttheorie und Verbraucherverhalten bildet einen synthetischen Rahmen, der vom einzelnen Entscheidungsträger als Grundeinheit der Analyse ausgeht. Das Verhalten des einzelnen wird als Funktion von Umwelt und darauf bezogenen Entscheidungsprozeß gesehen. Im Gegensatz zum deterministischen Rahmen der Standardtheorie, die von einer Reihe von Annahmen ausgeht, die als Faktoren des Prozesses menschlicher Entscheidungen gewertet werden, konzentriert sich der kognitive Verhaltensansatz auf das Wesen des Entscheidungsprozesses und die sein Ergebnis beeinflussenden Parameter"[35]. Mit Hilfe des langen Zitats von R.M. Downs können vier Aspekte dieses Ansatzes isoliert werden, die sich aber zum Teil überschneiden und eng miteinander verbunden sind[36]. Es handelt sich um:

1. *Motivation, Ziele und Einstellungen.* Von besonderer Bedeutung ist die Frage nach der Motivation des Käufers, denn diese entscheidet über seine Haltung und seine Ziele. Wenn zum Beispiel der einzelne seine Kosten minimieren will, dann benötigt er Zeit, um die billigste Einkaufsquelle zu ermitteln. Andererseits wird ein wohlhabender oder träger Kunde mit dem nächstgelegenen Geschäft zufrieden sein. Ein weiterer Interessent kann den Einkauf auch als Basis für soziale Kontakte ansehen und daher das Geschäft mit der freundlichsten Bedienung auswählen. Allgemein gesehen dürfte Wolperts Schlußfolgerung zutreffen, daß das Verhaltensmuster einer Beispielsbevölkerung sich mehr nach dem beschreibenden Konzept einer räumlich differenzierten Befriedigung von

---

[34] K. Cox & R.G. Golledge (1969): Problems of behavioural geography. – North Western Univ., Dept. of Geogr. Res. Series, 17 (Evanston, Illinois). Eine wesentlich frühere Darstellung am Beginn der Entwicklung findet sich bei W. Kirk (1952): Historical geography and the concept of the behavioural environment. – Indian Geographical Soc. Silver Jubilee Souvenir and N. Subrahmanyam Memorial Volume.

[35] R.M. Downs (1970): The cognitive structure of an urban shopping centre. – Environment and Behaviour 2(1), 13–39.

[36] Ich möchte N.J. Williams für seine Hilfe bei dieser Arbeit danken.

Bedürfnissen als nach dem normativen Konzept des Homo öconomicus richtet. „Der einzelne handelt rational, indem er sich anpaßt oder bestimmte Absichten verfolgt und nicht, indem er Allwissenheit anstrebt"[37].

2. *Entscheidungs- und Auswahlstudien.* Motive und Einstellungen des Verbrauchers sind über einen Entscheidungsprozeß als Handlungen auszuweisen, wobei verschiedene Wunschvorstellungen gegeneinander ausgespielt werden. Jeder Käufer richtet sich in seiner grundlegenden Einstellung nach einem bestimmten Präferenzgefüge, das durch eine Reihe von kognitiven Kategorien wie Kosten (billig—teuer), Entfernung (nah—fern), Vielfalt (große oder kleine Auswahl) usw. beeinflußt wird.

3. *Wahrnehmung.* Das Präferenzgefüge des einzelnen und die tatsächliche Wahl in realem Zusammenhang werden durch seine Erfahrungen über verschiedene Einkaufszentren beeinflußt. Das hängt nicht nur von abstrakten Vorzügen ab, sondern von einer ganzen Reihe weiterer Einflüsse, unter anderem auch Erfahrungen aus der Vergangenheit.

4. *Auffindungs- und Lernprozesse.* Niemand kennt einen Raum vollständig, in dem er sich entscheiden soll. Vielmehr gibt es einen kontinuierlichen Lernprozeß und Vergleich von Zentren. Während dieser Phase wird wahrscheinlich eine Reihe von Versuchen unternommen, um diejenigen Geschäfte oder Zentren ausfindig zu machen, welche mit den eigenen Neigungen am stärksten im Einklang stehen[38]. Daraus können sich Gewohnheiten ergeben, die entweder bei veränderten Realitäten beibehalten werden oder auch den eigenen Neigungen mit der Zeit nicht mehr entsprechen.

Bei Angabe der vier Aspekte eines kognitiven Verhaltensansatzes wird es immer schwieriger, allgemein verbindliche Meßtechniken festzulegen, die das Verhalten schließlich quantitativ belegen. Ein Beispiel von Downs soll dies zeigen[59]. Eine besondere Schwierigkeit ergibt sich daraus, daß mit tieferem Eindringen in komplexe Verhaltensweisen die Arbeit sich immer mehr der eines Psychologen annähert, der menschliche Motivation und Auswahlkriterien betrachtet. Downs wollte das Image eines Einkaufszentrums nach der Vorstellung einer Gruppe von Käufern abschätzen und allgemein die Hypothese testen, in welchem Sinne ein Abschnitt der räumlichen Umwelt wertmäßig erfaßt wurde. Er benutzte hierzu ein von C. Osgood eingeführtes semantisches Unterscheidungsverfahren zur Messung der Nebenbedeutung von Wortaussagen, welche er als „semantischen Raum" bezeichnete[40]. Bei der Anwendung des Verfahrens werden die Befragten gebeten, die Bedeutung des Einkaufszentrums in Hinblick auf eine Reihe gegensätzlicher Attribute abzuschätzen. — Es wurden neun

---

[37] J. Wolpert (1964): The decision process in a spatial context. — Ann. Assoc. Am. Geogr. 54, 558. Vgl. auch S. 373 ff.

[38] R.G. Golledge & L.A. Brown (1967): Search, learning and the market decision process. — Geografiska Annaler, Series B 49, 117—124.

[39] R.M. Downs (1970).

[40] C. Osgood, G. Suci & P. Tannenbaum (1957): The measurement of meaning. (Urbana, Illinois).

kognitive Kategorien mit jeweils vier Attributen angenommen, so daß insgesamt 36 Bewertungen vorzunehmen waren. Die neun Kategorien waren: Preis, Struktur und Gestaltung bzw. Planung, innere Bewegungsfreiheit und Parkmöglichkeiten, Erscheinungsbild, Ruf, Reichweite von Waren, Bedienung, Öffnungszeiten und die allgemeine Atmosphäre. Die Unterteilung einer dieser Kategorien in vier Attribute sieht in einem Beispiel folgendermaßen aus:

Struktur und Gestaltung bzw. Planung
gut geplant   schlecht geplant
einfache Warenanordnung   komplizierte Warenanordnung
kundengerechte Gestaltung   nicht kundengerechte Gestaltung
breite Bürgersteige   schmale Bürgersteige

Jeder Befragte sollte das Zentrum auf einer 7-Punkte-Skala zwischen den beiden Extremen einordnen:

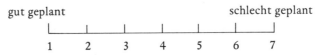

Die Befragten kreuzten die Skala an einem ihrer Meinung nach passenden Punkt an. Ein Kreuz zwischen 2 und 3 sollte anzeigen, daß das Zentrum lediglich als einigermaßen gut geplant galt. Jeder Antwort wurde ein Wert zugeordnet und danach Mittelwert und Standardabweichungen für jedes Attribut berechnet. Zusätzlich wurden alle Antworten für jede Skala mit der Gesamtzahl von Antworten für alle anderen Skalen miteinander korreliert und eine 36 x 36-Matrix aufgestellt. Downs unterzog dann die Matrix einer Faktorenanalyse, um die darin enthaltenen Hauptfaktoren zu ermitteln, d. h. das Image des Einkaufszentrums strukturell festzulegen. In der Zusammenfassung seiner Ergebnisse schloß er, daß das Image eines innerstädtischen Einkaufszentrums aus acht kognitiven Kategorien besteht, die mit abnehmender Bedeutung folgendermaßen aussehen:

1. Bedienungsqualität
2. Preis
3. Struktur und Gestaltung bzw. Planung
4. Öffnungszeiten
5. Bewegungsfreiheit für Fußgänger
6. Auswahl und Warenqualität in den Geschäften
7. Erscheinungsbild und Aufmachung
8. Verkehrsanschlüsse

Diese unterteilte er dann in zu den Einzelhandelseinrichtungen direkt gehörige (1, 2, 4 und 6) und in solche, die zu Struktur und Funktion des Einkaufszentrums gehörten (3, 5, 7 und 8). Damit ergibt sich einer der interessantesten Übergänge von den Einfach-Annahmen der zentralörtlichen Theorie zur

Herleitung der Verhaltensgrundlagen, nach denen sich die Menschen richten. Auch hier ist eine Vertiefung der Gedankengänge nötig. Das Image setzt sich zusammen aus verschiedenen Sozialgruppen, Altersgruppen, Wohnvierteln und all den vielen Bevölkerungsmerkmalen. In einer Arbeit über sozioökonomischen Status und Verbraucherverhalten schließt Nader mit der Feststellung von Unterschieden in den Einkaufsgewohnheiten je nach Haustyp und Automobilbesitz[41]. Um eines der Hauptprobleme des semantischen Unterscheidungsverfahrens zu vermeiden, die willkürliche Auswahl von Kategorien durch den Untersuchenden, kann man nach der Theorie des personenbezogenen Aufbaus verfahren[42]. Danach werden dem Befragten drei verschiedene Städte oder Einkaufszentren angegeben, von denen er die beiden sich am stärksten ähnelnden auswählen soll. Dann wird das Auswahlmerkmal bestimmt und in das semantische Unterscheidungsverfahren so eingebaut, daß sich die Kategorien aus den Erfahrungen der Befragten und nicht aus den vorgefaßten Meinungen des Untersuchenden ergeben.

Aus der Erwähnung der Theorie eines personenbezogenen Aufbaus ergibt sich, daß das Problem von Downs relativ einfach angelegt war, zumal er sich lediglich mit der Ermittlung von Einstellungen gegenüber einem einzigen Zentrum befaßte, während bei den meisten Untersuchungen die Aufgabe darin besteht, die potentielle Einstellung von Käufern gegenüber einer Reihe von möglichen Zentren herauszufinden und ihre schließliche Entscheidung für eines von ihnen zu belegen. Um das zu erreichen, gingen Geographen zu Verhaltenstests über, die ursprünglich von der Sozial- und Bildungspsychologie hergeleitet wurden. Gewöhnlich wird die Skalierung von Verhaltensabstufungen über die Skalen von Likert oder Thurstone abgewickelt, die auf Äußerungen der Zustimmung oder Ablehnung von vorbereiteten Aussagen basieren. Sie gehören zu einem umfassenden Spezialgebiet, auf das in einigen wenigen Literaturangaben verwiesen sei[43].

In der Diskussion war auf die wesentlichen Aspekte des Verbraucherverhaltens und die angewandten Techniken eingegangen worden. Für den Geographen ergeben sich dabei recht schwierige Probleme, zumal bei vergrößertem Maßstab zwar der einzelne Verbraucher stärker Berücksichtigung finden kann, aber die Untersuchung insgesamt mehr einen psychologischen als einen räumlichen

---

[41] G.A. Nader (1969): Socio-economic status and consumer behaviour. – Urban Studies 6, 235–245.
[42] G.A. Kelly (1955): The theory of personal constructs. (London); ferner D. Bannister (1962): Personal construct theory: a summary and experimental paradigm. – Acta Psychologica 20, 104–120; und J. Harrison & P. Saare (1971): Personal construct theory in the measurement of environmental images. – Environment and Behaviour 3, 351–371.
[43] Die beiden Hauptwerke sind: R. Likert (1962): A technique for the measurement of attitudes. – Archives of Psychology 140; L. Thurstone & E. Chave (1929): The measurement of attitude. (Chicago). Zur Verhaltensforschung siehe F.N. Kerlinger (1969): Foundations of behavioural research. (London).

Charakter annimmt[44]. Dennoch sind die Auswirkungen des kognitiv-verhaltensorientierten Ansatzes auf die Probleme der traditionellen Geographie sehr weitreichend. „Zweifellos kann der Ansatz uns als allgemeiner Rahmen bei der Suche nach Gesetzmäßigkeiten und Regelhaftigkeiten, die das Einkaufsverhalten bestimmen, in erheblichem Maße weiterhelfen ... und er kann von grundlegender Bedeutung für den Aufbau von Theorien zum räumlichen Verhalten sein. Allerdings wird es recht lange dauern, bis eine solche Ebene starker Verfeinerung erreicht ist"[45]. Es ist die Häufung einer Vielfalt von individuellen Entscheidungen, die das Muster der zentralen Orte ausmacht. Wie so oft ergibt sich die grundlegende Schwierigkeit des Geographen aus der Entscheidung über den angemessenen Maßstab für seine Arbeit, wobei er häufig das gleiche Problem nur mit einer Vielzahl von Maßstäben behandeln kann.

Wenn sich zentralörtliche Studien stärker mit dem Verbraucherverhalten beschäftigen, so wurde bisher dem Verhalten des Unternehmers recht wenig Aufmerksamkeit geschenkt. Lewis[46] versuchte, das Verhalten der Unternehmerseite im Zusammenhang mit Teilzeitbeschäftigung zu analysieren. Der Geograph muß sich selbstverständlich in dem Augenblick, wo er das gesamte zentralörtliche System mit den Augen des einzelnen Verbrauchers sieht, auch mit Studien beschäftigen, welche die Standortpolitik von Firmen in bestimmten Städten unter die Lupe nehmen.

7.3 Probleme historischer Veränderungen und das System der zentralen Orte

Ein Rückblick auf Kapitel 3 führt zu einem anderen Problembereich, der mit der Theorie der zentralen Orte verknüpft ist. Christallers Modellansatz ist deterministisch ökonomischer Natur und gestattet nur geringe genetische Veränderungen. Die zu Beginn dieses Kapitels erwähnten Gefahren hängen damit zusammen, daß Städte nicht allein zur Befriedigung ökonomischer Erfordernisse gedacht sind. Es gibt eine große Menge weiterer Erfordernisse, administrative, soziale und kulturelle, die alle einen gewissen Einfluß auf den Standort und die Größe ausüben. Viele davon ergeben sich aus der Vergangenheit, z. B. in Zentren wie Florenz oder Canterbury, aber auch in kleineren Siedlungen. Aber

---

[44] Als Hinweis auf Arbeiten von Psychologen siehe H.M. Proshansky, W.H. Ittelson & L.G. Pivlin, Ed. (1970): Environmental psychology: man and his physical setting. (New York), und als Beispiel für das Interesse von Architekten J. Lang, C. Burnette, W. Moleski & D. Vachon, Ed. (1974): Designing for human behaviour: architecture and the behavioral sciences. (Stoudsburg, Pennsylvania).

[45] B.J. Garner (1970): Towards a better understanding of shopping patterns. — in: R.H. Osborne, F.A. Barnes & J.C. Doornkamp, Ed.: Geographical essays in honour of K.C. Edwards. (Nottingham).

[46] C.R. Lewis (1970). Siehe ferner T.L. Bell, S.R. Lieber & G. Rushton (1974): Clustering of services in central places. — Ann. Assoc. Am. Geog. **64**, 214—225.

auch ohne diese besonders hervorstechenden Beispiele sollte das evolutionäre Element Berücksichtigung finden und der simple Determinismus von Christaller durch einen Zufallsprozeß ersetzt werden. Das ist in gewisser Weise durch die Anwendung eines Wahrscheinlichkeits- oder stochastischen Ansatzes bei der Ermittlung von Siedlungsstrukturen beabsichtigt gewesen[47], obgleich das „erklärende" Element in solchen Studien bisher nur untergeordnete Bedeutung erhielt.

Zusammengefaßt ergeben sich folgende Problembereiche für das klassische Konzept der zentralörtlichen Theorie:

1. Nirgends sind hexagonale Gitterstrukturen bisher überzeugend nachgewiesen worden, und auch bestimmte Regelhaftigkeiten haben sich nur andeutungsweise ergeben.

2. Eine hierarchische Struktur läßt sich nur in klar abgegrenzten und homogenen Regionen nachweisen; in einer Zusammenfassung von Regionen wird eine solche Struktur undeutlicher.

3. Studien über die Wahrnehmung und Nutzung von Zentren durch Einzelpersonen haben nicht bewiesen, daß ihr Verhalten mit dem durch die Theorie vorhergesagten übereinstimmt.

4. Der ökonomisch-deterministische Charakter der Theorie der zentralen Orte läßt weder individuelle Wahrnehmung noch historisch bedingte zufällige Störungen zu, die auch heute noch von Bedeutung sein können.

5. Die alleinige Beschränkung der zentralörtlichen Analyse auf tertiäre ökonomische Dienstleistungen bedeutet eine Abstraktion von der Realität städtischer Standorte, die eine große Anzahl weiterer Aktivitäten und deren Einflußmöglichkeiten umfaßt.

Damit wird es möglich, die wesentlichen Einflußfaktoren für den städtischen Standort im Sinne der bisherigen sechs Kapitel zu benennen und an die Entstehung des Städtesystems anzuknüpfen, das bereits am Ende von Kapitel 3 eingeführt worden ist.

In Fig. 7-5 wird versucht, einen konzeptionellen Rahmen zu liefern, der die verschiedenen Einflüsse auf das Standortmuster zusammenfaßt. Das Städtesystem (S) soll in der Zeit t_1 während einer Wachstumsphase (P_1) entstanden sein. Das System selbst setzt sich in kurzer Zeit aus zwei wesentlichen Elementen zusammen. Das eine ist eine Anzahl von Städten, die ihren Ursprung speziellen Funktionen mit einer besonderen standortbezogenen Nachfrage verdanken; das andere ist eine Reihe von Städten, die ihr Wachstum von zentralörtlichen Funktionen herleiten, welche einer allgemeinen regionalen Nachfrage entsprechen. Beide Elemente sind über ein städtisches Netzwerk (S_1) eng miteinander verknüpft. Dieses Netzwerk wird dann seinerseits kontinuierlichen Veränderungen

---

[47] R. Morrill (1962): Simulation of central place patterns over time. — in: K. Norborg, Ed. (1962): IGU symp. urban geogr. Lund 1960, 109. R. Morrill (1965): Migration and the spread and growth of urban settlement. (Lund). G. Olsson (1967): Central place systems, spatial interaction and stochastic process. — Reg. Sci. Assoc. Pap. **18**, 13.

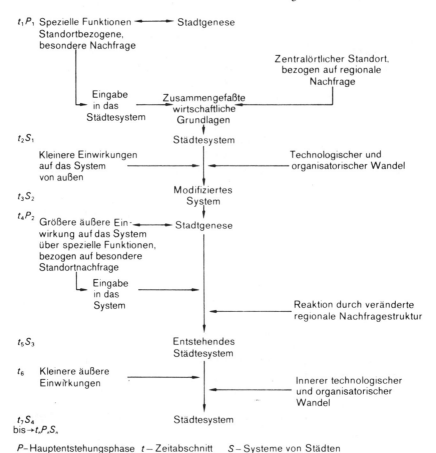

Fig. 7-5. Das Wachstum eines Systems von Städten.

unterworfen, die sich in zwei Einflußbereichen bemerkbar machen. Der *erste* besteht aus ökonomischen, technologischen und organisatorischen Veränderungen, die fortschreitend neue Spannungen verursachen. So beeinflussen Veränderungen in der Transporttechnik oder in der Agrarproduktivität das System. Der *zweite* Einflußbereich ist mit dem ersten eng verwandt. Er besteht aus einer Reihe kleinerer äußerer Beeinflussungen, die, außer in sehr ungewöhnlichen Fällen, ständig auf das System einwirken. Dieses kann daher nie zu einem geschlossenen System werden, sondern bleibt immer offen (S_2). Die kleinen oder langfristigen und langsamen Veränderungen werden in das System ohne Anzeichen von Unterbrechungen aufgenommen. Aber in den meisten Regionen spielen sich größere Veränderungen ab, die auf umfassenderen äußeren Einwirkungen basieren, welche die Rolle der Stadt und die Standortnachfrage neu definieren. Daraus kann sich ein unzusammenhängendes städtisches Netzwerk bilden (P_2). Danach folgt eine Periode schneller Anpassung mit deutlichen Veränderungen von Rang und Bedeutung einzelner Städte innerhalb des Systems, bis sich schließlich über ein verändertes Muster regionaler Nachfrage ein modifiziertes System (S_3) bildet. Auch dieses ist wieder geringeren Einwirkungen ausgesetzt und reagiert auf technologische und organisatorische Wandlungen. Daher wird auch das gegenwärtige Städtesystem als Momentaufnahme in einer Folge steigender Bevölkerungsballung gesehen. Es ist das Produkt der gegenseitigen Beeinflussung einer Reihe von zeit- und raumanhängigen Tätigkeiten in wachsenden und schrumpfenden Städten.

Es gibt noch andere theoretische Formulierungen, die mit dem skizzierten Schema verbunden werden können. Einige davon wurden bereits teilweise in Kapitel 3 genannt. Der gesamte Prozeß der Stadtgründung kann als Innovation und darauf folgende Entwicklung eines Verbreitungsprozesses angesehen werden. Die drei Stadien in dem Prozeß von Hägerstand[48] ähneln sehr den Stadien „Stadtgenese", „Übergang und Gruppierung" und „Höhepunkt", die in Kapitel 3 für das Walliser System angegeben wurden und verallgemeinert in Fig. 7-5 abgebildet sind. Jede Hauptphase weist viele Analogien zu der Art auf, in welcher zur Verfügung stehender Raum und ökonomisches Potential in das städtische Dienstleistungsnetz einbezogen wurden und auch, wie dieses Netz an Dichte wächst. Auch das Muster kumulierenden städtisch-industriellen Wachstums von Pred[49], das bereits weiter oben erwähnt wurde, läßt sich anlehnen an die ursprüngliche Schaffung einer genetischen Phase, die sich eher durch den positiven Einfluß eines inneren Wachstums als durch die alleinige Wirkung äußerer Einflüsse auszeichnete.

Lampard[50] führte bei der Betrachtung städtischer Systeme die beiden Begriffe der Morphostasie und der Morphogenese ein. Morphostasie stellt das Ergebnis von „gegen Abweichungen von der Norm wirkenden Rückkoppelungsnetzen" oder „einen sehr wahrscheinlichen Zustand bei bestimmten Einschränkungen" dar. Unter Morphogenese versteht man den fortschreitenden Prozeß der Abweichung bei unbekanntem, also offenem Endzustand ohne erkennbare Verlaufsrichtung. Lampard zitiert Maruyama[51], der davon ausgeht, daß jedes System einschließlich der Städtesysteme aus Subsystemen besteht, die auf vielfältige Weise Abweichungen korrigieren oder Prozesse erweitern. Die Subsysteme führen entweder das ganze System zur Morphostasie zurück oder wandeln

---

[48] T. Hägerstrand (1952): The propagation of innovation waves. — Lund Stud. Geogr. Ser. B. Human Geography 4, 16—17.

[49] Siehe Kap. 4, S. 106.

[50] E. Lampard (1968): The evolving system of cities in the United States. — in: H.S. Perloff & L. Wingo, Jr., Ed. (1968): Issues in urban economics, 98—100. (Baltimore).

[51] M. Maruyama (1963): The second cybernetics: deviation amplifying mutual causal processes. — Gen. Sys. 8, 233—241.

es durch Morphogenese um. Bis zu einem gewissen Grade stellt die genetische Phase (also die hauptsächlichen äußeren Einwirkungen, wie in Fig. 7-5 zu sehen) eine Umwandlung durch Morphogenese dar, während die entstehenden Städtesysteme in den Übergangsphasen eine Morphostasie bilden. Verallgemeinerungen, die sich für eine wachsende Entropie in einem Städtesystem einsetzen, d.h. für eine Entwicklung des Systems in Richtung auf homogenere und weniger zufällige Formen, sind nur auf bestimmte ausgewählte Phasen oder Perioden anwendbar. Ein universeller Prozeß läßt sich damit nicht nachweisen.

Diese Schlußfolgerungen werden in gewissem Umfange von Robson in seinem Buch „*Urban growth*" bestätigt. Nach Untersuchung des Wachstums britischer Städte während des 19. Jahrhunderts kommt er zu dem Schluß, daß „die Einzelheiten des räumlichen Musters nur im Sinne von besonderen Faktorbeeinflussungen und historischen Ereignissen interpretiert werden können, die mit Wachstum oder Verfall bestimmter Städte einhergehen"[52]. Diese Beeinflussungen und Ereignisse verringern die Bedeutung von großen äußeren Einwirkungen auf das System von Städten. Robson will weiter in seinem Buch zeigen, daß man die Verbreitung unternehmerischer Innovationen in einer Reihe von Städten des 19. Jahrhunderts sehr wohl mit dem gleichzeitig ablaufenden Prozeß verbinden kann, nach dem hierarchische Sprünge von größeren zu kleineren Städten und die lokale Ausbreitung regionaler Zentren vorgekommen sind[53]. Im wesentlichen bestätigt sich darin der bereits behandelte kumulative Charakter des Wachstums eines Städtesystems. Die Studie von Robson ist sowohl in ihrer Tiefe als auch in ihrer Eleganz ein Gewinn, schafft aber keine neuen Grundlagen für die synthetische Betrachtung des Städtewachstums.

Viele der betrachteten Probleme ergeben sich aus dem Maßstab, in welchem die Problematik von Stadtgröße und Standort gesehen wird. Sowohl die Entscheidung des einzelnen, wo er eine bestimmte Ware einkaufen will, als auch die großmaßstäbigen Veränderungen durch die Industrialisierung sind von großer Bedeutung. Die sich daraus ergebenden Untersuchungsprobleme sind groß, aber es hat sich zumindest erwiesen, daß sie mit der Vorstellung von einer systematischen Ordnung von Städten eng verknüpft sind.

Literaturhinweise

Die wesentlichen Literaturhinweise über das Verbraucherverhalten sind in den Fußnoten erwähnt, die folgenden sind besonders wichtig:
Davies, R. L. (1973): Patterns and profiles of consumer behaviour. – Univ. Newcastle on Tyne, Dept. Geogr., Res. Series **10**.
Downs, R. M. (1970): The cognitive structure of an urban shopping centre (s. Fußnote 35).

Allgemeinere Arbeiten sind:
Cox, K. & Golledge, R. G. (1969): Problems of behavioral geography (s. Fußnote 34).

---

[52] B.T. Robson (1973): Urban growth: an approach. (London), 126.
[53] B.T. Robson (1973), 186.

Downs, R. M. (1970): Geographic space perception: past approaches and future prospects. — in: Progr. in Geogr. 2 (London).
Rees, J. & Newby, P., Ed. (1974): Behavioural perspectives in geography. — Middlesex Polytechnic, Monographs in Geography (London) 1.

Die vom Autor dieses Bandes verfaßte Studie über Städte in Wales versucht einen Überblick über das Wachstum eines Systems von Städten zu geben:
Carter, H. (1969): The growth of the Welsh city system. (Cardiff).

Auch Morills Studie über einen Teil von Schweden sollte herangezogen werden:
Morill, R. L. (1966): Migration and the spread and growth of urban settlement. — Lund Stud. Geogr., Series B, Hum. Geogr. 26.

Robsons Arbeit gilt heute als beste über das Städtewachstum:
Robson, B. T. (1973): Urban growth: an approach (s. Fußnote 52).

Andere relevante Studien sind:
Lampard, E. (1968): The evolving system of cities in the United States (s. Fußnote 50).
Madden, C. H. (1956): Some spatial aspects of urban growth in the United States. — Econ Devel. and Cult. Change 4, 386.
Thompson, W. R. (1965): A preface to urban economics. (Baltimore); Kap. 1, Economic growth and development: processes, stages and determinants.

Die brauchbarste Studie, in der der Begriff der Entropie in Siedlungssystemen vorkommt, ist:
Semple, R. K. & Golledge, R. G. (1970): An analysis of entropy changes in a settlement pattern over time. — Econ. Geogr. 46, 157.

8. Die Analyse des Stadtplans

Das Verteilungsmuster von Städten und der komplexe Strom von Gütern und Menschen innerhalb dieses Musters wurden in den vorhergehenden Kapiteln als große Einheit oder besser als System dargestellt. Zum Zweck der Untersuchung aber wurde diese Einheit in eine Reihe von separat zu behandelnden Teilaspekten unterteilt. Bei der Betrachtung der inneren Merkmale von Städten wie auch bei ihren äußeren Beziehungen können die gleichen allgemeinen Strukturen angenommen werden, die schließlich im umfassendsten Sinne die „Stadtlandschaft" ausmachen. Dieser Begriff kann im jeweiligen Zusammenhang eine unterschiedliche Bedeutung annehmen, aber in der Stadtgeographie ist damit das ganze objektiv sichtbare Erscheinungsbild des Stadtgebietes oder das gesamte subjektive „Image der Stadt"[1] gemeint.

Diese Gesamtheit wiederum kann man als System auffassen, das aus einem Komplex miteinander in Beziehung stehender Teile besteht. Daraus folgt auch,

---

[1] K. Lynch (1960): The image of the city. (Cambridge, Mass.).

daß es bisher wegen der Kompliziertheit der Einflußfaktoren nur wenige Studien über Stadtlandschaften gegeben hat, obwohl über Wahrnehmungsstudien umfangreiche neue Fragestellungen aufgetreten sind, die statt umfassender objektiver Interpretationen der Stadtlandschaft die Elemente der Wahrnehmung durch den einzelnen, das daraus resultierende Verhalten und schließlich Tätigkeitssysteme innerhalb der Stadt behandeln[2]. Wenn man allerdings diesen Wahrnehmungsaspekt, mit dessen Hilfe der einzelne die Stadt auf die Ebene seiner eigenen Bedürfnisse und Handlungen reduziert, zunächst zurückstellt (er wird in Kapitel 13 behandelt), bleibt der mehr formale Ansatz übrig. Es ist allerdings üblich, das komplexe Wirkungsgefüge der Stadtlandschaft in drei Komponenten zu unterteilen: die Anlage der Straßen oder den Stadtplan, den architektonischen Stil oder Aufbau und die Funktionen oder die Flächennutzung. Alle drei sind eng miteinander verzahnt, deshalb hat ihre Trennung in wissenschaftlichen Studien jeweils zu einem großen Realitätsverlust geführt. Die meisten Wirtschaftstheorien der Flächennutzung vernachlässigen die Tatsache, daß eine Stadt dreidimensional strukturiert ist, und gehen von der Annahme aus, daß sich die verschiedenen Nutzungen auf einer gleichförmigen, undifferenzierten Oberfläche ausbreiten. Aber für analytische Zwecke und fortschreitende Verallgemeinerung durch die Simplifizierung der Realität ist es sinnvoll, analog den Grundsätzen bei der Analyse städtischer Funktionen diese Standardeinteilung anzuwenden und jede der drei Komponenten der Stadtlandschaft separat zu behandeln.

Die erste von den dreien ist der Stadtplan, dessen Analyse eine der ältesten und bekanntesten Aufgaben der Stadtgeographie darstellt. Gerade hier hat sie nur vergleichsweise geringe Erfolge aufzuweisen. Auf dem Lund-Symposium über Stadtgeographie im Jahre 1960 folgerte Garrison, daß in der Stadtmorphologie „die jetzigen Studien nicht ergiebiger sind als die Studien vor zwanzig oder dreißig Jahren"[3]. Er führte dies auf die mangelhafte Entwicklung einer allgemeinen Theorie und das Fehlen brauchbarer Meßeinheiten zurück. In den darauffolgenden zehn Jahren hat sich an dieser Lage nur wenig geändert. Das Studium von Stadtplänen konnte sich nicht an einem neuen Christaller orientieren und entwickelte sich daher in herkömmlichen Bahnen. Die Tradition kennt zwei Arten von Analysen, die eine befaßt sich hauptsächlich mit dem Aussehen, die andere mit den historischen Komponenten des Plans.

Die Analyse des Aussehens oder der Form des Stadtplans hat seit langem zu einer Sammlung von Fachwörtern geführt, die heute zum allgemeinen Wortschatz gehören. Der bekannteste dieser Begriffe ist das „Gitternetz" oder das „Schachbrett". Strenggenommen bedeutet das eine Anordnung, nach der jede Straße sich rechtwinklig und in gleichem Abstand mit einer anderen kreuzt. Oberflächlicher betrachtet wurde der Begriff auf jede Art rechtwinkliger Zu-

---

[2] F. Stuart Chapin (1965): Urban land use planning, 2. Aufl., 221 ff. (Urbana, Ill.).

[3] K. Norborg, Ed. (1962): Symposium discussion. – IGU symp. in urban geogr., Lund 1962, 463.

ordnung von Straßen erweitert. Im Gegensatz zum echten Gitter steht die vollkommen unregelmäßige Anordnung. Eine dritte Gruppe bilden die radialkonzentrischen Pläne. Radial-konzentrisch bedeutet, daß eine Anzahl von Straßen radial von einem Zentrum ausgehen und mehrfach von einer Reihe konzentrischer Kreisstraßen geschnitten werden, wobei das Zentrum der Radialen und der Kreise identisch ist. Auch dieser Begriff wurde verallgemeinert und für jede Straßenanlage, die ein starkes kreisförmiges oder auf einen Kern bezogenes Element enthält, gebraucht. Die oberflächlichere Betrachtungsweise wurde häufig nötig, da nur wenige Städte einem genauen gitter- oder radialkonzentrischen Schema folgen. Die Begriffe haben daher heute nur noch eine eingeschränkt beschreibende Bedeutung in der Umgangssprache. Dennoch wurden Versuche unternommen, umfangreiche klassifikatorische Begriffsstrukturen auf diesen eher unzureichenden Grundlagen zu errichten. Dickinson schlug „grundlegende Systeme des städtischen Grundplanes"[4] vor. Diese definiert er folgendermaßen:

1. *Unregelmäßige Pläne:* Bei Anlegung eines strengen Maßstabes sind Breite und Richtung der Straßen in dieser Gruppe dem Zufall überlassen und vorherrschende Durchgangsstraßen oder Plätze fehlen völlig. Es dürfte nur wenige echte Beispiele hierfür geben, obwohl Dickinson auf die maurischen Städte Spaniens und einige ältere Teile nordafrikanischer Siedlungen hinweist.

2. *Radial-konzentrische Pläne:* Der Begriff wurde oben definiert. Bei Betrachtung des fortschreitenden Wachstums von einem Kern, den eine Kirche oder ein Marktplatz bilden kann, nach außen, tendiert Dickinson dazu, solche Pläne als Ergebnis natürlichen Wachstums und nicht als notwendigerweise geplante Formen zu sehen.

3. *Rechteckige oder Gitterpläne:* Auch diese wurden bereits definiert. Eine fortschreitende Modifizierung des echten Gitters in Richtung auf ein allgemeines rechteckiges Muster kann in die verallgemeinerte Beschreibung hier mit einbezogen werden.

Diese Gliederung kann zwar als nützlich, aber als nicht besonders gründlich in beschreibendem oder klassifizierendem Sinne für Stadtstrukturuntersuchungen angesehen werden. Die meisten Städte lassen sich nicht so einfach in diese Kategorien einordnen. Es wurden daher weitere Verfeinerungen angestrebt. Die Unbeweglichkeit dieses Ansatzes zeigt sich in dem von Tricart[5] vorgeschlagenen Schema, das in Tabelle 8-1 wiedergegeben ist und mit erläuternden Fußnoten versehen wurde.

Nach dem anderen herkömmlichen Ansatz zur Untersuchung von Stadtstrukturen wurden besondere Wachstumsphasen isoliert. Danach wachsen Städte nur selten langsam und allmählich, sondern zeichnen sich durch Perioden des Stillstandes und andere eines schnellen Wachstums aus. Die Wachstumsphasen bilden aufeinanderfolgende Strukturelemente, die man isolieren kann

---

[4] R.E. Dickinson (1950): The west European city. (London).
[5] J. Tricart (1954): L'habitat urbain. – Cours de géographie humaine, Fasc. 2 (Paris).

Tabelle 8-1. Das Verfahren von Tricart (1954) zur Stadtstrukturanalyse.

I. Homogene Städte, das sind Städte mit einheitlicher Struktur[1]
   A. Geplante Städte[2] 1. Rechtwinklige Strukturen
                            a) Lineare Strukturen
                            b) Bänderstrukturen
                            c) Parallelstrukturen
                            d) Gitternetzstrukturen
                      2. Radial-konzentrische Strukturen
                            a) Sternstrukturen[3]
                            b) Kreisstrukturen[4]

   B. Ungeplante Städte, das sind Städte mit natürlichem Wachstum[5]
                1. Festungsstädte[6]
                2. Sternförmige Städte[7]
                3. Unregelmäßige Strukturen[8]

II. Heterogene Städte, das sind Städte von komplexer Struktur[9]
     a) Planerisch umgestaltete Städte[10]
     b) Mehrkernige Städte[11]
     c) Netzartige Städte[12]
     d) Kugelförmige Städte[13]
                1. Konzentrische Strukturen
                2. Radialstrukturen

---

[1] Als wesentliches Merkmal gilt, daß der Stadt eine einfache einheitliche Planung zugrunde liegt, was für ein starkes Städtewachstum in einer Region untypisch ist.

[2] Es muß einen gewissen Spielraum für die durch mögliches späteres Wachstum bedingten Veränderungen des geplanten Zentrums geben.

[3] Radialen herrschen vor.

[4] Konzentrische Straßen herrschen vor.

[5] Diese weisen weniger systematische Formen auf; die homogenen Strukturen beruhen auf der Anpassung an ein vorherrschendes Merkmal, sei es physisch-geographischer Natur, wie ein Aspekt der Lagegunst, oder aus der Vergangenheit hergeleiteter kultureller Art.

[6] Dies ist eine seltsame Untergruppe, die eher funktional als strukturell gebildet wurde. Die Bedeutung liegt darin, daß die Struktur durch einen besonderen Blickpunkt bestimmt wird.

[7] Entstand durch ungehindertes Außenwachstum, insbesondere, wenn keine Stadtmauern vorhanden waren.

[8] Unregelmäßige Strukturen hängen oft mit der Lage im Raum zusammen; dennoch entwickelt sich eine solche Stadt einheitlich weiter.

[9] In dieser Hauptkategorie sind die Städte aus mehreren Strukturelementen zusammengesetzt, die ihnen ein recht vielfältiges Erscheinungsbild geben. Allerdings ist diese Gruppe von Städten nach Tricart nicht so häufig anzutreffen wie vielfach angenommen. In einer angenommenen Übergangsgruppe besteht eine Stadt aus einer Reihe von klar erkennbaren geometrischen Elementen, die allerdings untereinander ohne Beziehung sind. Ein Beispiel hierfür wäre Los Angeles.

[10] Oftmals wird ein neuer Planungsabschnitt an einen älteren unregelmäßigen Stadtkern angefügt.

[11] Es handelt sich um nebeneinandergestellte gegensätzliche Strukturelemente, wie ehemalige Kolonialstädte mit europäischen und Eingeborenenvierteln.

[12] Dieser Begriff ist eng verwandt mit der ursprünglichen Bedeutung von „Konurbation" oder „Ballungsraum", denn eine Anzahl von verstreuten Knotenpunkten wird durch

Verkehrslinien miteinander verbunden. Bergbaugebiete wie auch die klassischen Streusiedlungen fallen darunter.

[13] Die hier auftretenden verschiedenen Strukturelemente sind jeweils durch Fußnote 3 oder 4 erklärt.

---

und schließlich im Zusammenhang mit der allgemeinen Geschichte der Stadtentwicklung koppelt. In Kapitel 3, das sich mit dem Wachstumsprozeß beschäftigte, war darauf hingewiesen worden, daß ein wesentlicher Faktor dieses Prozesses die bauliche Erweiterung war und daß sich eine ganze Anzahl von Arbeiten diesem Thema widmete. In verschiedenen Standardwerken[6] werden einzelne Phasen des Entstehens von Stadtstrukturen isoliert und dann gesondert untersucht. Weitere Beispiele sind die klassische Arbeit von Lavedan[7] und der neuere ausgezeichnete Band von Reps[8]. In diesem Zusammenhang erscheint es nicht sinnvoll, Beispiele dieser Art von Analysen genauer zu betrachten. Die Standardwerke sind leicht erhältlich und liefern kaum brauchbare Gliederungsschemata, zumal sie vor allem den historischen Aspekt und die Allgemeingültigkeit städtischen Wachstums betrachten. Die Art, wie eine Stadt wuchs und die aufeinanderfolgenden Phasen des Wachstums sind dann im Zusammenhang mit dem allgemeinen Strukturmuster zu sehen. Den Schlüssel für diesen Ansatz bilden die herkömmlichen Wachstumsstrukturen, die in Studien zur Stadtgeographie eine so große Rolle spielten. Fig. 8-1 veranschaulicht das Wachstum der kleinen Stadt Aberystwyth an der Westküste von Wales bis zum Jahre 1900. Die ausgewählten Daten weisen auf drei Hauptperioden hin, in denen eine schnelle Ausbreitung erfolgte. So können die Baublockstrukturen der mittelalterlichen Stadt, das Gitternetz der Erweiterungen des frühen 19. Jahrhunderts außerhalb der Stadtmauern und die linearen Ausdehnungen des späten 19. Jahrhunderts klar unterschieden werden. Die drei Wachstumsphasen sind damit eindeutig mit drei bestimmten Stadtstrukturtypen verbunden. Umgekehrt kann jede Struktur als charakteristisch für die Zeit ihres Entstehens angesehen werden. So ist die Entwicklung des frühen 19. Jahrhunderts in mancher Hinsicht typisch für eine Ausweitung, die in der bekannten westwärtigen Erweiterung von London gipfelt. Fig. 8-2 zeigt das schnelle Wachstum Londons im späten 17. und besonders 18. Jahrhundert, außerdem im frühen 19. Jahrhundert durch die großflächige Bebauung bisherigen adligen Landbesitzes. Die Arbeit von Sir John Summerson[9] kann als detaillierte Untersuchung einer dieser Wachstumsphasen angesehen werden.

Damit wird deutlich, daß dieser Prozeß der Strukturanalyse im wesentlichen historisch bedingt ist und nur wenig zur Theoriebildung oder den Netzverfahren beiträgt, welche geographische Studien auf eine höhere Ebene bringen oder wenigstens Allgemeingültiges durch eine mit Akribie betriebene Ana-

---

[6] F.R. Hiorns (1956): Town building in history. (London).
[7] P. Lavedan (1926—1952): Histoire de l'urbanisme. 4 Vol. (Paris).
[8] J.W. Reps (1965): The making of urban America. (Princeton).
[9] J.N. Summerson (1946): Georgian London. (London).

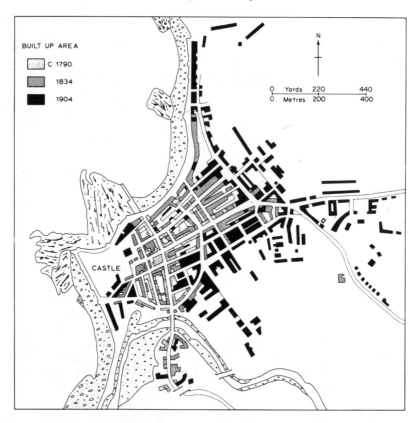

Fig. 8-1. Strukturelles Wachstum von Aberystwyth. Nach H. Carter in E.G. Bowen (1957). Auf diesem Standardplan ist die Entwicklung vom mittelalterlichen Kern über die rechtwinklig angelegten Erweiterungen des frühen 19. Jahrhunderts bis zur Bänderstruktur des späten 19. und des Beginns des 20. Jahrhunderts dargestellt.

lyse des Einmaligen und Besonderen ersetzen sollen. Einige Fortschritte in dieser Richtung finden sich bei M. R. G. Conzen, der „einige auf wiederkehrende Phänomene der Stadtstruktur anwendbare grundlegende Ansätze"[10] nachweisen wollte. Allerdings besteht zwischen den „wiederkehrenden Phänomenen" und dem „Ansatz einer theoretischen Grundlage für die allgemeine Anwendung" eine erhebliche konzeptionelle Lücke. Obwohl Conzen zweifellos sowohl hinsichtlich des Ansatzes als auch der Exaktheit der Strukturanalyse einen großen Schritt vorwärts kommt, kann seine Arbeit kaum einen grund-

---

[10] M.R.G. Conzen (1960): Alnwick: a study in town plan analysis. – Trans. Inst. Br. Geogr. 27.

Die Analyse des Stadtplans 183

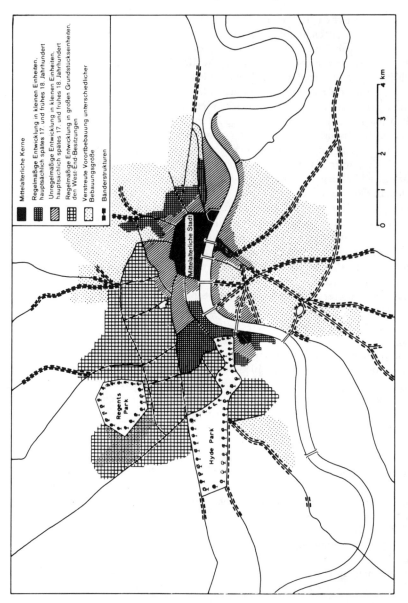

Fig. 8-2. Das Wachstum von London bis 1830. Nach J.N. Summerson (1945). Hier handelt es sich um ein ganz anders dimensioniertes Strukturwachstum als in Fig. 8-1. Die Hauptelemente sind klar dargestellt. Die mittelalterliche Stadt ist umgeben von unregelmäßiger, dichter Bebauung, die im 19. Jahrhundert funktional durch verarbeitende Industrie und Arbeiterwohnviertel bestimmt war. Die regelmäßige Bebauung der westlich des mittelalterlichen Kerns gelegenen Gebiete läßt auf größere Grundbesitzeinheiten schließen. Einige Einzelheiten des Originals sind weggelassen.

legenden theoretischen Rahmen liefern. Conzens wesentlicher Beitrag sind nicht nur seine ausgezeichneten, ins einzelne gehenden Analysen, sondern vor allem die Art, wie Beziehungen zwischen den einzelnen Wachstumsphasen nachgewiesen werden, während in vorhergehenden Untersuchungen sehr häufig lediglich kleine Strukturteilchen aufeinandergeklebt waren. Zu Beginn zeigt er, daß die wesentlichen Faktoren der Stadtlandschaft, also Struktur, Aufbau und Flächennutzung, auf die auf sie einwirkenden Kräfte der Veränderung unterschiedlich reagieren. Die Flächennutzung ist am unbeständigsten und kann sich recht schnell verändern. Gebäude kann man unterschiedlich nutzen, ohne sie abreißen zu müssen, und das in sie investierte Kapital garantiert weniger plötzliche Veränderungen als bei der Nutzung von Gelände. Das Strukturmuster einer Stadt schließlich, vor allem die Straßen, kann man nicht wie einzelne Gebäude abreißen und schnell wieder aufbauen. Dieses Muster bleibt daher relativ lange erhalten. Nach Conzen ist es der beständigste Bereich der Stadtlandschaft und kann deshalb nur im historischen Zusammenhang gesehen werden. Seine Arbeit beginnt daher in herkömmlicher Weise mit der Isolierung von Wachstumsphasen. Hierbei werden einige allgemeingültige Konzepte zur Sprache gebracht, die über den einfachen, jeweils angeführten Einzelfall hinaus grundlegende Bedeutung haben sollen.

Gute Beispiele dieser konzeptionellen Schwerpunkte bilden „die Bestimmungslinie" und „der Stadtrandgürtel". Conzen kritisiert viele der traditionellen Wachstumspläne, in denen die dargestellten Phasen rein zufällig ausgewählt seien und nur selten mit den in der Realität vorkommenden Strukturmerkmalen in Beziehung stünden. Solche Strukturmerkmale lassen sich jedoch ermitteln, zumal die Stadtstruktur nicht aus einem einfachen Additionsprozeß besteht. Daher lassen sich im Wachstumsprozeß bestimmte Grenzen nachweisen, die ihrer Bedeutung nach Bestimmungslinien sind. Diese Linien legen sich im Sinne der verschiedenen Wachstumsphasen ringförmig um das Zentrum, wobei sie sich mit neuen Stadtrandgürteln abwechseln. In dem von Conzen analysierten Fall, der kleinen Stadt Alnwick in Northumberland, wird der mittelalterliche Wall als Bestimmungslinie angesehen. Im Zusammenhang damit stellen sich zwei Entwicklungen ein, eine Auffüllung der Bebauung innerhalb der Mauer und ein Zuwachs außerhalb von ihr. Der Zuwachs ergibt sich durch Bebauung offener Felder außerhalb der Bestimmungslinie, aber innerhalb des Stadtrandgürtels. Der Stadtrandgürtel selbst besteht aus zwei Teilen, dem inneren Rand mit dichterer Bebauung und dem äußeren Rand mit einer aufgelockerten Bebauung. Schließlich können Teile des Standrandlandes aufgelassen bleiben, d.h., sie bleiben als unbebautes Gelände im städtischen Raum erhalten oder sie werden umgewidmet, d.h. für spezielle Zwecke verwendet. So kann man viele städtische Parks und Gärten als „aufgelassene Teile des Standrandlandes" betrachten. Einen allgemeinen Überblick bietet Fig. 8-3.

Die gebotene Zusammenfassung kann nur einen verkürzten Einblick in die Arbeitsweise von Conzen bieten. Sie geht eindeutig über die beschreibende Methodik von Wachstumsphasen hinaus und führt zu Stadtstrukturbetrachtungen hin. So wertvoll dieser Ansatz ist, kann er jedoch nicht als Entwicklung einer Theorie angesehen werden; er ist nicht theoretisch-deduktiver Natur, sondern im wesentlichen empirisch-induktiv ausgerichtet. Wenn Conzen 134 Strukturelemente in einer kleinen Stadt mit 7500 Einwohnern feststellt, dann wird daraus ersichtlich, daß die Komplexität der Erscheinungen über allgemeingültige Einsichten triumphiert. Dennoch zeichnet sich das Buch von Conzen

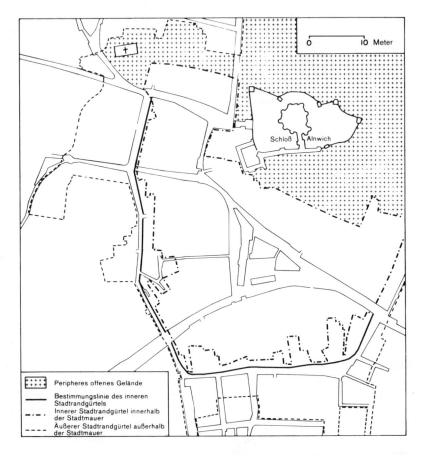

Fig. 8-3. Die Stadtrandgürtel von Alnwick im Jahre 1851. Nach M.R.G. Conzen (1960). Auf dieser Übersichtskarte sind viele Einzelheiten weggelassen. Die Bestimmungslinie markiert den früheren Stadtwall. Der innere Stadtrandgürtel stellt eine randliche Erweiterung der ursprünglichen Burganlage dar. Der äußere Gürtel umschließt weiträumigeres Gelände außerhalb der Stadtmauer. Die erwähnten Gürtel bilden wesentliche Strukturelemente für die heutige Stadtplanung.

durch geistige Klarheit und einen wesentlichen Beitrag zu konventionellen Wachstumsstrukturstudien aus.

In einer Reihe von Aufsätzen übernahm Whitehand einige der Schlußfolgerungen von Conzens Arbeit[11]. Insbesondere bewies er recht eindeutig das Wirken eines Wettbewerbsprozesses um Grundstücke des Stadtrandgürtels, der sich zwischen den verschiedenen Interessen für diese Bereiche abspielt, z. B. den bereits erwähnten Park- und Gartenanlagen, außerdem den verschiedenen Nutzungen für Wohnzwecke, die besonders in Zeiten wirtschaftlichen und Wohnungswachstums auf die noch freien Flächen drängen. Whitehand schreibt: „Öffentliches Gelände, das ursprünglich in einer gewissen Entfernung von bebauten Grundstücken lag und daher für den Hausbau nicht in Frage kam, kann gegen Ende einer Wohnbauperiode völlig von Wohnfunktionen umgeben sein. Gegen Ende einer solchen Wachstumsperiode kann sich also eine Lage ergeben, die durch Erweiterung des bebauten Areals, aber auch durch diesem vorgelagertes oder in ihm selbst gelegenes verstreutes öffentliches Gelände gekennzeichnet ist. Bei vermindertem Wohnungsbau, also einer gewissen Inaktivität der privaten Baufirmen, wird die Mehrzahl der günstig gelegenen Grundstücke von öffentlichen Einrichtungen übernommen, die zusammen mit den außerhalb gelegenen öffentlichen Grundstücken der vorangegangenen Wachstumsperiode einen Bereich überwiegend öffentlicher Nutzung bilden. Als Ergebnis wiederholter Wachstums- und Stagnations-Zyklen kann eine Reihe alternierender Zonen entstehen, die durch unterschiedliche Anteile öffentlicher Einrichtungen und privater Wohnungen gekennzeichnet sind." Dieser Forschungsansatz ist sehr bedeutsam, da sich hier die Verbindung zwischen Physiognomie und Stadtrandgürtel auf der einen Seite und dem Flächennutzungsmuster auf der anderen Seite herstellt. Er gilt daher nicht nur für die folgenden Kapitel über städtische Flächennutzung und den Stadtrand, sondern vor allem für den wichtigen Bereich der Integration physiognomischer und funktionaler Studien.

Es gibt *zwei* Aspekte der mathematischen Geographie, die einige Bedeutung für die Problematik der Stadtstruktur haben könnten. Der *erste* ist die Analyse der Formen, wie sie von Bunge vorgeschlagen wird[12]. Da Strukturbeschreibungen oftmals die Terminologie der äußeren Erscheinungsweise benutzen, z. B. sternförmig oder kugelförmig, könnte die allgemeine Form von Städten auf diese Weise analysiert werden. Gegenwärtig ist allerdings die theoretische Basis hierfür erst in den Anfängen gegeben, und die oben erwähnte Komplexität – die allgemeine Form beinhaltet nämlich auch eine interne Struktur wie Straßen und Baublöcke – scheint der Grund dafür zu sein, daß trotz zukünftiger Entwicklungsmöglichkeiten die Basis noch zu wenig entwickelt ist, um sie hier darzustellen.

[11] J.W.R. Whitehand (1967): Fringe belts: a neglected aspect of urban geography. – Trans. Inst. Brit. Geogr. 41, 223–233; (1972): Building cycles and the spatial pattern of urban growth. – Trans. Inst. Brit. Geogr. 56, 39–55; (1974): the changing nature of the urban fringe: a time perspective; Kap. 3 in J.H. Johnson, Ed.: Suburban growth. (London).

[12] W. Bunge (1962): Theoretical geography, 73–87. (Lund).

Den *zweiten* Aspekt stellt die Entwicklung theoretischer Arbeiten zur Beschreibung von Linienmustern dar. Das Netz von Stadtstraßen bildet ein Linienmuster par excellence, welches mit Hilfe beschreibender statistischer Hilfsmittel genauere und meßbare Vergleiche verschiedener Straßenanlagen ermöglichen könnte. Über Linienmuster hat insbesondere Dacey gearbeitet[13]. Allerdings erscheint die grundlegende Einteilung solcher Muster in zufällige, gruppenbildende und nicht-zufällige (in gleicher Weise wie die nach der nächsten Nachbarmethode (nearest neighbour method) analysierten Punktmuster) im Hinblick auf die Stadtstrukturanalyse als bei weitem nicht ausreichend.

Ein weiteres Untersuchungsgebiet könnte man in der nach Dimensionen unterteilten Analyse linearer Netze sehen. Die Stadtstruktur wird als lineares Netzwerk aufgefaßt, und es erscheint sinnvoll, auch alle sonst hierbei verwandten Techniken anzuwenden. Wenn man Eisenbahnnetze in verschiedenen Ländern damit analysieren kann, dürfte es auch möglich sein, Straßennetze in Städten damit zu untersuchen[14]. Allerdings entsteht ein wesentliches Problem bei der Definition und Isolierung solcher Netze. Man könnte damit beginnen, die Gesamtlänge des Straßensystems (L) auf Gebiet (A) zu beziehen, wobei L/A eine Maßeinheit für die Straßendichte ergibt und die Varianz der Straßendichte im Stadtgebiet einen bedeutsamen Teilaspekt der Struktur offenlegen kann[15]. Die Form des Netzes, die nach Kansky als Teilbereich der Graphentheorie gelten kann, läßt sich weniger leicht ableiten, da hier das Problem des Durchmessers oder der kürzesten Entfernung zwischen den am weitesten entfernt liegenden Knotenpunkten des Strukturmusters auftritt[16]. Wenn man die Gesamtstruktur einer Stadt zum Zwecke der Ermittlung interner Variationen in passende kleinere Einheiten unterteilt, dann kann der „Durchmesser" keine reale Bedeutung haben. Leider lassen sich in diesem Falle die reichhaltigen Möglichkeiten der Graphentheorie nicht so einfach anwenden. Das einfachste Meßverfahren dürfte die bloße Ermittlung des mittleren Winkels sein, unter dem sich in jedem Teilraum die Straßen kreuzen. Zusammen mit der Straßendichte und einem Maß der linearen Gruppierung in zufallsverteilte, nichtzufällige und geordnete Muster ließe sich dieses Meßverfahren anwenden, um ähnlich strukturierte Teilräume einander zuzuordnen. Als Ergebnis könnte die gesamte Stadtstruktur in „Plan-Regionen" unterteilt werden, die sich aus objektiven und meßbaren Kriterien ergeben. Der Hauptzweck einer solchen

---

[13] M.F. Dacey (1967): Description of line patterns. – in: W.L. Garrison & D.F. Marble, Ed. (1967): Quantitative geography, Part I, 277. (Evanston, Ill.).

[14] P. Haggett (1965): Locational analysis in human geography, 236. (London); P. Haggett & R.J. Chorley (1969): Network analysis in geography. (London). – F. Vetter hat sowohl umfangreiche Eisenbahnnetze als auch innerstädtische Straßennetze mit Hilfe der Graphentheorie analysiert: F. Vetter (1970a, 1974a und 1978a; s. Literaturverzeichnis des Einleitungskapitels dieses Bandes).

[15] P. Haggett & R.J. Chorley (1969).

[16] K.J. Kansky (1963): Structure of transport networks; relationships between network geometry and regional characteristics. – Univ. Chicago, Dept. Geogr., Res. Pap. **84**.

Planungsanalyse wäre die Interpretation der unterschiedlichen Teilraummuster. Die Hervorhebung des „Zwecks" führt zur Betrachtung von Strukturgegensätzen, die sich nicht allein aus der traditionellen historischen Sicht ergeben. Die Grundlage dafür sucht bereits Stanislawski in seiner Studie über die Gitternetz-Stadt[17]. Er beschäftigt sich darin vor allem mit dem Entstehen des Gitternetzes und leitet daraus einige allgemeine Bedingungen ab, die für das Entstehen einer solchen Struktur Voraussetzung sind. Stanislawski behauptet also, daß unabhängig von besonderen historischen Umständen unter bestimmten Bedingungen ein Gitternetz entsteht. Er nimmt fünf Bedingungen an:
1. Eine neue Stadt oder ein neuer Stadtteil soll errichtet werden.
2. Es sollen zentrale Kontrollmechanismen wirken.
3. Die neue Stadt entsteht sehr oft unter kolonialen Bedingungen.
4. Es sollten genaue abmeßbare Vorstellungen über das zur Verfügung stehende Land vorhanden sein.
5. Es sollten Kenntnisse über das Gitternetz bestehen.

Bei genauerer Betrachtung dieser Angaben stellt sich heraus, daß sie sich bis auf die letzte auf das Wirken eines zentralisierten politischen Kontrollmechanismus in Kolonialzeiten reduzieren lassen. Man kann die Schlußfolgerung auch weiterführen. Die strenge Anwendung von Gitternetzstrukturen ist nur denkbar bei zentralisierter politischer Kontrolle. Allgemeiner ausgedrückt heißt das, daß planerische Einheitlichkeit, die sich durchaus in einer ganzen Anzahl von Formen wiederfinden kann, welche sich nicht auf das Gitternetz beziehen, nur über organisierte zentrale Kontrolle durchsetzbar ist, und uneinheitliche Strukturen den jeweils abnehmenden Grad an Machtfülle widerspiegeln. Diese Machtfülle kann man auch über den Entscheidungsablauf verdeutlichen: Bei bruchstückhaften Entscheidungen sind die Strukturen unzusammenhängend; bei konzentrierten Entscheidungen wahren sie einen starken Zusammenhang. Die Kaufleute im mittelalterlichen London bauten ihre Häuser, wo immer es ihnen beliebte. Aus diesen Bruchstücken resultierte eine nicht zusammenhängende Struktur von Straßen und Gassen. Moderne Vororte werden von städtischen Behörden geplant, und es entstehen zusammenhängende Strukturen.

Man mag diese besondere Art der Schlußfolgerung bezweifeln, obwohl sie aus sich selbst heraus bereits aussagekräftig ist. Klar ist auf jeden Fall, daß sie von besonderen historischen Gegebenheiten, die eine jeweils einmalige Lage schaffen, unabhängig ist. Wenn man mit solchen oben vorgeschlagenen Methoden Strukturcharakteristika messen könnte, dann wären diese einer Reihe anderer Variablen gegenüberzustellen, von denen eine ein Maß für die Machtfülle beim jeweiligen Entscheidungsprozeß sein könnte. Damit wird es möglich, die Strukturvariablen unabhängig von irgendeiner historischen Phase zu isolieren. Eine Anzahl weiterer Faktoren könnten z. B. politische, ökonomische, kulturelle und religiöse Veränderliche sein. Diese sind zwar nicht unab-

---

[17] D. Stanislawski (1946): The origin and spread of the grid pattern town. — Geogr. Rev. **36**, 105.

hängig voneinander, zumal die meisten Strukturelemente ein Produkt von zweien oder mehreren von ihnen oder sogar von allen darstellen. Im gegenwärtigen Zusammenhang kann man sie jedoch separat betrachten.

Unter der Allgemeinüberschrift politischer Einflüsse sind auch solche Kräfte zu sehen, welche mit der Machtkonzentration in einer Person oder auch in einer Gruppe von Personen verbunden sind. Es ist bereits darauf hingewiesen worden, daß eine Vorbedingung für die Gitterstruktur von Stanislawski fast immer eine gewisse Machtfülle ist. Dieser Tatbestand ist auch mit den Stadtbauphasen der Renaissance und des Barock verknüpft. Mumford schreibt in einem Überblick über die Rahmenbedingungen für den neuen städtischen Komplex: „Zwischen dem 15. und 18. Jahrhundert bahnte sich in Europa eine Anzahl neuer kultureller Einflüsse an. Das neue Lebensideal entwickelte sich aus einer neuen Wirtschaftsordnung, der des merkantilen Kapitalismus. Es entstand ein neuer politischen Rahmen, ein im Nationalstaat verwurzelter zentralistischer Despotismus oder eine Oligarchie. Und es entstand eine neue Ideologie, die sich aus der physikalischen Mechanik herleitete"[18]. Mumford verbindet hier drei der isolierten Variablen, die ökonomischen, politischen und kulturellen, und leitete von diesen die Gestalt einer Stadt ab. Seine Arbeit „Die Stadt in der Geschichte" stellt wahrscheinlich die wichtigste Studie dar, in der Strukturen als Produkt dieser vereinigten Kräfte gesehen werden, obgleich ihre Analyse sich auf den überkommenen historischen Fortschritt beschränkt. In dem Abschnitt „Die Ideologie der Macht"[19] zieht Mumfort die eindeutige Parallele mit einer viel früheren Periode. „So kopierten die Herrscher des Barock all die Merkmale der ursprünglichen Stadtgründungsphase"[20]. Der Vergleich ist allerdings nicht ganz stichhaltig, da trotz der wahrscheinlich gleichen fundamentalen Kräfte bei der Anlage der Prozessionsstraße von Ur und der Straßen von Versailles die Wohngebiete eine sehr unterschiedliche Ausprägung hatten. Die Ordnung und Harmonie der physikalischen Mechanik hatten in Versailles dazu geführt, daß die gesamte Struktur vollkommen ausgeglichen und kontrolliert geplant wurde, was im Falle der Stadt Ur, die ein Ergebnis von unzähligen Einzelentscheidungen zu sein scheint, ganz sicher nicht gegeben war. Daraus folgt, daß die Stadtstruktur sich aus der Machtkonzentration und den jeweils wirkenden kulturellen Kräften ergibt. Versailles wurde bereits erwähnt; die Stadt Richelieu (Fig. 8-4) stellt ein kleineres, aber ebenso geeignetes Beispiel dar und kann tatsächlich als Vorläufer von Versailles angesehen werden[21]. Im Jahre 1625 entschied sich der Kardinal Richelieu, einen älteren Wohnsitz in ein standesgemäßes Schloß umzuwandeln. Der Architekt war Jacques Lemercier. Das Schloß wurde um 1635 vollendet. Im Jahre 1633 war die Erlaubnis erteilt worden, „faire bâtir un bourg clos, avec pouvoir d'y établir des marchés et

---

[18] L. Mumford (1961): The city in history, 345. (New York).
[19] L. Mumford (1961), 363—367.
[20] L. Mumford (1961), 367.
[21] Eine Beschreibung findet sich bei P. Lavedan (1926—1952): Histoire de l'urbanisme; Renaissance et temps modernes, 228—232. (Paris).

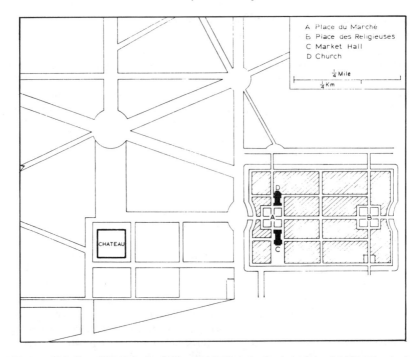

Fig. 8-4. Richelieu. Übersichtskarte über die Anlage der Stadt und des Schlosses sowie den Schloßpark.

foires ayant pareils privilèges que celles de la ville de Niort et de Fontenay-le-Comte". Die ganze Struktur beweist die Einheit der Planung, die sich daraus ergibt, daß zu *einer* Zeit und unter der vollständigen Kontrolle *eines* Eigentümers gebaut wurde. Die Einzelheiten der Planung, die Lavedan in seiner *Histoire de l'urbanisme* sorgfältig notiert, sind die Folge solcher Kontrolle. Man kann natürlich ausführlich die ästhetischen und Planungsgrundsätze in diesem Falle diskutieren, aber die Einzelheiten, z. B. wie die Hauptplätze angelegt wurden, entstammen den Planungsvorstellungen jener Zeit.

Die gleiche Machtkonzentration führte, obwohl in einem etwas anders gelagerten Zusammenhang, zum grundlegenden Plan von Washington, das als Sitz der Bundesregierung und Zentrum der politischen Macht der Vereinigten Staaten vorgesehen war. Über den Planer L'Enfant hatte die Stadt gleichzeitig eindeutige Verbindungen zu ihren europäischen Vorbildern. L'Enfant „war das Produkt seines Zeitalters und der Vermittler von gewissen Grundsätzen der Stadtplanung, die im westlichen Europa entwickelt worden waren und die er am Potomac River verwirklichte"[22]. Diese Grundsätze konnten jedoch nur

---

[22] J.W. Reps (1965), 252.

unter der besonderen politischen Kontrolle verwirklicht werden, die von den Beamten des Präsidenten der Vereinigten Staaten ausgeübt wurde.

Wenn man dagegen Städte während der industriellen Entwicklungsperiode betrachtet, ergeben sich zwei verschiedene Aspekte. Auf der einen Seite führte die Konzentration der Macht zum Bau von Fabrikstädten, die eindeutig rechtwinklige Muster aufwiesen. Gleichzeitig führte aber das Fehlen von staatlichen oder städtischen Kontrollbehörden an manchen Orten zu Bedingungen, die fast der Anarchie gleichkamen. Es bildeten sich planlose Anhäufungen von armseligen Hütten, die später als charakteristisches Merkmal für die Industrialisierung angesehen wurden. Damit bieten Studien, die sich mit der Verteilung der Machtmechanismen in einer Stadt beschäftigen, gleichzeitig einen vertieften Einblick in den Grad der planerischen Gestaltung der Stadtstruktur.

In der bisherigen Diskussion wurde eine zweite Variable erwähnt, aber nicht genauer erläutert. Sie wurde ursprünglich als Kulturvariable bezeichnet und umfaßt das System sozialer Werte, die ebenfalls die Stadtstruktur stark beeinflussen. Ein gutes Anwendungsbeispiel bietet die Stadt Philadelphia (Fig. 8-5). A. N. B. Garvan schreibt, „die dominierende Kraft bei der Gestaltung von Philadelphia war die Philosophie von William Penn"[23]. Diese Aussage bezieht sich sowohl auf die Struktur als auch auf die allgemeine Atmosphäre der frühen Stadtentwicklung. Im Jahre 1681 wurde Penn von Charles II. als Gouverneur und Eigentümer eingesetzt. Landkäufer in der Provinz erhielten auch ein Stadtgrundstück innerhalb von Philadelphia. Die Landvermesser, welche die ersten Siedler begleiteten, bekamen genaue Anweisungen für die Anlage der in ihrer Regelmäßigkeit recht ungewöhnlichen Stadt. Penn gab diese Anweisungen am 30. September 1681: „Gestaltet die Siedlung so, daß die Straßen gleichmäßig zum Fluß hinunter verlaufen; baut das große Warenhaus in der Mitte des Platzes, der auch als Marktplatz dienen kann und an dem auch die öffentlichen Gebäude errichtet werden sollen. Wenn ich komme, werde ich das im einzelnen festlegen. Laßt die Häuser so weit wie möglich in Reih und Glied entlang einer Linie bauen ... Laßt jedes Haus in der Mitte des Grundstückes errichten, sofern es dem Eigentümer recht ist, damit auf jeder Seite Platz für Gärten oder Obstbäume oder Felder bleibt und eine grüne Landstadt entsteht, die nie abbrennen kann und immer angenehm zu bewohnen ist"[24].

Garvan weist darauf hin, daß es sich hier um eine sehr unkonventionelle Stadt handelt, da Penn „ein städtisches Zentrum für seine Gefolgschaft nicht vorsah. Er hatte nicht eine Stadt, sondern einen Wohnbezirk regelmäßig angelegter Parks mit gleichförmigen, geraden Straßen von den Landhöhen hinunter zum Fluß im Auge"[25]. Die einzige kaufmännische Überlegung stellt der „Platz für Warenhäuser" dar. Bei der tatsächlichen Planung von Thomas Holme wur-

---

[23] A.N.B. Garvan (1966): Proprietary Philadelphia as an artefact. – in: O. Handlin & J. Burchard, Ed. (1966): Die historian and the city, 197. (Cambridge, Mass.).
[24] J.W. Reps (1965), 160.
[25] A.N.B. Garvan (1966), 190.

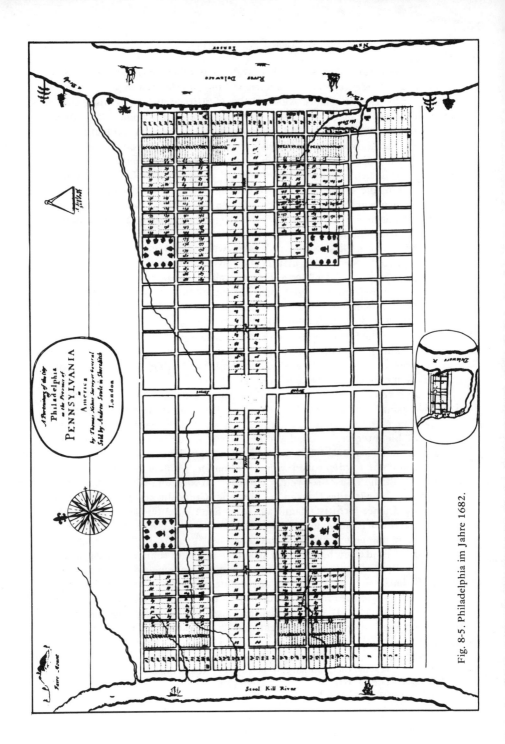

Fig. 8-5. Philadelphia im Jahre 1682.

den einige Erfahrungen von Stadtgründungen aus Irland[26] wie auch Ergebnisse aus den Diskussionen über die Wiedererrichtung von London nach dem großen Feuer verwertet, so daß schließlich „von Penns ursprünglichen Anweisungen nur wenig übrig blieb. Stattdessen entstand ein außerordentlich interessanter und komplexer Plan, in den wenig mehr als die allgemeinen Ziele von Penn übernommen wurden. Dennoch war Holme mit Penns Plan einverstanden, eine Stadtstruktur aufzubauen, die sich nach den religiösen Bedürfnissen der Quäker richtete". Garvan weist auf den Gegensatz zwischen Philadelphia und den Siedlungen Neu-Englands hin, zwischen denen es zwei wesentliche Unterschiede gab. Die Siedlung Philadelphia war weit verstreut, die Siedler isoliert und der gesamte Raum wurde mehr oder weniger gleichzeitig besiedelt. Es gab keine sich verschiebenden Grenzen. Nur eine Bevölkerung, die vollkommen unabhängig von einem bestimmten Pfarrer oder einem bestimmten Kirchenstandort war, konnte sich so gleichmäßig verteilen. Die in ihren eigenen Häusern den Gottesdienst abhaltenden Quäker fanden dieses Schema vollkommen in Ordnung, während ihre Zeitgenossen in Neu-England sich über gesetzliche Maßnahmen zur genauen Lokalisierung puritanischer Kirchen und der angrenzenden Privatgrundstücke stritten[27].

Auch ergaben sich interessante Folgen für die Planung, als die in Penns Händen befindliche Entscheidungsbefugnis aufgehoben wurde. Die amerikanische Revolution nahm ihm die Verfügungsgewalt über das Land, welches einer „politischen Verwaltung für das Wohl der demokratischen Wähler und Siedler" unterstellt wurde. Das Ergebnis war eine vielfältige, mehr zufällige „Kontrolle", in der die individuelle Spekulation ein Hauptfaktor wurde. „An dieser Stelle wäre es nun recht einfach, die Stadt mit ihrem Laisser-faire zu verurteilen und Philadelphia als Experiment der reifen Philosophie von William Penn für gescheitert zu erklären"[28]. In diesem Zusammenhang soll die Planung weder verurteilt noch gelobt oder überhaupt bewertet werden, sondern lediglich die Art aufgezeigt werden, in der die einzelnen Variablen in einer komplexen Matrix arbeiten. Bei Penn war die Entscheidungsbefugnis, wie erwähnt, in einer Hand. Die von ihm gebaute Stadt wurde von den kulturellen Werten geprägt, nach denen er lebte. Nach Verlust dieses Einflusses begannen andere Werte eine Rolle zu spielen, die sich stark von den Quäker-Glaubensgrundsätzen von Penn unterschieden. Das allgemeine Strukturmuster des gesamten Gebietes wie auch bestimmte Einzelheiten der Stadt Philadelphia lassen sich jedoch eindeutig mit dem kulturellen Erbe von Penn und seinen Glaubensgenossen im Zusammenhang sehen. Ein wesentlicher Aspekt ist der auf Unterschiede im religiösen Brauchtum zurückzuführende Gegensatz zwischen der Art der hier anzutreffenden Siedlungen und der der Puritaner in Neu-England.

---

[26] A.N.B. Garvan (1966), 191.
[27] A.N.B. Garvan (1966), 196.
[28] A.N.B. Garvan (1966), 198.

Dieser Aspekt der religiösen Beeinflussung der Stadtstruktur sollte stärker beachtet werden. In außereuropäischen Bereichen wurden kosmologische Vorstellungen besonders stark wirksam und auch innerhalb Europas ist ihre Bedeutung bisher nicht genügend gewürdigt worden. Wheatley[29] meint in einer kritischen Würdigung der Arbeit von Sjoberg[30], daß dieser „Grundsätze vernachlässigt, die sich auf die symbolische Zentralität, den Bau einer Stadt als *imago mundi* beziehen, wobei die Kosmogonie als paradigmatisches Modell gilt". Wheatley weist ferner darauf hin, daß südostasiatische Hauptstädte oftmals als Abbilder des Universums begriffen wurden und zitiert Grosliers Interpretation der Tempelstadt von Kambujadesa als „magisches Diagramm, das man auf das Papier der Ebene gezeichnet hat" oder „als plastischen Ausdruck der kosmologischen Überlegungen der Khmer"[31]. Die Anwendung von Hauptachsen war aus eben diesen Überlegungen heraus auch sonst sehr weit verbreitet.

Auch das bekannte Beispiel von Angkor Thom demonstriert „die Einzelheiten des kosmischen Symbolismus". „Die von Wall und Graben umgebene Stadt bildet ein Quadrat von fast zwei Meilen Kantenlänge. Jede dieser Kanten ist auf einen der vier Hauptfixpunkte ausgerichtet. Jede hat in ihrer Mitte ein Tor. Ein fünftes Tor im Osten führt zum Eingang des königlichen Palastes. Die Tortürme sind gekrönt mit den gleichen vierfachen Gesichtern von Lokesvara wie die Türme des zentralen Tempels. — Damit war symbolisch die kleinere Welt der Stadt Angkor und auch die größere des gesamten Reiches der Khmer unter den Schutz des „Herrn des Universums" gestellt"[32].

In Burma wurde die alte Stadt Srikshetra (Alt Prome) nach der Sage als Abbild von Sudarsana, der Stadt Indras, von den Göttern selbst gebaut. In der Tat zeigen die Überreste der Stadt eine Kreisstruktur[33]. In diesem Zusammenhang ist die spätere quadratische Anordnung der Stadt Circleville im Staate Ohio in den Vereinigten Staaten als ein besonders interessantes Beispiel kulturellen Wandels zu erwähnen[34]. Die ursprüngliche Siedlung wurde im Jahre 1810 nach der Schaffung des Pickaway County gegründet. Die am Scioto-Fluß ausgewählte Stelle wies große, kreisförmig angeordnete indianische Siedlungsspuren auf, und der neue Ort paßte sich diesem Muster an. Damit entstand Circleville (Fig. 8-6) als einzigartiges radial-konzentrisch angelegtes Planungsmuster der frühen Stadtstrukturen Nordamerikas. Reps notiert: „Obwohl man einem unbekannten Stammeshäuptling oder Priester danken müßte, ist es vor allem das Verdienst von Driesbach (dem Gründer), daß er die Möglichkeiten dieses Sied-

---

29 P. Wheatley (1963): What the greatness of a city is said to be. — Pacific Viewpoint 4, 163.
30 G. Sjoberg (1960): The pre-industrial city; past and present. (Glencoe, Ill.).
31 P. Wheatley (1963), 179.
32 R. Heine-Geldern (1958): Conceptions of state and kingship in southeast Asia. — Southeast Asia Program, Department of Asia Studies, data paper number 18, 34 (Cornell University).
33 R. Heine-Geldern (1958).
34 Diese Darstellung gründet sich auf J.W. Reps (1965), 484—490.

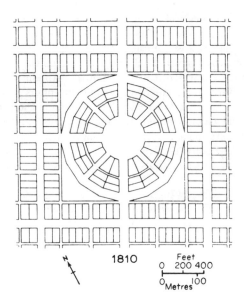

Fig. 8-6. Circleville, Ohio, im Jahre 1810. Nach J.W. Reps (1965).

lungsplatzes nutzte". Hier war die magisch-religiöse Bedeutung einer indianischen Formgebung auf das Muster einer nordamerikanischen Siedlung übertragen worden. Aber als dann James Silk Buckingham die Siedlung im Jahre 1840 besuchte, mußte er Veränderungen feststellen. „So wenig achten ... die Nordamerikaner die Spuren früherer Zeiten und so sehr fehlt ihnen der Sinn für die Zeugnisse der Vergangenheit, daß dieser interessante Flecken Circleville sehr bald alle Spuren seiner ursprünglichen Besonderheiten verlieren dürfte. Als erstes Gebäude stand im Zentrum der Siedlung ein achteckiges Bauwerk ... Die Straßen darum herum wurden kreisförmig angelegt ... Aber obgleich das achteckige Gebäude noch vorhanden ist, verschwinden die Kreisstraßen immer mehr, um geraden Straßen Platz zu machen. Auch das zentrale Gebäude soll Geschäften und Wohnungen weichen. In einem halben Jahrhundert oder früher wird dann keine Spur von der Besonderheit mehr zu sehen sein, die diesem Ort ihren Namen gab und welche das vollkommenste und damit interessanteste Beispiel dieser Art aus der Vergangenheit des Landes darstellt"[35]. Reps vermutete die Gründe für den Wandel darin, daß die Grundstücke sehr schlecht geschnitten waren, daß der zentrale Platz bald vernachlässigt wurde und daß die Grundstücke an ihm und in den Winkeln zwischen den Kreisteilen und dem

---

[35] J.S. Buckingham (1842): The eastern and western states of America, 1, 351. (London).

anschließenden Gitter bei rechteckiger Form besser genutzt werden konnten. Das Ergebnis war die sukzessive quadratische Einteilung von Circleville zwischen 1837 und 1849, wie sie in Fig. 8-7 dargestellt ist. Obwohl in erster Linie gesundes ökonomisches Gewinnstreben zu dieser Entwicklung geführt haben dürfte, scheint doch ein wesentliches Moment die Ablehnung radial-konzentrischer Strukturen durch die Siedler mit ihrem ganz anders gearteten kulturellen Erbe zu sein. Die Gitternetzform war ihnen vertraut. Die symbolische Erhaltung der Riten und Gebräuche der Indianer in der Siedlungsform muß ihnen höchst unpassend erschienen sein, daher im wesentlichen ihre Ablehnung. Daher sollte die sukzessive Gitternetz-Einteilung von Circleville als Ausdruck kultureller Kräfte und nicht nur als Folge ökonomischer Zwänge oder Vorteile gewertet werden.

Solche ökonomischen Zwänge oder Einflüsse lassen sich beim Stadtwachstum relativ leicht als entscheidende Faktoren nachweisen. Als vielleicht wichtigste Arbeit ist in diesem Zusammenhang die von Ganshof über das Wachstum

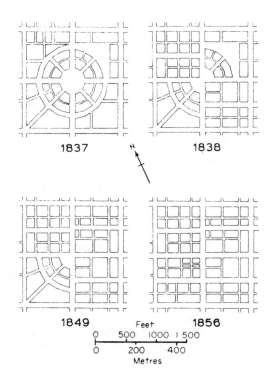

Fig. 8-7. Das Fortschreiten der quadratischen Einteilung von Circleville. Nach J.W. Reps (1965).

mittelalterlicher Städte zwischen Loire und Rhein zu nennen[36]. Er untersucht insbesondere die bauliche Ausbreitung von Städten[37]. Den Ursprung der baulichen Struktur sieht Ganshof im „vor-urbanen Kern", d. h. einem befestigten Platz, meistens einer römischen Siedlung oder einem Fort, das die unruhige Zeit des Zusammenbruchs des Reiches überdauert hatte und in späteren Zeiten sehr oft eine besondere Sicherheit bot. Dank ihrer Befestigungsanlagen übernahmen diese *civitates* und *castra* die Rolle vor-urbaner Kerne bei der Gründung mittelalterlicher Städte. Anders ausgedrückt bildete sich die mittelalterliche Stadt um dieses bereits vorhandene römische Strukturelement herum aus[38]. Andere Kerne oder Kristallisationspunkte bildeten die Ritterburgen, vor allem in Flandern und Brabant; und einen dritten Typus stellten die Residenzen der entstehenden kirchlichen Hierarchie dar. Allen drei war gemeinsam, daß sie in einer stark verunsicherten Welt ein gewisses Maß an Schutz boten. Mehr als die Funktion von Kristallisationspunkten konnten sie jedoch nicht haben, das wesentliche Element des Wachstums ist in den sich hier ausbreitenden Handelsvierteln zu sehen. Nach mannigfaltigen Kriegswirren benötigten die Kaufleute vor allem Sicherheit für ihr Gewerbe. Die durch den wiedererweckten Handel geschaffenen neuen und wachsenden Viertel oder Vororte (Suburbium) hatten eindeutige Namen wie portus (Poort), vicus (vik) oder in Frankreich burgus (bourg). So entstand der grundsätzliche und charakteristische Gegensatz in französischen Städten zwischen *cité* und *bourg*, zwischen dem alten Kern mit Schutzfunktion und dem neuen Viertel der Kaufleute, der Bourgeoisie.

Fig. 8-8 zeigt die Grundstruktur von Bonn. Auf das römische Castrum am Ufer des Rheins folgte der Bischofssitz, der weiter westlich mit der Basilika des Heiligen Cassius als zentralem Punkt begründet wurde. Damit hatte Bonn zwei der drei prä-urbanen Kristallisationskerne. Die erste Befestigung der Basilika wurde wahrscheinlich am Ende des 9. Jahrhunderts vorgenommen. Danach wurde mit aufkommender Handelstätigkeit am Zusammentreffen mehrerer Straßen an der Basilika vor dem Tor der *Civitas Verona* ein Marktplatz errichtet. Um diesen herum sammelten sich die neuen Strukturelemente an, und das Ganze wurde (wie in den meisten Fällen) um das Jahr 1243 mit einem Wall umgeben. Häufig lag der Marktplatz an einer Kreuzung von Wegen, die sich später zu Hauptstraßen entwickelten. Da zunächst keine strenge Kontrolle durch städtische Behörden ausgeübt wurde, führte die wilde Bebauung oft zu recht unregelmäßigen Strukturen. In Bonn unterscheidet sich das regelmäßig angelegte römische Fort stark von dem losen Blockmuster der späteren Handelssiedlung. Der Einfluß politischer und administrativer Kontrolle, der als Variable bereits erwähnt worden ist, wird an diesem Beispiel sichtbar.

---

[36] F.L. Ganshof (1943): Etude sur le développement des villes entre Loire et Rhin au moyen-âge. (Paris/Brussels).
[37] F.L. Ganshof (1943), 7.
[38] F.L. Ganshof (1943), 27.

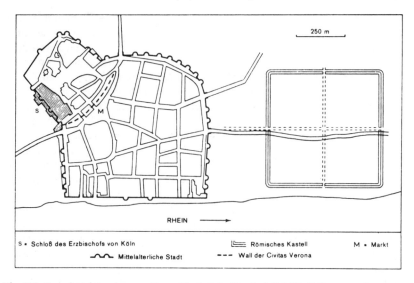

Fig. 8-8. Grundstrukturplan von Bonn. Nach F.L. Ganshof (1943). Erläuterung im Text.

Ganshofs Studie zeigt deutlich, wie ökonomische Faktoren das bauliche Wachstum bei bestimmten Standortbedingungen beeinflussen. Seine Schlußfolgerungen richten sich jedoch mehr auf allgemeine Wachstumsgebiete als auf Strukturen aus. Natürlich hatten zunächst diese neuen Gebiete nur wenig Regelmäßiges in ihrem Aufbau. Das änderte sich erst, wenn nach Befestigung auch des wirtschaftlichen Zentrums durch erneute stärkere Kontrolle die regelmäßige Schachbrettstruktur wieder auftrat. Die fehlende Kontrolle zeigt sich z. B. in der späteren Struktur von Caerleon in Monmouthshire, die vom ursprünglichen römischen Gitternetz mit Fortfall der kaiserlichen Kontrolle dadurch abwich, daß lokale Nutzungen die älteren Strukturen überlagerten (Fig. 8-9).

Im Zusammenhang mit der Verkehrssituation lassen sich die wirtschaftlichen Einflüsse auf die Struktur am besten erläutern. Die wesentliche Funktion des Straßensystems ist es, Bewegungen innerhalb der Stadt so schnell wie möglich zu machen. In fast allen Fällen ist jedoch die gegenwärtige Struktur aus Zeiten überliefert, in denen die Bewegungen sich nach ganz anderem Maßstab und einem völlig andersgearteten technologischen Entwicklungsstand abspielten. Daraus ergeben sich die heute in allen großen Städten anzutreffenden Verkehrsprobleme. Solche Probleme lassen sich allerdings bereits für sehr viel

Fig. 8-9. Das römische Isca und das mittelalterliche Caerleon. Nach V.E. Nash-Williams (1954): Roman frontier (Cardiff).
In dieser Karte sind der Plan des modernen Caerleon und der der einstigen Römerfestung aufeinandergelegt worden. Es wird sofort deutlich, wie in der nachrömischen Periode (nach 375 n.Chr.) das strenge Rechteckschema aufgegeben wird.

Die Analyse des Stadtplans 199

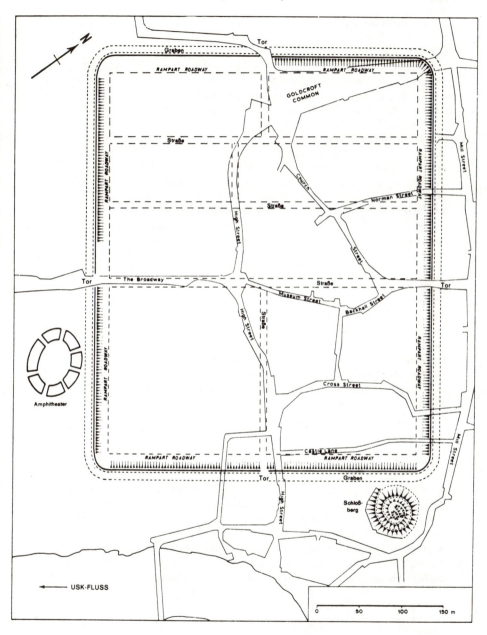

frühere Perioden nachweisen. Die Gitternetze griechischer Kolonialstädte zeigten in ihrer Einfachheit, daß sie Besonderheiten des Standortes nicht zu berücksichtigen brauchten. Die einfache Strukturskizze von Milet bietet keinen Anhaltspunkt dafür, daß die Straßen in Wirklichkeit die Form verlängerter Treppenhäuser zur Überwindung von Steigungen hatten. Räderkarren spielten kaum eine Rolle; die meisten Waren wurden von Maultieren befördert, die ohne weiteres die mit Stufen versehenen Straßen benutzen konnten. In mittelalterlichen Städten ergaben sich die Unterschiede in der Breite der Straßen häufig durch ihre funktionale Bedeutung. „In größeren Städten oder in sorgfältig geplanten wie den Landstädten des südwestlichen Frankreich, den Kolonialstädten des östlichen Deutschland (mit einem „Ring" oder Marktplatz im Zentrum) oder den Boroughs Edwards I. in Wales lassen sich im allgemeinen drei funktionale Straßentypen unterscheiden, obwohl sie häufig in unterschiedlichem Grad miteinander kombiniert sind. Die Hauptverkehrsstraßen (major traffic streets, carrières), welche die wenigen Tore der befestigten Stadt miteinander verbanden, hatten die größte Breite. Wohnstraßen (residential streets), die nur einzelne Wohnblöcke miteinander verbanden, waren oftmals schmaler. Wirtschaftsstraßen (occupation roads) bildeten als Zufahrtswege den engsten Straßentypus"[39].

Aus der engen Beziehung zwischen Straßenverlauf und -funktionen ergibt sich eines der Hauptthemen der modernen Stadtplanung, der Straßenverkehr[40]. Der gesamte Planungs- und Durchführungsprozeß beschäftigt sich mit der Analyse des Verkehrsaufkommens über Ausgangspunkt- und Zielbefragungen und bezieht dann die städtische Umwelt mit ein, damit die einzelnen Verkehrsströme aufeinander abgestimmt werden können. Aus dem Stadtverkehr ergibt sich damit nicht nur das Problem der Erweiterung oder Verlegung einzelner Straßen, sondern das gesamte Stadtgebiet ist betroffen. Als wesentlicher Teil dieses Planungsprozesses gilt die Verminderung des Verkehrs durch Zusammenfassung von Flächennutzungsarten, die ständig starke Verkehrsspannungen erzeugen, aber auch die vollständige oder teilweise Veränderung des bestehenden Straßennetzes.

Ein gutes Beispiel für einen solchen Prozeß liefert die Studie über Newbury (Berkshire), eine Handelsstadt mit etwa 30.000 Einwohnern, die in *Traffic in Towns*[41] analysiert wurde. Der sich mit dem Stadtzentrum beschäftigende Abschnitt befaßt sich auch mit den Beziehungen zwischen Erreichbarkeit und Umwelt, wobei die Umwelt im wesentlichen aus architektonisch und historisch wertvollen Zeugnissen der Vergangenheit besteht. Es wurden nun Vorschläge für die Gliederung dieser immer schneller voranschreitenden Entwicklung gemacht: Nur geringe Veränderung, teilweise Veränderung und umfassende Ver-

---

[39] M.R.G. Conzen (1960).
[40] Report of the steering group and working group appointed by the minister of transport (1963): Traffic in towns. (London).
[41] Report of the steering group ... (1963), 54ff.

änderung. Die immer stärkere Veränderung der Flächennutzung weitet sich im letzten Stadium zu großflächigem Abriß und Wiederaufbau aus: „Der nördliche Teil der Northbrook Street wird verändert durch Umfunktionierung des Erdgeschosses in Parkplätze und Tankstellen und die Verlegung von Einkaufs- und Wohnfunktionen in die Geschosse darüber"[42]. Nach diesen Vorstellungen wird die alte Struktur buchstäblich ausgemerzt und in dem Versuch, „höchste Umweltqualität" mit einem „sehr hohen Grad der Erreichbarkeit" zu verknüpfen, entstehen völlig neue Strukturen. Es geht hier nicht um Grundsätze der Planung oder darum, ob eine so drastische Veränderung einer alten Stadt zu einer hohen Umweltqualität führt oder nicht, sondern lediglich um die Tatsache, daß die Erfordernisse moderner Erreichbarkeit zur völligen Veränderung alter Strukturen führen können. Damit ergibt sich eine weitere Hauptvariable für die bauliche und die kartographisch erfaßbare Veränderung von Städten.

Im vorliegenden Kapitel über das Studium der Stadtstruktur mußte man notwendigerweise von der bisher herrschenden historisch-deskriptiven Orientierung abgehen. Die Art des Vorgehens bei der Strukturanalyse spiegelt das Wesen europäischer und nordamerikanischer Städte wider. Im letzteren Falle bewirkte das Vorherrschen der Gitternetzstruktur und der offensichtliche Mangel an reizvoller Vielfalt die allgemeine Vernachlässigung von Strukturstudien. In Europa führten hingegen die vielen unterschiedlichen Struktureigenheiten zur umfassenden Erforschung der Komplexität einzelner Städte. Die Arbeit von Reps läßt sich, zumindest relativ gesehen, dem ersteren Bereich zuordnen. Aber auch der zweite Bereich unter dem Motto, daß Stadtstrukturen so einzigartig sind, daß man sie nicht generalisieren kann, veraltet mit der Zunahme stadtgeographischer Studien. In der Tat unternahm Conzen den ersten Schritt bei der Formulierung allgemeinerer Begriffe. Eine Streitfrage scheint die Anfangserkenntnis zu sein, daß die Stadtstruktur selbst, wie so viele andere geographische Merkmale, das Produkt einer extrem großen Anzahl von Variablen sein dürfte, daß man die Struktur über diese Variablen erklären kann und daß viele weitere Studien notwendig sind, die sich mit den Strukturformen einer besonderen Variablen befassen, anstatt mit einem einzigen Gesamtplan. Eine weitere Schwierigkeit ergibt sich natürlich daraus, daß von allen Elementen, die der Stadtgeograph untersucht, die Struktur sich am langsamsten verändert. Denn vieles, was jetzt sichtbar ist, muß als Ergebnis der fortdauernden Modifikation älterer, in einzelnen Fällen sehr viel älterer, Formen gesehen werden. Es ist daher nicht überraschend, daß bisher bei der Ermittlung von Allgemeingültigem und von Theorien zur Strukturanalyse nur geringe Fortschritte erzielt worden sind. Es gab Vorschläge, die Stadtstruktur im Sinne der Netzanalyse zu begreifen, zumal sie im wesentlichen aus Netzelementen besteht. Allerdings sind Zweifel erlaubt, ob verfeinerte Beschreibungen den Erkenntnisstand erheblich vertiefen können. Außerdem lassen sich viele der

---

[42] Report of the steering group ... (1963), 72.

Variablen nicht quantifizieren. Auch besteht nur wenig Hoffnung, eine große Anzahl von Variablen in einer Multivarianzanalyse zusammenfassen zu können, um die Hauptbedeutungsreihen zu abstrahieren. Gewiß hat man in bezug auf dieses Problem bereits Fortschritte erzielt, obwohl bisher das relevante Material meistens in der Form von Doktorarbeiten[43] und Arbeitspapieren[44] vorliegt. Daher erscheinen die gegenwärtigen Versuche, das Wirken einzelner Strukturelemente zu isolieren oder auch eine große Anzahl von Variablen zu kombinieren, durchaus vielversprechend, vor allem wenn man im Gegensatz dazu die Sackgasse betrachtet, in der sich Stadtstrukturstudien so lange befanden.

Literaturhinweise

Es gibt zwar viele geschichtliche Erörterungen über die Stadtplanung und Studien über Einzelstädte, aber nur wenige Versuche einer Strukturanalyse. Eine Standardgeschichte der Stadtstrukturentwicklung ist:
Lavedan, P. (1926–1952): Histoire de l'urbanisme (s. Fußnote 7): 1: Antiquité; 2: Moyen age; 3: Renaissance et temps modernes; 4: Epoque contemporaine.

Nützliche Arbeiten in Englisch sind:
Burke, G. (1971): Towns in the making. (London).
Curl, J. S. (1970): European cities and society. (London).
Hiorns, F. R. (1956): Town building in history (s. Fußnote 6).

Einige rein beschreibende und mehr im Zeitungsstil geschriebene Aufsätze sind:
Gutkind, E. A. (1964 ff.): International History of City Development. (London): 1: Urban development in Central Europe (1964); 2: Urban development in the Alpine and Scandinavian Countries (1965); 3: Urban development in Southern Europe; Spain and Portugal (1967); 4: Urban development in Southern Europe; Italy and Greece (1969); 5: Urban Development in Western Europe: France and Belgium (1970); 6: Urban development in Western Europe: Great Britain and the Netherlands (1971); 7: Urban development in East-Central Europe (1972); 8: Urban development in Eastern Europe (1972).

Eine andere Reihe, die sich mit einer Anzahl von Einzelthemen beschäftigt, ist:
Collins, G. R., Ed. (o. J.): Planning and cities. (London).

Drei sich mit Großbritannien befassende Bücher sind:
Ashworth, W. (1954): The genesis of modern British town planning. (London).
Bell, C. & R. (1967): City fathers; the early history of town planning in Britain. (London).
Lobel, M. D., Ed. (1969): Historic towns; maps and plans of towns and cities in the British Isles, 1. (Oxford). (Eine gute Quelle für Untersuchungen von einzelnen Städten.)

---

[43] S. Openshaw (1974): Processes in urban morphology with special reference to South Sheilds. Unveröff. Diss. Univ. Newcastle on Tyne. H.A. Millward (1975): The convergence or urban plan features: a comparative analysis of trends in Canada and England. Unveröff. Diss., Univ. of Western Toronto.
[44] H.A. Millward (1974): A comparison and grouping of ten Canadian cities with respect to their street-plan. – Paper presented at the annual meeting of the Canadian Assoc. of Geogrs. (Ontario Division).

Zwei sich mit den Vereinigten Staaten von Nordamerika befassende Bände sind:
Tunnard, C. & Reed, H. H. (1955): American skyline. (Boston).
Reps, J. W. (1965): The making of urban America (s. Fußnote 8).

Eine der wenigen geographischen Arbeiten, die sich mit der Stadtlandschaft als solcher befaßt, ist:
Johns, E. (1965): British townscapes. (London).

Ein ausgezeichnetes Beispiel für die Analyse einer besonderen Stadtform bildet:
Beresford, M. (1967): New towns of the Middle Ages. (New York - Washington).

Einige der interessantesten Beiträge über die Bedeutung des religiösen Elements bei der Gründung und Strukturierung von Städten finden sich bei:
Wheatley, P. (1967): Proleptic observations on the origins of urbanism. − in: R. Steel & R. Lawton, Ed. (1967): Liverpool essays in geography, 315. (London).

Wheatleys Hauptarbeit ist:
Wheatley, P. (1971): The pivot of the four quarters. (Edinburgh).

Im Zusammenhang mit der Strukturanalyse selbst sind zwei Arbeiten von Conzen wesentlich:
Conzen, M. R. G. (1960): Alnwick: a study in town plan analysis (s. Fußnote 10).
Conzen, M. R. G. (1962): The plan analysis of an English city centre. − in: K Norborg, Rd. (1962): Proceedings of the I.G.U. symposium in urban geography, Lund, 1960, 383. (Lund).

Eine weitere Arbeit, die einen Rahmen für das Studium der Stadtgestalt zu geben versucht, ist:
Badcock, B. A. (1970): A preliminary note on the study of intra-urban physiognomy. − Prof. Geogr. 22, 189−196.

9. Städtische Flächennutzung: Allgemeine Probleme

Die durch den einfachen Begriff „Städtische Flächennutzung" gekennzeichnete große Vielfalt von Studien umfaßt Arbeiten aus allen Disziplinen, die man herkömmlich als Sozialwissenschaften bezeichnet. Vielen dieser Studien fehlt der räumliche Aspekt, der für geographische Untersuchungen als notwendig angesehen wird. Eine Entscheidung darüber, was für die Stadtgeographie als relevant oder als nicht relevant zu werten ist, fällt schwer, zumal häufig die Anfänge eines räumlich ausgeprägten Standortes in ursprünglich nicht räumlich zu sehenden Zusammenhängen begründet lagen. Z. B. kann man die „soziale Distanz" in einem soziologischen Zusammenhang mit strukturell-funktionalen

Wertungsmaßstäben analysieren. Laumann[1] definiert in Anlehnung an die viel früher erschienene Studie von Bogardus[2] die subjektive soziale Distanz als „die Einstellung des Ich gegenüber einer anderen Person mit einem besonderen Status-Attribut"[3]. Dieses Attribut offenbart sich in seiner Studie als einfache Berufsbezeichnung. Damit wird zugleich deutlich, daß im Zusammenhang mit der Auswahl eines Wohnstandortes die subjektive soziale Distanz auch einen Bezug zur räumlichen Distanz haben kann und damit der nicht räumliche soziologische Aspekt zu einem räumlich und standortgebundenen Faktor, also einem geographischen, wird. Daraus ergibt sich die von Anfang an zu betonende Tatsache, daß das städtische Flächennutzungsmuster die Folge einer großen Anzahl von wirkenden Kräften ist und daß bei der Generalisierung meist viele von ihnen vernachlässigt werden.

Das grundlegende geographische Interesse ist auf die Flächennutzung in ihrer unterschiedlich verteilten Ausprägung gerichtet, bzw. auf den Aspekt der räumlichen Differenzierung. In diesem einführenden Kapitel soll zunächst auf die ersten Versuche eingegangen werden, die gesamte Stadtstruktur als Einheit zu erfassen, um eine allgemeinverbindliche Erklärung zu finden. Die frühere traditionelle Geographie befaßte sich mit diesem Problem nicht, sondern beschäftigte sich vielmehr mit der Deutung der einzelnen Flächennutzungskarten einer Stadt als außergewöhnlichem oder einmaligem Fall. Sehr schnell fanden dann die allgemeinen Schemata, die von Burgess und seinen Nachfolgern aus dem Bereich der Humanökologie übernommen worden waren, ihre Anwendung in geographischen Studien. Viele Arbeiten über einzelne Städte enthielten nun Abschnitte, in denen die Anwendbarkeit der konzentrisch-zonalen oder anderer postulierter theoretischer Strukturen analysiert wurde. Je mehr das ökologische Interesse an dem Prozeß des Wettbewerbs um den vorhandenen Raum wuchs, desto größere Bedeutung erhielten ökonomische Variable und Flächennutzungsschemata. Die Theorie der städtischen Flächennutzung wurde zum wesentlichen Bestandteil der Grundstücksökonomie. Die scharfe Reaktion auf diese mechanistischen Erklärungen zeigte allerdings auch, daß die Abstraktion einer begrenzten Anzahl von ökonomischen Variablen aus dem Gesamtkomplex der Flächennutzungsfaktoren ein unbefriedigendes Verfahren blieb. Außerdem diente hierzu die Flächennutzungskarte des Geographen, die bereits in sich eine verallgemeinerte Situation darstellte. Wie auch in anderen Studienfächern wandte man sich methodisch von der Herleitung von Verallgemeinerungen ab zur Analyse von Einzel- oder Gruppenbedürfnissen hin. Damit ergab sich die gesamte Flächennutzung als Folge einer sehr großen Anzahl voneinander getrennter Wirkungssysteme. Jedes davon war mit individuellen Eigenschaften ausgestattet und veränderte sich nicht in abstraktem, sondern in einem kon-

---

[1] E.C. Laumann (1966): Prestige and association in an urban community. (Indianapolis, Ind.).
[2] E.S. Bogardus (1925): Measuring social distance. – J. appl. Social 9, 299.
[3] E.C. Laumann (1966), 4.

kret gegebenen Strukturzusammenhang, der die reale Stadt ausmachte. Zusammenfassend lassen sich drei Hauptverfahren unterscheiden:
1. das ökologische,
2. das ökonomische und
3. das über Wirkungssysteme.

Diese drei Verfahren lassen sich auf das allgemeine Flächennutzungsmuster anwenden und dann in der Diskussion über die verschiedenen Stadtviertel einsetzen.

9.1 Humanökologie und städtische Flächennutzung

Die Annahme von E. W. Burgess[4], daß sich die städtische Flächennutzung in konzentrischen Kreisen um das Stadtzentrum herum (Fig. 9-1) anordne, ist in den letzten 45 Jahren Ausgangspunkt für die meisten Betrachtungen über die Nutzung der Stadtfläche geworden. Alle späteren Autoren haben das Schema konzentrischer Zonen oder die manchmal so genannte Theorie einer Kritik unterzogen, die man heute als Standardkritik ansehen kann. Da diese kritische Würdigung auch heute noch weiterbetrieben wird, sollte man annehmen, daß das Schema konzentrischer Kreise entweder von einem gewissen Wert sein muß oder aber das einzige generalisierende Verfahren darstellt, welches man aus Mangel an besseren Einsichten anwendet.

Das heutige Interesse an dem Modellbau in den Sozialwissenschaften hat auch bis zu einem gewissen Grade das Schema von Burgess auf eine höhere Ebene der Erkenntnis gehoben. Man kann es mit einiger Berechtigung als normatives Modell ansehen, „eine simplifizierte Struktur der Realität, die in generalisierter Form vermutete signifikante Beziehungen offenbart"[5]. Sogleich bietet sich ein Vergleich mit Christallers zentralörtlicher Theorie[6] an, die als weitere frühe Modellvorstellung Elemente des Raumes und des Standortes innerhalb der Sozialwissenschaften enthält. Allerdings läßt sich hier kein Fortschritt erzielen, zumal Burgess eine Struktur nicht aus einer Reihe anfänglicher Annahmen deduziert. Sein Modell ist ausschließlich induktiven Charakters und wahrscheinlich aus der allgemeinen Beobachtung einer großen Anzahl nordamerikanischer Städte intuitiv hergeleitet. Insbesondere bezog er sich in seinem Buch „The city", das er zusammen mit R. E. Park 1925 schrieb, auf die Stadt Chicago.

In seinem Kapitel über das Wachstum der Stadt skizziert er sein Modell relativ kurz: „Der typische Prozeß der Ausdehnung einer Stadt läßt sich viel-

---

[4] E.W. Burgess (1925): The growth of the city: an introduction to a research project. – in: R.E. Park & E.W. Burgess, Ed. (1925): The city, 47. (Chicago).
[5] P. Haggett & Chorley, R.J. (1967): Models, paradigms and the new geography; Kap. 1 in Models in Geography, 22. (London).
[6] Siehe Kap. 6, S. 108.

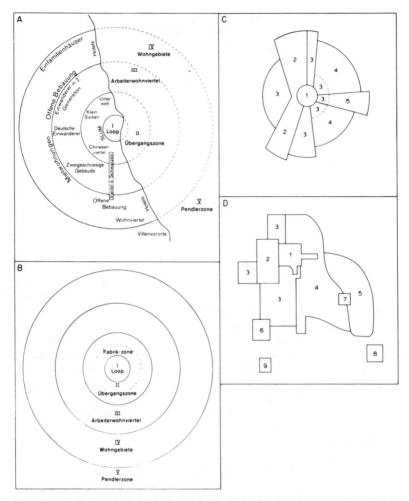

Fig. 9-1 A und B: Das Modell konzentrischer Kreise bei der städtischen Flächennutzung. Nach E.W. Burgess (1925). In A deutet Burgess detailliert den Aufbau von Chicago, während er in B allgemein das Wachstum von Industriestädten darstellt. C: Das Sektorenmodell von Hoyt (1939). **1.** Innenstadt, **2.** Großhandel und Leichtindustrie, **3.** Wohngebiete der Unterklasse, **4.** Wohngebiete der Mittelklasse, **5.** Wohngebiete der Oberklasse. D: Das Mehrkernemodell von C.O. Harris und E.L. Ullman (1945). Die Gebiete sind wie in C numeriert, zusätzlich: **6.** Schwerindustrie, **7.** außerhalb liegende Geschäftszentren, **8.** Wohnvororte, **9.** Industrievororte.

leicht am besten illustrieren durch eine Reihe konzentrischer Kreise, die man numerieren kann, um sowohl die Abfolge der Zonen städtischer Erweiterung zu bezeichnen, als auch Raumtypen bei diesem Prozeß zu differenzieren"[7]. In das Schema ist ein stark historisch bestimmtes Element des Wachstums der nordamerikanischen Stadt eingeflochten, während die heute wirkenden Kräfte nicht berücksichtigt sind, die durch ihre Interaktion einen Gleichgewichtszustand im Flächennutzungsmuster hervorrufen. Dennoch kann man dieses Schema im ureigensten Sinne als Modell betrachten. Für Burgess „war es eine ideale Darstellung der radial vom Geschäftsviertel ausgehenden Wachstumstendenzen ... Die Innenstadt wird normalerweise durch einen Bereich des Übergangs umgeben, in dem sich Geschäfte und Leichtindustrie festsetzen. In einem dritten Bereich wohnen die Industriearbeiter, welche sich aus dem baulich heruntergekommenen Gebiet haben absetzen können, die aber in leicht erreichbarer Nähe zu ihrem Arbeitsplatz wohnen wollen. Außerhalb dieser Zone erstreckt sich der Wohnbereich wirtschaftlich bessergestellter Miethausbewohner oder der von Familien in Einzelhäusern. Noch weiter draußen, meistens außerhalb der Stadtgrenze, liegt die Pendlerzone, die Vororte oder auch Satellitenstädte ..."[8].

Diese Skizze über die konzentrischen Zonen wird ergänzt durch einen stark an einem historischen Prozeß ausgerichteten Abschnitt: „Es besteht eine Tendenz jeder inneren Zone, sich auf Kosten der nächstgelegenen äußeren Zone auszubreiten"[9]. Im alten Chicago lagen demnach alle Zonen innerhalb des inneren Bereichs, entwickelten sich aber als besondere Teile der Stadt während des folgenden Wachstums- und Erweiterungsprozesses. Die Vorstellungen von Burgess waren natürlich recht skizzenhaft und undeutlich. Denn seine Zonen leiten sich einerseits aus Verallgemeinerungen der Situation in Chicago und anderen Städten her, andererseits aus dem Prozeß des städtischen Wachstums und weiterhin aus den sozialökologischen Kräften des Wettbewerbs, die damals die Gedankenwelt der sogenannten „Chicagoer Schule" beherrschten.

Die Reaktion auf das Modell konzentrischer Kreise läßt sich in drei Gruppen unterteilen. Die meisten kritischen Äußerungen enthalten Elemente aller drei Gruppen, und die Unterteilung soll nur die Übersicht erleichtern. Die drei Unterteilungen sind:

1. Destruktive Kritik, welche die Annahme verwirft;
2. Kritik, welche die Bedeutung von Faktoren betont, die Burgess entweder wegließ oder denen er nur geringe Bedeutung beimaß;
3. Versuche, den historischen Prozeß auszuschließen, die Annahmen implizit zu bewerten und damit die gesamte Beweisführung auf eine deduktive Form zurückzuführen.

Die drei Gruppen werden im folgenden untersucht.

---

[7] E.W. Burgess (1925), 49.
[8] E.W. Burgess (1925).
[9] E.W. Burgess (1925).

9.11 Ablehnung des Burgess-Modells

Es gibt vier eng miteinander verzahnte Begründungen für die Ablehnung der Gültigkeit des von Burgess aufgestellten Modells.

1. *Allgemeine Übergänge oder zonale Abgrenzung.* Die Begründung für diese Kritik wird unter anderem in einem Aufsatz von M. R. Davie[10] gegeben. Ausgehend von der Feststellung, daß „so häufig Störfaktoren das Muster konzentrischer Kreise unterbrechen oder abschwächen, daß es als Untersuchungsverfahren ungeeignet ist", führt Davie Abstufungen ein, die sich durch verschiedene Veränderungsraten gegebener variabler Bedingungen mit der Entfernung vom Stadtzentrum zur Peripherie hin ergeben. Im Falle einer streng zonalen Einteilung müßten diese Abstufungen an den jeweiligen Grenzen einzelner Zonen besonders markant sein, etwa so wie in der Meteorologie eine Wetterfront die Trennlinie zwischen zwei gegensätzlichen Luftmassen markiert. Unter Zuhilfenahme einer Studie über die räumliche Verteilung der Verbrechensrate in Chicago, der Stadt, von der Burgess sein Modell herleitete, folgerte Davie, daß trotz der Abnahme dieser Rate mit der Entfernung vom Stadtzentrum keinerlei Zusammenhang mit der Einteilung in konzentrische Zonen bestehe[11]. Das bedeutet, daß trotz signifikanter Veränderungen mit der Entfernung vom Stadtzentrum eine Gruppierung oder eine sprunghafte Änderung an den zonalen Grenzen nicht auftrat, d. h., wenn wir bei dem obigen Beispiel bleiben, daß es keine Wetterfronten gab. Es besteht natürlich die Gefahr, daß diese Kritik nach dem aus der regionalen Geographie bekannten Schema der Einteilung in „Kerne" und „Zellen" gegenüber dem von „Grenzen" verfährt. Sicher haben jedoch die Gradabstufungsstudien die im Modell konzentrischer Zonen enthaltenen strengen Abgrenzungen nicht zeigen können. Daraus ergibt sich auch die zweite Grundlage für die Ablehnung des Modells.

2. *Interne Vielfalt der Zonen.* Die Vorstellung gut definierter Grenzen um klar erkennbare ökologische „Regionen" deckt sich in gewisser Weise mit dem Gedankengang von Park über „Naturräume"[12]. Hatt unterschied zwei Phasen innerhalb dieses Einzelkonzeptes: „Die eine betrachtet den Naturraum als räumliche Einheit, die natürliche Grenzen aufweist, in der eine homogene Bevölkerung nach charakteristischen moralischen Ordnungsprinzipien vorkommt. In der anderen Phase werden die biotischen und Gemeinschaftsaspekte hervorgehoben, und der Naturraum als räumliche Einheit beschrieben, in der eine Bevölkerung auf der Grundlage symbiotischer Beziehungen lebt"[13]. In beiden Phasen weist der Begriff „räumliche Einheit" auf den gemeinsamen Ursprung

---

[10] M.R. Davie (1961): The pattern or urban growth. – Reprint in G.A. Theodorson (1961): Studies in human ecology, 77. (New York).

[11] M.R. Davie (1961), 79.

[12] R.D. McKenzie (1925): The ecological approach to the study of the human community. – in: R.E. Park & E.W. Burgess, Ed. (1925), 77.

[13] P. Hatt (1946): The concept of natural area. – Am. sociol. Rev. **11**, 423.

hin — das Vorhandensein klar unterscheidbarer Sozialräume innerhalb der Stadt. Hatt versuchte dann nachzuweisen, daß es solche Naturräume nicht geben könne. Er unterschied zwischen „Naturräumen als logisch-statistischen Einheiten innerhalb eines Forschungsvorhabens" und der „Bestimmung von Naturräumen mit Hilfe einer Anzahl von räumlichen und sozialen Faktoren, die einschränkende Einflüsse auf die Bewohner geographisch und kulturell definierter Regionen ausüben"[14]. Das letztere Verfahren lief nach Hatt auf die Erneuerung eines Ansatzes hinaus, der sich für die Zusammenstellung von Daten über die Komplexität einer Stadt als durchaus sinnvoll erwiesen hatte, aber als Einschränkungen unterworfene Forschungsrichtung oder gar als Glaubenslehrsatz nicht tauge. Wenn man die Naturräume nach dem einfacheren Verfahren als Datensammeleinheiten sehen würde, könnten sie durchaus als brauchbar für die konzentrischen Zonen angesehen werden. Sie wären dann nämlich heruntergestuft von den sogenannten natürlichen Ergebnissen ökologischer Prozesse auf bloße nützliche Planspiele in der statistischen Analyse. Auf diese Weise war die Untersuchung von Daten über Entfernungszonen und Richtungssektoren schon oft vorgenommen worden. Außerdem konnte eine solche Analyse den Grad innerer Unterschiede belegen: „Variationen innerhalb der Hauptentwicklungszonen waren von nicht geringerer Bedeutung als die Unterschiede zwischen ihnen"[15]. Als sich herausstellte, daß die Zonen keine grundlegende ökologische Berechtigung hatten, verloren sie viel von ihrer Bedeutung. „Man kann die Theorien von Burgess und Park nicht mehr auf moderne Bedingungen übertragen und ... für das systematische Studium der Komplexität städtischen Lebens wird ein neuer Rahmen benötigt. Manche könnten sogar meinen, daß die Lage heute so komplex ist, daß es unmöglich wird, überhaupt irgendeinen Rahmen dafür zu erstellen und es besser wäre, sich auf die Untersuchung einer Anzahl typischer Räume zu konzentrieren"[16]. Hier ist eine eindeutige Ablehnung ausgesprochen, obwohl dabei nicht klar wird, was unter „typischen Räumen" zu verstehen ist.

3. *Der Anachronismus des Schemas.* Im letzten Abschnitt hieß es, daß die betrachtete Theorie „sich nicht mehr auf moderne Bedingungen übertragen läßt". Da das Burgess-Modell auf einen historischen Zusammenhang bezogen war, trifft diese Bemerkung zu. Das zonale Schema mag zwar auf die nordamerikanische Stadt um 1920 anwendbar gewesen sein, aber für eine weltweite Anwendung in der zweiten Hälfte des 20. Jahrhunderts ist es sicher nicht geeignet (siehe Fig. 9-2).

4. *Der Mangel an Allgemeingültigkeit des Schemas.* Gerechterweise soll darauf hingewiesen werden, daß Burgess selbst nicht gefordert hat, daß das Modell auch für andere als für schnell wachsende, industrialisierte nordamerika-

---

[14] P. Hatt (1946), 427.
[15] E. Gittus (1964): The structure of urban areas, a new approach. — Tn. Plann. Rev. **35**, 7.
[16] E. Gittus (1964).

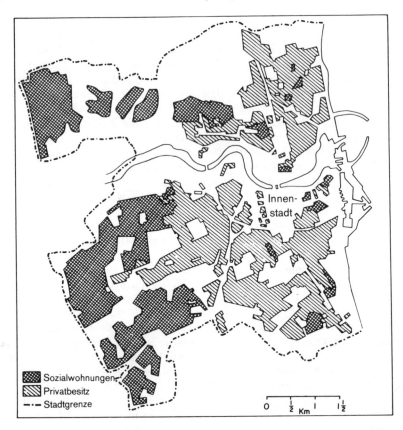

Fig. 9-2. Die Verteilung von Gebäuden des sozialen Wohnungsbaus in Sunderland. Nach B.T. Robson (1969). Obwohl die Verteilung sich auf das städtische Verwaltungsgebiet beschränkt, ist die Randlage von Gebäuden des sozialen Wohnungsbaus klar erkennbar. Solche im wesentlichen kommunalpolitischen Entscheidungen widerlegen die allzu einfache Auffassung, daß nur Marktkräfte die Ursache des konzentrischen Flächennutzungsmodells seien.

nische Städte Bedeutung haben solle. Diese Forderung ist erst von anderen aufgestellt worden. Eine Untersuchung der von Gideon Sjoberg[17] verfaßten Arbeit über die „vorindustrielle Stadt" belegt diese Absicht. Sjoberg weist nach, daß die Stadt vor der Industrialisierung sowohl historisch wie auch räumlich ein Strukturmuster aufweist, das mit dem Schema konzentrischer Zonen nichts gemein hat. Er sieht drei Hauptgruppen dieses Gegensatzes.

---

[17] G. Sjoberg (1965): The pre-industrial city, past and present.

a) „Die Dominanz des Zentrums gegenüber der Peripherie, insbesondere bei der Verteilung sozialer Gruppen"[18]. Im Zusammenhang mit der vorindustriellen Stadt sammeln sich die Privilegierten, die Elite im Zentrum, da sie dort am engsten mit Regierungs- und religiösen Gebäuden in Kontakt sind, die sowohl baulich als auch symbolisch die politische Macht symbolisieren. „Da in feudalen Städten politische und religiöse Handlungen dem Status nach höher stehen als ökonomische, sind Markt und Geschäfte, obwohl sie sich auch im zentralen Sektor befinden, von geringerer Bedeutung ... Die kommerziellen Strukturen können also keineswegs mit den religiösen und den politischen in ihrer symbolischen Bedeutung konkurrieren. Diese Flächennutzungsmuster stehen damit im Gegensatz zur weithin bestätigten Annahme der Chicagoer Schule, daß die Innenstadt als zentraler Geschäftsbereich (central business district = CBD) den Mittelpunkt städtischen Lebens darstellt. Eine solche Generalisierung wäre nur in Industriestädten zulässig"[19].

b) „Feinere räumliche Unterschiede in bezug auf ethnische, berufliche und familiäre Bindungen"[20]. Es besteht eine charakteristische Trennung in diesen Bereichen. Ein wesentliches Beispiel bildet das Ghetto der mittelalterlichen europäischen Stadt oder auch die Monopolstellung spezieller Handwerksgilden in einigen Gebieten, was auch heute noch an den Straßen- oder Viertelsnamen in Städten zu sehen ist. Auch muß darauf hingewiesen werden, daß Burgess auf der Karte 2 seines Kapitels über das Wachstum der Stadt klar ein Viertel der Schwarzen (black belt) in Chicago skizzierte, das über einzelne konzentrische Zonen hinausreichte. Er schrieb selbst: „Von hier aus bildet das Viertel der Schwarzen einen Keil", wobei er faktisch sektorale Begriffe benutzte (Fig. 9-1 A).

c) „Das geringe Vorkommen funktionaler Differenzierung der Flächennutzungsmuster"[21]. Zur vorindustriellen Stadt gehört auch die unterschiedliche Nutzung einzelner Grundstückseinheiten, wie z. B. die Mitbenutzung von kirchlichem Gelände als Marktplätze, wobei zum Teil selbst der Kirchhof benötigt wurde. Für den äußeren Hof des Tempels von Jerusalem war der Kauf und Verkauf von Waren typisch. Händler und Handwerker wohnten über oder neben ihrer Arbeitsstätte, wodurch die wesentliche Trennung von Arbeitsplatz und Wohnung wegfiel, auf der das Schema konzentrischer Zonen basiert. Teilweise ist das natürlich darauf zurückzuführen, daß die damalige Technik nicht in der Lage war, die dazu notwendigen schnellen Transportmöglichkeiten zu schaffen.

„Um es zu wiederholen, die Flächennutzungsstrukturen der Feudalstadt verhalten sich in vieler Hinsicht umgekehrt zu denen in hochindustrialisierten Ländern"[22] (Fig. 9-3). Obgleich man die Terminologie von Sjoberg nicht über-

---

[18] G. Sjoberg (1965), 95.
[19] G. Sjoberg (1965), 97.
[20] G. Sjoberg (1965), 95.
[21] G. Sjoberg (1965), 96.
[22] G. Sjoberg (1965), 103.

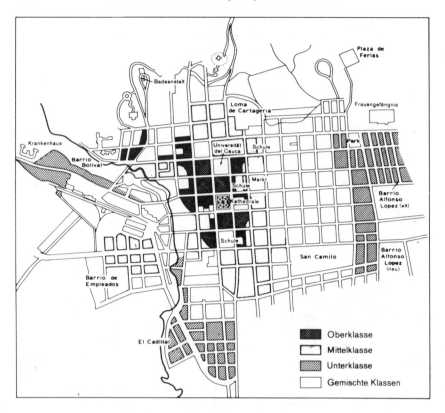

Fig. 9-3. Sozialräumliche Differenzierung von Popáyan, Kolumbien.
Hier wird die Umkehrung der Theorie konzentrischer Kreise zur städtischen Flächennutzung am Beispiel einer vorindustriellen Stadt klar erkennbar. Die Wohngebiete der „Oberklasse" gruppieren sich eindeutig um die zentralen Gebäude in der Innenstadt. Nach A.H. Whiteford (o. J.): Two Cities of Latin America (New York).

nehmen muß, wurden seine kritischen Gedankengänge etwas länger ausgeführt, da sie so eindeutig beweisen, daß das Burgess-Modell nicht nur von Prozessen abhängig ist, die der Humanökologe als vom sozialen Milieu abhängig bezeichnet und die hier lediglich als ökonomischer Wettbewerb um das knappe Grundstücksangebot in der Innenstadt charakterisiert sind. Das Modell basierte auch auf einer ganzen Reihe sozialer und technologischer Bedingungen, auf die man nicht genauer einging und die man häufig völlig ignorierte, wenn man das Modell als universell anwendbar charakterisierte[23].

---

[23] Die ausführliche Darstellung findet sich auf S. 220 ff.

Man brauchte jedoch nicht auf so weit voneinander entfernt liegende Bereiche und Zeiten zu verweisen, um die begrenzte Anwendbarkeit des Burgess'schen Modells zu belegen. Die Verteilung von Gebäuden des sozialen Wohnungsbaus in Großbritannien (Fig. 9-2) zeigt, daß die Folgerung, der Sozialstatus steige mit der Entfernung vom Stadtzentrum, nicht zutrifft. Hier wirken ganz andere sozialpolitische Kräfte als die, welche zur Form der nordamerikanischen Stadt um das Jahr 1920 führten. Die dortigen Stadtverwaltungen hatten in der Tat keinerlei Einfluß auf den Bau von Häusern. Verläßt man Nordamerika und versucht, die auf unterschiedlichen sozialen, ökonomischen, politischen und technologischen, also kulturellen Bedingungen basierenden Strukturen zu erfassen, dann wird die Anwendbarkeit von in Nordamerika entwickelten Modellen und Konzeptionen immer unvollständiger.

Der Tenor der Kritik am Modell von Burgess in den vier genannten Bereichen ist in zwei Hauptgründen zu sehen: 1. Das Modell ist historisch und kulturell auf eine spezielle Situation zu einer bestimmten Zeit und in einem besonderen Land begrenzt. 2. Selbst da noch betont es relativ willkürlich klar gezogene Grenzen, die sich über Studien der Gradabstufung nicht nachweisen lassen und geht von einer natürlichen Einteilung unterschiedlicher Gebiete aus, während die Stadt in Wahrheit ein recht komplexes Gebilde ist, dem man mit starken Generalisierungen nicht beikommen kann. Viele dieser Kritikpunkte sind den Geographen bekannt, zumal sie das Vorhandensein von Naturräumen (oder Regionen) und ihre Abgrenzung überhaupt in Frage stellen, die Hilfskonstruktionen der Kritiker aber nicht. Wenn man eine kritische Äußerung gegenüber dem Regionalgeographen auf Burgess bezieht, dann könnte man auch ihn beschuldigen, „Linien zu ziehen, die nicht vorhanden sind, um Gebiete herum, die nicht interessieren"[24]. Die vielfältigen Attacken zeigen im Grunde eines, daß das Modell der konzentrischen Kreise als zu simpel und zu begrenzt im historischen und kulturellen Zusammenhang erscheint, um es zur Erklärung von Flächennutzungsmustern heranzuziehen. Wenn man diese Erkenntnis berücksichtigt, bleibt das Modell dennoch als erste Approximation und als pädagogisches Hilfsmittel sinnvoll. Für die Forschung hat es keine weitreichende Bedeutung mehr.

9.12 Erweiterungen des Burgess-Modells

Da das Modell konzentrischer Kreise eine große Anzahl von Faktoren nicht berücksichtigt, welche die städtische Flächennutzung beeinflussen, kann man viele von ihnen bei Erweiterungen des Modells heranziehen. Vier davon sollen erörtert werden, wobei der erste und der letzte nicht als Standardergänzungen

---

[24] G.H.T. Kimble (1951): The inadequacy of the regional concept. – in: D. Stamp & S.W. Wooldridge, Ed. (1951): London essays in geography. (London).

anzusehen sind, während die beiden mittleren heute eng mit dem Burgess-Modell verknüpft sind.

1. *Die Berücksichtigung der Gebäudehöhe.* Im Modell konzentrischer Kreise wurde bei der Betrachtung der Stadt nur eine zweidimensionale Ausdehnung angenommen und die Höhe der Gebäude sowie die Unterschiede ihrer Nutzung in verschiedenen Stockwerken fanden wenig Beachtung. Es ist jedoch recht einfach, auch dieses Merkmal im Modell zu berücksichtigen. Die Erreichbarkeit vermindert sich nicht nur vom Zentrum aus zum Stadtrand, sondern auch vom Erdgeschoß aus nach oben. Bei der Betrachtung der vertikalen Veränderungen bei der Nutzung stellt sich oft heraus, daß diese der horizontalen Veränderung sehr ähnlich sind. Das veranschaulicht Fig. 9-4. In kleineren Städten findet man oftmals über dem Einzelhandelsgeschäft im Erdgeschoß Büroräume, die häufig von Rechtsanwaltpraxen oder Versicherungsgesellschaften belegt sind, und darüber liegen dann Wohnungen. Das ist eine klare Parallele zu der horizontalen Abfolge. Nutzungsarten, die wegen der hohen Kosten im Wettbewerb um die erwünschten, zentral gelegenen Standorte unterliegen, werden auf die Übergangszone oder den gemischt genutzten Rand abgedrängt, welcher die Innenstadt umgibt, oder sie ziehen sich auf die oberen Stockwerke von zentral gelegenen Gebäuden zurück. Man kann sich daher das Modell als eine abgeflachte Kuppel vorstellen, deren höchster Punkt dort liegt, wo die Spitzenpreise für Bauland erzielt werden, und die nach außen hin auf niedrigerem Niveau ausläuft[25]. Die äußerste Pendlerzone würde daher mit ihren gehobenen Wohnfunktionen ebenso als oberste Schicht der Kuppel gelten wie die Penthäuser und Appartements in den oberen Geschossen der Innenstadtgebäude. Diese Erweiterung um die Vertikale kann hier nur kurz gestreift werden und müßte bei vertiefender Betrachtungsweise eine Fülle weiterer Probleme behandeln.

In diesem Sinne wären auch andere Erweiterungen möglich. Manche Vorschläge erwiesen sich jedoch als unsinnig, wie der, das Modell solle doch aus Quadraten anstatt aus Kreisen bestehen, da die meisten nordamerikanischen Städte nach Gitternetzentwürfen gebaut worden seien[26].

2. *Die Sektorentheorie.* Die erste konstruktive Kritik an Burgess stammt aus einer Arbeit von Homer Hoyt, die im Jahre 1939 von der Bundeswohnungsbauverwaltung der Vereinigten Staaten (United States Federal Housing Administration) veröffentlicht wurde[27]. Nachdem er eine Untersuchung über das Mietpreisgefüge in 25 über die ganzen USA verstreuten Städten durchgeführt hatte, resumierte Hoyt, daß „es ein allgemeines Mietpreismuster gibt, welches auf alle Städte anwendbar ist. Dieses Muster stellt keine Zufallsverteilung dar. Es hat nicht die Form von streng definierten rechteckigen Gebieten, in denen die ein-

---

[25] Es wird daraus ersichtlich, daß sich unter Einbeziehung der Höhe eine ganz andere Form der Flächennutzungswerte ergibt als ohne sie, und zwar um so mehr, je größer eine Stadt ist und je mehr Hochhäuser im innerstädtischen Bereich stehen.

[26] E. Bergel (1955): Urban sociology, 109. (New York).

[27] H. Hoyt (1939): The structure and growth of residential neighborhoods in American cities. (Washington).

Erweiterungen des Burgess-Modells

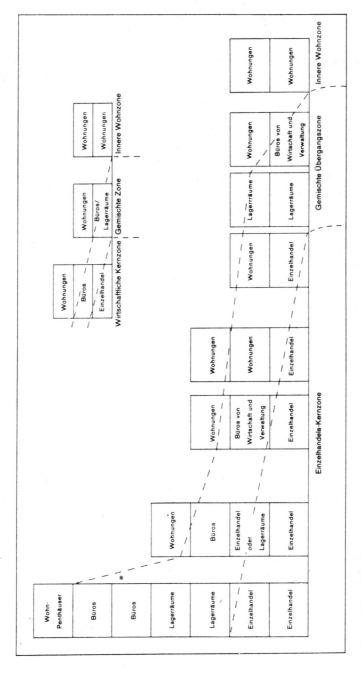

Fig. 9-4. Der Zusammenhang zwischen Flächennutzung und Gebäudehöhe. Das obere Diagramm ist gegenüber dem unteren vereinfacht. Es handelt sich lediglich um generalisierte Skizzen, um die Überschneidung der einzelnen Kreise des konzentrischen Kreismodells im Innenstadtbereich zu demonstrieren.

zelnen Baublöcke jeder Mietgruppe völlig unabhängig voneinander sind. Es läßt sich aber auch nicht in die Form sukzessiver konzentrischer Kreise pressen ... Selbst wenn man die Mietdaten im Rahmen konzentrischer Kreise zu sehen versuchen würde, läßt sich die erwartete Abstufung vom Zentrum zur Peripherie hin nicht nachweisen. Dem Augenschein nach ist daher der Schluß erlaubt, daß die verschiedenen Mietpreisgebiete in nordamerikanischen Städten sich eher in einer Sektorenstruktur als in konzentrischen Kreisen wiederfinden"[28] (siehe Fig. 9-1C und 9-5). Damit hatte Hoyt die sogenannte „Sektorentheorie" vorgestellt. Aus dem Titel seiner Arbeit geht hervor, daß er sich vor allem mit den Wohnfunktionen beschäftigte. Den Schlüssel zur Sektorenanordnung bildete für Hoyt die Lage der besseren Wohngegenden[29]. Diese dehnen sich beim Wachstum der Stadt nicht wahllos aus, sondern erstrecken sich entlang von Verkehrsachsen vom Zentrum nach außen und bilden so einen Sektor. Sie umgeben die Stadt nicht an ihrer Außengrenze. Bestimmte Faktoren üben dabei einen beherrschenden Einfluß aus. Außer den Verkehrslinien sind Anziehungspunkte höherliegende Gebiete, bei denen keine Überflutungsgefahr besteht, freies Gelände ohne natürliche Hindernisse, die Häuser von führenden Mitgliedern der Gesellschaft, Bürogebäude und Spezialgeschäfte, gut geführte Geschäftszentren, die außerhalb liegen, und die Spekulationsobjekte von Häusermaklern.

Aus dieser Liste läßt sich auch entnehmen, daß manche Faktoren der Flächennutzung sich gegenseitig anziehen, wie die Bildung von guten Wohnvierteln in der Nähe von Geschäftszentren in den Vororten. Einige Faktoren stoßen sich jedoch auch gegenseitig ab, wie etwa die Schwerindustrie, die sich ebenfalls entlang von Verkehrslinien, seien es nun Eisenbahnen oder Wasserwege, entwickelt, und ebenfalls zur Sektorenbildung führt. Ein solcher Sektor wird immer von Wohnvierteln hoher Qualität abgestoßen (Fig. 9-1C). Es kontrolliert daher im wesentlichen das *Richtungselement* Unterschiede in der Flächennutzung und nicht die Entfernung. Damit erhält die Stadtstruktur einen Sektorencharakter. Hoyt vernachlässigte die Entfernungsvariable nicht, sondern er fügte lediglich das Richtungselement hinzu, um dem Burgess-Modell auf Kosten der Simplizität einen höheren Grad an Realität zu verschaffen.

3. *Das Mehr-Kerne-Modell.* Ein anderes Modell, das aus einer Anzahl separater Kerne bestand, wurde von C. D. Harris und E. L. Ullman vorgeschlagen[30]. Es sollte einen weiteren Schritt weg von der starken Verallgemeinerung zur Realität hin darstellen. Es ist erwiesen, daß viele Siedlungen und fast alle großen Städte nicht nur um einen einzigen zentralen Geschäftsbereich herum wachsen, sondern durch eine fortschreitende Integration einer Anzahl von getrennt vorkommenden Kernen gebildet werden. Daraus entwickelte sich der Vorschlag eines Mehr-Kerne-Modells. Diese Kerne und auch weitere beim Wachstumspro-

---

[28] H. Hoyt (1939), 73—76.
[29] H. Hoyt (1939), 114.
[30] C.D. Harris & E.L. Ullman (1945): The nature of cities. — Ann. Am. Acad. pol. Sci. **242**, 7.

Erweiterungen des Burgess-Modells 217

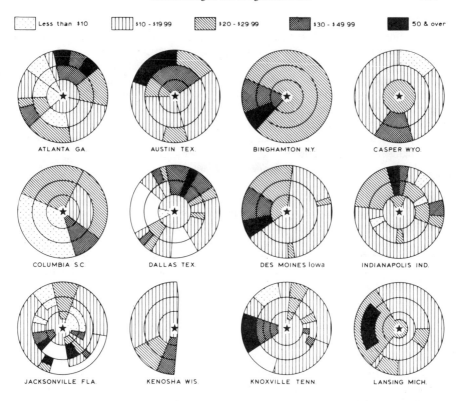

Fig. 9-5. Theoretisches Strukturmuster von Mietzinsbereichen in 12 nordamerikanischen Städten. Nach H. Hoyt (1939). Hier sind 12 der von Hoyt ausgewählten 30 Beispiele dargestellt. Die Mietzinsbereiche wurden nach dem Muster der Idealstruktur konzentrischer Kreise zusammengestellt, um damit zu beweisen, daß sie in amerikanischen Städten eher dem Muster von Sektoren als dem konzentrischer Kreise entsprechen.

zeß entstehende Zentren lassen sich nicht zu irgendeiner generalisierten Zone oder Distanz in Beziehung setzen. Sie werden vielmehr von einer Anzahl von Kontrollfaktoren bestimmt, die zwischen den Kernen besondere Strukturmuster entstehen lassen. Es sind dieses:
a) Bestimmte Handlungen erfordern spezialisierte Einrichtungen. So erfordert der Einzelhandelsbereich eine maximale Erreichbarkeit, die anders geartet ist als etwa die geometrische Zentralität.
b) Einander ähnliche Gewerbe schließen sich räumlich zusammen, da sie daraus Vorteil ziehen. So entstehen spezialisierte Viertel der Rechtsprechung oder des Theaters, womit jeweils externe Einsparungen vielfältiger Art verknüpft sind.

c) Verschiedene Aktivitäten setzen sich auch voneinander ab, wie das bei der Trennung von gehobenen Wohngebieten und Industrievierteln der Fall ist.
d) Manche Branchen können sich die hohen Mieten nicht leisten, welche an den besten und zentralsten Standorten gefordert werden.

Daraus wird deutlich, daß keine dieser Thesen wirklich neu ist, denn sie waren bereits von Burgess und Hoyt festgestellt worden. Aber Harris und Ullman folgerten daraus, daß diese Einflüsse während des historischen Wachstumsprozesses voneinander getrennte Gebiete und nicht Zonen oder Sektoren entstehen ließen, die in der Tat ein Flickwerk bildeten. Allerdings gab es klare Kontrollmechanismen für die Zuordnung einzelner dieser „Flicken" (Fig. 9-1D).

4. *Die Einführung einer Größenvariablen.* Bei seinem Modell bezog sich Burgess vor allem auf die großen und die größten Städte. Die Frage ist nur, was verstand er unter „groß" und „den größten"? Burgess selbst erklärte, daß zu den Zeiten, als Chicago nur eine kleine und primitive Siedlung war, alle isolierten Zonen in einer einzigen enthalten waren. Das Modell konzentrischer Kreise ist nicht auf eine große Metropole wie das heutige Chicago anwendbar, wo gegenüber der simplen Annahme einer geschlossenen Innenstadt eine große Anzahl spezialisierter Gebiete entstanden sind, sei es aus dem Bereich der Finanzen, des Rechts, des Einzelhandels oder des Theaters, um nur einige wenige aus den Anfangszeiten der Spezialisierung zu nennen. Wenn die Entwicklung von Kreisen aus einer primitiven Zelle bis hin zu einer bedeutenden Stadt historisch gegründet werden kann, müßte sich der gleiche Prozeß in der Gegenwart bei der Untersuchung verschiedener Größenklassen von Städten verfolgen lassen. Man müßte einen Fortschritt von den kleinsten Siedlungen, wo sich keine Nutzungsdifferenzierung nachweisen läßt, zur nächstgrößeren Klasse, die bereits einen klar definierten Ring von Wohnhäusern um einen Kern gemischter, aber vorwiegend nicht Wohnzwecken dienenden Nutzungen aufweist, feststellen können. Die nächste Größenklasse ist durch einen Einzelhandelskern charakterisiert, der von einem gemischten Ring nach außen drängender, nicht dem Einzelhandel zuzurechnender Nutzungen gebildet wird, der in den Wohnbereich eindringt. Und so geht es weiter bis zum Entstehen der Metropole. Hier ist darauf hinzuweisen, daß es um die Charakteristika von Größenklassen und nicht um Stadien beim Wachstumsprozeß geht. Dennoch soll hier auf den Versuch von Griffith Taylor hingewiesen werden, der diese Gegensätze in folgendem Schema formalisierte:

Infantile Siedlungen	Zufällige Verteilung von Geschäften und Häusern, keine Fabriken.
Jugendliche Siedlungen	Die Differenzierung von Zonen beginnt, Geschäfte siedeln sich separat an.
Heranwachsende Siedlungen	Verstreute Fabriken, aber keine bestimmte Zone für gehobene Wohnviertel.
Frühreife Siedlungen	Klar abgetrennte gehobene Wohnviertel.
Reife Siedlungen	Getrennte kommerzielle und Industriegebiete, vier unterschiedliche Wohnbereiche, die von großen Villenvororten bis zu Slums reichen.

Diese Tabelle[31] ist fast in jeder Hinsicht inadäquat. Die Begriffe, die aus dem Gebirgsbildungszyklus von W. M. Davis übernommen wurden, sind unangemessen. Darüber hinaus ist sie unnötig, da die angegebenen Charakteristika Korrelate für die Größe und eventuell für die wirtschaftlichen Grundlagen sind. Taylor selbst ordnete der „Jugendlichen Siedlung" eine Bevölkerung von etwa 20.000 Einwohnern zu, behauptete dann aber mit einer gewissen Berechtigung, wenn auch ohne längeren Beweis, daß das jeweilige Stadium und die Bevölkerungsgröße nicht unbedingt eng miteinander zusammenhängen müßten. Hier gibt es tatsächlich Probleme.

In einem frühen Stadium kann eine Bergwerksiedlung durchaus eine große Bevölkerung haben und dennoch wenig mehr als ein „Camp" sein. Hier käme es dann mehr auf die Wirtschaftsgrundlagen an. Taylor geht in seinem Zyklus nur wenig auf die fortschreitende Differenzierung der einzelnen Nutzungsarten ein. Seine Hervorhebung der „verschiedenen Altersgruppen von Städten" ist daher nicht besonders klar und wurde in der Stadtgeographie kaum beachtet, weist aber in die richtige Richtung und wirft Fragen auf, die noch beantwortet werden müssen. Es wäre z. B. zu klären, inwieweit getrennte Flächennutzungsarten als Teil des städtischen Wachstumsprozesses anzusehen sind. Bei welcher Siedlungsgröße oder auf welcher Stufe der Hierarchie und auf welche Weise findet diese Differenzierung statt, und unter welchen funktionalen Bedingungen? Vielleicht sollte man hier nur darauf hinweisen, daß das Modell von Burgess eindeutig auch eine Größenvariable umfaßte, die allerdings nur unklar umrissen war.

Mit diesem kurzen Überblick über die Modelle, welche das gesamte Flächennutzungsmuster einer Stadt generalisieren sollten, wurden einige Erweiterungen des ursprünglichen Schemas von Burgess besprochen. Diese sind induktiv im Ansatz, wobei von der Annahme ausgegangen wurde, daß die Kenntnis der Flächennutzung in einer großen Anzahl von Städten einen nur sehr geringen Zusammenhang zwischen Modell und Realität erbringen würde. Wenn man daher weitere Varibale wie etwa Größe, Höhe, Wachstum entlang von Ausfallstraßen oder Mehrfachkerne einführen würde, müßte sich ein Fortschritt durch den größeren Realitätsbezug der Generalisierung einstellen. Wenn man aber so verfährt, geht auch manches an der plausiblen Einfachheit des Ursprungsmodells verloren. Man fragt sich z. B., ob das Modell der Mehrfachkerne wirklich als solches bezeichnet werden kann. Es basiert auf der Kenntnis von verschiedenen Nutzungsarten und trägt kaum zu einer Aufhellung ihrer komplexen Beziehungen im räumlichen Sinne bei. Das Zitat von Hoyt wies die Ansicht zurück, daß die Flächennutzung ein Flickwerk sei. Die Mehrkerntheorie geht aber von seinem Vorhandensein aus und stellt daher eher eine mehr destruktive Kritik als eine Modifizierung des ursprünglichen Modells konzentrischer Kreise dar. Letzteres kann auch heute noch vertiefte Einblicke in das Flächennutzungsmuster bieten, auch wenn es die herausragende Bedeutung für Forschungspro-

---

[31] G. Taylor (1949): Urban geography, 421–423. (London).

jekte, die es um 1920 besaß, verloren hat. Es ist immer noch ein recht nützliches pädagogisches Mittel, um die Komplexität der Probleme der Großstadt zu veranschaulichen. Vielleicht ist das der Grund dafür, daß das Modell von Burgess, je öfter man es ablehnt, um so mehr in einführenden Studien über die Großstadt Anwendung findet.

9.13 Das Burgess-Modell als deduktive Theorie

Je weniger das Schema konzentrischer Kreise für die Erklärung der städtischen Flächennutzung befriedigte, desto häufiger versuchte man, das Modell so umzuformen, daß es am Ende auf eine deduktive Beweisführung hinauslief. Bei diesem Prozeß wurden einige Voraussetzungen für die Modellannahmen geklärt. Leo F. Schnore[32] gliedert seine Annahmen wie folgt:

1. Die Heterogenität. In Übereinstimmung mit Quinn werden unterschiedlich strukturierte Bevölkerungsgruppen vorausgesetzt. Quinn hatte dabei Gegensätze in der Rasse, im Grad der kulturellen Assimilation, bei den verschiedenen Sozialgruppen und Berufsständen im Auge[33]. Dieser Punkt erscheint unwesentlich, besonders wenn man das Modell lediglich auf große Städte der westlichen Welt anwendet, wo berufliche und soziale Unterschiede von vornherein gegeben sind.

2. Die Wirtschaftskraft. Gewiß setzte Burgess die gemischte industriell-kommerzielle Stadt voraus, aber durch genauere Spezifizierung der wirtschaftlichen Funktionen läßt sich größere Klarheit erreichen.

3. Die Infrastruktur. Burgess ging von den Bedingungen um das Jahr 1920 in Nordamerika aus, z. B. Privateigentum an Grundstücken, wirtschaftlichem Wettbewerb und einem leistungsfähigen Verkehrssystem.

4. Die räumliche Struktur. Diesen Punkt ergänzt Schnore gegenüber der früheren Tabelle von Quinn. Für ihn gibt es nur ein einziges Zentrum, womit er die Mehrfachkerne-Theorie verläßt. Er geht davon aus, daß das Flächenangebot mit dem Quadrat der radialen Entfernung zunimmt und damit im Zentrum selbst am knappsten ist. Deswegen und wegen der guten Erreichbarkeit von allen Seiten sind diese Grundstücke am teuersten. Der Wettbewerb um diese zentral gelegenen Grundstücke führt zu einer Selektion der verschiedenen Nutzungsarten nach der Kaufkraft.

5. Das Flächennutzungsmuster. Nach Schnore entscheidet beim Burgess-Modell die Kaufkraft über Charakter und Qualität der Stadtteile gemäß dem Prinzip: wer weniger Geld hat, der muß nehmen, was übrig bleibt.

Aber auch diese 5 Punkte bringen nur einen vergleichsweise geringen Fortschritt. Schnore stellte Variable zusammen, anstatt die Stadtstruktur deduktiv

---

[32] L.F. Schnore (1965): On the spatial structure of cities in the two Americas; Kap. 10 in P.M. Hauser & L.F. Schnore, Ed. (1965): The study of urbanization, 353–354. (New York).

[33] J.A. Quinn (1950): Human ecology, 120. (New York).

zu ermitteln und knüpft in gewisser Weise in diesem Zusammenhang an die Entwicklung der Humanökologie selbst an. Die klassischen Ökologen versuchten, Parallelen zur Pflanzenökologie zu ziehen und sahen daher die Stadtfläche und ihre Einzelstandorte als im Wettbewerb zwischen verschiedenen rivalisierenden Sozialinteressen stehend an. Beim Wettbewerbsprozeß „sah man die menschliche Gesellschaft in zwei Ebenen, der biotischen und der kulturellen. Die biotische ermöglicht einfache, nicht bewußte Anpassungen, die der Kampf ums Dasein fordert. Diese Ebene gilt als präsozial ... Die kulturelle Ebene wird als Überbau angesehen, der außerhalb der Humanökologie liegt"[34]. In diesem Rahmen kann man zwar Krankheiten oder die räumliche Verteilung primitiver Stämme untersuchen, wenn man aber die Flächennutzungsstruktur auf diese Weise interpretieren will, erheben sich sofort zwei andere Fragen:

a) Je weiter der Ökologe den vorsozialen Standortwettbewerb analysiert, um so mehr begibt er sich in den Bereich des Grundstücksgeschäfts. Das gilt insbesondere dann, wenn man ein deduktives Modell der Stadt sucht unter Ausschluß der kulturellen und sozialen Einflüsse, die der Ökologe ausklammert. Quinn schreibt z. B.: „Dem Gemeinschaftsleben liegen viele ökologischen Beziehungen zugrunde. Geschäftsleute, die eine Schlüssellage im Herzen der Stadt haben möchten, bewerben sich um das begrenzte Flächenangebot"[35] und Stadtbewohner „müssen sich um das geringe Angebot an Wohnraum bemühen". Daraus muß man schließen, daß „vorsozial" lediglich ein anderer Ausdruck für „ökonomisch" ist, denn seine Feststellung ist ja schon fast eine Definition für „wirtschaftlich", nämlich das Ermitteln von Alternativen für die Zuteilung nur begrenzt verfügbarer Geschäftsstandorte. Daraus folgt, daß sich die umfassenden Bemühungen um die Entwicklung einer Theorie der städtischen Flächennutzung auf den Grundstücksmarkt verlagert haben und daß daher die von Burgess angeregten vielen Arbeiten zur Theoriebildung nur wenig beigetragen haben, obwohl sie empirisch immer noch von großem Wert sind.

b) Die eindeutige Ablehnung sozialer und kultureller Einflüsse und das Streben nach Vereinfachung des ökonomischen Theorienansatzes durch die klassischen Humanökologen führte zu harter Kritik aus dem induktiven Forschungsbereich. Als nämlich die ökonomischen Auswirkungen des Wettbewerbs offensichtlich wurden, entwickelte sich gegen diese mechanistischen Theoreme viel Widerstand.

Zwei Kritikpunkte seien im folgenden kurz beschrieben:

1. *Gefühlsabhängige Werte und Statussymbole als ökologische Variable.* Unter diesem Titel hat Walter Firey[36] auf die im vorgehenden Abschnitt skizzierten Schwierigkeiten aufmerksam gemacht: „Der vorherrschend ökonomische Ansatz der Ökologie muß durch andere Ordnungsvorstellungen, die sich

---

[34] G.A. Theodorson (1961): Studies in human ecology, 3. (New York).
[35] J.A. Quinn (1939): The nature of human ecology: re-examination and re-definition. – Soc. Forces **18**, 166.
[36] W. Firey (1945): Sentiment and symbolism as ecological variables. – Am. sociol. Rev. **10**, 140.

auf den wertmäßigen, bedeutsamen Aspekt räumlicher Anpassung beziehen, ergänzt werden". Firey lehnte die klassische Position ab, indem er zwei Arten menschlicher Anpassung an die städtische Umwelt unterschied. Die erste nannte er „willentliche Anpassung", da „Werte, die vor allem auf der Identität oder dem Zusammengehörigkeitsgefühl einer kleinen kulturellen Einheit beruhen, räumlich sichtbar werden können". In seiner Arbeit über die Innenstadt von Boston[37] z. B. betonte er das Wertsystem der kulturellen Überlieferung, demzufolge das Viertel Beacon Hill seinen besonderen Charakter als Wohngegend unabhängig von allen Veränderungen ringsum beibehielt. Anders ausgedrückt kann man sagen, daß kulturell verwurzelte Werte einen kausalen Einfluß auf das städtische Flächennutzungsmuster ausüben. Die zweite Art der Anpassung wurde als „rational" bezeichnet, da die „räumliche Anpassung einzelner Sozialgruppen von bestimmten Interessen abhängig ist"[38]. Hier wird der ökonomische Ansatz deutlich, aber dennoch meint Firey „diese Spezialinteressen ergeben sich aus einem allgemeineren kulturellen Hintergrund". Die Ablehnung eines ökologischen Determinismus kann auch dadurch begründet werden, daß die Marktkräfte selbst indirekt den Maßstäben ihres Kulturkreises unterworfen sind und nicht unabhängig davon funktionieren.

2. *Die Einordnung der sozialen Komponente bei der Bestimmung der Flächennutzung.* Der soziale Aspekt der Flächennutzung wurde am besten von W. H. Form dargestellt[39]. Modelle sollten nicht nur ökonomische Abstraktionen, sondern auch soziale Realität verkörpern. Er lehnt vor allem die Vorstellung eines freien, nicht durch Individuen beherrschten Marktes ab. Nach seiner Meinung hängt der Grundstücksmarkt von folgenden vier Gruppen ab:

a) den Maklern, b) Industrie, Handel, Verkehr, Versorgungs- und Entsorgungsbetrieben, c) privaten Grundeigentümern und d) der öffentlichen Verwaltung.

Es wird dann der jeweilige Einfluß dieser Gruppen untersucht, ihre Funktionen im Hinblick auf den Grundstücksmarkt, das Wesen ihrer inneren Struktur, die Verantwortlichkeit der Gruppen, das „Image der Stadt", an dem jede Gruppe beteiligt ist, und die „Werte", die sie am höchsten schätzen. Schließlich sind die Beziehungen dieser Faktoren und Einflüsse untereinander in Betracht zu ziehen. Hierdurch ergibt sich ein völlig anderes Bild des Selektionsprozesses als es der Ökologe klassischer Prägung hat.

Zum Abschluß dieses Kapitels über Humanökologie und Flächennutzung sollte man darauf hinweisen, daß man mit der ökologischen Arbeitsweise in eine Sackgasse geraten ist. Durch die vorwiegend ökonomische Ausrichtung kam man zwar theoretisch weiter, war aber durch die Weigerung, kulturelle und soziale Einflüsse mit einzubeziehen, in einer entscheidenden Frage eingeengt.

---

[37] W. Firey (1947): Land use in central Boston, 34. (Cambridge, Mass.).
[38] W. Firey (1947).
[39] W.H. Form (1954): The place of social structure in the determination of land use: some implications for a theory of urban ecology. – Soc. Forces **32**, 317.

In letzter Zeit ging man dazu über, Variable aufzuzählen, die Einfluß auf die Flächennutzung haben, um einen sogenannten „ökologischen Komplex" zu bestimmen. Der Aufstellung von Schnore[40] läßt sich eine frühere von Beverley Duncan[41] gegenüberstellen:

L. Schnore		B. Duncan
Umwelt	Topographie	Lage
Technologie	Verkehr und Kommunikation	Erreichbarkeit
	Räumliche Unkosten	
Bevölkerung	Einwohnerzahl	Wachstum
	Wachstumsrate	
	Ethnische und rassische Zusammensetzung	
Organisation	Ökonomische Grundlagen	Fortbestehen
	Ökologische Gemeinschaft	
	Organisation (Ausmaß, zu dem ein Stadtteil mehr oder weniger isolierten und abgeschlossenen Untergruppen zugeordnet ist)	
	Gliederung nach sozialen Gruppen	

Duncans „Fortbestehen" bezog sich vor allem auf historische Faktoren und läßt sich nicht mit Schnores „Organisation" gleichsetzen. Das ist vor allem wichtig, weil nach Schnore alle oben angeführten Großgruppen (Umwelt, Technologie und Bevölkerung) die innere Struktur der Stadt durch ihren Einfluß auf die Organisation bestimmen. Kurz, alle anderen Variablen im „ökologischen Komplex" bewirken eine räumliche Verteilung mit Hilfe der funktionalen Organisation[42]. Schnore schließt wohlüberlegt „Wertsysteme" z. B. Gefühl und Statussymbole, und „institutionelle Anordnungen", z. B. politische Entscheidungen, aus seinem Komplex aus.

Diese Aufstellung dürfte fast alle Einwohner einer Stadt umfassen und damit mehr oder weniger eine Aufstellung von Faktoren sein, die auch in früheren Studien, nur weniger abstrakt und geordnet, angeführt wurden. Die Theorie wird dadurch kaum gefördert. So kommt man zurück auf die vernichtende Kritik und die Ansichten von Gittus, der folgendermaßen formulierte: „Die früheren Theorien und Techniken der Stadtanalyse haben viel von ihrer Gültigkeit verloren. Man sollte die Vielfältigkeit der Stadtstruktur besser über einen empirischen als über einen theoretischen Ansatz betonen ... Es mag zwar sein, daß dieser Versuch nicht gelingt, aber man sollte ihn angesichts der Sackgasse, in die man jetzt in der allgemeinen Theorie hineingeraten ist, unbedingt weiter verfolgen"[43].

---

[40] L.F. Schnore (1965), 383–386.
[41] B. Duncan (1964): Variables in urban morphology. – in: E.W. Burgess & D.J. Bogue, Ed. (1964): Contributions to urban sociology, 17. (Chicago).
[42] L.F. Schnore (1965), 383.
[43] E. Gittus (1964), 13.

9.2 Grundstücksmarkt und städtische Flächennutzung

Die erste wichtige Arbeit auf diesem Gebiet erschien viele Jahre früher als die der Humanökologen und stammt von Richard M. Hurd[44] (erste Auflage 1903). Die meisten seiner Fragestellungen befassen sich direkt mit den Grundstückspreisen, wobei sich nach seinen Worten die Flächennutzungsmuster und Grundstückspreise gegenseitig bestimmen[45]. Hurd stützte sich auf frühere Arbeiten und wandte die Erkenntnisse von Ricardo über Agrarland auf städtische Flächen an. So ging er von dem Grundsatz aus, daß „der Preis von städtischen Grundstücken wie der von Agrarland aus der Kapitalisierung der Bodenrente resultiert"[46]. Und weiter „in Städten ergibt sich der Grundstückswert lediglich aus der Standortqualität, dem alleinigen Gesichtspunkt für Bauentscheidungen"[47]. Beim Wachstum einer Stadt werden auch die abgelegeneren und daher geringerwertigen Grundstücke genutzt, so daß die Mieten an den am besten erreichbaren Punkten steigen. Um dieses wertvollere Land wird sehr bald ein Wettbewerb entstehen: „Jedes Gewerbe kann sich innerhalb einer Stadt um jeden Standort bewerben, und schließlich bekommt der Höchstbietende den Zuschlag" und kann durch seine leichtere Erreichbarkeit den Kunden größere Annehmlichkeiten oder Zeit- und Kräfteersparnis bieten. Hurd faßte seine Überlegungen zusammen: „Da der Wert vom Erlös, der Erlös von der Lage, diese von der bequemen Zugänglichkeit und diese wiederum von der Nähe abhängt, kann man die Zwischenstufen weglassen und sagen, der Wert ergibt sich aus der ‚Nähe' "[48]. Hurd betont allerdings, daß „Nähe" ein relativer Begriff ist, der sich einerseits mit Wachstum und baulicher Struktur der Stadt und andererseits mit dem Wesen der gewünschten Nutzungsart ändern kann. Er weist abschließend nachdrücklich auf die Einseitigkeit hin, der rein ökonomische Untersuchungen unterliegen, die „individuelle und kollektive Geschmacksrichtungen und Auswahlpraktiken nicht berücksichtigen, welche sich wiederum in sozialen Gewohnheiten und überlieferten Bräuchen manifestieren"[49].

Diese Erkenntnisse blieben das Kernstück aller Grundstücksökonomie. Robert M. Haig[50] bestätigte sie um das Jahr 1920 mit ähnlichen Begriffen. Haig sah die Mieten als Preis für Erreichbarkeit oder für die Einsparung an Transportkosten und den Besitz und die Nutzung von Grundstücken als Ergebnis eines Wettbewerbsprozesses. Zweifellos war die Einführung des Begriffes „räumliche Unkosten" sein Hauptbeitrag. Es handelt sich dabei um den Widerstand gegenüber einer vollständigen oder allzeitigen Erreichbarkeit, denn ohne solch eine

---

[44] R.M. Hurd (1924): Principles of city land values. (New York).
[45] W. Alonso (1964): Location and land use, 16. (Cambridge, Mass.).
[46] R.M. Hurd (1924), 1.
[47] R.M. Hurd (1924).
[48] R.M. Hurd (1924), 13.
[49] R.M. Hurd (1924), 18.
[50] R.M. Haig (1926): Toward an understanding of the metropolis. – Q.J. Econ. **40**, 421.

„Spannung" gäbe es keine Transportkosten und alle Standorte wären gleichermaßen vollkommen. Zweck des Verkehrs ist der Ausgleich dieses Nachteils oder dieser „Spannung". Aber während der Transport die Spannung selbst vermindert, ergeben sich aus den Grundstücksmieten und den Transportkosten die Gebühren für die restliche Spannung, also die verbleibenden Unkosten. Durch die Mieten werden somit die Kostenersparnisse beim Transport bezahlt. Sowohl Mieten als auch Transportkosten variieren mit dem Standort, da „die theoretisch vollkommene Lage für eine wirtschaftliche Tätigkeit sich aus dem gewünschten Erreichbarkeitsgrad bei den geringsten Unkosten ergibt. Die Struktur der Großstadt scheint sich also nach dem Prinzip der Kostenminimierung auszurichten"[51]. Daraus ergibt sich eine gegenseitige Abhängigkeit von Mieten, Transportkosten und Standort. In seiner bekannten Arbeit über die städtische Grundstücksökonomie verwendet Ratcliff ein ähnliches Argument: „Die Grundstücksnutzung wird letzten Endes von der relativen Leistungsfähigkeit verschiedener Nutzungsarten an verschiedenen Standorten bestimmt.

Die Leistungsfähigkeit entspricht der Fähigkeit zur Mietzahlung, d.h. der Fähigkeit, wirtschaftlichen Nutzen aus einem Grundstück zu ziehen. Die städtische Struktur paßt sich an das leitungsfähigste Flächennutzungsmuster durch den Wettbewerb der verschiedenen Nutzungsarten an verschiedenen Standorten an. Diejenige Nutzung, welche die größte Rendite aus dem gegebenen Standort zieht, setzt sich dabei am erfolgreichsten durch"[52]. Hieraus ergibt sich ein „geordnetes Muster räumlich strukturierter Flächennutzung, das die wirtschaftlichen Verflechtungen des städtischen Lebens am besten wiedergibt"[53]. Ratcliff vertieft seine Untersuchung des Wettbewerbs bei der Nachfrage nach Grundstücken durch eine Analyse der Wünsche von potentiellen Nutzern, da nicht alle Nutzungen in direktem Wettbewerb stehen. Dennoch lasse sich summarisch die Stadtstruktur als abhängig von der in Geldbeträgen meßbaren Bequemlichkeit für potentielle Kunden ablesen[54]. Diese Deutung steht in engem Zusammenhang mit den Vorstellungen von Burgess. In Fig. 9-6 wird die Distanz als ein Maß für die „Bequemlichkeit" im Sinne von Ratcliff angesehen. Jede grob eingeteilte Gruppe von Nutzern städtischer Fläche läßt sich nach ihrer Fähigkeit analysieren, Mietzahlungen zu leisten, die mit der Entfernung von einem einzigen, am besten zugänglichen Kern im Zusammenhang stehen[55]. Für die ganze Stadtbevölkerung muß das Einzelhandelsgewerbe am leichtesten zu erreichen sein, um seine Gewinne zu maximieren. In größerer Entfernung vom Stadtzentrum verringert sich sowohl die Erreichbarkeit als auch der Wille, hohe Mieten zu zahlen, sehr schnell (Fig. 9-6A). Auch für Büros wie Rechtsanwaltspraxen,

---

51 R.M. Haig (1926).
52 R.V. Ratcliff (1949): Urban land economies, 369. (New York).
53 R.V. Ratcliff (1949), 369.
54 R.V. Ratcliff (1949), 375.
55 Eine Diskussion dieser Frage findet sich bei B.J.L. Berry (1959): The spatial organization of business land uses; Kap. 3 in Garrison et. al.: Studies of highway development and geographic change, 62. (Seattle).

226 Städtische Flächennutzung: Allgemeine Probleme

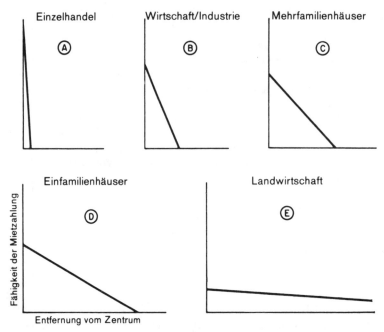

Fig. 9-6. Höhe der Mieten für verschiedene Nutzungen der Stadtfläche im Verhältnis zur Entfernung vom Stadtzentrum. Nach B.J.L. Berry (1959). In jeder der Graphiken wird die Fähigkeit potentieller Stadtflächennutzer zur Mietzahlung mit der jeweiligen Entfernung vom Stadtzentrum verglichen.

Versicherungsgesellschaften und Ärzte sind gute Erreichbarkeit und zentrale Lage sehr wichtig. Sie können aber, entsprechend dem Wesen ihrer Funktionen, die hohen Mieten der Innenstadt durch mehr am Rande gelegene Standorte vermeiden. Das Gefälle der Abhängigkeit Miete/Entfernung wird daher weniger steil (Fig. 9-6 B). Gegenüber Einfamilienhäusern werfen Mehrfamilienhäuser und Wohnblocks pro qm größere Gewinne ab, benötigen dazu aber nicht die zentralen Standorte des Einzelhandels und der Bürokomplexe (Fig. 9-6 D). Hier wird auf die schnellere Erreichbarkeit zugunsten geringerer Kosten verzichtet, obwohl betont werden muß, daß zu den geringeren Grundstückskosten die höheren Fahrtkosten addiert werden müssen. Denn Wert oder Mieten, Transportkosten und Lage sind voneinander abhängig. Die am wenigsten intensive Flächennutzung schließlich besteht in der Landwirtschaft. Obwohl auch hier leichte Standortvorteile durch Stadtnähe gegeben sind, unterliegt die Landwirtschaft im Wettbewerb gegenüber allen städtischen Nutzungen und zeigt das geringste Gefälle der Abhängigkeit Miete/Entfernung (Fig. 9-6 E).

Wenn man nun alle diese verschiedenen Kurven übereinanderlegt (Fig. 9-7), dann wird deutlich, daß an den Schnittpunkten die jeweils dem Zentrum

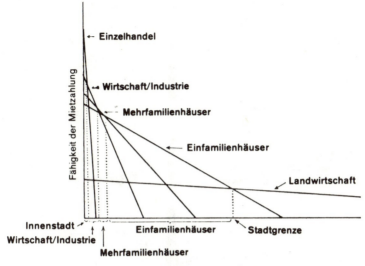

Fig. 9-7. Die Kombination der verschiedenen Kurven aus Fig. 9-6 zeigt die Überschneidung der einzelnen Linien. An jedem Schnittpunkt von außen in Richtung auf das Zentrum ergibt sich ein Sprung zu höheren möglichen Mieten, wie durch die gepunkteten Linien angedeutet.

nähere Nutzungsart die weiter entfernt liegende überbietet und damit verdrängt. Auf ein zweidimensionales Diagramm übertragen bildet sich eine Reihe von Ringen und ein wertmäßiger Querschnitt kommt dem der Stadt Topeka, den Duane Knos[56] veröffentlicht hat, nahe (Fig. 9-8). Diesem Gedankengang liegen aber einige Annahmen zugrunde, die nicht bewiesen sind, und er enthält auch einige Irrtümer. Z. B. wird angenommen, daß alle Nutzer die jeweils gleiche Fläche beanspruchen, und es wird nicht berücksichtigt, daß es möglich ist, ein größeres Grundstück zu erwerben, wenn man dafür eine geringere Bequemlichkeit in Kauf nimmt, d. h. schlicht, billigeres Land weiter außerhalb zu kaufen. Es wurden daher mehrere Versuche unternommen, die bisher beschriebenen einfachen Verfahren durch komplexere Modelle zu ersetzen[57].

Im folgenden soll eines der Modelle kurz dargestellt werden. In seiner Arbeit über die *Flächennutzungsproblematik* wandte William Alonso zwei weitere Variable an: erstens die Größe des Grundstücks, das der potentielle Benutzer erwerben wollte, und zweitens das verfügbare Einkommen, welches einerseits für Grundstücks- und Fahrtkosten und andererseits für Waren und Dienstleistungen

---

[56] D. Knos (1962): Distribution of land values in Topeka. (Lawrence, Kansas).
[57] W. Alonso (1964); L. Wingo (1961): Transportation and urban land. (Washington).

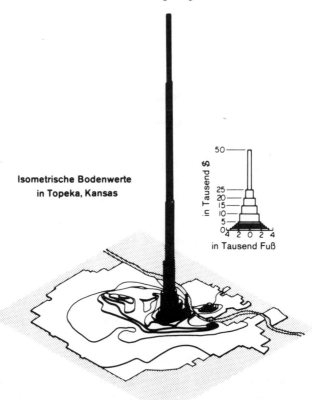

Fig. 9-8. Verteilung von Bodenwerten in Topeka. Nach D. Knos (1962).

eingesetzt wurde. Das Gleichgewicht für den Einzelhaushalt ergibt sich aus seinen verschiedenen Auswahlmöglichkeiten und der günstigste Standort aus dem Beziehungsgefüge der bereits genannten Variablen Grundstücksgröße, Auswahlmöglichkeiten bei Waren und Dienstleistungen und Entfernung vom Zentrum. Bezogen auf Fig. 9-6 heißt das, daß man in einem Privathaushalt abzuwägen hat, ob man lieber höhere Mieten zahlen oder sein Geld besser für andere Dinge des täglichen Lebens ausgeben will. Die Zusammenhänge sind nicht einfach linear, sondern recht komplex. Wenn z. B. die Waren und Dienstleistungen als konstant angesehen und dann die Beziehungen zwischen Grundstücksbedarf und Entfernung betrachtet werden, nehmen die Quadratmeterpreise mit wachsender Entfernung vom Zentrum ab. Man kann also mit wachsender Entfernung größere Grundstücke kaufen, da sie weniger kosten. Auf der anderen Seite wachsen mit der Entfernung die Fahrtkosten. Die aus dem Verhältnis von

Grundstücksgröße und Entfernung resultierende Kurve „steigt bis zu dem Punkt, an dem die Pendlerkosten die Ersparnis der verringerten Grundstückskosten aufwiegen. Bei weiter wachsender Entfernung vom Zentrum kann man sich nur noch eine entsprechend geringere Grundstücksgröße leisten"[58].

Der günstigste Standort in Bezug auf die drei definierten Verhältnisse: Grundstücksgröße zu Entfernung, Grundstücksgröße zu Waren- und Dienstleistungsangebot und Waren- und Dienstleistungsangebot zu Entfernung — wird dem individuellen Wahlverhalten gegenübergestellt, das sich daraus ergibt, daß die drei Variablen einander ersetzen können, so daß der Einzelhaushalt durch unterschiedliche Kombinationen von Flächengröße, Waren und Erreichbarkeit gleichermaßen befriedigt werden kann. In dem pro Haushalt ermittelten Gleichgewichtszustand sollen die persönlichen Wünsche und die Möglichkeiten des Standorts aufeinander abgestimmt werden. Eine solche individuelle Gleichgewichtslösung wird dann auf das Marktgleichgewicht übertragen, wobei allerdings Schwierigkeiten auftreten, da Flächenbedarf und Entfernung so ineinander verzahnt sind, daß die individuelle Nachfragekurve in eine Nachfragekurve für den gesamten Markt nicht übertragen werden kann.

Das Modell von Alonso zielt, wie der Untertitel seiner Arbeit besagt, auf eine allgemeine Theorie der Bodenwertrenten. Die Voraussetzungen sind klar formuliert. Angenommen wird eine Ebene ohne besondere Merkmale, gleiche Qualität aller Grundstücke, gleiche Nutzungsmöglichkeiten, ohne daß eine Verbesserung notwendig ist, sowohl Käufer als auch Verkäufer sind völlig frei in ihrer Entscheidung und kennen den Markt genau, juristische oder Planungsbeschränkungen gibt es nicht, die Verkäufer wollen ihren Erlös maximieren und die Käufer ihren Gewinn; und schließlich wird die Stadt als zweidimensionale Einheit ohne vertikale Komponente gesehen. Das Resultat besteht in einer deduktiven Schlußfolgerung, in die nur klar meßbare ökonomische Faktoren einbezogen sind. Seine wissenschaftliche Strenge und innere Logik lassen das Modell weit entfernt von der Realität der Stadt, aber sehr nahe der reinen ökonomischen Theorie erscheinen.

9.3 Verhaltensmuster und städtische Flächennutzung

Die bisherige Diskussion hat gezeigt, daß die Humanökologie bei der Untersuchung der Struktur von Städten nicht mehr weiterführt und ökonomische Modelle nur teilweise zur Lösung der Probleme beitragen. Es gibt einen dritten Ansatz, der zwar kein Modell vorstellt, dennoch aber Anregungen für die weitere Untersuchung der städtischen Flächennutzungsstruktur bietet. Er gründet sich auf „Verhaltensmuster von Einzelpersonen, Institutionen und Betrieben, die sich räumlich manifestieren"[59]. Einen Rahmen für einige der Hauptelemente

---

58 W. Alonso (1964), 23.
59 F.S. Chapin (1965): Urban land-use planning, 244. (Urbana, Ill.).

230   Städtische Flächennutzung: Allgemeine Probleme

menschlichen Verhaltens in bezug auf Flächennutzung hat F. S. Chapin aufzustellen versucht[60]. In Fig. 9-9 sind Wertvorstellungen, Verhaltensmuster und Ergebnisse dargestellt. Chapin geht von bestimmten Einzel- oder Gruppenwerten aus, die über einen vierphasigen Verhaltenszyklus schließlich zu einer besonderen Nutzungsart führen[61]. Diese Phasen sind Teil des menschlichen Verhaltenszyklus und werden unterteilt in Bedürfnisse und Wünsche, Zieldefinition, Planungsalternativen und Entscheidungen und Handlungen. Chapin geht entsprechend seinem besonderen Anliegen zwar von der Planung aus, betont aber die kulturellen Beeinflussungen im Sinne von Firey. Aus diesen Einflüssen, die sowohl bewußt als auch unbewußt sein können und vom einzelnen oder auch von Gruppen ausgehen können, lassen sich Verhaltensmuster ermitteln, die zu

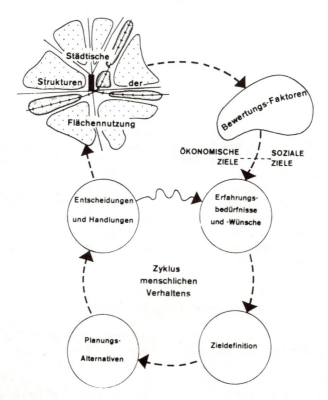

Fig. 9-9. Handlungsabfolge und Einfluß von Bewertungsfaktoren, die zur Veränderung der städtischen Flächennutzungsstrukturen führen. Nach F.S. Chapin, jr. (1965).

---

[60] F.S. Chapin (1965), 29.
[61] F.S. Chapin (1965), 30.

Determinanten der städtischen Flächennutzung werden. Diese Verhaltensmuster lassen sich nach Rannells in drei jeweils komplexere Tätigkeitsgruppen einteilen[62]:

1. Routinetätigkeiten. Alltägliche Bewegungsabläufe des einzelnen, z. B. die Fahrt zur Arbeitsstelle.

2. Institutionalisierte Tätigkeiten. Diese konzentrieren sich auf bestimmte Punkte mit öffentlichen oder privaten Einrichtungen, z. B. auf ein Theater, das eine größere Anzahl individueller Tätigkeitssysteme anzieht.

3. Organisierung von Prozessen. In dieser vielschichtigsten Situation gibt es eine ganze Reihe von musterbildenden Querverbindungen. Z. B. schließt das „Tätigkeitssystem" einer Bank seinem Wesen nach eine große Anzahl von miteinander verwandten aber dennoch verschiedenen Einzelaktivitäten ein.

Nur wenige Einrichtungen und Geschäfte wie auch Menschen sind isoliert, sie sind vielmehr mit anderen durch eine Reihe von Verbindungen verknüpft, wobei eine Verbindung definiert ist als „Beziehung zwischen Einrichtungen, die durch ständige Wechselwirkungen gekennzeichnet sind, welche die Bewegung von Personen oder Waren oder den Austausch von Informationen erfordern"[63]. So läßt sich z. B. innerhalb der Stadt ein klar abgegrenztes Gebiet von Behörden nachweisen, die aufeinander angewiesen zu sein scheinen. Es muß hier eine Beziehung zur allgemeinen Erreichbarkeit durch die Öffentlichkeit geben, wie bereits angedeutet worden ist. Eine ähnliche Beziehung besteht zu Gerichtshöfen, deren Standort meist historisch begründet ist. Eine weitere Beziehung muß auch bestehen zu öffentlichen Einrichtungen, wie etwa zu den Standesämtern, sowie zwischen Rechtsanwälten und Notaren, die ständig persönliche Kontakte zueinander haben. Alle diese Beziehungen müssen sich schließlich quantifizieren lassen. Als Ergebnis erhält man ein Flächennutzungsprinzip, das als Produkt eines Komplexes von Verbindungen anzusehen ist, die aus den Tätigkeitssystemen der verschiedenen Komponenten hervorgehen. Ein solches Verfahren ist zum Verständnis des Flächennutzungsmuster notwendig.

Mit dem Modell des Wirtschaftswissenschaftlers soll das gleiche Ergebnis erreicht werden, obwohl dieser die Komplexität der Beziehungen nicht sehen will und nur eine Verbindung gelten läßt, nämlich die mit der Innenstadt. Der Rahmen von Bewertungsfaktoren für ein Tätigkeitssystem erlaubt wegen des Fehlens einschränkender Voraussetzungen und deduktiver Schlußfolgerungen die Einbeziehung einer großen Anzahl von wirkenden Faktoren. Das System hat daher stärkere Ähnlichkeit mit den ökologischen Gedankengängen von Schnore. Gleichzeitig ist es aber auch starken Einschränkungen unterworfen, da es statt aus dem Gesamtzustand zu generalisieren die reale Stadt im Detail analysiert, z. B. in den faktischen Bewegungen einzelner, und dann versucht, darauf größere Zusammenhänge aufzubauen. Das Tätigkeitssystem stellt eine andersgeartete Methode der Betrachtung einer Stadt dar, indem es, während es

---

62 J. Rannells (1956): The core of the city. (New York).
63 J. Rannells (1956).

realitätsbezogen bleibt, das System der Kräfte analysiert, die die Gesamtstruktur bestimmen.

In diesem Kapitel wurde versucht, Modellvorstellungen über die Stadt in ihrer Gesamtheit und andere Konzeptionen zu ihrem Verständnis in allgemeiner Form vorzustellen. Generalisierungen eines so komplexen Themas bringen naturgemäß einen starken Realitätsverlust mit sich. Daher die Flucht aus der klassischen Ökologie entweder in den Bereich der theoretischen Wirtschaftslehre oder in das praktische Verfahren, Einzel- oder Gruppentätigkeiten im Detail zu analysieren. In beiden Richtungen lassen sich sinnvolle Fortschritte denken. Das gilt sowohl für eine klare Aufzählung von Voraussetzungen und die Bildung von Modellen, die mit Hilfe einiger Auswahlvariablen nur einen kleinen Teil der Gesamtzusammenhänge beleuchten, als auch für die Erstellung eines konzeptionellen Rahmens, der als Grundlage für das Verständnis komplexer Flächennutzungsarten dienen kann.

Literaturhinweise

In den Fußnoten dieses Kapitels sind die wichtigsten Standardwerke genannt. Die wichtigsten, allgemein gehaltenen Arbeiten über Tätigkeitssysteme, städtische Flächenbewirtschaftung und Humanökologie sind folgende:
Chapin, F. S. (1965): Urban land-use planning (s. Fußnote 59). Dieses Buch behandelt eine größere Anzahl von Themen und ist leicht zugänglich und ehrlich.
Ratcliff, R. V. (1949): Urban land economics. (New York). Dieses Buch ist immer noch das lohnendste allgemeine Werk zu diesem Thema.
Theodorson, G. A., Ed. (1961): Studies in human ecology. (New York).

Vor kurzem ist eine größere Anzahl von Werken über die städtische Grundstücksökonomie veröffentlicht worden, da Spezialwerke im Hinblick auf die Allgemeingültigkeit städtischer Probleme populärer geworden sind. Darunter sind:
Evans, A. W. (1973): The economics of residential location. (London).
Goodali, B. (1972): The economics of urban areas. (Oxford).
Perloff, H. S. & Wingo, L. Jr., Ed. (1968): Issues in urban economics. (Baltimore).
Rasmussen, D. W. (1973): Urban economics. (New York); (1974): The modern city: readings in urban economics. (New York).

Auch die folgenden Arbeiten sollte man beachten:
Alonso, W. (1964): Location and land use (s. Fußnote 45).
Wingo, L. (1961): Transportation and urban land (s. Fußnote 57).
Harvey, D. (1973): Social justice and the city. Kap. 5.

Zwei Untersuchungsgebiete sind in diesem Kapitel weggelassen worden, die man aber auch beachten sollte. Das erste befaßt sich mit der Beziehung zwischen Bevölkerungsdichte und Entfernung vom Stadtkern. Die wesentlichen Arbeiten sind:
Berry, B. J. L., Simmons, J. W. & Tennant, R. J. (1963): Urban population densities: structure and change. − Geog. Rev. 53, 389.
Clark, C. (1951): Urban population densities. − J. Roy. Stat. Soc., A 64, 490.
Newling, B. E. (1969): The spatial variation of urban population densities. − Geog. Rev., 59, 242.

Ein nützlicher Überblick ist zu finden in:
Berry, B. J. L. & Horton, F. E. (1970): Geographic perspectives on urban systems, Kap. 9: The urban envelope: Patterns and dynamics of population density. (Englewood Cliffs, N.J.).

Das zweite Gebiet betrifft die Entwicklung von städtischen Wachstumsmodellen. Zwei allgemeine Einführungen finden sich in:
Perloff, H. S. & Wingo, L. Jr., Ed. (1968): Issues in urban economics; Part II: Intrametropolitan development; besonders das Kapitel von Harris: Quantitative models of urban development. (Baltimore).
Kilbridge, M. D., O'Block, R. P. & Teplitz, P. V. (1970): Urban analysis. – Div. of Research. Grad. School of Business Admin. Harvard (Boston). Hier findet man eine umfangreiche Bibliographie.

Als weitere allgemeine Quelle, die nicht nur Einzelarbeiten, sondern auch Übersichten enthält, sei genannt: J. Am. Inst. Planners (1965) 31 (2), Special Issue: Urban development models. Eine häufig zitierte Studie ist:
Lowry, I. S. (1964): A model of a metropolis (Santa Monica). – Rand Corp. Memo RM-4035-RC.

Weiteres Material über bestimmte Gebiete innerhalb der Stadt findet sich am Ende der folgenden Kapitel. Eine sehr gute Literatursammlung enthält:
Bourne, L. S. (1971): Internal structure of the city. (New York).

10. Die Innenstadt

Da die Innenstadt oder der zentrale Geschäftsbereich (angelsächsisch als central business district, abgekürzt CBD, bezeichnet) als organisches Zentrum für die übrige Stadt gilt, soll dieser Bereich gesondert behandelt werden. Er umfaßt eines der „typischen" Gebiete der Stadt. Es gibt drei unterschiedliche Ansätze für die Analyse der Innenstadt. Mit Hilfe des ersten versucht man eine klare und möglichst objektive Abgrenzung zu erhalten. Dabei stößt man unvermeidlich auf weitere spezialisierte Untereinheiten, aus welchen die Innenstadt zusammengesetzt ist. Der zweite Untersuchungsansatz geht von den isolierten Einzelelementen aus, die, wie etwa Warenhäuser, relativ unabhängig von anderen innerstädtischen Nutzungen sind. Der dritte Ansatz behandelt die Generalisierung dieser individuellen Standortqualitäten im Sinne von Systemen von Tätigkeiten und Verbindungen. Diese drei Ansätze sind keineswegs klar voneinander abgegrenzt und jeder einzelne enthält auch Elemente der beiden anderen. Aber in der hier dargestellten Reihenfolge kennzeichnen sie doch den Vorgang wachsender Einsicht in strukturelle Gegebenheiten, da der Nachdruck sich von einer konventionellen Betrachtung der Grundlagen der Flächennutzung auf die Betrachtung der Vielfalt von Entscheidungsprozessen verlagert hat, die zum Aufbau der Innenstadt geführt haben.

10.1 Kriterien für die räumliche Definition

Zunächst betrachtete man die Innenstadt im Sinne traditioneller geographischer Problemstellung unter dem Aspekt ihrer räumlichen Definition. Die Auffassung einer solchen Region wurde von den ökologischen Modellvorstellungen über die Stadt bestimmt. Die Begriffe „Einzelhandelskern" oder „Innenstadt" und weitere Spezialausdrücke waren seit langem im Umlauf. Die definitorischen Verfahren waren jedoch recht grob und hingen von der Analyse von Flächennutzungskarten ab, die Unterschiede zwischen zentralen und nicht zentralen Nutzungsarten erkennen lassen mußten, sowie von der landläufigen Meinung, die sich bezüglich der Einkaufs- und Innenstadtgebiete (nordamerikanisch: downtown) gebildet hatte. Ernsthafte geographische Arbeiten haben sich damit nicht beschäftigt, vielleicht, weil Veränderungsprozesse auf diese Weise nicht deutlich wurden. Auch schloß ja die Vorstellung, daß die Innenstadt von einer Übergangszone umgeben war, ein, daß sie selbst sich nicht veränderte. Dies wurde bestätigt dadurch, daß die Innenstadt sich räumlich nicht ausdehnte und die Wandlungsvorstellungen der klassischen Ökologen nicht zutrafen. Im Gegensatz zur großen Ausweitung von Wohnvierteln in den letzten 40 Jahren hat sich die Innenstadt, abgesehen von der Entwicklung in die Vertikale, kaum ausgedehnt. Daher setzten erst mit der Arbeit von R. E. Murphy und J. E. Vance, Jr.[1] eingehende Untersuchungen der Innenstadt ein.

Murphy und Vance befaßten sich vor allem mit dem Definitionsproblem und versuchten eine einheitliche Methode für die bauliche Abgrenzung der Innenstadt zu entwickeln, die rein zufällige oder verwaltungsmäßige Abgrenzungen ablösen konnte. Eine Einteilung in Zonen erschien ihnen angemessen. Das Hauptproblem ergab sich aus den anzuwendenden Kriterien. Einige davon, die sich auf die bereits im vorhergehenden Kapitel behandelten wertmäßig erfaßten Nutzungsarten gründen, sollen wiedergegeben werden.

10.11 Geschätzter oder besteuerter Grundstückswert

Wie z. B. in der Studie über Topeka (siehe Fig. 9-8 im letzten Kapitel), müßten sich die in vergleichbaren Raumeinheiten oder Straßenfrontlängen angegebenen Flächennutzungswerte als Indikatoren für die Zugehörigkeit zur Innenstadt anwenden lassen, an deren Grenzen die Werte rasch abfallen. Allerdings stehen der Anwendung dieses Verfahrens viele Schwierigkeiten entgegen. Die einfachste aber auch wichtigste ist, daß in den meisten Teilen der Welt verläßliche Daten nicht erhältlich sind. In einem Bericht über ein Colloquium über Grundstückswerte, der im Jahre 1965 veröffentlicht wurde, heißt es, daß „allgemeine

---

[1] R.E. Murphy & J.E. Vance, Jr. (1954a): Delimiting the CBD. – Econ. Geogr. 30, 189–222. (1954b): A comparative study of nine central business districts. – Econ. Geogr. 30, 301–336.

Übereinstimmung darüber bestand, daß der Mangel an verläßlichen Daten das Verständnis sehr beeinträchtigte" und weiter, „wegen des Datenmangels können viele Einzelheiten heute nicht untersucht werden"[2]. In einem Beitrag, der eine Isoplethenkarte über Flächennutzungswerte brachte (Fig. 10-1), stand: „Ich habe für den Wohnbereich von Old Barbica in London eine Grenzlinie für die Flächennutzungswerte ausgewählt, die bei ca. DM 200,— pro qm liegt. Das Verfahren, mit dessen Hilfe ich zu diesem Wert gelangt bin, ist langwierig, kompliziert und weitgehend intuitiv. Ich bin aber sicher, daß er ungefähr stimmt! Die besten Bewertungen erfolgen normalerweise in dieser „unwissenschaftlichen" Art, manche Bewerter bezeichnen es als „nach ihrem Fingerspitzen-

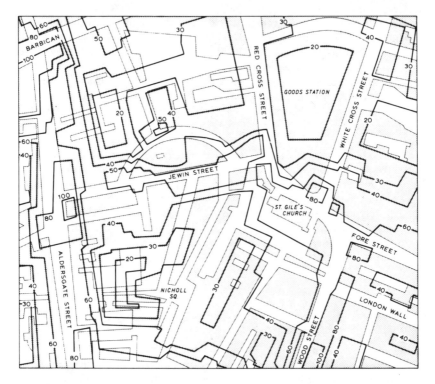

Fig. 10-1. Bodenwert-Isoplethen im Londoner Gebiet von Old Barbica. Nach B. Anstey in P. Hall (1965). Dieser Ausschnitt ist Teil einer Karte aus dem Jahre 1953. Die Wertangaben sind in Pfund Sterling je Fuß Straßenfront ausgedrückt. Es handelt sich um eine Isolinienkarte, bei der Linien gleicher Grundstückswerte ermittelt werden. Erläuterung in der im Text angegebenen Quelle.

---

[2] P. Hall, Ed. (1965): Land values, 17. (London).

gefühl", das auch anzeigt, wenn man sich geirrt hat"[3]. Selbstverständlich kann man auf dieser Ebene keine präzisen Definitionen geben. Murphy und Vance gehen auf das Problem ausführlich ein, indem sie sowohl effektive Werte, also diejenigen, welche sich an den jeweiligen Marktwert annähern, als auch Einheitswerte, die für Steuerzwecke benutzt werden, berücksichtigen. Sie kritisieren am meisten, daß es für einen sinnvollen Vergleich zu große Unterschiede zwischen den Städten gäbe, daß viele Bewertungen sehr subjektiv seien, daß Daten gelegentlich vertraulich und daher nicht zugänglich seien, daß die Werte keinen Bezug zur Gebäudehöhe hätten und vor allem, daß sie Nutzungsintensität und -art nicht direkt widerspiegeln könnten.

Während die zuerst genannten Probleme, die die Art der Untersuchung betreffen, durchaus einleuchtend sind, dürften die zuletzt genannten beiden grundsätzlichen Einwände weniger stichhaltig sein. Denn der Grundstückswert reflektiert durchaus die Nachfrage nach einem knappen Angebot, und durch die Gebäudehöhe wird versucht, aus dem nur begrenzt zur Verfügung stehenden Raum den größten Nutzen zu ziehen. Bei der Innenstadtfläche sind deshalb a priori klare Beziehungen zwischen Grundstückswert und Gebäudehöhe vorhanden. Es gibt zwar eine ganze Reihe weiterer Einflüsse, die zur Entwicklung der Wolkenkratzer[4] führten, entscheidend ist jedoch die außergewöhnliche Nachfrage nach nur begrenztem Raum. In gewisser Weise trifft die Ansicht zu, daß das Hochhaus lediglich eine dreidimensionale Variante des zweidimensionalen Straßennetzes ist[5]. Durch den Bau von Hochhäusern läßt sich die Geschoßfläche auf wertvollen Grundstücken erheblich vergrößern. Daher kann die Beziehung Gebäudehöhe/Grundstückswert nicht geleugnet werden. Auch entspricht dies der im letzten Kapitel besprochenen These des Immobilienhandels, daß die verschiedenen Nutzungsarten sich über die Grundstückspreise regulieren, mit Ausnahme der Möglichkeit, daß zwei potentielle Nutzer mit ähnlich gelagerten Bedürfnissen die gleichen Preise bieten. Die Innenstadtbegrenzung läßt sich damit über den Preis ermitteln und analysieren. Dieser Ansatz ist zwar vielversprechend, wird aber häufig durch Schwierigkeiten bei der Beschaffung vergleichbarer Daten für viele Städte behindert.

10.12 Mieten

Wenn man die Grundstückswerte nur schwer ermitteln kann, bietet das Mietniveau pro qm oder Straßenfront einen guten Ersatz. Wie im letzten Kapitel ausgeführt wurde, stellt die Miete den kapitalisierten Bodenwert dar. William-

---

[3] P. Hall, Ed. (1965), Kap. 2: A study of certain changes in land values in the London area in the period 1950–1964 (von B. Anstey).
[4] J. Gottmann & R.A. Harper, Ed. (1967): The skyscraper amid the sprawl. Part IV von Metropolis on the move, 125–150. (London).
[5] J. Gottmann & R.A. Harper, Ed. (1967), 133. Gottmann bezieht sich in diesem Punkt auf John A. Kouwenhoven.

Olsson benutzte die Mietbasis in einer Untersuchung der Geschäftsstraßen von Stockholm, obwohl er nicht versuchte, ein bestimmtes Gebiet wertmäßig abzugrenzen[6]. Die Gesamtmiete je Grundstück, geteilt durch die jeweiligen Schaufensterfrontmeter ergaben den Ladenmietindex. Aber auch hier gab es Schwierigkeiten bei der Datenbeschaffung, da die Daten im allgemeinen vertraulich behandelt werden. Bei genauerer Analyse stellen sich viele Daten von William-Olsson als Schätzungen heraus, wodurch die Objektivität der gezeigten Karten beeinflußt wird.

10.13 Einheitswerte

Diese Werte gelten als Grundlage für die Steuerzahlungen. Sie sind für allen Grundbesitz leicht zugänglich und können statt der Miete als Indikator verwendet werden. In England ist die steuerliche Bewertung durch mehrere Gesetze geregelt[7]. Danach ist die Grundlage des Einheitswertes definiert „als die jährlich für Geschäftsräume zu erwartende Miete, wenn alle normalerweise zu zahlenden Miet- und Steuerabgaben vom Pächter entrichtet werden und der Eigentümer die Reparaturkosten und andere für die Erhaltung des Gebäudes notwendigen Kosten übernimmt"[8]. Diese Angaben sind relativ leicht zu erhalten. Sie sind indirekt mit dem Grundstückswert gekoppelt, da der Einheitswert nicht nur den Wert der Grundstücksfläche sondern auch die Gebäudemieteinnahmen beinhaltet. Dabei sind zwei wichtige Faktoren zu berücksichtigen. Der erste betrifft den baulichen Zustand einschließlich der Grundstücksgröße, der Art der Straßenfront und der Erreichbarkeit. Der zweite umfaßt die weniger greifbaren Standortvorteile, wie den auf Erfahrung basierenden potentiellen Wert einer bestimmten Lage und die dem Taxator bekannten üblichen erzielten Mieten. In besonderen Fällen kann letzterer auch genaue Angaben über die Umsätze eines Geschäftes anfordern. Die Einheitswerte sind in Großbritannien häufig für Untersuchungen herangezogen worden, insbesondere von D. T. Herbert, der 1961 einen Abgabenindex[9] (AI) vorschlug:

$$AI = \frac{\text{Gesamteinheitswert}}{\text{Grundfläche}}.$$

Dieser Index sollte dazu beitragen, „den Teil der Stadt überschläglich zu erfassen, der den Kern der Innenstadt ausmacht"[10] (Fig. 10-2). Bisher wurde

---

[6] W. William-Olsson (1960): Stockholm structure and development. – International geographical congress, Norden, 63–65.

[7] D.M. Lawrance & W.H. Rees (1956): Modern methods of valuation, 4. Aufl., 264–283. (London).

[8] D.M. Lawrance & W.H. Rees (1956), 266.

[9] D.T. Herbert (1961): An approach to the study of the town as central place. – Sociol. Rev. 9, 273–292.

[10] D.T. Herbert (1961), 280.

Fig. 10-2. Die Verteilung von Steuer-Indizes in Newcastle-under-Lyme. Nach D.T. Herbert (1961). Zur Berechnung des Steuer-Index siehe Text.

kein Versuch unternommen, eine einfache und sinnvolle Abgrenzungsmethode zu entwickeln. Die Schwierigkeit liegt vor allem in der Ermittlung eines Wertes, der solange Zufallswert ist, bis die Zeichnung von Isoplethenkarten und eine bessere Form der Gradientenanalyse möglich wird. Für die daher weiterhin in großem Umfang angewandten Verhältniszahlen sind zwei Qualifikationsmerkmale kennzeichnend. Es handelt sich um geschätzte Zahlen, denen der persönliche Eindruck des Taxators zugrundeliegt, der zwar durch Erfahrung erhärtet ist, die aber trotz des Eingangs in amtliche Statistiken auf subjektiven Kriterien basieren. Das zweite Qualifikationsmerkmal besteht, wie bereits erwähnt, aus der wertmäßigen Abschätzung von Grundstück und Gebäude und nicht nur der Grundstücksfläche allein.

Außer diesen auf dem Grundstückswert basierenden Abgrenzungskriterien gibt es eine Reihe anderer Kriterien, die von Zeit zu Zeit verwendet werden. Man kann auch von der Bevölkerungsdichte[11], Fußgängerströmen und selbst Einzelhandelsumsätzen ausgehen[12]. Bei allen ergibt sich das Problem der Beschaffung ausreichender Daten, insbesondere für Einzelgeschäfte. Daher gehen die meisten Autoren dazu über, die verschiedenen Flächennutzungsarten als einfachstes und klarstes Kriterium für die Bestimmung der räumlichen Struktur der Innenstadt anzusehen.

10.2 Methoden der räumlichen Definition

Daß der einfache Augenschein für die Abgrenzung der Innenstadt nicht ausreichend ist, wurde bereits erwähnt. Auch besonders herausragende Nutzungsarten an bestimmten Kreuzungen oder auf Plätzen lassen sich im einzelnen nicht als Kriterien verwenden. Murphy und Vance entwickelten daher ein Standardverfahren, das folgendermaßen aussieht:

10.21 Definition der für die Innenstadt charakteristischen Nutzungen

Diese Nutzungen wurden über eine Negativauswahl nicht zentraler Nutzungen ermittelt, wie Wohnungen, Regierungs- und öffentliche Gebäude, Gemeindeeinrichtungen (Kirchen, Schulen usw.), Industrieunternehmen (außer Zeitungsunternehmen), Großhandel, kommerzielle Lagerhaltung, sowie Baulücken und leerstehende Gebäude. Diese allgemeine Aufstellung ist durchaus wertvoll, obwohl viele der Probleme einer Zuordnung von Nutzungsarten zum Innenstadtbereich nicht erwähnt sind. Wesentlich jedoch ist, daß hier subjektive Grundlagen für die Definition aufgestellt worden sind, die auf einer Negativliste für

---

11 R.E. Murphy (1966): The American city, 286–290. (New York).
12 L.H. Russwurm (1964): The central business district retail sales mix. – Ann. Assoc. Am. Geogr. 54, 524–536. Beispiele verschiedener Methoden finden sich in W.F. Heinemeyer, M. van Hulten & Hans D. de Vries Reilingh, Ed. (1967): Urban core and inner city. (Leiden). Vgl. besonders Teil II und III.

die Innenstadt beruhen. Als interessant und erheiternd soll hier eine Definition von John Allpass und seinen Kollegen am Institut für Innenstadtplanung in Kopenhagen angeführt werden: „Eine Innenstadtfunktion ist eine Funktion, welche den Innenstadtbereich noch nicht verlassen hat"[13]. Dieses Zitat belegt, wie leicht man bei der Innenstadtabgrenzung zu Zirkelschlüssen verleitet wird.

10.22 Berechnung der Geschoßfläche für verschiedene Nutzungen

Nachdem man die zentralen Nutzungsarten ermittelt hat, kann man die Gesamtfläche jeder einzelnen Nutzungsart aus einer detaillierten Flächennutzungskarte berechnen, die nicht nur für das Erdgeschoß, sondern für alle Stockwerke gilt. Als Grundlage dient der Baublock, der in nordamerikanischen Städten mit ihrer Gitternetzstruktur eindeutig festgelegt ist. In Europa, das recht uneinheitliche und unregelmäßige großstädtische Strukturen aufweist, sind Baublöcke als statistische Einheiten weniger gut geeignet.

10.23 Berechnung der Verhältniszahlen

Für jeden Baublock läßt sich eine Reihe von Verhältnissen oder Indices berechnen. Es handelt sich um:

1. *Gesamthöhenindex* (HI)

$$HI = \frac{Gesamtgeschoßfläche}{Grundfläche}$$

Das ist die Gesamthöhe eines jeden Baublocks, wenn alle Stockwerke gleichmäßig auf die Grundfläche verteilt werden. Es wird dabei lediglich eine Generalisierung direkter Kartierungen der Gebäudehöhe vorgenommen. Durch Zusammenfassung dieser jeweiligen Gebäudehöhen innerhalb eines Baublocks können Grenzlinien abgesteckt werden.

2. *Innenstadthöhenindex* (ISHI)

$$ISHI = \frac{genutzte\ Gesamtgeschoßfläche\ der\ Innenstadt}{Grundfläche}$$

Dieser Index gibt die Höhe eines jeden Baublocks, gemessen in Stockwerken an, wobei angenommen wird, daß sämtliche Innenstadtnutzungsarten gleichmäßig über den ganzen Baublock verteilt sind. Dieser Index ist nützlicher als der HI, da z. B. der Wert 1 bedeutet, daß die gesamte Erdgeschoßfläche spezifisch innenstädtisch genutzt wird. Zwar wird dadurch auf die Bedeutung inner-

---

[13] J. Allpass et al. (1967): Urban centres and changes in the centre structure. – in: W.F. Heinemeyer et al. (1967), 103.

städtischer Nutzungsarten hingewiesen, aber nicht gezeigt, welche Gewerbe anteilmäßig vorherrschen.

3. *Innerstädtischer Intensitätsindex* (ISII)

$$\text{ISII} = \frac{\text{Innerstädtische Geschäftsfläche}}{\text{gesamte Stockwerksfläche}} \times \frac{100}{1}$$

Hier wird der Prozentanteil von Innenstadtgewerben an der Gesamtgeschoßfläche gemessen. Er gibt ein sehr wichtiges Verhältnis wieder, welches das relative Vorherrschen zentraler Gewerbenutzung in irgendeinem Baublock anzeigt, wobei dann die Auswahl eines bestimmten Grenzwertes, etwa 50 %, zur Gesamtabgrenzung dieses Bereiches führen kann.

4. *Innenstadtindex* (ISI)

ISI = ISHI des Wertes 1 plus ISII des 50 %-Wertes

Murphy und Vance benutzten für die Definition der Innenstadt obigen zusammengesetzten Index und nannten ihn den Innenstadtindex (ISI, englisch: central business index). Alle die Bedingungen erfüllenden Baublöcke galten als Teil der Innenstadt.

10.24 Anwendung von Verhältniszahlen und Indizes

Um diese Indizes anwenden zu können, ist eine Reihe weiterer Regeln notwendig, z. B., daß ein nicht innerstädtisch genutzter Baublock, der von Baublöcken innerstädtischer Nutzung umgeben ist, auch der Innenstadt zugerechnet wird. Ein Anwendungsbeispiel zeigt die Innenstadt von Worcester, Massachusetts, in Fig. 10-3.

10.25 Weitere Probleme

Auch jetzt bleiben noch einige Einwände gegen das beschriebene Verfahren bestehen:
  1. Unterschiede in der Größe von Baublöcken, die einen bestimmenden Einfluß auf die Genauigkeit der Grenzziehung haben können, bleiben unberücksichtigt. Sie wären besonders bei Vergleichsstudien zu beachten, wobei das ganze Verfahren ja auf solche Vergleiche abgestellt ist.
  2. Trotz einheitlicher Anwendung sind die innerstädtischen Nutzungsarten, wie erwähnt, subjektiv festgelegt.
  3. Über die Qualität einzelner Nutzungen wird nichts ausgesagt. Ein kleiner Billigladen und ein hochspezialisiertes und teueres Geschäft kommen in die gleiche Kategorie, wobei selbst die Geschoßfläche die gleiche sein kann.

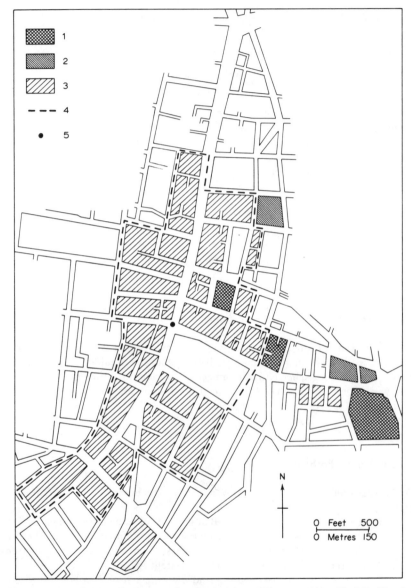

Fig. 10-3. Die Definition der Innenstadt am Beispiel von Worcester, Mass. Nach R. Murphy und J.E. Vance, jr. (1954a, s. Fußnote 1, Kap. 10). **1.** Innenstadthöhenindex (ISHI) mit Minimalwert 1 und darüber; **2.** Innenstadt-Intensitätsindex (ISII) mit Minimalwert 50 und darüber; **3.** ISHI mit Minimalwert 1 und darüber und ISII mit Minimalwert 50 und darüber; **4.** Innenstadtgrenze; **5.** Bereich höchster Bodenwerte.

4. Selbst wenn man alle Verfahrensprobleme ausmerzen könnte, bleibt dennoch ein Haupteinwand gegen diese Methode, denn welchen spezifischen Wert hat eigentlich eine solche Abgrenzung.

Während das Abgrenzungsproblem immer noch im Mittelpunkt stand, richteten sich erste Modifikationen auf die Isolierung eines sogenannten „inneren Kerns", der die größte Verdichtung innerstädtischer Nutzungsarten darstellte[14]. So wurde versucht, Kern und Randgebiete zu trennen[15]. Am intensivsten in dieser Richtung tendierte die Arbeit von D. H. Davies über die Innenstadt von Kapstadt[16]. Ausgehend von dem Grundsatz, daß „im Herzen der Innenstadt eine intensivere Raumnutzung höhere Grundstückswerte, stärkerer Fußgängerverkehr und im allgemeinen höhere Gebäude das Vorhandensein eines inneren Kerns signalisieren", entwickelte Davies bestimmte Verfahren zur Abgrenzung dieses Gebietes. Wie anzunehmen, veränderte er die von Murphy und Vance festgesetzten Kriterien in den zwei Punkten, die mehr zufälliger Natur waren. Erstens erhöhte er die notwendigen Minima für den ISI auf einen ISHI von vier und einen ISII von 80 %. Zweitens wurden die Randgebiete, die um den inneren Kern liegen, durch Einschränkung der als „innerstädtisch" angesehenen Nutzungsarten weiter verringert. Lichtspielhäuser, Hotels, Zentralverwaltungen, Zeitungsunternehmen, staatliche und städtische Ämter und schließlich Einzelhandelsgeschäfte, die Waren minderer Qualität anboten, galten als Nutzungen, die nicht dem inneren Kern angehörten. Es stellt sich aber auch hier die Frage, die immer wieder bei Definitionsentscheidungen dieser Art auftritt, warum z. B. der ISII-Index auf 80 % festgesetzt wurde. Die Abgrenzung dieser Gebiete in Kapstadt zeigt die Fig. 10-4. Die nach dieser strengen Methode ausgesonderten Baublöcke sind extra gekennzeichnet.

10.3 Zweck der Definition

An dieser Stelle sollte man sich den Sinn dieser Art von Analysen vergegenwärtigen, denn die ersten Ansätze von Geographen, Innenstadtstrukturen zu untersuchen, waren von der Suche nach klaren Definitionen bestimmt. – Aus Definitionen ergeben sich bestimmte Vorteile. Wenn sich eine allgemein anwendbare Methode finden ließe, dann könnte man Größe, Struktur und Wesen dieser Gebiete in Beziehung zum Rang in der städtischen Hierarchie setzen; und eine bedeutsame Verbindung zwischen Funktion und Form ließe sich herstellen. Es gab bisher nur wenige Versuche, diese Fragestellung weiterzuverfolgen. Einen stellt die Flächennutzungsstudie für die Innenstadt von Hartenstein und

---

14 R.E. Murphy, J.E. Vance, Jr., & B.J. Epstein (1955): Internal structure of the CBD. – Econ. Geog. **31**, 21–46.
15 E.M. Horwood & R.R. Boyce (1959): Studies of the central business district and urban freeway development. (Seattle).
16 D.H. Davies (1965): Land use in central Cape Town: a study in urban geography. (Cape Town).

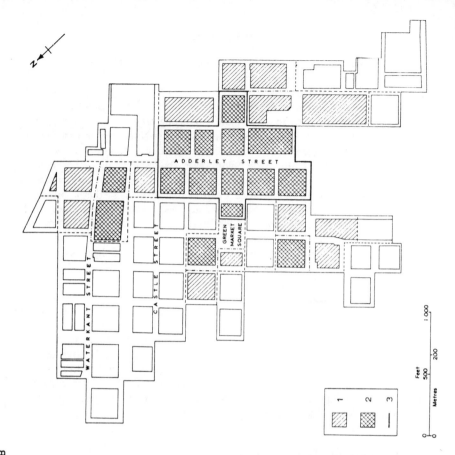

Fig. 10-4. Abgrenzung des Innenstadtkerns von Kapstadt. Nach D.H. Davies (1965).
A: Ein Stadium im Definitionsprozeß; 1. Innenstadtgrenze; 2. ISII von 80 %; 3. ISHI-Wert 4; 4. Abgrenzung des Innenstadtkerns im Sinne von 2. und 3.
B: Endgültige Definition. 1. Über die Ausschluß-Regel eliminierte Straßenblocks, nach der staatliche und städtische Ämter sowie Geschäfte, die Waren minderer Qualität und in geringerer Auswahl führen, als nicht-zentrale Nutzung gewertet werden. 2. Straßenblocks, die trotz Anwendung der Ausschluß-Regel noch als zentral gewertet werden. 3. Endgültige zusammenhängende Innenstadtkernbegrenzung. Isolierte außerhalb gelegene Blocks mit zentraler Nutzung wurden dabei nicht berücksichtigt.

Fig. 10-5. Innerer Kern und Randgebiet in sechs deutschen Städten. Nach W. Hartenstein und G. Staack (in Heinemeyer et al. 1967). Diese Abbildung demonstriert die allgemeine Anwendbarkeit dieses Ansatzes auf eine Anzahl großer deutscher Städte.

Staack dar[17]. Es wurden sechs deutsche Städte (Fig. 10-5) analysiert und nach der Methode von Murphy und Vance ein „innerer Kern" und ein „Rand" gegeneinander abgegrenzt. Das für diese Gebiete zusammengestellte Datenmaterial wurde dann für eine Reihe von Untersuchungen benutzt, um zu allgemeinen Regeln zu kommen, wie u. a. folgenden: Je größer die Gesamtgeschoßfläche des inneren Kerns ist, desto größer wird die Geschoßfläche für alle Nutzungsarten; die Geschoßfläche des Einzelhandels wächst nicht parallel zum Wachstum des inneren Kerns, was wahrscheinlich auf die Tatsache zurückzuführen ist, daß in größeren Städten die Einzelhandelsfunktionen stärker dezentralisiert sind; mit wachsendem inneren Kern vergrößert sich die Bürogeschoßfläche überproportional, was sich wahrscheinlich daraus ergibt, daß größere Städte eine Anzahl regionaler, staatlicher und übergeordneter Funktionen ausüben, die in kleineren Städten fehlen[18].

Viele dieser Schlußfolgerungen sind nicht neu. Sie sind dennoch wichtig, da die Analyse der Standortentscheidungen einzelner Firmen zeigt, daß diese nicht nur abstrakte Entscheidungen treffen. Vielmehr ist zu beachten, daß in Städten unterschiedlicher Größe verschiedenste Nutzerkombinationen auftreten und bei der Standortentscheidung berücksichtigt werden. Eine relativ einheitliche Erfassungsmethode haben Hartenstein und Staack entwickelt, obwohl auch hier eine Anzahl von zusätzlichen Informationen über die relative Flächennutzungsdichte im inneren Kernbereich und ihre mit der Entfernung vom Zentrum abnehmende Intensität notwendig ist. In vielen anderen Studien wurde das Abgrenzungsproblem zum reinen Selbstzweck und ließ keinerlei Ziel erkennen. In gewisser Weise ergab sich der Versuch, einzelne Innenstadtgebiete voneinander abzugrenzen, aus dem früheren Anliegen der Geographie, regionale Grenzen zu ermitteln. Dabei traten die gleichen Probleme auf.

Murphy und Vance waren sich über diese Probleme in ihren Untersuchungen über Innenstädte im klaren[19] und strebten keine Definitionen um ihrer selbst willen an. Die Dynamik der inneren Struktur der Innenstadt zeigte sich in der ständigen Ausweitung oder Schrumpfung; Zonen der Anpassung und der Ablösung ließen sich unschwer erkennen. Wenn man aber den Schwerpunkt auf solche Veränderungen legt, dann stehen Prozesse und nicht Definitionen im Mittelpunkt. Es gibt aber noch andere Prozesse im Stadtzentrum, welche die Flächennutzung beeinflussen. Neben dem zentralen Geschäftsviertel gibt es häufig eng miteinander verbundene Gebiete mit oder ohne inneren Kern, die ebenfalls einen innenstadt- oder city-ähnlichen Charakter aufweisen. Diese sogenannten Nebencities haben sich beim Wachstum der Stadt gebildet und zeigen ebenfalls sich wandelnde Abgrenzungen.

---

[17] W. Hartenstein & G. Staack (1967): Land use in the urban core. Teil I von W.F. Heinemeyer et al. (1967), 35—52.
[18] W. Hartenstein & G. Staack (1967), 43.
[19] R.E. Murphy, J.E. Vance, Jr., & B.J. Epstein (1955), 21—46.

Nachdem Davies die Vorstellung einer einzigen, einfach zusammengesetzten City sowie eines innerstädtischen Kerns aufgegeben hatte, wurde er unweigerlich mit der Problematik dieser anderen zentralen Bereiche konfrontiert und versuchte daher folgerichtig, mit Hilfe der Analyse gehäuft auftretender Nutzungsarten, der Klumpenanalyse (cluster analysis)[20] zu einer Erklärung dieses Phänomens zu gelangen. Diese Analyse wird für jede Nutzungsart unter Zugrundelegung der Geschoßfläche pro Grundstück durchgeführt. Es wird jede besondere Nutzung pro Grundstück eingezeichnet und das Gravitationszentrum durch eine Standardmethode ermittelt. Dabei werden zwei Achsen zur Erfas-

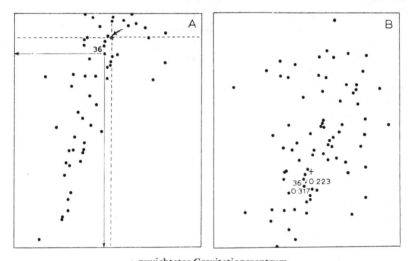

+ gewichtetes Gravitationszentrum
°ĸ ungewichtetes Gravitationszentrum

Fig. 10-6. Das Verfahren der Analyse gehäuft auftretender Nutzungsarten, statistisch als Clusteranalyse, Klumpenstichprobenverfahren oder auch als Distanzgruppierung bezeichnet. Nach D.H. Davies (1965). Nutzungsart sind Haushaltswaren. Jeder Punkt bezieht sich auf ein bestimmtes Grundstück oder eine andere vergleichbare räumliche Einheit.
Figur A zeigt den südlichen und Figur B den nördlichen Teil der Gesamtverteilung, wobei einige Überlappungen vorkommen. Für jedes Grundstück, z.B. Grundstück 36 auf dem Diagramm, wird die Entfernung zur x- und y-Achse gemessen. Die mittlere Entfernung aller Grundstücke zur x- und y-Achse ergibt das Gravitationszentrum. Dieses wird mit der jeweiligen Geschoßfläche gewichtet (s. Text). Der Gewichtungsprozeß wird in Fig. 10-7 dargestellt. Dabei wird der Entfernungsprozentanteil eines jeden Grundstückes, bezogen auf das Gravitationszentrum für alle Grundstücke, gegenübergestellt dem Geschoßflächenanteil irgendeiner Nutzungsart pro Grundstück, bezogen auf die Gesamtgeschoßfläche dieser Nutzungsart. Die 50%- und 97%-Kurven sind im Text erläutert.

---

[20] D.H. Davies (1965), 39 ff. Hier ist nicht das statistische Verfahren mit dieser Bezeichnung gemeint.

sung der Verteilung gezogen und danach der Mittelwert der Entfernungen aller Grundstücke zu jeder der beiden Achsen berechnet (Fig. 10-6). Davies gewichtete die ermittelten Entfernungswerte durch Multiplikation jeder einzelnen Messung mit der Geschoßfläche, welche die betreffende Nutzungsart je Grundstück beanspruchte. Danach dividierte er die Gesamtwerte durch die gesamte verfügbare Geschoßfläche für die ausgewählte Nutzungsart. Damit berücksichtigte das gewichtete Gravitationszentrum sowohl die räumliche Ausdehnung als auch das spezielle Standortgefüge einer Stadt.

Nach der herkömmlichen Methode wird die Grenze gehäuft auftretender Nutzungsarten durch einen Kreis dargestellt, dessen Radius dem Mittelwert aller Entfernungen der Einzelgrundstücke zum Gravitationszentrum hin entspricht, oder, in komplizierteren Studien, durch Ellipsen, welche die Standardabweichung wiedergeben. Wegen der eher zufälligen räumlichen Eigenheiten benützte Davies diese Methode nicht. Stattdessen drückte er jede Grundstücksentfernung als Prozentanteil der Entfernung aller Grundstücke vom Gravitationszentrum aus. Auch die Geschoßfläche pro Nutzungsart wurde in Prozent der insgesamt genutzten Geschoßfläche gesehen. Die Werte wurden dann zueinander in Beziehung gesetzt. Um besonders intensives Auftreten zu zeigen, wurde wachsende Entfernung und abnehmende Fläche mit Hilfe der Gewichtung *1/räumliche Einheit* kombiniert. Bei dieser Darstellung ließen sich die Grundstücke, welche die stärksten Häufungsmerkmale aufwiesen, durch einen Gesamtfaktor (F) darstellen, wobei $F = A/D$. A ist der räumliche Prozentanteil und D der Entfernungsprozentanteil. Über die Wertangaben von $(1/A)/D$ ergab sich für F eine Reihe von Kurvendarstellungen, mit deren Hilfe die zu berücksichtigenden räumlichen Einheiten durch Zusammenfassung der Grundstücksgeschoßflächenanteile auf der linken Seite der Kurve (siehe Fig. 10-7) bestimmt werden konnten.

Schließlich wurde der sehr hohe Wert von 97 % für die Abgrenzung stärkster Nutzungsintensität in Form von Klumpen oder Häufungen herangezogen. Durch Kombination dieser Klumpenabgrenzung ergab sich eine komplexe Karte der Innenstadt-,,Regionen" (Fig. 10-8). Diese wurden dann als Teil der Innenstadtstruktur analysiert. Die von Davies gezogenen Schlußfolgerungen ähneln den Überlegungen über die Komplexität räumlicher Strukturen, die nicht in das Konzept eines geschlossenen Innenstadtkerns passen. Auch der Bezug dieser Strukturen auf konzentrische Zonen, Sektoren und Kerne, eine rückwärts gerichtete Betrachtungsweise auf die Generalisierung der gesamten Stadtstruktur, entfällt. Richtig bemerkt Davies, ,,es ist anzunehmen, daß heute Abgrenzungsstudien um ihrer selbst willen nur noch zu geringen Erkenntnissen führen"[21]. Allerdings berücksichtigt er die von ihm selbst aufgeworfene Frage der historischen Zusammenhänge bei der Entstehung von städtischen Teilräumen nicht, sondern er stellt vielmehr fest, daß ,,Ursache und Wirkung auf zu komplexe Weise miteinander verknüpft sind, als daß sie ohne gesonderte Be-

---

[21] D.H. Davies (1965), 87.

Zweck der Definition

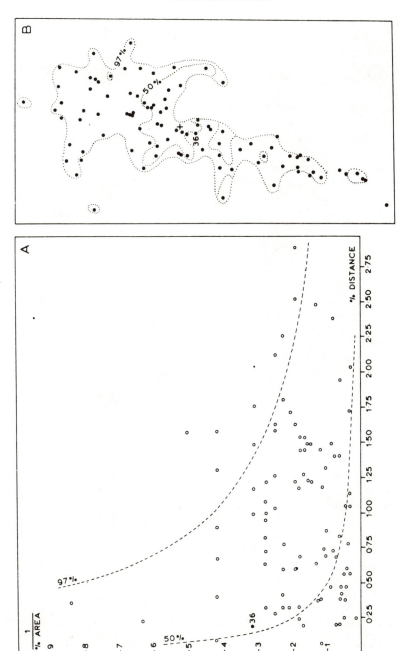

Fig. 10-7. Bestimmung von Klumpenstrukturen am Beispiel des Verkaufs von Haushaltswaren in der Innenstadt von Kapstadt. Nach D.H. Davies (1965). Das Verfahren wird im Text sowie in Fig. 10-6 erläutert. A: Gewichtungsprozeß; B: Klumpenabgrenzung.

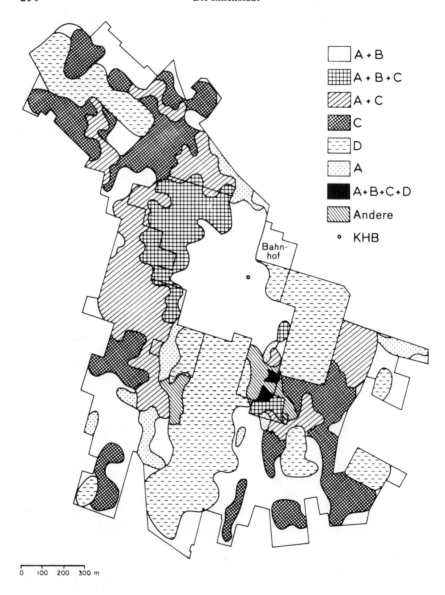

Fig. 10-8. Die Überlappung der bedeutendsten Klumpenstrukturen, der Häufung von Nutzungsarten, in der Innenstadt von Kapstadt. Nach D.H. Davies (1965). A: Einzelhandel; B: Büros; C: Automobile, Großhandel und Lagerhäuser; D: öffentliche und administrative Nutzung (Schnittpunkt der höchsten Bodenwerte = KHB).

trachtung des historischen Zusammenhangs dargestellt werden könnten, die aber über das Ziel der gegenwärtigen Untersuchung hinausgehen würde"[22].

10.4 Historischer Prozeß und Innenstadt

Es hat einige Versuche gegeben, die wesentliche historische Entwicklung zur Erläuterung der heutigen komplexen Situation heranzuziehen. Carter und Rowley benutzten in einer Untersuchung über Cardiff in Südwales[23] ähnliche Daten wie Murphy und Vance, ohne allerdings eine objektive Definition der Innenstadt anzustreben. Vielmehr ging es ihnen darum, aufzuzeigen, wie der gegenwärtige Flickenteppich der Stadt sich aus dem mittelalterlichen Kern entwickelte, während des 19. Jahrhunderts eine besondere Wachstumsphase durchlief und durch physisch-geographische Lagebedingungen und eine Reihe weiterer Gegebenheiten, die in der Stadtstruktur selbst wurzelten, beeinflußt wurde[24].

Nach Gründung einer normannischen Siedlung mit Burg im 11. Jahrhundert und während der darauffolgenden anglo-normannischen Herrschaft über Süd-Glamorgan wurde Cardiff zum Marktflecken, dessen Einwohner ihren Unterhalt aus dem kleinen, aber wohlhabenden Einflußgebiet bezogen, zu dem auch der östliche Teil des Vale of Glamorgan gehörte. Die Karte von John Speed aus dem Jahre 1610 (Fig. 10-9) kann als repräsentativ für die gesamte Periode zwischen 1350 und dem späten 18. Jahrhundert gelten. Das Geschäftsleben florierte. Der Hauptmarkt lag im nördlichen Teil gegenüber dem Burgtor. Die verschiedenen Gilden hatten ihre Häuser direkt daneben. Zulieferbetriebe und Lagerhäuser gruppierten sich entlang der Uferstraße.

Diese einfache Lage änderte sich während der zweiten Hälfte des 18. Jahrhunderts grundlegend mit dem Aufkommen der Industrie entlang dem Nordrand der südwalisischen Kohlenvorkommen. Cardiff lag nahe der Mündung des größten Flusses im Einzugsbereich dieser Industrie und wuchs daher als Hafen und als kommerzielles Zentrum besonders schnell. Am stärksten fiel das Entstehen von Verkehrsverbindungen für die Stadt ins Gewicht (Fig. 10-10).

Um die Mitte des 19. Jahrhunderts war das zentrale Cardiff daher nach allen Seiten deutlich begrenzt. Im Norden lag die Burg und das dazugehörige Land,

---

[22] D.H. Davies (1965), 74.
[23] H. Carter & G. Rowley (1966): The morphology of the central business district of Cardiff. – Trans. Inst. Br. Geogr. **38**, 119–134.
[24] Eine allgemeine Betrachtung der Geschichte von Cardiff findet sich in W. Rees (1962): Cardiff; a history of the city. (Cardiff).

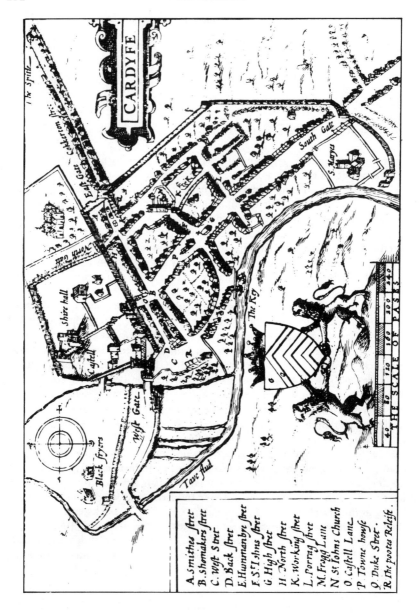

Fig. 10-9. Cardiff im Jahre 1610 nach der Karte von Glamorgan von John Speed.

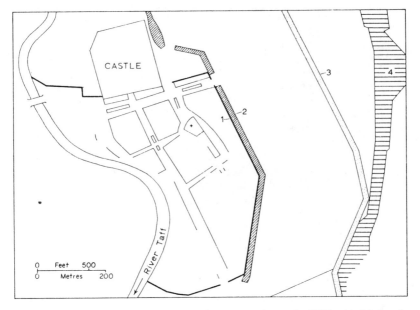

Fig. 10-10. Hindernisse für die Erweiterung der Innenstadt von Cardiff im 19. Jahrhundert. Nach H. Carter und G. Rowley (1966).
1. Einfriedung der Siedlung um etwa 1088, ersetzt durch eine Mauer um etwa 1182; **2.** Glamorgan Kanal um 1794; **3.** Zuflußgraben zu Docks, 1839; **4.** Tafftal-Eisenbahn im Jahre 1841.

im Süden die südwalisische Eisenbahn, im Westen der Fluß mit seinen sumpfigen Niederungen und im Osten die aufeinanderfolgenden Linien von Wall und Graben, dem Zuflußgraben zu den Docks und der Taff-Vale-Eisenbahn. Das starke Wachstum der Bevökerung von 10.000 Einwohnern im Jahre 1841 auf 250.000 im Jahre 1961 übte einen starken Druck auf diesen zentralen Bereich aus. Die Abgrenzungen blieben jedoch unverändert, so daß als Ergebnis des äußeren Drucks und des Drucks innerhalb dieser Abgrenzungen die heutigen städtischen Zonen des inneren Cardiff entstanden (siehe Fig. 10-11 A und 11 B).

In diesem Zusammenhang ist eine weitere wichtige Entwicklung zu sehen. Die bereits erwähnten Wachstumsstrukturen, nach denen Arbeitersiedlungen außerhalb des mit Wall und Graben versehenen zentralen Bereiches errichtet werden, decken sich mit der Wachstumstheorie konzentrischer Zonen. Allerdings hatte Hoyt, wie gesagt, festgestellt, daß sich ein vornehmes Wohnviertel näher am Zentrum entwickelt und sich dann entlang einer Hauptverkehrslinie in Sektorenform erstreckt. Dieser Vorgang läßt sich in Cardiff nachweisen, wo die Haupterweiterung nach Osten über das alte Osttor hinaus durch ein Gebiet (Crockerton) mit großen Häusern wohlhabender Bürger erfolgte (Fig. 10-9).

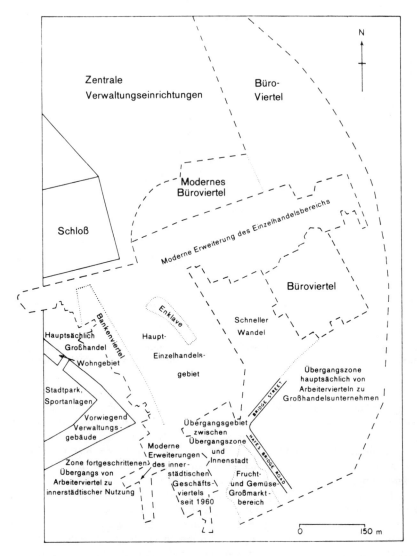

Fig. 10-11 A. „Regionen" des zentralen Cardiff im Jahre 1960. Nach H. Carter und G. Rowley (1966).

Dieser Sektor wies Ausläufer entlang dem Zuflußgraben zu den Docks und vor allem nach Norden entlang dem Cathays Park, der zum Schloßbereich gehörte, auf.

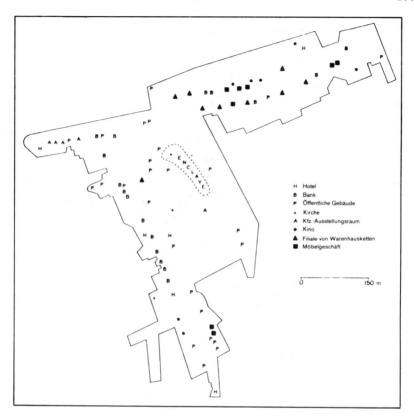

Fig. 10-11 B. Verteilung ausgewählter Funktionen im Einzelhandelsbereich der Innenstadt von Cardiff im Jahre 1960. Nach H. Carter und G. Rowley (1966). Der Gegensatz zwischen Altstadtgebiet und neueren Erweiterungen im Osten ist klar erkennbar. Die Symbole kennzeichnen die um 1960 in der Innenstadt von Cardiff vorherrschenden räumlich differenzierten Funktionen. Besonders die Büroviertel erweiterten sich auf Kosten ehemaliger Wohnviertel. Auf Grund früherer Handelsstrukturen in der Altstadt entwickelte sich ein kleines, abgegrenztes Bankenviertel. Die heutigen Strukturen sind das Ergebnis von Tradition und Anforderungen moderner spezialisierter Nutzung.

Wenn man nun die räumliche Struktur des zentralen Cardiff aus dem Jahre 1961 analysiert (Fig. 10-11 A und B), ergibt sich, daß der Einzelhandelsbereich sich in seiner räumlichen Ausdehnung der Siedlung von 1610 stark anpaßt, allerdings mit einer deutlichen östlichen Erweiterung entlang der heutigen Queen Street. Die übrigen Gebiete entstanden im Zuge neuer Raumanforderungen und die charakteristischen zentralen Nutzungsarten belegten den Stadtkern.

[25] Siehe oben S. 240–242.
[26] J. Rannels (1956): The core of the city. (New York).

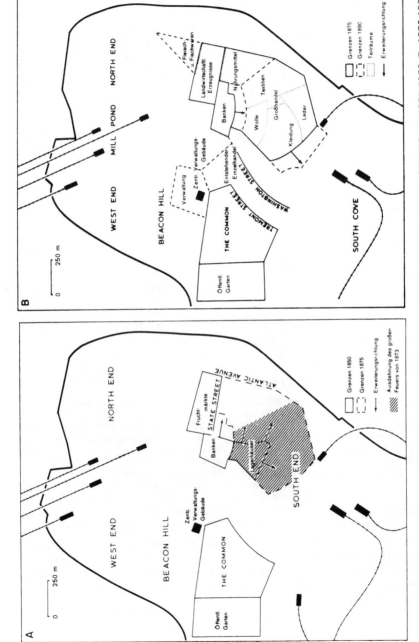

Fig. 10-12. Entwicklung des Innenstadtbereichs von Boston, Mass., von 1850 bis 1920. Nach D. Ward (1966). A: 1850-1875; B: 1875-1890; C: 1890-1920.

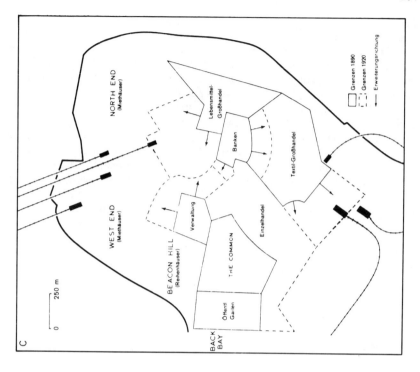

Die in Fig. 10-11 A und B dargestellte Innenstadt von Cardiff ist in einigen Einzelheiten weniger genau als nach der Abgrenzungsdefinition von Murphy und Vance[25]. Auch Davies, der Rannells[26] folgte, sah die allgemeine Stadtstruktur genauer. Wichtig ist jedoch vor allem, daß das dynamische Element der Innenstadt oder in diesem Falle des Einzelhandelszentrums hervorgehoben wird, das lediglich als ein Teil des Komplexes spezialisierter räumlicher Bereiche der Innenstadt anzusehen ist. Die Fig. 10-11 A und B zeigt auch, wie sich zeitlich gesehen dieser Komplex entsprechend den Bedürfnissen entwickelte, die ein industrialisiertes Hinterland mit sich brachte, wobei die Grenzen für die räumliche Ausdehnung vorgegeben waren.

Etwa zur gleichen Zeit erschien eine ähnliche Untersuchung über die Innenstadt von Boston[27]. In drei Karten (Fig. 10-12 A, B, C) wird die Grundstruktur

---

[27] D. Ward (1966): The industrial revolution and the emergence of Boston's central business district. – Econ. Geog. 42, 152–171.

der Entwicklung gezeigt, bei der nach und nach beim raschen Wachstum der Stadt spezialisierte Gebiete entstanden. Aus der Struktur des frühen 19. Jahrhunderts, bei der sich die Spezialisierung auf ein kleines Geschäftsviertel am Hafen und an den Markthallen beschränkte, entstanden immer weitere Unterteilungen in finanzielle, administrative, Einzelhandels- und Großhandelsfunktionen, die zu Beginn des 20. Jahrhunderts ein größeres Areal umfaßten als das ganze ursprüngliche Stadtgebiet. Den ersten deutlich abgegrenzten Bereich bildete das für die Kaufleute notwendige Bank- und Versicherungswesen. In der Nähe wurden dann Warenhäuser gebaut. Die Entwicklung des „Massenverbrauchs" und des „Massenverkehrs" führte zum Entstehen klar voneinander getrennter Einzelhandels- und Großhandelsviertel, während die Industrie ausgelagert wurde. Gleichzeitig breiteten sich die öffentlichen Verwaltungsfunktionen erheblich aus. Ward kann damit die Entwicklung von Bostons Innenstadt zurückverfolgen bis zu einem kleinen Kern und der späteren Wachstumsphase des 19. Jahrhunderts. Auf keiner seiner anschaulichen Karten wird die Innenstadt als solche definiert oder auch nur der Versuch einer objektiven Abgrenzung einzelner Bereiche oder Wachstumsrichtungen unternommen. Das Hauptaugenmerk ist, wie auch in der Studie über Cardiff, auf den Prozeß der Entwicklung und nicht auf definitorische Probleme gerichtet.

10.5 Häufigkeitsbestimmung und Prozeß

Aus den erwähnten Studien kann man eine Methodologie für die Untersuchung zentraler Innenstadtbereiche entwickeln. Sie befaßt sich im wesentlichen mit der räumlichen Definition und der Aufdeckung des Prozeßhaften, wobei beides miteinander verbunden wird. Kurz zusammengefaßt ergibt sich:

1. Isolierung heute bestehender unterschiedlicher Teilräume mit Hilfe der Klumpenanalyse oder einem ähnlichen Verfahren, dessen Qualität mit seinem Grad an Objektivität wächst.

2. Erklärung dieser Teilräume durch die Untersuchung ihrer Entwicklung in der Vergangenheit und ihrer Veränderungen im Zusammenhang mit der wachsenden Stadt, wobei mit Hilfe der erwähnten Klumpenanalyse Veränderungen in der Intensität, in der Größe und Form der Klumpen oder Häufungen in bezug auf ihr Gravitationszentrum gemessen werden. Dadurch ergeben sich nicht nur Zonen der Anpassung und der Ablösung, sondern auch kompliziertere Prozesse einer Trennung spezieller Nutzungsarten und ihrer Lokalisierung, durch die aus dem zunächst amorphen Kern ein ausgesprochenes Stadtzentrum wird.

3. Eine solche Erklärung wird durch Aufspüren der räumlichen Verbindungen, aber auch des gegenseitigen Abstoßens von Funktionen möglich, welche im Entwicklungsprozeß die Wirkungsfaktoren darstellen.

Fig. 10-13 A. Verteilung und Gravitationszentrum von Maklerbüros in Manchester im Jahre 1965. B: Verteilung und Gravitationszentren von Edelsteingroßhandel und Reisebüros in Manchester im Jahre 1965. Nach R. Varley (1968). Die Verteilungsmuster von Makler- und Reisebüros sind im Text erläutert. Edelsteingroßhändler zeigen ein typisches Verteilungsmuster der Häufung in einem bestimmten Gebiet, s. auch Fig. 10-17 A.

Eine Untersuchung der Innenstadt von Manchester wurde von R. Varley nach dieser Methode vorgenommen[28]. Zunächst wurden unter Benutzung der aus Telefonbüchern ermittelten Standorte von Firmen Gravitationszentren und Verbreitungsindizes (der Mittelwert aller Entfernungen vom Gravitationszentrum) berechnet. Die Ergebnisse sind in der folgenden Tabelle dargestellt.

Art der Unternehmen	Verbreitungsindex
Maklerbüros	1,77
Rechtsanwälte	2,33
Edelsteingroßhändler	2,70
Baugesellschaften	3,24
Versicherungsbüros	3,28
Werbeagenturen	3,36
Häusermakler	4,03
Buchhalter	4,22
Industrievertretungen	4,30
Kaufleute	4,69
Baumwollspinnereien und -verarbeitung	5,17
Reisebüros	5,95

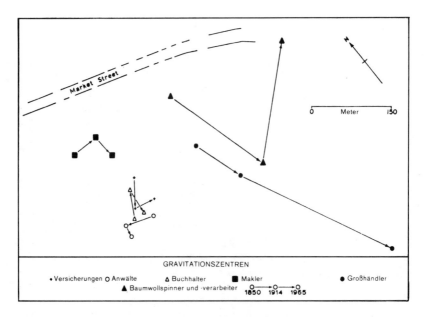

Fig. 10-14. Veränderung der Gravitationszentren ausgewählter Funktionen in Manchester zwischen 1850 und 1965. Nach R. Varley (1968).

---

[28] R. Varley (1968): Land use analysis in the city centre with special reference to Manchester. – (University of Wales: unveröff. Diss.).

Die Analyse der aus der Tabelle ersichtlichen Verteilung von Makler- und Reisebüros (Fig. 10-13) weist Unterschiede im Grad der Streuung auf, die eine Folge ihrer verschiedenen Verbindungen sind. Die sehr enge Verbindung der Makler mit der Börse und den Banken ruft eine geringe Streuung hervor. Reisebüros andererseits haben eine Anzahl verschiedener Verbindungen, zum Teil mit dem Büroviertel, zum Teil mit Verkehrsverbindungen oder Bahnhöfen bzw. Flugplätzen oder Häfen und zum Teil auch mit dem Einzelhandelsbereich, der über Schaufenster verfügt. In Manchester kommt noch ein weiterer Faktor hinzu. Während sich die Maklerbüros, die eine lange Tradition haben, bereits vor vielen Jahren zusammenschlossen und in einem bestimmten Bereich konzentrierten, hatten Reisebüros, die es erst seit relativ kurzer Zeit gibt, dazu kaum Gelegenheit. Man kann diese Methoden nun auch für die Vergangenheit anwenden und aufeinanderfolgende Karten erstellen, aus denen die Verschiebungen über einen größeren Zeitraum hervorgehen (Fig. 10-14). In Manchester lassen sich die den Maklern wie auch den Juristen vorbehaltenen begrenzten Gebiete klar erkennen, deren Schwerpunkt über mehr als hundert Jahre sich kaum mehr als sechzig Meter verschob. Reisebüros gab es zu der Zeit noch nicht.

Auf diese Voruntersuchung folgte die Anwendung von Flächennutzungsdaten (Geschoßfläche in qm) auf 30 Grundeinheiten, die für Baublöcke und Teile davon in Manchester zur Verfügung standen. Die verschiedenen Nutzungsarten in jedem Baublock wurden nach dem Anteil der belegten Geschoßfläche rangmäßig festgelegt. — Damit lassen sich Karten für den ersten, den zweiten und jeden weiteren Nutzungsrang je Baublock erstellen, aus denen sich dann Kerngebiete herausschälen lassen, die denen, die mit Hilfe der Häufigkeits- oder Clusteranalyse ermittelt wurden, weitgehend entsprechen. Ein wesentliches Problem bleibt allerdings, daß der Rang keinen Anhaltspunkt über die Bedeutung einer Nutzungsart oder die gegenseitigen Verknüpfungen mehrerer Nutzungsarten je Block gibt, einem wesentlichen Merkmal für die Identifizierung von Verbindungen. Als Lösung bot sich die Bewertung von Flächennutzungskombinationen durch die Methode der kleinsten Quadrate an[29]. Diese Methode wird folgendermaßen angewandt: Für jeden Baublock werden die Prozentanteile für jede Nutzungsart in absteigender Ordnung rangmäßig eingestuft. Ein theoretisch nur mit einer einzigen Nutzung belegter Baublock würde dann mit 100% seiner Geschoßfläche bewertet. Der Prozentanteil der Flächennutzung erster Ordnung ist daher 100. Die Differenz zwischen dem tatsächlichen und dem theoretischen Wert wird quadriert und mit den quadrierten restlichen Prozentanteilen im Baublock addiert, um eine Gesamtzahl zu erhalten. Beim nächsten Schritt wird angenommen, daß im Baublock nur zwei Nutzungsarten bestehen, so daß jede von beiden 50% ausmacht. Die erste und die zweithöchste Nutzungsart werden dann mit der theoretischen Verteilung, diesmal 50%, verglichen. Die Abwei-

---

[29] Vgl. J.C. Weaver (1954): Crop combinations in the middle West. — Geogrl. Rev. 44, 175—200; D. Thomas (1963): Agriculture in Wales during the Napoleonic wars. (Cardiff); siehe besonders Kap. 5, 79—95.

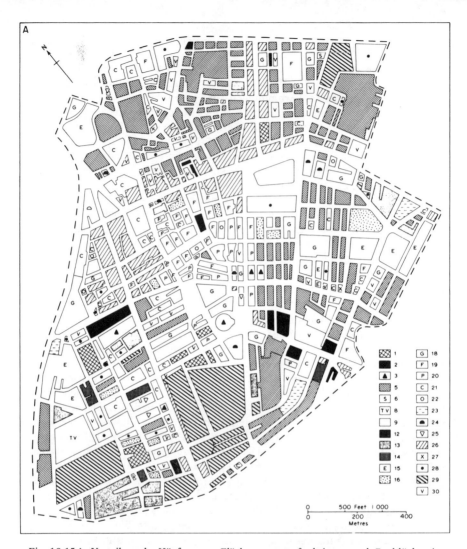

Fig. 10-15 A. Verteilung der Häufung von Flächennutzungsfunktionen nach Baublöcken in der Innenstadt von Manchester im Jahre 1966. Für die Schraffuren gilt folgender Schlüssel: **1.** Kirchen und öffentliche Plätze; **2.** Unterhaltung; **3.** Kulturelle Einrichtungen, einschließlich Museen und Bibliotheken; **4.** Hallensport; **5.** Großhandel und Lagerhallen; **6.** Lagerplätze, einschl. Baumaschinenparks; **7.** Gewerbliche Kunstausstellungen; **8.** Radio-, Fernseh- und Filmstudios; **9.** Freies Gelände, einschl. Parks und Spielplätze; **10.** Brachland und ungenutztes Gelände; **11.** Spezialindustrie wie Bergbau, Schmelzöfen oder Gießereien; **12.** Leichtindustrie, die man auch in Wohngebieten ohne Umweltschädigung betreiben kann; **13.** Alle übrigen Industriezweige außer Pkt. 11 und 12; **14.** Gesundheitswesen; **15.** Bildung; **16.** Grundstücke mit abgerissenen Häusern und Baustellen; **17.** Verschiedenes, wie Schlachthäuser, Hundezuchtgelände und Reitställe; **18.** Öffentliche Verwaltung; **19.** Banken; **20.** Freie Berufe; **21.** Groß- und Zwischenhandelsbüros; **22.** Andere Büros; **23.** Öffentliche Dienste; **24.** Hotels; **25.** Nutzung für Wohnzwecke; **26.** Einzelhandel; **27.** Öffentliche Gebäude; **28.** Parkplätze; **29.** Verkehrswesen, einschl. Tankstellen, Eisenbahngelände und Flugplätze; **30.** Leerstehende Gebäude.

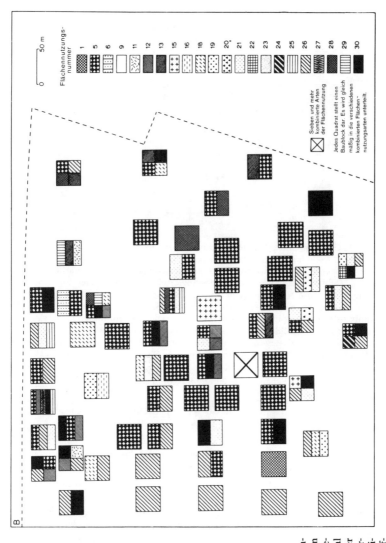

Fig. 10-15 B. Flächennutzungskombinationen in der Innenstadt von Manchester im Jahre 1966. Zur Methodik siehe Text. Da das Original recht komplexer Natur ist, wird hier nur der Nordostzipfel von A dargestellt. Die Legendenziffern bleiben trotz unterschiedlicher Schraffur die gleichen.

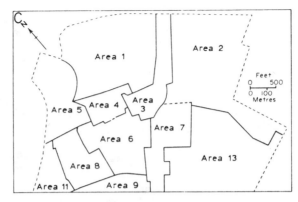

Fig. 10-15 C. Dominante Flächennutzungsgebiete in der Innenstadt von Manchester im Jahre 1966. Es handelt sich um einen Ausschnitt aus Varleys Übersichtskarte. Gebiet 1 enthält vorwiegend Lagerhallen und Großhandelseinrichtungen mit starkem Einzelhandelseinschlag, Gebiet 6 ist das traditionelle Büroviertel. Die wesentlichen Einzelhandelsgebiete sind Nr. 3, wo diese Nutzungsart praktisch allein vorkommt, Nr. 4, wo sie mit einer Reihe anderer Nutzungen zusammen auftritt, und Nr. 8, wo sie als Einzelhandel auf höherer Qualitätsstufe mit Büronutzung kombiniert ist. Die Gebiete dieser Karte sind im oberen Teil von Figur A abgebildet (vgl. Grenzlinie). Statt konventioneller Namen wie „Einzelhandelskern" benutzte Varley den neutralen Begriff Gebiet 1. Jedes Gebiet umfaßt eine spezifische Kombination von Nutzungen. Figur A, B und C nach R. Varley (1968).

Anmerkung: Nur die wichtigsten Nutzungsarten wurden vermerkt. Um die Grundlagen der Analyse zu verdeutlichen, sind hier alle Faktoren aufgezählt.

chungen von der Prozentangabe 50 werden quadriert und diese wieder zu den quadrierten restlichen Prozentangaben der anderen Flächennutzungseinheiten addiert. Dieser Vergleich des effektiven mit dem theoretischen Nutzungswert in einem Baublock wird weitergeführt, bis alle Nutzungsarten erfaßt sind. In den Gesamtangaben markiert die niedrigste Zahl den Punkt, an dem ein Baublock der theoretischen oder idealen Situation am nächsten kommt, das heißt, bei der die gesamte Geschoßfläche gleichmäßig zwischen allen vorkommenden Nutzungsarten verteilt ist. Wenn also der vierte Gesamtwert der geringste ist, betrachtet man den Baublock als einen Block vierfacher Nutzung. Die vier einzelnen Nutzungsarten werden in Kombination gesehen, das heißt als baublockinterne Verbindungen. Jeder Baublock läßt sich dann gemäß der Anzahl und der Art seiner Flächennutzungskombinationen kartieren und bestimmte räumliche Einheiten kristallisieren sich auf diese Weise heraus.

Auf Einzelheiten der Untersuchung kann nicht näher eingegangen werden, es ist aber von Interesse, daß ein besonderes Einzelhandelsgebiet entstanden ist (Fig. 10-15), obwohl die meisten anderen Gebiete eine Kombination von Nutzungsarten aufweisen. So besteht das Gebiet 1 nach Varley hauptsächlich aus Lagerhallen, die dem Großhandel zuzuordnen sind. Allerdings ist auch ein starkes Einzelhandelselement vertreten, das unter anderem Baublöcke mit vierfacher Nutzung umfaßt. Das ist wahrscheinlich auf eine Anzahl kleinerer Einzelhandelsgeschäfte zurückzuführen, welche für die im Großhandel Beschäftigten da sind. Es handelt sich vorwiegend um Konfektionsgeschäfte, Tabakläden und Cafés. Es kommt auch Leichtindustrie, Kleiderfabrikation und das Druckgewerbe vor, während die Schwerindustrie wegen der dichten Besiedlung und der hohen Grundstückspreise fehlt. Gebiet 6 entpuppt sich als das bereits erwähnte Bankenviertel. Varley nennt es wegen seiner räumlichen Stabilität „das traditionelle Büroviertel".

An dieser Stelle ist eine ähnliche Studie von Goddard über den Londoner Innenstadtbereich zu erwähnen[30]. Sie berücksichtigt lediglich sechs hauptsächliche Nutzungsarten, die aber ein grundlegendes Kombinationsmuster von Flächennutzungszonen lieferten (Fig. 10-16). „Der historische Kern, der zwei Zentren hat („die City" im Osten und Westminster im Westen) weist sowohl die stärkste vertikale Entwicklung als auch die größte Isolierung von Nutzungsarten auf, wobei die Bürogebäude praktisch alle anderen Funktionen verdrängt haben". Diese Büroviertel bestehen in sich wieder aus klar unterscheidbaren Untergruppen, wie Goddard unter Anwendung der Multivarianzanalyse an anderer Stelle gezeigt hat[31]. Ein dritter untergeordneter Kern, eine Nebencity, ist das West-End, das sich durch eine Kombination von Einzelhandels-, Büro- und Wohngebäuden auszeichnet, und ein Beispiel für die Erweiterung eines Einzelhandelsbereichs in ein Wohngebiet darstellt, die kennzeichnend für sich wandelnde Bereiche ist. Eine solche Umwandlung unterscheidet sich erheblich von den Veränderungen, die sich um den Stadtkern herum besonders in angelsächsischen Großstädten abspielen und als „verfallender Innenstadt-Rand" charakterisiert sind, in dem die heruntergekommenen Wohnbereiche, die für Bürozwecke nicht geeignet sind, kommerziell und industriell genutzt werden. Schließlich ist ein sogenanntes Mischgebiet zu erwähnen, ein Bereich frühester westwärtiger Erweiterung der Stadt, der ursprünglich die vornehmsten Wohnlagen (Covent Garden und Soho) umfaßte. Im 19. Jahrhundert verminderte sich ihre Bedeutung, als sich die vornehmen Gebiete weiter nach Westen verschoben und die neue Regent Street als westliche Begrenzung galt. Daraus resultierte im heutigen London ein gemischtes Gebiet mit einer Vielfalt von Nutzungsarten und Gebäuden, die sich in sehr verschiedenem baulichen Zustand befinden. Das Ergebnis der Analyse von Goddard ist ähnlich dem der früher erwähnten Untersuchungen.

Die verschiedenen Gebiete, Teilräume oder Viertel der Stadt sind damit immer noch eher zufällig definiert, obwohl es eigentlich nicht schwierig sein sollte, eine objektive Methode für die Anwendung der Verknüpfungsanalyse zu finden, wie das Goddard für seine Büroviertel versuchte. Trotz der relativ gerin-

---

30 J. Goddard (1967): The internal structure of London's central area. − in: W.F. Heinemeyer et al. (1967), 118−140.
31 J. Goddard (1968): Multivariate analysis of office location patterns in the city centre: a London example. − Reg. Stud. 2, 69−85.

266 Die Innenstadt

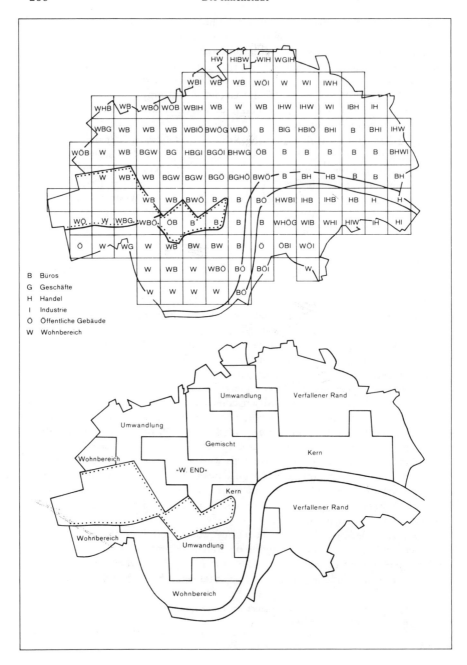

gen Objektivität bei der räumlichen Abgrenzung dürften diese Methoden dennoch erheblich sinnvoller sein als ein Gebiet lediglich zu umranden und dann als Innenstadt zu bezeichnen, oder es unter Umständen noch in Innenstadtkern und Innenstadtrand aufzuteilen. Die angeführten Analysen weisen auf die Vielfalt der Beziehungen hin, die zwischen verschiedenen Nutzungsarten bestehen, und führen direkt zu der Frage nach den präzisen Bedürfnissen an Innenstadtfläche für irgendeine Nutzungsart und wie man diese innerhalb der Innenstadtstruktur standortmäßig befriedigen kann.

Ein erschöpfender Katalog über die Motive, die jeden einzelnen städtischen Flächennutzer beeinflussen, erscheint hier nicht notwendig, selbst wenn man ihn erstellen könnte. Es dürfte aber klar geworden sein, daß sich die vom einzelnen Geschäftsinhaber auf kleinster Ebene getroffenen Entscheidungen in ein bestimmtes summarisches Verhaltensmuster einbauen lassen. Je mehr über diesen Entscheidungsfindungsprozeß bekannt ist, desto besser lassen sich die Gesamtstrukturen erklären. Nelson[32] stellte für die Auswahl eines Einzelhandelsstandortes acht Grundsätze auf.

Diese sind:

1. Einzugsbereichspotential. Ein minimaler Umfang der Geschäftstätigkeit ist die erste Voraussetzung. Nach der zentralörtlichen Theorie muß ein hinreichender Verbrauch gesichert sein, um den Minimum-Schwellenwerterfordernissen gerecht zu werden.

2. Erreichbarkeit des Geschäftsgebietes. Für die Bewohner dieses Gebietes ist eine maximale Erreichbarkeit erforderlich. Diese ist sowohl regional wie auch innerstädtisch zu verstehen und führt zu besonders hohen Grundstückswerten an Kreuzungen oder, allgemeiner ausgedrückt, zu einem Wettbewerb um Ecklagen an Hauptverkehrsverbindungen oder -plätzen.

3. Wachstumspotential. Gebiete mit wachsender Bevölkerung und steigendem Einkommen sind zu erschließen.

4. Lagebezug. Eine Lage zwischen der Hauptkonzentration der arbeitenden Bevölkerung in der Innenstadt und dem Hauptgeschäftszentrum ermöglicht es, Kunden auf ihrem täglichen Arbeitsweg abzufangen.

5. Kumulative Attraktivität. Eine Anzahl ähnlicher Geschäfte in einem kleinen spezialisierten Einkaufsgebiet kann auf potentielle Käufer einen erheblich größeren Reiz ausüben als ein völlig isoliertes Geschäft. Die Möglichkeit, meh-

---

[32] R.L. Nelson (1958): The selection of retail locations, 52. (New York).

Fig. 10-16. Flächennutzungskombinationen und -zonen in der Innenstadt von London. Das obere Diagramm zeigt die Nutzungskombinationen und ähnelt denen in Fig. 10-15 B. Das untere Diagramm stellt eine Auflösung dieser Kombinationen in Flächennutzungszonen dar. Einzelheiten der Nutzung und Maßstab sind größer als im Beispiel von Manchester, das Hauptprinzip bleibt aber erhalten. Auf der unteren Karte steht W. End für West End mit seiner Büro-, Geschäfts- und Wohnfunktionskombination. „Kern" bezieht sich auf die City von London und auf Westminster. Nach J. Goddard in W.F. Heinemeyer et al. (1967).

rere Geschäfte mit einem ähnlichen Warenangebot zu besuchen, wodurch eine große Auswahl gegeben ist, wirkt besonders anziehend.

6. Verträglichkeit der Nutzungsarten. Die Lage in einem Gebiet mit Nutzungsarten, die sich untereinander vertragen, erzeugt einen maximalen Kundenzustrom.

7. Die Verminderung der Wettbewerbsgefahr. Dieser Begriff erklärt sich selbst, da es dem gesunden Geschäftssinn entspricht, einen Standort zu vermeiden, wo der gegenseitige Wettbewerb zu groß wird.

8. Lagegunst. Eine Lage, die bequem zugänglich ist, ist ein besonderer Vorteil.

Diese Grundsätze garantieren nicht in jedem Fall eine kumulative Attraktivität. Z. B. kann die gute Verträglichkeit nach Punkt 6 ein Geschäft auch in die Gefahr eines unerwünschten Wettbewerbs nach Punkt 7 bringen. Dennoch fassen sie die wesentlichen Punkte zusammen, die bei der Auswahl von Geschäftsstandorten beachtet werden müssen. Gleichzeitig müssen natürlich diese Grundsätze in allen Einzelheiten mit den früher erwähnten sozialen Kräften in Einklang gebracht werden. Der Wettbewerb um günstige Standorte wird nicht immer nur vom Markt her entschieden, sondern auch durch das Kräftespiel konkurrierender Interessen und den Einfluß, den sie zu einer bestimmten Zeit auf ein bestehendes Strukturgefüge nehmen[33]. Wenn über die Bedürfnisse der Nutzer relativ wenig bekannt ist, dann weiß man noch weniger über die Einflüsse, die sie ausüben können. So wies Ames in einer Stichprobenuntersuchung von 373 Geschäften in Worcester, Mass., nach, wie sich die Rangordnung jeweils verändert, wenn man entweder die Fläche oder die Größe des jeweiligen Unternehmens berücksichtigt[34].

Art des Unternehmens	Rang-Nr.	Rang des Unternehmens nach der belegten Fläche	Größe (Beschäftigtenzahl)
Einzelhandel	1	3	6
Dienstleistungen	2	4	5
Industrie	2	1	1
Großhandel	4	2	2
Verkehr	5	5	3
Finanzen	6	6	7
Verwaltung	7	7	4

Die Folgerungen aus dieser Tabelle sind von großer Bedeutung für die Art, wie die verschiedenen Nutzer zentrale Standorte erwerben können. Auch zeigt sich dabei die Vielfalt des Innenstadtbereichs und die Lagegunst für die einzel-

---

[33] Siehe S. 212.
[34] Persönliche Mitteilung von D. Ames, früher University of Cincinnati, Department of Geography.

nen Firmen[35]. Über die vielen noch zu untersuchenden Probleme der Innenstadt kann hier nur ein Überblick gegeben werden. Aus den obigen Ausführungen geht hervor, daß die Versuche, die Vielfalt und Komplexität mit Hilfe von Häufigkeitsanalysen oder Flächennutzungs-Kombinationsmethoden zu erfassen und den Entscheidungsprozeß selbst zu isolieren, den gleichen Zweck auf verschiedenen Generalisierungsebenen erfüllen sollen. Häufungen werden durch die Verbindungen hervorgerufen, die auf die Aktivitätssysteme zurückzuführen sind, welche die Nutzer der innerstädtischen Flächen charakterisieren. Diese Tatsache offenbarte sich in der im letzten Kapitel erwähnten Struktur eines Gerichtsviertels. Sie wurde auch von einer Anzahl weiterer Autoren bei der Untersuchung der städtischen Flächennutzung nachgewiesen. Z. B. geht Bourne aus von „Kommunikations- oder Verbindungsbedingungen zwischen Aktivitäten. Durch Untersuchung der Verknüpfungen oder ‚Bewegungssysteme' zwischen den Unternehmen kann man das innerstädtische Flächennutzungsmuster und die Variationen im Grad der räumlichen Zuordnung von einzelnen Nutzern besser verstehen ... Obgleich es schwierig ist, daraus eine Theorie zu entwickeln, werden durch die Betonung der dynamischen Beziehungen zwischen Standort und Aktivität gegenüber der der reinen Erreichbarkeit die vorhandenen Generalisierungen in einem wichtigen Punkt ergänzt"[36].

Das Buch von J. Rannells über den Stadtkern, bereits im Jahre 1949 veröffentlicht[37], stellt zweifellos eine der bemerkenswertesten Arbeiten dar. Hier ist eine weitere Schwierigkeit zu erwähnen, die in den Analysen von Carter und Rowley sowie von Ward auftaucht und mit der sich Bourne besonders befaßt. Alle verallgemeinernden Modelle gehen davon aus, daß sich eine konstante ebene Fläche entwickelt, während für den Unternehmer, der eine Standortentscheidung zu treffen hat, die Stadt aus bereits vorhandenen Gebäuden besteht. Bei Veränderungen müssen sich die Nutzungen an die vorhandenen Strukturen anpassen oder sie abändern. Daher kann man im großen und ganzen sagen, daß „sich das Gesicht einer Stadt aufgrund der strukturell sichtbaren Aktivitäten ihrer Einwohner ergibt, die bestimmte Stellen zum Wohnen und andere zum Arbeiten bevorzugen"[38]. Daraus folgt, daß die Stadt durch den einzelnen und die Unternehmen geprägt wird, aber ihrerseits diese Aktivitäten formt. Sich verändernde Tätigkeitsmuster aber erklären die wechselnden Nutzungsarten vorhandener Strukturen. Das Ergebnis ist, daß sich die Physiognomie durch kontinuierliche Aktivitäten ergibt, während Veränderungen Verschiebungen der im

---

[35] B. Thorngren (1967): External economies of the urban core. – in: W.F. Heinemeyer et al. (1967), 413–422.
[36] L.S. Bourne (1967): The private redevelopment of the central city. – Univ. Chicago Dept. Geogr. Res. Pap. **112**, 19. (Chicago).
[37] J. Rannells (1956).
[38] J. Rannells (1956), 16–17.

Hintergrund wirkenden Aktivitätssysteme widerspiegeln, in die der Gesamtkomplex des städtischen Lebens zu Analysezwecken unterteilt wird"[39].

Die bereits erwähnte Arbeit von Davies über Kapstadt geht im wesentlichen auf die Studie von Rannells über die Innenstadt von Philadelphia zurück. Aber Davies interessierte sich hauptsächlich für definitorische Probleme mit dem Argument, daß das Hauptanliegen des Geographen räumliche Bezüge seien. Rannells kümmerte sich weniger um diesen Aspekt als vielmehr um die Analyse der miteinander verbundenen Systeme von Aktivitäten im zentralen Bereich. Er benutzt den städtischen Baublock als Grundeinheit und die Anzahl von Unternehmen sowie die Geschoßfläche pro Baublock als Aktivitätsmaß, welches er in Industrie, Großhandel mit oder ohne Lagerhaltung, verschiedene Dienstleistungen für Unternehmer und Verbraucher sowie den Einzelhandel unterteilte. Rannells benutzt eine Anzahl herkömmlicher Maßeinheiten wie Gravitationszentrum und Verbreitungsindex, wobei er nicht eine klar abgegrenzte Innenstadt, sondern einen allgemeiner gefaßten Bezugskern für seine Analyse verwendet[40]. In diesem sind rangmäßig diejenigen Baublöcke erfaßt, welche die Hälfte aller Unternehmen (insgesamt 34 Baublöcke) und die Hälfte der gesamten Nutzfläche (insgesamt 55 Baublöcke) enthalten. 30 Baublöcke erfüllen beide

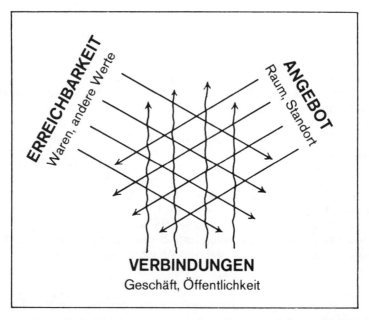

Fig. 10-17. Die Dreifachprojektion von Innenstadtstandorten. Nach J. Rannells (1956).

---

[39] J. Rannells (1956), 17.
[40] J. Rannells (1956), 117—121.

Bedingungen, so daß der Bezugskern aus 59 Baublöcken besteht, d. h. 30 + (34 − 30) + (55 − 30). Für jede einzelne Nutzungsart läßt sich ein ähnlicher Bezugskern ermitteln. Durch Kombination der verschiedenen kartierten Nutzungsarten werden die Beziehungen oder Verknüpfungen sichtbar. Rannells Arbeit fußt, wie gesagt, weniger auf Standortangaben; er benutzt diese vielmehr, um ein Beziehungsgefüge zu erstellen (was den Widerspruch von Davies hervorrief). Im Ergebnis betrachtet er den Innenstadtbereich als von einem Dreifachgitter überzogen (Fig. 10-17)[41]. Die drei Gitter setzen sich zusammen einmal aus der Erreichbarkeit des zentralen Bereichs für Menschen und Waren, zum anderen aus dem Angebot, das von der erforderlichen Fläche an lagegünstiger Stelle abhängt, und zum dritten aus den Verbindungen zu anderen Firmen und zum Kunden. Es ist auf Rannells zurückzuführen, daß der Innenstadtbereich nicht mehr als abzugrenzender Raum gesehen wurde, sondern in einem ganz neuen Licht als das Produkt eines Wirkungsgefüges, das auf Standortentscheidungen basierte, und das man erst entwirren mußte, um überhaupt etwas Sinnvolles über den betreffenden Raum sagen zu können.

10.6 Die Übergangszone

Wenn man die Innenstadt nicht mehr so streng abgrenzt, stößt man unweigerlich auf das Gebiet einer Übergangszone. Viele der auf Murphy und Vance folgenden Arbeiten haben in der Tat den gesamten innerstädtischen Bereich angelsächsischer Städte und nicht nur das zentrale Geschäftsviertel zum Gegenstand ihrer Betrachtung gemacht. Robert E. Preston und D.W. Griffin[42] z. B. untersuchten speziell die Übergangszone mit ähnlichen Methoden. Danach ist sie in Nordamerika als Gebiet gemischter kommerzieller und nicht-kommerzieller Flächennutzung gekennzeichnet, das zu Verfall und Verwahrlosung neigt, und das Einzelhandelszentrum der Stadt räumlich von umgebenden Wohnvierteln oder Schwerindustriegebieten trennt. Normalerweise wird die Übergangszone für Parkplätze, Lagerhäuser, Leichtindustrie, Großhandelslagerhallen, bestimmte öffentliche Dienstleistungen, Bahnhöfe und Mehrfamilienhäuser genutzt[43].
Die Grundfunktion dieser Zone ist recht einfach. Während sich die Wohnfunktionen weiter nach außerhalb verlagern und die innerstädtischen Nutzer eine erhöhte Flächennachfrage anmelden, müssen die inneren Wohngebiete diesen Forderungen allmählich weichen. Durch diesen Prozeß ergibt sich die Übergangszone, deren Nutzung sich am stärksten verändert. Sowohl das vertikale Wachstum des inneren Geschäftsviertels als auch die Verlegung von Industrie in

---

[41] J. Rannells (1956), 151.
[42] R.E. Preston & D.W. Griffin (1966): A restatement of the transition zone concept. − Ann. Assoc. Am. Geogr. **56**, 339−350. R.E. Preston (1966): The zone in transition: a study of urban land use patterns. − Econ. Geog. **42**, 236−260.
[43] R.E. Preston & D.W. Griffin (1966), 341.

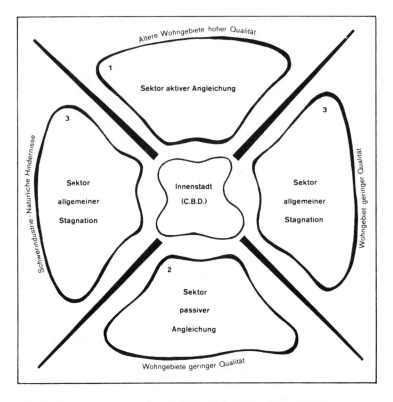

Fig. 10-18. Die Übergangszone. Nach R.E. Preston und D.W. Griffin (1966).

die Vororte und die Entwicklung von Einkaufszentren im Vorortbereich verursacht eine Verringerung der Flächennachfrage in der Übergangszone und damit ein nur sehr geringes Interesse an Erneuerung oder Sanierung des alten Baubestandes. Das Ergebnis sind Verfall und Verwahrlosung, was besonders von nordamerikanischen Großstädten her bekannt ist.

Preston und Griffin sehen die Übergangszone in Fig. 10-18 *einmal* als einen Sektor aktiver Assimilation, in welchem sich neue zentrale Nutzungsarten entwickeln, *zum anderen* als einen Sektor passiver Assimilation, in dem sich der Wandel langsamer vollzieht, der mehr einem Herauslösen aus dem innerstädtischen Geschäftsviertel mit der Übernahme nicht zentraler Funktionen (zum Beispiel von Lagerhäusern) entspricht. *Drittens* gibt es unzusammenhängende Sektoren allgemeiner Inaktivität, in denen kaum Veränderungen zu erkennen sind. Diese Vorstellungen stehen in engem Zusammenhang mit den Zonen der

Assimilation und des Abdriftens, wie sie von Murphy, Vance und Epstein[44] vorgeschlagen wurden.

Bei dem Versuch einer räumlichen Definition der Übergangszone verwendet Preston ein ähnliches Verfahren wie Murphy und Vance und unterteilt in spezifische Nutzungen für eine „Übergangszone" und einen „andersartigen Bereich". Es ist leichter, hier die Nutzungen des „andersartigen Bereichs" aufzuzählen, da die Aufstellung erheblich kürzer ist: Wohngebiete, Schwerindustrie, leerstehende Häuser, öffentliche Freiflächen und Eisenbahngelände. Die Übergangszone wird zum Zentrum hin durch den Innenstadtbereich nach der Methode von Murphy und Vance abgegrenzt und nach außen durch einen durch statistische Untersuchungen ermittelten Stellenwert, der bei einem 30%-Anteil an für die Übergangszone typischen Nutzungsarten liegt. Dadurch wird mit Hilfe einiger weiterer kleinerer Einschränkungen eine klare Grenzziehung möglich (siehe Fig. 10-19). Im Durchschnitt dreier untersuchter Städte ergab sich jeweils folgender Anteil für die Übergangszone:

Verwaltungsfunktionen	24,5 %
Großhandel und Lagerhaltung	10,9 %
Leichtindustrie	7,8 %
Einzelhandel	7,0 %
Verkehr	4,1 %
Parkplätze	4,6 %

Die andersartigen Funktionen innerhalb der Übergangszone machten 19,6 % für den Wohnbereich, 7,0 % für die Schwerindustrie und 7,7 % für Freiflächen aus. Damit stellten die Wohnfunktionen den zweithöchsten Raumanteil dar, wodurch bei diesem Verfahren einige Fragen offenbleiben. Ansonsten ist diese Definition jedoch in sich geschlossen, da die ausgewählten Nutzungsarten den Raum bestimmen, und der Raum seinerseits die jeweilige Nutzung reflektiert.

Die Analyse des Strukturmusters dreier Städte führte zu einem weiteren Fortschritt bei der Betrachtung von Übergangszonen. „Innerhalb der Zone ist das gehäufte Auftreten bestimmter Nutzungsarten allgemein in Sektorenform angeordnet und voneinander durch weniger intensive und spezialisierte Flächennutzung getrennt"[45]. Die am stärksten gehäuften Funktionen waren:

1. Großhandel, Lagerhaltung, Leichtindustrie und Verkehr.
2. Öffentliche Einrichtungen und Ämter.
3. Automobilvertretungen, Reparaturwerkstätten und Parkflächen.
4. Banken, Büros, Kaufhäuser und Übergangswohnungen.
5. Lebensmittelläden, Haushaltswaren, Dienstleistungen und verschiedene Einzelhandelsgeschäfte.

Damit wird deutlich, daß Preston auf der gleichen Basis wie Rannells arbeitet.

---

[44] R.E. Murphy, J.E. Vance & N. Epstein (1955), 43.
[45] R.E. Preston & D.W. Griffin (1966), 344.

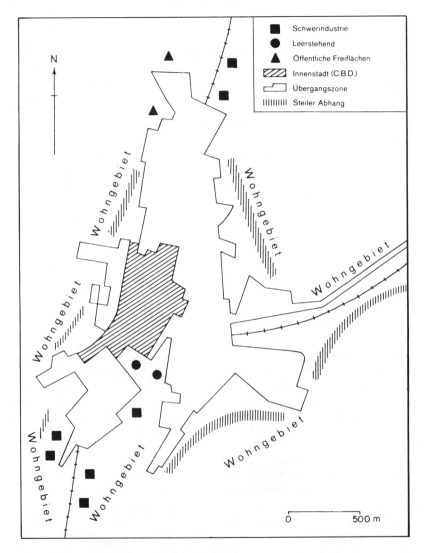

Fig. 10-19. Der Grenzbereich der Übergangszone in Worcester, Mass. Vgl. Fig. 10-3 (Definition der Innenstadt). Nach R.E. Preston (1966).

Er stellt Anhäufungen von miteinander verbundenen Einrichtungen fest, so daß seine erste Gruppe sich direkt auf die von Rannells benutzte Kategorie „Warenströme" bezieht. Wie Davies beschränkt er sich allerdings auf die räumliche Abgrenzung der Übergangszone, und zeitliche Veränderungen werden nicht beachtet. Bourne hat besonders scharfe Kritik am Konzept von Übergangszonen geübt[46]. Sie basiert „auf dem Konzept struktureller Anpassung als einem Prozeß kontinuierlichen Wandels der räumlichen Struktur der Stadt. Im Unterschied dazu steht der Ansatz der räumlichen Abgrenzung, welche einige Eigenheiten des Überganges deutlich macht. Natürlich ist die ganze Stadt in einem Prozeß des Wandels begriffen und nicht nur das Gebiet um das zentrale Geschäftsviertel herum. Häufig sind die wahren Probleme in den Gebieten zu finden, in denen kein Wandel und kein Übergang im oben genannten Sinne stattfindet, sondern die vernachlässigt werden und verfallen. Altern und Verfall sind unvermeidlich und das ältere Stadtzentrum wird zuerst davon betroffen. Normalerweise wird renoviert, so daß das wahre Problem in der Frage liegt, warum der Zustand des Verfalls andauert und warum der Wechsel von Altern und Renovierung praktisch unterbrochen ist"[47].

10.7 Schlußfolgerung

Unser Verständnis der Wirkungsprozesse und der daraus folgenden Nutzungsstrukturen der Innenstadt ist in hohem Maße unzulänglich. Es ist zwar nützlich, einzelne Teile herauszulösen und zu definieren, um ein erhöhtes Verständnis für den Gesamtkomplex zu erreichen, aber es ist keine Lösung. Sorgfältige und ins einzelne gehende Untersuchungen des eigentlichen Prozesses sind notwendig. Dabei sind die Interessen der Nutzer der Innenstadtfläche zu berücksichtigen, sowohl die von ihnen ausgeübten Tätigkeiten, die Verbindungen, welche sie benötigen, als auch der wirtschaftliche und politische Einfluß, den sie ausüben können. Das alles muß im ständigen Wandel gesehen werden. Dadurch ergibt sich eine Vielzahl von Einflüssen, die analysiert werden müssen. Auf diese Weise kommt man aber dem Verständnis der Innenstadt um vieles näher.

Mancher Geograph mag vielleicht die oberflächliche Betrachtung des räumlichen Aspekts bemängeln. Aber die Zeiten, in denen die Übertragung komplexer Sachverhalte von einem Bereich auf den anderen in der Geographie zum Fortschritt führten, sind längst vorbei.

Literaturhinweise

Die ersten Arbeiten von R. E. Murphy & J. E. Vance, Jr. (1954a und 1954b, s. Fußnote 1; 1955, s. Fußnote 14), auf die im Text Bezug genommen wird, sind wichtig. Eine gute Zusammenfassung findet sich in:
Murphy, R. E. (1966): The American city (s. Fußnote 11).

---

[46] L.S. Bourne (1968): Comments on the transitional zone concept. – Prof. Geogr. **20**, 313–316.
[47] L.S. Bourne (1968), 316. Siehe auch S. 276–286.

Eine Reihe von Beiträgen ist von Murphy zusammengestellt und zusammenfassend kommentiert worden in:
Murphy, R. E. (1971): The central business district. (London).

Die beiden Arbeiten von Rannells und Davies sind hierfür ebenfalls wesentlich:
Davies, D. H. (1965): Land use in central Cape Town: a study in urban geography (s. Fußnote 16).
Rannells, J. (1956): The core of the city (s. Fußnote 26).

Die Arbeit von Davies ist erneut aufgelegt worden in:
Davies, D. H. & Beavon, K. S. O. (1973): Changes in land-use in central Cape Town. − Dept. Geogr. and Envir. Studs. Univ. Witwatersrand, Occasional paper **10**. (Johannesburg).

Ein sich nur auf das Innenstadtzentrum beziehender Sammelband mit Beiträgen unterschiedlicher Qualität ist:
Heinemeyer, W. F., van Hulten, M. & De Vries Reilingh, H. D., Ed. (1967): Urban core and inner city. − Proceedings of the international study week, Amsterdam. (Leiden).

Ein älteres Symposium:
Norborg, K., Ed. (1960): Proceedings of the I.G.U. Symposium in Urban Geography, Lund 1960, part IV; the city centre. (Lund).

Die folgenden beiden Aufsätze über die Übergangszone sind wichtig:
Preston, R. E. & Griffin, D. W. (1966): A restatement of the transition zone concept (s. Fußnote 42).
Preston, R. E. (1966): The zone in transition: a study of urban land use patterns (s. Fußnote 42).

Ebenso die kritische Betrachtung:
Bourne, L. S. (1968): Comments on the transitional zone concept (s. Fußnote 46).

Ein sehr früher, aber nützlicher Aufsatz über Verknüpfungen:
Morgan, W. T. W. (1961): A functional approach to the study of office distributions. − Tijdschrift voor Econ. en Soc. Geog. **52**, 207−210.

Eine genauere statistische Untersuchung ist:
Goddard, J. B. (1968): Multivariate analysis of office location patterns in the city centre: A London example (s. Fußnote 31).

Eine allgemeinere Studie über Bürostandorte:
Cowan, P. (1969): The Office, a facet of urban growth. (London).

Eine weitere Arbeit, in der Richtung neuerer Studien über Bürostandorte:
Goddard, J. B. (1973): Office linkages and location. − Progr. in Planning **1**(2), 111−232.

Eine Reihe von Veröffentlichungen des Geographischen Instituts der Universität von Chicago sind eine sehr anregende und wertvolle Quelle für weitere Literaturstudien. Wichtige Veröffentlichungen sind:
Berry, B. J. L. (1963): Commercial structure and commercial blight. No. **85**.
Bourne, L. S. (1967): Private redevelopment of the central city. No. **112** (s. Fußnote 36).
Simmons, J. W. (1964): The changing pattern of retail location. No. **92**.
Simmons, J. W. (1966): Toronto's changing retail complex. No. **104**.

11. Die Wohngebiete der Stadt

In einem allgemeinen Zusammenhang wurde die Verteilung der Wohngebiete als Teil der Gesamtstruktur der Stadt bereits in Kapitel 9 besprochen[1]. Eine klare Darstellung dieses Themas hat Alonso mit seinem Vergleich historisch und strukturell bedingter Theorien des Aufbaus der Stadt gegeben[2]. Aus der Analyse der generalisierten Wohnstrukturen ergibt sich die paradoxe Tatsache, daß die wohlhabendsten Menschen auf den billigsten Grundstücken wohnen und umgekehrt. Mit anderen Worten heißt das, die Quadratmeterpreise vermindern sich mit der Entfernung vom Zentrum. Historisch läßt sich dieser Sachverhalt durch die Analysen von E. W. Burgess[3] erklären, nach denen das Wachstum der Stadt durch den Bau neuer Häuser an der Peripherie erfolgt. Hier entstehen die jeweils modernsten Häuser, die von den wohlhabenderen Teilen der Bevölkerung gewünscht werden und die nur diese sich leisten können; diese ziehen fortwährend weiter nach außen. Die von ihnen dabei aufgegebenen altmodischeren Häuser gehen in den Besitz immer niedrigerer Einkommensschichten über. Hieraus ergeben sich mit höherem Einkommen in wachsender Entfernung von der Innenstadt konzentrische Wohngebiete, die einen steigenden Sozialstatus signalisieren. Man bezeichnet sie üblicherweise als Zonen der Arbeiter- oder Unterklasse, der Mittelklasse und der Oberschicht.

Strukturelle Erklärungen des Phänomens basieren andererseits auf dem Wechselspiel der Interessen zwischen Erreichbarkeit, Fahrtkosten und Quadratmeterpreisen. Wenn man von den von der Industriegesellschaft geschätzten Werten ausgeht, die „eine Vorliebe für große Grundstücke hat und bereit ist, relativ weite Wege in Kauf zu nehmen, dann wird deutlich, daß die entfernteren, aber je Quadratmeter preiswerteren Grundstücke für wohlhabende Schichten attraktiver sind als für ärmere"[4]. Hieraus ergibt sich eine Verteilung von Einkommensgruppen ähnlich der der historischen Erklärung, denn strukturelle Kräfte und historischer Prozeß weisen, vor allem in Nordamerika, in die gleiche Richtung.

Diese vereinfachte Darstellung läßt sich selbstverständlich modifizieren. Von der Struktur her ließen sich die mit der Entfernung vom Stadtzentrum verminderten Erträge anführen. Je größer die Entfernung, desto ausgedehnter ist die Stadt, deren Zentrum damit aber eine um so stärkere Anziehungskraft ausübt. Umgekehrt wird, je größer die Stadt ist, auch die Entfernung größer und es wird immer mühsamer, das Zentrum zu erreichen. Daraus folgt, daß sich die wohlhabendsten Teile der Bevölkerung, die soziale Oberklasse, auch in unmittelbarer Nachbarschaft zum Zentrum Luxuswohnungen leisten wird, wenn

---

[1] Siehe Kap. 9, S. 203.
[2] W. Alonso (1964): The historical and structural theories of urban form: their implications for urban renewal. — Ld. Econ. **40**, 227—231.
[3] Siehe Kap. 9, S. 205—223.
[4] W. Alonso (1964), 229.

diese aufgrund ihrer Bauweise nicht durch die innerstädtischen Umweltbelastungen beeinträchtigt sind. Die ganz Reichen können dann sowohl eine Stadtwohnung als auch ein Landhaus unterhalten und damit die Vorteile beider Wohnstandorte miteinander verbinden und die Beschwernisse dauernden Hin- und Herfahrens auf ein Mindestmaß herabdrücken, indem sie zum Beispiel nur zum Wochenende hinausfahren. Auf diese Weise läßt sich auch die strenge Theorie konzentrischer Kreise durch die Einführung von Sektoren modifizieren, in denen sich auch vornehme Wohnviertel von der Innenstadt her ausbreiten können.

Welche Kriterien gelten nun für das Konzept von „Wohngebieten". Selbstverständlich beschäftigte sich die Geographie zunächst mit dem Baubestand, also konkret mit vorhandenen Häusern und nicht mit Teilbereichen, die durch verschwommene Begriffe wie Einkommen oder Sozialstatus gekennzeichnet waren. — Wieder taucht das Problem der Nutzung und der Strukturen auf, die unterschieden werden müssen, um zu klaren Voraussetzungen zu kommen. Diese Trennung ist nur selten vollständig, da Untersuchungen von Sozialräumen oftmals die äußeren Bedingungen und den Zustand der Häuser als Variable mitenthalten, während Untersuchungen über die baulichen Strukturen gewöhnlich auch Begriffe wie „Arbeiterwohnungen" verwenden. Hierbei ist allerdings häufig ein Mangel an klarer Aufgabenstellung erkennbar, wie auch der Wunsch, die verschiedenen Nutzungen (in diesem Falle durch verschiedene Sozialgruppen) mit baulichen Kriterien zu verbinden. Im allgemeinen ist die Untersuchung von baulichen Strukturen zur Domäne des historischen Geographen geworden und ist daher eng mit der genetischen Interpretation des Aufbaus einer Stadt verknüpft. Die Untersuchung von Einkommen, sozialer Gruppe und Status als räumlichen Variablen ist Aufgabe des Sozialgeographen und hat enge Verbindungen zu städtischen Strukturtheorien. Wenn man sich vergegenwärtigt, wie unklar manchmal auf unterschiedliche Stadtviertel Bezug genommen wird, einmal im Hinblick auf den Haustyp, etwa Doppelhäuser der Zeit zwischen den Kriegen, ein andermal mit Blick auf das Einkommen, z. B. Häuser der oberen Einkommensgruppen, und ein drittes Mal mit Blick auf Schichten mit spezifischen Merkmalen, wie sie z. B. in Arbeitervierteln vorkommen, dann muß es besonders wichtig erscheinen, ein eindeutiges Kriterium für die Definition von Wohngebieten zu liefern.

Für die Analyse kann man die beiden Hauptkriterien für die Gebietsabgrenzung, Gebäudetypisierung oder soziale Kategorien, voneinander trennen. Dabei ist allerdings zu betonen, daß es sich hierbei lediglich um eine Simplifizierung handelt, wenn diese auch der Verwirrung in der Terminologie wie bei Anwendung der Begriffe „sehr großer Wohnbereich" oder „mittlerer Wohlstand" vorzuziehen ist[5].

---

[5] H.C. Brookfield (1952): Worthing. — Tn. Plann. Rev. **23**, 145—162.

11.1 Zum Baubestand: Die Analyse von Haustypen

Es bereitet im allgemeinen keine Schwierigkeiten, Überlegungen zum Baubestand mit sozialwissenschaftlichen Komponenten zu verbinden. Lange Zeit wurde „Absinken" als Ursache für Modetrendveränderungen in der Architektur angesehen. Gegen Ende des 18. und zu Beginn des 19. Jahrhunderts bildeten in Großbritannien die Häuser in Zeilenbauweise (Terraces) das Hauptelement bei der städtischen Bebauung; der Höhepunkt dieser Bauweise wurde in den Regency-Terraces des westlichen London und in den bedeutenden Plätzen der sich schnell nach Westen ausdehnenden Stadt erreicht. Die Häuserzeilen tauchten auch in den wachsenden Provinzstädten wie in Bath und Cheltenham auf. In den am schnellsten sich ausbreitenden Siedlungen ohne architektonische Planung waren die Häuserzeilen allerdings nur Reihen von Hütten oder lange, monoton aneinander gereihte, im Wohnkomfort mittelmäßige Wohnblocks. Dadurch kam die Zeilenbauweise vollständig aus der Mode, so daß erst heute wieder versucht wird, diese charakteristische städtische Gebäudeform wieder einzuführen. Als die Zeilenbauweise in Mißkredit geriet, versuchte die viktorianische Bourgeoisie, die ihr sozial übergeordnete Schicht durch den Bau von Einzelhäusern auf eigenem Grund und Boden zu imitieren, einer Mittelklasse-Version der großen Landhäuser. Diese wiederum wurden von der „Massenkonsumgesellschaft" in die sogenannte Vorortvilla oder auch Doppelhaushälfte umgewandelt, wobei die kleinen Vorder- und Hintergärten lediglich eine dürftige Erinnerung an die ursprünglichen großen Liegenschaften waren, so wie der Hund eine Erinnerung an das lebende Inventar! Viele dieser Villen ahmten den Landhausstil nach und der sogenannte „Börsenmakler-Tudorstil"[6] spricht für sich selbst, obwohl auch er in seinen strukturellen Eigenheiten eine bestimmte sozialspezifische Schichtung erkennen läßt und damit auf die oben erwähnte Unterteilung zurückverweist.

Das „Absinken" des Einzelhauses und die Verschlechterung seines sozialen Ansehens hat das Zeilen- oder Reihenhaus rehabilitiert, das das Bild der heutigen Städte in mancher Hinsicht bestimmt. Modetrends verlaufen häufig in Zyklen. Es läßt sich aber auch beweisen, daß die städtischen Haustypen in ihrem Beliebtheitsgrad einem ständigen Prozeß von Innovation, Übernahme, Absinken im sozialen Ansehen, Aufgabe und dann Wiederaufnahme, wenn die unteren sozialen Schichten einen anderen Haustyp bevorzugen, unterworfen sind.

Es hat bisher nur wenige geographische Studien dieser Art gegeben, obwohl manche eng mit dieser Fragestellung verknüpft sind[7], da die übliche Analyse von Wohngebieten auf dem Alter von Gebäuden basierte. Aber dieser Ansatz wird nur selten weitergeführt, da die meisten Studien sich sehr bald mit dem

---

[6] Die bei weitem beste und amüsanteste Erörterung dieses Stilwandels findet sich bei O. Lancaster (1959): Here of all places. (London).
[7] Siehe S. 287–290.

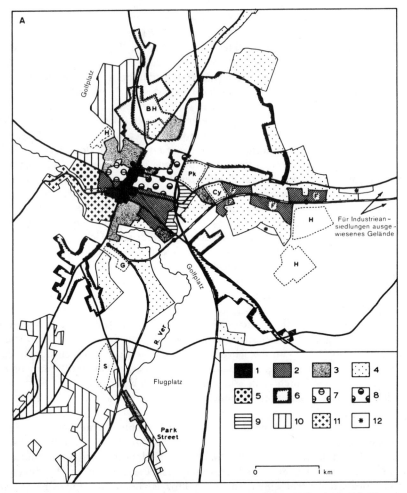

Fig. 11-1A. Die städtischen Teilräume von St. Albans im Jahre 1950. Nach H.S. Thurston (1953). **1.** Stadtzentrum; **2.** Industriegebiet; **3.** innere Zone gemischter Entwicklung; **4.** östl. Stadtrand; **5.** Kingsbury-Vorort; **6.** nördl. Wohngürtel und südl. Wohngebiete (alle Häuser, ob freistehend oder Doppelhäuser, besitzen eine großzügige Straßenfront und große rückwärtige Gärten, daher gibt es nur relativ wenige Häuser pro Hektar); **7.** Villen des späten 19. Jh., davon viele dreistöckig, die an breiteren Straßen liegen; **8.** Handwerkerviertel; **9.** Umgebung des Hauptbahnhofs; **10.** nordwestl. und südwestl. Vororte (verschiedenste Gebäudetypen, sowohl vornehmste Einzelhäuser als auch primitivste Bretterbuden); **11.** Mittelalterliche Reste; **12.** kleine Gebiete besserer Häuser am östl. Vorortrand. – Dies ist eine charakteristische Kartierung von Wohngebieten unter Verwendung der üblichen Terminologie. Trotz der ins einzelne gehenden Darstellungsmethode von Thurston wurden für die verschiedenen Teilbereiche wegen der Vielfalt der vorkommenden Gebäudetypen die lokalen Namen beibehalten.

(B)	Wachstumsphase	Funktionale Zone	Funktional-formale Bezüge	Höhenmaße	Baumaterialien
	Alter Stadtkern	In sich geschlossener Bereich	Überbleibsel	Architektonische Dominanten	Herkömmlicher oder importierter Stein
ERWEITERUNGEN	Spätes 18. und frühes 19. Jahrhundert	Kommerzieller Kern, der Wohnfunktionen verdrängt	Umfassender Ersatz oder neue Fassaden	Hohe Gebäude, unruhiges Profil, unregelmäßige der Straße zugewandte Simse, Blockbauweise	Betonbau
ERWEITERUNGEN		Verfallende gemischt genutzte Innenzone	Kaum Neubauten, eher Umbauten	Niedrige Gebäude außer Kirchen, formal geplante Häuserzeilen in Baublöcken ohne besonders herausragende Teile	
ERWEITERUNGEN		Geschäfte, Lagerhäuser, hochverdichtete Wohngebiete (Slums), Hochhäuser, Eisenbahngelände			
ERWEITERUNGEN		Handwerker- und Verwaltungsviertel	Umgebaute Häuser		Ziegel, Stuck oder Schiefer
ERWEITERUNGEN	Eisenbahn- und Zeitalter vor 1914	Enge Wohnbebauung vermischt mit Kleinindustrie	Nur wenig Umbauten, dafür veraltete Gebäude genutzt	Unterbrechung von Häuserzeilen mit Fabriken und neugotischen Kirchen als Blickpunkten, Gasometer	
ERWEITERUNGEN	Eisenbahn- und Automobil-Zeitalter seit 1919	Trennung von Industrie und Wohnen	Anpassung der Formen an aktuelle Funktionen		Roh behauene Ziegel, Kacheln, viel Grün
ERWEITERUNGEN		Bürgerliche Villen in den Vororten und städtisches Gelände	Kettenladenfassaden in Einkaufszentren	Villenbau Nebeneinander von Dächern und Baumwipfeln	
ERWEITERUNGEN		Weitläufige Fabrikanlagen		Werkskennzeichen: Schornsteine von Kraftanlagen und Kühltürme	
		Isolierte Dorfkerne			Herkömmlich
	Stadtrand	Zwischenzeitliche Entwicklung; Ausläufer von Wohngebieten, gemeinnützige städtische Einrichtungen, z.B. Friedhöfe, Entwässerungswerke, Freizeitflächen und restl. Bauernland, Schrebergarten und Gewächshäuser			

Fig. 11-1B. Der Aufbau britischer Städte. Nach A.E. Smailes (1964). In dieser Übersicht wird versucht, die Einflüsse beim Aufbau der britischen Stadt in Kurzform darzustellen, wobei der spezielle Fall von St. Albans (Fig. 11-1A) verallgemeinert wird.

historischen Wachstum der Stadt und der Abgrenzung von strukturellen Wachstumsgebieten beschäftigen und das Gebäudealter wird nur am Rande erwähnt. Für das Studium städtischer Haustypen reicht aber auch diese Methode nicht aus. Während es viele Untersuchungen über ländliche oder regionale Haustypen gibt, haben sich nur wenige Geographen mit dem schwierigen Teilbereich der Stadt beschäftigt. Allerdings enthalten die meisten städtischen Wachstumskartierungen auch strukturelle Elemente. Räumliche Unterteilungen auf Zeichnungen wie „Zeilenbauweise des frühen 19. Jahrhunderts" oder „Doppelhäuser der Zeit zwischen den beiden Weltkriegen" mit ungefährer Zeitangabe für sehr allgemeine strukturelle Beschreibungen sind bekannt. R. E. Dickinson überträgt die aus dem Gebäudeplan der „County of London" von ihm ermittelten Haustypen auf ganz England[8]. Es ergeben sich folgende Kategorien:

1. Alte kleine Häuser, die vor dem 19. Jahrhundert in Dörfern gebaut wurden, und Häuser des zweistöckigen Zeilentypus, die man *vor* einer wirksamen Bauplanung errichtet hatte.

2. Relativ große Häuser mit drei Stockwerken und Kellergeschoß, die vor 50 bis 80 Jahren gebaut wurden.

3. Gebäude, die ursprünglich als Stall und Kutschenhäuser genutzt wurden, zu großen Häusern gehören und heute Wohnzwecken dienen.

4. Einzeln stehende oder Doppelhäuser in Vororten, mit großen Gärten und geräumigen Zimmern.

5. Vor 50 bis 60 Jahren gebaute zwei- und dreistöckige Häuser, die großflächig angelegt waren und der damaligen Bauplanung entsprachen.

6. Große, zwischen 1875 und 1920 errichtete Mietwohnblocks.

7. Großflächige und stattliche Gebäude in Zeilenbauweise und Plätze des 17. und 18. Jahrhunderts.

Diese Unterteilung ist nicht sehr eindrucksvoll, genügt aber, um die Methode zu zeigen[9]. Nach einem solchen Schema kartiert man die Stadt nach eigenen Beobachtungen und unterteilt sie in große Gebiete (Fig. 11-1 A). In Erweiterung dieses Verfahrens forderte Smailes „Spezialkarten, in welche nicht nur die funktionale Flächennutzung der Stadt, sondern auch die Form der Gebäude und die verwendeten Baumaterialien, die beide das allgemeine Bild der Stadt und die Unterschiede in den städtischen Teilräumen bestimmen, erfaßt sind"[10] (Fig. 11-1 B). Er selbst schlug folgende strukturelle Klassifikation für Großbritannien vor:

1. Hotels und Pensionen.
2. Mietwohnblöcke.
3. Häuserzeilen mit Vorgärten.

---

[8] R.E. Dickinson (1951): The west European city, 502. (London).
[9] Eine allgemeine geographische Diskussion von Stadtlandschaften findet sich bei E. Johns (1965): British townscapes. (London).
[10] A.E. Smailes (1955): Some reflections on the geographical description and analysis of townscapes. − Trans. Inst. Br. Geogr. **21**, 161.

4. Häuserzeilen ohne Vorgärten.
5. Einzelstehende oder Doppelhäuser und Bungalows mit Garagen oder Abstellplätzen.
6. wie 5, aber ohne Garagen oder Abstellplätze.
7. Große freistehende Häuser auf ausgedehnten Grundstücken[11].

Außerdem empfiehlt er, für Kartierung und Analyse das Alter und das Bau- sowie das Dachdeckmaterial heranzuziehen, so daß eine Eintragung z. B. folgendermaßen aussieht: „Es handelt sich um ein großes, dreistöckiges Gebäude der frühen viktorianischen Zeit (in Deutschland wäre es die wilhelminische Zeit) auf einem großen Grundstück, das heute in ein Miethaus umgebaut ist. Es besteht aus Stein und das Dach ist mit Schiefer gedeckt"[12]. Dies würde der zweiten Kategorie des Gebäudeplans der „County of London" entsprechen.

Den gleichen Problemkreis untersuchte mit besonderer Sorgfalt R. J. Solomon in einer Studie über Hobart in Tasmanien. Für ihn gilt wie für A. E. Smailes folgendes: „Wir müssen lernen, die architektonischen Elemente und die Baumaterialien, die während einer bestimmten Periode einen besonderen Stil prägten, im Zusammenhang zu sehen. Für Analyse und Klassifikation haben sie großen informativen Wert. Jede grundsätzliche Veränderung dieser Faktoren schlägt sich in der Gebäudestruktur nieder und ihr Einfluß läßt sich nachweisen"[13]. In der Arbeit von Solomon wird der vorhandene bzw. im Laufe der Zeit modifizierte Gebäudebestand im heutigen Hobart untersucht und mit einer Karte aus dem Jahre 1840 verglichen (Fig. 11-2). Es handelt sich dabei im wesentlichen um eine sorgfältige Ermittlung von Relikten aus früherer Zeit in der gegenwärtigen Stadt[14], wobei alle baulichen Elemente eigentlich schon von der Natur der Sache her Relikte sind.

Sobald man aber den Baubestand in der von Smailes und Solomon vorgeschlagenen Form beschreibt, zeigt sich das wahre Problem. Es ist eindeutig multivariant bestimmt. Keine abhängige Variable kommt dabei vor. Daher ist eine Faktorenanalyse notwendig, mit deren Hilfe die Einzelkomponenten aus ihrer Komplexität heraus gelöst werden, oder auch eine Regressionsanalyse, welche zur Isolierung von Hauptvarianzkriterien führt.

Bisher gibt es nur eine relativ spärliche Literatur über die Anwendung dieser Methoden. Sie ist jedoch im Wachsen begriffen. Kenneth E. Corey[15] hat Cin-

---

[11] A.E. Smailes (1964): Urban survey. – in: J.T. Coppock & H.C. Prince, Ed. (1964): The geography of greater London, 210. (London).
[12] A.E. Smailes (1964).
[13] R.J. Solomon (1966): Procedures in townscape analysis. – Ann. Assoc. Am. Geogr. 56, 255.
[14] J.W. Watson (1959): Relict geography in an urban community. – in: R. Miller & J.W. Watson, Ed. (1959): Geographical essays in memory of A.G. Ogilvie, 110. (Edinburgh).
[15] K.E. Corey (1966–1967): Urban house types: a methodological experiment in urban settlement geography. – Dept. Geogr. Univ. Cincinnati Disc. Pap. 3 (1966), Appendix III (1967), S. 45. Siehe ferner K.E. Corey (1969): A spatial analysis of urban houses. – Univ. of Cincinnati, unveröff. Diss.

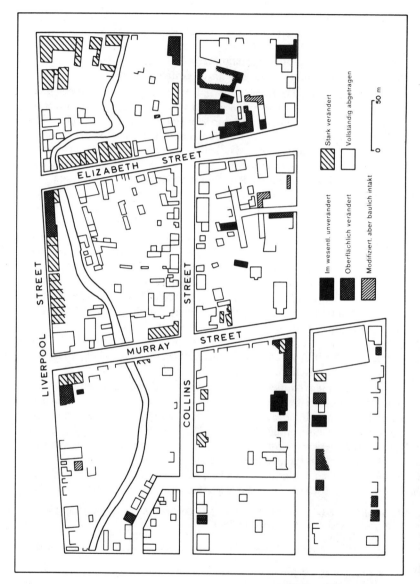

Fig. 11-2. Alter Baubestand in Hobart, Tasmania. Nach R. J. Solomon (1966). Diese Karte ist ein Ausschnitt aus dem Original und zeigt den Baubestand um 1840 sowie dessen Erhaltungszustand in den Jahren 1962/63.

cinnati, Ohio, auf diese Weise untersucht. Er schreibt: „Wir schlagen vor, die Hauptdimensionen der Veränderlichkeit und der Klassifikation städtischen Wohnungsbestandes nacheinander mit Hilfe der Hauptkomponentenanalyse und der Diskriminanzanalyse zu isolieren". Corey betrachtet ein Gebiet von 20 Baublöcken mit 247 Häusern in einem älteren Wohnviertel von Cincinnati und benutzt in einer vorläufigen Erhebung 40 Variable. Die ersten 33 sind Attribute, die letzten 7 sind Werte der Intervallskala, auf der ein kritischer Punkt bestimmt werden muß. Die Variablen sind in Tab. 11-1 angegeben.

Diese Aufstellung könnte auf die meisten westlichen Länder mit einigen kleineren Modifizierungen übertragen werden, wie z. B. dem Verzicht auf die obligatorische nordamerikanische Veranda. Ansonsten enthält die Aufstellung fast alle Merkmale, die auch in Großbritannien festgestellt wurden[16]. Die Analyse ergab, daß 53 % der Variabilität auf die ersten sechs Komponenten zurückzuführen sind, wobei die beiden ersten 15,89 + 12,02 % oder 27,91 % der Gesamtvariation ausmachen. Die Ladung des Faktors 1 bezüglich jeder einzelnen Variablen zeigt Tab. 11-2.

Wie bei allen Komponentenanalysen liegt das Hauptproblem in der Interpretation der Komponenten, die in einer komplexen Situation wie der vorliegenden besonders schwierig wird. Corey schlägt als erste Komponente folgenden Bereich vor: „ziemlich neue Häuser, die aus relativ billigen Materialien erstellt sind; sie sind groß und haben schräge Dächer, ein Betonfundament, das Dach besteht aus Asphaltpappe, Holz- oder Asphaltschindeln, und die Wände sind in Fertigbauweise montiert. Teurere Materialien wie Steine und Ziegel fehlen und die Bauzeit ist kurz. Empirisch würde man diesen Haustyp als

Tabelle 11-1. Variable einer Untersuchung über Wohnhäuser in einem Teil von Cincinnati.

1	Klassifizierung	Einzelhaus	20	Dach	Flachdach
2		Doppelhaus	21		Schrägdach
3		Zweifamilienhaus	22		Gemisch
4	Baumaterial	Fachwerk	23		Metall
5		Ziegel	24		Asphaltpappe
6		Stein	25		Holzschindeln
7		Stuck	26		Asphaltschindeln
8	Fundament	Beton	27		Schiefer
9		Zementblock	28		Fliesen
10		Stein	29	Veranda	bedeckt
11	Mauern	Mauerverkleidung	30		offen
12		Schindeln	31		geschlossen
13		Holz	32		Holz
14		Asphaltpappe	33		gemauert
15		Asbest	34	Baujahr	
16		Stuckauflage	35	Alter	
17		massiver Stuck	36	Gebäudelänge	
18		einfache Ziegel	37	Gebäudetiefe	
19		Klinker	38	Bebaute Fläche	
			39	Gesamtwert des Gebäudes	
			40	Einheitswert	

---

[16] H.S. Thurston (1953): The urban regions of St. Albans. – Trans. Inst. Br. Geogr. 19, 107–121.

Tabelle 11-2. Angepaßte Faktorenladungen (factor loadings) zu den in Tabelle 11-1 gezeigten Variablen.

Variable	Ladung von Faktor 1
4	0,394
5	− 0,415
8	0,826
9	0,484
10	− 0,827
12	0,341
16	0,391
18	− 0,618
20	− 0,534
21	0,538
23	− 0,582
24	0,479
25	0,339
26	0,331
34	0,816
35	− 0,815
36	− 0,676
37	0,424

Anmerkung: Alle Ladungen zwischen + 0,30 und − 0,30 sind weggelassen. Beschreibung der Variablen siehe Tab. 11-1.

„kalifornischen Bungalow-Typus bezeichnen"[17]. Der nächste Schritt besteht darin, jedes Haus bezüglich bestimmter Faktorenwerte zu analysieren, und daraus ein Verbreitungsmuster für Haustypen herzuleiten. Damit ist man dann auf der gleichen Stufe angelangt wie mit den bereits beschriebenen empirischen Methoden. Eine Bewertung muß das Wachstum der Stadt und alle Modetrends und Kosten berücksichtigen, die den Baustil beeinflussen. Allerdings ist das räumliche Verteilungsmuster jetzt insoweit objektiv bestimmt worden, als die ausgewählten Variablen dies erlauben. Die bei Anwendung dieser Methode auftretenden Probleme sind erheblich. Die von Corey benutzten Datenangaben, die 247 Häuser betrafen, bezog er aus einer zentralen Quelle, dem Katasteramt von Hamilton County, Ohio. Wenn man diese Daten für den gesamten Hausbestand einer großen Stadt zusammenstellen will, ergibt sich ein gewaltiger Aufwand. Es ist die Frage, ob sich dieser statistische Aufwand lohnt, da sich die Haustypen und Regionen auch mit den Mitteln der empirischen Untersuchung isolieren lassen. Allerdings können weitere Experimente auf diesem Gebiet zu einer größeren und sehr erwünschten Klarheit im Hinblick auf die zunächst noch recht vagen Kategorien führen, die in der Vergangenheit benutzt wurden.

Etwas anders ging C. A. Forster an dieses Problem in einer Studie über die Entwicklung physiognomischer Charakteristika bei nach einem Bebauungsplan

---

[17] K.E. Corey (1966−1967), 47.

Tabelle 11-3. Einzelvariable, Häuser nach Bebauungsplan in Hull.

> Hintereingang zum Haus
> Auffahrt
> Hinterhaus
> Drei Geschosse
> Vorgarten
> Rote Ziegel
> Schieferdach
> Ziegelmuster
> Toreinfahrt zum Hinterhof
> Erkerfenster
> Doppelerkerfenster
> Dachstube (Mansarde)
> Vorderhaus in Häuserreihe zur Straße

erstellten Häusern in Hull heran[18]. Dieser Haustyp wurde zwischen 1854 und 1914 errichtet (in Berlin wäre das im wesentlichen der sogenannte wilhelminische Großstadtgürtel). Aus diesem wählt Forster eine Spezialform, das Vorderhaus mit einem oder mehreren Hinterhäusern aus. Insgesamt wurden 1479 Häuser dieser Form in der Stadt gezählt. Nach dem Augenschein wurden 13 Variable ausgewählt (Tab. 11-3). Zehn davon betrafen die allgemeine Form der Häuser und drei das Baumaterial. Dazu ist zu ergänzen, daß das Fehlen einer Variablen das Vorhandensein einer anderen automatisch nach sich zieht. So hatten alle Häuser ohne Schieferdach Dachziegel. In dieser Hinsicht ist die Aufstellung begrenzt. Dazu kamen zwei Variable zur Anlage der Häuser, die sich unterteilten in:

> Vorder- und Hinterhaus über 35 m lang und
> Vorder- und Hinterhaus über 7 m breit.

Insgesamt wurden 1479 Häuser dieses Typs bezüglich der 15 Variablen analysiert. Für eine Zweiteilung wird eine Methode der Zuordnungsanalyse (multiple Chi-Quadrat-Analyse) angewandt. Caroe hat die Zuordnungsanalyse folgendermaßen beschrieben: „In jedem Stadium der Analyse werden die Einzeldaten in Hinblick auf ein einzelnes Attribut unterteilt, so daß es in den resultierenden beiden Untergruppen in allen Elementen der einen Untergruppe enthalten ist und in allen Elementen der anderen fehlt"[19]. Dieser Prozeß wird bis zu einem Punkt weitergeführt, an dem die maximale Zuordnung zwischen Variablen in den nicht voneinander getrennten Gruppen in einem von 100 Fällen

---

[18] C.A. Forster (1968): The development of by-law housing in Kingston-upon-Hull: an example of multivariate morphological analysis. − Inst. Br. Geogr. Urban Study Group. Salford conference. 115−131.
[19] L. Caroe (1968): A multivariate grouping scheme: association analysis of East Anglian towns; Kap. 16 in E.G. Bowen, H. Carter & J.A. Taylor, Ed. (1968): Geography at Aberystwyth, 253−269. (Cardiff).

288   Die Wohngebiete der Stadt

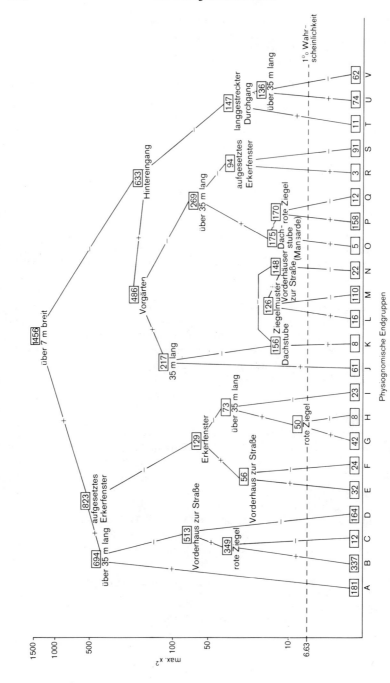

Fig. 11-3. Gruppenbildung von nach Bebauungsplan errichteten Häuserreihen mit Seitenflügeln und Hinterhöfen in Hull vermittels der Zuordnungsanalyse. Die fortschreitende Einteilung in physiognomische Endgruppen ist ebenso dargestellt wie das wichtigste Merkmal jedes Einzelfalles.

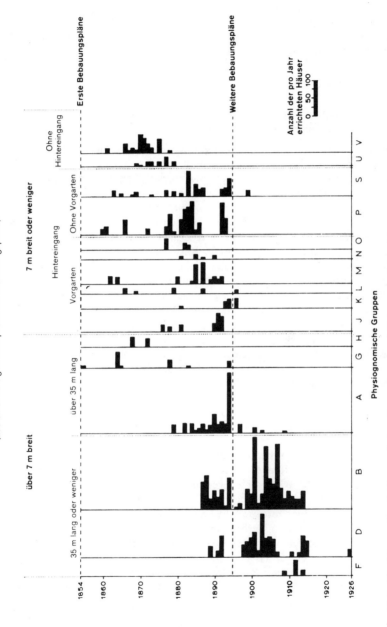

Fig. 11-4. Alterklassen der physiognomischen Gruppen von nach Bebauungsplan errichteten Häuserreihen mit Hinterhöfen. Das Diagramm basiert auf einer 25%-Stichprobe und zeigt die Zeiträume an, in denen die verschiedenen Gruppen in Fig. 11-3 errichtet wurden. Nach C.A. Forster (1968).

statistisch nicht signifikant wird. Das Verfahren ist in Fig. 11-3 dargestellt. Jede der Endgruppen läßt sich durch die wichtigsten Unterscheidungsattribute beschreiben, so daß der am weitesten verbreitete Typus B zusammenfassend dargestellt werden kann als:

> Hinterhof-Quergebäude über 7 m breit
> einfache Erkerfenster
> weniger als 35 m lang
> das Vorderhaus zur Straße ausgerichtet
> rote Ziegel

Obgleich die Angaben von Hausgruppen mit Hinterhöfen stammen und nicht von einzelnen Häusern, wie bei Corey, ergibt sich das gleiche Resultat, die Unterscheidung von vorherrschenden und regelmäßig sich wandelnden Typen. Die Analyse von Forster ist mehr chronologisch als regional angelegt. Eine 25 %-Stichprobe der Bebauungspläne wird untersucht und die pro Jahr gebaute Anzahl von Häusern wird in physiognomische Gruppen A bis V (Fig. 11-4) unterteilt. Als Ergebnis wird eine klare Chronologie des Wandels sichtbar: „Die hauptsächliche physiognomische Entwicklung der Reihenbauweise mit Hinterhöfen um das Jahr 1893 zeigt die Übergangsphase von Baumaterialien aus der unmittelbaren Umgebung zu Baumaterialien aus dem ganzen Land, die um 1890 fast vollständig beendet war, dazu kam die Schaffung von rückwärtigen Eingängen in die Häuser um das Jahr 1878, die Erweiterung der Höfe und der Einbau einfacher Erkerfenster sowie die Anlage von Vorgärten um 1880 und 1890"[20]. — Aber im Jahre 1893 wurde eine Reihe von neuen Bebauungsplänen geschaffen, die nur noch die Gruppen B und D (Fig. 11-3) weiterhin zuließen. Typus F entstand im Jahre 1908 mit Erkerfenstern sowohl in den oberen als auch in den unteren Stockwerken, wobei diese Häuser solide gebaut und geräumig waren und rein von der Struktur her auch heute noch zeitgemäß sind. Auch hier hätte wohl eine sorgfältige historische Studie ohne Anwendung statistischer Verfahren die gleichen Ergebnisse gezeitigt, aber Forsters Arbeit ist deshalb wertvoll, weil sie nach einer anderen, klar abgegrenzten Methode zur Untersuchung von Haustypen verfährt.

Die beiden angeführten Arbeiten sind vorläufige Beispiele für Arbeitsrichtungen, die sich mit stärkerer Anwendung neuer analytischer Techniken auf bekannte Problemstellungen noch erheblich ausweiten dürften. Die klare Abgrenzung von einzelnen historisch bedingten Innovationsstufen in der Gebäudestruktur, die Analyse ihrer Verbreitung wie auch die quantitative Erfassung von Teilraumgruppierungen vermittels der Komponentenanalyse stellen erheblich verbesserte Verfahren für das Verständnis der Genese einer Stadtlandschaft dar.

Der Abschnitt über den Baubestand hat von der Flächennutzungsbetrachtung etwas fortgeführt, welche auch die Wohnbereiche mit umfaßt. Aber der

---

[20] C.A. Forster (1968), 129. Siehe ferner C.A. Forster (1972): Court housing in Kingston upon Hull. — Univ. of Hull, Occ. pap. 19.

Baubestand erregte zuerst die Aufmerksamkeit von Stadtgeographen, die sich zeitweise allein mit diesem Thema beschäftigten, da es die sichtbare Landschaft betraf. Es sollte daher hier nicht übergangen werden. „Ich bin der Auffassung, daß es das Hauptanliegen der Kulturgeographie ist, Wesen, Genese und Verbreitung der beobachteten Phänomene der Landschaft zu erfassen, welche direkt oder indirekt auf den Einfluß des Menschen zurückgehen und natürlich auch den Menschen selbst umfassen. Unter „beobachtbar" verstehe ich im allgemeinen „sichtbar"[21]. Heute würden nur wenige Geographen diese Ansicht uneingeschränkt teilen; man ist allerdings in der letzten Zeit bei dem Bemühen um moderne sozialräumliche Studien zu stark von den sichtbaren Phänomenen abgerückt.

11.2 Soziale Eigenheiten von Wohngebieten

Die von den Chicagoer Ökologen eingeführten Zonen und Sektoren gingen auf eine sozialräumliche Betrachtungsweise zurück, wodurch auch die späteren Untersuchungen von Wohngebieten stark beeinflußt wurden. Im ersten Studium wurden Hypothesen, die auf ökologischen Modellen basierten, empirisch getestet. Diese Hypothesen gingen davon aus, daß die Bevölkerung wohnungsmäßig nach bestimmten sozialen Schichten eingeteilt werden kann und daß bei Übertragung der sozialen Distanz in eine räumliche Distanz innerhalb der Stadt verschiedene Muster der Wohnsegregation beobachtet werden können. Nach dem klassischen Modell erhöhte sich der soziale Status der Bewohner mit zunehmender Entfernung vom Stadtzentrum, obwohl dies selbst in Amerika bei weitem nicht überall zutraf.

In diesen Hypothesen ist die Vorstellung „sozialer Schichten oder Klassen" etwas vage formuliert. Daher geht man in der Praxis meist von dem Begriff „Beschäftigung" oder Beruf aus, der als Parameter am leichtesten zugänglich ist. „Der Beruf ist allerdings nur eines der Kriterien sozialer Schichtung. Er hat eine doppelte Bedeutung, da er einerseits ökonomische Beziehungen zu den Produktionsmitteln wiedergibt, andererseits aber auch eine bestimmte Arbeitsplatzsituation beschreibt, die ihrerseits Rückwirkungen auf die schichtspezifische Zugehörigkeit des einzelnen hat"[22]. In einer Arbeit von O. D. und B. Duncan wurde die erste der obigen Hypothesen mit Hilfe von Berufsangaben als Maßstab für die soziale Klasse überprüft[23]. Sie benutzten zwei grundlegende Werte. Der erste ist der Index der Verschiedenartigkeit:

---

[21] F. Kniffen (1957) in S.D. Dodge, Chairman (1957): Round table on problems in cultural geography. – Ann. Assoc. Am. Geogr. **27**, 155–176.
[22] J.A. Jackson (1968): Social stratification, 3. (Cambridge).
[23] O.D. & B. Duncan (1955): Residential distribution and occupational stratification. – Am. J. Sociol. **60**, 493–503.

Tabelle 11-4. Index getrennter Wohnbereiche für die Hauptberufsgruppen von männlichen Beschäftigten in Chicago im Jahre 1950. Nach O.D. und B. Duncan (1955).

	Berufsgruppen	nach statistischen Bereichen (census tracts)	nach Zonen oder Sektorenabschnitten
1	Freie Berufe, technische und verwandte Berufe	30	21
2	Geschäftsleute, Immobilienbesitzer, außer Landwirten	29	20
3	Verkäufer	29	20
4	Angestellte und verwandte Berufe	13	9
5	Handwerker, Vorarbeiter und verwandte Berufe	19	14
6	Arbeiter und verwandte Berufe	22	16
7	Arbeiter im Dienstleistungsgewerbe, außer Haushalte	24	20
8	ungelernte Arbeiter, außer in Landwirtschaft und Bergbau	35	29

$$\sum_{i=1}^{n} \frac{(x_1/\Sigma x_i) - (y_i/\Sigma y_i)}{2} \cdot 100$$

Dabei stellt x_i einen Beruf und y_i einen anderen Beruf dar, die Vertreter beider Berufe wohnen in Zone i. Es geht im wesentlichen um den Prozentanteil einer Berufsgruppe (x), die fortziehen müßte, um sich in ihrer Verteilung an eine andere Berufsgruppe (y) anzugleichen. Stellt man diese Angleichung rechnerisch zwischen einer Berufsgruppe und der Gesamtheit aller anderen Berufsgruppen her, dann ergibt sich als zweite Maßeinheit ein Index der Trennung oder Segregation. In Tabelle 11-4 ist dieser Index für jede größere Berufsgruppe der männlichen Beschäftigten in Chicago im Jahre 1950 dargestellt. Die Folgerung der Autoren ist, daß sich ein u-förmiges Muster der Indizes getrennter Wohnbereiche herauskristallisiert. Hohe Werte ergeben sich an der Spitze und an der Basis der Sozialleiter, freie Berufe und Geschäftsleute bzw. Arbeiter im Dienstleistungsgewerbe und ungelernte Arbeiter, geringe Werte dagegen für die dazwischenliegenden Berufsgruppen, in denen der Status weniger ausgeprägt ist. Nach Ansicht der Autoren „leben Berufsgruppen mit deutlich definiertem Status in stärker voneinander getrennten Wohnbereichen als die Gruppen, deren Status unklar ist"[24]. In Tabelle 11-5 sind die Indizes der Verschiedenartigkeit für die Verteilung in Wohnbereichen dargestellt, aus denen die Autoren folgern, daß ein „wesentlicher Zusammenhang zwischen sozialer und räumlicher Entfernung unter den Berufsgruppen" bestehe. Das Ergebnis der Studie war, daß es eine Wohnsegregation gibt, und daß die am stärksten voneinander getrennten Be-

---

[24] O.D. & B. Duncan (1955).

Tabelle 11-5. Indizes für uneinheitliche Verteilung von Wohnbereichen nach Hauptberufsgruppen der männlichen Berufstätigen in Chicago (1950). Nach O.D. und B. Duncan (1955).

Numerierung der Gruppen wie in Tabelle 11-4

	1	2	3	4	5	6	7	8
1	–	13	15	28	35	44	41	54
2	8	–	13	28	33	41	40	52
3	11	7	–	27	35	42	38	54
4	20	18	17	–	16	21	24	38
5	26	23	25	12	–	17	35	35
6	31	29	30	16	14	–	26	25
7	31	31	30	19	25	19	–	28
8	42	41	42	32	30	21	24	–

Hinweis: Die waagerechte Ziffernfolge geht nach statistischen Bereichen (census tracts), die senkrechte nach einer Zusammenstellung von Zonen und Sektoren vor. Der Index wird im Text erklärt.

rufsgruppen diejenigen sind, welche an den beiden äußersten Enden der sozioökonomischen Skala liegen.

Es ergibt sich außerdem, daß die sozialen Unterschiede Auswirkungen auf die räumliche Trennung haben. Eine Studie von J.O. Wheeler über Pittsburgh bestätigt die Chicagoer Schlußfolgerungen über die räumliche Verteilung entsprechend der sozioökonomischen Rangskala. „Räumlich zusammenwohnende Berufsgruppen ähneln sich im sozioökonomischen Rang, während die am stärksten unterschiedlichen Wohnlagen wiederum die größten Statusunterschiede kennzeichnen"[25]. Aber selbst wenn man den Zusammenhang zwischen räumlicher Entfernung und sozialen Unterschieden als gegeben ansieht, ist damit noch nichts über die relative Lage einzelner Wohngebiete innerhalb der Stadt ausgesagt. Hier werden die Beziehungen weniger klar. Das Material von O.D. und B. Duncan dazu ist nur spärlich und Wheeler sagt zum Schluß, daß sich in seiner „Studie nur ein geringer Zusammenhang zwischen relativer Konzentration der Wohnungen von einzelnen Berufsgruppen und der Entfernung vom Innenstadtbereich findet"[26].

Gewiß ist es allgemeine Überzeugung, daß die sogenannte Wohnzentralität sich umgekehrt proportional zum sozioökonomischen Status verhält[27]. So bewies Kain in einer Studie über Detroit, „daß bei gleichem Standortertrag, gleichen Transportkosten, gleichen Raumansprüchen und der gleichen Zeitbewertung, aber verschiedenen Einkommenshöhen die Pendlerwege der einzelnen Haushaltungen mit wachsendem Einkommen weiter werden und damit eine

---

[25] J.O. Wheeler (1968): Residential location by occupational status. – Urb. Stud. 5, 24.
[26] J.O. Wheeler (1968).
[27] O.D. & B. Duncan (1955), 502.

Funktion des Einkommens darstellen"[28]. In seiner Schlußfolgerung schreibt Kain: „In höheren Einkommensgruppen Beschäftigte, die in einem inneren zentralen Ring arbeiten, waren bereit, längere Wege zur Arbeit in Kauf zu nehmen und wohnten in äußeren Ringen um das Zentrum. Im Falle einer Beschäftigung in äußeren Ringen bevorzugten sie kürzere Pendlerwege und wohnten entweder im gleichen Ring oder in einem benachbarten Ring mit sehr hohen Miet- oder Grundstückspreisen. Arbeiter mit geringerem Einkommen hatten kürzere Pendlerwege und wohnten entweder innerhalb ihres Arbeitsplatzringes oder in benachbarten Ringen ohne Rücksicht auf ihren Arbeitsplatz"[29]. Hieraus ergibt sich nur zum Teil eine Bestätigung des zonalen Musters der Trennung von Wohnbereichen, wobei der letzte Teil des Zitats dem zonalen Modell nicht entspricht. — Es besteht nun die Gefahr, daß weitere Studien dieser Art nicht zu neuen Erkenntnissen führen, da sie mehr oder weniger auf die ökologischen Modelle oder auf die Abstraktionen der Flächennutzungsökonomen beschränkt bleiben. Die alleinige Benutzung der Berufsvariablen führt dazu, daß die große Vielfalt innerhalb von Wohngebieten vernachlässigt wird. Daher wurde eine größere Anzahl von Variablen aus klar abgegrenzten Sozialräumen zusammengestellt.

Den unmittelbaren Anstoß für eine Abgrenzung von befriedigenden Sozialräumen gab eine Arbeit über Los Angeles, in der solche Bereiche festgestellt werden sollten, und auch die Erkenntnis, daß man mit einer einzigen Variablen ein komplexes Problem nicht lösen konnte. So versuchte man, statistische Gebiete mit Hilfe komplexerer Variablen in homogene Sozialräume umzuwandeln. Auf den früheren Versuch von Shevky und Williams[30] über Los Angeles im Jahre 1949 folgte eine Arbeit von Shevky und Bell über Sozialraumanalyse im Jahre 1955, in der eine breitere Basis angestrebt wurde[31]. Das Grundprinzip, nach dem die Schlüsselvariablen ausgewählt wurden, ist in folgendem Satz enthalten: „Wir begreifen die Stadt als Produkt der komplexen Gesamtheit der modernen Gesellschaft; die Sozialformen des städtischen Lebens müssen daher im Rahmen des sich wandelnden Charakters der größeren umfassenden Gesellschaft verstanden werden"[32]. Hieraus wurden drei Aspekte für den sich wandelnden Charakter ausgewählt:

1. Wandel in der Reichweite und Intensität von Beziehungen,
2. Differenzierung der Funktionen,
3. Komplexität der Organisation.

---

28 J.F. Kain (1962): The journey to work as a determinant of residential location. — Pap. Proc. Reg. Sci. Assoc. 9, 147.
29 J.F. Kain (1962).
30 E. Shevky & M. Williams (1949): The social areas of Los Angeles; analysis and typology. (Berkeley & Los Angeles).
31 E. Shevky & W. Bell (1955): Social area analysis; theory, illustrative application and computational procedure. (Stanford).
32 E. Shevky & W. Bell (1955).

Tabelle 11-6. Sozialräumliche Analyse, ihre Aufbaustufen und Indexbausteine. Nach E. Shevky und W. Bell (1955).

Voraussetzungen für die Industriegesellschaft (Wachstumsaspekte) (1)	Trend-Statistiken (2)	Wandlungen in strukturellem Aufbau eines gegebenen sozialen Systems (3)	Aufbaustufen (4)	Stichprobenstatistik (bezogen auf Aufbaustufen) (5)	Abgeleitete Maßeinheiten (aus Spalte 5) (6)
Wandel in Reichweite und Intensität von Beziehungen	Sich wandelnde Verbreitung von Kenntnissen: Verringerung der Bedeutung von Handarbeit – wachsende Bedeutung von Dienstleistungs- und Verwaltungsfunktionen	Veränderungen in der Bedeutung von Berufsgruppen in Bezug auf ihre Funktion	Sozialer Rang (ökonomischer Status)	Schuljahre Beschäftigungslage, Schicht, Hauptberufsgruppe, Wohnwert, Mietwert, sanitäre Anlagen, Personen pro Wohnraum, Heizung und Kühlschrank	Beruf, Schulbildung, Miete — **Index I**
Funktionale Differenzierung	Veränderte Struktur der Produktivkräfte: Verringerte Bedeutung des primären Sektors – wachsende Bedeutung von in Städten ansässigen Gewerben – verringerte Bedeutung des privaten Haushalts als ökonomischer Einheit.	Veränderungen der Lebensweise – Frauen in städtischen Berufen – Ausbreitung veränderter Familienstrukturen	Verstädterung (Familienstatus)	Alter und Geschlecht, Eigentümer oder Mieter, Hausbauweise, Haushaltsgröße	Geburtenrate, Frauenarbeit, Einfamilienhäuser — **Index II**
Organisatorische Komplexität	Sich wandelnde Zusammensetzung der Bevölkerung: Steigende Mobilität – Veränderungen der Verteilung nach Alter und Geschlecht – fortschreitende Mannigfaltigkeit	Räumliche Umverteilung – Veränderungen im Verhältnis der abhängigen Bevölkerung – Isolierung und Trennung von Gruppen	Segregation (ethnischer Status)	Rasse u. Herkommen, Geburtsland, Staatsangehörigkeit	rassische und nationale Gruppen in relativer Isolation — **Index III**

In Tabelle 11-6 ergaben sich drei Aufbaustufen, die als sozialer Rang (ökonomischer Status), Verstädterung (Familienstatus) und Segregation (ethnischer Status) bezeichnet wurden. Diese wurden für statistische Zwecke durch die in Tabelle 11-7 wiedergegebenen Daten zu drei Indizes zusammengestellt.

Dabei wird von der Annahme ausgegangen, daß die ausgewählten Indizes die beobachtete soziale Differenzierung zwischen städtischen Bevölkerungsteilen widerspiegeln und gleichzeitig als eindimensionale Maßeinheiten keine einander ähnlichen Aspekte enthalten, die sonst unter Umständen dreimal wiederholt werden würden. Dieses Problem wird später behandelt. — Um Teilräume zu klassifizieren, wurde der Index der Verstädterung dem des sozialen Ranges oder der sozialen Stellung als einer gleichmäßig in drei Teile geteilten Grundlage gegenübergestellt. Die Verstädterung wurde ebenfalls in drei Intervalle unterteilt, „wobei das mittlere oder Durchschnitts-Intervall durch das Ausmaß der Standardabweichung von zwei Ein-Sigma-Bereichen zu beiden Seiten einer Regressionslinie der Verstädterung, bezogen auf den sozialen Rang, festgelegt wurde"[33] (Fig. 11-5). Dieser Einfachklassifikation stellte man die Segregation durch hohe und niedrige Kategorien bezüglich der Mittelwerte gegenüber.

Fig. 11-6 zeigt einen Ausschnitt aus einer Karte von Sozialräumen in Los Angeles, die von Shevky und Williams mit Hilfe von Daten aus dem Jahre 1940

Tabelle 11-7. Für die Analyse von Sozialräumen benutzte Indizes. Nach E. Shevky und W. Bell (1955).

Index 1	Soziale Stellung
A	Beschäftigungsverhältnis: Gesamtzahl der Handwerker, Facharbeiter und ungelernten Arbeiter je 1000 Beschäftigte;
B	Bildungsstand: Anzahl der Personen, die lediglich die Volksschule besucht haben je 1000 Einwohner über 25 Jahre;
C	Miethöhe — in der Liste nicht aufgeführt.
Index 2	Verstädterung
A	Geburtenhäufigkeit: Anzahl der Kinder unter 5 Jahre je 1000 Frauen im Alter zwischen 15 und 44 Jahren;
B	Berufstätige Frauen: Anzahl der berufstätigen Frauen je 1000 Frauen im Alter von 14 Jahren und darüber;
C	Einzelhausvorkommen: Anzahl der Einfamilienhäuser je 1000 Wohneinheiten aller Art.
Index 3	Segregation
	Anzahl der als „Schwarze", „andere Rassen" und „im Ausland geborene Weiße", letzteres aus Süd- und Osteuropa, bezeichneten Personen. Shevky und Bell haben eine Aufstellung für alle Länder angefertigt. Deren Summe wurde durch die Bevölkerungszahl dividiert und für den Index mit 100 multipliziert.

---

[33] E. Shevky & M. Williams (1949).

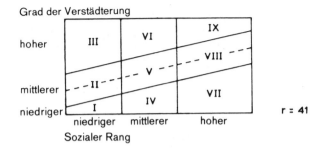

Fig. 11-5. Ableitung von Sozialräumen. Nach E. Shevky und M. Williams (1949). Die Kriterien werden im Text erläutert. Der Grad der Verstädterung wird dem dreigeteilten sozialen Rang gegenübergestellt. Gezeigt wird die Abhängigkeit der Verstädterung vom sozialen Rang im Streuungsdiagramm, wobei die Unterteilungen im Rahmen der Standardabweichungen des Ein-Sigma-Bereichs liegen. Dadurch ergeben sich 9 Unterteilungen.

erstellt wurde. Der Keil hohen sozialen Ranges und durchschnittlicher bis niedriger Verstädterung umfaßt die bekanntesten Gebiete von Los Angeles; er geht vom Pazifischen Ozean bei Santa Monica aus und verläuft entlang Sunset und Wilshire nach Beverly Hills. Im Osten lassen sich die Vorortgebiete von Glendale und Pasadena ebenfalls klar erkennen, obgleich hier der niedrige Verstädterungsindex ihren Vorortcharakter widerspiegelt.

Die Arbeit von Shevky und seinen Mitautoren ist stark kritisiert worden. Sie habe keinen theoretischen Hintergrund und sei lediglich ein Versuch, Räume um ihrer selbst willen abzugrenzen; solche Ansätze kennen wir bereits aus der regionalen Geographie oder aus Versuchen der Definition der Innenstadt. Diese Kritik kommt nicht überraschend, insbesondere dann nicht, wenn man sie im Lichte der vielen kritischen Bemerkungen über die bestehenden ökologischen Modelle sieht und der Notwendigkeit, stärker empirisch zu arbeiten. Was man unter theoretischem Hintergrund verstand, läßt sich erahnen, wenn man die von Shevky hergeleiteten Verfahren im Zusammenhang mit den Eigenheiten des Verstädterungsprozesses im Kapitel 2 überprüft. Die Ideen von Wirth sind vorherrschend. Die von Shevky ausgewählten Parameter sollten die Veränderungen in kleinräumigen Gebieten untersuchen, welche im Rahmen der wachsenden Verstädterung in der Gesamtgesellschaft stattfinden. Bei dieser Maßstabsübertragung ergeben sich sofort Probleme und in dem Maße, in welchem die Ideen von Wirth abgelehnt werden, wird die ganze Methode der sozialräumlichen Analyse in Frage gestellt.

Wenn man schon das ganze Verfahren in Frage stellen kann, so trifft das auch für die Auswahl der statistischen Maßeinheiten zu. In den meisten weiteren Untersuchungen wurden z.B. Mieteinkünfte bei der Beurteilung der sozialen Stellung unberücksichtigt gelassen. „Wenn man sich die gesamte Bandbreite möglicher Parameter für die städtische Sozialstruktur vergegenwärtigt, stellen

Die Wohngebiete der Stadt

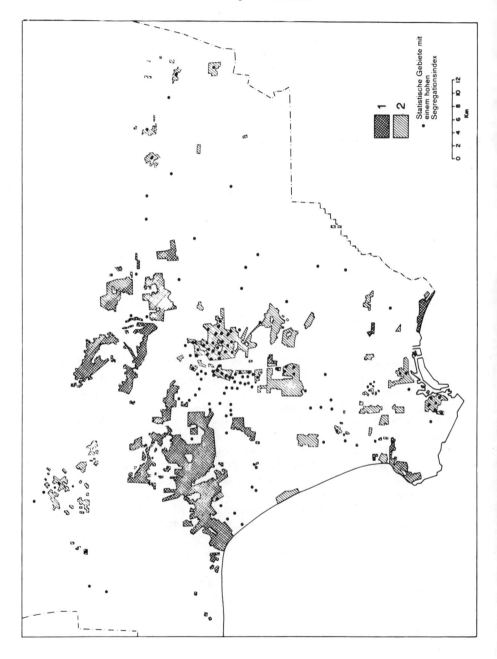

sich erhebliche Zweifel ein, ob die Berücksichtigung von nur so wenigen Indizes, wie sie Shevky vorschlug, richtig ist"[34].

Der dritte Kritikpunkt bezieht sich auf das erwähnte eindimensionale Wesen der Indizes, d. h., ob sie getrennt und unabhängig voneinander sind oder ob sie sich gegenseitig überlappen und damit im Grunde dasselbe aussagen. So kann man nachweisen, daß z. B. die Geburtenrate eng mit Beruf und Ausbildung zusammenhängt und daher eine signifikante Beziehung zum sozialen Rang hat, von dem sie nicht getrennt werden kann, um ein gesondertes Maß für den im übrigen unklaren Begriff „Verstädterung" von Shevky abzugeben.

Damit begegnen wir einem altbekannten Problem, das auch bei den Stadthaustypen auftrat. Es besteht darin, wie man eine große Anzahl von Variablen, die irgendeinen beliebigen Bezug zum Sozialbereich haben, in einen kleineren Rahmen signifikant miteinander verbundener Variablen transformiert und damit die eigentlichen sozialen Einflußkomponenten bezeichnet. Hierfür bot sich die Faktorenanalyse an; dies erklärt die große Anzahl weiterer Studien, die versuchten, mögliche Variable mit Hilfe dieser Methode auf kleinere überschaubare Einheiten unkorrelierter Faktoren zu reduzieren.

Es gibt nun einige Schwierigkeiten bei der Anwendung dieser statistischen Verfahren der Hauptkomponenten- und der Faktorenanalyse in der geographischen Forschung[35]. Im Rahmen dieses Buches ist es aber selbstverständlich nicht möglich, statistische Arbeitsmethoden ausführlich zu besprechen. Hierzu gibt es eine Fülle von Literatur, in der die Komponentenanalyse untersucht wird[36]. Daher können wir uns auf drei wesentliche Punkte beschränken:

1. Die Komponentenanalyse ist lediglich ein taxonomisches Verfahren, das man nicht mit einer theoretischen Formulierung verwechseln darf.

2. Die herangezogenen Variablen bestimmen die ermittelten Komponenten oder Faktoren. Wenn man Angaben über Beruf und Einkommen, Alter und

---

34 B.T. Robson (1969): Urban analysis, 52. (Cambridge).
35 Kap. 7 in L.J. King (1969): Statistical analysis in geography. (Englewood Cliffs, NJ) erläutert eingehend die Unterschiede zwischen Komponenten- und Faktorenanalysen.
36 Zwei wichtige Arbeiten sind H.H. Harman (1968): Modern factor analysis. (Chicago); L. Rummel (1970): Applied factor analysis. (Evanston). Außerdem wurde „The Statistician" 23 Multivarianzproblemen in der Geographie gewidmet. Eine sehr nützliche Zusammenstellung in diesem Band, die auch eine umfassende Bibliographie enthält, ist D. Clark, W.K.D. Davies & R.L. Johnston (1974): The application of factor analysis in human geography. – The Statistician 23 (3/4), 259–281.

Fig. 11-6. Die sozialräumliche Gliederung von Los Angeles. 1. Statistische Gebiete mit hohem sozialen Rang und mittlerem bis niedrigem Grad der Verstädterung (das sind Kategorien VII und VIII in Fig. 11-5); 2. Statist. Gebiete mit niedrigem sozialen Rang und mittlerer bis hoher Verstädterung (s. Kategorien II und III in Fig. 11-5). Es handelt sich um eine vereinfachte Darstellung der farbigen Originalkarte. Die wesentlichen Gegensätze werden jedoch besonders in den Gebieten mit hohem Wohnwert, die sich von der Küste bei Santa Monica nach Beverly Hills und Hollywood erstrecken, deutlich. Entnommen aus E. Shevky und M. Williams (1949).

ethnische Herkunft in einer Analyse verwendet, kann es nicht überraschen, wenn als Hauptkomponenten der Variation der sozioökonomische Status, das Lebensalter und die ethnische Herkunft erscheinen. Die entscheidende Frage ist, welche Variablen man heranzieht, und sie wird oft dadurch bestimmt, welche Datenangaben zur Verfügung stehen.

3. Die Klassifizierung der Komponenten (Faktoren) ist trotz des Bezuges auf die Faktorladungen ein subjektiver Vorgang, und die Versuchung ist groß, die passenden Komponenten zu „erfinden".

Daraus folgt, daß es vom Verfahren her gegenüber Shevkys Ansatz keine großen Fortschritte gibt, sondern im Gegenteil, die theoretische Grundlage ist eher dürftiger. Allerdings kann man sicher sein, daß die miteinander nicht korrelierten Komponenten auf Variable zurückgehen, die sich nicht überlappen, und damit ein echter Test der drei von Shevky vorgeschlagenen Maßeinheiten möglich ist. Gleichzeitig lassen sich mit Hilfe von Gruppenverfahren die einzelnen Gebiete durch Punktezahlen je Komponente in Regionen zusammenfassen, so daß die räumliche Zuordnung der sozialen Teilräume mit einigermaßen objektiven und unabhängigen Maßstäben betrachtet werden kann. Beide Aspekte lassen sich separat behandeln.

1. *Die Komponenten sozialer Variation.* Murdie hat eine Liste der Komponenten aufgestellt, die sich aus einer Anzahl von Analysen, vorwiegend aus amerikanischen Städten, ergaben[37]. In fast allen diesen Fällen sind drei Komponenten führend und machen gewöhnlich auch die ersten drei aus. Es handelt sich um ökonomischen Status, Familienstand und ethnische Zugehörigkeit. Sie lassen sich durch zwei vor kurzem herausgekommene britische Studien ergänzen, in denen folgende Komponenten postuliert werden: Soziale Schichtung und Wohnbedingungen und, unterteilt, erstens Wertverlust bei Häusern und baulicher Zustand[38] und zweitens ethnische Zugehörigkeit und Familienstand[39]. In allen Studien gibt es eine ganze Reihe von Übereinstimmungen, obwohl in den britischen Untersuchungen mehr die Wohnbedingungen als der ökonomische und soziale Status hervorgehoben werden. Die ermittelten Komponenten stehen daher den Merkmalen, die von Shevky und Bell vorgeschlagen wurden, sehr nahe[40]. Das etwas verschwommene Merkmal der „Verstädterung" wurde jedoch durch die Bewertung des Familienstandes oder anderer Familieneigenheiten ersetzt. Daraus ergeben sich drei grundlegende Komponenten städtischer sozialer Unterschiede; da diese sich per definitionem nicht überlappen,

---

[37] R.A. Murdie (1969): Factorial ecology of metropolitan Toronto, 1951–1961. – Univ. Chicago Dept. Geogr. Res. Pap. 116 (Chicago), Tab. 3, S. 52–58.
[38] B.T. Robson (1969), 162–164.
[39] D.T. Herbert (1970): Principal component analysis and urban social structure: a study of Cardiff and Swansea; Kap. 5 in H. Carter, W.K.D. Davies & C.R. Lewis, Ed. (1970): Studies in the geography of Wales. (London).
[40] Siehe ferner M.D. van Ardsol, S.F. Camilleri & C.F. Schmid (1968): The generality of urban social area indexes. – Am. sociol. Rev. 23, 277–284.

kann man das nächste, dem Geographen näherstehende Problem der räumlichen Verteilung angehen.

2. *Die räumlichen Komponenten sozialer Unterschiede.* Man muß wiederum hervorheben, daß in den meisten Arbeiten, die sich mit den räumlichen Aspekten von Sozialkomponenten befassen, keine neue Theorie der Stadtstruktur vorgeschlagen wird, sondern lediglich die Ergebnisse der früheren ökologischen Modelle untersucht werden. In vielen Fällen wurden dabei die zonalen den sektoralen Verteilungsmerkmalen gegenübergestellt. Die Begriffe „zonal" und „sektoral" simplifizieren die Problematik etwas, denn das eigentliche Problem liegt darin, ob die Entfernung oder die Richtung in bezug auf das Stadtzentrum für den räumlichen Charakter der Sozialkomponente entscheidend ist.

Diese beiden Bereiche der sozialräumlichen Analyse, der inhaltliche und der räumliche, wurden in einer Studie von Anderson und Egeland[41] behandelt. Sie wählten vier amerikanische Städte, Akron und Dayton in Ohio, Indianapolis in Indiana, und Syracuse, New York, aus, die ungefähr gleich groß und alle kreisförmig waren. Durch Varianzanalyse wurden zwei Maße, die Verstädterung und das Sozialprestige über Entfernungszonen und Sektoren getestet. Das Hauptergebnis der Studie war, „daß die Verstädterung ... vorwiegend konzentrisch oder mit der Entfernung vom Stadtzentrum variiert, während der Prestigewert oder der soziale Rang mit nur sehr geringer Entfernungsabhängigkeit sich hauptsächlich sektoral verändert"[42]. Dieses Ergebnis entspricht der Sektorenhypothese von Hoyt, daß beim sozialen Rang kein grundlegendes Entfernungsmuster zu erkennen sei, nach dem die vornehmen Wohngebiete der Stadt in einer äußeren Umgebungszone liegen. Die Gründe, welche Hoyt für die Annahme dieser Sektoralentwicklung anführte, sind bereits genannt worden[43]. Sie lassen sich kurz zusammenfassen: „Einwohner mit hohem Sozialstatus haben weitgehend die Möglichkeit, den Anfang des Sektors selbst zu bestimmen; sie wählen gewöhnlich das topographisch attraktivste Gebiet, welches ihrem Arbeitsplatz im zentralen Geschäftsviertel und den Häusern der führenden Persönlichkeiten der Stadt am nächsten liegt. Danach siedeln sich andere Statusgruppen um dieses Gebiet herum an, welches dadurch zum Angelpunkt der städtischen Wohnstruktur wird"[44]. Da das Gebiet mit hohem Sozialstatus durch die Tradition an diesen Bereich gebunden ist, erweitert es sich entlang einer Hauptverkehrsader in Sektorform nach außen.

Die bei diesem Prozeß wirkenden Faktoren sind in einer Studie über Melbourne von R. J. Johnston klar herausgearbeitet worden[45]. Er verfolgte die Entwicklung der vornehmen Wohngebiete über hundert Jahre zurück, indem er sich

---

[41] T.R. Anderson & J.A. Egeland (1961): Spatial aspects of social area analysis. – Am. sociol. Rev. **26**, 392–398.
[42] T.R. Anderson & J.A. Egeland (1961), 398.
[43] Siehe Kap. 9, S. 214 und 216.
[44] R.J. Johnston (1966): The location of high status residential areas. – Geogr. Annaler **48B**, 25 (Stockholm).
[45] R.J. Johnston (1966).

auf den hohen Sozialstatus von Einwohnern entsprechend „Who's Who in Australia" bezog. In Fig. 11-7 sind die Ergebnisse für die letzten 50 Jahre zusammengefaßt. Die Wohnbereichsentwicklung der Gruppe mit hohem Sozialstatus wurde in zwei Teile unterteilt und durch Berechnung des mittleren Gravitationszentrums und die mittlere Entfernungsabweichung verfolgt, welche den Grad der Ausbreitung um das Zentrum herum angeben[46]. Auf der Karte erkennt man einen südlichen Sektor, in dem sich das Gravitationszentrum zwischen 1913 und 1962 um acht Kilometer von seinem ursprünglichen Platz in St. Kilda entlang der Küste verschoben hat und damit etwa 6,5 Kilometer südlich des Stadtzentrums liegt. In dem zweiten östlichen Sektor von Toorak war die Verschiebung nicht so ausgeprägt, da sie lediglich drei Kilometer vom ursprünglichen Standort beträgt. Dieser Sektor war auch mit einer kleineren mittleren Entfernungsabweichung erheblich kompakter. Zur Erklärung dieser Sektoren und ihrer Unterschiede ergänzt Johnston die Sektoreninterpretation von Hoyt durch die soziokulturellen Variablen, die Firey erstmals benutzte[47]. Danach hat sich Toorak deshalb weniger ausgedehnt, weil die großen Grundstücke, die zu den Villen gehörten, durch Unterteilung intensiver genutzt werden konnten und nicht erweitert werden mußten, wenn ein entsprechender Bedarf entstand, da dieser Bereich schon seit langem „der Wunschtraum aller gehobenen Ansprüche"[48] war. Der Charakter dieses Gebietes wurde sowohl durch individuelle als auch institutionelle Einflüsse erhalten. Diese kurze Studie zeigt, daß Wohngebiete mit hohem Sozialstatus sich im Sinne der Hoyt'schen Sektorentheorie ausbreiten und auch andere schichtenspezifischen Sozialräume gehorchen dieser Regel. Das Sozialprestige, welches mit einem bestimmten Wohngebiet verbunden ist, kann längerfristig also zu einem Element der Stabilität werden.

Die zweite Komponente, die in vielen Analysen auftaucht und von Shevky und Bell als „Verstädterung" bezeichnet wurde, wurde später meist durch „Familienstand" ersetzt. Nach Anderson und Egeland[49] ist diese Komponente unabhängig von den Strukturmustern der sozialen Statusgruppen und viele weitere Untersuchungen kommen zu dem gleichen Ergebnis[50]. Die wahrscheinlich überzeugendste Studie dürfte die über Toronto von R.A. Murdie sein, wo nicht nur eine Komponentenanalyse für die Jahre 1951 und 1961 mit nacheinander 86 und 78 Variablen durchgeführt, sondern auch der Wandel während dieses Jahrzehnts untersucht wurde. Murdie folgerte, „daß sich die Merkmale

---

[46] J.F. Hart (1954): Central tendency in areal distribution. – Econ. Geogr. 30, 48–59.
[47] Siehe Kap. 9, S. 221 und 222.
[48] R.J. Johnston (1966), 33. R.K. Middleton (1966): Measuring intra-urban residential quality: a method for determining residential morphology. – Prof. Geogr. 18, 352.
[49] J.R. Anderson & J.R. Egeland (1961).
[50] B.J.L. Berry & R.J. Tennant (1965): Metropolitan planning guidelines. – Comml. Struct. (Chicago). P.O. Pedersen (1967): An empirical model of urban population structure: a factor analytical study of the population structure in Copenhagen. – Proc. First Scandinavian – Polish Reg. Sci. Seminar, Warsaw.

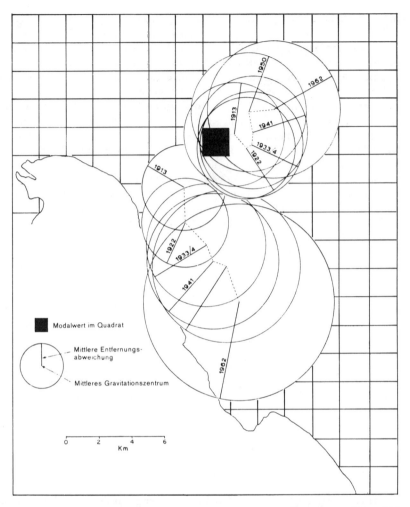

Fig. 11-7. Entwicklung der vornehmsten Wohnviertel von Melbourne von 1860–1960. Nach R.J. Johnston (1966). Die Kreise stellen die mittlere Abweichung der Entfernung vom Gravitationszentrum der statistischen Verteilung dar, in der Einwohner mit hohem Sozialstatus leben. Sie wurden für die östlichen und südlichen Sektoren getrennt berechnet. Als Einwohner mit „hohem Sozialstatus" galten die in „Who's who in Australia" für Melbourne angegebenen Personen, deren Privatanschriften für die Lokalisierung herangezogen wurden.

des ökonomischen Status allgemein in sektoraler Form nach außen fortsetzten, wobei sich die Keile eines hohen und niedrigen Sozialstatus zur Peripherie des Großstadtraumes hin ausweiteten ... Die Merkmale des Familienstandes hingegen verbreiteten sich vom Stadtzentrum nach außen in einer konzentrischen Form"[51]. Der Familienstatus ist in diesem Zusammenhang als Faktor angegeben, der durch große, fortschrittliche Familien, wenige berufstätige Frauen, Einfamilienhäuser, einen hohen Motorisierungsgrad und Eigenheimbesitz auf der einen Seite und gegensätzliche Merkmale auf der anderen gekennzeichnet ist. Für diesen Index gibt es ganz andere Voraussetzungen als für soziale Schichtungsfaktoren. Das liegt vor allem an den unterschiedlichen Bedürfnissen der Familie zu verschiedenen Zeiten. Alonso stellt die erhebliche Zunahme des Baues von Mietwohnungen in den Vereinigten Staaten fest und bemerkt dazu: „Wir haben die Veränderung im Lebenszyklus der nordamerikanischen Mittelstandsfamilie erwähnt. Die Jungen und die Alten benötigen Mietwohnungen, während bei den etwa Dreißigjährigen die Nachfrage nach Einfamilienhäusern am größten ist"[52]. Daraus folgt, daß der junge Erwachsene eine Wohnung in der Nähe der Innenstadt sucht und erst dann nach einem größeren Einfamilienhaus mit Garten Ausschau hält, wenn er verheiratet ist und Kinder hat. Wenn die Kinder das Haus verlassen haben, wird wieder eine leichter zu bewirtschaftende Mietwohnung in Innenstadtnähe attraktiv. So wandert der einzelne in seinen verschiedenen Altersstadien durch die Stadt, was die Beziehung Familienstand/ Entfernung vom Zentrum zur Folge hat, die durch diese Analysen deutlich wird. Das ganze Problem wurde von einem in der Großstadt Aufgewachsenen kurz folgendermaßen zusammengefaßt: „Häuser sind für Kinder, Wohnungen für Erwachsene". Robson drückt diesen Sachverhalt eleganter aus: „Ob eine Familie lieber in den inneren oder peripheren Teilen einer Stadt lebt, hängt häufig ganz davon ab, welche Bedeutung sie den Grundstückskosten und -annehmlichkeiten im Vergleich mit den Pendlerbeschwernissen und -vorteilen beimißt. Das Ergebnis dieser Gleichung hängt eng mit dem Stadium einer Familie innerhalb ihres Lebenszyklus zusammen, sowie mit dem jeweiligen Einkommen"[53]. In zunehmendem Maße läßt sich diese grundsätzliche Erkenntnis auch an empirischen Einzelbeispielen nachweisen. Aus einer Anzahl von eingehenden Interviews und darauf aufbauenden Untersuchungen folgerte Rossi, „daß die Mobilität sich wesentlich aus dem Prozeß der Anpassung des Wohnbedarfs an eine sich wandelnde Zusammensetzung der Familie ergibt"[54].

Aus diesen Untersuchungen ergibt sich, daß die beiden Hauptfaktoren für die Entscheidung über den Wohnstandort in einer Stadt der sozioökonomische Status und der jeweilige Lebensabschnitt mit Rücksicht auf die Familie sind. Zum sozioökonomischen Status gehört sowohl die Fähigkeit, Raten und Mieten zu bezahlen, als auch die Selbsteinschätzung des eigenen Status sowie der sozialen Schicht, zu der der einzelne gehören möchte. Die beiden oben erwähn-

---

[51] R.A. Murdie (1969), 142–144.
[52] W. Alonso (1964), 230.
[53] B.T. Robson (1969), 243.
[54] P. H. Rossi (1955): Why families move, 9. (Glencoe, Ill.).

ten Faktoren sind durch eine Vielzahl von institutionellen und kulturellen Zwängen miteinander verknüpft. Das dritte Merkmal sozialer Unterschiede in Städten, das von Shevky eingeführt und seitdem durch viele Komponentenanalysen bestätigt wurde, ist die ethnische Zugehörigkeit oder der ethnische Status. Shevky nannte ihn Segregation oder das Phänomen der Gruppenisolation. Dieser Status kennzeichnet den Grad, in welchem sich kulturelle und rassische Gruppen innerhalb der Stadt voneinander absondern, und befaßt sich daher insbesondere mit den städtischen Ghettos. Es ist bezeichnend, daß eine Untersuchung des Ghettos erstmals von den Chicagoer Ökologen unternommen wurde, und auch die Arbeit von Wirth mit dem Titel „Das Ghetto"[55] behandelte dieses Phänomen im Zusammenhang mit der Humanökologie. Danach war das Ghetto „nicht das Produkt einer Planung, sondern das unabsichtliche Ergebnis von Bedürfnissen und Verhaltensweisen, die ihre Wurzeln in den überlieferten religiösen und säkularen Gebräuchen der Juden hatten"[56]. Nicht äußerer Druck veranlaßte die Juden, sich in gesonderten kulturellen Bereichen zusammenzuschließen, sondern hauptsächlich der Wunsch nach einem Gebiet, wo sie ihren religiösen Vorschriften, ohne Anstoß zu erregen, genügen konnten und wo sie sich außerdem sicher fühlten. „Die freiwillige Segregation der Juden in Ghettos hatte vieles gemeinsam mit der Segregation von Schwarzen und Einwanderern in den heutigen Städten... Die notwendige Toleranz gegenüber einer andersartigen Lebensweise, die sich in den Einwandererviertel findet, wird zu einem machtvollen Faktor für die Bevölkerungsverschiebung und das Ansässigwerden in eigenen kulturellen Bereichen..."[57]. Eine solche Charakterisierung erscheint jedoch zu einfach, denn es lassen sich mit Sicherheit zwei diametral entgegengesetzte Ghettotypen unterscheiden.

1. *Das Interimsghetto.* Mit Hilfe dieses Bereiches passen sich Bevölkerungsgruppen an neue Lebensformen an. Besonders Einwanderer finden hier schnell Kontakt zu Menschen aus ihrem Heimatland, bis sie sich an das städtische Leben in ihrer neuen Umgebung gewöhnt haben; mit steigendem sozioökonomischen Status und der Anpassung an die einheimischen Sitten und Gebräuche gehen sie in der ansässigen Bevölkerung auf. Dieser Anpassungsprozeß beginnt gewöhnlich für einheimische Zuwanderer vom Lande in den Slums und für Einwanderer aus anderen Kulturkreisen in den Ghettos. Die ethnisch bestimmten Viertel in nordamerikanischen Städten haben traditionell diese Funktion. Mit fortschreitender Anpassung zieht die Familie aus, die ethnische Zugehörigkeit verwischt sich, sie wird in das städtische Nordamerika integriert.

2. *Das ständige Ghetto.* Es unterscheidet sich vom Interimsghetto eher nach dem Grad als nach dem Wesen. Hier kann eine Gruppe ihre kulturelle Eigenständigkeit gegenüber den Einflüssen des Gastlandes verteidigen. In diesem Fall

---

[55] L. Wirth (1956): The ghetto.
[56] L. Wirth (1956), 18.
[57] L. Wirth (1956), 20.

dient das Ghetto nicht der Assimilation, sondern im Gegenteil der Bewahrung der ursprünglichen Identität.

Das Dilemma der Farbigen in den USA ist heutzutage, daß ihnen unklar ist, als was sie ihre Ghettos betrachten sollen. Bilden sie nur eine Übergangsphase zur schließlichen Integration in die nordamerikanische Gesellschaft oder stellen sie einen permanenten Zustand dar, der ihnen eine eigene Lebensart ermöglicht, die nicht dem Wertesystem der weißen Mittelschicht Nordamerikas unterworfen ist. Im letzteren Falle werden die Ghettos eher stärker betont als aufgelöst, und man wird ihnen einen fairen Anteil an den städtischen Investitionen zugestehen müssen. Das könnte zu einer ironischen Umkehrung des „getrennt, aber gleich"-Prinzips aus der Zeit vor der Bürgerrechtsbewegung und zur vollkommenen Apartheit führen. In hohem Maße ergeben sich die Schwierigkeiten der Schwarzen in den Vereinigten Staaten aus der Tatsache, daß das Ghetto für sie nicht einen Übergangscharakter annimmt, wie für fast alle anderen Einwanderungsgruppen, sondern von Dauer ist, ob das den Schwarzen ursprünglich erwünscht war oder nicht. „Die ersten Strukturen der Wohnbereiche von Schwarzen innerhalb großstädtischer Räume ähneln sehr denen von anderen Einwohnergruppen. Die Einwanderer bevorzugten die älteren Teile der Innenstadt, da dort die Wohnungsmieten geringer waren, Freunde und Verwandte ebenfalls dort wohnten und es in den älteren Vierteln häufig recht gute öffentliche Verkehrsmittel gab"[58]. Aber anders als bei den anderen Gruppen von Neuankömmlingen blieb die anschließende Auflockerung aus. Morrill[59] sah dafür vier Gründe:

1. Vorurteil und Diskriminierung. Beide brauchen hier nicht weiter erläutert zu werden.

2. Besondere Eigenheiten der Schwarzen. Morrill sieht hierin alle Schwierigkeiten, denen Angehörige von Minderheiten gegenüberstehen, wenn sie den Schutz des Ghettos verlassen. Diese sind besonders groß, wenn körperliche Unterschiede vorhanden sind.

3. Grundeigentum und damit verbundene Finanzierungsgesellschaften[60]. Abgesehen von ideologischen Vorbehalten möchten die Eigentümer alle Veränderungen im Charakter ihres Viertels vermeiden, welche die Grundstückspreise fallen lassen könnten. Wenn sie nämlich erst einmal anfangen zu fallen, muß man möglichst rasch verkaufen, um die größten Gewinne zu erzielen.

4. Rechtliche und verwaltungsmäßige Hindernisse. Diese sind in den letzten Jahren erheblich verringert worden.

„Zusammengefaßt heißt das, daß die Konzentration von Schwarzen in Innenstadtbereichen auf eine Kombination von Kräften zurückzuführen ist. Einige

---

[58] O. Kerner, Chairman (1968): Report of the National Advisory Commission on Civil Disorders, 243—244. (New York).
[59] R.L. Morrill (1965): The Negro ghetto: problems and alternatives. — Geogrl. Rev. 55, 339—361.
[60] Joe T. Darden (1973): Afro-Americans in Pittsburgh: the residential segregation of a people. (Lexington, Mass.).

dieser Kräfte, wie Zuwanderung und anfängliche Bevorzugung von älteren Vierteln, ähneln denen bei anderen ethnischen Minoritäten. Andere — insbesondere die Diskriminierung im Beruf und die strenge Trennung von Wohnungen und Schulen — resultieren aus der Haltung der Weißen gegenüber der anderen Rasse und Farbe. Diese Kräfte formen auch weiterhin den innerstädtischen Bereich"[61].

In dem oben zitierten Aufsatz bezeichnet Morrill die Ausweitung der Ghettos als einen Prozeß räumlicher Diffusion. Der Mechanismus ist verbunden mit dem allmählichen Ausbreiten der schwarzen Bevölkerung, die zunächst in am Rande gelegene Baublöcke eindringt, welche dann sehr schnell ihren Charakter verändern (Fig. 11-8), so daß jede Form rassischer Integration nur äußerst schwer zu erreichen ist. Für die meisten Baublöcke oder Straßen läßt sich ein soge-

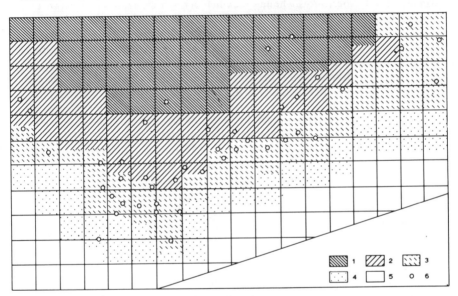

Fig. 11-8. Hauskäufe von Schwarzen am Rande eines Ghettos im Verlauf eines Jahres. Nach R.L. Morrill (1965). Die fünf schraffierten oder durch einen Kreis dargestellten Signaturen beziehen sich auf fünf unterschiedliche Gebiete, in denen der Anteil von Hauskäufen im Jahre 1955 folgendermaßen aussah:

Gebiet	Anzahl weißer Käufer	Alle Käufe in %	Gebietsanteil der Schwarzen in %
1	8	3,9	32
2	26	4,3	16
3	67	40,6	5
4	72	98,7	1
5	112	100,0	< 1

6 Neue Straßenabschnitte, in denen im Jahre 1955 Häuser an Schwarze verkauft wurden.

[61] O. Kerner, Chairman (1968).

nannter „Abkippeffekt" nachweisen: sobald „der Anteil von Nichtweißen die Toleranzgrenze der Nachbarschaft für ein gemischtrassiges Zusammenleben überschreitet, ziehen die Weißen fort"[62]. Im allgemeinen wird ein Anteil von 30 % Schwarzen an der Bevölkerung als diese Toleranzgrenze betrachtet, obwohl sie mit Rücksicht auf eine ganze Reihe weiterer Faktoren schwanken kann[63].

Als Ergebnis dieser Kräfte entstanden in großen Städten klar abgegrenzte ethnische Gebiete, die die dritte Komponente der Sozialstruktur bilden. Die Lage dieser Gebiete ist eng verknüpft mit ihrer Entstehungsgeschichte. — Je mehr die weiße Bevölkerung aus dem Zentrum der Stadt in die Vororte zog, desto stärker nahm der Ghettocharakter eines Teiles der inneren Stadt zu. — Wenn man die Ghetto-Ausdehnung räumlich betrachtet, dann setzt sie dort an, wo der Widerstand der Weißen am geringsten ist. Da die Gebiete mit hohem sozioökonomischem Status sektoral angelegt sind und oftmals eine Verbindung zum Zentrum aufrechterhalten, werden die Ghettos ebenfalls in eine sektorenartige Anordnung hineingepreßt, die aus einer Reihe von Ballungsbereichen um den inneren Stadtkern herum besteht. Diesen Eindruck hatte Murdie bei der Untersuchung ethnischer Gebiete in Toronto.

Ein Vergleich läßt sich mit den entsprechenden Gebieten in britischen Städten anstellen, die von Einwanderern bewohnt werden. In einer Studie über Birmingham behauptete P. N. Jones, daß man diese aber streng genommen nicht als Ghettos bezeichnen dürfe, da sie nicht nur einer einzigen kulturellen Gruppe vorbehalten seien, sondern viel eher eine Mischung mehrerer Gruppen darstellten[64]. In den Einwandererviertln von Birmingham machte die farbige Bevölkerung nur etwa 14,6 % aus, wobei das Maximum bei 18,5 % lag. Im Vergleich dazu leben in Cleveland, Ohio, 80 % aller Schwarzen in Vierteln, in denen der Anteil der Schwarzen 75 % beträgt[65]. K. und T. Taeuber[66] wandten den Segregationsindex an (s. S. 292) und fanden heraus, daß dieser im Jahre 1960 in 207 der größten Städte der Vereinigten Staaten 86,2 % betrug. Jones behauptete daher wohl mit Recht, daß er sich nicht mit Ghettos im eigentlichen Sinne beschäftigte. Die meisten Untersuchungen über die Veränderungen zwischen 1961 und 1966 zeigten aber eindeutig, daß „eine Intensivierung (der Ghettobildung) vorherrschend war und die erhoffte Zerstreuung und Ausbreitung in die Vororte nicht stattfand. Daß Gebiete mit einer Bebauung aus den Jahren nach 1920 bezogen wurden, reichte nicht aus, um die sehr hohe Kon-

---

[62] M. Grodzins (1958): The metropolitan area as a racial problem, 6. (Pittsburgh).

[63] H. Spiegel (1960): Tenants' intergroup attitudes in a public housing project with declining white population. — Phylon 21, 30. E.P. Wolf (1963): The tipping point in racially changing neighborhoods. — J. Am. Inst. Tn. Plann. 29, 217—222.

[64] P.N. Jones (1967): The segregation of immigrant communities in the city of Birmingham, 1961. — Univ. Hull occl. Pap. Geogr. 7.

[65] O. Kerner, Chairman (1968), 249.

[66] K. & A. Taeuber (1965): Negroes in cities. (Chicago).

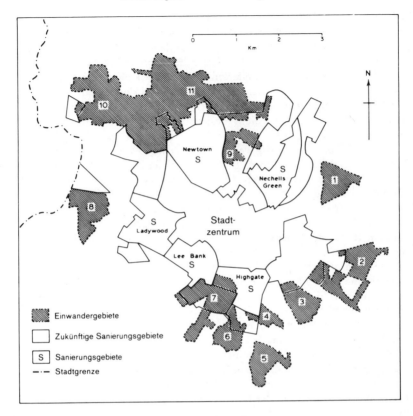

Fig. 11-9. Gebiete farbiger Einwanderer in Birmingham. Nach P.N. Jones (1967). Die Einwandererviertel umfassen alle benachbarten Bezirke, in denen mehr als 10,1 % der Bevölkerung Einwanderer sind. Bezirke, die unter diesem Prozentanteil liegen, aber vollständig von Einwandererviertel umgeben sind, sind eingeschlossen. Als farbig gelten Einwanderer von den westindischen Inseln, aus Indien und Pakistan. Die Gebiete umfassen 1. Saltley, 2. Small Heath, 3. Sparkbrook, 4. Highgate, 5. Balsall Heath-North Moseley, 6. Cannon Hill, 7. Calthorpe Park, 8. Summerfield Park, 9. Newtown Aston, 10. Handsworth, 11. Aston.

zentration im mittleren Ring der Stadt auszugleichen"[67]. In Fig. 11-9 sind elf Einwandererviertel abgebildet, die Jones im Jahre 1960 in Birmingham kartierte. Danach ist sowohl eine zonale als auch eine sektorale Anordnung denkbar. Eindeutig ist eine Zone erkennbar, welche die innere Stadt nicht berührt

---

[67] P.N. Jones (1970): Some aspects of the changing distribution of coloured immigrants in Birmingham, 1961–1966. – Trans. Inst. Brit. Geogr. **50**, 217. Vgl. ferner S.W.C. Winchester (1973): Immigration and the immigrant in Coventry: a study in segregation. – Inst. Brit. Geogr. Study Group in Urban Geog. unveröff.

und eng an die mittlere Zone hoher Wohndichte gebunden ist. Das ergibt sich zum Teil aus strukturellen und zum Teil aus institutionellen Faktoren. Die innere Zone umfaßt ein Gebiet von Slums aus dem späten 19. Jahrhundert, die vor allem aus kleinen Häusern oder Hütten mit Hinterhöfen bestehen. Sie sind für die Bedürfnisse von Einwanderern besonders wenig geeignet, da sie sehr klein sind. Große Areale gehören heute der Stadt und sind als Sanierungsgebiete ausgewiesen. — Die Einwandererviertel stießen daher nach außen vor und übernahmen zunächst Teile des dicht besiedelten Großstadtgürtels, später auch Reihenhäuser und schließlich sogar größere moderne Häuser und Villen. Diese werden häufig nur kurzfristig vermietet, was das Aufnehmen längerfristiger Hypotheken erheblich erschwert. Sie werden daher oft rasch verkauft und sind auch groß genug, um Einwandererfamilien zu beherbergen. Die „Invasion" der Einwanderer wird dadurch gefördert, daß diese Häuser innen und außen heutigen Ansprüchen nicht genügen, sie haben z. B. keine Garagen oder Einstellplätze. Daraus resultiert, daß „die Einwanderer sich nicht in den typischen Slums am Rande der Innenstadt konzentrieren, sondern auch in den oft attraktiven Wohnlagen des mittleren Ringes"[68].

Diese Lage in Birmingham ist auf zwei räumliche Einflüsse zurückzuführen. Der erste sind bauliche und behördliche Beschränkungen im Stadtkern, die die Übernahme der ältesten und schlechtesten Grundstücke verhinderten. Der zweite ist der Widerstand aus den Vororten und die besonderen Bedürfnisse, welche die Einwanderer haben, ihre wirtschaftlichen Verhältnisse und ihr Wunsch nach Kontakten mit Menschen ihres eigenen Kulturkreises. Das Ergebnis besteht in einer fast vollkommen abgeschlossenen Zone. Wenn man noch andere Einwanderergruppen hinzuzählt, wie etwa die Iren, heben sich solche Zonen noch klarer ab. Hiermit wird die allgemein verbreitete Annahme eines schwarzen Wohngürtels um die Innenstadt herum im Sinne des Kerner-Reports bestätigt. Allerdings zeigt dieser Gürtel bei genauer Betrachtung auch einzelne Lücken und breitet sich oftmals an den jeweils schwächsten Stellen weiter nach außen aus. Daher ist es besser, ihn als eine Kombination von zonaler und sektoraler Entwicklung aufzufassen.

Bevor man die Untersuchung der ethnischen Dimension im strukturellen Gefüge einer Großstadt abschließt, muß man näher auf die Teile westlicher Großstädte eingehen, in denen sich die sozialen und wirtschaftlichen Kräfte am deutlichsten auswirken, nämlich die Slums. Ein Slum hat viele Gemeinsamkeiten mit dem Ghetto, wobei im Grunde die im Amerikanischen geprägten Begriffe „Slums der Hoffnung" und „Slums der Verzweiflung"[69], „städtisches Dorf" und „städtischer Dschungel"[70] mit den bereits erwähnten „vorübergehenden" und „permanenten" Ghettos korrespondieren. Die wesentlichen Gründe für die Verwahrlosung großer Bereiche der inneren Stadt wurden be-

---

68 P.N. Jones (1967), 22.
69 C. Stokes (1962): A theory of slums. — Land Econ. **48**, 187—197.
70 H.J. Gans (1962). The urban villagers, 4. (New York).

reits untersucht: Neue Bauten werden immer weiter vom Zentrum entfernt errichtet, und Slums treten dort auf, wo der entsprechende Prozeß der Innenstadtsanierung nicht stattfindet. Für dieses Ungleichgewicht gibt es mehrere Gründe. Der Bau von Häusern ist in der Regel eine langfristige Investition, Veränderungen und Reparaturen kosten viel Geld. Häuser sind an das Viertel, in dem sie liegen, gebunden. Daraus ergibt sich, daß mit zunehmendem Alter und Abnutzungsgrad der Wert eines Gebäudes und sein Ertrag abnimmt. Es kann der Zeitpunkt kommen, wo durch Sanierung erheblich höhere Erträge möglich wären. Das heißt, daß die Abrißkosten, die Kosten für ein neues Gebäude und der Verlust von Erträgen während dieses Prozesses dadurch gedeckt werden müßten. Steigende Grundstückskosten führen zu einer intensiveren Nutzung[71] (Fig. 11-10). Das läßt sich erreichen, indem man Häuser in kleinere Wohneinheiten unterteilt, wodurch die Mieten pro Quadratmeter und letztlich die Kapitalerträge in Slums mit die höchsten sind. — Wenn dies nicht geschieht, werden sanierungswillige Bürger oder Behörden vor eine ganze Reihe von Problemen gestellt, darunter auch die Schwierigkeiten, die sich durch viele Miteigentümer bei kleinen Objekten und beim Grundstückserwerb ergeben. Außerdem hat jedes größere Gebiet Grundstücke unterschiedlichster Qualität — Planungsbehörden werden oft beschuldigt, Häuser in einwandfreiem Zustand bei ihrem Bemühen um eine umfassende Sanierung zu zerstören. So fließt das vorhandene Kapital lieber in die kommerziell genutzten Grundstücke der Innenstadt oder die Wohnvororte. Privates Kapital ist aus ökonomischen Gründen an einer Verbesserung von Wohnungen für die unteren Einkommensklassen nicht interessiert. Daher gibt es nur die Möglichkeit, daß die inneren Stadtbereiche zu Slums verfallen, durch Privatkapital in luxuriöse Miethochhäuser umgewandelt werden oder durch öffentliche Mittel einen verbesserten Wohnwert erhalten. Während der Verfallsphase entsteht ein Milieu, das sowohl dem Neuankömmling als auch dem Stadtstreicher Zuflucht bietet. In der städtischen Gesellschaft findet sich also hier ein gemeinsamer Boden für den Integrationswilligen und den diese Lebensart Ablehnenden[72].

Auch in westdeutschen Städten stellt sich die ethnische Problematik mit den 1980 über 4,1 Mill. Gastarbeitern und ihren Angehörigen in immer größerer Schärfe (*Ergänzung vom Herausgeber*). Die zuständigen Behörden sind angesichts des anschwellenden Stroms von illegal einreisenden Asylanten, auch aus Indien und Pakistan, aus Schwarz-Afrika und in zunehmendem Maße aus der Türkei, nachdem der offizielle Anwerbestopp dort wirksam wurde, weitgehend hilflos: Die Bearbeitung der Asylanträge kann wegen der liberalen Asylgesetz-

---

[71] L.S. Bourne (1967): Private redevelopment of the central city. — Univ. of Chicago, Dept. of Geography Research Papers **112**, 40—49 (Chicago).

[72] D.R. Hunter (1968): The slums, challenge and response. (New York). J.A. Casasco (1969): The social function of the slum in Latin America: some positive aspects. — Ekistics **28**, 168—175. M. Fried & J. Levin (1968): Some social functions of the urban slum. — in: B.J. Frieden & R. Morris, Ed. (1968): Urban planning and social policy. (New York).

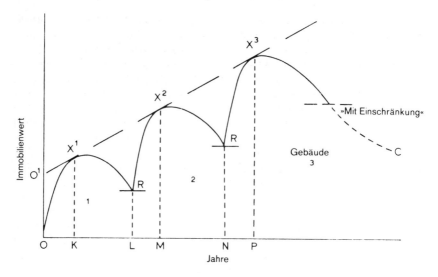
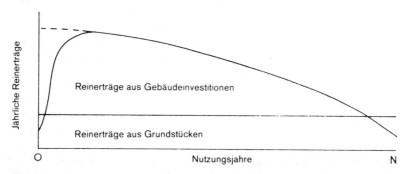

Fig. 11-10. Unteres Diagramm: die erwarteten Reinerträge aus der Investition in ein neues Gebäude. Oberes Diagramm: idealisierter Sanierungszyklus für einzelne Gebäude. Nach L.S. Bourne (1967). O im oberen Diagramm bezeichnet das Baujahr, K, M und P den Zeitpunkt für theoretisch optimale Reinerträge im Verhältnis zur ursprünglichen Investition. Bei R hat das Gebäude ausgedient, bei L und N wird ein Neubau errichtet. Die Linie X_1-X_2-X_3 bezeichnet das theoretische Wachstum des Immobilienwertes durch Neubau mit intensiver Nutzung.

gebung der Bundesrepublik Deutschland jahrelang dauern. In dieser Zeit sind wegen fortdauernder Arbeitslosigkeit die ungelernten und der deutschen Sprache nicht mächtigen Personengruppen auf Sozialunterstützung angewiesen.

Die öffentliche Meinung ist kontrovers: Einerseits werden humanitäre Gründe und allgemeine Menschenrechte für den Verbleib dieser ethnischen

Gruppen in Deutschland geltend gemacht. Andererseits wird vor einer zunehmenden Überfremdung der deutschen Bevölkerung in bestimmten Stadtteilen gewarnt, zumal Zweifel an der Integrationswilligkeit und Assimilationsfähigkeit eines großen Teils der Neuankömmlinge geäußert werden. Ein Ende des Zustroms vor allem aus Ländern des Islam ist nicht abzusehen. — Die im Rahmen der Familienzusammenführung aus den deutschen Ostgebieten und aus Osteuropa kommenden Menschen hatten und haben diese Schwierigkeiten nicht. Sie können daher mit den Asylsuchenden aus außereuropäischen Ländern nicht gleichgesetzt werden. Die größte Gruppe, die Türken, sind durch ihre von Mitteleuropa aus nur schwer zu überblickenden kulturellen, ökonomischen und sozialen Verhältnisse geprägt, gruppieren sich neuerdings gemäß dem politischen Links-Rechts-Spektrum ihres Heimatlandes und dürften daher eher als ost- oder westeuropäische Einwanderer zu einer Ablehnung der hiesigen Lebensart neigen.

Die Warnung von D. Guratzsch (Hamburg-Redakteur) unter dem Motto „*Werden wir ein Vielvölkerstaat?*" in der Tageszeitung „Die Welt" vom 2.1.1980, welche neuestes statistisches Zahlenmaterial über die Bevölkerungsentwicklung der letzten Jahre aus dem Bundesinnenministerium zur Grundlage hat, zielt auf den immer deutlicher werdenden Zusammenhang zwischen dem kontinuierlichen Zustrom von Menschen aus fernen Ländern, ihrer hohen Reproduktionsrate in westdeutschen Städten und der sowieso schon am Ende der Weltrangskala liegenden Geburtenrate der Deutschen, die sich auch 1979 weiter verminderte. — Eine Ausnahme bildet die Geburtenrate in Mitteldeutschland, die sich mit einem Tiefst- und Gleichstand mit der westdeutschen im Jahre 1974 bis 1980 erheblich erholte und zu einer allgemeinen Stabilisierung der Bevölkerungsentwicklung führte. — Für westdeutsche Großstädte, vor allem bestimmte Viertel ist nach D. Guratzsch abzusehen, wann nicht-deutsche Mehrheiten Autonomieforderungen stellen werden und die sich verringernden deutschen Minderheiten solche Gegenden verlassen. Aus nordamerikanischen Städten sind innerstädtische ethnische Mobilitätsvorgänge, vor allem die Flucht aus citynahen Bereichen und der anschließende Verfall ganzer Wohnblocks hinreichend bekannt. —

Überlegungen dieser Art hat J. A. Rex in einer Studie über die Soziologie der Übergangszone[73], die bereits im Zusammenhang mit der Innenstadt beschrieben wurde, zusammengefaßt. Er entwickelte ein Modell, das auf drei Faktoren basierte:

1. *Allgemeine Theorie zur Klassifizierung von Wohnverhältnissen in der Stadt.* Hierbei handelt es sich im wesentlichen um Standardvorstellungen über den Verfall innerstädtischer Grundstücke und die Flucht in die Vororte. „Ich bin der Auffassung, daß die städtische Mobilität grundlegend durch den Wett-

---

[73] J.A. Rex (1968): The sociology of a zone in transition. — in: R.E. Pahl, Ed. (1968): Readings in urban sociology, 211—231. (London).

bewerb um knappe und heißbegehrte Wohnungen gekennzeichnet ist. In diesem Prozeß unterscheiden sich die Bewerber durch ihre jeweilige finanzielle Potenz auf dem Wohnungsmarkt oder, allgemeiner gesprochen, auf dem Markt räumlich differenzierten Wohnungsangebots"[74]. Da Rex von britischen Verhältnissen ausgeht, widmet er der räumlichen Verteilung des öffentlich geförderten Wohnungsbaus eine größere Aufmerksamkeit, als das bei Arbeiten über die Vereinigten Staaten der Fall ist.

2. *Theorie ethnischer Gruppenbeziehungen und kultureller Stadt-Land-Veränderungen.* Es handelt sich hier um die bereits untersuchten Komponenten der ethnischen Zugehörigkeit und der Rolle des Ghettos.

3. *Theorie der Konflikte und Konfliktlösungen, z. B. zwischen verschiedenen Interessen in der Übergangszone.* Diese Thematik ist bisher hier nicht angeschnitten worden, da sie die geographische Raumstruktur nur am Rande berührt. Dennoch haben natürlich formelle (offizielle) und informelle (private) Interessen mit den Konflikten zwischen ethnischen und anderen Gruppenverhältnissen zu tun. Nach Rex ist es das gemeinsame Interesse, die soziale Isolierung zu überwinden, indem Meinungen, Werte und Glaubensüberzeugungen bestärkt und bestimmte, gruppenspezifische Ziele verwirklicht werden. Die Folge davon ist, daß Konflikte abgeschwächt und Spannungen ausgeglichen werden, „aber die Lage in der Übergangszone ist in erheblichem Maße instabil und bei jeder plötzlichen Krise können ethnische und klassenspezifische Konflikte wieder aufbrechen, die man zeitweise eingedämmt hatte, so daß es zu gewalttätigen Ausschreitungen kommt"[75].

Rex hat die Slums und Ghettogebiete der Stadt oder auch die sogenannte Übergangszone aufgefaßt als „den Teil der Stadt, wo die am stärksten unterprivilegierten Wohnverhältnisse herrschen und vor allem die Eigentümer und Pächter heruntergekommener Pensionen leben." Rex sieht jedoch stärker die strukturellen als die räumlichen Eigenheiten der Übergangszone, die er nur teilweise durch den ersten der drei oben erwähnten Faktoren mit der äußeren Erscheinung der Stadt verbindet. An einer früheren Stelle (Kapitel 10, S. 271) wurde bei der Behandlung der Übergangszone als Teil der Innenstadt darauf hingewiesen, daß trotz der Versuche, sie vorwiegend als kommerziell und industriell genutzt zu betrachten, die zweitgrößte Einzelnutzung durch die Wohnfunktion bestimmt ist. Es wurde bereits gezeigt, daß es im räumlichen Sinne nicht „Zonen" als solche, sondern eher einzelne Flächenteile gibt. Die von Rex zusammengestellten strukturellen Vorstellungen erklären die dabei wirkenden Prozesse. Sie sind mit den in der Innenstadt wirkenden ökonomischen Prozessen zu koordinieren, bevor irgendwelche räumlichen Strukturen sinnvoll analysiert werden können.

Man kann die ethnische Variable mit dem sozioökonomischen Status verknüpfen, was auch die untersten Sozialgruppen in den sogenannten Slums ein-

---
[74] J.A. Rex (1968), 214.
[75] J.A. Rex (1968), 231.

schließen müßte. Auch der Familienstand ließe sich integrieren und das Modell von Murdie als Indikator für die wesentlichen Elemente der Wohnstruktur einer Stadt anwenden (Fig. 11-11). Murdie schlug drei Hypothesen vor:
1. Der ökonomische Status läßt sich in Beziehung setzen zu Einkommensverhältnissen, Beruf und Bildung und breitet sich in Sektorenform aus.
2. Der Familienstand hängt zusammen mit der Geburtenhäufigkeit, der Haushaltsgröße und dem Anteil der berufstätigen Frauen und breitet sich konzentrisch aus.
3. Der ethnische Status begünstigt Gruppenbildung. Man kann solche Gruppen auf die netzförmigen Strukturen aufpfropfen, die eine Kombination von sektoralen und konzentrischen Formen darstellen[76].

Trotz des kurzen Hinweises auf Birmingham, England, ergeben sich die wesentlichen Schlußfolgerungen aus der nordamerikanischen Literatur und nordamerikanischen Erfahrungen. Der Familienstand würde in Großbritannien oder Westeuropa eine erheblich geringere Bedeutung haben. Robson ermittelte in seiner Analyse von 30 Variablen in Sunderland eine erste Komponente, welche als soziale Schichtung angesehen werden kann. Die zweite Komponente betraf die Wohnbedingungen[77]. Weder der Familienstand noch das ethnische Herkommen spielten eine Rolle. In einer Studie über Cardiff und Swansea wurden die Wohnbedingungen als erster Faktor ermittelt[78].

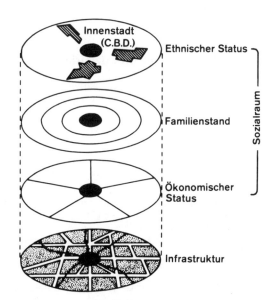

Fig. 11-11. Ein Modell der Wohnstruktur der Stadt. Nach R.A. Murdie (1968).

---
[76] R.A. Murdie (1969), 7.
[77] B.T. Robson (1969), 159−167.
[78] D.T. Herbert (1970), 82−88.

Die Annahme, daß britische Städte anderen Gesetzmäßigkeiten gehorchen als nordamerikanische, wurde von Davies und Lewis in einer Studie über Leicester bezweifelt[79]. Sie stellen fest: „Es ist der Nachweis gelungen, daß die Stadtstruktur von Leicester sich erheblich stärker dem Muster nordamerikanischer Städte annähert, als das bisher vermutet worden ist". Die Strukturen in Leicester können sogar mit den konzentrischen, sektoralen und Mehrkernemustern der Fig. 11-11 gleichgesetzt werden[80]. Zu einem ähnlichen Ergebnis kommt R.J. Johnston[81] in einer Studie über vier Städte Neuseelands (Auckland, Wellington, Christchurch und Dunedin). Er zitiert die Ansicht von Timms, „daß der Nachweis von eindeutigen Mustern gleichbleibender Faktoren in Städten in den verschiedensten Teilen der Welt eine gewaltige Herausforderung für die stadtgeographische Theorie darstellt"[82]. Diesem Sachverhalt ist voll zuzustimmen, wobei drei entscheidende Arbeitsbereiche erwähnt werden müssen:

1. Sowohl Davies und Lewis als auch Johnston gehen davon aus, daß die Standarddimensionen auch aus geringerwertigen Komponenten bestehen können (siehe Abschnitt 11.3).

2. Eine solche Theorie hat auch Modernisierungsprozesse und sozialen Wandel zu berücksichtigen (siehe Abschnitt 11.4).

3. Ebenso wie die Studien über zentrale Orte bei komplexen Sachverhalten, führt auch die sozialräumliche Analyse in eine Sackgasse. Sie gibt zwar eine wirkungsvolle Beschreibung, geht aber von der komplexen zur individuellen Betrachtungsweise über (siehe Abschnitt 11.5).

11.3 Unterteilung von Sozialräumen

In ihrer Studie über Leicester isolierten Davies und Lewis acht Faktoren erster Ordnung aus der ursprünglichen Anzahl von Variablen. Die acht Faktoren sind: sozioökonomischer Status, Mobilität, aktuelles Stadium innerhalb der Bevölkerungspyramide, mangelhafte Wohnverhältnisse, Anzahl junger Lediger, ethnische Herkunft, ökonomische Partizipation, Anteil der Stadtrandbewohner, Anteil der weiblichen Bevölkerung. Sie untersuchen dann die Korrelationsmatrix zwischen den acht Faktoren faktoranalytisch und leiten daraus drei

---

[79] W.K.D. Davies & G.J. Lewis (1973): The urban dimensions of Leicester, England. — in: B.D. Clark & M.B. Gleave, Ed (1973): Social patterns in cities. — Inst. Brit. Geogr. Spec. Pub. 5 (London).

[80] G.J. Lewis (1972): Leicester — urban structure and regional relationships. — in: N. Pye, Ed. (1972): Leicester and its region. (Leicester). G.J. Lewis & W.K.D. Davies (1974): The social patterning of a British city: the case of Leicester 1966. — Tijds. voor econ. en soc. geogr. 65(3), 194—207.

[81] R.J. Johnston (1973): Residential differentiation in major New Zealand urban areas: a comparative factorial ecology. — in: B.D. Clark & M.B. Gleave, Ed. (1973).

[82] D.W.G. Timms (1971): The urban mosaic: Towards a theory of residential segregation. (Cambridge). Siehe auch R.J. Johnston (1972): Towards a general model of intraurban residential patterns. — Progress in Geography 4, 82—124.

Faktoren zweiter Ordnung her: Sozialstatus, Familienstand und ethnische Herkunft. Die Generalisierungsebenen lassen sich folgendermaßen darstellen:

Bereich 1. Ordnung	Ladung	Bereich 2. Ordnung
Mangelhafte Wohnverhältnisse	−0,61	} Sozialstatus
Anteil der Stadtrandbewohner	+0,76	
Sozioökonom. Status {	+0,69	
	+0,54	Familienstand

——————— Korrelationen 1. Ordnung
— — — — — Korrelationen 2. Ordnung

Die Dimension Sozialstatus besteht aus drei Unterdimensionen, von denen eine sich auf die Wohnqualität und eine andere auf Besonderheiten des Stadtrandbereiches bezieht. Besonders interessant ist jedoch, daß in Großbritannien der sozioökonomische Status sich vom Familienstand nicht vollkommen trennen läßt (siehe auch S. 108). Solche Zusammenhänge bestätigen die Notwendigkeit weiterer Forschung in diesem Bereich.

11.4 Ein Modell der Entwicklung von Sozialräumen

In einer Analyse von Abu-Lughod über Kairo wurden dreizehn Variable verwendet. Der erste Faktor bezieht sich auf den Lebensstil, da nach den Worten des Autors die besonders eng verzahnten Variablen bedeuten, daß „wirtschaftliche Aspekte des Lebensstils im heutigen Kairo in ‚modernen' Familienstrukturen ihren Ausdruck finden, mit einer besseren weiblichen Ausbildung, einem späteren Heiratsalter und einer niedrigeren Geburtenrate". Der zweite Faktor betrifft die „Dominanz des Mannes" und der dritte die sozialen Unterschiede. Aber für unsere Zwecke „stellt das wichtigste Ergebnis die enge Verbindung zwischen bestimmten Variablen des Familienstandes und des sozialen Ranges dar"[83]. Es gibt eine Reihe von möglichen Erklärungen für diese, den Ergebnissen nordamerikanischer Studien widersprechenden Verhältnisse. So ist z. B. in Ägypten die Großfamilie ein so beherrschendes Element des Stadtlebens, daß die verschiedenen Altersstufen häufig unter einem Dach zu finden sind, anstatt dem Alter und dem Familienstand entsprechende eigene Wohnungen zu haben[84]. Selbst wenn man eine solche Beziehung zwischen sozialem Rang und Familienstand als gegeben annimmt, müßte es dennoch möglich sein, eine vom sozialen Rang abgesonderte Variable „Familienstatus" zu ermitteln. Voraussetzung wäre allerdings, daß sich Änderungen im Familienstand eindeutig in veränderten Wohnverhältnissen widerspiegeln und zweitens, daß ein entsprechend großes Angebot an Wohnungen und Häusern für diese unterschiedlichen

---
[83] J.L. Abu-Lughod (1969), 207.
[84] J.L. Abu-Lughod (1969), 208.

Bedürfnisse vorhanden ist. In den meisten westlichen Ländern werden diese Bedingungen nicht erfüllt. Das zeigt auch das oben angeführte Beispiel von Leicester für Großbritannien. Man könnte deshalb vermuten, daß das Modell von Murdie vorwiegend auf nordamerikanische Verhältnisse zutrifft. Abu-Lughod folgert weiter, daß die konventionellen Variablen der westlichen Industrieländer nur eine geringe Bedeutung haben, wo sich die Gegensätze aus kulturellen Unterschieden zwischen ethnischen oder Stammesgruppen herleiten und wo nur geringe Unterscheidungen des Haustypus und allgemein Großfamilien vorkommen. Es wäre also ein umfassendes Modell nötig, um diese Variationen in der Rangskala verschiedener Gesellschaftssysteme mit zu berücksichtigen. Das Modell müßte ein Entwicklungskontinuum[85] darstellen, welches die unterschiedliche Lage guter Wohnviertel sowohl in vorindustriellen als auch in industriellen Städten und die bereits besprochenen Veränderungen in der Entwicklung (s. S. 210) mit beinhaltet.

Ein solches Entwicklungsmodell über gegensätzliche Verhältnisse stellt Sjoberg für die vorindustrielle Stadt vor. Für die Stadt im Industriezeitalter gibt es dafür moderne Faktorenverknüpfungen (Faktorökologien). Es ist heute dringend notwendig, Veränderungsprozesse modellhaft darzustellen. Es gibt schon eine Reihe von Studien, die solche Prozesse im einzelnen behandeln. In einer Arbeit über vier lateinamerikanische Städte (Bogotá, Quito, Lima und Santiago de Chile) weist Amato nach, daß traditionelle Verhaltensweisen aufgegeben werden und neue räumliche Beziehungen entstehen. „Mit beginnender Industrialisierung, der gleichzeitigen Entwicklung neuer Verkehrsmittel und dem Wachstum von Handel und Gewerbe ... entfernten sich viele Städte zusehends vom Kolonialstadtmodell. Das Ereignis von größter Tragweite ist, daß die oberen Einkommensklassen in die Vororte zogen, wodurch die totale Veränderung des traditionellen Flächennutzungsmusters eingeleitet wurde"[86]. Morris und Pyle schreiben über Rio de Janeiro, daß dieses in seiner sozialen Organisation eindeutig „viele Merkmale der vorindustriellen Stadt und einer sogenannten Übergangsstadt enthält, obwohl viele es für eine Industriestadt halten"[87]. Die ausdrückliche Verwendung des Begriffes „Übergangsstadt" deutet hier auf ein Entwicklungsmodell hin. Berry und Rees behaupten, daß im Fall von Kalkutta „eine verstärkte funktionale Differenzierung der Flächennutzung im Zusammenhang mit regionaler Differenzierung in den Berufsgruppen feststellbar ist. In Übereinstimmung mit dem Charakter einer Übergangsstadt intensiviert sich dabei die Flächennutzung und Gruppenbildung durchaus vergleichbar mit den heutigen nordamerikanischen Verstädterungsprozessen"[88].

---
[85] B.J.L. Berry & P.H. Rees (1969): The factorial ecology of Calcutta. – Am. J. Sociol. 74, 445–491.
[86] P. Amato (1970): Elitism and settlement patterns in the Latin-American city. – Jl. Am. Inst. Town Planr. 36(1), 96–105.
[87] F.B. Morris & G.F. Pyle (1971): The social environment of Rio de Janeiro. – Econ. Geogr. 47 (2. Suppl.) 286–299.
[88] B.J.L. Berry & P.H. Rees (1969).

Den kühnsten Versuch, einen künstlichen Rahmen für diese Veränderungen zu finden, enthält das Buch von Timms „Das städtische Mosaik". Er sieht in der vorindustriellen Gesellschaft „sehr enge Zusammenhänge zwischen den Einzelmerkmalen sozialer Differenzierung. Zum Beispiel entschied der Status des einzelnen in einem Bereich weitgehend über seinen Status in einem anderen. Mit dem vorgegebenen Status waren unterschiedliches Ansehen, Lebensart, ethnische Zugehörigkeit und Wohnlage eng verknüpft. In der modernen Industriegesellschaft lockert sich diese Verbindung. Aus der familiären Herkunft können heute kaum noch Rückschlüsse auf den sozialen Rang, die Wohnverhältnisse oder die ethnische Zugehörigkeit gezogen werden"[89]. Besonders interessant ist, daß Timms ähnliche Ansichten vertritt wie Wirth, dessen Untersuchungsergebnisse im Kapitel 2 über den Verstädterungsprozeß erwähnt wurden und die Grundlagen für die von Shevky und Bell entwickelte sozialräumliche Analyse abgaben. Nach Timms verläuft die Entwicklung entlang einer einzigen Differenzierungsachse im vorindustriellen Zustand zu den komplexeren Dimensionen der heutigen Stadt hin. Damit geht eine räumliche Umstrukturierung einher, die bereits in lateinamerikanischen Städten beobachtet wurde. Um diesen Prozeß räumlichen Wandels genauer zu erklären, ist jedoch noch viel Arbeit nötig.

Auch in Westeuropa lassen sich ähnliche Umschichtungen nachweisen. Zeitweise ging man einfach von einer Parallelentwicklung aus, die jedoch von Warnes in Frage gestellt wurde, der nicht Mobilitätsveränderungen, sondern Nähe zu industriellen Einrichtungen als wesentlich ansah: „Die Erfahrung zeigt, daß die Rolle sich wandelnder räumlicher Mobilität bei der Veränderung der Wohnstruktur von Städten nicht überbewertet werden sollte. Wenigstens genau so wichtig ... war die veränderte Beschäftigtenstruktur und ihre Ausmaße ... Als die Heimarbeit zurückgedrängt wurde und größere Betriebe entstanden, mußte sich auch die Wohnstruktur darauf einstellen"[90]. Die wohlhabenden Schichten zogen aus dem Zentrum in die Vorstädte. Die Notwendigkeit einer unmittelbaren Kontrolle durch die Unternehmer in den Anfängen der Industrie ist ähnlich der Kontrolle, die kirchliche und politische Institutionen in der vorindustriellen Gesellschaft ausübten. Zwar kann man behaupten, daß die sich wandelnde Industriestruktur ein wichtigerer Einflußfaktor gewesen ist als die Mobilität; aber dies tut sicher dem Gedanken keinen Abbruch, daß die Veränderungen des 19. Jahrhunderts in Europa durchaus mit denen verglichen werden können, die sich heute in den Entwicklungsländern abspielen.

---

[89] D.W.G. Timms (1971), 138—149.
[90] A.M. Warnes (1973): Residential patterns in an emerging industrial town. — in: B.D. Clark & M.B. Gleave, Ed. (1973), 169—189.

11.5 Der Wohnstandort: Das Problem der Sozialgruppentrennung und die Auswahl von Wohnungen

Man kann dieses Problem durch Untersuchung sogenannter Systeme von Haushaltsaktivitäten auf die gleiche Weise angehen, wie die Aktivitäten von Firmen im Zusammenhang mit der Innenstadt. Es gibt sehr viele Haushaltsaktivitäten; sie umfassen Hausarbeit wie Geselligkeit und Freizeitgestaltung bis hin zum Einkaufen[91]. Es gibt bisher nur wenige Untersuchungen dieser Art mit relativ dürftigen Ergebnissen[92]. Eine über den Bereich von Detroit[93] aber erhellt das Prinzip des Verfahrens und wir werden dadurch auf die Diskussion am Anfang dieses Kapitels zurückverwiesen. In einer früheren Arbeit[94] waren bereits für die fünf Hauptsektoren von Detroit die Zentren der weißen und der schwarzen Bevölkerung isoliert und mit Hilfe einer „Zentrumslinie" für weiße und schwarze Bevölkerungsanteile graphisch dargestellt worden (Fig. 11-12). Jetzt wurde eine ähnliche Technik angewandt, um eine Zentrumslinie über eine geschichtete Bevölkerungsstichprobe zu ermitteln, wobei gefragt wurde, „wo die Vereinslokale und wo die Wohnungen aller Freunde, Nachbarn, Verwandten und Mitarbeiter, mit denen die Befragten privaten Kontakt hatten, lagen. Auf diese Weise ergab sich ein bestimmtes räumliches Muster für alle formellen und informellen Tätigkeiten jedes einzelnen"[95]. Aus diesem Muster wurde ein mittleres Gravitationszentrum für jeden einzelnen Sektor berechnet und diese dann zu einer Kommunikationslinie verbunden (Fig. 11-12). Dadurch zeigt sich, daß eine Trennung der Wohnbereiche mit einer Trennung der Kontakte parallel läuft. Die untersuchten Tätigkeitskomplexe beider Bevölkerungsgruppen haben daher eine getrennte räumliche Verteilung.

In gewissem Maße läßt sich daraus entnehmen, daß die Auswahl der Wohnlage — insbesondere bei den sehr wichtigen innerstädtischen Umzügen — eine Funktion der Gesamtheit dieser Tätigkeitssysteme darstellt. Es gibt allerdings zwei Arten von Tätigkeiten, welche die Wahl einer bestimmten Wohnlage beeinflussen. Die eine betrifft Beruf und Arbeitsplatz und die andere soziale und Freizeit-Tätigkeiten. Moriarty hat untersucht, welche Bedeutung diese beiden Aspekte haben, und bezeichnete sie als Wettbewerbshypothesen[96]. Die erste

---

[91] Eine Übersicht findet sich bei F.S. Chapin (1965): Urban land-use planning, 243. (Urbana, Ill.).
[92] G.C. Hemmens (1968): The structure of urban activity linkages. — Univ. of N. Carolina at Chapel Hill Centre for Urban and Regional Studies, Urb. Stud. Res. Monog.
[93] R.V. Smith, S.F. Flory, R.L. Bashshur & G.W. Shannon (1967): Community interaction and racial integration in the Detroit area; an ecological analysis. — Report derived from project 2557, US Office of Education (Eastern Michigan University).
[94] A.J. Mayer & T.F. Hoult (1962): Race and residence in Detroit. — Wayne State University, Institute for Regional and Urban Studies.
[95] R.V. Smith et al. (1967), 13.
[96] B.M. Moriarty (1970): A test of alternative hypotheses of urban residential growth. — Proc. Assoc. of Am. Geog. 2, 97—101.

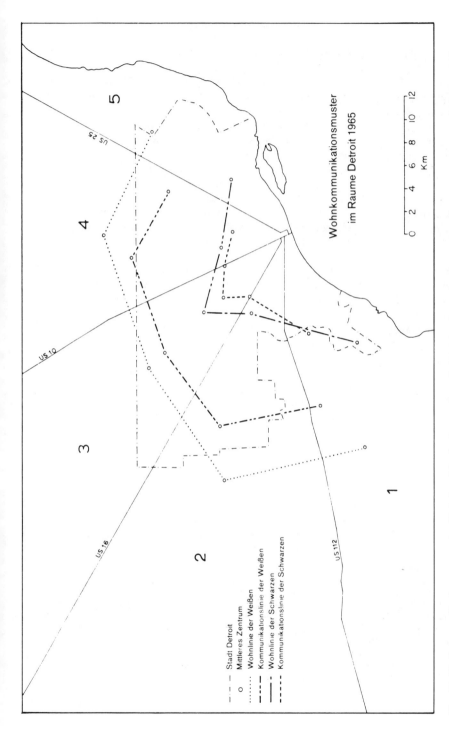

Fig. 11-12. Kommunikationsmuster der Wohnbereiche im Raume Detroit (1965). Die Methodik der Erstellung von Wohn- und Kommunikationslinien ist im Text erläutert. Nach R.V. Smith et al. (1967).

nennt er „die Hypothese des ökonomischen Wettbewerbs", in welcher die Zahlungsfähigkeit den grundlegenden Faktor darstellt, d. h. daß die Fahrt- und Grundstückskosten bei der Wohnstandortentscheidung die größte Rolle spielen. „Unterschiede im Standortverhalten von Wohnungssuchenden sind auf Unterschiede in ihren Einkommensverhältnissen zurückzuführen. Dieser Unterschied bestimmt die räumliche Verteilung sozioökonomischer Gruppen im städtischen Raum"[97]. Moriarty ist der Auffassung, daß eine solche Annahme nicht der Realität entspricht, und entwickelt deshalb eine zweite Hypothese, die der „sozialbestimmten Auswahl", nach der die Wohnentscheidung sich nach bewußten oder auch unbewußten Sozialkriterien richtet, die die verschiedenen Wertvorstellungen, Bedürfnisse und Wünsche der Menschen betreffen. In den meisten empirischen Studien wird die These vom „ökonomischen Wettbewerb" abgelehnt, da keine Beziehungen zwischen sozialer Schichtung und Entfernung zum Arbeitsplatz ermittelt wurden. Halvorson berichtet zum Beispiel: „daß die wesentliche Schlußfolgerung aus dem zusammengestellten Datenmaterial eine negative ist ... Die Fahrt zur Arbeit stellt nur einen untergeordneten Faktor bei der Auswahl des Wohnstandortes dar"[98]. Faktische Zusammenhänge sieht Halvorson zwischen der Wohnstandortentscheidung und der Qualität der Wohnung selbst sowie ihrer Umgebung. Zu ähnlichen Ergebnissen kommen viele weitere Arbeiten, was dazu führte, daß der Entscheidungsprozeß und der Einfluß der Umgebung heute viel stärker den Schwerpunkt von Untersuchungen bilden.

Solche Untersuchungen lassen sich am besten durch ein Entscheidungsmodell für Wohnstandorte darstellen, welches die verschiedenen Gründe für die Auswahl eines bestimmten Standortes angibt. Herbert hat sein Modell, das modifiziert in Fig. 11-13 wiedergegeben ist, in Form eines Diagramms dargestellt[99]. Die Grundlagen dazu finden sich in den Arbeiten von Wolpert[100] und von Brown und Moore[101]. Jeder Haushalt steht danach unter dem Einfluß von zwei Gruppen von Kräften. Die eine ist intern, da sie die Bedürfnisse und Erwartungen der Haushaltung selbst betrifft; die andere ist extern und hängt von der Umgebung ab. Beide Gruppen werden zusammengefaßt im „Nutzwert", der im wesentlichen auf dem Grad der individuellen Zufriedenheit oder Unzufriedenheit mit einem gegebenen Standort beruht. „Wenn der einzelne feststellt, daß der Nutzwert seiner derzeitigen Wohnung seinen Bedürfnissen nicht mehr entspricht, dann wird er sich um einen neuen Standort bemühen"[102]. Der Unter-

---

97 B.M. Moriarty (1970), 98.
98 P. Halvorson (1970): Residential location and the journey-to-work in Charleston, West Virginia, 178. (Univ. of Cincinnati, unveröff. Diss.).
99 D.T. Herbert (1972): Urban Geography. A social perspective, 246–256. (Newton Abbot).
100 J. Wolpert (1965): Behavioural Aspects of the decision to migrate. – Papers Reg. Sci. Assoc. 15, 159–169.
101 L.A. Brown & E.G. Moore (1970): The intra-urban migration process: a perspective. – Geogr. Annaler, (Series B) 52, 1–13.
102 L.A. Brown & E.G. Moore (1970), 1.

Wohnstandort: Sozialgruppentrennung und Auswahl von Wohnungen

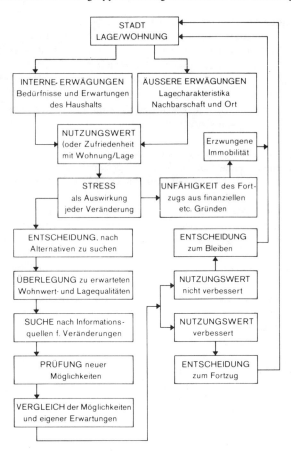

Fig. 11-13. Entscheidungsmodell für optimale Wohnlagen. Modifiziert nach D.T. Herbert (1972). Der Begriff „Nutzungswert" ist recht komplex und hängt von einer Reihe von Vorteilen ab, wobei Extreme ein erwünschtes Haus in ungünstiger Lage und ein unerwünschtes Haus in günstiger Lage sind.

schied zwischen derzeitiger Lage und möglichen neuen Standorten ist durch sogenannte „Streßfaktoren" gekennzeichnet, oder durch eine Veränderung des gegenwärtigen Zustandes. Diese kann entweder auf interne Faktoren zurückzuführen sein, z. B. Vergrößerung der Familie durch Geburt von Kindern oder Aufnahme von Schwiegertöchtern und -söhnen oder auch auf externe Kräfte, wie den Bau einer nahen Autobahn oder das Aufkaufen von benachbarten Häusern durch Menschen andersartiger ethnischer Zugehörigkeit. Die Faktoren können auch weniger greifbar sein, z. B. kann durch einen veränderten Sozialstatus ein gewisser Streß entstehen. Der Einfluß dieser Faktoren führt zu dem

Entschluß, einen anderen Standort zu suchen. Bei dieser Überlegung treten für den einzelnen Haushalt zwei Probleme auf. Zunächst muß man sich über die gewünschte Qualität eines potentiellen neuen Wohnstandortes klar werden und dann muß man einen entsprechenden Standort suchen.

Eine Anzahl von Studien haben wünschenswerte Qualitäten aufgeschlüsselt und miteinander verglichen. Eine der nützlichsten ist die von Butler, Chapin et al.[103], die aus einer in den gesamten Vereinigten Staaten vorgenommenen Befragung folgende erwünschte Kriterien für großstädtische Haushaltungen entnehmen:

1. Bessere Umgebung und schlechtere Wohnung oder schlechtere Zugänglichkeit wird einer weniger angenehmen Umgebung und besserer Wohnung oder besserer Erreichbarkeit vorgezogen. Für die erste Lösung entschied sich etwa 70 %, für die zweite nur 27 %.

2. Ein Haus mit guter Innenausstattung, aber weniger gutem Äußeren gegenüber einem mit attraktivem Äußeren und nur bescheidener Innenausstattung. Das überwältigende Ergebnis war 80,4 % für die erste Lösung und nur 14,2 % für die zweite.

3. Überdurchschnittlich gute Schulen in einem Gebiet mit höheren Steuern gegenüber niedrigeren Steuern und weniger guten Schulen. 78,3 % der Antworten waren für die erste Lösung und nur 15,2 % für die zweite.

4. Das Gegensatzpaar zwischen neuem oder älterem Haus und guter oder weniger guter Nachbarschaft.

5. Moderne Architektur gegenüber traditioneller. Nur geringer Unterschied von 45,5 % zu 37,6 %.

6. Wohneinheit in nur einer Ebene.

7. Wenig Kinder in der Nachbarschaft.

8. Große Grundstücke gegenüber kleinen.

Brown und Moore[104] bringen auch eine Liste möglicher Qualitäten. Zwei der wichtigsten Merkmale sind das Haus selbst, das heißt seine vielfältige Erscheinungsform, insbesondere seine Quadratmeterzahl, und seine soziale und physiognomische Umwelt.

G. L. Petersen[105] ist diesem Problem gesondert nachgegangen. Die Befragten wurden gebeten, über Photographien verschiedener Wohnviertel zu urteilen, die nach zehn Variablen ausgesondert worden waren. Die Antworten wurden faktorenanalytisch getestet, um einen ersten Faktor zu ermitteln, der sich dann im wesentlichen aus der baulichen Qualität in engem Zusammenhang mit dem Alter des Gebäudes ergab. Der zweite Faktor wurde die als „Harmonie mit der

---

103 E.W. Butler, F.S. Chapin et al (1969): Moving behavior: a residential choice. A national survey. – US Highway Research Board, National cooperative highway research report 81. (Washington, DC).

104 L.A. Brown & E.G. Moore (1970), 5.

105 G.L. Petersen (1967): A model of preference: quantitative analysis of the perception of the visual appearance of residential neighbourhoods. – J. Reg. Sci. Assoc. 7, 19–31.

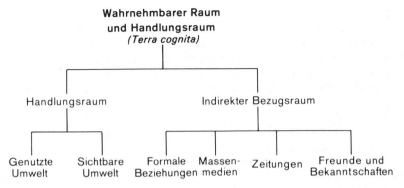

Fig. 11-14. Entscheidungskomponenten für die Auswahl von Wohnlagen. Nach J.A. Silk (1972).

Natur" bezeichnete Umweltqualität, wie sie durch Baumbestand, Abgeschlossenheit und offenes Land gekennzeichnet ist.

Nachdem eine Haushaltung ihre Qualitätswünsche konkretisiert hat, hat sie Informationen über mögliche Standorte einzuholen. Ein von Silk erstelltes Diagramm (siehe Fig. 11-14) soll einige Aspekte des Suchverfahrens beleuchten[106]. Es ist eine Binsenwahrheit, daß der einzelne vor allem durch den Umfang seiner eigenen Kenntnisse in seiner Auswahl begrenzt ist. Er kann sich nur in einem bekannten Gebiet umsehen, das seiner Wahrnehmung entspricht. Mit diesem Bereich ist er durch vielfältige Tätigkeiten wie Pendeln, Einkaufen oder den Besuch von Freunden vertraut. Der alternative Ausdruck „Handlungsraum" ist ähnlich gelagert, sollte aber mehr für direkte persönliche Tätigkeiten reserviert sein, im Gegensatz zu dem indirekten Kontaktraum, der einen gewissen Bekanntheitsgrad durch Medien und Berichte von Verwandten und Freunden vermittelt. Hierzu gehört auch die Information durch Wohnungs- und Häuservermittlungen.

Nach Feststellung der erwünschten Qualitäten und des dafür infrage kommenden Standortes geht ein Haushalt dazu über, den neuen Standort mit dem z. Zt. eingenommenen zu vergleichen. Daraus ergibt sich dann eine Entscheidung, entweder zu bleiben oder fortzuziehen, die eng mit dem erwähnten Nutzungswert verknüpft ist.

An dieser Stelle sollte man sich die Überlegungen über das Verbraucherverhalten aus Kapitel 7 (S. 168) ins Gedächtnis zurückrufen, zumal der Hauskauf ein bestimmter Aspekt des Verbraucherverhaltens ist.

---

[106] J.A. Silk (1972): Comments on 'historical' factors influencing residential choice and associated research problems. – Paper read to Inst. Brit. Geogr. Urban Study Group. Siehe ferner J.A. Silk (1971): Search behaviour: general characterization and review of literature in the behavioural scienes. – Univ. of Reading, Geographical Papers 7.

Es gibt nun noch eine weitere Lösung für die Frage der innerstädtischen Mobilität vom einzelnen her betrachtet. Die mit der modernen Verstädterung einhergehende intensive Mobilität läßt das Konzept von Webber über städtische Bereiche um so bedeutsamer erscheinen[107]. Wenn sich das Leben der Menschen innerhalb dieser Bereiche abspielt, dann ergibt sich das Problem, wie man diese Strukturen sichtbar machen und ihre Auswirkungen auf das Raumverhalten belegen kann. Auf diese Weise kommt man zur Untersuchung von „sozialen Netzen in städtischen Verhältnissen". Das von J. C. Mitchell herausgegebene Buch unter diesem Titel[108] befaßt sich mit zentralafrikanischen Siedlungen, aber die dabei angewandten allgemeinen Begriffe lassen sich auch auf die verschiedensten Handlungsbereiche des Individuums übertragen. Um einen kurzen Eindruck über die Arbeit von Mitchell zu vermitteln, wird im folgenden eine Aufstellung über die gestalterischen Eigenheiten sozialer Netze wiedergegeben[109]:

1. Verankerung: Sie bezeichnet den Anknüpfungspunkt des Netzes, bezogen auf den einzelnen.

2. Erreichbarkeit: Sie gibt hier den Grad an, in dem der einzelne über das Netz in Kontakt steht oder das Maß, in welchem er andere erreichen kann. Die Leichtigkeit, mit der man Kontakte zu anderen Menschen oder anderen Organisationen aufnehmen kann, ist für jedes Netz von großer Bedeutung.

3. Dichte: Dieses Verfahren unterscheidet sich von der Erreichbarkeit, da es die Wechselwirkung zwischen allen Gliedern eines Netzes zu erklären versucht.

4. Reichweite: Sie gibt die Anzahl von Menschen an, die in regelmäßigem und direktem Kontakt mit einem Individuum stehen.

Die Wechselwirkungskriterien sind:

5. Inhalt: Er bezieht sich auf die Grundlagen der Kontakte innerhalb der Netze, wie z. B. Verwandtschaft, Religion, Arbeit oder Freundschaften.

6. Richtung: Sie gibt ein Maß für die Wechselseitigkeit, ob die Kontakte nur in einer Richtung gehen oder nicht.

7. Dauerhaftigkeit: Manche Netze entstehen für einen ganz bestimmten Zweck, etwa um eine bestimmte öffentliche Politik durchzusetzen, und verschwinden dann wieder. Nicht alle Netze sind von Dauer.

8. Intensität: Die Individuen unterscheiden sich im Grad ihrer Zugehörigkeit zum Netz. In manchen Fällen ist ein totales Engagement der Einzelmitglieder festzustellen, wie etwa in der italienischen Maffia, die ein solches totales Netzwerk symbolisiert.

9. Häufigkeit: Die Kontakthäufigkeit zwischen den einzelnen Gliedern ist unterschiedlich und wird zum meßbaren Wechselwirkungsmerkmal.

---

[107] M.M. Webber (1964): The urban place and the nonplace urban realm. − in: M.M. Webber et al., Ed. (1964): Explorations into urban structure. (Philadelphia). Siehe S. 338.
[108] J.C. Mitchell (1969): Social networks in urban situations. (Manchester).
[109] Diese Aufstellung stammt von J.C. Mitchell (1969): The concept and use of social networks. − in: J.C. Mitchell, Ed. (1969), 1−50.

Diese neun Meßeinheiten lassen sich auf jeden Wechselwirkungskomplex anwenden, seien das nun geschäftliche Verbindungen oder die Mitgliedschaft in einem Golfclub. In den Gedankengängen von Wirth und Webber werden diese unterschiedlichen Verhaltensweisen im Rahmen der zunehmenden großstädtischen Segregation erkennbar. Obwohl manche dieser Wechselwirkungen zwischen Bevölkerungsgruppen keinen direkten räumlichen Bezug haben, wirken sie sich doch sehr häufig indirekt auf bestimmte Lagebeziehungen aus und sind daher auch für den Geographen von großem Interesse. Nach Connell „bleibt der Inhalt dieser räumlichen Verbindungen weiterhin umstritten und die morphologischen Netze allein reichen nicht aus. Soziale Netze sind ihrem Wesen nach nur am Rande räumlich"[110]. Sie stellen daher für den Geographen ein besonderes Forschungsproblem dar. Ein solches wäre z. B. das Erkennen einer neuen, zunächst kleinen Sozialgruppe innerhalb der Großstadtregion und die Analyse ihrer Wohnstandortentscheidung.

Das Ergebnis solcher Untersuchungen von Wohnstandortentscheidungen von Individuen oder Haushaltungen sollte von der mikroskopischen Ebene zu allgemeingültigen Aussagen über die Auswahl von Wohngebieten führen. Dadurch ließe sich die Sackgasse bisheriger unzureichender Erklärungsversuche vermeiden, die großmaßstäbig angelegt waren. Ebenso könnten Untersuchungen des Verbraucherverhaltens neue Aspekte eröffnen, die bisher durch die nicht voll ausreichenden Beschreibungsmodelle der zentralörtlichen Theorie blockiert waren. Der Bezug auf zentrale Orte wirft wieder die Problematik der Skalierung auf, die in Kapitel 16.32 behandelt wird. Auch die zu Beginn dieses Kapitels angeschnittenen Fragen im Aufsatz von Moriarty sind bisher nicht geklärt[111].

Die Priorität der Einflüsse bei der Wohnentscheidung muß sich auf einen bestimmten Maßstab beziehen. Solange dieser nicht klar definiert ist, ergibt sich immer wieder ein vermeidbares Durcheinander. Nimmt man den gröbsten verallgemeinerten Maßstab (also kleiner Maßstab) der Gesamtstadt, dann werden Entscheidungen auf der Leichtigkeit basieren, mit der man seinen Arbeitsplatz erreicht, außerdem aber auch auf den Kosten, die man als entscheidenden Faktor keinesfalls unberücksichtigt lassen darf. Auf dieser Ebene gehen viele Ungenauigkeiten in Beschreibungsmodelle ein, wie etwa bei denen, die Wilson[112] vom Lowry-Ansatz herleitete. Bei großmaßstäbigerer und damit detaillierterer Betrachtungsweise dürften die Zwänge des Arbeitsplatzes und der Kosten gegenüber allgemeinen Nachbarschaftscharakteristiken in den Hintergrund treten, wenn man sie in einem Vorverfahren erst einmal miteinander verglichen hat. Wenn man schließlich den größten Maßstab anlegt, werden die Vorzüge und

---

110 J. Connell (1973): Social networks in urban society. – in: B.D. Clark & M.B. Gleave, Ed. (1973).
111 Siehe S. 320 und 322.
112 A.G. Wilson (1973): Urban and regional models in geography and planning. (London).

Nachteile des Hauses selber ausschlaggebend sein. Sicherlich ist eine solche ins einzelne gehende Betrachtung der Entscheidung recht schwierig in ein logisches System verschiedener Maßstäbe zu integrieren. Man setzt dann voraus, daß die Einzelwesen über komplexe Entscheidungen die Struktur bestimmen und nicht impulsiv und ohne Logik handeln. Diese Schlußfolgerung geht von einer unrealistischen hierarchischen Ordnung bei der Entscheidungsfindung aus.

Man kann nun die Standardverfahren der Faktorenökologie auf die Einflußfaktoren im Standortentscheidungsmodell anwenden. Mit Sicherheit sind Veränderungen im Familienstand die hauptsächlichsten Auslöser der Mobilität von Haushaltungen: Heirat, die Geburt von Kindern sowie deren Einschulung sind entscheidende Einflußfaktoren. Der sozioökonomische Status ist ein komplexer Begriff, der aber auch die Meinung des Haushaltsvorstandes über seine eigene soziale Lage wiedergibt. Auch dadurch kann die Aufgabe des bisherigen Hauses und der Wegzug in einen Neubau beeinflußt werden. Schließlich kann die ethnische Zugehörigkeit ganz allgemein die Mobilität von Haushaltungen räumlich festlegen. Die Gleichsetzung von räumlichem Verhalten und Handlungsrahmen läßt sich natürlich kritisieren, dürfte jedoch die grundlegende Übereinstimmung nicht berühren. So ist die Studie über Detroit (S. 320) mit ihrem generalisierten Maßstab nicht so weit von den ins einzelne gehenden Verhaltensstudien entfernt, wie manchmal angenommen wird. Weitere Fortschritte erscheinen durch Verbesserung und Angleichung der Skalierungsverfahren möglich. Wie bei den Studien über das Verbraucherverhalten liegt die stärkste Reduzierung bei diesem Ansatz auf der Ebene des Individuums, wo dann der Psychologe von größter Kompetenz ist. Auch die Individualentscheidung, die in vielen Arbeiten als Grundlage dient, ist genau abzugrenzen, zumal es hauptsächlich der Haushaltungsvorstand ist, der die Fortzugsentscheidung trifft. Hier kommt man in einen Untersuchungsbereich, der von den bisherigen konventionellen geographischen Strukturuntersuchungen erheblich abweicht[113].

11.6 Sozialräume und soziale Bedeutung

Bei fachwissenschaftlichen Diskussionen über statistische Feinheiten, die zum Teil in Spitzfindigkeiten ausarten können, oder auch bei zunehmend komplizierter werdenden Betrachtungen des Auswahlprozesses für einen günstigen

---

[113] In diesem Kapitel wurden Einzelarbeiten, die sich mit dem Wachstum der Wohnviertel von Städten befaßten, nicht zitiert. Die wichtigsten davon sind: R. Main, Gunnar Olsson & O. Warneryd (1966): Approaches to simulations of urban growth. – Geogr. Annlr. **48B**, 9–22. E.J. Kaiser & S.F. Weiss (1968): Some components of a linked model for the residential development decision process. – Proc. Assoc. Am. Geogr. **1**, 75–79. Hier handelt es sich um eine wichtige Quelle, die auch Bezug nimmt auf eine ähnlich gelagerte Arbeit, die von den beiden Autoren veröffentlicht wurde. B. Malisz (1969): Implications for threshold theory for urban and regional planning. – J. Tn. Plann. Inst. **55**, 108–110. Die Theorie der Schwellenwerte hat einen etwas anderen Ansatz, verfolgt aber dasselbe Ziel.

Wohnstandort derer, die sich das leisten können, entsteht die Gefahr, daß man sich von der Realität der Stadt in starkem Maße entfernt. Die unmittelbare Bedeutung ökologischer Studien liegt jedoch in der wachsenden Flut von Arbeiten über die Indikatoren der Armut. Das Ausgangsproblem ist, wieweit man Armut in räumlichem und ökologischem Sinne als komplexes Problem und nicht als eine Anzahl von Einzelschicksalen erfassen kann. Wenn man von diesem Problem absieht, kann man zeigen, daß im Falle des Vorhandenseins von unterprivilegierten oder verarmten Teilräumen innerhalb der Stadt die in diesem Kapitel überblicksartig dargebotenen sozialräumlichen Studien einen Einstieg bieten. Das Ausmaß der sozialen Deklassierung wird dabei aufgedeckt, ob diese nun auf die äußeren Wohnverhältnisse und die Anzeichen des Verfalls, wirtschaftliche Nachteile durch schlechte Beschäftigungslage oder auf Kriminalität und andere Fälle abweichenden Sozialverhaltens zurückzuführen ist. In diesem kurzen Abschnitt läßt sich die wachsende Literatur über Bereiche mit verstärkter Kriminalität[114] und die sozialen Indikatoren der Armut nicht umfassender behandeln[115]. Dennoch ist die Abgrenzung und Charakterisierung von Räumen ein grundsätzliches Anliegen des Geographen, der zum Teil selbst die Verfahren im Rahmen der sozialräumlichen Analyse und der Faktorenökologie entwickelt hat. Ein gutes Beispiel ist die Arbeit von Giggs, der sozial heruntergekommene Gebiete in Barry untersuchte[116] und die räumliche Verbreitung von Schwachsinnigen in Nottingham analysierte[117].

Wenn man solche räumlichen Analysen als rein deskriptiv ansieht, dann läßt sich dagegen sagen, daß eine dynamische Theorie verarmter Gebiete in städtischen Räumen nur aus solchen Studien hervorgehen kann und mit ihrer Hilfe das Verständnis für sofort notwendige Hilfsaktionen geweckt wird. Die eher esoterische Suche nach den tieferen Ursachen grundlegender sozialer und ökonomischer Prozesse fällt mehr in die Zuständigkeit der politischen Philosophie als der Stadtgeographie, wobei das Problem der Reduktion auf die Realität in diesem Zusammenhang stets nur schwer lösbar ist. Trotzdem soll die Arbeit von Geographen über die Beziehungen zwischen sozialen und wirtschaftlichen Prozessen auf der einen Seite und der Geographie der Stadt auf der anderen Seite im letzten Kapitel dieses Bandes Erwähnung finden.

---

114 Eine der ersten britischen Arbeiten ist: T. Morris (1957): The criminal area: a study in social ecology. (London). Der Begriff „Raum der Kriminalität" ist jedoch viel älter und geht auf die Arbeiten der Chicagoer Ökologen zurück, siehe: C.R. Shaw (1929): Delinquency areas: a study of the geographic distribution of school truants, juvenile delinquents and adult offenders in Chicago. (Chicago).
115 D. Donnison (1974): Policies for priority areas. – J. Social Policy 3, 127–135. Eine allgemeine Einführung ist R.E. Pahl (1970): Whose city? (London).
116 J.A. Giggs (1970): Socially disorganized areas in Barry: a multivariate analysis; Kap. 6 in H. Carter & W.K.D. Davies, Ed. (1970): Urban essays; studies in the geography of Wales. (London).
117 J.A. Giggs (1973): The distribution of schizophrenics in Nottingham. – Trans. Inst. Brit. Geogrs. 59, 55–76.

Literaturhinweise

Es gibt nicht allzu viel Untersuchungsmaterial in geographischem Zusammenhang, das sich mit der Bausubstanz von Wohnvierteln beschäftigt. Ein nützlicher, allgemein gehaltener Band ist:
Giedion, S. (1959): Space, time and architecture, 3. Aufl. (Cambridge, Mass.).

Folgender frühe Beitrag von Smailes ist immer noch von Wert:
Smailes, A. E. (1955): Some reflections on the geographical description and analysis of townscapes. – Trans. Inst. Brit. Geogrs., 21, 104.

sowie die auch in Kapitel 8 erwähnte wichtige Arbeit von Johns:
Johns, E. (1965): British townscapes (s. Fußnote 9).

Die wesentlichen Hinweise über Wohnstrukturen stehen in den Fußnoten, außerdem sollte man jedoch die folgenden neueren Arbeiten konsultieren, die alle bibliographische Angaben enthalten:
Evans, A. W. (1973): The economics of residential location. (London).
Johnston, R. J. (1971): Urban residential patterns. (London).
Herbert, D. (1972): Urban geography: a social perspective (s. Fußnote 99).
Muth, R. F. (1969): Cities and housing. The spatial patterns of urban residential land use. (Chicago).
Robson, B. T. (1969): Urban analysis. A study of city structure with special reference to Sunderland (s. Fußnote 34).
Timms, D. W. G. (1971): The urban mosaic. Towards a theory of residential segregation (s. Fußnote 82).

Zwei Veröffentlichungen der Association of American Geographers (AAG) enthalten weitere Hinweise:
Mayer, H. M. (1969): The spatial expression of urban growth. – Resource Paper 7.
Rose, H. M. (1969): Social processes in the city: race and urban residential choice. – Resource Paper 6.

Die Veröffentlichungen des Centre for Environmental Studies, London, sind ebenfalls wertvoll und enthalten u. a.:
Martin, D. B. (1969): The housing market. – CES-WP 28.
Wilson, A. G. (1968): Development of some elementary residential location models. – CES-WP 22.

In bezug auf die Wohnwahl wird folgende Arbeit häufig zitiert:
Rossi, P. H. (1955): Why families move (s. Fußnote 54).

Zur Rate gezogen werden kann weiterhin:
Butler, E. W. et al. (1969): Moving behavior and residential choice: a national survey. – Nat. Co-op. Highway Res. Progr. Report, 81. (Washington D.C.).
Lansing, J. B. & Bath. N. (1964): Residential location and urban mobility: a multivariate analysis. (Ann Arbor, Mich.).
Taaffe, E. J., Garner, B. J. & Yeates, M. H. (1963): The peripheral journey to work: a geographic consideration. (Evanston, Illinois).
Vance, J. E., Jr. (1966): Housing the worker: the employment linkage as a force in urban structure. – Econ. Geog. 42, 294–325.
Vance, J. E., Jr. (1967): Housing the worker: determinative and contingent ties in nineteenth century Birmingham. – Econ. Geog. 43, 95–127.

Wolpert, J. (1965): Behavioural aspects of the decision to migrate. – Papers Reg. Sci. Assoc. 15, 159–169.
Wolpert, J. (1966): Migration as an adjustment to environmental stress. – J. Soc. Issues 22, 92–102.

Die Sozialraumanalyse umfaßt heute eine umfangreiche Literatur. Die wichtigsten Einführungen sind in den oben erwähnten Bänden von Robson und Timms enthalten und außerdem in:
Jones, F. Lancaster (1969): Dimensions of urban social structure: the social areas of Melbourne, Australia. (Canberra).
Murdie, R. A. (1969): Factorial ecology of metropolitan Toronto, 1951–1961 (s. Fußnote 37).

Ein ganzes Heft der Zeitschrift „Economic Geography" ist der städtischen Ökologie gewidmet; ein wesentlicher Beitrag darin ist:
Berry, B. J. L., Ed. (1971): Comparative factorial ecology. – Econ. Geog. 47 (2 Suppl.), 209–367.

Faktoren höherer Ordnung finden sich auch in:
Giggs, J. A. & Mather, P. M. (1975): Factorial ecology and factor invariance: an investigation. – Econ. Geog. 51, 366–382.

Eine Einführung im Rahmen der Humanökologie gibt:
Theodorson, G. A. (1961): Studies in human ecology, 226–253. (New York).

Im Hinblick auf soziale Indikatoren und die Frage ihrer Bedeutung sind drei Einführungsbände mit Bibliographien zu empfehlen:
Knox, P. L. (1975): Social well-being: a spatial perspective. (Oxford).
Smith, D. M. (1973): The geography of social well-being in the United States. (New York).
Smith, D. M. (1974): Crime rates as territorial social indicators: the case of the United States. – Dept. of Geog. Queen Mary College, Univ. of London. Occasional Papers 1.

Eine ausgezeichnete Zusammenfassung der sozialräumlichen Analyse erschien während des Drucks der 2. englischen Auflage dieses Buches:
Robson, B. T. (1975): Urban Social Areas. (Oxford).

12. Der Stadtrand

Der Stadtrand hat die Tendenz, sich mit zunehmendem Wachstum der Stadt in aufgelockerter Bebauung nach außen zu verlagern. Es handelt sich um ein mit bestimmten Eigenheiten ausgestattetes Gebiet, das nur zum Teil dem städtischen Bereich zugerechnet werden kann, da es noch teilweise ländlichen Charakter hat und viele der Bewohner „auf dem Lande" leben, aber sozial und ökonomisch damit nichts zu tun haben. Die soeben erwähnten Sätze deuten auf zwei verschiedene Bezugspunkte hin. Der erste hat direkt mit den baulichen Besonderheiten des Raumes zu tun, der zweite aber mit den sozialen Eigenheiten der Bewohner. Es ist daher nur natürlich, daß man beide Bereiche sorgfältig voneinander trennt:

1. Den Begriff des Stadtrandes als klar erkennbarer baulicher Raumeinheit, die vor allem durch ein besonderes Flächennutzungsschema bestimmt wird.
2. Den Begriff des Stadtrandes als eines Bereiches, in dem die Verstädterung auf den Agrarraum trifft, wo daher der von Wirth[1] untersuchte Prozeß am besten beobachtet werden kann und auch in der Tat wirksam sein sollte. Das Stadt-Land-Kontinuum sollte sich am besten innerhalb der Grenzen dieses geographischen Raumes untersuchen lassen.

12.1 Der Stadtrand als Region der Stadt

Seit Ende des Zweiten Weltkrieges bis zum Jahre 1960 ist eine große Anzahl von Arbeiten über die bauliche Abgrenzung und die definitorischen Merkmale des Stadtrandbereiches erschienen[2]. Im Sinne der Flächennutzung nannte ihn Wissink[3] einen Raum „erheblicher Differenzierung", während Golledge[4] den Begriff „Geographisches Niemandsland" prägte. Beide Ausdrücke sollen die große Vielfalt der Nutzungsarten in diesem Gebiet widerspiegeln, das nur teilweise zum städtischen Komplex gehört. Die Stadt wächst nämlich nicht in klar definierten, fortschreitenden Ringen schnell zum Abschluß kommender Entwicklung und Ausbreitung. Sie dehnt sich mehr zufällig aus, wächst an einer Stelle besonders schnell und an einer anderen so gut wie überhaupt nicht. Es ist dieser Prozeß, der das unzusammenhängende Flächennutzungsmuster hervorbringt, welches als repräsentativ für den Stadtrandbereich gilt. Diese Erscheinung bezieht sich nicht insbesondere oder ausschließlich auf das heutige Großstadtwachstum. Die Stadtrandgürtel, welche Conzen und Whitehand als signifikante Determinanten der baulichen Gestalt städtischer Siedlungen[5] erkannt haben, sind im wesentlichen ein Zeichen für den fortdauernden Einfluß früherer Stadtränder, lange nachdem sie vom fortschreitenden Wachstum der Stadt überwuchert wurden. Schnore und Knights[6] haben darauf hingewiesen, wie frühzeitig die großstädtische Expansion in den Vereinigten Staaten einsetzte.

Für den Stadtrand ist eine gemischte Bebauung charakteristisch, die von alten, unberührten Dörfern bis zu modernen Wohnvierteln reicht und von einer Vielfalt kommerzieller Tätigkeiten bestimmt ist, wie Vorortseinkaufszentren,

---

1 Siehe Kap. 2.
2 Die Definitionen werden erläutert in R.A. Kurtz & J.B. Eicher (1958): Fringe and suburb: a confusion of concepts. – Soc. Forces **37**, 32–37.
3 G.A. Wissink (1962): American cities in perspective; with special reference to the development of their fringe areas, 201. (Assen).
4 R.G. Golledge (1960): Sydney's metropolitan fringes: a study in urban-rural relations. – Aust. Geogr. **7**, 243–255.
5 Siehe Kap. 8.
6 L.S. Schnore & P.R. Knights (1969): Residence and social structure: Boston in the ante-bellum period. – in: S. Thernstrom & R. Sennett, Ed. (1969): Nineteenth century cities, 247–257. (New Haven & London).

städtischen Dienstleistungen und Industriebetrieben, die am Stadtrand einen besseren Standort haben. Für die USA beschreibt Wehrwein[7] diesen Bereich als „Planungswüste", die gekennzeichnet ist durch ungeplante Ansiedlung von notwendigen, aber unbeliebten und zum Teil umweltschädigenden Einrichtungen, wie Schlachthäuser, Mülldeponien, Mineralöllager des Großhandels, und von gemeinnützigen Einrichtungen, wie Kläranlagen und Friedhöfe. Erneut muß betont werden, daß solche Ansammlungen am Stadrand nicht erst aus dem 20. Jahrhundert stammen. Fig. 12-1 zeigt ein gutes Beispiel des Wachstums öffentlicher Einrichtungen außerhalb des dicht bebauten Pariser Stadtgebietes gegen Ende des 19. Jahrhunderts[8]. Die Ausdehnung von Verteidigungsanlagen, psychiatrischen Kliniken, Friedhöfen und Wasserwerken belegt auch zu jener Zeit diesen Prozeß in überzeugender Weise. Die unterschiedliche Landnutzung, z. B. ältere Dörfer, die Erweiterung durch neue Wohngebiete, Handel, Industrie, städtische Dienstleistungen und die landwirtschaftlich genutzten Flächen lassen sich nicht in homogene Räume unterteilen, sondern sind auf zufällige Weise miteinander vermischt, wodurch das besondere Flächennutzungsraster des Stadtrandes entsteht[9]. Diese eher statische Aufzählung von Flächennutzungsarten läßt sich auch stärker dynamisch sehen. Gollege schlug in einer Studie über Sydney einen Katalog von sieben Punkten vor[10]:

1. Die Besitzverhältnisse verändern sich ständig.
2. Die Bauernhöfe sind klein.
3. Intensive Ernteerträge.
4. Mobile Bevölkerung und geringe Dichte.
5. Schnelle Ausdehnung der Wohngebiete.
6. Unvollständige Dienstleistungen und öffentliche Einrichtungen.
7. Vorherrschen spekulativer Bautätigkeit.

Wie bereits besprochen, machen diese Bedingungen das Wesen des Stadtrandbereiches aus, der junge, mobile Bevölkerungsgruppen der Mittelschicht anzieht und von einer spekulativen Bauentwicklung begleitet ist, die zwar für ausreichend Wohnraum sorgen kann, aber in vielen Fällen Infrastrukturausstattungen und Dienstleistungen vernachlässigt. Die beiden einzigen zusätzlichen Punkte von Gollege beziehen sich auf Größe der Bauernhöfe und Ernteerträge, die wahrscheinlich auf die städtische Nachfrage zugeschnitten sind.

Auch R. E. Pahl[11] versuchte, die Besonderheiten des Stadtrandes zusammenfassend darzustellen, wobei seine vier Hauptkriterien viele der von Gollege vorgeschlagenen Merkmale beinhalten.

---

7 G.S. Wehrwein (1942): The rural-urban fringe. – Econ. Geogr. 18, 217–228.
8 J. Bastié (1964): La croissance de la banlieue parisienne, 186. (Paris).
9 G.A. Wissink (1962).
10 R.G. Golledge (1960).
11 R.E. Pahl (1965): Urbs in rure. The metropolitan fringe in Hertfordshire. – London School of Economics and Political Science, Geogr. Pap. 2.

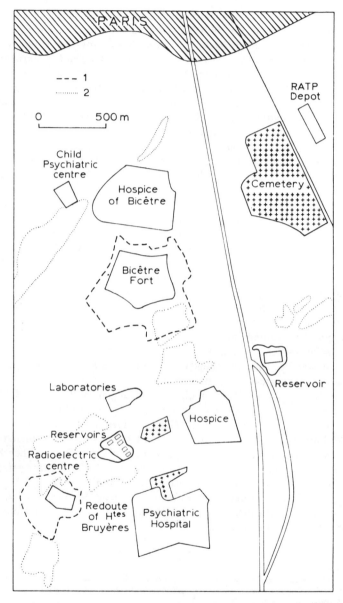

Fig. 12-1. Stadtrandnutzung im Süden von Paris zu Beginn des 20. Jahrhunderts. Nach J. Bastié (1964). **1.** Militärische Anlagen und Grenze des Bereichs, der nicht bebaut werden durfte, um die Forts und Festungen herum. **2.** Steinbrüche. Die Karte zeigt eine charakteristische Ansammlung von Nutzungsarten, die damals in der Innenstadt entstanden und dann an den Rändern Platz beanspruchten.

12.11 Segregation

Da nur derjenige sich in den Neubauten am Stadtrand niederließ, der dafür bezahlen konnte, entstand ein Muster der Segregation, der Trennung nach unterschiedlichen Einkommensverhältnissen. In einer Studie über Nottingham[12] zeigte Giggs, daß es nicht nur grundsätzliche Unterschiede zwischen dem Norden und Westen gab, der im 19. Jahrhundert erbaut und industrialisiert worden war und eher eine Vorortentwicklung als den Stadtrand darstellte und dem Süden und Osten, der immer noch unterentwickelt ist und als Teil des Stadtrandes angesehen werden kann. Sondern es können auch innerhalb des Südens und des Ostens klare Unterschiede festgestellt werden. — 78 Kirchengemeinden wurden mit Hilfe von 15 Variablen in einer Klumpenanalyse untersucht. Die Variablen stellten Bevölkerungswachstum, Altersstruktur, Wohnverhältnisse, sozioökonomischen Status, Beschäftigungsverhältnisse, Arbeitsplatz und Verkehrsmittelwahl, Mobilität und Abhängigkeitsverhältnisse dar. Es wurden signifikante Unterschiede zwischen den einzelnen Kirchengemeinden ermittelt und vier Merkmalsgruppen zusammengestellt. Nach Giggs sind es: 1. Moderne Bergwerkssiedlungen, 2. Große Wohnvororte, 3. kleine Wohnvororte, 4. kleine Dörfer, die unverändert sind. Seine Schlußfolgerung ist: „Die Hauptwohnbereiche in den Vororten — alte Dörfer, Einzelhäuser, Gemeindebesitz und Bergwerksbesitz — sind alle klar voneinander getrennt, wobei der private Landbesitz im allgemeinen ganz in der Nähe der alten Dorfkerne liegt. Große, nach Plan eingeteilte Grundstücke, wurden für kommerzielle, schulische und institutionelle Nutzung abgegeben"[13]. Durch die Trennung der Bevölkerung nach Einkommensschichten entsteht eine charakteristische Vielfalt von Siedlungsformen. Viele Teile des Stadtrandes werden so zu besonders attraktiven und statusträchtigen Wohngebieten für wohlhabendere Bevölkerungsschichten.

12.12 Selektive Zuwanderung

An den Stadtrand ziehen vorwiegend „mobile Pendler der Mittelschicht, die in fest umrissenen, separaten sozialen und wirtschaftlichen Verhältnissen, getrennt von der übrigen Bevölkerung, wohnen und arbeiten"[14]. Wer am Rande der städtischen Agglomeration in ländlicher Umgebung wohnt — insgesamt ist das nur ein sehr kleiner Teil der städtischen Gesamtbevölkerung, — orientiert sich weiterhin zur Stadt hin. In vielen Studien wurde darauf hingewiesen, daß zum Stadtrand selbst kaum Beziehungen bestehen. Rodehaver[15] wies in einer Studie

---

12 J. Giggs (1970): Fringe expansion and suburbanization around Nottingham; a metropolitan area approach. — E. Midland Geogr. 5, 9.
13 J. Giggs (1970), 17.
14 R.E. Pahl (1965), 72.
15 M. Rodehaver (N.D.): The rural-urban fringe: an interstitial area, 66—69. (Univ. Wisconsin: Unveröff. Diss.).

über Madison, Wisconsin, im Jahre 1946 auf den starken Einfluß der Innenstadt auf die städtischen Zuwanderer hin, die dort arbeiteten, einkauften, zur Kirche gingen und Unterhaltung suchten. Ähnlich ermittelte Martin[16] in Eugene, Oregon, daß sich die Stadtrandbewohner als Städter fühlen, und Kurtz und Smith[17] fanden in einer Untersuchung über Lansing, Michigan, heraus, daß die städtischen Zuwanderer, die am Stadtrand wohnten, zur Stadt und sogar zu ihren früheren Wohnvierteln zurückkehren, um am städtischen Leben, an städtischer Unterhaltung, teilzunehmen.

12.13 Pendlerwesen

Dieser Bereich braucht nicht weiter erläutert zu werden, außer daß er weniger die Wohlhabenden als vielmehr die weniger Begüterten durch das Angewiesensein auf öffentliche Verkehrsmittel und die mit der Fahrt verbundenen Kosten in ihrer Bewegungsfreiheit einschränkt.

12.14 Der Zusammenbruch geographischer und sozialer Hierarchien

Hier wird eine der interessantesten Schlußfolgerungen von Pahl über Besonderheiten des Randes von städtischen Agglomerationen angesprochen. Da die Bevölkerung sich teilweise bezüglich ihrer Wünsche nach Dienstleistungen auf andere Teile der Stadt ausrichtet, verändert sich das Angebot am Stadtrande selbst. Es sind nun nicht mehr alle Waren und Dienstleistungen gefragt, sondern nur noch ganz bestimmte. Es läßt sich denken, daß das herkömmliche Gedankengut der zentralörtlichen Theorie direkt nicht anwendbar ist, daß der Stadtrandgürtel vielmehr dem Konzept der Streusiedlung[18] entspricht. Dann ergeben sich statt kompakter Funktionsbündel auf bestimmten hierarchischen Ebenen, die zu bestimmten Knotenpunkten gehören, unterschiedliche spezialisierte oder getrennte Funktionsbündel, die auf verschiedene Knotenpunkte verteilt werden, wobei der ganze Prozeß durch die Mobilität der Bevölkerung ständigen Veränderungen unterworfen ist. Ähnlich wirkt sich die Trennung der Zuwanderer mit ihren weiter bestehenden Verbindungen zur Stadt auf die traditionellen sozialen hierarchischen Strukturen der ländlichen Gebiete aus.

Pahl bekräftigt obige Thesen summarisch: „Neue Bevölkerungsgruppen dringen in ländliche Gemeinden ein, bringen neue politische und soziale Wertvor-

---

16 W.T. Martin (1952): A consideration of differences in the extent and location of the formal associational activities of rural-urban fringe residents. – Am. sociol. Rev. 17, 687–694.

17 R.A. Kurtz & J. Smith (1961): Social life in the rural-urban fringe. – Rur. Sociol. 26, 24–38.

18 I. Burton (1963): A restatement of the dispersed city hypothesis. – Ann. Assoc. Am. Geogr. 53.

stellungen mit, und dabei entsteht ein neuer Typus von Gemeinschaft, der auf weiträumigere Wohnverhältnisse eingestellt ist"[19]. Hier wird jedoch der Zusammenhang zwischen der baulichen Komponente des Stadtrandes und besonderen sozialen Prozessen mehr oder weniger geleugnet. Die eine Auffassung geht davon aus, daß der Stadtrand durch statische Merkmale geprägt ist, die durch eine Mischung unvollständiger Erweiterungen der Stadt wie auch durch Ansprüche für öffentliche Zwecke hervorgerufen werden. Nach der anderen Auffassung ergeben sich die Unterschiede im Wesen der neuen Gemeinschaften aus der Zuwanderung von mobilen Familien der Mittelschicht, die sich nach der Stadt hin orientieren und vom städtischen Lebensstil geprägt sind.

12.2 Der Stadtrand und das ländlich-verstädterte Kontinuum

Bei Betrachtung der Stadtstruktur und der Randbebauung in geographischen Analysen wird dieser weitergehende Bereich zunächst kaum beachtet, obwohl er sowohl aus den Schlußfolgerungen des letzten Abschnitts als auch aus Kapitel 2 über den Verstädterungsprozeß ersichtlich ist. Wenn das ländlich-verstädterte Kontinuum im Sinne der Nachfolger von Wirth eine Umwandlung durchmacht, dann müßte sich diese bei Anwendung eines sinnvollen Größenmaßstabes in einem nationalen Zusammenhang nachweisen lassen. Auch in internationalem Rahmen könnte man dann die Veränderungen an der Grenze von der Stadt zum offenen Land feststellen. Der einfache Stadt-Land-Bezug läßt sich jedoch gegenüber dem „städtischen Dorf" und dem „metropolitanen Dorf" nicht anwenden. Das „städtische Dorf" wurde bereits erläutert. Nach vielen Untersuchungsergebnissen kommt es streng abgegrenzt im innerstädtischen Bereich vor, wo zwischen den einzelnen Bewohnern enge Bindungen und Kontakte bestehen, die man sonst nur von ländlichen Siedlungen kennt[20]. Diese Kontakte in älteren Arbeitersiedlungen kann man keineswegs als abweichende Verhaltensweisen charakterisieren. Sie kommen z. B. in bestimmten Gebieten des Londoner East End vor als auch in den Bergwerkssiedlungen von Südwales, die ebenfalls keineswegs als abweichend von der Norm gelten können. Hier steht sogar die Erhaltung der Walliser Sprache in einer städtischen Umwelt im Gegensatz zur allgemeinen Annahme, daß dieses nur im ländlichen Bereich möglich sei. Ganz anders argumentiert Pahl im Falle des „metropolitanen Dorfs"[21], das vorwiegend die bereits erwähnten vier Merkmale der Stadtrandbevölkerung enthält. Es ist mehr oder weniger das Pendlerdorf der mobilen Mittelschicht

---

19 R.E. Pahl (1965), 79.
20 H.J. Gans (1962): The urban villagers (New York).
21 R.E. Pahl (1968): The rural-urban continuum. – in: R.E. Pahl, Ed. (1968): Readings in urban sociology, 268. (London).

mit verstreut angelegten Einrichtungen, die typisch für einen solchen Raum sind. Die Wohnwahl hängt eng zusammen mit der Einkommensklasse und der Familiengröße. Pahl ergänzt zwei weitere, die Lebensgewohnheiten beeinflussende Merkmale. Es handelt sich um die notwendige Auseinandersetzung mit anderen Lebensgewohnheiten in kleinen und heterogenen Siedlungen und um neuartige Beziehungen im sozialen Rahmen. „Das soziologisch hervorstechendste Merkmal dieses Siedlungstyps ist es, daß sich hier im kleinräumigen Rahmen Statusgruppen zusammenfinden, die auf nationaler Ebene durch das Bildungs- und das industrielle System geprägt sind"[22]. Hier spiegelt sich der Gedanke eines ländlich-verstädterten Kontinuums oder des Verstädterungsprozesses wider. „Ob wir nun diesen auf die Einzelgemeinde einwirkenden Prozeß als „Verstädterung", „Differenzierung", „Modernisierung", „Massengesellschaft" oder ähnlich bezeichnen, bleibt sich völlig gleich. Es geht nämlich nicht so sehr um die Einwirkung auf Gemeinden, sondern auf Gruppen und Einzelwesen mit einem bestimmten Platz in der sozialen Hierarchie. Jeder Versuch, mit einer bestimmten geographischen Umwelt ein besonderes Sozialgefüge zu verbinden, muß von Anfang an scheitern"[23]. – Diese Ansicht muß genauer unter die Lupe genommen werden, denn sie verwirft nicht nur die Einteilung in „ländliche" und „städtische" Verhaltenskategorien, sondern auch alle Überlegung über die Umwandlung eines ländlich-verstädterten Kontinuums. Eine solche Beweisführung ist natürlich vom geographischen Standpunkt her unangemessen. – Der Soziologe sieht bei der Differenzierung der Gesellschaft nicht räumlich gegliederte Strukturprozesse. Nach Pahl sollte man sie aber auch nicht ausschließlich im räumlichen Zusammenhang sehen. Vielleicht lassen sich die Gegensätze zwischen „ländlich" und „städtisch" besser als „lokal" und „national" wiedergeben, obgleich entgegen dem Einfluß der modernen Massenmedien, insbesondere des Fernsehens, die Ersatzbegriffe kaum eine größere Verbreitung erlangen dürften[24]. Es kommt im Grunde auf die eingeschlagene Richtung an, wobei die Zweiteilung der Begriffe „lokal" und „national" besser durch Ausdrücke wie „nach innen gerichtete Orientierung" und „nach außen gerichtete Orientierung" ersetzt werden sollte.

Bedeutsam ist auch der von Melvin Webber eingeführte Begriff „nicht standortgebundener städtischer Bereich". Es handelt sich um „einen städtischen Bereich, der nicht auf städtisches Siedlungsgebiet, sondern auf heterogene Gruppen von Menschen bezogen ist, die miteinander räumlich kommunizieren"[25]. Jeder nimmt in verschiedenen Bereichen teil und wechselt von einem in den anderen über. „Das trifft besonders für den stark spezialisierten Fachmann zu, der sich von einem soeben geführten transatlantischen Telefongespräch der

---

22 R.E. Pahl (1968), 276.
23 R.E. Pahl (1968), 293.
24 J.H. Johnson (1967): Urban geography; an introductory analysis, 142–143. (London).
25 M.M. Webber (1964): Urban place and nonplace urban realm. – in: M.M. Webber et al. (1964): Explorations into urban structure, 116. (Philadelphia).

Schlichtung eines innerbetrieblichen Personalproblems zuwendet, dann seine aus vielen Orten eingetroffene Kundenpost liest, danach mit anderen Autofahrern gemeinsam in der täglichen Spitzenzeit des Verkehrs, der „rush hour", steckt und schließlich seine Rolle als Vater, Zeitungsleser oder Mitglied irgendeines Freundeskreises übernimmt"[26]. Webber führt weiter aus, daß eine städtische Siedlung kein einheitlicher Standort ist, sondern Teil einer Reihe von sich verschiebenden und gegenseitig durchdringenden Bereichsgrößen. In diesem Sinne besteht der Konflikt am Stadtrand zwischen dem nur begrenzten Teilhaberbereich der ländlichen oder lokalen Bevölkerung und der großen Ausdehnung von Bereichen, die den Zuwanderern zugänglich sind. Darüber hinaus findet sich allerdings auch intensive „lokale" oder „nach innen gerichtete Orientierung" oder begrenzte Bereichsteilhabe in den genannten städtischen Dörfern im Innenstadtbereich. Das gilt auch für die Bergbaudörfer, den „nationalen" Standpunkt oder die „nach außen gerichtete Orientierung", vor allem aber die weitreichende Bereichspartizipation, die in den halb ländlichen Gebieten des Stadtrandes anzutreffen ist. Auch dort, wo dieser Orientierungskonflikt besonders gravierend erscheint, ist die Konzeption der Stadtrandgebiete als solche nicht überflüssig geworden, auch dann nicht, wenn man Gefahr läuft, hergeleitete soziale Verhaltensweisen auf geographische Gegebenheiten zu übertragen!

Im Jahre 1967 beschäftigte sich Harold Mayer mit der Problematik des Wettbewerbs um die vorhandene Fläche und der Erhaltung von Grünflächen. Beide Bereiche sah er als die wichtigsten Forschungsschwerpunkte am Rande städtischer Agglomerationen an[27]. Zwar sind sie von großer Wichtigkeit, obwohl die Unterschiede in der Planungsgesetzgebung zwischen den Vereinigten Staaten und Großbritannien zum Beispiel Vergleichsstudien nur unter Schwierigkeiten ermöglichen würden. Allerdings stellen sie eher Einzelaspekte eines umfassenderen Problems dar, nämlich der Art und Weise, wie eine Stadt sich an ihren Rändern ausbreitet, und des Prozesses, der zur Einbeziehung von weiteren Flächen in das Stadtgebiet führt, sowie des Entscheidungsmechanismus, der diesen Prozeß in Gang bringt[28]. Damit einher gehen die sozialen Prozesse, welche der Erweiterung folgen, und die spezifischen Verhaltensweisen der Stadtrandbevölkerung.

---

26 M.M. Webber (1964), 118.
27 H. Mayer (1967): A survey of urban geography. – in: P.M. Hauser & L.F. Schnore, Ed. (1967): The study of urbanization, 99. (New York).
28 Eine ausgezeichnete Untersuchung der Randbezirke von London findet sich in D. Thomas (1970): London's Green Belt. (London).

Literaturhinweise

Zwei sehr brauchbare, vor kurzem erschienene Bände sind:
Johnson, J. H., Ed. (1974): Suburban growth: geographical processes at the edge of the western city. (London).
Masotti, L. H. & Hadden, J. K., Ed. (1973): The urbanization of the suburbs. – Urban Affairs Annual Reviews 7.

Der erste beschäftigt sich hauptsächlich mit Großbritannien, gibt allerdings auch Hinweise auf kontinental-europäische Gebiete, der zweite mit den Vereinigten Staaten. Beide enthalten nützliche bibliographische Angaben.

Für den Stadtrandbereich als Teil der Stadt finden sich in folgenden Arbeiten Definitionen und Kommentare:
Kurtz, R. A. & Eicher, J. B. (1958): Fringe and suburb: a confusion of concept (s. Fußnote 2).
Myers, R. B. & Beegle, J. A. (1947): Delineation and analysis of the rural-urban fringe. – Appl. Anthropl. 6, 14–22.
Pahl, R. E. (1965): Urbs in rure. The metropolitan fringe in Hertfordshire (s. Fußnote 11).
Wehrwein, G. S. (1942): Rural-urban fringe. – Econ. Geog. 18, 217–228.
Wissink, G. A. (1962): American cities in perspective; with special reference to the development of their fringe areas (s. Fußnote 3).

Auch die von Whitehand in Kap. 8 erwähnten Arbeiten sind wichtig.

Es gibt eine umfassende Literatur über „Vororte", die sich vom Randbereich städtischer Agglomerationen unterscheiden:
Carver, H. (1962): Cities in the suburbs. (Toronto).
Dobriner, W. M., Ed. (1958): The suburban community. (New York).
Dobriner, W. M. (1963): Class in suburbia. (Englewood Cliffs, N.J.).
Douglas, H. P. (1925): The suburban trend. (New York).
Gans, H. J. (1962): Urbanism and suburbanism as ways of life. – in: A. M. Rose, Ed. (1962): Human behaviour and social processes. (Boston).
Gans, H. J. (1967): The Levittowners. (New York). Es wird auf die umfangreichen Untersuchungen des Autors von Vororten Bezug genommen.
Harris, C. D. (1943): Suburbs. – Am. J. Sociol. 49, 1–13.
Schnore, L. (1965): The urban scene. (New York). Die umfangreichen Veröffentlichungen des Autors zu diesem Thema werden berücksichtigt.
Spectorsky, A. C. (1955): The exurbanites. (New York).

Hinweise auf das ländlich-verstädterte Kontinuum wurden in Kapitel 2 gegeben. Weitere Hinweise, die sich auf den Begriff der Streusiedlung beziehen, finden sich in:
Burton, I. (1963): A restatement of the dispersed city hypothesis (s. Fußnote 18).
Stafford, H. A., Jr. (1962): The dispersed city. – Prof. Geogr. 14, 8–10.
Webber, M. M. (1964): Urban place and nonplace urban realm (s. Fußnote 25).

Eine Arbeit, die sich auf ein Spezialproblem bezieht, ist:
Thomas, D. (1970): London's Green Belt (s. Fußnote 28).

Planungsprobleme werden in einem Buch behandelt, welches ausgezeichnete Kurzstudien über Großstädte enthält:
Hall, P. (1966): The world cities. (London).

Eine vor kurzem erschienene populäre Arbeit über die Thematik des Stadtrandbereiches ist:
Masotti, L. H. & Hadden, J. K. (1974): Suburbia in transition. (New York).

13. Die Lage von Industriebetrieben in der Stadt

Überraschenderweise gibt es sehr viele weniger generalisierende Studien über industrielle Flächennutzungsmuster in der Stadt als über die meisten anderen Nutzungsarten. Diese Tatsache ist wahrscheinlich darauf zurückzuführen, daß sich Standortanalysen mehr in großräumigen Zusammenhängen als im innerstädtischen Maßstab aufstellen lassen und außerdem bereits mit der eingeschränkten Definition „verarbeitende Industrie" eine große Fülle von Tätigkeitskomplexen angesprochen ist. Hierzu kann die herkömmliche Unterteilung in Schwer- und Leichtindustrie keinerlei sinnvollen Beitrag leisten.

Es ist bereits darauf hingewiesen worden, daß E. W. Burgess eine von Arbeitervierteln und Schwerindustrie eingenommene Zone beschrieb[1]. Sie war vor allem ein Produkt historischer Kräfte, die bis in die Anfangsjahre dieses Jahrhunderts wirkten. Das schnelle Wachstum der Industrie während des 19. Jahrhunderts führte zu einer Standortwahl, die im Zusammenhang mit vorher existierenden Siedlungen an den Rändern und außerhalb der alten Kerngebiete neue Grundstückserschließungen notwendig machte. In einigen Fällen ergab sich daraus die klar formulierte konzentrische Zone von Burgess, wie z. B. im Köln vor dem Zweiten Weltkrieg[2]. Durch den Bau von Verteidigungswällen auf einer ebenen Fläche ohne Unterbrechungen durch Flüsse oder Berge war die Stadt in eine Reihe von Zonen oder Vierteln zerfallen, während der nicht bebaute Raum außerhalb der Verteidigungsgrenzen von 1880 als Grüngürtel erhalten blieb. Außerhalb desselben breiteten sich die großen Industrie-Komplexe gegen Ende des Jahrhunderts aus, da sie vom Rheinufer aus militärischen Gründen ferngehalten wurden. Mit dem gleichzeitigen Bau der Industrievororte entstand ein klassisches Zonenmuster (Fig. 13-1). Die größten Industriegebiete selbst lagen an den strahlenförmigen Haupteisenbahnlinien, während die Wohnviertel der Arbeiterschaft die Gebiete zwischen diesen Linien ausfüllten.

Im Gegensatz zu den Strukturen des Kölner Beispiels wuchsen die meisten durch Industrieansiedlungen überhaupt erst geschaffenen Städte um die Elemente ihrer Gründung, die Fabrik oder das Bergwerk herum nach außen. Als Folge ergaben sich die von Harris und Ullman[3] vorgeschlagenen Mehrfach-Kerne-Strukturen. Der jeweilige Standort des Abbaus von Bodenschätzen z. B. zog eine Anzahl von Kerngebieten nach sich, um die sich Wohnsiedlungen herum gruppierten. Diese wuchsen häufig zusammen, daher die Konzeption der Konurbation, bildeten verstädterte Gebiete und schufen voneinander getrennte Kernbereiche, die wiederum das Entstehen eines weiteren Kerns, des zentralen Geschäftsbereichs, begünstigten. Ein gutes Beispiel hierfür ist die Stadt Merthyr Tudful[4] in Südwales, wo sich zwischen 1750 und 1790 durch die Schaffung

---

[1] Siehe Kap. 9, S. 206.
[2] R.E. Dickinson (1951): The west European city, 81–90. (London).
[3] Siehe Kap. 9, S. 216.
[4] H. Carter (1968): Urban systems and town morphology. – in: E.G. Bowen, H. Carter & J.A. Taylor, Ed. (1968): Geography at Aberystwyth, 229–233. (Cardiff).

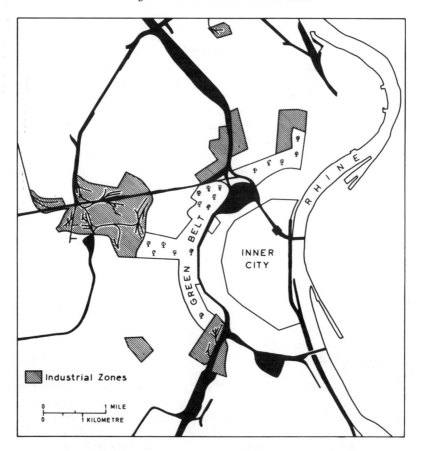

Fig. 13-1. Die Industriegebiete von Köln im Jahre 1939. Nach R.E. Dickinson (1951). Die schwarzen Gebiete weisen auf Eisenbahnlinien, Warenlager und Verschiebebahnhöfe hin. Gebiete östl. des Rheins sind weggelassen.

von vier Stahlwerken vier ausgeprägte Kernbereiche entwickelten, die zur Bildung eines fünften innerstädtischen Zentralbereichs führten (Fig. 13-2).

Diese schematischen Verfahren waren jedoch recht allgemeiner Art und wurden in der Folgezeit nur relativ wenig verfeinert. Vier verschiedene Untersuchungen von Isard, Loewenstein, Hamilton und Pred sollten Erwähnung finden, zumal sie eine Reihe von Gemeinsamkeiten aufweisen.

In seinem Band über Standort und Raumwirtschaft zeigte Walter Isard[5] ein Diagramm, welches ein städtisches Flächennutzungsmuster darstellen sollte.

---

[5] W. Isard (1956): Location and space economy, 278–279. (New York).

Die Lage von Industriebetrieben in der Stadt 343

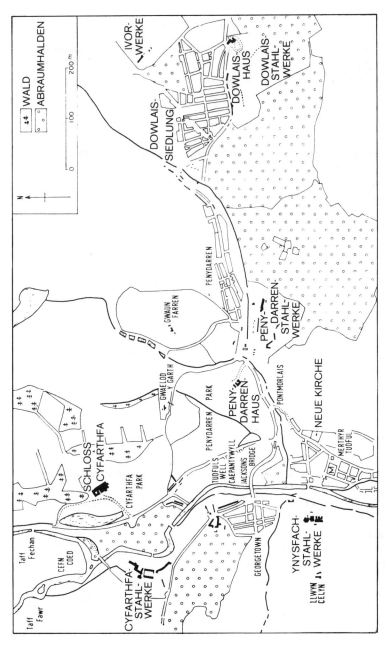

Fig. 13-2. Merthyr Tudful, Südwales, im Jahre 1850. Die getrennten industriellen Kernbereiche sind leicht zu unterscheiden. Im Nordwesten lagen die Cyfarthfa Stahlwerke, im Osten die Penydarren Stahlwerke und die Dowlais-Werke. Der vierte, im Süden gelegene Kernbereich ist auf der Karte nicht abgebildet. Das alte Dorf lag im Süden, eine neue Kirche und eine Markthalle (M) sind auf die Bedürfnisse der wachsenden Industriesiedlung ausgerichtet. Es handelt sich hier um ein gutes Beispiel der Mehrfach-Kerne-Struktur.

Danach wird die Stadt als Raum dargestellt, in dem lokale Bodenschätze und von überall her erhältliche Rohmaterialien verwertet werden oder überhaupt keine. Industriebetriebe, die auf Rohmaterialien verschiedener Herkunft angewiesen sind, haben innerhalb der Stadt eine große Bedeutung. Sie haben aber eher eine Verbindung zur Innenstadt oder zu allen Industriegebieten, da ihre Standortbedürfnisse weniger restriktiv festgelegt sind. Abgesehen von diesen, konzentrieren sich alle anderen Industriearten einschließlich derjenigen, die lokale Bodenschätze nutzbar machen, in einer von mehreren Industriezonen, die damit bestimmte industrielle Verbundsysteme offenbaren. Nach dem Diagramm ordnen sich diese Industriezonen im Sinne des Ansatzes von Burgess an. Sie umgeben den innerstädtischen Bereich und sind ihrerseits von weniger dicht besiedelten Vororten umgeben. Auch bilden sie nicht eine kontinuierliche Zone, sondern eher eine Anzahl von Sektoren innerhalb einer solchen Zone. Die Annahmen von Isard basierten auf Intuition, logischen und analytischen Prinzipien, die sich auf die Zusammenhänge zwischen allgemeinen, die Flächennutzung beeinflussenden Kräften bezogen, und Faktenwissen[6]. Sein „Modell" bringt kaum neue Erkenntnisse, außer daß er die Unterteilung nach Schwer- und Leichtindustrie ablehnt und die Rohmaterialquellen als Hauptunterteilung zwischen zentral und nicht zentral gelegener Industrie benutzt.

Ein größerer empirischer Überblick lag der Arbeit von Loewenstein[7] zugrunde, in der die verarbeitende Industrie mit einer Anzahl weiterer charakteristischer Nutzungsarten im Zusammenhang gesehen wurde. Eine Auswahl von Städten mit jeweils einer besonders hervorstechenden Nutzungsart wurde analysiert: „Nur diejenigen Berufsgruppen, welche in einer bestimmten Stadt bei weitem überwogen, wurden von Flächennutzungskarten übertragen"[8] auf ein Standardformat, welches aus fünf Entfernungsringen bestand (Fig. 13-3). Hieraus wurde eine Karte gebildet, welche die Flächennutzung der verarbeitenden Industrie insgesamt angab. Das Ergebnis war, daß „die verarbeitende Industrie die Tendenz hat, außerhalb des Innenstadtkerns verstreut aufzutreten"[9], was infolge der Ausbreitung entlang von Verkehrslinien zu linearen Strukturen führt. Das verstreute Auftreten außerhalb des Stadtkerns erklärt Loewenstein im herkömmlichen Sinne als Folge hoher Kosten und Verkehrsverstopfung an der Stelle des theoretischen Optimums im Stadtzentrum. Es gibt aber auch eine Anzahl weiterer Faktoren:

1. Arbeits- oder marktorientierte Firmen sind am wahrscheinlichsten im Innenstadtbereich anzutreffen. Marktorientierte Firmen, z.B. Zeitungen, sparen Transportkosten, da die Verteilung vom Zentrum aus erheblich leichter ist, während arbeitsintensive Firmen durch ihre zentrale Lage die jeweils besten Fachkräfte für sich gewinnen können.

---

[6] W. Isard (1956), 280.
[7] L.K. Loewenstein (1963): The location of urban land uses. – Ld. Econ. 39, 406–420.
[8] L.K. Loewenstein (1963), 409.
[9] L.K. Loewenstein (1963), 413.

Die Lage von Industriebetrieben in der Stadt

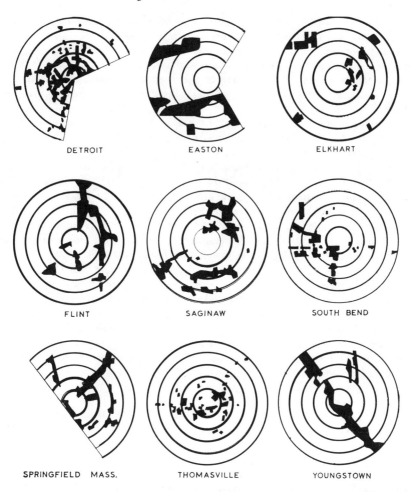

Fig. 13-3. Die Verbreitung von Industriebetrieben in nordamerikanischen Städten. Nach L.K. Loewenstein (1963). Die schwarzen Gebiete kennzeichnen industrielle Flächennutzung. Es wurden jeweils fünf Ringe in gleichem Abstand um die als Mittelpunkt dienende Hauptkreuzung der Innenstadt gelegt, deren äußerer Ring die mittlere Außenabgrenzungsentfernung des städtischen Raumes darstellt. Der Radius des äußeren Ringes ergibt durch vier geteilt die einzelnen Kreise.

2. Betriebe der verarbeitenden Industrie, die auf Zulieferbetriebe angewiesen sind, treten gehäuft auf entlang „radialen und Umgehungs-Eisenbahnlinien und -Straßen". Dieser Tatbestand trifft besonders auf Fließbandindustriebetriebe wie die Automobilindustrie zu.

3. Große verarbeitende Industriebetriebe wie Ölraffinerien oder Stahlwerke benötigen ein großes Areal und verursachen in großem Maße Lärm und Verschmutzung. Sie behindern daher die Entwicklung von Wohnvierteln und werden von ihnen ferngehalten. Das stimmt nur zum Teil. Zwar dürften sich Wohngebiete guter Qualität in der Nähe von Schwerindustrie kaum entwickeln, aber von der Genese her sind Wohnviertel der Arbeiterschaft durchaus in unmittelbarer Nähe anzutreffen.

4. Große, neue Fabriken werden oftmals in Vorortbereichen aufgebaut, in denen die benötigte Fläche in großen, zusammenhängenden Arealen und kostengünstig erworben werden kann.

Diese Aufstellung gibt die Verteilung von Industriegebieten nicht besonders eindrucksvoll wieder, aber sie geht doch über Burgess und Isard hinaus, indem sie die Industrieansiedlung nicht auf eine bestimmte Zone oder eine Anreihung von Gebieten beschränkt, sondern sie überall in der Stadt für möglich hält, da verschiedene Arten auf verschiedene Standortcharakteristika angewiesen sind und damit jeder Versuch einer Generalisierung, der nicht auf eine überzeugende Typologie ausgerichtet ist, mit sehr vielen Zufällen behaftet ist.

Das ergibt sich bereits aus der Arbeit von Loewenstein. Für jede Nutzung berechnet er einen Index der Konzentration[10]. Er gibt den Prozentanteil der Flächennutzung jedes einzelnen Tätigkeitsbereichs an, wie etwa des Einzelhandels oder der verarbeitenden Industrie, wobei in jedem der fünf Ringe der Prozentanteil an der Gesamtfläche des jeweiligen Ringes berücksichtigt wird. Bei der Berechnung des Index wird der Prozentanteil der Gesamtfläche addiert und mit der Gesamtfläche einer bestimmten Nutzungsart multipliziert. Die Formel lautet dann:

$$\text{Index} = 1 - \Sigma(X_i - X_{i-1})(Y_i + Y_{i-1}),$$

wobei Y_i der addierte Anteil an Gesamtfläche im i-ten Ring ist (im fünften, wenn die Gesamtstadt betrachtet wird) und X_i der addierte Flächenanteil einer bestimmten Beschäftigung, d. h. an einer bestimmten Nutzung. In Tabelle 13-1 wird der Index zur Konzentration der öffentlichen Verwaltung dargestellt. Der Index variiert zwischen $-1,000$ bei vollständiger Streuung, der Ziffer 0 bei gleichmäßiger Verteilung in allen Ringen und $+1,000$ bei vollständiger Konzentration. Eine Analyse der Ergebnisse enthüllt, daß die verarbeitende Industrie mit 0,2800 den niedrigsten Index hatte, während vergleichsweise das Finanzwesen und die Versicherungs- und Immobilienbranche mit 0,6896, der Einzelhandel mit 0,7344, der private Dienstleistungsbereich mit 0,4816 und die öffentliche Verwaltung mit 0,8400 ausgewiesen ist (s. Tabelle 13-1). Die verarbeitende Industrie hatte also die geringste Tendenz zur Konzentration und neigte zur gleichmäßigsten Verteilung aller betrachteten Nutzungsarten in der Stadt. Ein Beispiel (Elkart, Indiana) weist sogar einen negativen Index von

---

[10] L.K. Loewenstein (1963), 418. An dieser Stelle wird die Herleitung des Index im einzelnen beschrieben.

Tabelle 13-1. Berechnung des Index von Loewenstein (1963) zur Konzentration öffentlicher Verwaltung.

Ring	Gesamtfläche			Öffentl. Verwaltung			Produkt von (3) x (6) (7)
	Anteil der Gesamt- fläche im Ring (1)	Häufung von (1) (Y_i) (2)	2-Punkte Gesamt- wert von (2) (Y_i+Y_{i-1}) (3)	Anteil der gesamten öffentl. Verwaltung im Ring (4)	Häufung von (4) (X_i) (5)	2-Punkte- Differenz von (5) (X_i-X_{i-1}) (6)	
1	0,04	0,04	0,04	0,64	0,64	0,64	0,0256
2	0,12	0,16	0,20	0,24	0,88	0,24	0,0480
3	0,20	0,36	0,52	0,07	0,95	0,07	0,0364
4	0,28	0,64	1,00	0,05	1,00	0,05	0,0500
5	0,36	1,00	1,64	0,00	1,00	0,00	0,0000
Gesamt	1,00	–	–	1,00	–	–	0,1600

Konzentrationsindex = 1 − Gesamt Spalte (7) = 1,0000 − 0,1600 = 0,8400

−0,0352 auf, was in diesem Einzelfall sogar die Tendenz zu vollständig verstreutem Auftreten demonstriert.

Die unterschiedlichen Merkmale innerstädtischer industrieller Standortbildung, die Loewenstein herleitete, sind auch bei Hamiltons Versuch[11] festzustellen, der industrielle Standortmodelle heranzog, um die Industriekartierungen von London in ein generalisiertes Schema zu pressen (Fig. 13-4). Dabei wurden vier charakteristische Standorte festgestellt:

1. Zentrale Standorte. Diese werden von Industrien vorgezogen, die Facharbeiter, z.B. für die Instrumentenherstellung, benötigen. Der Innenstadtbereich wird auch von der Bekleidungsindustrie und den Zeitungsverlagen favorisiert, deren Verteilungsmarkt die ganze Stadt ist. So sitzen eng miteinander verflochtene Gewerbe auch räumlich zusammen, und es entstehen streng voneinander abgegrenzte Industrie- und Gewerbeviertel.

2. Hafenstandorte.

3. Standorte entlang von radial oder ringförmig angelegten Transportwegen. Sowohl 2 als auch 3 sind Standorte für größere Unternehmen, die preiswertere und größere Flächen und eine gute Lage für das Zusammenstellen und die Verteilung benötigen. Außerdem läßt sich eine größere Anzahl von ungelernten oder nur wenig qualifizierten Arbeitern heranziehen, für die nicht der gesamte Einzugsbereich der Stadt notwendig ist.

4. Vorort-Standorte. Solche Standorte werden von Industrien gesucht, die für ihre Montagebänder oder Fertigungen und für die Lagerhaltung große Flä-

---

[11] F.E.I. Hamilton (1967): Models of industrial location; Kap. 10 in R.J. Chorley & P. Haggett, Ed. (1967): Models in geography, 361−417. (London).

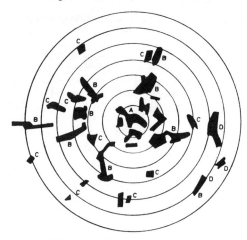

Fig. 13-4. Modell der räumlichen Verteilung der Industriestruktur einer Großstadt. Nach F.E. Ian Hamilton (1967). Es basiert auf einer Karte der Industriegebiete in London. Die vier Einteilungen sind A: zentrale Lage, B: Hafenlage, C: radiale Lage oder an einer Ringverkehrslinie gelegen, D: Vorortlage.

chen benötigen oder durch ihre mangelnde Umweltverträglichkeit, wie durch Abgase oder Lärm, zu einer Standortsuche gezwungen werden, die vorhandene Wohnviertel großräumig umgeht.

Die Interpretation solcher Strukturmuster hält sich im Rahmen herkömmlicher Erläuterung von Faktoren. „In einer Großmetropole bestehen wesentliche Kostenunterschiede zwischen alternativen Standorten, vor allem im Hinblick auf Fläche, Arbeitskräfte und Verkehr. Das Modell der industriellen Raumstruktur in der Großstadt umfaßt daher unterschiedliche Standorte miteinander assoziierter Industrien, die durch unterschiedliche optimale Bedingungen gekennzeichnet sind"[12]. Dieses Zitat bestätigt, daß zwischen den Generalisierungen von Loewenstein und Hamilton bis auf einzelne Begriffe enge Beziehungen bestehen.

Pred ermittelte schließlich eine Anzahl von sieben flexiblen Typen der verarbeitenden Industrie, denen er jeweils für bestimmte Merkmale ein besonderes Verteilungsmuster zubilligte, das in einigen Fällen auch einer Zufallsverteilung gleichkam[13]. Er geht dabei mit der von Chinitz in seiner Studie über Industriebetriebe im New Yorker Raum angewandten Methode vor. Chinitz schlug drei allgemeine Typen vor:

1. Betriebe, die vorwiegend lokale Märkte bedienen.
2. Betriebe, die nationale Märkte bedienen und nach ihrer Größe und dem Wert des Produktes unterteilt sind.

---

[12] F.E.I. Hamilton (1967), 408.
[13] A.R. Pred (1964): The intra-metropolitan location of American manufacturing. – Ann. Assoc. Am. Geogr. 54, 165–180.

3. Betriebe, die durch externe ökonomische Gegebenheiten in ihrem Standort bestimmt sind und nicht unter die Punkte 1 und 2 fallen.

Pred schreibt: „Durch die Zuordnung verschiedener Verkehrsbedürfnisse für jeden Typus oder Subtypus entstehen besondere, aber nicht ausschließliche Standorttendenzen"[14]. Diese Ansicht ist vergleichbar mit der obigen Erklärung von Hamilton, kehrt aber sinnvolle Unterteilungen von Industrien hervor, die sich bereits in gewisser Weise in den Gedankengängen von Isard niederschlagen, der mehr von Marktgegebenheiten als von Rohmaterialien ausgeht. Die sieben Typen von Pred sind folgende[15]:

1. Auf Zulieferung angewiesene Industrien, die in der Nähe der Innenstadt konzentriert sind: Es handelt sich um Industriebetriebe, deren Märkte sich in gleichem Maße wie die Metropole selbst ausdehnen. Oftmals sind Großhandelsfunktionen mit ihnen verbunden, und die Verteilung vom Zentrum aus führt zu optimalen Umsätzen. Pred zitiert als Beispiele Brot- und Kuchenfabriken.

2. Zentralgelegene „Kommunikationswirtschafts"-Unternehmen: In diesen Fällen wird der Standort durch externe Wirtschaftskräfte bestimmt, die eine leichte Erreichbarkeit durch den Käufer vor Herstellung oder Anfertigung einer Ware ermöglichen müssen. Ein einleuchtendes Beispiel stellt der Akzidenzdruck dar, für den die Nachfrage im Innenstadtbereich am stärksten ist und wo persönliche Kontakte erforderlich sind. Als Grundtyp bezeichnet Pred das New Yorker Bekleidungszentrum.

3. Unternehmen mit lokalen Märkten und lokalen Rohstoffquellen: Zu dieser Gruppe gehören für lokale Märkte produzierende Industriebetriebe, die Rohstoffe von Zulieferern benötigen wie Speiseeisfabriken oder auch solche, welche als Rohstoffe die Nebenprodukte oder Halbfertigfabrikate von anderen Industrieunternehmen verwerten. Es scheint häufig so, als hätten sie eher zufällige Standorte, da die Zwänge für deren Auswahl nicht besonders groß sind und selbst die Nähe zu einem Eisenbahnknotenpunkt unerheblich wird, wenn die innerstädtische Erreichbarkeit als entscheidendes Kriterium gilt. Durch den Bau von Autobahnen sind solche Unternehmen stärker verstreut, was wahrscheinlich auch auf Gruppe 1 einen Einfluß hat.

4. Industrien mit nicht ortsgebundenen Märkten, aber hochwertigen Produkten: Wenn der Markt umfangreicher als die Großstadt ist und das Endprodukt bei geringem Gewicht einen hohen Wert hat, dann werden Transportkosten relativ unbedeutend und zufallsverteilte Standortstrukturen eher möglich. Die Standortauswahl kann hier auf die verschiedensten Faktoren zurückzuführen sein. Ein typisches Beispiel stellt die Herstellung von Rechenmaschinen dar. Wenn andere Faktoren relativ gleiche Einflüsse ausüben, dann haben diese Betriebe, insbesondere die kleineren, die Tendenz, sich in der Nähe der Innenstadt anzusiedeln.

---

[14] A.R. Pred (1964), 173.
[15] A.R. Pred (1964), 174–180.

5. Nicht zentralgelegene „Kommunikationswirtschafts"-Unternehmen: Nach Pred sind das „diejenigen Unternehmen, welche sich vorwiegend an nicht zentralgelegenen Standorten zusammenfinden, um „Kommunikationswirtschaft" zu betreiben"[16]. Er deutet sie als hochtechnisierte Betriebe, die sich zusammentun müssen, um die jeweils letzten Innovationen zu verwerten, aber durch ihre landesweite Orientierung auf die Innenstadt nicht angewiesen sind. So entstehen entlang von Hauptausfallstraßen streifenförmig Betriebe, wofür im Raumzeitalter die Elektronikindustrie als Beispiel gelten kann.

6. Industriebetriebe mit überörtlichen Märkten in Hafenstädten: Auf diese Gruppe braucht nicht näher eingegangen zu werden, außer, daß nicht alle an Häfen gelegenen Industriebetriebe zu ihr gehören.

7. Auf den nationalen Markt hin orientierte Industrien: Diese Betriebe haben ausgedehnte Märkte, und ihre Standorte hängen in hohem Maße von den am meisten gekauften Produkten und den Transportkosten ab. Der Hauptgesichtspunkt nach Pred ist dabei, daß die Standorte häufig in dem Sektor der Stadt liegen, der einen schnellen Zugang zum regionalen oder nationalen Markt garantiert.

Zu Beginn seiner Studie beantwortete Pred zwei Fragen: „Welcher Art sind die Industrien, die in oder nahe dem Innenstadtkern bleiben? Welche Strukturen, wenn überhaupt, lassen sich unter den dezentralisierten Industriebetrieben feststellen?"[17] Die erste Frage beantwortet er im Gegensatz zur zweiten relativ erfolgreich[18]. Er gibt sogar zu, „es bleibt noch ein gutes Stück Arbeit zu tun, bevor die innenstädtischen Auswahlkriterien für Standorte von Industriebetrieben klar erfaßt sind, die sich auf überörtliche Märkte ausrichten"[19]. Die von ihm benutzten Beispiele stammen im wesentlichen aus San Francisco, so daß die ermittelten charakteristischen Typen und Standorte zwar für diese Metropole repräsentativ sind, aber kaum allgemein angewandt werden können. Dennoch gibt es eine große Anzahl von Gemeinsamkeiten zwischen den Typisierungen von Loewenstein, Hamilton und Pred, die man folgendermaßen zusammengefaßt darstellen kann:

1. *Zentralgelegene Gewerbe:*
   a) arbeitsintensive,
   b) marktorientierte. Hierzu gehören die beiden Kategorien von Zuliefererindustrien und Gewerbe mit lokalem Markt, die von Pred vorgeschlagen wurden.
   c) Innenstadtorientierte Gewerbe. Hierzu gehören Preds „Kommunikationswirtschafts"-Industrien.

---

[16] A.R. Pred (1964), 177.
[17] A.R. Pred (1964), 170.
[18] Eine der vielen Untersuchungen, die sich mit der Dezentralisierung der Industrie beschäftigt, ist: E.K. Kitagawa & D.J. Bogue (1955): Suburbanization of manufacturing activity within standard metropolitan areas. – Scripps Foundation for Research in Population Problems, Miami University.
[19] A.R. Pred (1964), 180.

2. *Gewerbe mit überörtlichem Markt und hoher Wertschöpfung:* Sie neigen zu zufälligen Standorten.

3. *Ausgedehnte Grundstoffindustrien:* Diese umfassen die letzte Gruppe von Pred, die auf das ganze Land ausgerichtet ist. Obwohl hierfür Standorte in den Vororten wegen der Lärm- und Verschmutzungsprobleme ideal wären, haben insbesondere die chemische und die metallverarbeitende Industrie umfangreiche Fabrikinvestitionen in den älteren, inneren Bereichen von Städten getätigt und bleiben daher in der Nähe der von Burgess umrissenen Standorte. In allen drei genannten Ansätzen wird diese Gruppe relativ wenig beachtet, obwohl Preds Angabe recht interessant ist, daß sie in dem Teil der Stadt zu finden sei, von dem aus sie ihren umfangreichen Markt am besten bedienen könne. Das sagt nun allerdings wenig aus über ihren Grundstandort in bezug auf die übrige Stadt.

4. *Auf Wasserstraßen angewiesene Industriebetriebe.*

5. *Integrierte Industrien entlang von Kommunikationslinien:* Hierzu gehören Preds „Nicht zentral gelegene ‚Kommunikationswirtschafts'-Industrien".

6. *Vorortindustrien:* Sie sind ein Produkt des Dezentralisierungsprozesses.

Diese Aufstellung kann natürlich nicht voll überzeugen. Ihr fehlt auch die Folgerichtigkeit der von Pred aufgestellten Klassifizierung. Allerdings geht sie positiv davon aus, daß man Industriebetriebe in jeder Zone und in jedem Sektor der Stadt, von der Innenstadt bis zu den äußeren Stadtrandgebieten, antreffen kann. Die Problematik dieses Kapitels besteht im wesentlichen darin, daß also Industrien praktisch überall auftreten können. Da das gleiche für Wohnfunktionen gilt, sollte man beide ähnlich analysieren. Wie man soziale Schichtung für die Wohnfunktion ermittelt, so sollen signifikante Merkmale im Sinne des Schemas von Pred auch für Industriestandorte innerhalb der Stadt zu isolieren sein. So ließen sich Industrieräume ähnlich wie Sozialräume feststellen und in das Muster der städtischen Flächennutzung einbauen.

Ein wahrscheinlich ebenfalls weiterführender Ansatz sollte hier Erwähnung finden. Wie beim Einzelhandelskomplex ließe sich der Gesamtprozeß des Aufbaus eines industriellen Flächennutzungsmusters durch die detaillierte Untersuchung des Standortverhaltens von einzelnen Firmen umfassender erklären. Die Arbeit von McNee[20] über wirtschaftliche Standortentscheidungen in nationalem oder regionalem Rahmen dürfte sich sinnvoll auf einen innerstädtischen Zusammenhang übertragen lassen. — In einer weiteren Studie von Logan wird die Bedeutung herkömmlicher Faktoren bekräftigt[21]. „Das Verhalten von Firmen ist in engem Zusammenhang mit Transport- und anderen Kosten auf der Nachfrageseite zu sehen. Im Falle von Sydney hat sich daraus ein räumliches

---

[20] R.B. McNee (1964): The economic geography of an international petroleum firm. Kap. 17 in R.S. Thoman & D.J. Patton, Ed. (1964): Focus on geographic activity, 98–107. (New York).

[21] M.I. Logan (1966): Locational behavior of manufacturing firms in urban areas. – Ann. Assoc. Am. Geogr. 56, 451.

Muster von verarbeitenden Industriebetrieben gebildet, das in enger Beziehung zum Innenstadtbereich steht und im allgemeinen dem Muster der Preise für Industrieland entspricht." Diese und eine ganze Anzahl von weiteren Faktoren einschließlich dem Problem der Verknüpfungen[22] müssen mit Hilfe solcher Studien im einzelnen ermittelt werden und sind dann im Zusammenhang mit der gesamten industriellen Nutzung der Metropole zu sehen.

Literaturhinweise

Die vier für dieses Kapitel grundlegenden Arbeiten sollten zu Rate gezogen werden:
Hamilton, F. E. Ian (1967): Models of industrial location (s. Fußnote 11).
Isard, W. (1956): Location and space economy (s. Fußnote 5).
Loewenstein, L. K. (1963): The location of urban land uses (s. Fußnote 7).
Pred, A. R. (1964): The intra-metropolitan location of American manufacturing (s. Fußnote 13).

Weitere nützliche Artikel mit bibliographischen Angaben sind:
Keeble, D. E. (1969): Local industrial linkage and manufacturing growth in outer London (s. Fußnote 22).
Kitagawa, E. M. & Bogue, D. J. (1955): Suburbanization of manufacturing activity within standard metropolitan areas (s. Fußnote 18).
Leigh, R. (1969): Analysis of the factors affecting the location of industries within cities. − Canadian Geogr. 13, 28−33.
Logan, M. I. (1966): Locational behavior of manufacturing firms in urban areas (s. Fußnote 21).

Eine weitere wichtige Untersuchung ist:
Groves, P. A. (1971): Towards a typology of intrametropolitan manufacturing location. − Univ. of Hull. Occ. Papers in Geog. 16.

Weiteres Material über besondere Gebiete siehe:
Dwyer, D. J. & Lai Chuen-Yan (1967): The small Industrial Unit in Hong Kong: Patterns and Policies. − Univ. Hull. Dept. Geogr. Occas. Pap. 6.
Gottmann, J. (1961): Megalopolis. (Cambridge, Mass.).
Hall, P. G. (1962): The industries of London since 1861. (London).
Hoover, E. M. & Vernon, R. (1959): Anatomy of a metropolis. (Cambridge, Mass.).
Martin, J. E. (1966): Greater London: an industrial geography. (London).
Moyes, A. (1971): Post-war changes in the distribution of employment and manufacturing in North Staffordshire. (University of Keele; unveröff. Diss.).
Wise, M. J. (1949): On the evolution of the jewellery and gun quarters in Birmingham. − Trans. Inst. Brit. Geogr. 15, 57−72. Eine unmoderne, aber klassische Arbeit.

---

[22] D. E. Keeble (1969): Local industrial linkage and manufacturing growth in outer London. − Tn. Plann. Rev. 40, 163.

14. Die Beziehung zwischen Funktion und Physiognomie in der Stadtgeographie

Es war bisher eine der wesentlichen Schwächen der Stadtgeographie, daß zwischen Form und Funktion, zwischen dem Studium der Stadt als Raum und der Stadt im Raum, getrennt wurde. Daß beide eng miteinander verknüpft sind, ist so augenscheinlich, daß man darüber kein weiteres Wort verlieren müßte, wenn nicht in fachwissenschaftlichen Studien ihre Trennung immer wieder bei der notwendigen Reduzierung der Komplexität praktiziert worden wäre. Es stimmt zwar, daß in herkömmlichen Untersuchungen der Stadtstruktur einzelne Abschnitte den Wachstumskräften[1] gewidmet waren. Es stimmt auch, daß in manchen Studien über städtische Funktionen Abschnitte über innerstädtische Standorte von Betrieben zu finden waren[2]. Aber es ist bisher selten gewesen, daß solche Untersuchungen mit Engagement als entscheidendes Untersuchungsziel gegolten haben.

Es gibt nur eine einzige Ausnahme, in der eine spezielle Konzentration von Arbeitsergebnissen erkennbar ist. Sie bezieht sich auf die Ermittlung einer Hierarchie von Einkaufszentren innerhalb einer Großstadt. Solche Studien werden in unmittelbarem funktionalen Zusammenhang mit hierarchischen und regelmäßigen räumlichen Strukturen von Geschäftszentren gesehen und gleichzeitig mit der Lage dieser Zentren innerhalb der Gesamtstadt. Burgess und Hoyt hatten untergeordnete Geschäftszentren nicht beachtet. Harris und Ullman[3] waren nur wenig auf sie eingegangen.

Die ersten Studien über diese sogenannten Nebenzentren hatten mit den Überlegungen zur zentralörtlichen Theorie wenig zu tun, sondern ergaben sich aus empirischen Beobachtungen der Stadtstruktur. Am bekanntesten wurde die von M. J. Proudfoot, der in den Städten der USA fünf Typen von Einzelhandelsstrukturen unterschied[4]. Es handelte sich um:

1. Die Innenstadt.
2. Das Vorortgeschäftszentrum.
3. Die Hauptausfallgeschäftsstraße.
4. Die Viertelsgeschäftsstraße.
5. Die isolierte Häufung von Geschäften.

Nach Proudfoot machten diese einen „andauernden Wandel" durch, wobei er eindeutig darauf hinwies, daß es sich hierbei um Strukturen einer Rangordnung handelte, die er allerdings noch nicht mit der damals noch wenig bekannten zentralörtlichen Theorie verknüpfte. Später wurden weitere empirische

---

[1] Das trifft z.B. für die Arbeit von M.R.G. Conzen (1960): Alnwick, Northumberland: a study in town plan analysis. – Trans. Inst. Br. Geogr. 27.
[2] Ein gutes Beispiel dafür findet sich in G. Rowley (1968): The midlle order towns of Wales. (Univ. Wales; unveröff. Diss.).
[3] Siehe S. 206 ff.
[4] M.J. Proudfoot (1937a): City retail structure. – Econ. Geogr. 13, 425–428. (1937b): The outlying business centers of Chicago. – J. Ld. Pub. Util. Econ. 13, 57–70.

354 Beziehung zwischen Funktion und Physiognomie in der Stadtgeographie

Studien über rangmäßige Strukturen durchgeführt, die aus beobachteten Fakten in der realen Welt abgeleitet wurden. So skizzierte W. Burns in seinem Buch über britische Einkaufszentren[5], das im Jahre 1959 veröffentlicht wurde, eine ähnliche Struktur, die er für die damalige Zeit als „allgemein akzeptiert" ansah. Er ging von einem Vierrangsystem aus, wobei er den „Laden um die Ecke" ausklammerte. Es handelt sich um:

  1. Stadtzentrum.
  2. Bezirkszentrum.
  3. Nachbarschaftszentrum.
  4. Subzentrum.

Außerdem brachte Burns ein Diagramm (Fig. 14-1), das klare Unterteilungen zeigte. Deren Komplexität wollte er weiter reduzieren, indem er ein Dreier-

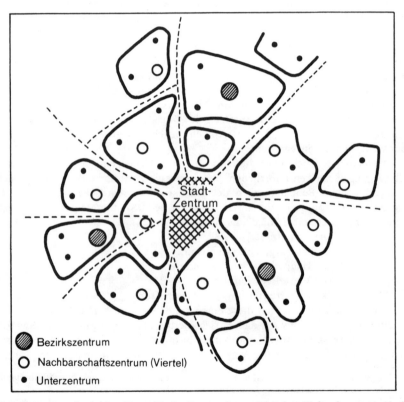

Fig. 14-1. Das vierrangige hierarchische System innerstädtischer Einkaufszentren. Nach W. Burns (1959).

---

[5] W. Burns (1959): British shopping centres. (London).

Beziehung zwischen Funktion und Physiognomie in der Stadtgeographie 355

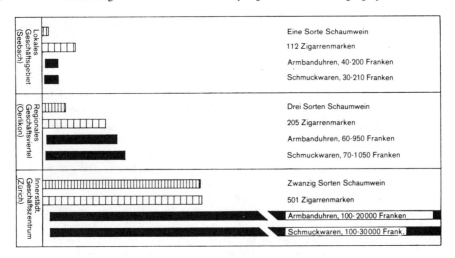

Fig. 14-2A. Das Warenangebot in Geschäftszentren unterschiedlichen Niveaus. Hierbei werden Unterschiede in Reichweite und Qualität ähnlicher Waren bei zugrundegelegtem unterschiedlichen Niveau deutlich.

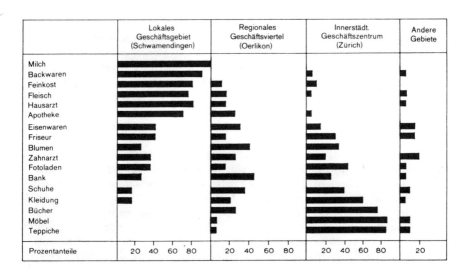

Fig. 14-2B. Einkaufsfahrten (in %) von Züricher Vorortbewohnern (Schwamendingen) zu 3 Geschäftszentren unterschiedlichen Niveaus. Daraus geht die unterschiedliche Nachfrage hervor. Nach H. Carol (1960).

24 Carter/Vetter, Stadtgeographie

system befürwortete, das auf denselben Argumenten wie die zentralörtliche Theorie basierte, obwohl ihm Schwellenwerte und Reichweite noch weitgehend unbekannt waren. Er sah die gute Erreichbarkeit als Hauptkontrollmechanismus und wies ihr die Häufigkeit von Einkaufsfahrten zu, wobei er häufigen oder täglichen Bedarf, periodischen oder wöchentlichen Bedarf, und speziellen oder noch selteneren als wöchentlichen Bedarf gegenüberstellte. Als wichtiger Punkt galt auch die „Auswahl", welche neben der „Erreichbarkeit" persönliche Eigenheiten wie Sauberkeit, Krediteinräumung oder Statuswerte umfaßte. Burns beachtete also bereits Aspekte des Verbraucherverhaltens, die erst später im Zusammenhang mit der Theorie der zentralen Orte gesehen wurden.

Bei der schnellen Entwicklung der zentralörtlichen Theorie und der wachsenden Anzahl von Studien über Geschäftszentren innerhalb der Stadt war es nur natürlich, daß beide Forschungsbereiche im Sinne einer Typenbildung von Geschäftszentren miteinander verknüpft wurden. Hans Carol forderte in seiner Arbeit über Zürich: „Als diese Untersuchung im Jahre 1952 angefangen wurde, stellte sie meines Wissens den ersten Versuch dar, die zentralörtliche Theorie für die Analyse des Musters zentraler Funktionen in der Stadt nutzbar zu machen"[6]. Carol erkannte, daß Niveauunterschiede nicht nur auf die Anzahl von Geschäften, sondern auch auf die Auswahl an Waren, ihre Qualität und ihren Preis zurückzuführen waren (Fig. 14-2A und B). Auch die Größe des bedienten Gebietes war von Bedeutung. Aus einer Untersuchung von drei Zentren mit verschiedenem „Niveau" ergab sich eine hierarchische Klassifikation mit vier verschiedenen Zentrumsrängen.

1. Innenstadt. Sie bedient die Gesamtstadt.
2. Regionales Geschäftsviertel. Hier werden Waren mittlerer Güte angeboten (siehe Fig. 14-2A und B) und etwa 90.000—100.000 Menschen bedient.
3. Nachbarschaftgeschäftsviertel. Hier werden Waren niedriger Ordnung angeboten, die häufig benötigt werden. Waren höherer Ordnung werden nur selten verkauft. Solche Gebiete liegen hauptsächlich am Rande der Stadt und betreffen etwa 5.000—10.000 Menschen.
4. Lokales Geschäftsgebiet. Eine Anhäufung einiger weniger „Tante Emma-Läden".

Trotz unterschiedlicher Begriffe besteht hier eine starke Ähnlichkeit mit dem System von Burns. Die Arbeit von W. Garrison et al.[7] führt hier weiter, zumal sie die bisherigen intuitiven Begriffe wie „Erreichbarkeit", „Einkauf" und „Spezial"-Waren klarer abgrenzt. Außerdem weist Garrison auf das Problem der Ausfallstraßen nordamerikanischer Städte hin, an denen sich rege Geschäftstätigkeit entwickelt hat. In einer Untersuchung über Spokane, das 49 Geschäftstypen in 285 Geschäftszentren aufweist, wird eine 49 x 49 Korrelationsmatrix der Geschäftstypen erstellt. Über eine Verknüpfungsanalyse ergibt

---

[6] H. Carol (1960): The hierarchy of central functions within the city. — Ann. Assoc. Am. Geogr. 50, 419.

[7] W. Garrison et al. (1959): Empirical verification of concepts of spatial structure. Kap. 4 in: Studies of highway development and geographic change, 67—99. (Seattle).

sich eine Reihe von neun Geschäftsgruppierungen, die wiederum durch eine 9 x 9-Matrix der durchschnittlichen Korrelation für jede Geschäftstypusgruppe überprüft wird. — Als Ergebnis stellte sich eine klare Unterteilung in eine aus drei Gruppen bestehende Kernstadtkomponente und in eine Ausfallstraßenkomponente heraus, wobei neben diversen Dienstleistungen der Automobilhandel eine besondere Rolle spielte. — Es handelt sich hierbei zum ersten Mal um eine Untersuchung, in der solche Nebenzentren statistisch unter die Lupe genommen und mit dem umliegenden Land verbunden werden. — „Sowohl empirisch als auch theoretisch sind Geschäftszentren innerhalb großstädtischer Räume (dichter Baubestand und konzentrierte Kaufkraft) und andere städtische Zentren (Häufung von Geschäften in ansonsten eher dünn besiedelten Gebieten mit weniger konzentrierter Kaufkraft) in ihrem Wesen gleich"[8]. Daraus folgt, daß innerstädtische Geschäftszentren nicht nur innerhalb von Großstädten zu finden sein müssen. Wenn eine Kleinstadt einen im Sinne des Nachbarschaftsgeschäftsgebiets von Carol aufgebauten zentralen Geschäftsbereich aufweist, so ist dieser innerhalb des Großstadtraumes dem lokalen Geschäftsgebiet auf niedrigstem Niveau gleichzusetzen. Die innerstädtische Zuordnung von Geschäftsgebieten kann nicht nur als Problem der Großstadt aufgefaßt werden.

Der Hinweis auf Carols Terminologie deutet auf die Schwierigkeiten solcher Studien hin, da es für die Nebenzentren eine Fülle von Begriffen gibt. — Eine Lösung brachte weitgehend die zusammenfassende Arbeit von Brian Berry, der unter Hinweis auf Arbeiten wie die von Garrison eine vollständige Typologie wirtschaftlicher Eigenheiten der nordamerikanischen Stadt außerhalb des Innenstadtbereiches[9] (Fig. 14-3) schuf. Er unterteilte diese Gebiete in drei Bereiche:

1. Eine Hierarchie von Geschäftszentren.   Zentren.
2. An Ausfallstraßen fixierte Dienstleistungen
   und Geschäfte in Form von Bänderstrukturen.   Bänder.
3. Spezielle Funktionsgebiete.   Spezialisierte Gebiete.

Die Zentrenhierarchie umfaßt vier Ränge unterhalb der Innenstadt, wobei dem bereits bekannten Muster ein weiterer Rang hinzugefügt wird. Dieser Rang entsteht durch Aufteilung des regionalen Niveaus in zwei getrennte. Der dann niedrigere Rang wird als „Gemeindezentrum" bezeichnet. Hier ergibt sich offensichtlich eine Parallele zu den fünf Abstufungen von Siedlungen innerhalb des zentralörtlichen Systems, wie es Berry versteht: Weiler, Dorf, Kleinstadt, Stadt und regionale Hauptstadt. In der Tat hat Carol diese Gleichung ganz deutlich werden lassen (Tabelle 14-1)[10].

---

[8] W. Garrison et al. (1959), 99.
[9] B.J.L. Berry (1962): The commercial structure of American cities; a review. — Community Renewal Program. (Chicago); siehe ferner B.J.L. Berry (1967): Geography of market centers and retail distribution, 46. (Englewood Cliffs, NJ).
[10] H. Carol (1960).

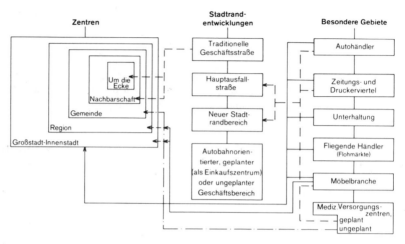

Fig. 14-3. Typologie von Geschäftszentren. Nach B.J.L. Berry (1962).

Tabelle 14-1. Hierarchien von Zentren. Nach H. Carol (1960).

USA	Schweiz	Zentren von Zürich	Zentren nordamerikanischer Städte
Hamlet	Dorf	Lokales Geschäftsgebiet	Lokales Zentrum
Village	Markt-Ort	Nachbarschaftsgeschäftsgebiet	Nachbarschaftszentrum
Town	Stadt	Regionales Geschäftsviertel	Gemeindezentrum
City	Große Stadt		Regionales Zentrum
Metropolis	Metropole (Zürich)	Innenstadt der Metropole	Innenstadt der Metropole

In der allgemeinen Überschrift „Bänder" ist eine ganze Reihe von unterschiedlichen Typen zusammengefaßt. Als erster gilt die bekannte Einkaufsstraße, die gewöhnlich aus dem Hauptzentrum oder auch dem Nebenzentrum herausführt. Der zweite ist das ausfallstraßenorientierte Band, welches man in den Vereinigten Staaten überall antreffen kann. Das ist in Europa erheblich weniger der Fall, was auf die weniger intensive Nutzung des Automobils und die erheblich wirksamere Anwendung von Planungskontrollen zurückzuführen ist. — Dieser nordamerikanische Typ besteht aus einer charakteristischen, mit grellen Reklamen bestückten Ansammlung von Motels, Tankstellen und Restaurants. — Die großräumigen Standorte an Hauptverkehrsadern bilden den dritten Typus, dem vorwiegend Möbelgeschäfte, Lagerhallen, Baustoff- und Holzlager zuzuordnen sind. Sie bieten ihrer speziellen Kundschaft leichte Erreichbarkeit entlang von Hauptverkehrsadern, große Parkplätze und sind nicht auf ein Zusammenspiel mit anderen Geschäftsarten, wie das aus der Innenstadt bekannt ist, angewiesen. Solch spezialisierte Gebiete umfassen auch Dienstleistungen wie z. B. medizinische Zentren, denen Arztpraxen, Zahnärzte, Optiker und Apotheker angeschlossen sind.

Obgleich es zwischen den fünf Arten von Geschäftsgebieten und der Hierarchie der Städte Unterschiede gibt, sind hier doch gleichermaßen typische Eigenschaften vorhanden. Allerdings treten im Zusammenhang mit solchen Standortstudien zwei Schwierigkeiten auf. Die eine ergibt sich aus den sozialen Gegensätzen innerhalb der Stadt, die in Kapitel 11 behandelt worden sind. Die Kaufkraft ist nicht gleichmäßig über die Stadt verteilt, und daher kann es auch die Nachfrage nicht sein. Außerdem variieren sowohl Bevölkerungsdichte wie Einkaufsgewohnheiten. In einem Arbeiterviertel in Großbritannien oder Kontinentaleuropa, wo die Einzelfamilie zum Teil weder über ein Auto noch über einen Kühlschrank verfügt, dürfte man häufig einkaufen gehen und damit der „Laden um die Ecke" von großer Bedeutung sein. In den wohlhabenderen Vororten nordamerikanischer Städte, wo jeder sein Auto, seinen Kühlschrank und seine Tiefkühltruhe hat, ergeben sich ganz andere Einkaufsgewohnheiten. Die gebräuchlichsten Waren werden einmal in der Woche im Supermarkt gekauft, so daß der „Laden um die Ecke" keine Funktion hätte. Die Lage wird noch dadurch kompliziert, daß das theoretisch geforderte Verästelungsmuster mit einzelnen breiteren Zuordnungsräumen in der Praxis nicht vorkommt. Die Menschen gehen aus einer Vielfalt von Gründen nicht unbedingt in die am nächsten gelegenen Geschäfte. Diesen Tatbestand hat H. R. Parker[11] in Liverpool im Jahre 1962 ermittelt, wo nicht die einfache Entfernung, sondern die leichte Erreichbarkeit von Autobuslinien das Einkaufsverhalten bestimmte. Ronald Jones zeigte, daß selbst in einem neuen Großwohngebiet mit Geschäftszentren die Neubaubewohner sich nicht an das vorgegebene Muster halten, sondern häufig außerhalb ihrer eigenen näheren Umgebung einkaufen gehen[12]. Alle diese Faktoren machen saubere Typologien mehr oder weniger verdächtig. Sie können daher lediglich als allgemeine subjektive Anhaltspunkte für eine Grundstruktur gelten.

Um die Schwierigkeiten des letzten Absatzes zu verdeutlichen, kann man auf zwei besondere Untersuchungen verweisen. Eine der detailliertesten Stu-

---

[11] H.R. Parker (1962): Suburban shopping facilities in Liverpool. — Tn. Plann. Rev. 33, 197.

[12] R. Jones (1969): Geographical aspects of behaviour within the framework of neighbourhood units in East Kilbride. — in: Processes and patterns of urbanization, IBG Urban Studies Group.

dien des innerstädtischen Einzelhandelskomplexes stammt von Barry Garner, der das so häufig wissenschaftlich untersuchte Gebiet von Chicago heranzog[13]. Garner betrachtet das erste Problem einer räumlichen Bestimmung dieser Komplexe und schlägt eine objektive Methode vor, die auf Grundstückswert-Profilen basiert. Diese werden entlang von Straßen gezogen, die sich an der Kreuzung mit den höchsten Grundstücksflächen treffen. „Die Übergangszone zwischen Kern- und Randfunktionen wird auf jedem Profil als der Punkt dargestellt, an dem die Kurve in Richtung auf den Randwert abfällt"[14] (Fig. 14-4). Für jeden der ermittelten Kerne wurden die Beziehungen zwischen der Anzahl von Geschäften, der Fläche und der Anzahl verschiedener Geschäftstypen mit Hilfe von Streuungsdiagrammen untersucht. Ein anfängliches Problem stellten dabei die erheblich von der Regressionslinie abweichenden Fälle dar. Der Standort dieser Abweichungen deutete auf Zusammenhänge mit dem sozioökonomischen Status in verschiedenen Teilen der Stadt hin, der wesentliche Kaufkraftunterschiede widerspiegelt. So muß Garner seine Geschäftskerne in zwei Bereiche unterteilen, die er einmal wegen der niedrigen Einkommen als „Arbeiterviertel" bezeichnete und im anderen Falle als „den Rest der Stadt". Die Hierarchie der Geschäftskerne wurde dann durch eine Analyse der Anzahl von Geschäften und der Anzahl von Geschäftstypen (Fig. 14-5) bestimmt. Hieraus ergaben sich drei verschiedene Niveaus:

    1. Regionale Zentren.
    2. Gemeindezentren.
    3. Nachbarschaftszentren.

Diese Aufstellung entspricht dem Überblick von Berry und läßt das niedrigste Niveau der „Straßenecke" fallen. In den Arbeitergebieten ließ das vergleichbare Streuungsdiagramm keine klaren Klassenunterscheidungen erkennen und die Beobachtungen lehnten sich relativ eng an die Regressionslinie an. Mit Hilfe der Methode der kleinsten Quadrate ließen sich schließlich zwei Gruppen isolieren, die als „bessergestellte Arbeiterschaft" und „schlechtergestellte Arbeiterschaft" bezeichnet wurden. Garner führt interessanterweise aus, daß „die vorgeschlagene Klassifikation ... nicht die einzig mögliche Zuordnung von Einzelhandelsgeschäften zu den verschiedenen Ordnungsniveaus in der Hierarchie darstellt. Es sind auch mehrere weitere Möglichkeiten denkbar, die nach Methode und Ziel der Untersuchung zu sinnvollen Systemen führen könnten"[15]. Daraus könnte man entnehmen, daß die Einordnung von Zentren lediglich der Vereinfachung dient und weniger den spezifischen Charakter dieser Zentren widerspiegelt. Seine nächste Stufe ist die Analyse der räumlichen Verbreitung dieser Zentren, wobei er abschließend feststellt, daß nur eine geringe Regelmäßigkeit anzutreffen war. „Im allgemeinen sind Anhäufungen auf dem glei-

---

[13] B.J. Garner (1966): The internal structure of retail nucleations. – Northwestern Univ. Stud. Geogr. **12**.
[14] B.J. Garner (1966), 191.
[15] B.J. Garner (1966), 49.

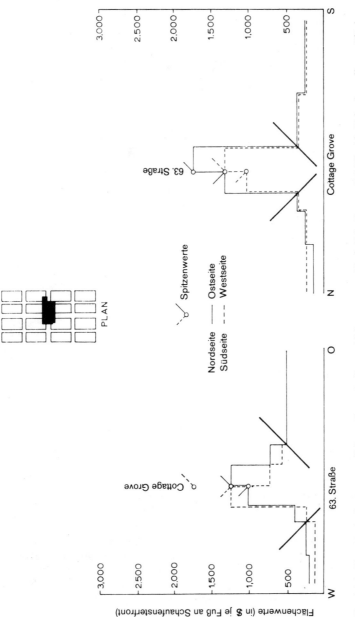

Fig. 14-4. Eine Methode zur räumlichen Abgrenzung von Nebenzentren. Nach B.J. Garner (1966). Als Kriterium dienen Flächen- oder Grundstückswerte, die mit größer werdender Entfernung vom Zentrum (von Chicago) zu beiden Seiten aller einbezogenen Straßen gemessen werden und plötzlich an bestimmten Stellen markant abfallen.

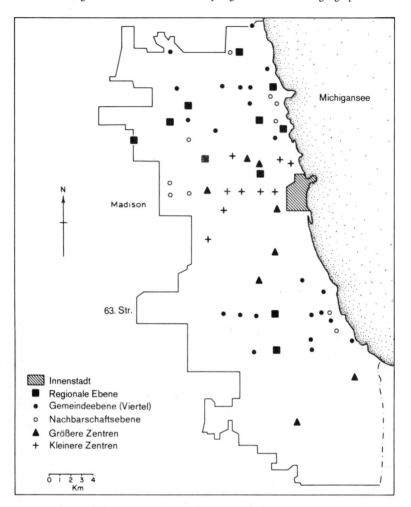

Fig. 14-5. Die Hierarchie von Einzelhandelskernen in Chicago im Jahre 1961. Nach B.J. Garner (1966). Die einzelnen Ebenen sind im Text erläutert.

chen Niveau nur selten uniform im Untersuchungsgebiet verteilt. Nach der ausgeprägten ungleichmäßigen Verteilung von Bevölkerung und Kaufkraft ist auch nichts anderes zu erwarten"[16]. Ein Netz mit K = 4 wird zugeordnet, ist aber wegen seines vorläufigen Charakters nur von geringem Nutzen. Solche Schlußfolgerungen sind in zentralörtlichen Studien häufig, da das Standortmuster in

---

[16] B.J. Garner (1966), 50.

vielen Fällen einfach nur die Bevölkerungsverteilung wiedergibt. R. J. Johnston bezog die Reichweite von Zentren (er unterschied acht verschiedene Niveaus) in einer Untersuchung der innerstädtischen zentralörtlichen Hierarchie in Melbourne[17] auf drei Faktoren: Variationen in der Wohndichte, sozioökonomischer Status der Bevölkerung und bauliches Entwicklungsalter eines Gebietes. Diese Variablen sind eindeutig nicht unabhängig voneinander, denn es bestehen enge Beziehungen zwischen ihnen. Melbourne wurde in sieben Gebiete unterteilt (wobei Gebiet 4 in 4a und 4b geteilt ist, um ein älteres und ein jüngeres Baugebiet voneinander zu unterscheiden). Als Grundlage diente der sozioökonomische Status. Die Gebiete sind in Fig. 14-6 abgebildet und die Ergebnisse in Tabelle 14-2 zu finden.

Danach werden die Hypothesen des Autors bestätigt[18]:

1. Einzelne Geschäfte sind verstärkt in älteren, dicht besiedelten und geringwertigen Teilen der Stadt anzutreffen. Die Gründe wurden bereits genannt.

2. Geringwertige Zentren liegen meistens in Gebieten hoher Bevölkerungsdichte und in der Nähe von Einzelgeschäften.

3. Mit höherem Niveau und abnehmender Bevölkerungsdichte werden geringergewichtige Zentren seltener.

4. Sektoren mit hohem Niveau haben eine sehr ausgeprägte Spitze in der Hierarchie (überbewertete Hierarchie).

5. Sektoren mit niedrigerem Niveau haben eine ausgeprägte Basis in der Hierarchie (unterbewertete Hierarchie).

6. Die Innenstadtgebiete weisen den ausgeglichensten Zustand auf.

An dieser Stelle ist die Untersuchung von Ronald Jones[19] über Edinburgh zu erwähnen. Wiederum wurde eine sorgfältige Methode für die Abgrenzung der Zentren ausgewählt und eine Klassifizierung von einem Streuungsdiagramm hergeleitet, in dem die Gesamtgeschoßfläche in jedem Zentrum einer Anzahl ausgewählter Geschäfte, die nicht Waren des täglichen Bedarfs führen, gegenübergestellt wurde. Es wurden vier Niveaus festgestellt (unterhalb der Innenstadt von Edinburgh) und Niveau I, II und III wurden in die Gruppen a und b unterteilt (siehe Fig. 14-7 und 14-8). Im Hinblick auf die Verteilung dieser Zentren macht Jones auf die Häufung der Zentren höheren Grades um die Innenstadt herum aufmerksam. Dadurch wird seiner Ansicht nach die Verteilung der Stadtbevölkerung aus der Zeit von vor 40 Jahren wiedergegeben, was auf die Bedeutung der Trägheit der Entwicklung als entscheidendem Faktor hinweist. Die Verteilung des Einzelhandels hat sich auf die Vororterweiterun-

---

17 R.J. Johnston (1966): The distribution of an intrametropolitan central place hierarchy in Melbourne. – Aust. Geogrl. Stud. IV, 17–33.
18 R.J. Johnston (1966), 21–24.
19 R. Jones (1967): Central place theory and the hierarchy and location of shopping centres in a city: Edinburgh. – Inst. Br. Geogr. Study Group in Urban Geography: Aspects of central place theory and the city in developing countries.

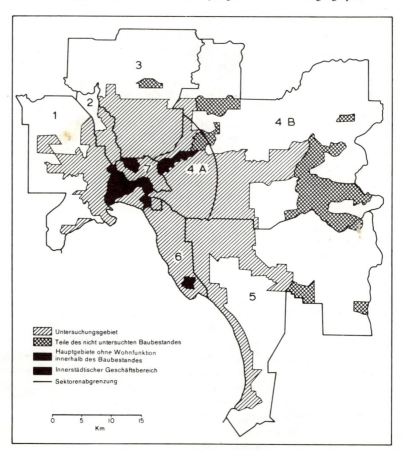

Fig. 14-6. Die Sozialräume von Melbourne. Nach R.J. Johnston (1966). Den Unterteilungen lagen die Anteile der vollberuflich in der Ausbildung stehenden 15-20jährigen zugrunde. Es wurden sechs Sektoren gebildet und die größten unterteilt, um ältere und jüngere Vororte voneinander zu trennen. Der soziale Rang ergibt sich mit fallender Tendenz aus 4A, 6, 4B, 2, 5, 3, 1, 7. Eine umfassende Analyse von Sozialräumen findet sich bei F.L. Jones (1969), s. Literaturhinweise zu Kap. 11.

gen nicht eingestellt, die mehr auf private Baufirmen und öffentliche Behörden zurückzuführen sind. Damit trifft auf Edinburgh die Hypothese von Johnston, daß die Verteilung von Zentren hohen und niedrigen Niveaus auf das Stadtzentrum bezogen ist, nicht zu. Er fährt fort: „Im Sinne der zentralörtlichen Theorie ist es daher schwierig, irgendwelche weitergehenden Übereinstimmungen zwischen der theoretisch erwarteten und der tatsächlichen Verteilung von

Tabelle 14-2. Hierarchische Unterteilung in Melbourne. Nach R.J. Johnston (1966).

Sektor	1	2	3	4A	4B	5	6	7	Gesamt
	Kernzentren								
1.1	1	–	2	2	1	2	–	3	11
2	9,1	0	18,2	18,2	9,1	18,2	0	27,3	100
2.1	2	4	4	9	2	8	13	10	52
2	3,8	7,7	7,7	17,3	3,9	15,4	25,0	19,2	100
3.1	3	2	1	7	3	3	7	2	28
2	10,7	7,1	3,6	25,0	10,7	10,7	25,0	7,1	100
4.1	3	–	10	19	3	9	7	10	61
2	4,9	0	16,4	31,2	4,9	14,7	11,5	16,4	100
5.1	3	2	9	8	6	2	6	–	36
2	8,3	5,6	25,0	22,2	16,7	5,6	16,7	0	100
6.1	7	4	11	8	5	8	8	10	61
2	11,5	6,5	18,1	13,1	8,2	13,1	13,1	16,4	100
7.1	18	4	36	17	17	22	24	19	157
2	11,5	3,5	22,9	10,8	10,9	14,0	15,3	12,1	100
8.1	50	12	75	23	40	37	35	40	312
2	16,0	3,9	24,0	7,4	12,8	11,9	11,2	12,8	100
	Isolierte Geschäfte								
1	182	48	225	82	32	92	98	584	1343
2	13,5	3,6	16,8	6,1	2,4	6,8	7,3	43,5	100
Prozentanteil des Ganzen	13,0	3,7	18,1	8,5	5,3	8,9	9,9	33,9	100

Anmerkung: Jede Gradabstufung der Zentrenreihe 1 ergibt absolute Häufigkeiten; Reihe 2 ergibt Prozentanteile.

Einzelhandelsfunktionen in der heutigen Stadt in hierarchischen Strukturen festzustellen"[20].

Weiterhin stellt er die Frage, ob sich solche Fälle in Großbritannien nachweisen lassen und geht auf das von Parker aufgeworfene Problem ein, wonach die Einkaufsgewohnheiten weniger auf die Entfernung, sondern eher auf vorhandene Autobuslinien eingestellt werden. Wenn man außerdem davon ausgeht, daß die öffentlichen Nahverkehrslinien in der Innenstadt zusammenkommen, dann ist die einzige Stelle, an der sich hochwertige Nebenzentren entwickeln können, in der Stadt Edinburgh dort, wo sich die ankommenden Menschenströme an diesen kleineren, inneren Zentren zu zerstreuen beginnen. Das große, außerhalb gelegene Vorortgeschäftszentrum ist das alleinige Produkt des Privatautos und einer in ihrer Bewegungsfreiheit nicht eingeschränkten Bevölkerung.

---

[20] R. Jones (1967).

366 Beziehung zwischen Funktion und Physiognomie in der Stadtgeographie

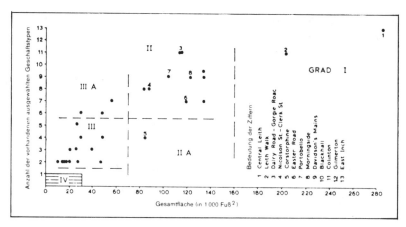

Fig. 14-7. Ermittlung von Nebenzentren in Edinburgh. Nach R. Jones (1962). Als Grundlage dient ein Streuungsdiagramm ausgewählter Geschäfte und der Gesamtgeschoßfläche. Die Abstufungen sind angegeben. Leith Walk (Nr. 2) erhält den Grad 1A zur Unterscheidung von Central Leith. Die Innenstadt von Edinburgh ist nicht berücksichtigt.

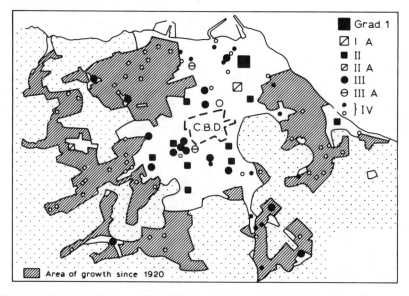

Fig. 14-8. Die Hierarchie von Einkaufszentren in Vororten von Edinburgh. Nach R. Jones (1967).

Eine Schlußfolgerung aus allen diesen Untersuchungen ist nicht einfach. Man kann den Begriff der Nebenzentren leider nicht sauber in die verschiede-

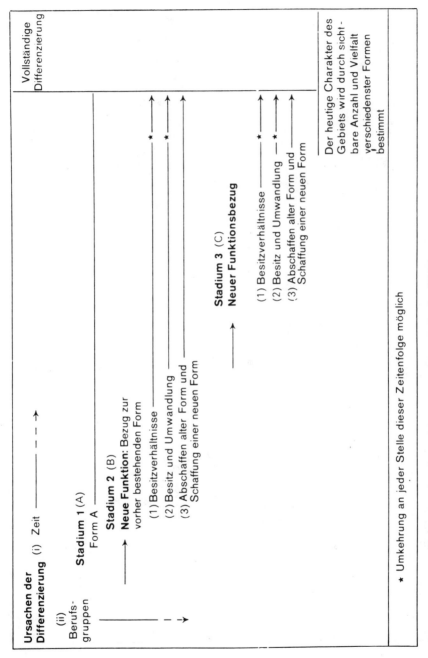

Fig. 14-9. Der Zyklus formal-funktionaler Beziehungen. Nach W.K.D. Davies (1968).

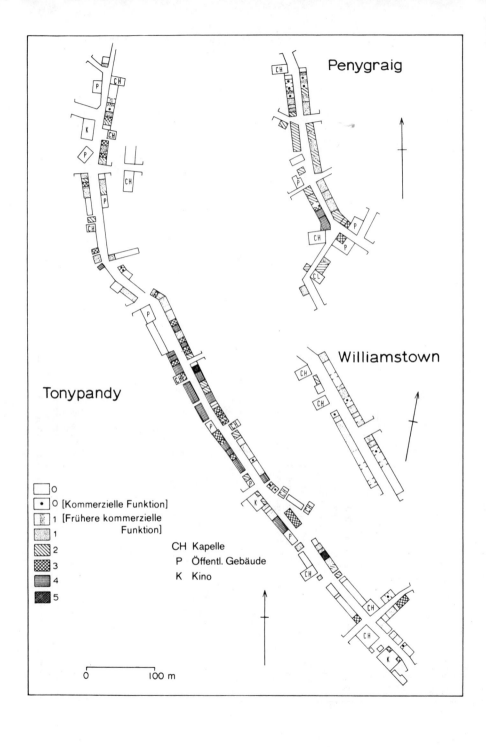

nen Niveaus der städtischen Hierarchie einfügen und damit auch nicht für die räumlich in Sechseckstrukturen darstellbare zentralörtliche Theorie verwenden. Zu diesem Ergebnis kommen alle bisherigen Arbeiten auf diesem Gebiet. Das trifft nicht nur für westliche Städte zu, sondern auch für Städte in Entwicklungsländern, wie die Untersuchung über Kalkutta von A. K. Dutt beweist. „Im Unterschied zu Christallers sieben Ebenen zentraler Orte lassen sich in Kalkutta nur vier nachweisen ... In Kalkutta beträgt die Normierung zentraler Orte 1:4:18:36, was nicht auf irgendein gleichförmiges Verhältnis hindeutet"[21]. Das Analyseverfahren zur Bestimmung verschiedener Bereiche dürfte durchaus anwendbar sein. Die Erklärung der Strukturen ist aber eher im Komplex des Stadtwachstums, der Trennung von Sozialräumen und dem Verbraucherverhalten bezüglich der Fahrtkosten und der Verkehrsmittelwahl sowie dem Ansehen und der Preiswürdigkeit von Einzelgeschäften zu sehen. Damit kommt man wieder auf die Aspekte zurück, die einen Zusammenhang zwischen formalen und funktionalen Betrachtungsweisen der Großstadt sehen.

W. K. D. Davies schrieb: „Es hat bisher nur wenige Versuche gegeben, die Beziehung zwischen Form und Funktion städtischer Gebiete zu untersuchen"[22]. Er schlägt eine partielle Theorie der formalen Struktur kommerzieller Einrichtungen vor. Sie basiert auf der Tatsache, daß jede neue Handelsfunktion in

---

[21] A.K. Dutt (1969): Intra-city hierarchy of central places; Calcutta as a case study. – Prof. Geogr. 21, 18–22.
[22] W.K.D. Davies (1968): The morphology of central places: a case study. – Ann. Assoc. Am. Geogr. 58, 91.

Fig. 14-10. Der Aufbau von drei Siedlungen in Südwales (Rhondda). Nach W.K.D. Davies (1968). Die unterschiedliche Schraffur ergibt sich aus der Bewertung der Gebäude nach dem Grad ihrer Umwandlung vom ursprünglichen zweistöckigen Zeilenhaus. Die Bewertung geht folgendermaßen vor sich:

Hauptkomponenten	Ausführung	Anzahl der zugehörigen Punkte
A: Anzahl der Stockwerke	1–2 Stockwerke:	0
	3 Stockwerke:	1
	4 Stockwerke:	2
B: Baumaterial	Sandstein:	0
	Ziegel oder anderes Material:	1
C: Baustil	Zeilenbauweise	0
	andere Bauweise	1
D: Art der Geschäftstätigkeit	keine Gestaltveränderungen	0
	Einfache Schaufensterfront (Großer Holzrahmen)	1
	Moderne Schaufensterfront (moderne Umwandlg. in Holz oder Stein)	2

einem zentralen Ort entweder ein bestehendes Gebäude belegt, es umwandelt oder es abreißt und in neuer Form wiedererstehen läßt. Die heutige Stadt ist das Produkt mehrerer Zyklen von solchen Prozessen. Daher sollte es möglich sein, Ausdehnung und Abstand von einem ursprünglichen Zustand her zu messen. Der Prozeß ist zusammenfassend dargestellt von Davies und in Fig. 14-9 abgebildet. Daraus entwickelt sich naturgemäß das Studium der Bauformen oder der Architektur und nicht so sehr das herkömmliche Gestaltungselement der Struktur von Straßen und der Gebäudetypisierung. Allerdings ließen sich letztere leicht in ein solches Modell mit integrieren. – Die Schwierigkeit liegt vielmehr darin, daß es nur selten möglich sein dürfte, den ursprünglichen Zustand zu rekonstruieren, der als Ausgangspunkt für befriedigende Messungen dienen sollte. In diesem Falle kommt Davies auf ein Untersuchungsgebiet zurück, in dem gleichförmig und weit verbreitet das zweistöckige Sandsteinhaus in Zeilenbauweise vorherrscht, das in den Tälern von Südwales, vorwiegend nach dem Public Health Act von 1875, häufig vorkam. – Von dieser einfachen Grundlage aus lassen sich Veränderungen leicht messen, da mit zunehmender Nachfrage nach Einzelhandelsgeschäften die Gebäude an Kreuzungen in Geschäfte umgewandelt wurden. Jedes Gebäude wurde nach vier Hauptkomponenten untersucht, der Anzahl der Geschosse, dem Baumaterial (Pennant-Sandstein), dem Baustil (Zeilenbauweise) und den Anzeichen kommerzieller Aktivität, wobei jede Abweichung von der ursprünglichen Norm mit Punkten zu bewerten ist[23]. Die Punkte werden Baublock für Baublock addiert und in eine Karte eingetragen, die das Ausmaß des Wandels darstellt (Fig. 14-10). Die Gesamtpunktezahl jedes Zentrums läßt sich dann mit funktionalen Messungen vergleichen, wobei Davies die engen Beziehungen zwischen beiden nachweist. Er beschreibt das Verfahren auch im einzelnen. Es ist durchaus verständlich, daß Davies die größten Veränderungen in der größten Stadt des Gebietes feststellt. „In jedem Zentrum ist auf den Unterschied zwischen dem Kern der Innenstadt und der übrigen Zone hingewiesen worden. Während in der Tat der Innenstadtkern auch die stärkste formale Komplexität aufweist, übernimmt der übrige Zentralbereich den Charakter des Kerns eines Zentrums vom nächstniedrigeren Niveau"[24]. Hier kommt Davies zu dem gleichen Ergebnis wie Garner, allerdings im Zusammenhang seiner funktionalen Untersuchung der inneren Struktur von Einzelhandelskernen[25]. Garner wies darauf hin, daß infolge des Wettbewerbs um das knappe Innenstadtland die Geschäfte mit Waren höheren Niveaus das Zentrum beherrschen und diejenigen mit geringerwertigen Waren in entsprechend entferntere Bereiche abgedrängt werden (Fig. 14-11).

Der Hinweis auf allgemeine Flächennutzungsmuster richtet die Aufmerksamkeit auf einen weiteren Versuch, Form und Funktion miteinander zu verbinden. Diesmal geht es um den Rand des Geschäftsviertels. Whitehand wollte

---

[23] W.K.D. Davies (1968), 96.
[24] W.K.D. Davies (1968).
[25] B.J. Garner (1966), 97–124.

Beziehung zwischen Funktion und Physiognomie in der Stadtgeographie 371

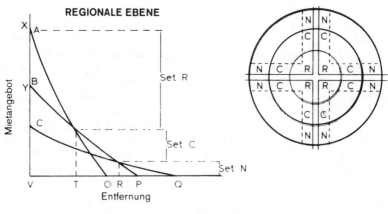

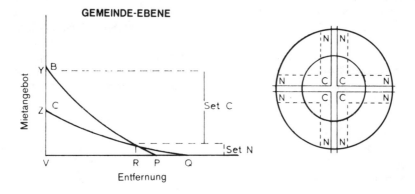

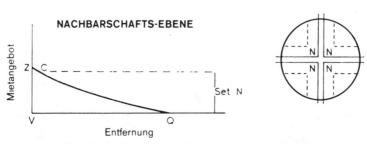

Fig. 14-11. Die Struktur innerstädtischer Geschäftszentren. Nach B.J. Garner (1966). Die drei graphischen Darstellungen sind gleichwertig denen von Fig. 9-6 und 9-7. In diesen Fällen stellen A, B und C nacheinander regionale, städtische und Viertels- oder Nachbarschaftsgeschäftstypen dar. Geschäfte verschiedener Ordnung werden allgemein nach regionaler (R), Gemeinde- (C) und Nachbarschafts- (N) Ebene unterteilt.

die Beziehungen zwischen dem Gestaltungskonzept des Randgürtels und dem funktionalen Bereich des Mietzinsgradienten nachweisen[26]. Seine Arbeit wurde in Kapitel 8 erwähnt und braucht hier nicht wiederholt zu werden. Seine Erweiterung formal-funktionaler Untersuchungen auf den Stadtrandgürtel ist jedoch besonders nützlich und bietet (nach Whitehand) die Gelegenheit, zwei Arbeitsrichtungen zu vereinen, welche ihrer Tendenz nach häufig separat behandelt wurden: „Analysen der von Thünen'schen Ringe, die trotz ihres deutschen Ursprungs bisher hauptsächlich im nordamerikanischen Bereich angewandt worden sind, können als wertvolle Ergänzung zu den bisherigen, hauptsächlich induktiven Ansätzen herangezogen werden, die mit zu den besten Arbeiten der deutschen formal ausgerichteten Tradition gehören"[27]. Es ist schade, daß diese beiden Richtungen bisher im wesentlichen getrennt nach Form und Funktion gesehen worden sind und sich daraus die in diesem Kapitel aufgeworfenen Probleme ergaben[28].

Man kann Gebäude nach verfeinerten Analyseverfahren klassifizieren, zum Beispiel nach dem von Corey benutzten, welches in Kapitel 11 beschrieben worden ist. Zusammen mit dem Ansatz von Zyklen des historischen Wandels bei Davies und der Interpretation von Garner von struktureller Trennung innerhalb von Einzelhandelskernen verschiedenen funktionalen Niveaus, könnte diese Methode zur Grundlage für umfassende, integrierte Untersuchungen des Stadtzentrums werden. Die Schwierigkeiten der Herleitung angemessener analytischer Methoden sind groß, aber Fortschritte in dieser Richtung sind bereits gemacht[29].

Literaturhinweise

Die vielen Untersuchungen über innere Geschäftsgebiete von Städten beginnen mit:
Proudfoot, M. J. (1937a): City retail structure (s. Fußnote 4).
Proudfoot, M. J. (1937b): The outlying business centers of Chicago (s. Fußnote 4).

Eine frühe Studie aus Großbritannien ist:
Burns, W. (1959): British shopping centres (s. Fußnote 5).

Weitere Studien sind:
Berry, B. J. L. (1962): The commercial structure of American cities: a review (s. Fußnote 9).
Carol, H. (1960): The hierarchy of central functions within the city (s. Fußnote 6).

---

[26] J.W.R. Whitehand (1972): Building cycles and the spatial patterns of urban growth. − Trans. Inst. Brit. Geogr. 56, 39−55.
[27] J.W.R. Whitehand (1972), 53.
[28] Siehe auch einen Versuch, das Städtesystem und die städtische Morphologie miteinander zu verbinden, in H. Carter (1968): Urban systems and town morphology. − in: E.G. Bowen et al., Ed. (1968): Geography at Aberystwyth, 219−234. (Cardiff).
[29] z.B. S. Openshaw (1974): Processes in urban morphology with special reference to South Sheilds. (Univ. of Newcastle on Tyne: unveröff. Diss.).

Dutt, A. K. (1969): Intra-city Hierarchy of central places: Calcutta as a case study (s. Fußnote 21).

Garner, B. J. (1966): The internal structure of retail nucleations (s. Fußnote 13).

Johnston, R. J. (1966): The distribution of an intra metropolitan central place hierarchy in Melbourne (s. Fußnote 17).

Jones, R. (1967): Central place theory and the hierarchy and location of shopping centres in a city: Edinburgh (s. Fußnote 19).

Eine Untersuchung über das Kontinuum in Geschäftszentren ist:
Beavon, K. S. O. (1972): The intra-urban continuum of shopping centres in Cape town. – South African Geog. J. 54, 58–71.

Eine kurze Erklärung einer Geschäftszentrentypologie findet sich in:
Berry, B. J. L. (1967): Geography of market centres and retail distribution (s. Fußnote 9) 42–58, ‚The urban case'.

Weitere Studien sind in der zentralörtlichen Bibliographie aufgeführt, die am Ende von Kapitel 5 zu finden ist.

Studien über direkte Beziehungen zwischen Form und Funktion sind, außer in recht allgemeiner Form, nur selten. Die folgenden sollten herangezogen werden:
Carter, H. (1968): Urban systems and town morphology (s. Fußnote 28).
Davies, W. K. D. (1968): The morphology of central places: a case study (s. Fußnote 22).
Whitehand, J. W. R. (1972): Building cycles and the spatial pattern of urban growth (s. Fußnote 26).

15. Das Image der Stadt: Die Einstellung des Bürgers

15.1 Das Vorgehen bei Beobachtungsstudien

Im bisherigen größten Teil dieses Buches war davon ausgegangen worden, daß man die Stadt als ein im Raum vorhandenes Objekt betrachten kann, ein Phänomen, welches von all denen umfassend wahrgenommen werden kann, die sich als Teil davon begreifen oder mit ihm Beziehungen aufnehmen. Diese Einstellung ist in zwei Punkten modifiziert worden. Der erste bestand in der Erörterung des Verbraucherverhaltens in bezug auf das zentralörtliche System, wobei sich herausstellte, daß trotz kleinmaßstäbiger, also vergrößerter Betrachtungsweise ein solches System klare Unterschiede in seinen Teilen aufwies und diese als Produkt der Aktivitäten von Käufern und Unternehmern in bestimmten Zeitintervallen zu sehen waren. In großem Maßstab, bei Betrachtung der Einzelheiten, ließ sich allerdings das Verbraucherverhalten keineswegs mit den Grundsätzen kleinmaßstäbiger Betrachtungsweisen vereinbaren. Um diese offenbaren Konflikte zu lösen, erschien es ratsam, einen verfeinerten Ansatz zu ermitteln. Auch wurde klar, daß, wenn man das Wohnmuster und unterschiedliche Sozialräume betrachtete, der Entscheidungsprozeß einer jeden Familie über ihren Wohnstandort ein sehr komplexes Verfahren war, das von ihren Bedürfnissen und ihrer Einstellung zur Stadt abhing.

So kann man davon ausgehen, daß für den Bürger die objektive Stadt nicht existent ist. Jeder Einwohner hat gewissermaßen nur ein partielles, wahrscheinlich aber einen idiosynkratisches Bild der städtischen Umwelt, in der er lebt. In Kapitel 8, das sich mit der Stadtstruktur beschäftigte, wurde darauf hingewiesen, daß die Gesamtheit der Strukturen ein Abbild der Kultur sei und damit die Summe der Handlungen von Einzelwesen. Aber die Sicht vom Reißbrett oder vom Flugzeug aus ist nicht die Sicht des Bürgers auf der Erde und auf der Straße, denn dort ist die Aussicht begrenzt, wie sie es von jeder Perspektive aus ist, auch von der des Planers. Zu einem beständig wachsenden Element der Stadtgeographie hat sich damit die Analyse des Images der Stadt herauskristallisiert. Im Sinne des Geographen hat es zur Entwicklung von sogenannten „Mental Maps", den erkenntnisgerechten Karten, geführt, die Eindrücke und Vorstellungen auf den räumlichen Zusammenhang übertragen. Diese Mental Maps oder Images der städtischen Umwelt lassen sich dann in bezug auf die betroffenen Bevölkerungseigenheiten analysieren. Natürlich bleibt weiterhin das Problem, daß diese Eigenheiten letztlich mit psychologischen und persönlichen Besonderheiten im Zusammenhang stehen. Nach Golledge ist es möglich, die Verbraucher zu betrachten, als seien sie rein ökonomisch reagierende Wesen, auch im Sinne von Pawlow als Wesen, die durch einen Lernprozeß Wiederholungshandlungen beherrschen könnten oder als Freudianer, die phantastisch oder kapriziös auf Anregungen wie Reklame reagieren könnten oder auch als Untertanen, die dem Beispiel ihrer Obrigkeit folgen[1]. Aber trotz der Schwierigkeiten bei der Ermittlung der Persönlichkeitsstruktur scheint es doch möglich zu sein, bestimmte Vorstellungen von der Stadt in Bezug zu setzen zu Standardvariablen, die in steigendem Maße in der Sozialgeographie benutzt werden, z. B. dem sozioökonomischen Status, dem Geschlecht und dem Alter.

Downs hat drei verschiedene Ansätze für die Betrachtung des geographischen Raumes entwickelt[2]. Der erste ist der strukturelle Ansatz, der sich mit der Art und Weise befaßt, in der eine Anzahl von Informationen über einen Ort gespeichert wird. Natürlich können nicht alle Sinneseindrücke, alle wahrgenommenen Daten über eine bestimmte Umwelt in der Erinnerung haften bleiben. Es findet daher ein Prozeß der Auswahl und der Speicherung und Strukturierung statt. Auf dieser Grundlage wird gefordert, Mental Maps einer Stadt so anzulegen, daß weniger wichtige Einzelheiten ausgesondert werden und notwendige Daten für den einzelnen, wie das Finden eines Weges von Punkt A nach Punkt B, erhalten bleiben. Der zweite, der Bewertungsansatz, geht etwas weiter, da er sich nicht nur mit den strukturellen Eigenheiten der Umwelt befaßt, sondern auch mit einer Bewertung in bezug auf die zu treffenden Entscheidungen und die darauffolgenden Handlungen. Als dritter bezieht sich der

---

[1] R.G. Golledge (1970): Some equilibrium models of consumer behaviour. – Econ. Geog. 46, 417–425.

[2] R.M. Downs (1970): Geographic space perception: past approaches and future prospects. – Progress in Geography 2, 65–108.

Präferenzansatz auf Auswahlkriterien, die sich bezüglich einer Reihe von Objekten im Raum durchsetzen. Bewertung und Heranziehung von Präferenzen sind ähnlich gelagert und wurden bereits teilweise in bezug auf das Verbraucherverhalten in Kapitel 7 und in bezug auf Standortentscheidungen für das Wohnen in Kapitel 11 erwähnt. Im gegenwärtigen Kapitel wird daher anfangs auf strukturelle Eigenheiten zurückgegriffen und dann hauptsächlich der physiognomische und sichtbare Charakter der Stadtlandschaft erörtert.

15.2 Eine Typologie der Stadtbeobachtung

Vor dem genaueren Eingehen auf die städtische Imagebildung und ihre strukturelle Erfassung erscheint es sinnvoll, eine Typologie städtischer Wahrnehmung zu betrachten, die Art und Weise der Imagebildung kennzeichnet. Appleyard hat eine Dreifachklassifikation vorgeschlagen[3].

15.21 Bewußt aktive Wahrnehmung

Die Menschen nehmen viele Elemente in der Stadt wahr, da sie diese als Zuordnungspunkte im alltäglichen Leben benutzen, indem sie in der Stadt herumlaufen oder einfach zur Arbeit gehen. Autobushaltestellen, Verkehrskreuzungen, Hauptgebäude oder hervorstechende physisch-geographische Merkmale werden beachtet, bleiben in der Erinnerung haften und können dort unter Umständen eine übertriebene Bedeutung erlangen, sodaß schließlich eine bestimmte Mentalstruktur der Stadt beim einzelnen Bürger entsteht. Hier hat man es zweifellos mit dem umfassendsten Wahrnehmungstyp zu tun, der von wiederholten Tätigkeiten herrührt. Bei diesem Prozeß bleiben aber gleichzeitig einzelne Teile der Stadt weiterhin im Dunklen, an die man sich nicht erinnert und die bei der Wanderung des einzelnen von einem bestimmten Merkmal zum anderen nicht wahrgenommen werden. Zum Beispiel kann es sein, daß man sich nur einzelne Teile von Gebäuden einprägt. Ein bestimmtes Geschäft bleibt nur haften in seiner Erdgeschoßfläche und in seiner Schaufensterfront, während der architektonische Charakter des Gesamtgebäudes völlig unbekannt bleibt.

15.22 Reaktive Wahrnehmung

Das Wahrnehmen von bestimmten städtischen Images ist häufig eng mit ungewöhnlichen Merkmalen verknüpft, die eine sofortige Antwort hervorrufen: „Helle, isolierte, einzelstehende und klar unterscheidbare Elemente dringen in das Suchgefüge des Verkehrsteilnehmers ein oder lassen das Auge eines umherblickenden Fahrgastes darauf haften." Es ist die Rolle der Reklameindustrie,

---

[3] D. Appleyard (1973): Notes on urban perception and knowledge. – in: R.M. Downs & D. Stea, Ed. (1973): Image and environment. (Chicago & London), 109–114.

diese Art von Antwort zu erregen, indem sie gut sichtbare Bilder oder Farben benutzt und anregende oder einen schnellen Reflex auslösende Werbesprüche kreiert.

15.23 Vergleichende Wahrnehmung

Solche Wahrnehmung bezieht sich auf vergangene Erfahrungen und wird aus parallel verlaufenden Situationen gewonnen. Eine unbekannte Stadt wird in ihrem allgemeinen Charakter häufig einer großen Anzahl bekannter Städte entsprechen. Mit Hilfe der Erfahrung wird es möglich, sich in einer fremden Stadt durch gespeichertes Wissen über die Struktur von großstädtischen Räumen im allgemeinen zu orientieren.

Wenn unterschiedliche Typen der Wahrnehmung gegeben sind, besteht das Hauptproblem häufig darin, diesen ein bestimmtes analytisches System zuzuordnen, nach dem man die städtischen Imagebildungen, die Wahrnehmungen selbst, strukturell erfassen kann. Wenigstens teilweise ist es Kevin Lynch in seinem im Jahre 1960 veröffentlichten Buch über das Image der Stadt gelungen, eine solche Lösung voranzubringen. Lynch schlug fünf Elemente für die Betrachtung der physiognomischen Struktur der Stadt vor:

1. Wege sind Kanäle für die Menschen, die sich innerhalb der Stadt von Ort zu Ort bewegen. Als Ergebnis stellt sich bei ihnen ein Vorherrschen der städtischen Wege in ihrer Vorstellungswelt ein, da Bewegungen normalerweise die Beobachtung schärfen. Für jeden Bewohner der Stadt ist es wichtig, wie er von Punkt A nach Punkt B gelangt, und daher ist der Weg ein dominantes Merkmal, an das man sich erinnert.

2. Kanten sind lineare Elemente, die bestimmte physiognomische Unterbrechungen innerhalb der Stadt darstellen. Sie können natürliche Merkmale sein, wie z. B. Abhänge, Meeresküsten, Seeufer oder Flußufer. Sie können auch Merkmale sein, die von Menschenhand geschaffen wurden, wie Eisenbahnlinien oder städtische Autobahnen.

3. Viertel: die Viertelsbildung in den meisten Städten ist für die Einwohner am besten erkennbar, zumal die meisten besondere lokale Namen haben. Manche sind durch ihre besonderen Aktivitäten, Kulturen oder Gruppen weltweit bekannt, wie Soho in London, St. Pauli in Hamburg, Montmartre in Paris oder Harlem in New York.

4. Knotenpunkte: Besondere Punkte in der Stadt — meistens sind es Straßenkreuzungen — sind als Knotenpunkte oder Brennpunkte besonders bekannt. Die Bürger können sich hier treffen oder daran vorbeigehen. Sie stellen daher die eindeutigsten und übersichtlichsten Bewegungspunkte in der Stadt dar. Häufig sind sie besonders klar als bestimmte physiognomische Elemente erkennbar, wie das bei städtischen Plätzen oft der Fall ist. Picadilly Circus, Times Square, Alexanderplatz, Place de l'Etoile, Roter Platz sind solche Knotenpunkte.

5. Wahrzeichen unterscheiden sich von Knotenpunkten dadurch, daß sie zwar beobachtbare Merkmale sind, aber man sie normalerweise nicht passieren kann. Für den Seefahrer waren in früherer Zeit Leuchttürme Wahrzeichen für ihre Orientierung. Heute erleichtern Wahrzeichen die Orientierung für den Fremden in einer Stadt. Klar herausragende Gebäude oder Merkmale sind leicht erkennbar und prägen das Image einer Stadt, das man dann in die Mental Maps übertragen kann. Mit dem Wahrzeichen läßt sich in aller Kürze die ganze Stadt symbolisieren. Wenn ein Film- oder Fernsehregisseur seine Handlung nach Paris verlegen will, dann eröffnet er seine Bildfolgen mit dem Eiffelturm, geht es um London, dann erscheint Big Ben, in Berlin ist es das Brandenburger Tor und die Gedächtniskirche, in New York entweder die Freiheitsstatue oder die Skyline von Manhattan.

Natürlich benutzen nur wenige Bürger diese fünf Elemente bewußt. Zusammen bieten sie eher ein zufälliges System zur Analyse des Images einer Stadt, welches Einzelpersonen oder Gruppen von Menschen haben. Für verschiedene Menschen werden die Elemente natürlich auch eine unterschiedliche Bedeutung haben, manchmal sogar für die gleichen Menschen zu verschiedenen Zeiten. Eine Stadtautobahn ist für den Autofahrer ein Weg, für den Fußgänger viel eher eine Linie auf der Karte. Lynch vergleicht zwei Karten miteinander, die eine zeigt in Umrissen die Stadt Boston und die andere „die sichtbare Form von Boston, wie man sie in der Landschaft sieht"[4]. Obgleich letztere Beobachtung von der Landschaftserkennung her stammt, spiegelt sie die Ansicht des städtischen Analytikers von Boston wider, da solche Untersuchungen nicht absolut gesetzt werden können, sondern lediglich bestimmte Imagevorstellungen ausmachen. – Der wesentliche Beitrag von Lynch bestand darin, ein einfaches, aber grundlegendes Handwerkszeug zu entwickeln, mit dem man die beim Bürger auftretende Vorstellungskraft, das Image der Stadt, fixieren und die Wahrnehmungen der verschiedenen Gruppen miteinander vergleichen konnte.

Lynch führte per Post und durch Straßeninterviews Befragungen durch, mit deren Hilfe er eine Anzahl von Imagebildungen über Boston ermittelte. Am schwierigsten dabei dürfte der Ansatz über die „verschiedenen Gruppen" und deren unterschiedliche Betrachtungsweise des Großstadtraumes sein. Es tritt sofort das Problem auf, welches das Wesen solcher Gruppen ist und wie man sie im Sinne der Faktorökologie den verschiedenen städtischen Bevölkerungsgruppen zuordnen kann. Es läßt sich natürlich eine große Anzahl differenzierter individueller Einstellungen feststellen, die allerdings nur wenig zum Zweck einer solchen Untersuchung beitragen. Sicherlich interessieren den Psychologen die Auffassungen von Randgruppen über die Großstadt, aber für den Geographen sind solche besonderen Fälle von untergeordnetem Interesse. Nach ökologischen Untersuchungen erscheint es sinnvoll, das Image der Großstadt nach sozioökonomischem Status, Alterszugehörigkeit und ethnischem Ursprung zu differenzieren.

---

[4] K. Lynch (1960): The image of the city. (Cambridge, Mass.), 18–19.

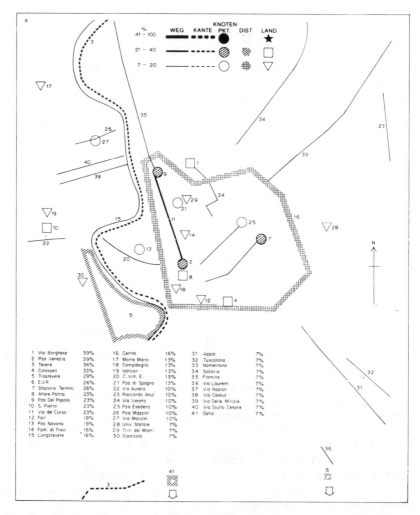

Fig. 15-1. Das Image von Rom. Nach Francescato und Mebane (1973). A: Das Image der Mittelschicht von Rom.

15.3 Das Image der Stadt und der sozioökonomische Status

In einer zusammenfassenden Darstellung haben Francescato und Mebane das Image von Rom und Mailand beschrieben. Sie teilten ihre Befragten in verschiedene Gruppen des Status, des Alters und des Geschlechts ein, und danach, ob

Image der Stadt und sozioökonomischer Status 379

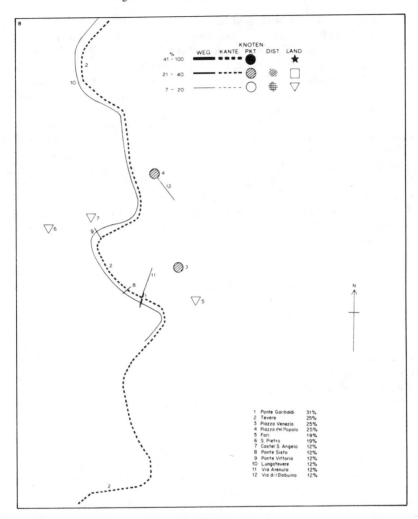

Fig. 15-1 B. Das Image der Unterschicht von Rom.

sie aus der betreffenden Stadt stammten oder nicht[5]. In Fig. 15-1 wird das Image von Rom mit Hilfe der analytischen Techniken von Lynch für die Mittelklasse (15-1A) und die Unterklasse (15-1B) wiedergegeben. Die soziale Klassenzugehörigkeit wurde mit Hilfe von Beruf und Ausbildung in Indizes ermittelt:

---

[5] D. Francescato & W. Mebane (1973): How citizens view two great cities: Milan and Rome. – in: R.M. Downs & D. Stea, Ed. (1970), 131–147.

33 Befragte wurden der Mittelschicht zugeordnet und 27 der Unterschicht. Die Unterschiede fallen sofort ins Auge. Der Gruppe der Mittelschicht war eine erheblich größere Anzahl von Elementen bei größerer räumlicher Ausdehnung bekannt. Die Gründe liegen auf der Hand: größerer Wohlstand bedeutet größere Mobilität, umfassendere Allgemeinbildung und umfassendere Bereitschaft, die vielen Möglichkeiten in der Stadt zu nutzen. Einfachere Leute sind weniger mobil, haben aller Wahrscheinlichkeit nach kürzere Wege zur Arbeit, nutzen nicht alle Möglichkeiten, welche die Stadt bietet, und erfassen daher den Großstadtraum in erheblich geringerem Maße. Die Autoren schlagen eine weitere Erklärung vor. Daß von den sozialen Unterschichten nur Karten mit einem recht kleinen Aktionsradius, dafür aber vielen lokalen Details erstellt werden können, ist auf die Beschränkung ärmerer römischer Familien auf den engeren Wohnbereich zurückzuführen. Ein solches Merkmal ist zweifellos von großer Bedeutung, obwohl es selbst kennzeichnend für die Armut der Bewohner ist, wobei mangelnde Mobilität auch auf Zwänge aus der Familie und der Nachbarschaft zurückzuführen ist.

15.4 Das Image der Stadt und die ethnische Gruppenzugehörigkeit

Als eine der am häufigsten zitierten Arbeiten über die Vorstellung von der städtischen Umwelt gilt die Studie des Stadtplanungsamtes von Los Angeles[6]. Dabei wurden 25 Befragte darum gebeten, eine Karte von Los Angeles zu zeichnen. Die Karten wurden dann nach Gruppen zusammengefaßt und generalisiert veröffentlicht. Drei dieser zusammengefaßten städtischen Imagekarten sind in Fig. 15-2 abgebildet. Die Fig. 15-2A stellt das städtische Image der Stichprobenerhebung aus Avalon dar, einem vorwiegend von Schwarzen bewohnten Viertel im Süden des Großstadtraumes. Fig. 15-2B ist aus der Stichprobe von Bewohnern des Viertels Boyle Heights entstanden, in dem man fast ausschließlich spanisch spricht und das benachbart zu den zentralen industriellen und kommerziellen Gebieten der Stadt liegt. Die dritte Imagebewertung von Los Angeles zeigt Fig. 15-2C. Sie stammt aus der Stichprobe von Westwood, einem Viertel der weißen Oberschicht, das an den südlichen Rändern der nördlichen Hügel zwischen Beverley Hills und Santa Monica liegt. Die drei Karten braucht man nur wenig zu interpretieren. Das Image der weißen Oberschicht nimmt einen großen Raum ein und vermittelt eine Fülle detaillierter Erkenntnisse. Das Image der Bewohner von Avalon ist in seiner Reichweite begrenzt und zeigt nur wenige stadtbekannte Einzelheiten. Hier hat nur ein geringer Anteil der Befragten überhaupt Kenntnis von allgemein bekannten Vororten wie Hollywood. Bezeichnend ist, daß das Image der Weißen sehr stark vom Ost-West-Verlauf bekannter Boulevards wie des Wilshire- und des Santa Monica-Boulevards geprägt

---

[6] Department of City Planning (1971): The visual environment of Los Angeles. (Department of City Planning, LA).

Image der Stadt und ethnische Gruppenzugehörigkeit 381

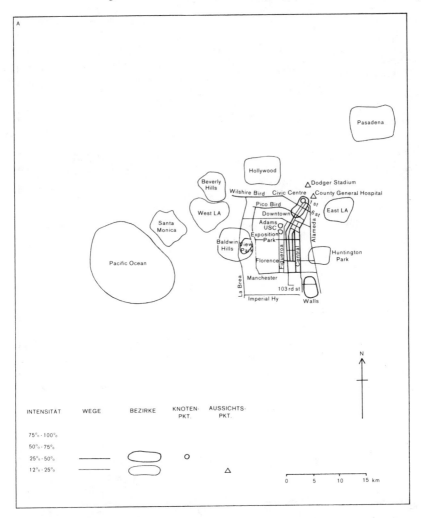

Fig. 15-2. Zusammengesetztes Image der Stadt Los Angeles. Nach Los Angeles Department of City Planning (1971). A: Avalon.

ist, die beide an den Hollywood-Hügeln und dem Santa-Monica-Berg entlang verlaufen. Demgegenüber ist das Image des schwarzen Avalon-Viertels auf das Nord-Süd verlaufende Gitternetz der Ebene ausgerichtet und auf den Zugang zum Innenstadtbereich. Das Image der Bewohner von Boyle Heights schließlich ist am stärksten begrenzt und breitet sich nur geringfügig über die unmittelbare Nachbarschaft aus.

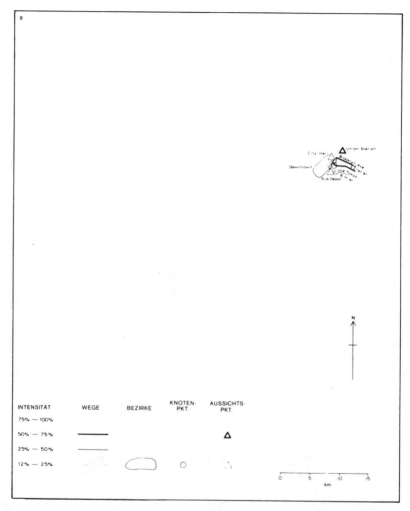

Fig. 15-2B. Boyle Heights.

Obgleich diese drei Imagebildungen auf ethnische und getrennt voneinander wohnende Gruppen bezogen sind, sind doch weitere Qualifikationen nötig. So muß der sozioökonomische Status oder die Möglichkeit der Mobilität über die finanzielle Basis der Familie berücksichtigt werden. Dennoch ist hier eine ethnisch begründete Separierung verschiedener Gruppen erkennbar, die erst bei einem größeren Grad der Assimilation im Sinne größerer, die ganze Stadt umfassende Mobilität, überwunden werden kann. Ghettosituationen sind bereits in

Image der Stadt und ethnische Gruppenzugehörigkeit 383

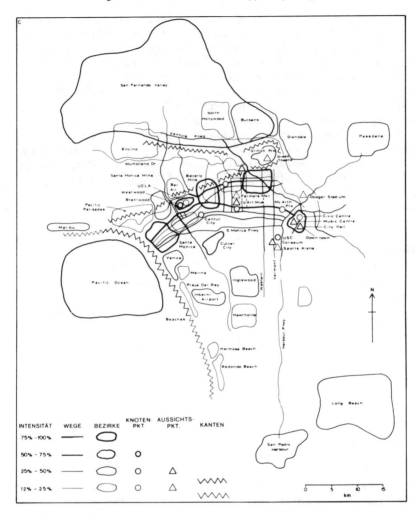

Fig. 15-2C. Westwood.

einem früheren Kapitel in ihrem räumlichen Zusammenhang betrachtet worden. Hier kann man sie ganz eindeutig als ein einschränkendes Merkmal fixieren. In seinem Buch über die Sozialordnung im Slum beschreibt Gerald Suttles[7] das soziale Klima, in dem solche Beschränkungen zu finden sind: „Für Bewohner

---

[7] G.D. Suttles (1968): The social order of the slum. Ethnicity and territory in the inner city. (Chicago), 15. Eine sehr interessante Arbeit ist von D. Ley & R. Cybriwsky (1974): Urban graffiti as territorial markers. – Ann. Assoc. Amer. Geogr. **64**, 491–505.

des Gebietes von Addams (das ist der Name für das Viertel von Chicago, mit dem sich das Buch beschäftigt) nimmt nur die unmittelbare Nachbarschaft klare Konturen an. Darüberhinaus werden Grenzen und andere Merkmale eher vage und ungewiß ... Jeder kleine Teil (der Stadt) wird als in sich selbst genügsame Welt gesehen, in der die Bewohner praktisch alle ihre Bedürfnisse befriedigen. Jemand, der sein eigenes Gebiet verläßt, ist so lange suspekt für die anderen, wie er keinen leicht sichtbaren und plausiblen Grund für dieses andersartige Verhalten angibt." Der Autor fährt fort (Seite 228): „Der einzelne im Gebiet von Addams findet positive Kontakte vor allem zu Mitbewohnern des gleichen Alters, des gleichen Geschlechts und der gleichen Rasse, da der Konflikt mit anderen Menschen sie zu solchen kleinen Gruppenbildungen zwingt ... Eine solche positive Einstellung zum Konflikt läßt sich nur erklären, wenn man die Entwicklungsgeschichte betrachtet. Am Anfang steht zwar keine Vorschrift der Eltern, sich nur mit bestimmten Personen abzugeben, aber doch immer die Vorhaltung: „Verlaßt unsere Nachbarschaft nicht" ... „bleibt in unserer Straße" ... Solche Gebote und Verbote führen natürlich nicht sofort zu solcher Gruppenbildung, aber sie schaffen doch räumliche Abgrenzungen." In seiner detaillierten Untersuchung beschreibt Suttles den Prozeß räumlicher Einschränkungen, welche in der Tat schließlich das beschränkte Image der Gesamtstadt bei vielen ethnischen Minoritäten erzeugen.

Der Prozeß räumlicher Abkapselung ist auch bei den verschiedenen Gruppen der Gastarbeiter in westdeutschen Großstädten und in Berlin-West feststellbar (*Ergänzung vom Herausgeber*). In Berlin-Kreuzberg z. B. (Berlin-West ist 1980 mit über 100.000 Türken die größte Stadtgemeinde außerhalb des Mutterlandes) haben die Türken eigene Geschäfte, Versammlungshallen, Koranschulen und Moscheen und sind damit bis auf die Fahrt zum Arbeitsplatz fast völlig unabhängig von Kontakten mit Deutschen. Ihr Image von der Stadt ist damit ein ganz anderes als das der meisten Deutschen. Daß ihr Zusammenhalt in fremder Umgebung sich zunehmend festigt, belegen neuerdings auch größere Straßendemonstrationen zu Problemen ihres Heimatlandes sowie politische Versammlungen und Folkloredarbietungen, die nur selten von Deutschen besucht werden. Selbst die Kinder, die z. T. ihrer deutschen Schulpflicht nur unzureichend nachkommen, haben in vielen Klassen deutliche Mehrheiten von über 50 % gegenüber ihren deutschen Klassenkameraden. Die geringer werdende Geburtenrate der Deutschen und Fortzüge von deutschen Familien bei gleichzeitigem Zuzug weiterer türkischer Familien dürften die Anteile türkischer Kinder in bestimmten Quartieren weiter steigen lassen (vgl. das Gutachten aus dem Deutschen Institut für Wirtschaftsforschung im Auftrage der Planungsleitstelle des Berliner Senats über *„Ausländer in Berlin"* vom April 1979 sowie den Beschluß des Senats von Berlin vom 6.11.1979 über *„Leitlinien und neue Maßnahmen zur Ausländerintegration in Berlin"*).

In anderen, meistens den traditionellen Arbeiterbezirken Berlins wie Wedding, Tiergarten und z. T. auch Schöneberg sowie Spandau gibt es quartierweise ähnliche Konzentrationen von Gastarbeiterfamilien. — In den sog. „besseren" Bezirken wie Zehlendorf und Wilmersdorf wohnen so gut wie keine Ausländer in ethnischen Quartieren zusammen, wenn man vom Personal der westlichen Schutzmächte und ihren Angehörigen absieht.

Auch in der zweitgrößten deutschen Stadt, in Hamburg, haben sich starke Konzentrationen von Gastarbeitern gebildet. Den höchsten Anteil weisen Arbeiterviertel wie Altona, St. Georg, Wilhelmsburg und Eimsbüttel auf.

Insgesamt beträgt der Ausländeranteil in Berlin-West nur etwa 10 % (1980 = 210.000, wovon 15.000 Staatsangehörige der drei Schutzmächte und 35.000 nur vorübergehend in Berlin lebende Menschen aus Europa und Übersee sind). Damit ist Berlin zwar absolut die deutsche Stadt mit den meisten Ausländern, aber der Anteil ist prozentual an der Bevölkerung in Frankfurt am Main mit 18,5 %, in München mit 17,1 %, in Stuttgart mit 15,9 %, in Düsseldorf mit 12,3 % und in Köln mit 11,9 % wesentlich höher. — In Ost-Berlin, wo zwar viele Gastarbeiter aus dem Berliner Westen billig einkaufen, aber nicht wohnen und arbeiten, wie auch in Rostock, Dresden und Leipzig ist die ghettoartige Zusammenballung von Ausländern auf engem Raum unbekannt.—

Die beschränkte Nutzung des Stadtraumes durch den einzelnen ist auch in Hägerstrands Zeitmodell der Gesellschaft anzutreffen[8]. Die meisten menschlichen Tätigkeiten erfordern Zeit, aber „während die räumliche Enge der Verstädterung sowohl für den einzelnen wie auch für die Gesellschaft Zeitersparnis mit sich bringt, werden dadurch auch überregionale und innerstädtische soziale und wirtschaftliche Ungleichgewichte erzeugt..."[9]. In dem Modell sind zwei Komponenten genannt. Die erste begreift die Umwelt in der Lebensperspektive, die alle Orte umfaßt, die ein Mensch während seines Lebens möglicherweise aufsucht, und die zweite besteht in der Umwelt des täglichen Lebens, die theoretisch auf die Distanz beschränkt ist, die man an einem Tag zurücklegt. Jeder einzelne unterliegt zeitlich-räumlichen Beschränkungen. Einige dieser Beschränkungen sind biologisch begründet, wie das Bedürfnis nach Schlaf, welches die tägliche Reisezeit einschränkt. Andere wiederum sind sozioökonomischer Natur und hängen von den verfügbaren Finanzmitteln ab. In diesem Sinne wird das Großstadtimage seiner Natur nach durch einschränkende Kriterien begrenzt.

Aus den Karten der Fig. 15-2 ergibt sich ein weiterer Punkt, der allerdings nicht mit der ethnischen Zugehörigkeit in Zusammenhang steht. Lynch beschrieb die Fähigkeit der Stadt, zur Imagebildung beizutragen[10], das heißt, wie weit klare und unterscheidbare Imagevorstellungen überhaupt möglich wurden. Die Untersuchung der Karten von Los Angeles zeigte, daß sie von Wegen und

---

[8] T. Hägerstrand (1970): What about people in regional science? — Papers Reg. Sci. Assoc. **24**, 7—21.
[9] A.R. Pred (1973): Urbanization, domestic planning problems and Swedish geographic research. — Progress in Geography **5**, 37. Diese Arbeit gibt eine vollständige Übersicht über die Gedankengänge von Hägerstrand.
[10] K. Lynch (1960), 9—13.

Vierteln beeinflußt werden und daß in diesem Falle ein Mangel an Knotenpunkten und Wahrzeichen herrscht. Daraus läßt sich eine Bestätigung für den allgemeinen Eindruck herleiten, daß die Stadt praktisch vom Automobil beherrscht ist, d. h. daß sie aus einer Zusammenballung von Vororten (Vierteln) besteht, die über Autobahnen (Wege) verbunden sind.

15.5 Das Image der Stadt und die Altersstruktur

In diesem Zusammenhang sind zwei Aspekte zu unterscheiden:

1. Die Entwicklung räumlicher Erkenntnis: Untersuchungen dieser Art befassen sich mit der räumlichen Erkenntnis, die ein Kind von Geburt an entwickelt. In diesem Zusammenhang kann auf solche Untersuchungen allerdings nicht eingegangen werden. Dieser Spezialbereich ist durch eine umfangreiche Literatur abgedeckt[11]. Er wird hier nur kurz gestreift, da er die Bedeutung der Altersstruktur für das Image von Orten ins Spiel bringt.

2. Das Image einer Stadt und die Altersgruppen: Unterschiedliche Altersgruppen, verschiedene Stadien in der Altersstruktur lassen variierende Merkmale der Stadt als wesentlich erscheinen. Eine der bekanntesten Studien in Großbritannien wurde von Brian Goodey et al. über Birmingham durchgeführt[12]. Dabei wurde auf ein recht ungewöhnliches Mittel der Datenerhebung zurückgegriffen: Die Leser der Birmingham-Post wurden gebeten, spontan gezeichnete Karten des Innenstadtbereichs einzusenden. Goodey berichtete, daß „wir unterscheiden konnten, welche Karten von Birmingham von jungen Leuten, Hausfrauen und alten Leuten stammten, wobei die beiden letzten Gruppen die Labyrinthe von kürzlich eröffneten städtischen Unterführungen als entscheidende Hindernisse für die Mobilität und das Zurechtfinden in der Stadt ansahen"[13].

Es gäbe einen falschen Eindruck, wenn man die drei behandelten Merkmale als einzige Bestimmungsgrößen für das Image einer Stadt ansehen würde. Auch reichen dafür die sichtbaren Elemente, die man auf die Begriffe von Lynch übertragen kann, nicht aus. In Kapitel 10 wurde der Innenstadtbereich als objektives Gebiet der Stadt betrachtet und der Versuch unternommen, sinnvolle Methoden der Abgrenzung zu ermitteln. Dabei fiel auf, daß man zunächst auf

---

[11] R.A. Hart & G.T. Moore (1973): The development of spatial cognition: a review. – in: R.M. Downs & D. Stea, Ed. (1973), 246–288.

[12] B. Goodey et al. (1971): City scene: an exploration into the image of central Birmingham as seen by area residents. – University of Birmingham, Centre for Urban and Regional Studies, Research Memorandum 10.

[13] B. Goodey (1973): Regional and urban images in decision making and planning. – in: J. Rees & P. Newby, Ed. (1973): Behavioural perspectives in geography. – Middlesex Polytechnic, Monographs in Geography 1.

die örtliche öffentliche Meinung angewiesen war. Durch solche Imageuntersuchungen wird der Kreis geschlossen und der Geograph erneut mit örtlichen Meinungen konfrontiert. Denn wenn die Verbraucher sich so verhalten, daß sie die Forderungen wirtschaftlicher Vernunft nicht beachten, dann ist es wahrscheinlich, daß sich auch die Ansicht über den Innenstadtbereich verändern kann. — Eine solche Untersuchung führte Klein durch, der über Kontrastgruppen zu unterschiedlichen Definitionen des Innenstadtzentrums kommen wollte[14]. Eine Zufallsstichprobe von 1.118 Elementen wurde aus einer Anzahl von klar definierten Wohnvierteln entnommen. Den Befragten wurden dann jeweils 24 Photographien des Innenstadtzentrums überreicht, die sie in drei Kategorien, „Innenstadtzentrum", „Nicht-Stadtzentrum" und „Unbekannt" einteilen sollten. Die Analyse der Ergebnisse wurde im Hinblick auf einige, die Befragten charakterisierende Variable durchgeführt, worunter sozioökonomischer Status, Alter, Geschlecht, Aufenthaltsdauer und Wohnstandort waren. Für jede Photographie wurde der Anteil an der gesamten Stichprobe bezüglich der Beurteilung zum „Innenstadtzentrum" berechnet und dann die Abweichung vom Mittelwert für jede der von den Variablen bestimmten Untergruppen ermittelt. Auf zwei der Untergruppenanalysen kann kurz eingegangen werden.

Figur 15-3A stellt ein West-Ost-Profil durch die Stadt dar, welches über fünf Photographien identifiziert wurde. Die Antworten von drei Gruppen werden bezüglich dieser fünf Punkte untersucht, wobei die erste Gruppe im Westen des Stadtzentrums, die zweite Gruppe im Osten und die dritte im Innenstadtzentrum selbst wohnt. Die Gruppen werden graphisch so dargestellt, daß die Abweichung vom Mittelmeer prozentual angegeben ist. Danach überhöhen die im Westen Wohnenden das Stadtzentrum durch Ausdehnung desselben in Richtung Westen, während die im Osten Lebenden dasselbe in östlicher Richtung tun. Die im Zentrum selbst Wohnenden überschätzen den Stadtkern und unterschätzen sowohl die Erweiterungen nach Osten als auch nach Westen. Obgleich keine statistischen Tests über den Zusammenhang zwischen Wohnort und anderen Variablen vorgenommen wurden, scheint es, daß dieser Standort-Gegensatz von letzteren unabhängig ist. Klein vermutet, daß das Ergebnis darauf zurückzuführen ist, daß die Bewohner eher den Teil des Innenstadtbereiches benutzen, der zu ihrer Wohnung näher gelegen ist, und daher mit diesem mehr vertraut sind. Er fügt jedoch hinzu, daß es vielleicht auch ein Wunschdenken sein kann zu glauben, daß das Stadtzentrum näher sei als es tatsächlich ist. Damit kommt ein weiteres Problem in die Diskussion, nämlich das der subjektiven Distanz. Damit wird die Arbeit von Brennon[15] über Wolverhampton ins Gedächtnis gerufen, der herausfand, daß Hausfrauen keineswegs das nächstgelegene Geschäft für den Erwerb einer Ware benutzten, sondern das nächste in Richtung auf die Innenstadt. Sie bewegten sich also in Richtung auf die

---

14 H.-J. Klein (1967): The delimitation of the town-centre in the image of its citizens. — in: W.F. Heinemeyer et al., Ed. (1967): Urban core and inner city. (Leiden), 286—306.
15 T. Brennan (1948): Midland city. (London).

388 Das Image der Stadt

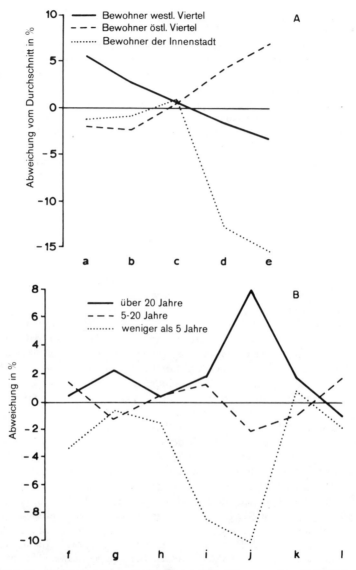

Fig. 15-3. Das Stadtzentrum von Karlsruhe, wie seine Bürger es sehen. Nach Klein (1967). A: West-Ost-Profil bezügl. des Wohnorts; B: Nord-Süd-Profil bezügl. der Wohndauer. In beiden Profilen geben die Punkte a bis l Stellen an, von denen in der Untersuchung Photographien benutzt wurden. a bis l = 5 Stellen von West nach Ost; f bis l = 7 Stellen von Nord nach Süd. Es ist außerdem bezeichnend, daß sich Karlsruhe in den letzten Jahren stärker nach Westen verschoben hat. Diese Tatsache schlägt sich in den Antworten der innerstädtischen Bewohner in Darstellung A und der jüngeren Bewohner in Darstellung B nieder.

Innenstadt, nicht, um die nächstbeste Gelegenheit zu ergreifen, sondern wahrscheinlich, weil sie sich sowieso meistens in Richtung auf die Innenstadt hin bewegten und sie damit der Illusion verfielen, daß Geschäfte in dieser Richtung leichter erreichbar seien[16].

Das zweite Beispiel aus Kleins Untersuchung ist in Fig. 15-3B zu sehen, wo entlang eines Nord-Süd-Profils sieben verschiedene Punkte die Aufenthaltsdauer in der Stadt markieren. Diejenigen, die bisher in der Stadt nur eine kurze Zeit gelebt haben, wie die jüngeren Altersgruppen, haben einen beschränkteren Überblick über das Stadtzentrum. Besonders bemerkenswert sind die Unterschiede bezüglich des Punktes „J", des Festplatzes. Dieser nach Süden in einer Erweiterung des Zentrums gelegene Punkt wird durch kulturelle Einrichtungen beherrscht und ist ein traditionell fest umrissenes Charakteristikum der Stadt. Die am längsten in der Stadt Lebenden bestehen darauf, daß dieser Teil zum Innenstadtbereich gehört, während die Neuankömmlinge nicht dieser Ansicht sind. Damit wird die große Komplexität des Images deutlich, das der Bürger um seine Stadt herum aufbaut. Denn es ist nicht nur auf standardisierte Sozialvariable zurückzuführen, sondern auch auf den Standort, die Dauer des Aufenthalts und viele andere persönliche Eigenheiten, die das Individuum auszeichnen. Jenseits der objektiven Stadt liegt die von den Menschen genutzte Stadt, die von ihrer Vorstellungswelt ausgefüllt wird und deren Verhalten das Image einer Stadt erst ausmacht.

15.6 Praktische und theoretische Bedeutung

Es ist jetzt an der Zeit zu fragen, welche Bedeutung solche Untersuchungen eigentlich haben und ob sie nicht lediglich einer geographischen Laune entspringen? Eines ist klar, sie stellen ein recht bedeutsames Gebiet dar, das man nicht rein akademisch bewältigen kann, sondern das die Menschen, die in der Stadt leben und arbeiten, zum Gegenstand der Untersuchung macht. Von daher lassen sich vier Nutzanwendungen für Imagestudien der Stadt denken:
1. Die Aufmerksamkeit wird auf die Vorstellung des Bürgers von seiner Stadt gelenkt. Vom Standpunkt des Geographen wird leicht vergessen, daß die Stadt eine in Stein gegossene Form ist, die optisch erfreulich sein sollte. Die ästhetische Befriedigung steht in Beziehung zur Vorstellung von den Werten einer Stadt und damit wird durch Imagestudien über Großstädte die Aufmerksamkeit auf Qualitäten gelenkt, die man in der Sozialwissenschaft häufig vernachlässigt und in den Bereich des Architekten verwiesen hat[17].

---

16 T.R. Lee (1962): 'Brennan's Law' of shopping behaviour. – Psychological Report 11, 662.
17 Eine interessante Analyse, die eng mit der Arbeit von Lynch verbunden ist: G. Clay (1973): Close-up: how to read the American city. (Washington, D.C.).

2. In großem Rahmen hängt die Attraktivität und die Wirkung einer Stadt davon ab, wie leicht die Menschen sich in ihr zurechtfinden, wie schnell Autofahrer ihr Ziel erreichen und wie schnell letztlich bestimmte Vorstellungen entstehen, mit deren Hilfe eine Stadt im Gedächtnis haften bleibt. Im kleinen können sich diese Qualitäten auf irgendein Einzelgebäude beziehen, da soziale Prozesse von der Organisation der Umwelt abhängen. „Die Ansätze der Verhaltensbeobachtung und der sozialräumlichen Durchdringung lassen sich sowohl auf klar abgegrenzte Sozialräume als auch auf kleinräumige Einheiten wie Eingänge oder Durchgänge anwenden. Jeder Verkehrsweg kann potentiell zu gegenseitigen Treffen und Interaktionen beitragen. Daher hat auch ein Sozialraum, der am hinteren Ende einer Halle liegt oder auch in einer gewissen Entfernung vom Eingang, eine im kleinen bedeutsame therapeutische Funktion zu erfüllen"[18]. Wiederum ist es eindeutig, daß trotz eines gewissen Interesses, das der Geograph der räumlichen Organisation entgegenbringt, der Hauptbetroffene in diesem Falle der Architekt oder der Psychologe ist.

3. In einem dritten Bereich sind solche Studien von Bedeutung, da sie das Image der Stadt erklären, das der tägliche Benutzer von ihr hat und welche Probleme er damit verbindet. Die Studie von Goodey über Birmingham, in der das Problem von Hausfrauen auftauchte, die mit ihren Kinderwagen ein System von Unterführungen durchqueren sollten, wurde bereits erwähnt. In dieser Arbeitsweise liegt auch die Möglichkeit begründet, die Öffentlichkeit mehr am Planungsprozeß teilhaben zu lassen.

4. Zuletzt ist die kritische Entwicklung der Städte des 20. Jahrhunderts zu erwähnen. Die Entfremdung der Menschen und die damit in Verbindung stehenden sozioökonomischen Indikatoren werden heute ausgiebig in akademischen Studien abgehandelt. Dabei werden besonders strukturelle Eigenheiten mit sozialschichtenspezifischen Gegebenheiten verknüpft. Aber man sollte auch die Standortbedingungen und die geographischen Gegebenheiten dabei berücksichtigen, zumal die von Armen und ethnischen Minoritäten gezeichneten Karten von erheblicher Aussagekraft sind. Es stimmt schon, daß soziale und wirtschaftliche Nachteile und Standortnachteile miteinander in engem Zusammenhang stehen, obwohl es noch weitere Verbindungen gibt. So kann man es z. B. als eine Ironie der Geschichte bezeichnen, daß in Großbritannien die Bewegung in Richtung auf ein Gesamtschulsystem in ihren Anfängen praktisch lediglich Standortnachteile durch strukturelle Nachteile ersetzte, so daß als Ergebnis die Bildungschancen von intelligenten Arbeiterkindern sich gegenüber dem vorhergehenden Zustand erheblich verschlechterten. Solche Fehlentscheidungen wurden nur möglich, weil man zu wenig in geographischen Zusammenhängen dachte und die Leute unfähig, ja unwillig waren, räumliche Besonderheiten zu berücksichtigen. In Amerika versuchte man, das Problem auf ähnliche Weise zu

---

[18] M.P. Lawton (1974): The human being and the institutional building. – in: J. Lang et al., Ed. (1974): Designing for human behaviour; architecture and the behavioral sciences. (Stroudsburg, Penn.), 67.

lösen, indem man nämlich die Schulkinder mit Autobussen durch die ganze Stadt fuhr, um dadurch Schulen zu umgehen, die fast ausschließlich von rassischen Minderheiten besucht wurden. Auch in diesem Zusammenhang ist die Verbindung zwischen Imagestudien und Sozialräumen gegeben, die schon in vorhergehenden Kapiteln besprochen worden sind.

Diese vier Nutzanwendungen von Imagestudien über die Stadt lassen sich praktisch im Bereich der Planung anwenden. Außerdem bleibt die Bedeutung von solchen Studien für die geographische Forschung. Hier ist eines der Hauptprobleme der Zusammenhang zwischen Imagebildung und Verhalten der Menschen. Auch dabei ist nicht die Konstruktion eines Image das Wesentliche, sondern die Interpretation von Verhaltensweisen, die von bestimmten Vorstellungen einzelner Einwohnergruppen geprägt sind. Den Verhaltensweisen gehen bestimmte Entscheidungen voraus, z. B. wo man einkauft, wo man wohnt und wo man arbeitet, und diese wiederum kann man im Zusammenhang mit dem allgemeinen Verbraucherverhalten und dem Verhalten gegenüber Wohnstandorten betrachten. Bei der Erklärung der Muster und Ströme einer beobachteten Stadt hat sich der Geograph das charakteristische Verhalten des Bürgers für die Strukturierung seiner Stadt zu vergegenwärtigen. Es ist daher angemessen, daß der Verhaltensansatz zwar keine ausschließliche, aber doch im Steigen begriffene Rolle in der Stadtgeographie spielen sollte.

Literaturhinweise

Eine Reihe von Bibliographien über die Wahrnehmung der Umwelt wurde durch das Zentrum für Stadt- und Regionalstudien an der Universität Birmingham publiziert. Eine der letzten ist:
Goodey, B. & Spencer, D. (1973): The last environmental perception check-list. – University of Birmingham, Centre for Urban and Regional Studies, Research Memorandum 2.

Ein sehr brauchbarer und wertvoller Einzelband ist:
Downs, R. M. & Stea, D. (1973): Image and environment: cognitive mapping and spatial behaviour (s. Fußnoten 3, 6 und 11).

Zu erwähnen ist auch ein früherer Überblick über das Studiengebiet von Downs:
Downs, R. M. (1970): Geographic space perception: past approaches and future prospects. – Progress in Geography 2 (s. Fußnote 2).

Eine allgemeinere Behandlung findet sich in:
Gould, P. & White, R. (1974): Mental maps. (London).

Zwei ältere Arbeiten mit recht unterschiedlichem Charakter sind:
Lynch, K. (1960): The image of the city (s. Fußnote 4).
Boulding, K. (1961): The image. (Ann Arbor, Mich.).

Ein anregender soziologischer Ansatz ist zu finden in:
Michelson, W. (1970): Man and his urban environment: a sociological approach. (Reading, Mass.).

Eine Arbeit aus dem Bereich der Umweltpsychologie vom Standpunkt des Architekten aus gesehen ist:
Lang, J., Ed. (1974): Designing for human behavior: architecture and the social sciences (s. Fußnote 18).

Neben der von Goodey veröffentlichten Bibliographie enthalten der Aufsatz von Downs (1970) und die von Downs & Stea (1973), von Michelson (1970) und von Lang et al. (1974) herausgegebenen Bände umfangreiche bibliographische Angaben.

16. Verstädterung und Stadtgeographie

Wesen und Folgen der Verstädterung sind sowohl für die industrialisierten als auch für die unterentwickelten Teile der Welt von besonderer Bedeutung. In der Tat ist die Zukunft der Menschheit eng verbunden mit der sich wandelnden Bedeutung der Stadt. Der Stadtgeograph kann, ob er nun das Ziel seiner Arbeit vom Thema her begreift oder von den besonderen Perspektiven, die er auswählt, nur einen kleinen Teil des komplexen Wirkungsgefüges überblicken, das mit dem Begriff der Verstädterung verknüpft ist. Auch so wird er stark davon beeinflußt, welche persönliche Haltung er gegenüber der Stadt als Untersuchungsgebiet einnimmt. Außerdem bleibt weder seine Untersuchung statisch noch das städtische Phänomen selbst unverändert. So stehen für dieses Schlußkapitel drei verschiedene Themen zur Diskussion. Das erste sind die Einstellungen gegenüber der Stadt, das zweite ist das sich verändernde Wesen der Stadt und das dritte ist der Einfluß von beiden auf die Stadtgeographie als systematischem Zweig innerhalb der Gesamtthematik. Von diesem Zweig ging der vorliegende Band aus. Im Lichte des bisher Gebotenen soll er nun überblickshaft skizziert werden.

16.1 Einstellungen gegenüber der Stadt

Dieser Band hat sich ganz offenkundig vor allem mit der westlich-industrialisierten Welt befaßt. Obgleich einige Anstrengung unternommen worden ist, an bestimmten Stellen weitergehende Einblicke zu gewähren, wäre es aufgrund der begrenzten Erfahrungen des Autors vermessen, auch die übrige Welt mit abdecken zu wollen. Im westlichen Kulturkreis ist die Einstellung gegenüber der Verstädterung immer zweideutig gewesen, was man in letzter Zeit auch in umfangreicheren Untersuchungen bestätigt hat. Daher ist in diesem Zusammenhang nur ein kurzer Überblick vonnöten[1].

---

[1] Siehe z.B.: The city in the history of ideas; Teil III von O. Handlin & J. Burchard, Ed. (1963): The historian and the city. (Cambridge, Mass.), und G.R. Stange (1973): The frightened poets; Kap. 20 in H.J. Dyos & M. Wolff, Ed. (1973): The Victorian city: images and reality. (London), 475–494.

Auf der einen Seite hat man die Stadt im moralischen Sinne als Inkarnation alles Bösen gesehen oder, um bei der Begriffsbildung von Wirth zu bleiben, als anonym und entfremdend, den elementaren Zusammenhang der Sozialgruppe auflösend und die Persönlichkeit des einzelnen zersetzend. Die Ursachen dieser Einstellung liegen tief im kulturellen Erbe verborgen. Einen wesentlichen Einfluß übten die christliche Religion und ihr jüdischer Vorläufer aus. Das Christentum hatte seinen Ursprung bei einem Volk, das an Wüstenrändern beheimatet war und dessen Erinnerung und vom Alten Testament hergeleitete Tradition von nomadisierenden Hirten herstammte. Die Stadt galt für die Reinheit des Glaubens als destruktiv, als Ursprung fremdartiger Auffassungen und falscher Götter. Die Städte der Ebene wurden gleichgesetzt mit Luxus, leichtfertigen Lebensgewohnheiten und Götzendienst: Sodom und Gomorrha gingen zugrunde, um das Schicksal der Stadt zu zeigen. Solche Einstellungen waren über das Christentum im Bewußtsein der westlichen Welt verankert.

Europa bestand nach dem Zusammenbruch des römischen Reiches aus einem komplexen Mosaik kleiner Kulturregionen, die im wesentlichen bis heute ihre Identität erhalten haben und von denen einige auch heute noch ihre besondere Sprache pflegen. Britannien und Wales, Katalonien und Galizien, Flandern und Bayern sind Beispiele. Solche Kulturregionen, die häufig Fürsten- oder Herzogtümer waren, verschmolz man in einer Reihe von mehr oder weniger zufälligen Einigungsbestrebungen durch Kriege oder Heiraten zu den vereinigten Königreichen des späten Mittelalters und des modernen Europa. Bei dieser Nationen formenden Entwicklung spielte die zentrale oder Hauptstadt eine führende Rolle. In der Tat bildete sich häufig um die Stadt herum die politische Einheit, so daß z. B. der Name des kleinen Gebietes um Paris herum, der „Île de France", auf das ganze Land ausgedehnt wurde. So repräsentierte die Stadt sowohl symbolisch als auch ihrer Bedeutung nach das kosmopolitische Ideal. Sie wurde zum Zerstörer von Volkskulturen im Interesse der nationalen Einheit. „In der Stadt vermischen sich aus der Entfernung wirkende Kräfte und Einflüsse mit den lokalen. Ihre Konflikte sind nicht weniger bedeutsam als ihre Übereinstimmungen. Und hier kann man über die Konzentration von Kommunikationsmöglichkeiten auf dem Markt und an den Treffpunkten alternative Lebensweisen sehen: die tiefverwurzelte Lebensart des Dorfbewohners übt hier keinerlei Zwänge mehr aus und die Normen der Vorfahren verlieren ihre Bedeutung. Fremde Männer und Frauen, fremde Interessen und fremde Götter lösen die traditionellen Bindungen des Blutes und der Nachbarschaft"[2].

Die industrielle Stadt des späten 18. und 19. Jahrhunderts brachte einen weiteren Impuls für gegen die Stadt gerichtete Einstellungen. Sie trugen nicht nur zur Erosion der älteren Volkskultur bei, sondern schufen auch erniedrigende Umweltbedingungen und einen damit verbundenen sozialen Abstieg. Der den Ansichten von Tönnies und Durkheim folgende Wirth konnte in die auf-

---

2 L. Mumford (1938): The culture of cities. (London), 4.

kommende Stadtsoziologie die überlieferten Vorurteile der Vergangenheit aufnehmen.

Im gegenwärtigen Jahrhundert hat die Beschäftigung mit der Geschichte der Verstädterung einen Anreiz für solche gegen die Stadt gerichteten Auffassungen geboten. Das überstürzte Verlassen von Innenstadtgebieten hat zur Schaffung von Slums und Ghettos beigetragen und der städtischen Armut den Weg bereitet. Viele Bürger sind den Problemen der Innenstadt durch Abwandern in die Vororte ausgewichen, sie sind in wachsendem Maße auf das Auto angewiesen und haben damit auf die städtischen Nahverkehrssysteme einen ungeheueren Druck ausgeübt. Durch diesen Druck mußten immer mehr Stadtautobahnen gebaut werden, um die Verkehrsprobleme einigermaßen zu lösen. Es wurden Häuser zerstört, und gravierende Wohnungsprobleme traten auf. Die Beseitigung von Abfällen aller Art, von Plastikbehältern bis zu den Abwässern, und zusätzlich die immer unerträglicher werdenden Abgase der Automobile haben erhebliche Verschmutzungsprobleme mit sich gebracht. Um dem Lärm und dem Schmutz der Innenstadt zu entkommen, zieht man immer mehr aufs freie Land hinaus. Die freie Natur von gestern wird in städtische Parks von morgen umgewandelt. Schließlich ist die extreme Verletzlichkeit der Stadt offensichtlich. Jeder Zusammenbruch ihrer komplexen Versorgungssysteme trifft sie hart. Auf den Druck von Gruppeninteressen können sie sehr sensibel reagieren. Die Stadtguerilla und direkte politische Gewaltanwendung einiger weniger entschlossener und fanatischer Einzelwesen können sie bis ins Mark treffen.

Aus all diesen Gründen entwickelt sich eine Haltung, die sich gegen die Stadt, insbesondere in ihrer heutigen westlichen Form, richtet. Der Kern dieser Haltung liegt in traditionellen romantischen Vorstellungen begründet. Diese kehren das christliche Dogma für alle diejenigen um, denen die Religion nichts bedeutet. Der Mensch muß nicht als ursächlich böse und als erlösungsbedürftig angesehen werden, sondern als edles Wesen, das vom lasterhaften Regime der kapitalistischen Wettbewerbsgesellschaft korrumpiert ist. Das Korrumpierende findet seinen augenfälligsten Ausdruck im Symbol dieser Welt, der Stadt, welche die am wenigsten „natürlichen" Merkmale auf der Erdoberfläche enthält und „die größten Möglichkeiten für eine Humanisierung der natürlichen Umwelt und ein Wiedernatürlichwerden des menschlichen Erbes dargestellt"[3]. Diese romantische Einstellung dringt immer stärker bei großstädtischen Schriftstellern an die Oberfläche. Sie kommt recht hübsch zum Ausdruck in der Studie von Bunge über Fitzgerald (Detroit)[4], in der trotz des Leugnens des Autors fast eine Weltuntergangssituation geschaffen wird. Auch die Auffassung, daß der natürliche Mensch in der städtischen Umwelt korrumpiert wird und daher das Kind der Unschuld und den Tugenden am nächsten sein muß, wird von Bunge unterstützt: „Dieses Buch soll die Kinder verteidigen. Es soll uns er-

---

3 L. Mumford (1938), 6.
4 W. Bunge (1971): Fitzgerald: geography of a revolution. (Cambridge, Mass.).

wachsen werden lassen, d. h. wir sollen wieder mehr kindgerecht handeln"[5].
Auch Wordsworth äußert in einer Ode ähnliche Gedanken[6]. Sie sind zum Teil
noch stärker gegen das städtische Leben gerichtet als die von Bunge[7]. Dennoch
üben solche romantischen Gedanken aktive Einflüsse auf den Stadtgeographen
aus.

Die zweite Seite des ambivalenten Verhaltens gegenüber der Stadt wird
durch die Ansicht vertreten, daß Städte die bedeutendsten Schöpfungen der
Menschheit sind, die in ihrer Erscheinungsform alle menschlichen Leistungen
darstellen und damit das menschliche Erbe verewigen. Wie bereits in diesem
Kapitel angedeutet, treffen und vermischen sich in der Stadt verschiedene Kulturkreise und Traditionen, wobei aus diesem Gemisch und der gegenseitigen
Befruchtung letztlich Innovationen entstehen. Neue Ideen und neues technologisches Wissen werden von der Stadt aus verbreitet und gelangen in alle Teile
der städtischen Hierarchie. Technisches Leistungsvermögen und philosophische
Erneuerung sind normalerweise nicht der konservativen, immer gleichbleibenden Tradition des Landes verhaftet, sondern der schöpferischen Unruhe der
Stadt. Auch wenn das Christentum aus einer bäuerlichen Gemeinschaft entstand, mußte es erst mit der griechischen Philosophie in Berührung kommen,
bevor es allgemein anerkannt wurde und durch die römische Technologie weite
Verbreitung fand.

Es ist darauf hinzuweisen, daß Claval beim Versuch, eine umfassende Theorie
der Stadt zu erstellen, mehrfach betonte, daß die Gemeinsamkeit zwischen
innerstädtischen Aspekten der Geographie und solchen zwischen verschiedenen Städten in der Maximierung von sozialen Kontakten liegt[8]. Diese Auffassung ist nicht sehr weit von Meiers Kommunikationstheorie städtischen
Wachstums angesiedelt[9]. Immer, wenn man den Urgrund der Verstädterung zu
ermitteln versucht, dann erscheint der leichteste Weg dazu, daß man die Beziehungen zwischen den Menschen optimiert und die Rolle der Stadt als Treffpunkt und Ort der Vermischung und Assimilation betont.

Die entscheidende Freiheit erhält der Stadtbewohner durch die Befreiung
vom Zwang der Sitten und Gebräuche. Nur ohne die strikte Kontrolle der Tradition läßt sich die Freiheit, anders zu sein oder zu experimentieren, realisieren.
Nur in der anonymen Masse der Stadt ist wahre Freiheit möglich. Die gleiche
Anonymität, die von Wirth als zerstörerisch für das Individuum angesehen wird,
schafft erst die Bedingungen der Freiheit, in welcher radikale Veränderungen
möglich sind[10]. Natürlich sind radikale Veränderungen unter totalitären Regimen der politischen Linken oder Rechten nicht tolerierbar. So hat die Stadt

---

[5] W. Bunge (1971), 242.
[6] Diese Ode ist nicht in den „Lyrical Ballads" von Wordsworth (1798) erschienen.
[7] W. Wordsworth (1798): „Michael" in „Lyrical Ballads".
[8] P. Claval (1973): Une théorie unitaire de le ville. – Canadian Geogr. 17(3), 276–279.
[9] R.L. Meier (1962): A communications theory of urban growth. (Cambridge, Mass.).
[10] H. Cox (1965): The secular city. (New York).

Möglichkeiten für die Einschränkung der vollen Freiheit, die sie selbst erzeugte, entwickelt. Es ist die Geheim- oder Gedankenpolizei, welche in städtischer Umgebung die Beschränkungen ersetzt, die in ländlicher Umgebung durch Konventionen ausgeübt werden.

Durch die Ablösung von den Beschränkungen der ländlichen Gemeinschaft entsteht aus einer immobilen Lage eine solche, wo die Mobilität als Teil des Lebens von allen akzeptiert wird. Zur räumlichen Mobilität gesellt sich die soziale Mobilität durch die Chancen, welche jedes Einzelwesen in ihrem vollen Ausmaß erhält, egal, welches Ziel damit verbunden ist.

Die Wahrheit liegt nicht immer in einem der beiden Extreme, und die über die Verstädterung geführten Diskussionen münden schließlich immer in eine mittlere Position zwischen den Extremen. Am deutlichsten werden die Versuche, zu einer solchen mittleren Position zu gelangen, bei der Gartenstadtidee von Ebenezer Howard[11], in der die beiden Extreme als attraktivitätsfördernd wirken. Frühere Auffassungen über die „Citta ideale" sahen durch Schaffung einer passenden physischen Umwelt eine Entstehungsmöglichkeit für eine ideale Gesellschaft, während nach der marxistischen Theorie z. B. eine sozialistische Wirtschaft mit der Abschaffung des Wettbewerbs zur idealen Stadt führen müßte. An dieser Stelle erhält das Problem dadurch eine wesentliche Klärung, daß wahrscheinlich in einem marxistischen Staat, wie in allen idealen Welten, jede weitere Entwicklung unmöglich wäre. Dennoch ist aber gerade die Stadt das Zentrum des Wandels. Die Stadt ist der Ort, wo die Menschen sich treffen, wo große Hoffnungen geweckt und auch wieder enttäuscht werden, wo der Erfolg durch Niederlagen im Gleichgewicht gehalten wird und der Aufstieg durch den ebenso schnell möglichen Niedergang. Nur dort, wo die Menschen alle gleichermaßen zu Produktionseinheiten degradiert werden, entsteht eine statische Stadt in einer Umwelt voller Apathie und Verfall.

Wahrscheinlich verändern sich die Einstellungen der meisten Menschen zur Stadt in Richtung auf beide Extreme, in einem Falle in Richtung auf das eine Extrem und ein anderes Mal in Richtung auf das andere. Das eine Extrem findet sich bei Samuel Johnson in seiner negativ-lyrischen Erfassung der Stadt London (1738). Im Gegensatz dazu klingt eine Abhandlung aus Boswell's *Life of Johnson* aus dem Jahre 1791 über die Stadt London durch und durch positiv. Es kommt eben auf die jeweilige Stimmung an, die natürlich für den Stadtgeographen nicht von entscheidender Bedeutung sein kann, obwohl die Einstellung zur Stadt auch wissenschaftliche Untersuchungen über sie beeinflußt. Bevor man in diese Thematik tiefer eindringt, sollte man zunächst danach fragen, inwiefern Veränderungen des Wesens der Stadt selbst auch stadtgeographische Untersuchungen beeinflussen.

---

[11] E. Howard (1902): Garden cities of tomorrow. (London).

16.2 Das sich wandelnde Wesen der Stadt

In Kapitel 2 dieses Bandes wurde das Problem aufgeworfen, was man als städtisch bezeichnen könne, und das Ergebnis war, daß die Schwierigkeit darin besteht, daß sowohl die städtische Realität als auch die Auffassung der Stadt dauerndem Wandel unterworfen sind. Das 1961 veröffentlichte Buch von Jean Gottmann „Megalopolis", das den Untertitel führt „der verstädterte nordöstliche Küstensaum der Vereinigten Staaten" war ein klarer Hinweis darauf, daß sich neue städtische Strukturen gebildet hatten, für die entsprechende Definitionen benötigt wurden[12]. Gottmann definierte Megalopolis als „ein fast kontinuierliches System eng miteinander verknüpfter städtischer und Vorort-Gebiete, das im Jahre 1960 eine Gesamtbevölkerung von etwa 37 Millionen Menschen umfaßt ... Das ist die Wiege für eine Neuordnung des bewohnten Raumes." Das Wesen dieser Neuordnung läßt sich nur schwer erklären. Peter Hall erklärt in seiner umfassenden und meisterhaft durchgeführten Untersuchung über die Megalopolis England, daß „Gottmann trotz seiner brillianten Beschwörung einer Megalopolis eine solche Einheit nie genauer definiert und damit ihre Existenz auch nicht beweisen kann"[13]. Nach einer sorgfältigen und breit angelegten Untersuchung geht Hall von der Realität einer Megalopolis Englands aus, gibt aber zu bedenken, daß sie eher „eine funktionale als eine der Form nach bestehende Realität darstellt. Genau wie der durchaus vergleichbare nordöstliche städtische Komplex der Vereinigten Staaten, die Megalopolis von Gottmann, umfaßt sie nur in dem Sinne ein riesiges städtisches Gebiet, als hier auf einem großen Teil der Erdoberfläche die überwiegende Mehrheit der Menschen auf städtische Berufe und städtische Dienstleistungen angewiesen ist. Der Einfluß dieser Berufe und Dienstleistungen vergrößert sich, gemessen an Pendlerzonen, Dienstleistungsgebieten und Austausch von Waren und Informationen, so daß jeder Teil des Raumes mit den anderen Teilen über eine komplexe Anzahl von Verknüpfungen in Beziehung steht. In einem anderen Sinne ist es aber erkennbar nicht ein riesiges städtisches Gebiet, da das Wachstum seiner Teile bisher nicht zu einer kontinuierlichen Zersiedlung von London bis Birmingham und Manchester geführt hat. Das wäre ein Alptraum, der in der Realität keinerlei Grundlage hat"[14]. Das gleiche dürfte sich über die Megalopolis entlang den großen Seen in Nordamerika sagen lassen, die japanische Megalopolis von Tokio nach Osaka und die nordwesteuropäische Megalopolis, die sich von der Randstad Holland den Rhein hinauf bis nach Stuttgart erstreckt.

Die rein bauliche Zersiedlung kann also nicht als Definitionsgrundlage dienen. Die komplexe Interdependenz der ermittelten Teile fordert andererseits gerade dazu heraus, sich zu fragen, was eigentlich als städtisch anzusehen ist,

---

12 J. Gottmann (1961): Megalopolis: the urbanized north-eastern seaboard of the United States. (Cambridge, Mass.).
13 P. Hall, Ed. (1973): The containment of urban England. (London), Vol. 1, 47.
14 P. Hall, Ed. (1973), 320.

und schließlich, wie eine sinnvolle Unterscheidung zwischen ländlichem und städtischem Raum aussehen soll. Die hier erörterten Untersuchungen gehen im wesentlichen davon aus, daß es klar unterscheidbare städtische Einheiten gibt. Im Lichte der neueren Erkenntnisse würden sie eigentlich ihre zentrale Bedeutung einbüßen oder wenigstens einen etwas veralteten Eindruck machen. Zwischen den Themen dieses Bandes und der Untersuchung von Hall über das städtische England gibt es einige Überschneidungen. Das Hauptinteresse Halls gilt jedoch der Regionalstruktur, und viele seiner Erwägungen haben den allgemeineren Problemkreis der Regional- und Wirtschaftsplanung zum Gegenstand. Daher wird mit besonderem Nachdruck auf Methoden zum Bau dynamischer Modelle in der Stadt- und Regionalanalyse verwiesen, die in den Vereinigten Staaten besonders Forrester[15] und in Großbritannien Chadwick[16] und Wilson[17] betrieben haben. Wie in diesem Bande, kann man zwar die Ansicht vertreten, daß es sich hierbei um verschiedene Probleme handelt, die separat zu untersuchen sind. Dennoch ist zuzugeben, daß die Unklarheiten bei der Abgrenzung von Stadt und Land für die Stadtgeographie als systematischem Studienfach einige Schwierigkeiten mit sich bringen.

Trotz dieser Schwierigkeiten wäre die Annahme falsch, daß die herkömmliche Stadtgeographie, wie sie hier dargestellt wurde, heute gewissermaßen veraltet ist. Obgleich es heute nicht mehr so einfach ist wie früher, eine Untersuchung um den Begriff der freistehenden Stadt herum aufzubauen, die klar von ihrer ländlichen Umgebung getrennt ist, bleiben für den städtischen Analytiker die grundlegenden Gedanken dieses Bandes von zentraler Bedeutung. Die Frage des Maßstabes wird weiter unten in diesem Kapitel behandelt, aber auch jetzt schon kann darauf hingewiesen werden, daß als wesentlichstes Problem die Maßstabserweiterung hinzugekommen ist. Die in diesem Abschnitt bereits erwähnten Studien zur Regionalstruktur versuchen, die Mechanik der entstandenen massigen Agglomerationen einschließlich ihrer eindeutig ländlichen Zwischenräume in den Griff zu bekommen. Andererseits zeigten die zentralörtlichen und die Wohnstandortuntersuchungen in Kapitel 7 und 11, daß durchaus die Notwendigkeit besteht, auf den kleinmaßstäbigen Verhaltensansatz zurückzugreifen. Trotz solcher Erweiterungen bleiben die grundlegenden Muster innerstädtischer und interregionaler Stadtverteilungen die gleichen. Die Veränderungen im Wesen des städtischen Phänomens von einer Kleinstadt zur Megalopolis und die Entwicklung der Verhaltensforschung zeigen lediglich eine hierarchische Struktur, deren Basis und wesentliche Aufbauten in diesem Bande behandelt worden sind.

Wahrscheinlich ergibt sich eine wirkliche Herausforderung für die herkömmliche Stadtgeographie aus anderen, aber verwandten Gründen. In den meisten

---

[15] J.W. Forrester (1969): Urban dynamics. (Cambridge, Mass.).
[16] G. Chadwick (1971): A systems view of planning: towards a theory of the urban and regional planning process. (Oxford).
[17] A. Wilson (1974): Urban and regional models in geography and planning. (London).

hier besprochenen Analysen wird eine „laissez faire"-Situation angenommen, in welcher der relativ ungehinderte Wettbewerb des privatkapitalistischen Systems vorherrscht. Solche Bedingungen gibt es aber in der Realität in kaum einem Lande der Welt, da immer irgendeine Form der Kontrolle durch zentrale oder örtliche Verwaltungsbehörden ausgeübt wird. Als Beispiel kann Großbritannien dienen, wo heute die Form von Siedlungen durch einen Planungsprozeß vorherbestimmt wird[18], die Flächennutzung festgelegt ist und auch das Stadtsystem selbst durch die Schaffung neuer Siedlungen[19] beeinflußt wird. In größerem Rahmen werden Städte als Wachstumspunkte[20] festgelegt und jede Anstrengung unternommen, um ihre Entwicklung zu fördern. Im kleinen Rahmen bestimmt die erforderliche Baugenehmigung für die Errichtung von in den Vororten gelegenen Einkaufszentren das Wesen des Einzelhandelssystems. Auf diese Weise ist das Studium der Stadtgeographie eng verzahnt mit Überlegungen zum Planungsmechanismus und seinen Durchführungsverordnungen. Diese Erkenntnis ist nicht neu, denn als im Kapitel 8 auf die Stadtstruktur eingegangen wurde, war betont worden, daß die bauliche Form das Wesen der Gesellschaft widerspiegele, welche diese hervorgebracht habe. Planungskontrolle stellt zeitgenössische Überlegungen zu sozialen Zielen dar. Es ist durchaus bezeichnend, daß Peter Hall sein Buch „Die Begrenzung des städtischen England" nannte, denn diese Begrenzung ist das Ergebnis von Planungsrestriktionen, denen Hall einen großen Teil seines Buches einschließlich der dazugehörigen gesetzlichen Verfügungen widmet[21]. Eine wesentliche Schwierigkeit für den Stadtgeographen bildet diese notwendige verstärkte Auseinandersetzung mit

---

[18] Eine allgemeine Betrachtung der Stadtplanung in England findet sich in W. Ashworth (1954): The genesis of modern British town planning. (London). J.B. Cullingworth (1973): Problems of an urban society. (London); Vol. 1, The social framework of planning, Vol. 2, The social content of planning; Vol. 3, Planning for change. P. Hall (1973): The containment of urban England (London und Beverly Hills), Vol. 2, The planning system: objectives, operations, impacts.

[19] Es gibt sehr viele Literatur über neue Städte. Einige nützliche Werke, die hauptsächlich England betreffen, sind F. Osborn & A. Whittick (1963): The new towns: the answer to Megalopolis. (London). (2. Aufl., 1969.) L. Rodwin (1956): The British new towns policy. (Cambridge, Mass.). R. Thomas (1969): London's new towns und Aycliffe to Cumbernauld: a study of seven new towns in their regions. — P.E.P. Broadsheets **510** und **516**. (London).

Arbeiten mit eher internationalem Charakter sind: P. Merlin (1971): New towns: regional planning and development. Übers. von M. Sparks. (London). J.A. Clapp (1971): New towns and urban policy. (New York).

Arbeiten, die sich vorwiegend mit den USA beschäftigen, sind: G. Breckenfeld (1971): Columbia and the new cities. (New York). C. Stein (1966). Toward new towns for America. (Cambridge, Mass.).

[20] Zwei nützliche Bücher über diese Politik sind: A. Kuklinski, Ed. (1972): Growth poles and growth centres in regional planning. — U.N. Research Inst. for Soc. Devel. Regional planning **5** (Paris & The Hague). A. Kuklinski & R. Petrella, Ed. (1972): Growth poles and regional policies. — European Coordination centre for research and documentation in social scienes, **3** (Paris & The Hague).

[21] P. Hall (1973): Vol. 2.

Einzelheiten der Planungsgesetzgebung und ihrer praktischen Durchführung. Trotzdem basierte die Planung wahrscheinlich auf anfänglichen Überprüfungen der sich frei unter Marktbedingungen entfaltenden Kräfte. In diesem Sinne liefert die Stadtgeographie die Grundlage für die weitere Planung.

Die ersten beiden Abschnitte dieses Kapitels haben darauf hingewiesen, daß der Gedanke einer unabhängigen, systematischen Stadtgeographie mit einer Anzahl von Problemen verbunden ist, die jetzt abschließend kurz behandelt werden sollen.

16.3 Probleme der Stadtgeographie

Die Probleme für die systematische Forschung lassen sich in drei Bereiche unterteilen. Sie gehen nicht nur auf die bereits behandelte Einstellung gegenüber der Stadt und ihr sich wandelndes Wesen ein, sondern auch auf neue Vorstellungen zum inneren Aufbau geographischer Studien.

16.31 Das Problem der Identität

Es wurde bereits hervorgehoben, daß das Entstehen von regionalen Konurbationen, sogenannten Megalopoles, die in den Jahren um 1950 und 1960 entstandene und in Kapitel 1 dieses Bandes in Diagrammform veranschaulichte abstrakte Stadtgeographie in Zweifel gezogen hat. Es war weiter darauf hingewiesen worden, daß die Erstellung von Regionalmodellen zur Erklärung dieser neuen Phänomene auch auf die Stadtgeographie Einfluß hat. In vorliegendem Zusammenhang wurden jedoch nur wenige Konzessionen in dieser Richtung gemacht. Es gibt sogar innerhalb des Hauptstromes der Kulturgeographie Einwände, welche die überlieferte Einteilung in die relativ selbständigen Forschungsgebiete der Wirtschaftsgeographie, der politischen Geographie, der Stadtgeographie usw. in Zweifel ziehen. Auf diese Problematik war kurz in der Einführung mit dem Hinweis auf die Arbeit von Peter Gould eingegangen worden, der sie recht überzeugend darstellt[22]. Gould weist auf die Kämpfe in der Nachkriegszeit hin, die ausgefochten werden mußten, um solche avantgardistischen Seminare wie das über Stadtgeographie in Universitätsinstituten einzuführen. „Es würde sich heutzutage kaum Widerspruch ergeben, aber es ist eine Ironie der Geschichte, daß gerade dann, wenn jeder mit den neuen Kategorien vertraut ist, diese selbst sich überlebt haben und die geographische Lehre sowie die pädagogische Vorstellungskraft nur noch einschränken"[23]. An dieser Einstellung ist viel Wahres. Gould schlägt eine zweiseitige Orientierung für geo-

---

[22] P. Gould (1973): The open geography curriculum. — in: R.J. Chorley, Ed. (1973): Directions in geography. (London), 253—284.
[23] P. Gould (1973), 269.

graphische Studien vor, auf der einen Seite die Raumtheorie und auf der anderen die Problemlösung. Aber obwohl sein eher im Unterhaltungston gehaltener Essay diesen Gedanken vorbringt, sind leider keine detaillierten Erörterungen damit verbunden.

Den wahrscheinlich überzeugendsten Beitrag im theoretischen Bereich lieferte Peter Haggetts klassische Standortanalyse[24]. Die Kapitelüberschriften des ersten Teils weisen auf den Ansatz hin: Ströme, Netze, Knotenpunkte, Hierarchien, Oberflächen. Der tatsächliche Zusammenhang oder die Darstellung der realen Welt ist irrelevant. Es wird grundsätzlich davon ausgegangen, daß diese analytischen Ansätze auf alle räumlichen Situationen anwendbar seien. Das Mietzinsgefälle in Agrar- und Stadtgeographie separat zu behandeln erscheint sinnlos, und die Besonderheiten gegenwärtiger systematischer Ansätze stellen lediglich Hindernisse bei der Formulierung von theoretischen Erkenntnissen dar. Von daher müßte die Stadtgeographie eigentlich recht bald ausgedient haben. – Später[25] bringt Haggett zwei gegensätzliche innere Strukturen der Geographie ins Spiel, die eine nennt er „orthodox", sie enthält standardisierte

Tabelle 16-1. Der integrierte Aufbau der Geographie. Nach Haggett (1972).

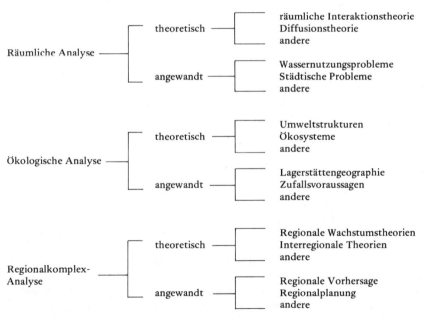

[24] P. Haggett (1965): Locational analysis in human geography. (London & New York).
[25] P. Haggett (1972): Geography: a modern synthesis. (New York), 451–454. (2. Aufl., 1975).

systematische und regionale Abschnitte, und die andere heißt „integriert". Letztere ist in Tabelle 16-1 dargestellt. Es ergibt sich, abgesehen von dem etwas unpräzisen Inhalt solcher Kategorien wie „Geographie der Bodenschätze", eine doppelte Schwierigkeit. Die erste besteht darin, daß man die in dem orthodoxen Schema angegebenen vielen „andere" kaum spezifizieren kann. Wichtiger ist, daß die genauere Untersuchung der Zeile „räumliche Analyse, angewandt — städtische Probleme" ergibt, daß hier nur eine andere Verkleidung für die Stadtgeographie vorliegt. Das entscheidende Problem ist, daß die räumliche Theorie eben theoretisch ausgerichtet ist und wahrscheinlich einen deduktiven Ansatz hat. Berechtigterweise kritisiert Gould ein Thema, das lediglich aus kleinen Stücken von Fakten zusammengesetzt ist, die man mechanisch erlernen soll. Aber das ist keine faire Darstellung der Forderung nach einem klaren empirischen Inhalt. Man kann sich durchaus eine zukünftige Entwicklung vorstellen, bei der der Raumtheoretiker seine Generalisierungen in irgendeiner abgelegenen unterirdischen Zelle vornimmt und die erreichbaren Daten manipuliert, und nie eine Stadt aufgesucht oder ihre Realität in irgendeiner Form wahrgenommen hat, nicht einmal durch die Beschreibungen eines altmodischen Regionalgeographen! Haggetts verständlicher Wunsch, sich dagegen zu wappnen und Goulds Einfügung der Problemlösung oder eines empirischen Inhalts lassen den Schluß zu, daß sie beide die Stadtgeographie erneuern wollen, allerdings in dem Sinne, daß sie die Komplexität der Realität durch eine Begrenzung der empirischen Untersuchungen auf wesentliche Aspekte fordern.

Notwendigerweise ergibt sich hier eine Diskussion ohne klares Ergebnis. Es ist richtig, daß man das Wesen und den Inhalt systematischer Studien in der Kulturgeographie in Frage stellt, zumal insbesondere die Stadtgeographie in einem Zustand ständigen Wandels begriffen ist. Drei sich überschneidende Untersuchungsebenen wurden bereits in den ersten beiden Abschnitten dieses Schlußkapitels behandelt: die Erwägung breiter gefaßter städtischer und regionaler Systeme, das Wirken des Planungsprozesses und das Anwachsen von Verhaltensstudien. Diese wirken sich auf die Stadtgeographie aus und fordern eine Modifizierung ihres Inhalts. Auch wird ihre besondere Berechtigung in einem Zusammenhang in Frage gestellt, der die Raumtheorie und nicht die Oberflächenform als entscheidend ansieht. Natürlich kann man sich auch fragen, ob die theoretischen Grundlagen genügend gut ausgebaut sind und sich mit den Fakten in der Weise verbinden lassen, daß eine sinnvolle programmatische Synthese für die Geographie entsteht.

Wenigstens sollten sowohl Arbeitsmöglichkeiten für denjenigen bestehen, der schwer faßbare Theorien entwickeln will, als auch für denjenigen, der seine theoretischen Erkenntnisse lieber mit den im Raum verteilten Phänomenen, etwa denen einer Stadt, verbindet. Letztlich handelt es sich hierbei mehr um ein pädagogisches Thema als um eines der Forschungsphilosophie. Ganz bestimmt kann die Stadtgeographie, wie sie in diesem Buch dargestellt wurde, viel dazu beitragen, einen wirkungsvollen Ausgleich zwischen der abstrakten

Theorie und der Einmaligkeit der in der Realität bestehenden Stadtlandschaft zu schaffen. Sie geht auch über das Diktat der Raumtheorie hinaus, da sie nicht nur die vorhandene Stadtlandschaft, den Aufbau oder die Gebäudetypen beinhaltet, sondern diese auch in ihrer evolutionären Abfolge sieht. Das Städtesystem und das Aussehen einer Stadt haben sich in langen Zeiträumen entwickelt. Wollte man solche genetischen Perspektiven unberücksichtigt lassen, dann könnte man auch die heutige Stadt nicht wirklich erfassen.

16.32 Das Problem des Maßstabs

Eine kürzlich erschienene Studie über die Wohnmobilität schloß mit der Feststellung: „In diesem Aufsatz wird in begrenztem Maße bewußt der Einfluß von bestimmten Richtungen in der Wohnmobilität gesehen, was dem Vorschlag von King entspricht, der gleichzeitig sowohl prozeßhaftes Denken als auch analoge Formulierungen in seine Strukturuntersuchungen einbaute und damit mehr erreichte, als lediglich die Analyse von räumlichen Strukturen"[26]. Damit hat der Geograph nicht nur die Aufgabe, Verteilungsmuster zu analysieren, sondern auch die Grundlagen des menschlichen Verhaltens zu sehen, welche zu solchen Mustern führten. So liegt diese akademische Streitfrage vor aller Augen offen. – Jedes räumliche Strukturmuster wirft die Frage nach dem menschlichen Verhalten auf, wie etwa das Verhalten von Verbrauchern empirische Studien über die Arbeitsweise des zentralörtlichen Modells beeinflußt. Solche Annahmen und Beeinflussungen sind natürlich zu allen Zeiten Zweifeln unterworfen gewesen. Man kann diese nur durch besondere Untersuchungen der jeweiligen Verhaltensmuster ausräumen. Dazu eignen sich aber weniger großräumig angelegte Studien von Verteilungsmustern, sondern vielmehr die auf den einzelnen bezogenen Verhaltenskategorien. Auf diese wurde in den Kapiteln 7 und 11 bereits ausführlich eingegangen.

Die dahinterstehende Problematik geht auf erheblich frühere Ansätze zurück. So war der Umweltdeterminismus von Ratzel und seinen Nachfolgern deswegen nicht anwendbar, weil er in seiner groben Form die kulturellen Regungen des Menschen nicht einbezog. Daher wurde als Folge ein possibilistischer Ansatz entwickelt, der die Bedeutung der menschlichen Kultur hervorhob, durch welche allein die Beziehung Mensch–Landschaft klar verständlich gemacht werden könne. Mit dem Aufkommen von räumlichen Analysen verlor dann der jahrelange deterministisch-possibilistische Gegensatz seine Bedeutung. Eine neue Geographie war entstanden. Aber diese neue Geographie, die durch die Annahme des ökonomisch handelnden Menschen ohne Individualität oder Kultur wiederum deterministisch geprägt war, hatte mit dem gleichen Problem

---

[26] W.A.V. Clark (1972): Some vector representations of intra-urban residential mobility. – in: W.P. Adams & F.M. Helleiner, Ed. (1972): International Geography 1972. – Papers submitted to the 22nd International Geographical Congress, Canada, 178.

zu kämpfen, nämlich der Notwendigkeit, Motivationen und Entscheidungen von Menschen zu berücksichtigen, die als erstrebenswertes Ziel nicht unbedingt die ökonomische Maximierung sahen. Die Possibilisten waren zu ihrer Zeit gezwungen, in die benachbarten Wissensgebiete der Kultur- und Sozialanthropologie einzudringen und damit Bereiche zu berühren, die nach strengen Regeln nicht Geographie waren. Glücklicherweise ist diese einschränkende Auffassung zwar nicht vollkommen, aber doch weitgehend geschwunden.

Vom Kulturgeographen wird also erwartet, sowohl Prozesse als auch Strukturen zu untersuchen, welche ihn in engen Kontakt zu anderen Sozialwissenschaftlern bringen, insbesondere den Psychologen, da er bei seiner Frage nach dem Prozeß die Grundlagen des menschlichen Verhaltens berücksichtigen muß. Bei Fortschreiten des Erklärungsversuchs entsteht das Phänomen der Reduktion. Harvey schreibt dazu: „Die Entwicklung einer allgemeinen Theorie in den Sozialwissenschaften kann durchaus von solchen Reduktionen abhängen. Die Postulate der Wirtschaftswissenschaft könnten auf eine besondere Untergruppe von Postulaten in der Psychologie reduzierbar sein ... Einige Autoren ... haben weiter vorgeschlagen, die grundlegenden Postulate der Psychologie auf die grundlegenden Postulate der Physik zu reduzieren. Anthropologen ... gingen davon aus, daß der Weg zu einer „wertfreien" und wahrhaft wissenschaftlichen Anthropologie über das Studium der neurophysiologischen Determinanten des menschlichen Verhaltens führt. Bis zu welchem Grad eine solche Reduktion jedoch durchführbar sein könnte, bleibt kontrovers, denn selbst wenn man zugesteht, daß eine totale Reduktion schließlich möglich sein könnte, dann wäre diese in der heutigen Zeit so wenig praktikabel, daß sie für die aktuellen Probleme empirischer Fragestellungen völlig bedeutungslos erscheint"[27]. – Das Problem der Reduktion ist für geographische Fragestellungen bisher kaum ausgelotet worden. Man kann natürlich darauf beharren (siehe die Diskussion in Kapitel 1), daß die Annahme einer ausschließlich geographischen Fragestellung ohne Bedeutung sei, zumal alle Untersuchungen in den Sozialwissenschaften heute fächerübergreifend gehandhabt werden, was insbesondere für Untersuchungen im Bereich der Verstädterung gilt. Jede Fragestellung endet nämlich dort, wo die Kenntnisse des Untersuchenden nicht mehr ausreichen. So wird die Frage der Identität erneut aufgeworfen.

Die Schwierigkeiten der Definition und der Inhaltsabgrenzung stellen keine wirklichen Probleme dar, außer für den auf Abgrenzung des Faches erpichten Lernenden. Natürlich bleibt die Frage der Nebenbedingungen, die auf verschiedenen Maßstabsebenen durch integrierende Ansätze zu lösen ist. Wenn man auf das Problem der Lehre des Faches Geographie zurückkommt, dann erscheint es durchaus möglich, Strukturen makro- und mikrogeographischer Theorie als Elemente zu betrachten, wie das in der Wirtschaftswissenschaft geschieht. Im Forschungszusammenhang ist es leichter, Fragen zu stellen als Antworten zu finden. Ein jedoch für alle Untersuchungen entscheidender Punkt ist, einen

---

[27] D. Harvey (1969): Explanation in geography. (London & New York), 95.

genauen Maßstab zu ermitteln und Schwierigkeiten zu vermeiden, die bei nichtmaßstabsgerechten Schlußfolgerungen auftreten. Man sollte in der Tat viel stärker Probleme des Maßstabs zu lösen versuchen.

16.33 Das Bedeutungsproblem und die radikale Geographie

Zwei Zitate sollen dieses Problem belegen. Das erste stammt angemessenerweise vom Vorsitzenden Mao: „Wenn man sich Wissen erwerben will, muß man an der Praxis sich wandelnder Realität teilhaben. Wenn man den Geschmack einer Birne kennenlernen will, muß man die Birne dadurch umwandeln, daß man sie selbst ißt." Schade, daß man in westlichen Kulturen diese Lehre nicht beherzigt hat, denn hätte man sie befolgt, dann wäre dieser Abschnitt nicht nötig gewesen. Das zweite Zitat findet sich in David Harveys Buch über soziale Gerechtigkeit und die Stadt: „Der auf Ausbeutung basierende Verstädterungsprozeß ist ein Vermächtnis der Geschichte. Ein echt humaner Verstädterungsprozeß muß noch erfunden werden. Es bleibt der revolutionären Theorie überlassen, einen Weg zu finden von der ausbeuterischen Verstädterung zu einem urbanen Leben, welches dem menschlichen Wesen angemessen ist. Es heißt also für die revolutionäre Praxis, eine solche Umwandlung durchzuführen"[28]. Aus diesen Zitaten läßt sich eine Anzahl weiterer, zum Teil selbständiger Punkte herleiten.

16.331 Das Lernen um des Lernens willen

Die Auffassung, daß dieses akademische Dogma falsch sei und nur einen Mythos darstelle, der den Konventionen aus dem England und dem Kontinentaleuropa des 19. Jahrhunderts entsprungen sei, dürfte teilweise der Wahrheit entsprechen. Die Forderung, daß geographische Arbeit heutzutage sozial anwendbar sein müsse, hat nur einen geringen Wert, zumal es nur sehr wenige Stadtgeographen geben dürfte, die ihre Fachkenntnisse nicht auch beständig in der realen Welt benutzen müßten[29]. Der Ruf nach angewandter Arbeit ist damit längst überholt.

16.332 Objektivität und Werbung

Ein bedeutsamerer Einwand gegen das „Lernen um des Lernens willen" ist die Forderung seiner Protagonisten nach spezieller Objektivität. Für sie existierte z. B. eine ideale und besondere „Stadtgeographie", während doch in Wahrheit

---

[28] D. Harvey (1973): Social justice and the city. (London & Baltimore), 314.
[29] Siehe z.B. J.A. Edwards & W. Thomas, Ed. (1974): Llantrisant New Town: the case against: a summary of the evidence presented to the public enquiry on behalf of the Heads of the Valleys Standing Conference. (Cardiff), Kap. 1, 10–30.

keine Sozialwissenschaft nach Konzept und Inhalt wertfrei ist. Das von mir zusammengestellte Material ist daher mit einer Reihe von Wertvorstellungen gegenüber der Gesellschaft verbunden, die von bestimmten subjektiven Annahmen ausgehen. Noch eindeutiger ausgedrückt wurde dieses Buch in seiner Struktur so konzipiert, wie es die Einstellung des in einer liberalen westlichen Demokratie und in einem privatkapitalistischen System mit sozialer Verantwortung Lebenden vorschreibt. Es wurde sowohl durch seinen kulturellen Zusammenhang als auch durch die überlieferten und erworbenen Ansichten des Autors begrenzt. Er versuchte, in einem bestimmten Rahmen Verständnis zu vermitteln und nicht, durch übertriebene Kritik diesen Rahmen zu sprengen.

Andererseits verschwindet bei dem Gedanken, daß nur eine wertabhängige Sozialwissenschaft möglich oder akzeptabel erscheint, der wissenschaftliche Ansatz in seiner herkömmlichen Bedeutung, und es bleibt nur Propaganda übrig. Auch das, was man durch die sogenannte wissenschaftliche Methode erklärte, wurde selektiert, mit einem Rahmen versehen und mit relativierenden soziokulturellen Etiketten beklebt. Solche Argumentation läuft auf die Ansichten oder besser persönlichen Meinungen eines Dr. Goebbels und eines Professor Haushofer hinaus, die frank und frei davon ausgingen, daß wissenschaftliche Bildung und Propaganda ein und dasselbe seien. In dieser Hinsicht hießen wir alle Müller, Lehmann oder Schulze. Die meisten Autoren, welche diesem Argument beipflichten, scheinen ihre eigene Arbeit ausnehmen zu wollen, die irgendeinen endgültigen Zustand idealer Stabilität darstellen soll, wo niemand, um bei der Metapher von Mao zu bleiben, überhaupt davon träumen würde, in die Birne oder besser in den Apfel der Erkenntnis zu beißen. Der Garten Eden ist damit zur Stadt geworden. Es hat keinen Sinn, diese Streitfrage hier weiter zu erörtern. Es soll lediglich darauf hingewiesen werden, daß dieses Buch mit einem klaren Standpunkt und einer eindeutigen Zielsetzung geschrieben worden ist.

16.333 Lernen und Handeln

Wer die Idee von der Wissenschaft als Propaganda übernimmt, dem ist jeder Anlaß recht, Glauben in Handlung umzufunktionieren. Es ist hier nicht genügend Raum, um den Begriff der sozialen Ungerechtigkeit zu klären, aber auf eine simple, subjektive Weise ist sie existent und das vor allem in der Großstadt. Die Ansicht, daß „die großstädtische Armut größtenteils aus der ländlichen Armut geboren wird, die nur im großstädtischen Zusammenhang eine Veränderung erfährt"[30], läßt sich nur schwer widerlegen. Es sind allerdings zwei verschiedene Entgegnungen dazu möglich:

1. Eine als „Ungerechtigkeit" an einer bestimmten Stelle angesehene Handlung zu brandmarken, ist solange vernünftig und erhebend, wie die Ungerechtig-

---

[30] D. Harvey (1973), 308.

keit klar erfaßt und abgegrenzt ist und das Ganze nicht nur dem sozialen Gewissen des Angreifers dient. Das kann allerdings nicht, wie immer man auch davon denken möge, das Hauptziel wissenschaftlicher Forschung sein, zumal man dann fälschlicherweise die Symptome für die Krankheit hält. Die Symptome kann man örtlich und sinnvoll abschwächen, aber es ist die Aufgabe des spezialisierten Praktikers, die Diagnose der Krankheit zu stellen. Wie bei vielen anderen Dingen ist das eine Sache der passenden Größenordnung.

2. Je breiter angelegt die Probleme sind, desto schwieriger ist es, sie zu lösen, kleinräumige und persönliche lassen sich leichter behandeln. Ein besseres Wort für Ungerechtigkeit wären Not und Armut, da Gerechtigkeit ein Begriff des Rechts und relativ ist, Not und Armut dagegen nicht. Durch Ungerechtigkeit entsteht unweigerlich die Forderung nach der Abschaffung der „Ausbeutung" und nach einem Schritt in Richtung auf den Idealzustand, sei es eine andere Welt mit einem Neu-Jerusalem oder sei es auf der Erde in der Stadt von Marx. Aber vieles davon besteht aus einem Durcheinander von Gedanken und romantisierenden Phrasen, die in einen Sozial-Jargon verkleidet sind. Es wurde bereits gezeigt, daß die Stadt, dadurch daß sie Menschen verschiedener Ansichten und verschiedener Lebensart zusammenführt, ein konfliktträchtiger Ort ist. Um es dialektisch auszudrücken, sie bringt zwar große Leistungen hervor, aber auch große Katastrophen, sie weckt hochgesteckte Hoffnungen und erzeugt gleichzeitig schwere Enttäuschungen. Wenn man die Kehrseite der Namenlosigkeit und Entfremdung betrachtet, dann hat man die Ketten der Konvention eingetauscht gegen die Freiheit der Anonymität. Daher läßt Harvey sein hervorragendes Buch mit einem der Entscheidung ausweichenden Konzept enden, es möge „eine städtische Kultur geben, die für die Menschheit einigermaßen akzeptabel ist", denn eine Synthese dieser Gegensätze erscheint ihm unmöglich.

16.4 Schluß

Diese Arbeit erscheint im Lichte der oben zitierten Werke als ein Handbuch, das vom Standpunkt des britischen Geographen die Stadt in gewissermaßen bunt zusammengewürfelten Einzelteilen sieht oder im Sinne von Harveys Beschreibung eine „Partialanalyse darstellt, die durch das Gehäuse der Disziplin sicher eingerahmt ist". Die Ungeduld und gelegentliche Naivität junger Geographen, die vom Wunsche nach Eliminierung der Krankheiten der Stadt inspiriert sind und eine umfassende Theorie dafür erstellen wollen, dürfte zeitweilig dazu führen, daß ihnen die Geduld bei der Behandlung solcher mit vielen Einschränkungen versehenen Fragestellungen ausgeht.

Es kann schon sein, daß die diesem Bande immanente Philosophie eine Art Sozialdarwinismus des 19. Jahrhunderts ist. Denn es akzeptiert die Grundströmung des Wettbewerbs um knappe Resourcen und des Kampfes um vorteilhafte Standorte. Dabei spielt es keine Rolle, wie sehr sie durch das Wirken von Zwängen gedämpft, modifiziert und beeinflußt werden, die von behördlichen

Eingriffen im politischen Sinne sowohl auf der örtlichen als auch auf der nationalen Ebene ausgehen. Der Wettbewerb als Überlebenschance für die Fähigsten und Ablehnung der Schwächsten ist immer der bestimmende Schlüssel gewesen, ob es sich dabei um den zentralörtlichen Status unter verschiedenen Städten handelte, um gute Einzelhandelslagen von Unternehmern oder um Wohnstandorte für Familien. Zweifellos müßten einige Geographen ein ganz anderes Buch schreiben, wenn das Jahr 2000 erreicht ist und solcher Wettbewerb dann nicht mehr gegeben wäre. Eine kritische Diskussion der bestehenden Ordnung würde sich dann erübrigen, denn nach den Sophisten kann der perfekte Zustand nicht kritisiert werden. Am Schluß ist es doch interessant, darauf hinzuweisen, daß in Mores Utopie alle Städte identisch waren und damit Spiegelbilder ihrer selbst, denn es herrschte vollkommene Trennung und keinerlei Wettbewerb. Wenn man aber von etwas weniger Perfektion ausgeht und den von der Gemeinschaft aufgestellten Zielen, die nicht durch konkurrierende Individuen und unverantwortliche Interessen verwässert werden können, dann hat man immer noch genug damit zu tun, Prioritäten zu setzen und den Wettbewerb um die letzte Großstadtfläche und vorteilhafte Standorte zu regeln. Selbst in der bestmöglichen Welt kann nicht alles am gleichen Fleck lokalisiert sein und damit ist die Ungleichheit dem System durch den Umweltdeterminismus immanent. Diese letzte Bemerkung über die Unmöglichkeit identischer Standorte bedeutet, daß im Sinne der Futurologie die radikalste Revolution im Sinne der in diesem Bande dargestellten Stadtgeographie nicht durch politische Philosophien ausgelöst wird, sondern durch Verkehrstechnologien, denn nur durch diese läßt sich das widerspenstige Problem der Entfernung lösen. Erst wenn man den Entfernungswiderstand universell auf null reduzieren kann, gibt es keine bevorzugten Standorte mehr, und alle Ungleichheit ist abgeschafft. Aber dann gibt es keine Siedlungen und keine Stadtgeographie mehr.

Literaturhinweise

Für Einstellungen zur Stadt ist eine sehr brauchbare Quelle:
Handlin, O. & Burchard, J., Ed. (1963): The historian and the city, Part III: The city in the history of ideas (s. Fußnote 1).

Eine weitere Quelle ist:
Hadden, J. K. et al., Ed. (1967): Metropolis in crisis. (Itaska, Ill.), Part III: Ideological perspectives: The anti-urban bias.

Die Probleme der modernen Stadt werden in fast jedem Buch über die Verstädterung angesprochen, aber ein lesenswertes kurzes Buch ist:
Helmer, J. & Eddington, N. A., Ed. (1973): Urban man: the psychology of urban survival. (New York).

Für das sich wandelnde Wesen der Stadt sollten die Hinweise in den Fußnoten konsultiert werden, besonders die Bücher von Gottmann (1961) und Hall (1973) (s. Fußnote 12 und

13). Einen allgemeinen Band mit ausgezeichneten kritischen Kommentaren stellt dar:
Berry, B. J. L. (1973): The human consequences of urbanization. (London).

Bezüglich der Stadtgeographie wird der Aufsatz von Gould (Fußnote 22) empfohlen. Der Band, in dem dieser Aufsatz erscheint, enthält viel Lesenswertes:
Chorley, R. J., Ed. (1973): Directions in geography. (London).

Schließlich behandeln zwei Bücher radikale Lösungen der Probleme der Stadt auf zwei verschiedenen Ebenen. Für die allgemeine Ebene ist folgender Band von Bedeutung und enthält weitere Hinweise:
Harvey, D. (1973): Social justice and the city. (London).

Für die lokale Ebene stellt der folgende Band ein ausgezeichnetes Beispiel für das Eindringen eines Geographen in die Problematik des sozialen Wandels dar:
Bunge, W. (1971): Fitzgerald: geography of a revolution. (Cambridge, Mass.).

Ortsverzeichnis

Aberystwyth 143—145, 182
Akron (Ohio) 301
Alnwick 185
Angkor Thom 194
Atlanta (Georgia) 217
Auckland (Neuseeland) 316
Austin (Texas) 217
Australien 58

Belgien 15, 57, 124
Bengalen 159
Berlin 8—10, 12, 18, 19, 61, 384, 385
Binghampton (New York) 217
Birmingham 309, 310, 315
Bogota 318
Bonn 197, 198
Boston (Mass.) 256, 257, 377
Brasilien 124
Bremen 20, 245
Breslau 19
Bristol 39
Brüssel 15
Budapest 14
Burma 194

Cardiff 251—255
Casper (Wyoming) 217
Chicago 1, 9, 11, 18, 205—207, 292, 293, 361—363, 384
China 124
Christchurch (Neuseeland) 316
Cincinnati (Ohio) 285
Circleville (Ohio) 19, 195, 196
Cleveland (Ohio) 308
Columbia (Südcarolina) 217
Cottbus 20

Dänemark 57
Dallas (Texas) 217
Des Moines (Iowa) 217
Detroit 293, 320, 345
Deutschland 7, 19, 384, 385
— Mittel- 9, 57, 313, 385
— Ost- 7, 13, 200, 313
— Süd- 110 ff., 159
— West- 7, 57, 124, 311—313
Dresden 385
Düsseldorf 245, 385
Duisburg 245
Dunedin (Neuseeland) 316

Easton 345
Edinburgh 366
Elkhart (Indiana) 345
England 159
Essen 245
Estland 18
Eugene (Oregon) 336

Falkenhagener Feld (Berlin) 9, 10—12
Finnland 124
Flensburg 6
Flint (Michigan) 345
Frankfurt a.M. 385
Frankreich 15, 18, 57

Ghana 79
Görlitz 20
Göttingen 20
Grenoble 15, 40
Großbritannien 18, 59, 94, 282, 315, 359

Hobart (Tasmanien) 284
Hull 287, 288

Indianapolis (Indiana) 217, 301
Island 57
Israel 57
Italien 124

Jacksonsville (Florida) 217
Japan 57
Jugoslawien 16

Kalkutta 318, 369
Kanada 57
Kano 7
Kapstadt 244, 249, 250
Karlsruhe 387—389
Kassel 20
Kenosha (Wisconsin) 217
Knoxville (Tennessee) 217
Köln 19, 341, 342, 385
Kontinentaleuropa X, 1, 15, 18—21, 359
Kroatien 14

Lansing (Michigan) 217
Leicester 316
Leipzig 9, 20, 385

Ortsverzeichnis

Lemberg 13
Lettland 13
Lima 318
Litauen 18
Liverpool 334
Lodź 13
London 39, 63, 181, 183, 235, 265—267, 283, 298, 299, 337, 348
Los Angeles 1, 19, 59, 180, 294, 380—383, 385
Lyon (Lugdunum) 38, 39

Madison (Wisconsin) 308
Mailand 378
Manchester 259—264
Melbourne 302—304, 363—365
Merthyr Tudful 341, 343
Mexiko 57
Mitteleuropa 19, 313
Moskau 17—19
München 20, 385
Münster 6

Neubrandenburg 9
Neuseeland 159
Newbury 200
Newcastle-under-Lyme 238
New York 1, 348, 349
Niederlande 15
Nottingham 329
Nürnberg 245

Oder-Neiße-Gebiete 7
Osteuropa 7, 313
Oxford 90

Paris 9, 333, 334, 393
Philadelphia 191—193
Philippinen 159
Pittsburgh 293, 294
Polen 12, 13, 124
Popáyan (Kolumbien) 212
Potsdam 20
Prag 13
Preßburg 13

Queensland 94
Quito 318

Randstad Holland 15, 44
Richelieu 189, 190

Rio de Janeiro 318
Rom 378—380
Rostock 385
Rotterdam 19
Ruhrgebiet 9

Saginaw 345
Salvador 124
San Francisco 350
Santiago 318
Schaumburg (Chicago) 9, 11, 12
Schottland 396, 397
Schweiz 124
Siebenbürgen 14
Slowakei 13, 14
Smolensk 19
South Bend 345
Sowjetunion 17, 18, 19—21
Spanien 57
Springfield (Massachusetts) 345
Srikshetra (Old-Prome) 194
St. Albans 280
Stockholm 237
Straßburg 20
Stuttgart 245, 385
Südafrika 124
Sunderland 210
Swansea 148, 150, 151
Sydney 351

Thomasville 345
Topeka (Kansas) 228
Toronto 302
Tschechoslowakei 13

Ungarn 13, 14
USA 1, 7, 12, 18—21, 62, 97—99, 103, 124, 156, 157, 214, 271, 397
Ur 189

Versailles 189

Wales 81, 94, 131, 141, 146, 147
Warschau 13, 19, 20
Wellington 316
Westeuropa 313
Wisconsin 159
Worcester (Massachusetts) 242, 274

Youngstown (Ohio) 345

Zürich 355, 358

Namensverzeichnis

Abiodun, J.C. 136, 137
Abu-Lughod, J.L. 317
Adams, R.B. 17, 22
Adams, W.P. 2, 21
Ahmad, Q. 109
Albrecht, G. 9, 22
Albrecht, W. 6, 23
Alexanderson, G. 14, 23, 97—99, 109
Allpass, J. 240
Alonso, W. 224, 227, 229, 232, 277, 304
Amato, P. 318
Ames, D. 268
Anderson, T.R. 301, 302
Andrews, H.F. 110, 127
Applebaum, W. 43
Appleyard, D. 375
Ashworth, W. 202, 399
Auerbach, F. 122
Aurousseau, M. 41, 89, 90, 104

Bachvarov, M. 16, 23
Badcock, B.A. 203
Bader, F.J.W. 8, 23
Bähr, J. 3, 23
Bahrenberg, G. 5, 9, 23
Bannister, D. 171
Barbier, B. 15, 23
Barnbrock, J. 12
Bartels, D. 3, 5, 23
Barth, J. 23
Bartkowski, T. 13, 24
Bastié, J. 333, 334
Baul, A.F. 18, 24
Beaujeu-Garnier, J. 15, 54
Beavon, K.S.O. 127, 276, 373
Becker, C. 6
Beeck, R.o.d. 15
Bell, C. und R. 202
Bell, G. 85
Bell, W. 295, 296
Benthien, B. 4, 22
Beresford, M. 202
Bergel, E. 214
Bernát, T. 14
Berry, B.J.L. 54, 59, 75, 85, 108, 110, 123, 125, 130, 158, 166, 225, 232, 318, 357, 409
Blanchard, R. 40, 41
Blazek, M. 13, 24
Blotevogel, H.H. 4, 24
Boesler, K.-A. 24

Bogue, D.J. 350, 352
Borchert, J.G. 15, 24
Borchert, J.R. 76
Borgardus, E.S. 204
Borgatta, E.F. 103, 109
Boulding, K. 391
Bourne, L.S. 233, 269, 275, 276, 311
Bracey, H.E. 145, 158
Braun, G. 4
Breckenfield, G. 399
Breese, G. 75, 85
Brennan, T. 387
Brookfield, H.C. 278
Brown, A.T. 76
Brown, L.A. 169, 322, 324
Browning, C.E. 78
Brulard, T. 15
Brush, J.E. 131, 132, 158
Buchholz, J.H. 4, 9, 24, 25
Bunge, W. 186, 394, 395, 409
Burchard, J. 392, 408
Burgess, E.W. IX, 5, 8, 205 ff., 277, 341
Burke, G. 202
Burns, W. 354, 372
Burton, I. 336, 340
Butler, E.W. 324, 330

Caralp, R. 15, 25
Caroe, L. 152, 287
Carol, H. 158, 356, 358, 372
Carruthers, H. 139
Carter, H. 3, 21, 25, 81, 84, 152, 153, 177, 182, 251, 341, 372, 373
Carver, H. 346
Casasco, J.A. 311
Chabot, G. 54
Chadwick, G. 167, 398
Chamussy, H. 15, 25
Chapin, F.S. 76, 178, 229, 230, 232
Chesnais, M. 15, 25
Childe, V.G. 67
Chinitz, B. 348
Chorley, R.J. 87, 187, 205, 409
Christaller, W. X, 5, 9, 25, 42, 76, 86, 110—119, 128, 138, 154, 369
Clapp, J.A. 399
Clark, C. 232
Clark, D. 299
Clark, W.A.V. 403
Claval, P. 395
Clay, G. 389

Collins, G.R. 202
Connell, J. 327
Conzen, M.R.G. 182, 185, 200, 203, 332, 353
Corey, K.E. 283–286, 372
Cowan, P. 276
Cox, H. 395
Cox, K.R. 83, 168, 176
Crowe, P.R. 42
Cullingworth, J.B. 399
Curl, J.S. 202

Dacey, M.F. 99, 125, 140, 154, 155, 187
Davidovich, V.G. 17, 25
Davie, M.R. 208
Davies, D.H. 243, 244, 247–251, 276
Davies, K. 72, 73, 75
Davies, R.L. 176
Davies, W.K.D. 53, 54, 122, 130, 137, 158, 159, 316, 369
Dawson, J. 127
Deiters, J. 9, 25
Dewey, R. 75
Dick, R.S. 94
Dickinson, B.B. 40
Dickinson, R.E. 43, 179, 282, 341
Dinev, L. 16, 25
Dobriner, W.M. 340
Donnison, D. 329
Douglas, H.P. 340
Downs, R.M. 168
Duncan, B. 291
Duncan, O.D. 291
Durkheim, E. 66
Dutt, A.K. 369
Dwyer, D.J. 74
Dziewonski, K. 85

Edmondson, P.M. X, 19
Egeland, J.A. 301
Eichler, G. 7
Eriksson, G. 14, 25
Evans, A.W. 232

Firey, W. 221
Fischer, M.M. 5
Fleure, H.J. 41
Foerster, H. 26
Foley, D.L. 49, 51, 54
Form, W.H. 222
Forrester, J.W. 398
Forster, C.A. 287–291
Francescato, D. 378, 379
Frankenberg, R. 66

Fraser, J.K. 2
Freeman, L.C. 66
Freeman, T.W. 66
Fried, M. 311
Friedrichs, J. 3, 12, 20, 21, 26
Fuchs, R.J. 18

Gaebe, W. 9, 26
Galpin, C.G. 55
Gans, H.J. 310, 340
Ganser, K. 26
Ganshof, F.L. 197
Garner, B.J. 172, 360
Garrison, W.L. 112, 125, 134, 135, 158, 178, 356, 357
Garvan, A.N.B. 191–193
Geddes, P. 42
Gerasimov, I.P. 2, 21
Giese, E. 5, 8, 26
Giggs, J. 329, 335
Ginkel, J.A. v. 15
Gittus, E. 209
Glaab, N. 76
Goddard, J. 265
Golledge, R.G. 155, 332
Goossens, M. 15, 26
Gottmann, J. 44, 236, 252, 397
Gould, P.R. 53, 391, 400
Gradmann, R. 111
Green, F.H.W. 138, 145
Griffin, D.W. 271
Grocholska, J. 13
Grötzbach, E. 27
Gryztzell, K.G. 63
Guratzsch, D. 313
Guttenberg, A.Z. 80, 81

Hadden, J.K. 103, 408
Haegen, H. v.d. 15, 27
Hägerstrand, T. 175, 385
Haggett, P. 105, 187, 205, 401
Haig, R.M. 95, 224, 225
Hall, P. IX, 14, 27, 44, 235, 236, 340, 397
Hamilton, F.E.I. 17, 27, 342, 347, 352
Handlin, O. 392, 408
Hanke, R. 4, 27
Hansen, W.G. 167
Hantschel, R. 5, 27
Harman, H.H. 299
Harris, C.D. 17, 21, 27, 85, 91, 109, 131, 216, 340
Harrison, J. 171

Hart, J.F. 109, 302
Hartenstein, W. 216, 246
Hartshorne, R. 44
Harvey, D. 232, 404
Hassert, K. 40
Hatt, P. 208
Hauser, P.M. 43, 54, 75
Heineberg, H. 8, 27
Heinemeyer, W.F. 239, 245, 246, 276
Heinzmann, J. 9
Helle, R.K. 14
Helleiner, F.M. 2, 403
Helmer, J. 408
Herbert, D.T. 237, 300, 315, 322
Höhl, G. 6, 27
Höllhuber, D. 3, 12, 27, 28
Hofmeister, D. 4, 8, 22, 28
Holme, T. 191
Hommel, H. 4
Hoover, E.M. 352
Horton, F.E. 55
Horwood, E.M. 243
Hoselitz, B. 77, 78
Hottes, K.-H. 9, 28
Howard, E. 376, 396
Hoyt, H. 96, 214, 224
Huff, D.L. 165
Hunter, D.R. 311
Hurd, R.M. 224

Isard, W. 47, 86, 342, 344, 352

Jacob, G. 28
Jefferson, M. 78
Johns, E. 203
Johnson, J.H. 54, 338
Johnston, R.J. 301, 315, 363
Jones, P.N. 309
Jones, R. 365
Jumppanen, S. 14

Kansky, K.J. 187
Kasumov, R.M. 28
Katona, S. 14, 28
Kaufmann, A. 5, 29
Keeble, D.E. 105, 352
Kelly, G.A. 171
Kerner, O. 306
Kilchenmann, A. 5
King, L.J. 155, 299
Kitagawa, E.K. 350
Klein, H.-J. 387

Klöpper, R. 8, 29
Kluczka, G. 9, 29
Kniffen, F. 291
Knos, D. 228
Koester, G. 7, 29
Kohn, C.F. 104
Kolb, W.L. 75, 138
Kosinsky, L. 13
Kostrowicki, J. 13, 28
Kouwe, P.J.W. 15, 29
Kroner, G. 26
Kolb, W.L. 75, 138
Küchler, J. 7, 29
Kurtz, R.A. 332

Lal, A. 109
Lampard, E.E. 64, 70, 84, 175
Lancaster, O. 279
Lang, J. 392
Lansing, J.B. 330
Laumann, E.C. 204
Lavedan, P. 181
Lawton, M.P. 390
Lee, T.R. 389
Lemercier, J. 189
L'Enfant, P.C. 190
Lenz, K. 29, 30
Leszczycki, J. 13, 30
Lettrich, E. 14
Leusmann, C. 5
Levainville, J. 41
Lewis, C.R. 141, 146, 172
Lewis, G.J. 316
Lichtenberger, E. 4, 8, 19, 22, 30
Lijewski, T. 13, 30
Likert, R. 171
Linge, G.T.R. 62
Linsky, A.S. 79
Loewenstein, L.K. 344, 352
Logan, M.J. 352
Lösch, A. 116−127
Lohr, K. 30
Lowry, I.S. 233, 327
Lüdemann, H. 9, 30
Lukermann, F. 77
Lynch, K. 161, 177, 376

Mabin, A.S. 127
Madden, C.H. 85, 177
Maier, J. 3, 30
Manshard, W. 30
Mariot, P. 13, 30, 31
Markos, G. 14, 31
Marshall, J.U. 126

Martin, D.B. 302
Martin, J.E. 340
Martin, W.T. 336
Martyn, W.F. 39
Maruyama, M. 175
Marx, K. 66, 396
Masser, I. 167
Mattila, J.M. 97
Matznetter, J. 8, 31
Mayer, H.M. 44, 104, 330, 339
Mayr, A. 31
McGee, T.G. 74
McKenzie, R.D. 208
Mebane, W. 379
Medvedkov, Y.V. 155
Meier, R.L. 395
Mennel, R. 31
Merlin, P. 15, 399
Meuriot, P. 61
Michelson, W. 391
Mielitz, G. 31
Mikus, W. 31
Miner, H. 67
Mitchell, J.C. 326
Monheim, H. 3, 31
Moore, E.G. 324
Morgan, W.T.W. 276
Moriarty, B.M. 322, 327
Morrill, R.L. 85, 173, 177, 306
Morris, F.B. 318
Morris, R.N. 64, 75
Moser, G.A. 59, 100
Mounfield, P.R. 129
Müller, E. 8
Müller, N.L. 16
Mumford, L. 189, 394
Murdie, R.A. 161, 300
Murphy, R.E. 54, 234
Muscarà, C. 16, 22, 32
Myers, R.B. 340

Nader, G.A. 149, 171
Nairn, I. 59
Nelson, H.J. 93
Nelson, R.L. 267
Newling, B.E. 232
Norborg, K. 178, 276
Nystuen, J.D. 140, 141

Oettle, K. 32
Openshaw, S. 202, 372
Osborn, F. 399
Osgood, C. 169

Pahl, R.E. 337
Palomäki, M. 134
Parker, H.R. 359
Pedrini, L. 16
Pehnt, W. 12
Penkow, I. 16, 32
Penn, W. 191, 193
Perloff, H.S. 232
Petersen, G.L. 324
Petersen, V. 14, 32
Pfannschmidt, M. 8, 33
Pfeil, E. 3, 22
Philbrick, A.K. 158
Pinchemel, P. 15
Pirenne, H. 77
Pokshishewsky, V. 17
Polensky, T. 8
Polonsky, V.P. 18
Popovici, I. 16
Porter, W. 154
Pownall, L.L. 93
Pred, A.R. 105, 348, 385
Preobrazhenskyi, V.S. 33
Preston, R.E. 271
Priestley, J.B. 59
Proudfoot, M.J. 353

Quinn, J.A. 220

Rakowski, W. 13, 33
Rannels, J. 231
Ratajczak, D. 107
Ratcliff, R.V. 225
Redfield, R. 65, 77
Rees, P.H. 318
Reissman, L. 68
Reps, J.W. 190
Rex, J. 313, 314
Richardson, H.W. 127
Robson, B.T. 85, 176, 299
Rose, H.M. 330
Rossi, P.H. 304, 330
Rostow, W.W. 68
Rowley, G. 74, 146, 147
Rugg, D.S. 8, 19, 33
Ruppert, K. 8, 33
Rushton, G. 162, 165

Santos, M. 74
Saushkin, Y.S. 17
Schaffer, F. 8, 33, 34
Schickhoff, I. 5, 34

Schnore, L.F. 58, 75, 220, 223, 332
Schöller, P. 2—4, 9, 22, 34
Schroeder-Lanz, H. 4
Scott, W. 100, 105
Sedlacek, P. 6, 34
Semple, R.K. 179
Šešelgis, K. 18, 34
Shevky, E. 294, 295
Silk, J.A. 325
Simmons, J.W. 232
Singer, M. 77
Sjoberg, G. 210—212
Smailes, A.E. 143, 320
Smith, D.M. 331
Smith, R.H.T. 87
Smith, R.V. 320
Smolensky, E. 107
Sombart, W. 95
Spectorsky, A.C. 340
Spiegel, H. 308
Šprincova, S. 13, 34
Staak, G. 245, 246
Stafford, H.A. 340
Stanislawski, D. 188, 189
Stange, G.R. 392
Stewart, C.R. 75
Stewig, R. 7, 34
Strand, S. 14, 22
Summerson, J.N. 181
Suttles, G.D. 383

Taaffe, E.J. 330
Taege, G. 9
Tatai, Z. 14
Taubmann, W. 3, 5, 22, 35
Taylor, G. 219
Tesdorpf, J. 4, 22
Thamm, R. 6, 35
Theodorson, G.A. 331
Thomas, D. 339
Thompson, D.L. 161
Thompson, W.R. 97, 107
Thorpe, D. 58
Thünen, J.H. v. 5, 80, 92, 111, 372
Thurston, H.S. 280
Tiebout, C.M. 104
Timms, D.W.G. 319, 330
Tisdale, H. 75
Trewartha, G.T. 109

Tricart, J. 179
Tunnard, C. 203

Ullman, E.L. 85, 98, 99, 216

Vaitekünas, S.K. 18, 35
Vance, J.E. (Jr.) 234, 242, 273, 330
Varley, R. 264
Vetter, F. 5, 8, 9—12, 17, 18, 35, 36, 140, 187
Vigarie, A.-L. 15, 36
Viitala, P. 14, 36
Voigt, F. 36
Vorlaufer, K. 7, 8, 36

Wangemann, V. 25, 36
Ward, D. 256, 257
Warnes, A.M. 319
Watson, J.W. 283
Watts, H.D. 129
Weaver, J.C. 261
Webb, J. 80
Webber, M.M. 326, 339
Weber, A. 111
Weber, E. 4, 22
Wehner, B. 3
Wehner, W. 36
Wehrwein, G.S. 333
Weigand, K. 6, 36
Werner, F. 12
Wheatley, P. 194
Wheeler, J.O. 293
Whitehand, J.W.R. X, 19, 186, 372
Wiek, K.D. 9, 12
William-Olsson, W. 237
Wilson, A.G. 327, 330
Wirth, L. 64, 65, 305
Wissink, G.A. 333
Wolf, K. 8, 9, 37
Wolkowitsch, M. 15
Wolpert, J. 169, 322
Wrzosek, A. 13, 37

Zapletalowa, J. 13
Zelinsky, W. 71
Zimmermann, H. 22, 37
Zipf, G.W. 123
Zylka, H.-J. 8, 37

Deutsch-Englisches Schlagwortverzeichnis*

Abgabenindex (von Geschäftsmieten = rate index) 237–239
Abgrenzung von Zonen (zonal boundaries) 208, 209
Abkippeffekt (tipping point) 308, 309
Arbeiterviertel (working class areas) 278, 384
Assimilation (assimilation) 305, 319–328
Asylanten (foreigners seeking asylum, right of sanctuary) 311–313
Auffindungsprozesse beim Verbraucherverhalten (search procedures with consumer behavior) 169
Autobusfahrten (bus services) 139, 145

Ballungsraum, Konurbation (conurbation) 3, 42, 341
Barock (als städtebauliche Phase = baroque towns) 189, 190
Baubestand (buildings) 279–291
Bergbaufunktionen (mining functions) 89, 91
Beschäftigtenstruktur (occupational structure) 106–109
– als Grundlage für funktionale Klassifizierung (as basis for functional classification) 90–100
Bestimmungslinie (fixation line) 100, 101
Bevölkerung (population) 7, 13, 55–57, 59–73, 107, 108, 110–127, 222, 223
– Dichte (density) 63, 64
Bodenwerte (land values) 8, 19
Büroviertel (office areas) 251–271

Charakterzug-Komplex (trait complex) 131, 134, 136, 143, 160, 163
Clusteranalyse (auch als Klumpenstichprobenverfahren oder Distanzgruppierung bezeichnet = cluster analysis) 154, 155, 247–250, 258, 335

Demographische Grundlagen der Verstädterung (demographic concept of urbanization) 64, 65, 70, 71
Demographischer Zyklus (demographic cycle) 71, 72
Dorf (village) 58, 132
– verstädtertes Dorf (urban village) 55, 338, 339

Eingemeindete Orte (incorporated places) 57
Einheitswert (rateable value) 237
Einstellungen gegenüber der Stadt (attitudes to the city) 392–396
Einwanderer (immigrants) 308–313; s. auch *Gastarbeiterproblematik, Ghetto* und *Segregation*
Einzelhandel (retail business)
– Gravitationsgesetz (law of gravitation) 165
– Standort (location) 50, 51
– Standortauswahl (site selection) 267, 268
– Abgaben (turnover) 237–239
– Potentialmodell (potential model) 167, 168
Entfernungswiderstand (friction of distance) 224–228, 408
Entropie (entropy) 155, 156, 176

---

* Englische Begriffe in Klammern, dahinter jeweilige Seitenzahl für das betreffende Schlagwort.

Entscheidungsfindung (decision making) 50, 51, 169, 323—326
Entwicklungsländer (development countries) 17, 319
Erreichbarkeit (accessibility) 200, 201, 224, 225
Erträge aus Gebäudeinvestitionen (returns to buildings) 311, 312
Ethnischer Status als sozialräumliches Phänomen (ethnic status as component of social areas) 295—298, 305—315, 380—386

Fabrikstädte (company towns) 191
Fallstudien (case studies) 9, 21
Familienstand und Sozialraum (family status and social area) 294—299, 302—305, 315, 317, 384, 385
Flächennutzung (land use) 227 ff.
— Häufung (clusters) 247—251, 255—271, 273—275
— Kombinationen (combinations) 255—271
— in Städten (in cities) 203—233, 341—352
— in der Innenstadt (downtown, in the CBD = central business district) 246—271
— am Stadtrand (in the rural urban fringe) 331—337
Fremdenverkehr (tourism); s. auch *Verkehr*
Funktion (function) 45 ff.
— Wesen städtischer Funktionen (nature of urban functions) 45—49
— von Geschäften (of shops, businesses) 130, 145—149
— Index (index) 137, 138; s. auch *Klassifikation* von Städten
— und Physiognomie (and morphology) 46 ff., 353—373

Gartenstadtidee (garden city, view of) 376, 396
Gastarbeiterproblematik (foreign labor problems) 7, 8, 311—313, 384, 385; s. auch *Einwanderer*
Gebäudehöhe (building height) 214, 215
Generative Städte (generative cities) 77, 78
Geschäfte (establishments, shops, businesses) 130
Geschäftszentren (business districts) 9, 358
Gewerbestrukturen (morphology of commercial places) 366—371
Ghetto oder Getto (ghetto) 73, 211, 305, 314, 380—385; s. auch *Ethnischer Status, Segregation*
Gitternetz (grid pattern) 114—119, 122—124, 154—156, 178, 179, 181, 187, 188, 198—201, 214
Graphentheorie (graph theory) 5, 140, 187; s. auch *Netztheorie*
Gravitationsgesetz (law of gravitation) 9—12, 165 ff., 258—260, 302
Größenklassen oder Zyklen des Städtewachstums (cycles of town growth) 218, 219
Großstadtstruktur (metropolitan structure) 49
Grundideen der Verstädterung (structural concept of urbanization) 64, 67—71
Grundstücksmarkt (land economics) 224—229

Handlungsraum (action space) 325
Hauptkomponentenanalyse (principal component analysis) 67, 68, 299
Hauptstadt (primate city, capital) 78, 79, 83, 88, 127
Haustyp (housetype) 50, 51, 279, 291
Heterogenetische Städte (heterogenetic cities) 77, 78
Hierarchie von Geschäftszentren (hierarchy of intra-metropolitan business districts) 354, 359—363
Hinterland (hinterland); s. *Städtische Bereiche, Einzugsbereiche*
Humanökologie (human ecology, Chicago school of) 42, 205 ff., 212, 220, 221, 305
— und städtische Flächennutzung (and urban land use) 205—224, 291 ff.
— und Innenstadt (and CBD) 233, 234

Image der Stadt (image of the city) IX, 161, 222, 373—391
— und sozioökonomischer Status (and socio-economic status) 378 ff.
— und ethnische Gruppenzugehörigkeit (and ethnicity) 380 ff.
— und Altersstruktur (and life cycle) 386 ff.
Index (index)
— der Konzentration städtischer Flächennutzung (of concentration of urban land use) 346—348
— der Segregation (of segregation) 292
— der Überhangs-Beschäftigten (of surplus workers) 97
— der Verschiedenartigkeit (of dissimilarity) 291, 292
Industrialisierung (industrialization) 67—70, 82, 106—109, 318, 341—351
Industrie (industry)
— Standort (location) 341—352
— Typologie (typology) 343—345, 347—350, 351, 352
Industriestadt (industrial city) 58, 59, 69, 70
Innenstadt (downtown, CBD = central business district) 129, 233—276
— Charakteristische Nutzungen (characteristic uses) 239—271
— Häufigkeitsbestimmung (cluster identification) 258—271
— historischer Prozeß (historical process) 251—258
— Kern und Rand (core and fringe) 243—246
— Raumdefinition (areal definition) 234, 239, 243 ff.
Innerstädtisches Geschäftszentrum (intra-metropolitan business district); s. *Innenstadt* und *Nebenzentren*

Kietz (metropolitan village) 337—339; s. auch *Nachbarschaft*
Klassifikation von Städten (classification of towns)
— Beispiele aus Deutschland 110 ff.
— — aus Großbritannien 100—103
— — aus Neuseeland 93
— — aus den USA 91—94, 97—100, 104
— Beschreibende Klassifikation (descriptive classification) 88—90
— Funktionen (functions) 85—110
— Multivarianz-Klassifikation (multivariate classification) 86, 100—105
— Statistische Klassifikation (statistical classification) 90—95
— Wirtschaftliche Grundlagen (economic base classification) 95—100
Knotenpunktbildung (nodality) 81
Komplementärregion (complementary region) 115, 142; s. auch *städtische Einzugsbereiche*
Konzentrische Kreise, Theorie städtischer Flächennutzung (concentric theory of urban land use) 205—224, 277, 278, 291—314, 341
Kriminalität (delinquency) 72
Kumulative Ursachen des städtischen Wachstums (cumulative causation in urban growth) 105—107

Ladenmietindex (shop rent index) 237
Ländlich-verstädtertes Kontinuum (folk urban continuum) 65, 331, 337—339
Landstadt (rurban) 55
Lineare Netze (linear networks) 187

Märkte (markets)
— nach Lösch 118 ff.
— periodische (periodic) 60
Marktplatz (market place) 197, 200, 211

Marktprinzip (market principle) 116, 118
Marktstadt (market town) 58, 59, 89
Maßstab (scale) 60, 61, 176, 327, 328, 403—405
Megalopolis (megalopolis) 44, 55, 317, 318, 397
Mehr-Kerne-Theorie städtischer Flächennutzung (multiple nuclei theory of urban land use) 216—219, 341—343
Mental Maps (mental maps = erkenntnisgerechte Karten) 374
Mieten (bid rents) 8, 224—229, 236—239, 371, 372
Mobilität (mobility) 3, 7, 73, 304, 319—328
Modellbau (model building) 8, 44, 86, 95, 110, 111, 123, 207
Morphogenese (morphogenesis) 175, 176
Morphostasie (morphostasis) 175, 176
Motivation (motivation) 168 ff.
Motorisierungsgrad (car ownership rate) 19
Multivarianzanalyse (multivariate analysis) 100—103

Nachbarschaft (neighborhood) 384
Nachbarschaftsanalyse (nearest neighbor analysis) 154, 155
Nationalismus und Verstädterung (nationalism and urbanization) 69
Naturräume in Städten (natural areas in cities) 209, 210
Nebencities (intrametropolitan business districts) 246
Nebenzentren (subsidiary business districts) 353—359, 361, 362
— Definition (definition) 353—356, 359—363, 366
— Struktur (structure) 371
Netze (networks) 5, 9—12, 178, 179, 187, 198—201, 214
Netztheorie (network theory) 9—12, 35; s. auch *Graphentheorie*
Neue Großwohngebiete (new suburban communities) 9—12
Neue Städte (new towns) 399

Ökologischer Komplex (ecological complex) 70, 221—223; s. auch *Humanökologie*
Orthogenetische Städte (orthogenetic cities) 77, 78

Parasitäre Städte (parasitic cities) 77, 78
Pendelverkehr (commuting) 277, 278, 294, 321, 335, 378
— Pendler (commuters) 7, 8, 10—12, 229, 336
Planung (planning) 4, 12, 14, 21, 22, 43, 44
Primäre Verstädterung (primary urbanization) 78—80

Quantitative Methoden (quantitative methods) 5, 6, 15, 20, 21, 133

Radikale Geographie (radical geography) 405—407
Rangfolgeregel (rank size rule) 83, 122—128, 158—162
Rangkorrelation (rank correlation) 164
Rangordnung der Städte (ranking of towns) 128 ff.
Reichweite von Waren oder Dienstleistungen (range of goods or services) 113, 114, 141—153
Religion, Einflüsse auf Stadtstruktur(religion, influence on plan) 193
Renaissance (als städtebauliche Phase = renaissance towns) 189

Sanierung (urban renewal, redevelopment) 311
Schachbrett (chequer board) 178, 198
Schwarze (black people, negroes) 305—310
Schwellenwert-Bevölkerung (threshold population) 112, 113, 129

Segregation (segregation = Trennung der Wohnbereiche verschiedener ethnischer oder Einkommensgruppen) 5, 263, 291, 327; s. auch *ethnischer Status*
— Segregationsindex (index of segregation) 292, 308
Sektorentheorie (sector theory) 214—220, 301, 302, 315, 316
Sekundäre Verstädterung (secondary urbanization) 78, 79
Semantische Unterscheidungsverfahren (semantic differential) 169—171
Shanty Town (shanty town) 74
Siedlungs-Kontinuum (settlement continuum) 55—58
Slums (slums = heruntergekommene innerstädtische Viertel) 310—314, 329, 383
Soziale Bedeutung (social relevance) 328, 389 ff.
Soziale Distanz (social distance) 203, 291, 292
Soziale Komponente der städtischen Flächennutzung (social power and urban land use) 222
Soziale Netze (social networks) 326, 327
Soziale Rolle (social role) 65
Sozialer Wohnungsbau (municipal housing) 210—214
Sozialjargon (social jargon) 407
Sozialräume (social areas) 294—317, 328 ff.
— Einkaufszentren (shopping centers) 359 ff.
— Entwicklungsmodell (development model) 317—319
— Unterteilungen (subdivisions) 316
Sozialräumliche Analyse (social area analysis) 295—300
Sozialstatus (social status) 291—304, 314—319, 327, 328
Sozialstruktur (social structure)
— und Verstädterung (and urbanization) 67, 68
— und Wohnraum (and housing) 213—215
Stadtentwicklung, Genese (urban genesis) 22, 67, 81—83, 172—176
Stadtgeographie (urban geography) VII, IX, 1 ff.
— Entwicklung (development) 38—54
— Inhalt (content) 45—53
— Probleme (problems) 400—405
— und Verstädterung (and urbanization) 392—409
Stadtgeschichte (urban history) 48, 149—153, 172—176
Stadtgestalt, Physiognomie (urban morphology) 45—48, 177—203
Stadt-Land-Gefälle (rural urban continuum) 65
Stadt-Land-Gegensatz (rural urban dichotomy) 60, 66, 67
Stadtlandschaft (townscape) 46, 47, 154
— Relikte aus früherer Zeit (relict elements) 283, 284
Stadtrand (urban fringe) 331—340
Stadtrandgürtel (urban fringe belt) 184, 185, 331 ff., 372
Stadrandsiedlungen (subtopia, residential communities) 9, 59
Stadtstruktur (city structure)
— in Deutschland 6—12, 341, 342
— in Großbritannien 280—283
— Analyse (plan analysis) 182—187
— Definition (definition) 55—58
— Plan (plan) 177—203
— Verteilung (distribution) 85—88, 154—161
Stadtverkehr (urban transportation) 6, 7, 15, 199—202; s. auch *Verkehr*
Städtehierarchie (urban hierarchy) 60, 76, 77, 80—84, 110—127, 128—142
— Geschäftszentren (business districts) 353—372
— Herleitung von Christaller 5, 112—118
— Herleitung von Lösch 5, 116—123

– Vergangenheit (past) 152, 153, 172—176
Städtesystem (city system) 52
– Wachstum (growth) 84, 107
– Entwicklungsphasen (phases of development) 82
Städtewachstum (urban growth)
– Kommunikationstheorie (communication theory) 395
– Stadien (stages) 105—108
Städtisch (urban)
– Definition (definition) 55—58, 61, 62, 397—400
– Flächennutzung (land use) 302—332
– Gestalt oder Physiognomie (morphology) 177—202
Städtische Bereiche (urban realm) 327, 339, 340
– Städtische Einzugsbereiche, Einflußsphären (urban spheres of influence) 142—153
Städtische Bevölkerung (urban population) 55—64, 72—74; s. auch *Bevölkerung*
– Städtische Bevölkerungsdichte (urban population density) 57, 58, 63, 64
Städtische Erscheinungsformen, Physiognomie (morphology of towns, urban morphology) 46, 47, 177—202
Städtische Funktionen (urban functions) 45—47, 85—110
– Attribute und Veränderliche (attributes and variables) 104 ff., 134, 135
– Rangabstufungen (nested hierarchy) 113—123, 154—159
– Spezialisierung (specialization) 67, 88
– Städtegründer, Städtefüller (basic-non-basic concept) 95—100
– Ursprungsorientierung (resource orientation) 86
– Zentrale Orte (central places) 85, 110 ff.
Städtische Revolution (urban revolution) 67
Städtische Systeme (urban systems) 52
– Latente Ausdehnung (latent structure) 108
– Entwicklungsmodell (development model) 82, 174
Städtische Wirtschaftsgrundlagen (economic base) 95—100
Städtischer Charakter (urban character) 58, 59
Standortanalyse (locational analysis) 105, 401, 403—405
Standort- und Lageuntersuchungen (site and situation studies) 41
Statussymbole als ökologische Variable (symbolism as ecological variable) 221, 222
Straßennetz (street pattern) 9, 178, 179
Streßfaktoren (stress factors) 323
Strukturelles Wachstum (structural growth) 180—183, 218

Türken (Turks) 313, 384

Überbegrenzung von Städten (overbounded cities) 61, 62
Übergangszone (zone in transition) 207, 214, 215, 233, 271—275, 313, 314
– Flächennutzung (land use) 272—275
Umweltschutz (environmental protection) 7, 12
Unterbegrenzung von Städten (underbounded cities) 61, 62

Verbraucherverhalten (consumer behavior) 149, 160—165, 168—172
Verhaltensansatz (behavioral approach) 53, 168—172, 403—405
Verhaltensbestimmte Verstädterung (behavioral concept of urbanization) 64—67
Verhaltens- oder Aktivitätsmuster (activity systems) 229—232, 320
Verkehr (transport) 7, 9—12, 14, 19, 21, 90—95, 102, 116, 118
– Fremdenverkehr (tourism) 7, 8, 90, 102
– Individualverkehr (private transportation) 12, 15

- Nachrichtenwesen (communications) 91, 93
- Öffentlicher Verkehr (public transportation) 6, 7, 12
- Prinzip (principle) 116
- Zentren (centers) 6, 7, 91, 92, 95

Verstädterte Gebiete (urbanized areas) 61
Verstädterung (urbanization)
- Dritte Welt (third world urbanization) 73, 74
- Elemente (elements) 52
- Grundideen (concepts) 64, 65
- Industrialisierung (industrialization) 68−70, 73, 74
- Messen (measurement) 61−64
- Nationalistische Ideologien (nationalism) 69, 70
- Perspektiven (perspectives) 47, 52
- Phasen (phases) 70, 71
- Primäre (primary) 78−80
- Prozeß (process) 2, 7, 14, 17, 55−75
- Sekundäre (secondary) 78−80
- Sozialraumkomponenten (components of social areas) 292−299, 302−304
- Städtische Lebensart (urbanism as a way of life) 64−66
- Weltweite Verteilung (worldwide distribution) 72−74
- Wirtschaftliche Entwicklung (economic development) 67−70

Vertriebene (refugees) 7, 13, 14
Verwaltungsfunktionen (administrative functions) 80, 81, 88, 89
Verwaltungsprinzip (administrative principle) 116, 118
Vorindustrielle Stadt (pre-industrial city) 194, 210−213, 317, 318
Vororte (suburbs) 9−12, 55, 197, 198, 331−337
- Industriestandorte (location of industry) 346, 348, 351

Wahrnehmbarer Raum (awareness space) 325
Wahrnehmung der Umwelt (perception of environment) 12, 169, 177, 375−378
Wanderung, innerstädtische (intra-urban migration) 8, 73, 74, 305, 307 ff., 336
- Mobilität (intra-urban mobility) 8, 73, 304, 319−328
Weiler (hamlet) 142
Weiterverarbeitende Industrie (manufacturing) 85, 87, 105, 107
Wilhelminischer Großstadtgürtel (by law housing = mehrgeschossige Wohnhäuser nach Bebauungsplan, Vorder- und Hinterhäuser) 287−290
Wirtschaftsentwicklung und Verstädterung (economic development as a correlate of urbanization) 68−71
Wohngebiete (residential areas) 277−331
- Haustypen (housing types) 279−291
- Soziale Eigenheiten (social characteristics) 291−320
Wohnlage-Entscheidungsmodell (residential location, decision model) 323
Wohnsegregation (residential segregation) 5, 291−331
- Berufsbezogene (by occupation) 294
- Index 292−294
- Modell 291, 292; s. auch *Segregation* u. *ethnischer Status*
Wohnstandortwahl (choice of residential location) 304, 305, 320−328
Wohnstraße (residential street) 200
Wohnungssuche (spatial search) 325−327
Wolkenkratzer (skycraper = Hochhaus) 8, 236

Zeilenbauweise (terraces) 279, 281
Zeitdimension (time dimension) 76−84, 152, 173−176, 385

Zentrale Orte (central places) X, 59, 88, 110 ff., 128—153
Zentralität (centrality) 85, 86, 112, 128, 129
— Zentralitätsmaß (centrality value) 137, 138
Zentralörtliche Häufigkeitsmodelle (central place, aggregate models) 166, 167
Zentralörtliche Theorie (central place theory) 76, 78, 79, 86, 102, 110—176, 353—369
Zersiedlung (urban sprawl) 13
Zone, nichtbebaubarer Bereich (zone non aedificandi) 334—341